Moderne Managementkonzepte von A – Z

Walter Simon

Moderne Managementkonzepte von A – Z

Strategiemodelle, Führungsinstrumente, Managementtools

Unter Mitarbeit von Susanne Piroh

Die Deutsche Bibliothek - CIP-Einheitsaufnahme

Ein Titeldatensatz für diese Publikation ist bei der
Deutschen Bibliothek erhältlich.

ISBN 3-89749-249-0

Lektorat: Dr. Sonja Klug, Bad Honnef
Umschlaggestaltung: +Malsy Kommunikation und
Gestaltung, Bremen
Satz und Layout: Das Herstellungsbüro, Hamburg
Druck und Bindung: GGP Media, Pößneck

www.gabal-verlag.de – More success for you!

Inhalt

Einführung

Globaler Wettbewerb und turbodynamische Veränderungen konfrontieren Unternehmen mit neuen Herausforderungen. Unternehmenslenker sind genötigt, ihre Strategien und Konzepte auf ihre generelle Tauglichkeit hin zu überprüfen und sie anzupassen. Worauf kommt es dabei an?

Die Schwerpunkte und Perspektiven der Strategiediskussion **Geänderte** änderten sich im Laufe der Zeit. Während bis in die 80er-Jahre **Strategien** hinein noch unternehmensexterne Faktoren – wie z. B. der Wettbewerbsvorteil oder die Marktführerschaft – die Kristallisationspunkte waren, rückten in den 90er-Jahren unternehmensinterne Aspekte – wie die Prozessoptimierung oder die Veränderung der Unternehmenskultur – in den Mittelpunkt. In der zweiten Hälfte des Jahrzehnts erkannte man jedoch immer mehr, dass auch diese Punkte für sich allein genommen keine Erfolgsgarantie sind. Es kommt heutigen Erkenntnissen zufolge vielmehr darauf an, beide Aspekte zu berücksichtigen, oder, um es mit den Worten des deutschen Managementexperten Hermann Simon zu sagen: *»Eine gute Unternehmensstrategie muss immer externe Chancen und interne Ressourcen miteinander verbinden«* (Simon 2000, S. 10).

Der Begriff »Strategie«

Feldherrenkunst Die Literatur bietet eine Vielzahl von Definitionen des Begriffs »Strategie«, so dass die Gefahr der begrifflichen Beliebigkeit droht. Sprachlich gesehen stammt der Begriff aus dem Griechischen, geht auf die beiden Wörter *stratos* (= Heer) und *agein* (= führen) zurück und meint demnach die »Kunst der Heeresführung« oder die »Feldherrenkunst«.

Im 19. Jahrhundert wurde der Begriff vom preußischen General Carl von Clausewitz aufgegriffen und im militärwissenschaftlichen Zusammenhang als »Gebrauch des Gefechts zum Zwecke des Krieges« definiert: *»Taktik ist die Kunst, Truppen in der Schlacht richtig einzusetzen. Strategie ist die Kunst, Schlachten richtig einzusetzen, um Kriege zu gewinnen.«*

Zielorientierte Schritte 1947 übertrugen John von Neumann und Oskar von Morgenstern den Strategiebegriff auf die von ihnen entwickelte Spieltheorie und definierten ihn als *»Folge von Einzelschritten, die auf ein bestimmtes Ziel hin ausgerichtet sind«*.

Langfristiger Unternehmenserfolg Igor Ansof »importierte« 1965 den Strategiebegriff in die Führungstheorie. Von nun an verstand man unter einer Strategie »Maßnahmen zur Sicherung des langfristigen Unternehmenserfolges«. Seit jener Zeit wurde bei allen anderen Definitionsangeboten nur noch der Blickwinkel verändert bzw. angereichert, aber die Grundidee der langfristigen Unternehmenssicherung beibehalten. *»Strategie ist die Kunst und die Wissenschaft, alle Kräfte eines Unternehmens so zu entwickeln und einzusetzen, dass ein möglichst profitables, langfristiges Überleben gesichert wird«* (Simon 2000, S. 9). Außerdem finden sich folgende Gemeinsamkeiten in allen Erklärungsansätzen zum Thema Strategie:

- *Langfristigkeit:* Strategien sind auf weite Sicht konzipiert, d.h., mit ihnen werden langfristige Ziele verfolgt. Der Zeitraum der strategischen Planung beträgt im Allgemeinen acht bis zehn Jahre.
- *Orientierung an den Unternehmenszielen:* Strategien werden auf Basis der grundlegenden Unternehmensziele entwickelt, die sich wiederum aus der Unternehmens-

vision ableiten. Sie stellen als Maßnahmen zur Erreichung der Unternehmensziele somit eher den Weg als
das eigentliche Ziel dar.

– *Beobachten des Unternehmensumfeldes:* Strategische Entscheidungen werden stets unter Berücksichtigung der
Aktivitäten relevanter Marktteilnehmer getroffen.

– *Anpassungsfähigkeit:* Aufgrund ihres Langfristcharakters
können unvorhersehbare unternehmensinterne und
-externe Entwicklungen eintreten, die eine flexible Anpassung der Strategien erforderlich machen. Strategien
bedürfen daher einer stetigen Überwachung.

– *Planung und Abstimmung der strategischen Ziele:* Da sich
strategische Ziele auf das Unternehmen als Ganzes
beziehen, ist es erforderlich, diese bewusst zu planen
und innerhalb des Unternehmens abzustimmen, um
Zielkonflikten somit vorzubeugen.

– *Strategie als Aufgabe der obersten Führung:* Strategien
liegen aufgrund ihrer wesentlichen Bedeutung für die
langfristige Entwicklung des Unternehmens im Aufgabenbereich des Top-Managements.

Strategie als Sache des Top-Managements

**Mit einer Strategie will ein Unternehmen seine
Mission erfüllen bzw. seine Ziele erreichen.
Während sich die Strategie zu Clausewitz' Zeiten
einzig auf die Auswahl der Mittel bezog, um
vorgegebene Ziele zu erreichen, schließt sie heute
zusätzlich die Strategieentwicklung und die
Zielplanung mit ein.**

Empfehlungen für die eigene Strategieformulierung

Die Suche nach besseren und erfolgsträchtigeren Lösungen und
Methoden führte im Laufe der letzten zwei Jahrzehnte zum Ent-
stehen zahlreicher Strategieempfehlungen und Konzepttools.
Das trug eher zur Verwirrung als zur Klärung bei. Darum sind
Unternehmensführer gut beraten, diese Aspekte bei der Stra-
tegiefindung zu berücksichtigen:

**Keine strategische
Standardlösung**

1. Die von den »Strategiegurus« propagierten Rezepte sind kritisch zu hinterfragen, denn jedes Medikament hat Nebenwirkungen.
2. Es gibt keine strategische Standardlösung. So wie ein gutes Fahrrad an den Radfahrer angepasst wird, so muss auch die Strategie auf die Organisation zugeschnitten werden.
3. Der Aufwand zur Umsetzung der Konzepte darf nicht unterschätzt werden. So begeisterten sich in anfänglicher Euphorie beispielsweise rund 50 % der amerikanischen Großunternehmen für *Business Reengineering*. Von diesen Projekten führten nach Schätzungen von James Champy jedoch etwa zwei Drittel nicht zum erwarteten Erfolg (vgl. Hammer / Champy 1996, S. 274).
4. Zudem gilt es zu erkennen, dass die »richtige« Managementstrategie von heute nicht zwingend auch noch morgen das Erfolgsrezept ist. Die Komplexität der Unternehmensumwelt macht es erforderlich, Strategien und Konzepte regelmäßig zu überprüfen und sich ggf. von ihnen zu verabschieden.

**Lineare 5- bis
10-Jahrespläne im
dynamischen
Umfeld unbrauchbar**

In einem dynamischen Umfeld, dessen Trends immer weniger bestimmbar sind, können sich Unternehmen den Luxus eines akribisch genauen Planungsprozesses nicht mehr leisten. Fünf- und Zehnjahrespläne mit exakten Bestimmungen der Zwischenziele beruhen auf einem linearen Strategieverständnis, bei welchem der Weg von der Vision über Planungen und Entscheidungen, Handlungen und Kontrollen zu (möglichst) schwarzen Bilanzzahlen führt. In einem »turbodynamischen« Umfeld brauchen Unternehmen jedoch andere Strategien, nämlich solche, bei denen die Feinabstimmung der Reflexe sowie die Suche und der Aufbau temporärer Chancen im Mittelpunkt stehen.

Die Strategieformulierung kann somit als ein nie endender Prozess des Lernens und des Suchens nach besseren Mitteln und Wegen verstanden werden, um ein langfristiges und möglichst erfolgreiches Überleben eines Unternehmens sicherzustellen.

Zweck und Inhalt dieses Buches als Strategiekompass

Der Zweck des vorliegenden Buches ist es, einen Überblick über bedeutende Managementstrategien sowie strategieunterstützende Teilkonzepte und Führungswerkzeuge zu ermöglichen. Die unterschiedlichen Schwerpunkte und Betrachtungsweisen, aber auch die Gemeinsamkeiten bzw. Überschneidungen, durch die sich die Strategien und Konzepte innerhalb eines stetigen Fortentwicklungsprozesses auszeichneten, sollen über deren ausführliche Darstellung und Diskussion herausgearbeitet werden.

Überblick

Auch wird dargestellt, welche Umstände zur Entwicklung der vielfältigen Managementstrategien führten und mit welchen Fragestellungen sich ein Unternehmen auseinandersetzen muss bzw. welche Rahmenbedingungen es zu schaffen hat, wenn es sich an die Strategieformulierung macht.

Umstände der Entwicklung

Solche Strategiemodelle werden unterschiedlich beurteilt. Berater empfehlen sie als Wundermittel, Wissenschaftler entlarven sie als Wortnebel. Tatsächlich sind manche Strategiemodelle einfach nur Modeerscheinungen als Folge eines Management-Bestsellers.

Egal, für welche Meinung oder welches Modell man sich entscheidet, Modelle sind in der Regel vereinfachte Abbildungen der Realität. Um einen Sachverhalt zu modellieren, sollten nicht-relevante Aspekte negiert werden, um das Modell übersichtlich zu halten. Außerdem wurden und werden Managementmodelle immer im sozio-ökonomischen Milieu ihrer Zeit entwickelt, d.h. innerhalb eines Wettbewerbsumfeldes, das sich ständig verändert und damit das Modell modifiziert. Ein Beispiel hierfür war die Diversifizierungswelle, in deren Gefolge Mischkonzerne entstanden. Ihr Zweck war Risikostreuung und Synergienutzung. Als man dann die Steuerungsprobleme dieser Unternehmenssaurier erlebte, setzte die Rückbesinnung auf Kernkompetenzen ein.

Die aktuellen Modelle erlauben keinerlei Rückschluss auf das zukünftige Verhalten anderer Marktteilnehmer.

Für Unternehmenslenker folgt hieraus, nie eine Entscheidung auf der Basis eines Modells zu treffen, auch wenn sich dieses in der Vergangenheit als vernünftig erwiesen hat. Außerdem trifft nicht jedes Modell in jeder Situation auf jedes Unternehmen zu. Auch werden Modelle von anderen Wettbewerbern nachgeahmt und verlieren so schnell ihre Wirkung.

Trotz dieser Einschränkungen können die in diesem Buch vorgestellten Modelle eine wichtige Informationsquelle sein, um Zusammenhänge sichtbar zu machen und Entscheidungen zu fundieren. Doch das Denken von Managementtheoretikern darf nicht das eigene Nachdenken ersetzen.

Managementtheorien im Wandel der Zeit

	Periode des stabilen Wachstums	Periode des Wettbewerbs	Periode des Hyperwettbewerbs
Zeitraum	1945 – 1975	1975 – 1995	Seit 1995
Kennzeichen des wirtschaftlichen Umfeldes	· Wachstum · Geschäftschancen	· Wettbewerb · Zyklisches Wachstum	· Revolutionäre Veränderungen · Globalisierung
Vorrangige Unternehmensziele	· Umsatzwachstum · Risikostreuung	· Überleben · Profitabilität · *Shareholder Value*	· Management der unvorhergesehenen Entwicklungen (Flexibilität)
Vorherrschende Unternehmensstrategien	· Expansion	· Restrukturierung · Re-Fokussierung auf das Kerngeschäft · Nischenmarketing · *Mergers & Acquisitions*	· Neudefinition von Branchengrenzen · Neudefinition des Geschäftes · Management der Beziehungen zu Partnern
Prägende Management-Modelle	· Lebenszyklusmodell · Ansoffs Matrix · Situationstheorie · *Structure follows Strategy*-Theorie	· Lehre von den Wettbewerbskräften · Kernkompetenzen · Prozessmanagement · *Lean Management*	· Chaostheorie · Spieltheorie · Evolutionstheorie · Ressourcenbasierte Strategie

Der erste Teil dieses Buches ist historischer Art. In Form einer **1. und 2. Teil** Zeitreise durch die Managementtheorie wird der Leser über die wichtigsten Theoriemodelle seit der Jahrhundertwende informiert. Es folgt jener Hauptteil, in dem die übergeordneten Strategiemodelle, also jene Metastrategien dargestellt sind, die dem Unternehmen eine grundsätzliche Richtung geben. Es wurden hier die in der aktuellen Diskussion wichtigsten Strategiemodelle herausgegriffen.

Im dritten Teil werden jene strategieunterstützenden Teilkon- **3. Teil** zepte und Instrumente vorgestellt, die im Rahmen der übergeordneten Strategien (zum Teil nebeneinander) Einsatz finden und diese somit konkretisieren. Der Schwerpunkt liegt hierbei auf den gängigsten *Human Resources*-Konzepten. Diese haben für die Umsetzung der metastrategischen Managementmodelle eine Vehikelfunktion, wie die Ergebnisse der Managementforschung bezüglich der Erkenntnisse der »weichen Faktoren« seit den 80er-Jahren belegen. Darum werden insbesondere jene *Human Resources*-Konzepte gewichtet, die auf die Nutzung und Entwicklung dieser *Soft Facts* zielen (z. B. *Diversity, Empowerment, Leadership)*.

Die Zuordnung zu den metastrategischen Managementmodellen einerseits und der Gruppe der Konzepte und Werkzeuge andererseits ist nicht unproblematisch. Es kommt letztendlich auf den Zusammenhang bzw. die Betrachtungsebene an. So mag das Thema Wissensmanagement in einem IT-Unternehmen strategische Bedeutung haben, während es in einem Handelsunternehmen eher eine marginale Rolle spielt. Die Wirtschaftsethik ist eigentlich den strategischen Managementmodellen zuzuordnen, aber im Unternehmensalltag hat sie geringe strategische Bedeutung.

Diese Auswahl soll nicht das Studium der Originalquellen ersetzen. Der Autor hofft, dass er seine Leser mit der hier vorliegenden Themensammlung animiert, sich ergänzend in der Primärliteratur zu informieren.

Der vierte Teil schließlich gibt einen Ausblick auf die Zukunft **4. Teil** und befasst sich auch mit der Rolle der Manager.

Literatur

Hammer, M. / J. Champy: *Business Reengineering.* Die Radikalkur für das Unternehmen. Frankfurt / Main 1996.

Simon, Hermann: *Das große Handbuch der Strategiekonzepte.* Ideen, die die Businesswelt verändert haben. Frankfurt / Main 2000

Erster Teil:
Blick zurück – Zeitreise durch das Management

1. Vielfalt der Managementtheorien

Tausende von dicken Büchern und Hunderttausende von Fachaufsätzen wurden geschrieben, um den Komplex Management oder Teilaspekte davon zu erklären. Die Anzahl der Veröffentlichungen übertrifft die Menge an neuen und brauchbaren Ideen. Viele der Management-Rezeptbücher lassen sich bei genauerem Hinsehen als bloße Rhetorik entlarven. Die Titel versprechen nicht einfach nur den Erfolg, sondern Quantensprünge in Megadimensionen. Jeder dritte Titel beinhaltet eine Erhöhung in Form eines Komparativs oder Superlativs. Dahinter verbergen sich zumeist gut klingende Worthülsen, Patentrezepte, Glaubensbekenntnisse, Zweitaufgüsse vorhandener Modelle oder Theorieplagiate mit neuen Begriffen. Einige dieser Ansätze widersprechen anderen Ansätzen, manche widerlegen sich gegenseitig.

Überangebot an Managementansätzen

Es ist wie in der Bibel, in der man mit dem Neuen Testament das Alte widerlegen könnte. Die diversen Konzepte ähneln der Situation auf dem Markt der Religionen: Alle wollen der menschlichen Seele nützlich sein, aber die zugrunde liegenden Annahmen und die empfohlenen Wege sind unterschiedlich. Ähnlich verhält es sich mit den managementtheoretischen Glaubensbekenntnissen: Die Pioniere und Anhänger der verschiedenen theoretischen Strömungen befinden sich im Konkurrenzkampf, übertreffen sich mit ihren Versprechungen oder aber widerlegen sich untereinander. Manche Managementexperten deuten dies als Ausdruck einer methodologischen Krise, andere freuen sich über die kreative Vielfalt und deuten sie positiv. Schon in den Jahren von 1960 bis 1970 wurde die Situation als *»Dschungel der*

Methodologische Krise?

Leistungstheorie« bezeichnet, in der man Wegweiser benötigt (vgl. Ordione 1966, S. 10 und Koontz 1961, S. 174).

Der »Managementpapst« Peter F. Drucker vertrat 1970 die Ansicht, dass der Entstehungsprozess einer einheitlichen und wissenschaftlich fundierten Managementtheorie bereits im Gange sei und Grund für die Hoffnung bestehe, »… *dass wir in zwanzig Jahren über klare Grundsätze, eine erprobte Politik und bewährte Methoden für die betriebliche Menschenführung verfügen werden*« (Drucker 1970, S. 305). Das schrieb er vor der Globalisierung und Digitalisierung und bevor die Japaner ihren Exportschlager *Lean Management* der westlichen Wirtschaftswelt als Kopiervorlage offerierten.

Zeitgleich meinten andere Managementexperten wie B. D. Estafen von der Universität Indiana, dass »*wir niemals über ein System vollständiger Kenntnisse auf dem Gebiet der Leitung verfügen*« werden (Estafen 1971, S. 55).

Keine allgemeine Managementtheorie möglich
Der Autor dieses Buches schließt sich dieser und der schon 1966 von Prof. G. S. Odiorne (Michigan-University) aufgestellten These an: Es ist fast unmöglich, eine allgemeine Theorie der Leitung aufzustellen. Manager richten sich oft nicht nach den vom »wissenschaftlichen Management« aufgestellten Regeln, sondern verstoßen, unerwartet für Mitbewerber, dagegen und sind manchmal eben deshalb erfolgreich. Anders ausgedrückt: Würden alle Manager die gleichen Erfolgsprinzipien anwenden, dann würde sich der Effekt ins Gegenteil verkehren.

Eine homogene Managementtheorie erscheint schon deshalb unmöglich, da sich Unternehmen hinsichtlich Größe und Branche, Außen- und Wechselwirkungen unterscheiden. Die meisten Theoretiker orientieren sich an der Arbeitsweise von Großorganisationen und ignorieren die Besonderheiten von Klein- und Mittelunternehmen. Außerdem bleibt in einer sich turbodynamisch entwickelnden Wirtschaftsumwelt jeder Versuch der Theorieformulierung vorläufig.

Die folgenden Ausführungen beschränken sich auf jene Theoriemodelle bzw. Theoretiker, die sich durch eine starke Multiplikatorenwirkung auszeichneten, also die Managementarchitektur der Businesswelt nachhaltig prägten. Bei den Autoren handelt es sich um einen Personenkreis bekannt gewordener Wissenschaftler und solcher großindustrieller Wirtschaftslenker, die ihre Praktiken und Erfahrungen in Büchern publizierten, welche zu Bestsellern avancierten.

2. Die Theoretiker vor der Theorieentwicklung

Aus Gründen der Vollständigkeit sollen hier jene Pioniere der Manufaktur- und Fabrikorganisation kurz vorgestellt werden, welche die Tätigkeit des Managens entdeckten, bevor es ein personengebundenes Management gab. Von ihnen stammen Grundaussagen zur Unternehmens- und Mitarbeiterführung, die sich auch heute noch durch einen hohen Gültigkeitswert auszeichnen (vgl. Rudolph 1994).

Robert Owen Robert Owen (1771–1858) war ein Fabrikbesitzer mit sozialreformerischen Ambitionen. Er beklagte, dass die meisten Manufakturleiter ihre Mitarbeiter als eine »zweitrangige und minderwertige Maschine« betrachteten. 1813 rief er darum seine Standeskollegen auf, »die lebendigen Maschinen« mit der gleichen Aufmerksamkeit zu behandeln wie die »leblosen«.

Adam Smith Adam Smith (1723–1790) untersuchte die wirtschaftlichen und gesellschaftlichen Segnungen der Arbeitsteilung und wurde so zum Wegbereiter der industriellen Fertigungsweise, die Henry Ford vollendete.

Charles Babbage Charles Babbage (1792–1871) war ein vielseitig tätiger Naturwissenschaftler. Er forderte als einer der ersten eine wissenschaftlich konsequente Herangehensweise zur Lösung technischer oder wirtschaftlicher Probleme. Nach langjährigem Studium von Produktionsbetrieben unternahm er in seinem Buch *Über das Maschinen- und Fabrikwesen* (Berlin 1833) den Versuch, allgemeine

Führungsprinzipien hinsichtlich Arbeitsorganisation und Prozessgestaltung aufzustellen. Vieles von dem, was er schrieb, hat bis heute nichts von seiner Gültigkeit verloren.

Karl Marx (1818–1883) ermöglichte mit seinem Hauptwerk *Das Kapital* tiefe Einsichten in die Logik der frühindustriellen Arbeitsweise. Er erklärte Sinn und Zweck der betrieblichen Hierarchie in dieser Epoche der Wirtschaftsgeschichte und begründete die Vorteile kooperativer Arbeit lange vor der *Human Relations*-Schule. Dieses Ökonomie-Genie sollte man nicht wegen der Verbrechen des Sozialismus diskreditieren.

Karl Marx

Ernst Abbe (1840–1905) war ähnlich wie Owen ein weit vorausdenkender Unternehmensführer (Zeiss, Jena) und gleichzeitiger Sozialreformator. Er sah den Sinn unternehmerischer Tätigkeit nicht nur in der individuellen Gewinnmaximierung, sondern in der Wohlfahrt aller an der Wertschöpfung beteiligten Mitarbeiter.

Ernst Abbe

Die moderne Theorieentwicklung setzte um die Jahrhundertwende zum 20. Jahrhundert als Folge der Industrieentwicklung ein. Alle früheren Managementtheoretiker standen in der Tradition des logisch-linearen Weltbildes, das seit Newton und Descartes die Wissenschaft beherrschte und großen Anteil am Menschheitsfortschritt hatte. Das diesem Weltbild zugrunde liegende techno-rationale Paradigma prägte die ersten managementtheoretischen Erklärungsversuche und die daraus abgeleiteten Empfehlungsmodelle zu Beginn des 20. Jahrhunderts. Entsprechend wurden Organisationen auf der Basis von Ursache und Wirkung, von Voraussagbarkeit und Planung, von Lenkung und Kontrolle gestaltet und strukturiert.

Newton und Descartes

Man könnte die managementtheoretische Entwicklung, aufbauend auf einem Modell des Stanford-Managementprofessors Richard Scott, diesen vier Hauptperioden zuordnen:

4 Hauptperioden der Managementtheorie

1. Periode des rationalen Handelns im geschlossenen System (1900–1925/30)
2. Periode des sozialen Handelns im geschlossenen System (1925–1955)

3. Periode des rationalen Handelns im offenen System (1955–1970)
4. Periode des sozialen Handelns im offenen System (seit 1970)

	Geschlossenes System	Offenes System
Rationales Handeln	**Etwa 1900 bis ca. 1930:**	**Etwa 1955 bis ca. 1970:**
	Bürokratiemodell (Max Weber)	**Situationstheoretische Ansätze** – *Theory of Leadership Effectiveness* (F. E. Fiedler)
	Scientific Management (Frederick W. Taylor)	– Stochastische Organisationslehre (P. Lawrence und J. Lorsch)
	Administrative Lehren (Henry Fayol, Alfred Sloan)	*Strategy and Structure-Theory* (Alfred Chandler)
	Fordismus (Henry Ford)	
Soziales Handeln	**Etwa 1925 bis ca. 1955:**	**Ab 1970:**
	Human Relations-Bewegung (Elton Mayo)	**Evolutions- und chaostheoretische Ansätze:** (Karl Weick, James March)
	XY-Theorie (Douglas McGregor)	**Entscheidungstheorie** (Herbert Simon)
	Leadership-Theorie (Chester Barnard)	**Kybernetik** (Norbert Wiener)
	Motivationstheorie (Frederick Herzberg)	**Empirische Erfolgsforschung** (Peter F. Drucker, Thomas J. Peters, Robert H. Waterman, Thomas S. Watson)
		Lean Management (MIT-Studie, Taiichi-Ohno)
		Postschlankes Management – Lehre von den Wettbewerbskräften (Michael Porter) – Ressourcen-basierte Strategie (Gary Hamel / C. K. Prahalad)

In der Tabelle führt die waagerechte Achse von mechanistischen und geschlossenen Organisationsvorstellungen zu einer offenen und gestaltungstheoretischen Denkweise. Die senkrechte Achse bewegt sich von »rational« geprägten Managementmodellen zu solchen, die den sozialen Kontext in den Mittelpunkt ihrer Denkmodelle stellen.

3. Theorien des rationalen Handelns im geschlossenen System

Die Theorien des rationalen Handelns im geschlossenen System (etwa 1900 bis ca. 1930) haben das Management in den ersten 50 Jahren dieses Jahrhunderts nachhaltig geprägt. Das gilt insbesondere für den Taylorismus. Aber auch Webers Bürokratiemodell wirkt bis heute nach, insbesondere im Bereich der öffentlichen Verwaltung.

Übergangstheorien

Diese Theorien waren ein wichtiges Durchgangsstadium auf dem Wege zu heutigen Managementtheorien. Sie spiegelten neue Erfordernisse der Unternehmensführung in einer komplexer gewordenen Wirtschaft mit immer größeren Industriebetrieben und wachsenden Verwaltungsapparaten wider.

Die wichtigsten Theoriemodelle sind in der Reihenfolge ihrer Bedeutung:

1. Taylors wissenschaftliche Betriebsführung
2. Max Webers Bürokratiemodell
3. Fordismus
4. Fayols Administrationstheorie
5. Sloans wissenschaftliche Verwaltungsorganisation

Fayols Administrationslehre

Zu nennen wäre hier zunächst die von Henry Fayol (1841–1925) begründete Systematik der Unternehmensführung bzw. Administrationslehre. Er ordnete alle Tätigkeiten, die in einem Unternehmen anfallen, diesen sechs Gruppen zu:

1. technische,
2. kommerzielle und
3. finanzielle Tätigkeiten sowie
4. Sicherungsmaßnahmen,
5. Buchhaltung und
6. Management.
   Dieses besteht linear aufeinander aufbauend aus diesen Grundfunktionen:
   – Planen,
   – Organisieren,
   – Anweisen,
   – Koordinieren und
   – Kontrollieren.

Von Fayol stammt auch der Grundsatz der Auftragserteilung bzw. das Liniensystem. Das bedeutet, eine in der Hierarchie nachgeordnete Instanz kann nur von einer vorgeordneten Weisungen erhalten.

Grundsatz der Auftragserteilung

Dieses Managementmodell wurde von anderen weiterentwickelt und wird in vielen Varianten und für verschiedene Zwecke bis heute genutzt. Vor allem die Kybernetik in den Jahren von 1965 bis 1980 verhalf diesen und ähnlichen Modellen zu nachträglichem Ruhm.

Taylors wissenschaftliche Betriebsführung

Das zweite Hauptmodell dieser Grundrichtung wurde unter den Bezeichnungen »Taylorismus« bzw. *Scientific Management* zu einer Art Management-Urmeter des frühen 20. Jahrhunderts.

Der »Urmeter«

Von 1895 an unternahm Frederick Winslow Taylor (1856–1915) viele Studien, in denen er versuchte, die Methoden der experimentellen Wissenschaft auf den Betrieb anzuwenden. Er vereinigte in sich den Theoretiker wie den Praktiker. Als Arbeiter, Ingenieur, Betriebsleiter, Jurist, Unternehmensberater und Präsident der *American Society of Mechanical Engineers* konnte er aus einem reichen Fundus an Wissen und Erfahrungen schöpfen.

Aus seinem wichtigsten Buch *The Principles of Scientific Management* leitete sich später der Begriff »Wissenschaftliche Betriebsführung« als Synonym für *Taylorismus* ab. Taylors Maxime lautete: *»Ersatz des persönlichen Arbeiterurteils durch eine Wissenschaft«* (Taylor 1919, S. 121).

Analyse von Arbeitsvorgängen Jeder Arbeitsvorgang wurde von ihm genau untersucht, in seine Elemente zerlegt und exakt berechnet. Überflüssige Handgriffe und »tote« Zeiten beseitigte er durch Zeitnahmen und Bewegungsstudien. Auch die Werkzeuge normte er entsprechend der zu leistenden Arbeit.

Neben die wissenschaftliche Analyse der Arbeitsvorgänge trat später die wissenschaftliche Auslese der Arbeiter: Jedem soll die Arbeit übertragen werden, zu der er am besten geeignet ist. So wurde F. W. Taylor Begründer einer neuen »Wissenschaft«, die sich gleichermaßen als Wissenschaft der Arbeitsorganisation wie als Wissenschaft der Betriebsführung versteht.

> **Die zwei Hauptziele des Taylorismus waren:**
> 1. **Den Produktionsprozess für die Betriebsleitung überschaubar, berechenbar und kontrollierbar zu machen**
> 2. **Die Arbeiter durch Anreizsysteme zur Leistungssteigerung zu motivieren**

Prinzipien wissenschaftlicher Betriebsführung Um diese Hauptziele zu erreichen, stellte F. W. Taylor folgende Prinzipien wissenschaftlicher Betriebsführung auf:

– Hand- und Kopfarbeit sind zu trennen. Darum sind alle geistigen Elemente aus der Tätigkeit des Arbeiters zu eliminieren. Eigenes Wissen, Ideen und durch Genera-

tionen gewonnene Erfahrungen sollen und können nicht mehr in den Arbeitsprozess eingebracht werden.
- Kopfarbeit ist das Privileg der Führungsmannschaft. Sie allein kennt die Grundsätze der wissenschaftlichen Betriebsführung und versteht sie zum Nutzen aller anzuwenden.
- Im Zusammenhang damit degradierte er den Arbeiter zum *homo oeconomicus*, der, weil träge, mit materieller Gratifikation oder Sanktion zur Arbeit anzuhalten ist. Daraus folgt eine starke Gewichtung insbesondere der Führungsaufgabe Kontrolle. Psychische, seelische, soziale Aspekte blieben im Produktionsprozess fortan unberücksichtigt.
- Betriebliche Abläufe sollen sich im Rahmen der formalen Organisation vollziehen, die keine anderen als vom Dienstlichen, Funktionellen vorgeschriebenen Inhalte zulässt.

Als Folge der vom Taylorismus empfohlenen Arbeitsteilung vollzog sich eine starke Entfremdung des Arbeiters von seinem Produkt, die sich u. a. in mangelnder Qualität und Demotivation ausdrückte.

Entfremdung der Arbeiter

Taylor bezweifelte die lineare Arbeitsorganisation Fayols und entwickelte stattdessen das Funktionsmeisterprinzip, bei dem jeder Arbeiter Anweisungen und Aufträge von acht Spezialmeistern erhält: vom Prüfmeister, Instandhaltungsmeister, Geschwindigkeitsmeister, Vorrichtungsmeister und von vier Planungsmeistern, die für die Ausfertigung von Arbeits- und Unterweisungskarten, Zeit- und Kostenrechnungen sowie für die Produktionsdisziplin zuständig sind. Ferner schlug er eine Arbeitsteilung der Führungsaufgaben vor, damit »*der Gang der Werkstätte nicht vom Betriebsdirektor abhängig*« ist (Taylor 1919, S. 53).

Der Taylorismus entstand in den USA, da man hier erstmals das Kampffeld der Kosten entdeckte. Schon damals wurde die Senkung der Stückkosten zum entscheidenden Hebel, um die Konkurrenzfähigkeit zu erhalten. In dieser Hinsicht konnte Taylor große Erfolge erzielen. In Maschinenbetrieben, die Taylor nach seinen Grundsätzen der wissenschaftlichen Betriebsführung or-

Kostensenkung

ganisierte, verdoppelte sich die Produktivität pro Mann und Maschine im Zeitraum von drei Jahren. Das war der Grund dafür, dass bis 1940 mehr als 90 Prozent aller US-Industriefirmen Taylors Rationalisierungs- und Anreizsystem übernahmen.

Trotz der Kritik am Menschenbild des Taylorismus und an den Auswüchsen in der Entstehungsphase ist festzuhalten, dass Taylor die organisatorischen Grundlagen der modernen mechanisierten Massenproduktion schuf, die ihrerseits zum Vehikel für Automation und industrielle Revolution wurde. In Deutschland fand der Taylorismus mit der Gründung des Reichsausschusses für Arbeitszeitermittlung (REFA) seine organisatorische Plattform. Selbst die schärfsten Kritiker des Taylorismus übernahmen ihn nach 1920 in Form des Stachanow-Systems in der Sowjetunion, um die sozialistische Wirtschaft zu stimulieren, denn – so ein sowjetischer Ökonom – der Taylorismus bringe *»gewisse fortschrittliche Ideen und Thesen zum Ausdruck, worin sich die Entwicklungsbelange der wissenschaftlich organisierten gesellschaftlichen Großproduktion widerspiegeln«* (Gvisiani 1974, S. 262).

Fordismus

Ökonomisierung der industriellen Fertigung

Während sich Taylor primär mit der Rationalisierung handwerklicher Arbeit befasste, konzentrierte sich der Fordismus auf die Ökonomisierung des industriellen Fertigungsprozesses. Henry Ford (1863–1947) verfolgte eine hohe Typisierung der Produkte, die ihren Ausdruck in der Produktion des acht Millionen Mal gefertigten T-Modells fand. Zur Massenproduktion dieses Einheitsmodells bemerkte Ford: *»Bei mir können Sie ein Auto in jeder beliebigen Farbe kaufen, vorausgesetzt die Farbe ist schwarz.«*

Das Fließband feierte bei Ford in Detroit seine Weltpremiere. Es bewirkte eine Reduktion des hohen personenabhängigen Kontrollaufwandes, der im System des Taylorismus noch unumgänglich schien. Eine systematische Personalselektion sollte optimale Bewegungsabläufe gewährleisten. Außerdem zahlte Ford den doppelten Lohn des Branchendurchschnitts, um so die Nachfrage nach seinen Fahrzeugen zu stimulieren.

Die Produktionserfolge von Ford beruhten vor allem auf der konsequenten Durchsetzung der Massenproduktion, des Fließbandprinzips, einer hohen Arbeitsintensität und einer großen Fertigungstiefe.

Max Webers Bürokratiemodell

Das vierte Hauptmodell der Gruppe »rationales Handeln im geschlossenen System« entstand in der Heidelberger Denkschmiede des Soziologen Max Weber (1864–1920). Sein Bürokratiemodell wurde zum Organisationsgerüst aller deutschsprachigen Amtsstuben und Industriekontore vom Baltikum bis hin zum Balkan.

Folgende sind die Merkmale des von Weber vorgeschlagenen »Idealtypus« administrativer Organisation, die von ihm als »Bürokratie« bezeichnet wird:

Merkmale der Bürokratie

1. Die Arbeit der Organisation ist in einfachste, elementare Arbeitsgänge aufzugliedern, die von Spezialisten erledigt werden.
2. Organisationen sind hierarchisch aufzubauen, sind also ein System von Unter- und Überordnung.
3. Die Arbeitsweise der Organisation wird durch ein System abstrakter Regeln vorgegeben: Der ideale Leiter arbeitet nach dem Prinzip *sine ira et studio*, ohne Hass und Leidenschaft, ohne Ansehen der Person, ohne Liebe und Enthusiasmus, formal gleich für jedermann.
4. Das Karriereprinzip beruht auf einem System des »Aufrückens« entsprechend dem Dienstalter (Anciennität) oder auf Grund erfolgreicher Tätigkeit für die Organisation oder auf beidem.

Weber sah in der bürokratischen Organisation mit ihrer von Regeln geleiteten, unpersönlichen Form die beste Möglichkeit effektiv zu arbeiten und das langfristige Überleben einer Organisation zu sichern. Die regelgebundene Amtsführung garantieren Beamte mit genau abgegrenzten Aufgabenbereichen, Befehlsgewalten und Sanktionsmitteln.

Sloans wissenschaftliche Verwaltungsorganisation

Dezentrales Management Alfred Sloan (1875–1966) gehört zu den Konzeptionalisten der klassischen Managementtheorien, obwohl er auch der erst später wirksam werdenden empirischen Schule des Managements zuzuordnen wäre. Seine Bedeutung liegt in der herausragenden Rolle, die er in der amerikanischen Industriegeschichte einnahm. Im Jahre 1918 wurde er 43-jährig in den Vorstand von *General Motors* und 1923 zum Vorstandsvorsitzenden berufen. Von diesem Zeitpunkt an setzte ein Phase der Prosperität ein. Seinen Erfolg sehen viele Autoren in seiner wissenschaftlichen Verwaltungskonzeption begründet, die auf dem Hauptprinzip beruhte: »dezentrales Management bei zentraler Strategie und Kontrolle«. Operative Entscheidungen sollten nunmehr an der »Produktionsfront« und nicht in entfernten Stabsbüros der Zentrale gefällt werden.

Die Arbeitsteilung der Produktion wurde auf die Administration ausgedehnt, d. h., deren Grundsätze von Adam Smith bis Taylor wurden nun auch auf das Management angewandt. Diese Arbeitsteilung bezog sich aber nicht nur auf technische, sondern auch auf kaufmännische, insbesondere finanzwirtschaftliche Aspekte.

4. Theorien des sozialen Handelns im geschlossenen System

Zu den Theorien des sozialen Handelns im geschlossenen System (etwa 1925 bis ca. 1955) gehören vier Unterabteilungen, nämlich

1. die Schule der menschlichen Beziehungen,
2. die XY-Theorie,
3. die *Leadership*-Theorie und
4. Herzbergs Motivationstheorie.

Mayos Schule der menschlichen Beziehungen

Mitte der 20er-Jahre versuchten viele US-Firmen, den Taylorismus zu perfektionieren. Eine von diesen Untersuchungen wurde weltberühmt und zum Ausgangspunkt eines neuen managementtheoretischen Ansatzes. Gemeint sind die *Hawthorne-Experimente*, die ab 1924 stattfanden. Wegen der unerwarteten Ergebnisse, die im Widerspruch zum tayloristischen Glaubensbekenntnis dieser Zeit standen, beauftragte man den Nationalökonomen und Psychologen Elton Mayo von der Harvard-Universität, umfassende Studien über den Einfluss physischer Bedingungen auf den Arbeitsprozess anzustellen.

Am Ende seiner Untersuchungen stand die Entdeckung des bis dahin unbekannten »Faktors der menschlichen Beziehungen«.

Damit sind die psychischen und sozialen Begleitphänomene der industriellen Arbeit gemeint. Die Ergebnisse dieser Studien stellten die Gültigkeit der Aussagen des *Scientific Management* in Frage.

Im Gegensatz zur tayloristischen Konzeption des *homo oeconomicus*, der nach individueller Nutzenmaximierung strebt, kamen Mayo und seine Mitarbeiter zu folgenden Schlussfolgerungen:
1. **Das Produktionsergebnis wird durch soziale Normen und nicht durch physiologische Leistungsgrenzen bestimmt.**
2. **Nichtfinanzielle Anreize motivieren stärker als finanzielle.**
3. **Industriearbeit ist nicht nur formelle, sondern auch informelle Gruppenarbeit.**

Bedeutung des sozialen Kontextes Dementsprechend handeln die Arbeiter nicht nur als Individuen, sondern meist im Kontext der Gruppenbeziehungen. Das soziale Leben der Beschäftigten bezieht seine Bedeutung von der Berufssphäre. Insofern stellt Arbeit nichts Fremdes im Leben der Menschen dar. Sozialer Status, Verbrauchsgewohnheiten, gesellschaftliche Beziehungen und anderes mehr stehen mit der beruflichen Tätigkeit und dem Betrieb in engster Beziehung.

Während Taylor den Lohn als elementaren Stimulus des Arbeitsverhaltens betrachtete und dementsprechend an die leistungssteigernde Kraft des Akkordsystems glaubte, gelang es der *Human Relations*-Bewegung nachzuweisen, dass die Leistung eines Arbeiters nicht nur durch seine physische, sondern in erster Linie durch seine »soziale Kapazität« bestimmt ist. In Experimenten zeigte sich deutlich, dass die Arbeiter ihre Leistung zurückhielten, obwohl eine höhere quantitative Leistung, die ohne Überanstrengung hätte erbracht werden können, angemessen honoriert worden wäre. Die Arbeiter verzichteten also bewusst auf einen möglichen Mehrlohn, indem sie ihre Leistung absichtlich niedrig hielten.

Hawthorne-Effekt Diese Experimente führten zu der Erkenntnis, dass die tatsächliche Produktionsmenge industrieller Arbeit nur im losen Zusammenhang mit der möglichen physischen Tagesleistung der Arbeiter steht. Diese ist in erster Linie eine Funktion sozialer Normen, die sich in den verschiedenen Arbeitsgruppen herausbildeten. Dadurch wurde deutlich, dass Arbeit eine Gruppentätigkeit, d.h. ein sozialer Prozess ist und das Verhalten des Arbeiters wesentlich von den Normen jener Gruppe abhängt, deren Mitglied er ist. Der materielle Lohn und die physischen Arbeitsbedingungen sind also nicht die einzigen entscheidenden Faktoren für die Arbeitsleistung. Der Wunsch nach Anerkennung, Sicherheit und echter Zugehörigkeit, nach Prestige und Status sind für den Mitarbeiter ebenso wichtig. Allein die Tatsache, im Blickpunkt der Wissenschaftler zu stehen, hatte dazu geführt, dass im Arbeitsteam ein elitäres Gruppenbewusstsein entstand, aus dem Motivation und Identifikation resultierten. Diese Folgewirkungen gingen als so genannter *Hawthorne-Effekt* in die industriesoziologische Diskussion ein.

Im Gegensatz zu Taylor, der sich für die Leistung des einzelnen Arbeiters interessierte, betont die *Human Relations*-Schule, dass es die Organisation nicht nur mit Individuen, sondern zugleich mit Arbeitsgruppen zu tun hat, die sich nicht unbedingt mit den formellen Arbeitseinheiten decken. Die Mitglieder solcher Gruppen gehen Wechselbeziehungen ein, die nicht dem Fluss der Arbeit folgen, sondern kreuz und quer durch den ganzen Betrieb verlaufen.

Diese informellen Gruppen sind für die *Human Relations*-Schule von besonderer Bedeutung, da sie nicht nur – wie schon erwähnt – den Arbeitsrhythmus ihrer Mitglieder bestimmen, sondern auch das Sicherheitsgefühl, die sozialen Verhaltensformen sowie die Bewertung der eigenen Arbeit und des Betriebes.

Informelle Gruppen wichtig

Während die tayloristische Organisationstheorie solche informellen Gruppen als Störfaktor betrachtet, sieht sie die *Human Relations*-Schule als wichtig und notwendig für das betriebliche Funktionieren an: »*Informelle Beziehungen sind nicht zufällig und nebensächlich für den Ablauf des Betriebes, im Gegenteil: Keine Organisation vermag wirksam zu funktionieren, wenn sie nicht ein parallel laufendes, spontanes Netz zwischenmenschlicher Beziehungen enthält*« (Roethlisberger/Dickson 1939).

Eines der Hauptziele der *Human Relations*-Schule bestand nun darin, für die Zufriedenheit der Arbeitnehmer zu sorgen. Sie empfahl, die informellen Gruppenbeziehungen zu beachten. Statt starrer Organisationsstrukturen, statt formaler Abläufe, fordert die *Human Relations*-Schule, die informellen Aspekte des Organisationsgeschehens zu erkennen.

Ein weiteres, wichtiges Resultat der *Human Relations*-Experimente modifizierte auch jene Annahmen des *Scientific Management*, wonach allein Vorarbeiter, Meister oder Abteilungsleiter die Mitarbeiter führen. Bei verschiedenen Untersuchungen wurden so genannte informelle Führer festgestellt, die dadurch, dass sie die Gruppennormen am besten erfüllten, aus der Gruppe herausragten und diese beeinflussten.

Solche informellen Führer bilden sich heraus als Folge von informellen Wechselbeziehungen, aus denen soziale Wert- und Einschätzungen hervorgehen. Während der Arbeiter einerseits einen bestimmten räumlichen Platz einnimmt, bekommt er andererseits aufgrund solcher sozialen Bewertungsprozesse seinen sozialen Platz innerhalb der sozialen Statuspyramide zugewiesen, der nicht unbedingt mit dem Status des formell zugewiesenen Platzes übereinstimmen muss.

Management-Empfehlungen Als Folge der Experimente ergingen diese Empfehlungen an das Management:

1. Die Mitarbeiter und insbesondere jene, die mit Führungsaufgaben betraut sind, sollen lernen, auf andere zu hören und Fragen zu stellen, die einen Überblick über gegebene Situationen ermöglichen, die eigenen Gefühle und die der anderen erkennen sowie die soziale Realität des Betriebes beobachten.

2. Untere Ränge sollten an den Entscheidungen der oberen beteiligt werden, besonders in Angelegenheiten, die sie selbst betreffen. Delegation wird in diesem Zusammenhang auch als Mittel zur Freisetzung des schöpferischen Potenzials der Beschäftigten auf allen Ebenen des Betriebes empfohlen.

3. Das Führungsverhalten muss ebenfalls einer gründlichen Revision unterzogen werden. An die Stelle des bis dahin vorherrschenden autoritären Führungsstils sollte das Konzept demokratischer Führung treten. Man war der Meinung, dass die möglichen Führungsstile anhand der Begriffe »demokratisch«, »autoritär« und »laissez-faire« operationalisierbar seien. Nach entsprechenden Untersuchungen – u. a. mit Kindergruppen – gelangte man zu der Erkenntnis, dass die »personenbezogene Führung« bessere Auswirkungen auf die Produktivität hat als die »produktionsbezogene«.

Der Schwarze Freitag 1929 und die nachfolgende Weltwirtschaftskrise bereitete den Experimenten ein plötzliches Ende. Noch bevor eine breite Diskussion über die Erkenntnisse aus den Chicagoer Fabrikhallen begann, griffen die amerikanischen Manager im Zuge des nachfolgenden Zweiten Weltkriegs wieder zu den ihnen vertrauten Mitteln der Kommandowirtschaft mit Befehl, Gratifikation, Sanktion und Kontrolle im Zentrum des Führungsverhaltens.

McGregors XY-Theorie

Die von Mayo und seinen Anhängern begründete Sozialpsychologie des Unternehmens wurde am konsequentesten von Douglas McGregor (1906–1964) weiterentwickelt. Seine Erkenntnisse brachte er auf diesen Nenner:

Die allgemeine Sichtweise, die ein Manager von Menschen bzw. Mitarbeitern hat, bestimmt dessen Verhalten und damit den Unternehmenserfolg. Sieht er den Menschen ganz allgemein positiv, folgt daraus ein anderes, eher motivierendes Führungsverhalten als bei einer negativen Sichtweise, aus der in der Regel Kontrolle und Sanktionen resultieren.

Sichtweise bestimmt Verhalten

Er definiert die verschiedenen Sichtweisen idealtypisch als X- und Y-Theorie. Pessimistische Sichtweisen von Menschen, wie sie für

Adam Smith, N. Machiavelli, F. Taylor oder S. Freud typisch sind, subsumierte er unter X, optimistische Sichtweisen, für die J. Locke, E. Mayo und A. Maslow stehen, unter Y (vgl. McGregor 1970).

Die wichtigsten Annahmen der Theorien X und Y nach McGregor

Theorie X	Theorie Y
Der Mensch hat eine angeborene Abscheu vor der Arbeit und versucht, sie so weit wie möglich zu vermeiden.	Der Mensch hat keine angeborene Abneigung gegen Arbeit, im Gegenteil, Arbeit kann eine wichtige Quelle der Zufriedenheit sein.
Deshalb müssen die meisten Menschen kontrolliert, geführt und mit Strafandrohung gezwungen werden, einen produktiven Beitrag zur Erreichung der Organisationsziele zu leisten.	Wenn der Mensch sich mit den Zielen der Organisation identifiziert, sind externe Kontrollen unnötig; er wird Selbstkontrolle und eigene Initiative entwickeln.
Der Mensch möchte gern geführt werden, möchte Verantwortung vermeiden, hat wenig Ehrgeiz und wünscht vor allem Sicherheit.	Die wichtigsten Arbeitsanreize sind die Befriedigung von Ich-Bedürfnissen und das Streben nach Selbstverwirklichung.
	Der Mensch sucht bei entsprechender Anleitung eigene Verantwortung. Einfallsreichtum und Kreativität sind weit verbreitete Eigenschaften in der arbeitenden Bevölkerung; sie werden jedoch in industriellen Organisationen kaum aktiviert.

Chester Barnards Leadership-Theorie

Auch Chester Barnard (1886–1961) gehörte zu den Begründern der Sozialpsychologie des Betriebes. Er erkannte und beschrieb als einer der ersten Führungstheoretiker die entscheidende Rolle der Führungskraft für den Unternehmenserfolg und wurde so zum Mitbegründer des späteren *Leadership*-Konzeptes (vgl. Kapitel Leadership im dritten Teil). Von ihm stammt auch die erste umfassende Darstellung der mitarbeiterbezogenen Führungsaufgaben. *»Die Grundaufgaben sind erstens die Schaffung eines Kommunikationssystems; zweitens die Förderung von anhaltendem Einsatz und Leistung und zum Dritten die Formulierung und Festlegung von Zielen«* (Peters / Waterman 1984, S. 125). In diesem Zusammenhang erkannte er die Bedeutung von Zielen, Werten und ganzheitlicher Unternehmensführung (vgl. Barnard 1968, S. 217).

Barnard vertrat stets eine kritisch-distanzierte Position gegenüber den dogmatischen Ausprägungen des Taylorismus der *Human Relations*-Theorie. Er sah in der Betonung produktionstechnischer und leistungsorientierter Aspekte einerseits und menschbezogener Aspekte andererseits keine Gegensätze. Sie erfassen jeweils nur einen Aspekt des komplexen Organisationsphänomens, welches seiner Meinung nach unter Einbeziehung der Umwelt als offenes soziales System betrachtet werden muss.

> **Barnard definierte als Erster der Theoretikerzunft das Unternehmen als »soziales System« und untersuchte die innere Struktur dieses Systems sowie dessen Wechselwirkung mit der Umwelt. Damit wurde er zum Wegbereiter der Schule der sozialen Systeme (vgl. Kapitel Systemisches Management im zweiten Teil).**

GRID-Modell

Mit seinem Versuch, Mitarbeiterorientierung einerseits und Leistungsorientierung andererseits dialektisch zu vereinigen, stieß er das bekannte GRID-Modell *(Managerial Grid)* der Mitarbeiterführung an, welches im Führungstraining und Beratungsalltag der 70er- und 80er-Jahre *state of the art* war. Demnach verhält sich eine gute Führungskraft sowohl mitarbeiter- als auch leistungsorientiert und bewegt sich bestenfalls am 9.9er-Feld.

GRID-Modell

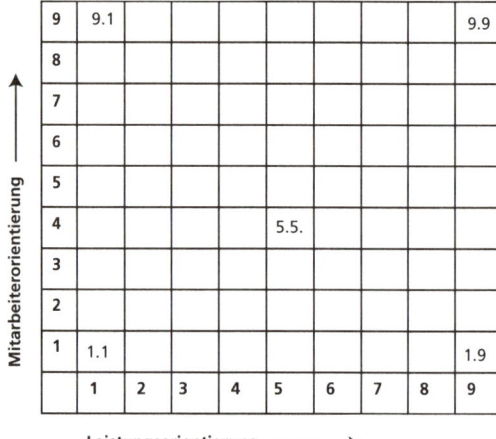

Herzbergs Motivationstheorie

Barnards Synthese von Mitarbeiterorientierung und Leistungs-ausrichtung könnte einer der Gründe dafür gewesen sein, warum sich die verhaltensorientierte Managementwissenschaft in der Zeit nach 1950 in zwei Richtungen aufspaltete. Die eine erweiterte ihr Betrachtungsfeld und mündete in einen systemtheoretischen Ansatz. Die andere suchte nach neuen Erkenntnissen über die Mitarbeitermotivation; an ihrer Spitze stand Frederick Herzberg (geb. 1923).

Arbeit, nicht Lohn motiviert Seine empirischen Studien widerlegten Taylor, der im Lohn das einzige Mittel sah, die Leistung des *homo oeconomicus* zu steigern. Für Herzberg bildet die Arbeit selbst, insbesondere der Arbeitsinhalt, den entscheidenden Motivationsfaktor (vgl. Herzberg 1959).

Er fand heraus, dass bestimmte Faktoren nicht einachsig zu Wohlbefinden oder Unwohlsein führen, z. B. gute Arbeitsbedingungen zur Motivation oder uninteressante Arbeit zur Demotivation. In diesem Zusammenhang ermittelte er zwei unterschiedliche Einflussfaktoren, die sowohl Zufriedenheit als auch Unzufriedenheit bewirken.

Motivatoren (Satisfiers)	Hygienefaktoren (Dissatisfiers)
• Beruflicher Erfolg • Anerkennung • Die Arbeit an sich • Verantwortung • Karrieremöglichkeiten	• Firmenpolitik • Arbeitsbedingungen • Einkommen • Formaler Organisationsaufbau • Ansehen des Unternehmens
Hierbei handelt es sich um den Arbeitsinhalt bzw. das Gefühl der Erfüllung	Hierbei handelt es sich um die Begleitumstände der Arbeit

Vorhandene Motivatoren bewirken Zufriedenheit und Leistungssteigerung ← Neutrale Wirkung bei fehlenden Motivatoren oder positiven Hygienefaktoren → Fehlende Hygienefaktoren führen zu Unzufriedenheit und Leistungsminderung

Herzbergs Motivationstheorie

Herzbergs Motivations-Hygiene-Theorie bot in den 70er-Jahren die theoretische Grundlage für die unter der Losung »Humanisierung der Arbeit« durchgeführten Veränderungen in der Arbeitsorganisation.

Die managementtheoretischen Klassiker machten sich während der ersten Hälfte des letzten Jahrhunderts wenig Gedanken über das unternehmerische Umfeld, sei es nun der Markt, die Gesellschaft oder die Umwelt. Sie sahen das Unternehmen als geschlossenes System. Aber trotz dieses Mangels haben Mayo, McGregor, Barnard und andere Sozialarchitekten der Managementwissenschaft ein wertvolles Erbe hinterlassen. Leider wurden ihre Ideen sozialutopisch verfälscht oder basisdemokratisch fehlinterpretiert. Oft wurde der unternehmerische Kontext, vor allem die Notwendigkeit, Gewinn zu erzielen, einfach ausgeklammert. Auch die Überpsychologisierung und die damit verbundene Reduktion betrieblicher Abläufe auf »das Psychologische« trugen dazu bei, dass sich die *Human Relations*-Bewegung nie als Gegengewicht oder dialektische Ergänzung zu den Auswüchsen des rationalen Managementmodells profilieren konnte.

Verfälschung oder Fehlinterpretation der sozialen Theorien

5. Theorien des rationalen Handelns im offenen System

Die Theorieperiode des rationalen Handelns im offenen System war von kurzer Dauer (etwa 1955 bis ca. 1970). Sie brachte zwei viel diskutierte Ansätze hervor, nämlich Chandlers *Strategy and Structure-Theory* und die Situationstheorie. Letztere hat deutliche Spuren hinterlassen, die in viele Teilbereiche des Oberthemas Management hineinweisen, vor allem in die Führungslehre. Hier stößt man immer wieder auf den Begriff »situatives Führen«.

Chandlers Structure follows Strategy-Theory

Theoretiker wie Alfred Chandler erkannten, dass ein Unternehmen als Teilnehmer am Wettbewerbsgeschehen maßgeblich von äußeren Kräften geformt wird. Er stellte fest, dass die Organisationsstrukturen von Konzernen wie GM, GE und Sears durch die wechselnden Zwänge des Marktgeschehens geprägt wurden.

Seine Kernthese *»structure follows strategy«* war das gängige Denkmodell dieser Periode. *»Ein guter Plan formt die Unternehmensstruktur«*, so lautete das neue Diktum der Wirtschaftswelt nach 1970. Erst in den 80er-Jahren gab es erste Hinweise darauf, dass eine Unternehmensstrategie selten nur mit einer einzigen Struktur auskommt. Man erkannte, dass eher umgekehrt Strategie der

Struktur folgt, denn in alten Strukturen hatten neue Strategien keine Chance im Wettbewerb.

Die Arbeiten von Chandler und seinen Harvardkollegen Lawrence und Lorsch waren ein wichtiger Schritt vorwärts, indem sie das wechselseitige Verhältnis von Unternehmen und Umfeld erkannten. Aber sie verharrten auf der Stelle, indem sie es unterließen, das mechanistische Bild vom menschlichen Verhalten kritisch zu hinterfragen.

Situationstheorie

Wechselnde Zwänge des Marktes und die daraus resultierenden unterschiedlichen Verhaltensweisen von Unternehmen führten zur Idee des situationsabhängigen Managements. Die Situationstheorie tauchte plötzlich auf der Menükarte der Managementkonzepte auf. Sie bot sich als Metakonzept für den Theoriedschungel an. Dieser Dschungel bietet demnach für jede Situation ein besonderes »Heilpflänzchen«. Das situationsorientierte Herangehen wurde nunmehr zur dominierenden Tendenz der Managementtheorie. Die Businesswelt griff dieses Konzept dankbar auf, da ihr die bis dahin vorliegenden Theoriemodelle »nicht praktikabel« und »von der realen Welt losgelöst erschienen« (Mockler 1971, S. 151).

Am konsequentesten wird das situationsorientierte Managen in der Arbeit von Peter Lawrence und Jay W. Lorsch *Organisation and Environment* entwickelt. Sie nennen ihre Art des Vorgehens »stochastische Organisationstheorie«. Ausgangspunkt ist die These, dass es kein alleiniges oder einziges Verfahren für die Organisation gibt und dass in den verschiedenen Entwicklungsstadien eines Unternehmens unterschiedliche Verfahren, Strukturen und Verhaltensweisen erforderlich sind.

Stochastische Organisationstheorie

Die Situationstheorie erfasste alle Schulen und Richtungen der westlichen Managementtheorie. So übertrug sie der Managementtheoretiker Fred E. Fiedler (geb. 1922) auf die interaktionelle Mitarbeiterführung. Demnach gibt es nicht *den* richtigen

Führungsstil, sondern unterschiedliche Menschen und Situationen erfordern einen entsprechend angepassten Führungsstil. Viele spätere Führungsmodelle, z. B. das 3D-Modell von Reddin (1977) schöpften aus dem Quell der Situationstheorie. Die Dimensionen Leistungsorientierung (Taylorismus) und Mitarbeiterorientierung (*Human Relations*-Schule) des GRID-Modells wurden durch eine dritte, die Situation, ergänzt. Fortan galt derjenige Führungsstil als richtig, der sich in einer gegebenen Situation als effektiv erwies.

6. Theorien des sozialen Handelns im offenen System

Seit 1970 entwickelt sich ein Denkansatz, der im abgebildeten Theorieraster (S. 24) als »soziales Handeln im offenen System« positioniert ist. In theoretischer Hinsicht vollzog sich die Formulierung dieser Theorierichtung unter dem Einfluss der funktionellen Strukturanalyse der bekannten Soziologen Talcott Parsons und Robert Merton.

Die Systemtheorie ermöglichte es, verschiedene Wissenschaftsdisziplinen von der mathematischen Entscheidungstheorie, über die Motivations- und Konfliktpsychologie bis hin zur Politologie in einem abstrakten, aber relativ homogenen Bezugsrahmen zu verbinden.

Systemtheorie

Der Systemdenker Chester Barnard ist der Meinung, dass das wesentliche Merkmal einer Gruppe das System der Wechselwirkungen ist. Demzufolge versucht die Schule der sozialen Systeme, eine Organisation als komplexes System zu betrachten, das aus einer Reihe von Einzelsystemen besteht (vgl. Kapitel Systemisches Management im zweiten Teil). Zu diesen Teilsystemen gehören in der Regel der Mensch, die formale und informale Struktur, Status und Rollen sowie die psychische Umwelt. Diese Teilsysteme stehen in einer Wechselwirkung, die durch Kopplung ermöglicht wird.

Infolgedessen bildet der Begriff der »Kopplungsprozesse« den methodologischen Schlüssel der Systemanalyse. Drei Kopplungsprozesse spielen dabei eine Schlüsselrolle:

1. die Kommunikation,
2. das Gleichgewicht und
3. die Entscheidungsfindung.

Den letzten Punkt gewichtet der spätere Nobelpreisträger Herbert Alexander Simon (1916–2001). Er fordert, den Entscheidungsprozess als Kern der Managementwissenschaft aufzufassen. Während er in seinen ersten Arbeiten eine Weiterentwicklung der Ansichten von Barnard versucht, widmet er spätere Studien den psychologischen und erkenntnistheoretischen Aspekten jener Prozesse, die mit der Entscheidungsfindung verbunden sind. Simon betrachtet Organisationen als Systeme, in denen die Menschen »Entscheidungen treffende Mechanismen« sind. Das Wesen der Manager liegt darin, jene gegenständlichen oder wertmäßigen Voraussetzungen zu schaffen, auf denen die Entscheidungen jedes Mitglieds der Organisation beruhen.

In der Erklärung für die Nobelpreisverleihung 1978 heißt es, dass Simon einen wesentlichen Aspekt der Unternehmensführung theoretisch begründete: *»Entscheidungen in Wirtschaft und Gesellschaft sind weniger der Ratio der Leitenden geschuldet als dem von Organisationsstrukturen bestimmten Zusammenwirken vieler ›Beschlussfasser‹.«*

Verschiedene Teilmodelle der Systemtheorie In den verschiedenen Teilmodellen der Systemtheorie wird der Akzent auf Evolution, Informalität und Initiative gelegt. Man kann hier von keiner geschlossenen Managementtheorie sprechen, obwohl manche in sich relativ geschlossene Teiltheorien sind. Die Arbeiten von Chester Barnard (1887–1961), Herbert Simon und James March sollte man eher als eine wertvolle Fundgrube für die Lösung von Organisationsproblemen unterschiedlichster Art betrachten.

Kybernetik

Die systemtheoretisch orientierte Managementlehre wurde durch das Gedankengut der Kybernetik angereichert. Man könnte sie als die Wissenschaft von den Eigenschaften und Gesetzmäßigkeiten der Regelung und Informationsverarbeitung in dynamischen Systemen definieren. Sie gibt Antwort auf die Frage, wie sich ein System steuert und ausbalanciert.

Die elementaren Komponenten eines kybernetischen Systems sind das »System« als Träger der Prozesse, die »Information« und die »Regelung«. Dementsprechend untersucht die Kybernetik solche Systeme, in denen Rückkopplung infolge von Informationsverarbeitung auftritt. Ihr zentrales Anliegen ist dabei, die zusammenhängenden Teile so miteinander in Beziehung zu bringen, dass ein gewollter, gleichbleibender Zustand erreicht wird.

Der Regelkreis

Die Kybernetik gliedert den Vorgang der Lenkung in Steuerung und Regelung. Steuerung bedeutet, auf ein System so einzuwirken, dass es sich in einer bestimmten Art verhält oder eine gewünschte Richtung einschlägt. Im Gegensatz dazu ist die Regelung eher reaktiver Natur, denn hier wird über Rückkopplung etwas angepasst bzw. im Regelkreis korrigiert.

Tritt eine Abweichung von den Sollwerten ein, werden die Informationen darüber an ein Steuerungszentrum weitergeleitet. Das kann der Thermostat am Heizkörper, das Immunsystem des menschlichen Körpers, der Autopilot im Flugzeug, das Management oder die Aktienbörse sein. Hier wird aufgrund der vorliegenden Information die Rückkopplung bzw. Regelung vorgenommen. Dabei handelt es sich in der Regel selten um einen einzigen Rückkopplungsvorgang, sondern um ein vernetztes System von Rückkopplungskreisen.

Die Kybernetik war der letzte theoretisch interessante Versuch, Komplexität steuerbar und beherrschbar zu machen. In den sozialistischen Planwirtschaften stieß sie auf größeres Interesse als im »kapitalistischen Chaos«. Seit Beginn der 80er-Jahre vollzieht sich der Bruch mit der angenommenen Rationalität und Linearität der bisherigen Theoriemodelle. Viele Unternehmensführer wollten sich nicht länger vom Modelldenken in ein Handlungs-korsett zwängen lassen. Andere waren trotz fehlender Modelle oder gerade wegen des bewussten Verzichts darauf oder wegen gegenteiliger Managementpraktiken erfolgreich.

Aufgrund der geringen Verständlichkeit war der konkrete Nutzen der meisten Managementmodelle für die Wirtschaftspraxis unzureichend. Nach einer Phase der Ernüchterung folgte der Ruf nach pragmatischen Konzepten.

Evolutionäres Management

Thomas J. Peters und Robert H. Waterman schrieben 1984 (S. 135): Die meisten theoretischen Ansätze (gemeint sind die von vor 1970) sind *»heute nicht flexibel genug, um zu berücksichtigen, dass der unerlässliche Anpassungsprozess in einem Großunternehmen eine relative Strukturlosigkeit und eine völlig neue Managementmethodik verlangt; stattdessen wird in der Regel versucht, diese Hürde mit Hilfe starrer Strukturvorschriften und Planungshürden zu nehmen.«* Nach ihrer Meinung sind Großorganisationen zu komplex, um sie nach einem einheitlichen Regelwerk führen zu können.

Torheit statt Analyse So empfahl der renommierte Stanfordprofessor James March (1980, S. 576), *»die Technologie der Vernunft durch eine Technologie der Torheit«* zu ergänzen. In einem solchen Organisationssystem wird weniger der auf Datensuche befindliche Analytiker benötigt als der nach ungewöhnlichen Signalen Ausschau haltende Beobachter.

Karl Weick von der Michigan-Universität schlägt in diese Kerbe, indem er fragt, was eigentlich Ordnung bedeutet. Je mehr man über die Antwort nachdenkt, desto überzeugter wird man, *»dass die gängigen Vorstellungen davon, was Ordnung ausmacht (Effizienz, Systematik, Berechenbarkeit und Beständigkeit), als Kriterium für erfolgreiche Evolution von fragwürdigem Wert sind«* (zit. nach Peters/Waterman 1984, S. 136). Darum plädiert er dafür, die »enge Kopplung« aufzulockern, indem z. B. an die Stelle starrer Vorschriften Sinn und Werte treten.

Weick und March, mit großer Verspätung aber auch europäische Autoren, erkannten, dass sich anpassungsfähige Unternehmen nach darwinistischen Prinzipien entwickeln. Viele Neuerungen beruhen nicht nur auf passgenauer Planung und präziser Computersimulation, sondern sind auch das Ergebnis von Zufällen und Mutationen.

Das Wort Evolution lag in der Luft und hielt einige Jahre später Einzug in die Managementliteratur (vgl. Kapitel Evolutionäres Management im zweiten Teil). Märkte entwickelten sich ständig weiter. Für Unternehmen wurde es immer notwendiger, sich anpassen zu können, um so der »Organisationsverkalkung« vorzubeugen, was um 1970 schon der Managementpapst Peter F. Drucker in *The Age of the Discontinuity* propagiert hatte.

Noch deutlicher forderte der Strategieforscher Igor Ansoff den Mut zum »organisierten Chaos« (vgl. Kapitel Chaosmanagement im dritten Teil). Als Folge dieses neuen Denkens wurden zentralisierte und organisatorisch zementierte Unternehmenspyramiden plötzlich aufgebrochen. Dezentralisierung war das neue Credo der Unternehmensführung, *small is beautiful* das dazugehörige Motto. Der Begründer des Bürokratiemodells, Max Weber, hätte sich im Grabe umgedreht, wenn er dies hätte hören können.

Organisiertes Chaos und Dezentralisierung

Erstmals wurde auch das Management-Glaubensbekenntnis seit Adam Smith, wonach Arbeitsteilung grundsätzlich wirtschaftlich sei, in Frage gestellt. Effizienztheoretiker erkannten, dass die herkömmlichen Berechnungen der Kostendegression unrealistisch waren, weil sie die Abwicklungskosten weit unterschätzten, also jene Kosten, die bei zunehmender Größe für Kommunikation, Koordination und Entscheidungsfindung anfallen. Fortschrittliche Manager waren nunmehr bereit, einen Verlust an Ordnung und Linearität für einen Gewinn an Effizienz in Kauf zu nehmen.

Die Fokuswende in Richtung Umfeld bzw. gesellschaftliche Umwelt führte auch zu der Erkenntnis, wie wichtig die Kundenbeziehungen für die Unternehmensevolution sind (vgl. Kapitel Kundenmanagement im zweiten Teil). Aus den »heiligen Räu-

Neuer Fokus: Kundenbeziehungen

men« des *Massachusetts Institute of Technology* konnte man schon diese und ähnliche Äußerungen hören und lesen: *»Die Beziehung muss informell und persönlich sein. Zwischen dem Lieferanten der Technologie und dem Kunden findet ein umfassender Umsetzungs- und Erprobungsprozess statt. Häufig kommt es zu einem intensiven Austausch zwischen den potenziellen Benutzern und dem Unternehmen«* (Utterback 1967, S. 37 f.).

In der Zeit nach 1970 wurde erstmals die Bedeutung der Unternehmenskultur für den wirtschaftlichen Erfolg wissenschaftlich erforscht und beschrieben (vgl. Kapitel Unternehmenskultur im zweiten Teil). Man stellte fest, dass Unternehmen mit einem breiten Wertespektrum bessere Zahlen schrieben als solche, die ihren Sinn nur in der Profitmaximierung sahen. Der US-Autor Andrew Pettigrew sagte 1976: *»Der Unternehmensleiter schafft nicht nur die Struktur und Technologie, sondern er ist auch der Schöpfer von Symbolen, Ideologien, Idiomen, Überzeugungen, Gebräuchen und Mythen.«*

Die Schule des empirischen Managements

Das Aufkommen der Schule des empirischen Managements ist eine Reaktion darauf, dass es keiner Theorierichtung der Zeit zwischen 1950 und 1970 gelang, praktikable Lösungen für die Probleme der Unternehmenswelt vorzulegen. Die eintretende Ernüchterung entwickelte sich bis zu einer gewissen Theoriefeindlichkeit. Nun meldeten sich Praktiker zu Worte.

Management =
Studium der
Erfahrungen
Die wissenschaftlichen Vertreter dieser Schule definieren Management als Studium der Erfahrungen. Ihre bedeutendsten Vertreter kommen aus Unternehmen oder sind mit diesen eng verbunden. Sie verbinden in der Regel die theoretische Forschung mit praktischer Tätigkeit. Das bringt sie in die Nähe der »Theoretiker vor der Theorieentwicklung«, z. B. Abbe, Babbage oder Owen. Zu nennen wären hier Thomas S. Watson (IBM), Lee A. Iacocca (Chrysler), Thomas J. Peters und Robert H. Waterman (McKinsey) sowie insbesondere Peter F. Drucker. Sie schöpfen aus ihrer eigenen Erfahrung mit dem Ziel, Empfehlungen abzugeben, die in der Unternehmenspraxis anwendbar sind. Für sie ist Manage-

ment zu einem großen Anteil eine Kunst, die weniger durch die Theorie als durch die Praxis vermittelt wird.

Charakteristisch für die empirische Schule ist, dass sie zwar eine eigenständige Richtung in der amerikanischen Management-theorie darstellt, sich aber den beiden Hauptrichtungen, dem Taylorismus und der *Human Relations*-Schule, verbunden fühlt und sich um deren Synthese bemüht, ähnlich wie schon vorher Chester Barnard.

Der bedeutendste Vertreter dieser Richtung ist Peter F. Drucker (geb. 1909). Er genießt international den Ruf eines Management-philosophen.

Peter F. Drucker

> **In seinem Hauptwerk *Die Praxis des Managements* plädiert Drucker für eine Professionalisierung des Managements, d.h. der Verwandlung der Führungs-tätigkeit in einen Beruf. Dieser Beruf hat zwei besondere Aufgaben zu erfüllen:**
> **1. Aus den vorhandenen Ressourcen ein »echtes Ganzes«, eine »produktive Wesenheit« zu schaffen**
> **2. Bei jeder Entscheidung und Handlung die in der Zu-kunft wirksam werdenden Folgen zu berücksichtigen**

Der Gedanke der Kompatibilität sozio-humaner und sozio-öko-nomischer Aspekte findet sich auch im *Managerial Molecule* von McKinsey, das in den 70er-Jahren in der Diskussion um den Wert japanischer Führungstechniken entstand.

Die Hauptthese dieses Konzeptes lautet: Unternehmerischer Er-folg ergibt sich aus der Wechselwirkung der sieben Faktoren Struktur, Strategie, Systeme, Stil, Stammpersonal, Spezial-kenntnisse und Selbstverständnis. Aber nicht alle S-Elemente sind gleichbedeutend. Die drei harten S (Struktur, Strategie und Systeme) sind zwar wichtig, jedoch für eine innovative Unter-nehmenskultur und die Idee des *Productivity through people* spie-len die weichen S (Stammpersonal, Stil, Spezialkenntnisse und Selbstverständnis) eine wichtigere Rolle.

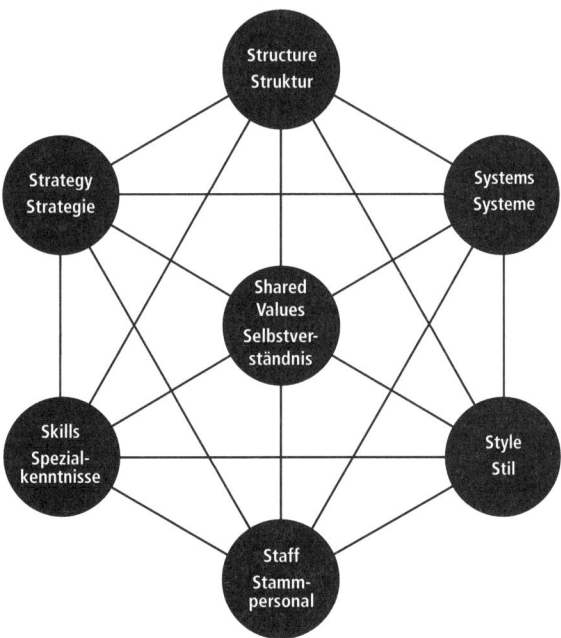

Das 7-S-Modell

Peters und Watermans Erfolgsmodell

Thomas J. Peters und Robert H. Waterman resümierten schon 1982 in ihrem zur »Managamentbibel« avancierten Weltbest-seller *Auf der Suche nach Spitzenleistungen* (S. 147), dass es seit 1980 keine fundamental neuen Strategieerkenntnisse auf der Businessbühne gebe. Vieles wurde in den 40er- und 50er-Jahren an- und vorgedacht: *»Leider ist noch keine dieser Vorstellungen Ge-meingut geworden; auf die Praktiker des Wirtschaftslebens haben sie so gut wie keinen Einfluss gehabt.«*

Über den Wert von Lehrbuchinhalten meinen sie mit Blick auf die bestgeführten Unternehmen, dass diese nicht einfach anders sind, sondern das Gegenteil von dem tun, was in den Manage-ment-Lehrbüchern steht.

Das 7-S-Modell wurde von Tom Peters und Robert Waterman, den damaligen Statthaltern von McKinsey in San Francisco, Anfang der 80er-Jahre fortgeschrieben. In ihrer empirisch fundierten Erfolgsanalyse ermittelten sie acht Grundtugenden für ein innovationsaktives und damit erfolgreiches Unternehmen:

8 Grundtugenden innovativer Unternehmen

1. Primat des Handelns
2. Nähe zum Kunden
3. Freiraum für Unternehmertum
4. Produktivität durch Menschen
5. Sichtbar gelebtes Wertesystem
6. Bindung an das angestammte Geschäft
7. Einfache Organisation
8. Straff-lockere Führung

Peters' und Watermans Buch ist immer noch eine wahre Schatzkiste für die Managementtätigkeit. So erfährt der Leser im Kapitel »Primat des Handelns«, wie wichtig es ist, »dabei zu sein«, »es wenigstens zu versuchen« oder gegebenenfalls auch »erst zu schießen und dann zu zielen«. Die Autoren polemisieren gegen wirklichkeits- und marktferne Stabsleute, die tonnenweise Papiere und Konzepte produzieren, aber nur selten neue Produkte (S. 150). Ihre Polemik mündet in dem schon von dem Managementtheoretiker Karl Weick geäußerten Gedanken, dass chaotische Produktivität geordneter Untätigkeit vorzuziehen ist. Ein wichtiges Wort im Vokabular erfolgreicher Organisationen lautet daher »Test«.

Besser chaotisch produktiv als chaotisch untätig

Im Abschnitt »Nähe zum Kunden« wird sichtbar, wie gut es innovationsaktive Unternehmen verstehen, neue Produkte in enger Partnerschaft mit ihren Kunden zu entwickeln. Der Kunde ist die beste Quelle und der geeignete Prüfstein für Ideen.

Einige Seiten weiter, im Kapitel »Freiraum für Unternehmertum«, erfreuen sich Peters und Waterman an solchen Unternehmen, die bewusst den Kompromiss zwischen Chaos und Ordnung eingehen: »*Sie setzen auf geradezu radikale Dezentralisierung und Autonomie mit ihren unvermeidlichen Folgen – Überschneidungen, unsauberen Abgrenzungen, Koordinationsmängeln, internem Wettbewerb und einem Anflug von Chaos. Sie hatten einem gewissen Maß an Ordnung entsagt, um dafür ständige Innovationen zu gewinnen«* (S. 326).

Entrepreneurship durch Champions

Hier findet sich auch der erste Hinweis auf das, was später unter der Bezeichnung Entrepreneurship in die Managementdiskussion einfloss. Die Autoren fanden einen Innovationsträger, den »Champion«: Voraussetzung Nr. 1 für Innovationen ist das Vorhandensein eines überzeugten, freiwillig handelnden Champions. Als eine Art Pionier ist er lebensnotwendig für ein Unternehmen, aber Pioniere leben gefährlich, da auf sie geschossen wird.

Auch das Kapitel »Einfache Organisation« ist eine Fundgrube für das Innovationsmanagement. Die Autoren zeigen, wie wichtig Organisationsinnovationen für den Unternehmenserfolg sind.

Schlankes Management

Nach Tom J. Peters und Robert H. Waterman wurden viele der modernen Entwicklungen, die heute mit Getöse vermarktet werden, schon vor Jahrzehnten von den in diesem Kapitel vorgestellten Autoren angedacht und diskutiert. Doch dann setzte vom anderen Ende der Welt eine Entwicklung ein, die große Wirkungen im Westen hinterließ. Die Japaner präsentierten der Welt ihr Managementkonzept, und zwar eines, dessen Erfolge in Form der fernöstlichen Wirtschaftsoffensive für westliche Unternehmen bitter spürbar waren. Der Begriff *Lean Management* geriet zum Schrecken westlicher Wirtschaftslenker und mutierte zugleich zum Aktionsprogramm für das eigene Unternehmen (vgl. Kapitel Lean Management im zweiten Teil).

Lean Management

Lean Management ist eine Art Schlüsselbegriff für alle modernen Produktionskonzepte. Es ist ein Etikett, das sich auf Packungen ganz unterschiedlichen Inhalts wiederfindet. Ein Forscherteam des *Massachusetts Institute of Technolo*gy (MIT), das diesen Begriff im Rahmen einer großen Vergleichsstudie zur Produktivität japanischer und westlicher Autohersteller prägte, definiert ihn so:

»Lean Administration ist ›schlank‹, weil sie von allem weniger einsetzt als die Massenfertigung – die Hälfte des Personals in der Fabrik, die Hälfte der Produktionsfläche, die Hälfte der Investition in Werkzeuge, die Hälfte der Zeit für die Entwicklung eines neuen Produktes. Sie erfordert auch weit weniger als die Hälfte des notwendigen Lagerbestandes, führt zu viel weniger Fehlern und produziert eine größere und noch wachsende Vielfalt an Produkten« (Womack 1992, S. 19).

Schlankes Management ist kein Konzept, dem ein theoretisches Grundmodell zugrunde liegt, wie bei den amerikanischen Generalentwürfen. Es ist eher das Produkt einer Herangehensweise, und zwar aus den Alltagsproblemen des PKW-Herstellers Toyota heraus.

So gesehen ist es eigentlich nichts anderes als eine Zustandsbeschreibung für den »Toyotismus«. Im Kontrast dazu steht der vorstehend beschriebene Taylorismus bzw. Fordismus sinnbildlich für Arbeitsteilung und Fließband.

»Toyotismus«

In der Literatur werden verschiedene Arbeitsprinzipien für das *Lean Management* aufgeführt. Dieses sind die häufigsten und wohl auch wichtigsten:

1. Gruppen- bzw. Teamarbeit auf allen Ebenen
2. Dezentrale Eigenverantwortlichkeit bis weit nach unten
3. Kundenorientierung nach innen und außen
4. Ständige Verbesserung, u. a. in Form kleiner Schritte
5. Priorität wertschöpfender Tätigkeiten

Lean Management ist mehr als eine schlanke Belegschaft. Es ist die Summe aller Erfolgsregeln und -prinzipien der japanischen Unternehmens- bzw. Personalführung. Für andere ist *Lean Management* nichts anderes als die konsequente Anwendung des gesunden Menschenverstandes: *»Einfach überlegen«*, wie es bei McKinsey heißt (1993).

Zum Schlanken Management gehören Einrichtungen wie Qualitätszirkel und Gruppenarbeit, eine *Just-in-time*-Ablauforganisation (Kanban), flache Hierarchien und die TQM- bzw. Kaizen-

Elemente des Lean Management

Philosophie. Diese Teilelemente werden beim *Lean Management* gleichzeitig, langfristig, gleichgewichtig und konsequent angewendet. Hierbei handelt es sich um keine Geheimnisse, sondern um Denkansätze, die ihren eigentlichen Ursprung in den universitären Konzeptschmieden von Harvard, Stanford und anderen renommierten Businesswerkstätten haben und von Leuten wie Demming und Juran nach Japan gebracht wurden. Die Japaner, allen voran der Toyota-Industriekomplex, waren diejenigen, die sie konsequent und nachhaltig anwendeten. Man emanzipierte sich von den tayloristischen Relikten hinsichtlich des zugrunde liegenden Menschenbildes und übernahm in bester Benchmarking-Manier alles das, was brauchbar erschien, um Nippons Sonne noch heller strahlen zu lassen. Das »Geheimnis« dieses Konzepts schien nicht in der Technik, sondern vor allem in der Organisation der zwischenmenschlichen Beziehungen zu liegen, so die Vermutung der Expertenwelt und die Ergebnisse vieler Studien.

Postschlanke Managementtheorien

Es fällt schwer zu klassifizieren, was sich nach dem Schlanken Management herausbildete. Die Autoren Demmer und Hoerner (2001) bringen es auf diesen Nenner, der zugleich Titel ihres Buches ist: *Heiße Luft in neuen Schläuchen.*

Alles heiße Luft? Diese Charakterisierung erscheint nicht abwegig. Wenn man einmal genauer in die modernen Management-Gebetsbücher schaut, z. B. in Senges *Lernende Organisation* (vgl. Kapitel Lernende Organisation im zweiten Teil), dann stellt sich die Frage, was den Erfolg dieses Werkes und ähnlicher ausmacht. Was Senge *mental models* nennt, hieß bei dem englischen Krea(k)tivitisten Edward de Bono schon vor 25 Jahren einfach nur »Denkmuster«. Auch die anderen Aspekte der Theorie der »Lernenden Organisation«, Team-, Visions- und Systemmanagement, sind Denkprodukte einer anderen Epoche und anderer Personen. Der im Titel begründete Erfolg dieses Buches steht im reziprok umgekehrten Verhältnis zum Inhalt.

Dennoch haben sich zwei neue Denkschulen des strategischen Managements in den letzten zehn Jahren herauskristallisiert, und zwar die Lehre von den Wettbewerbskräften und die ressourcenbasierte Strategie.

Michael Porter, Vordenker der Lehre von den Wettbewerbskräften (vgl. Kapitel Wettbewerbsstrategie, im zweiten Teil), stellt externe Markt- und Wettbewerbschancen in den Vordergrund seiner Überlegungen. Er sieht in den externen Wettbewerbskräften die Hauptbestimmungsfaktoren des Unternehmenserfolges. Darum sollte die Strategiefindung von außen, vom Markt, dem Wettbewerb und den Kunden her, erfolgen und interne Fähigkeiten mit Blick auf diese Faktoren entwickelt werden.

Von außen nach innen

Diese Von-außen-nach-innen-Strategie basiert auf diesen drei Aspekten:

1. Gegebene Branchenstruktur
2. Entsprechender Prozess im Unternehmen
3. Leistung

Im Gegensatz dazu steht die ressourcenbasierte Strategie, deren Hauptvertreter Gary Hamel und C. K. Prahalad sind (vgl. Kapitel Kernkompetenzen im zweiten Teil). Hier sind die vorhandenen Unternehmensressourcen, also die Kompetenzen und Potenziale, der Ausgangspunkt für das Nachdenken über die »richtige« Wettbewerbsstrategie. Diese Von-innen-nach-außen-Strategie basiert auf drei Aspekten:

Von innen nach außen

1. Interne Ressourcen
2. Entsprechender Prozess im Unternehmen
3. Leistung

Vielen Unternehmen fällt es schwer, beide Aspekte unter einen Hut zu bringen. Besonders Großunternehmen haben Probleme, diese Pole auszubalancieren. Solche, die es schaffen, erreichen damit einen Vorsprung gegenüber jenen Mitbewerbern, die dies nicht zu leisten vermögen.

Außer diesen beiden Hauptrichtungen der modernen Theoriediskussion speisen sich eine Menge von Nebenströmen aus der Quelle des Schlanken Managements. Deren Kernbotschaften lauten:

1. Kundenorientierung
2. *Human Resources*-Orientierung
3. Wettbewerbsorientierung
4. Prozessorientierung
5. Qualitätsorientierung
6. Innovationsorientierung

Die Mittel und Wege hierzu sind u. a. Qualitätsmanagement, Prozessmanagement, *Supply Chain Management*, Kundenmanagement, Wissensmanagement, *Shareholder Value*-Management und *Mergers & Aquisitions*-Management.

Gemeinsamkeiten der Strategieansätze Alle diese Strategieansätze zielen letztendlich darauf, die Wettbewerbsposition von Unternehmen zu verbessern, also Produktivität und Profitabilität zu steigern. Die Unterschiede liegen in der Schwerpunktsetzung bzw. konzeptionellen Vorgehensweise. Normalerweise wird ein Schlüsselfaktor (z. B. Wissen, Qualität, Prozesse) in den Vordergrund gerückt und mit einem Begriff belegt, der eine positive Konnotation hervorruft (z. B. Selbstorganisation, Lernende Organisation, *Shareholder Value).* Dann folgt ein Gerippe, das bei allen Strategiemodellen und Managementkonzepten immer wieder so oder ähnlich aussieht: 1. Visionen entwickeln, 2. Ziele setzen, 3. Mitarbeiter begeistern, 4. Projektgruppe einrichten, Konzept umsetzen usw.

Man kann sich die verschiedenen strategischen Ansätze wie kreisförmig nebeneinander liegende und zur Mitte, zum Ziel hin, immer mehr überlappende Kreise vorstellen. Auch partiell überschneiden sich diese Kreise, so z. B. das Qualitätsmanagement mit dem Prozessmanagement. Überhaupt ist das eine nicht ohne das andere vorstellbar, denn die Konzepte bedingen sich gegenseitig. Ein gutes Innovationsmanagement funktioniert nicht ohne ein ebenso gutes *Human Resources*-Management.

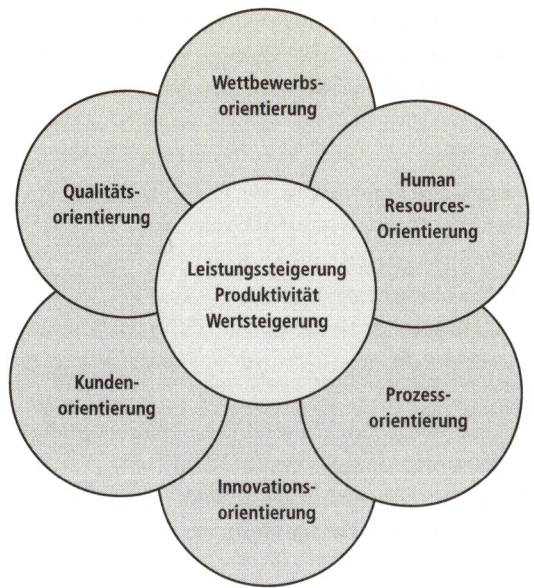

Die gemeinsame Zielsetzung aller modernen Managementkonzepte

Es stellt sich die Frage nach dem Wert der vorliegenden Strategiemodelle. Schon Peters und Waterman hatten Anfang der 80er-Jahre darauf aufmerksam gemacht, dass die bestgeführten Unternehmen nicht deshalb erfolgreich sind, weil sie einfach anders sind als die »graue Masse«, sondern weil sie Management-Schulweisheiten auf den Kopf stellen (S. 147).

Zwanzig Jahre später bestätigt Gary Hamel dieses. Er stützt sich dabei auf eine vom Gallup-Institut durchgeführte Umfrage bei 500 Unternehmensleitern. Nach deren Meinung gleichen sich die Strategien von Unternehmen immer mehr an, weil Erfolgsrezepte sklavisch imitiert werden (vgl. Hamel 2000, S. 63). Ein Riesenheer von Consultants überträgt die *best practice* auf die Nachzügler und fördert so die strategische Konvergenz. Führungskräfte, welche dieselben Fachmagazine lesen, dieselben Messen besuchen oder den Schwadroneuren von McKinsey oder Kienbaum zuhören, beschleunigen die strategische Konvergenz. Darum nennt Hamel den Untertitel seines Buches *Das revolutionäre Unternehmen – Wer Regeln bricht, gewinnt*. Fazit: Wenn sich eine Strategie nicht von anderen unterscheidet, ist sie bereits verbraucht.

Literatur

Barnard, Chester: *The Function of the Executive.* Cambridge (Mass.) 1968.

Barnard, Chester: *Die Führung großer Organisationen.* Essen 1970.

Barnard, Chester: *Organisation und Management.* Stuttgart 1969.

Demmer, Christine/Rolf Hoerner: *Heiße Luft in neuen Schläuchen.* Ein kritischer Führer durch die Managementkonzepte. Frankfurt/Main 2001.

Drucker, Peter F.: *Die Praxis des Managements.* München 1970.

Estafen, B.D.: »Methods for Management Research in the 1970's: An Ecological Systems Approach«. In: *Academy of Management Journal,* Bd. 14, Nr. 1/1971.

Gvisiani, D.M.: *Management.* Eine Analyse bürgerlicher Theorien von Organisation und Leitung. Ost-Berlin 1974.

Hamel, Gary: *Das revolutionäre Unternehmen.* München 2000.

Herzberg, Frederick/B. Mausner/B. Synderman: *The Motivation to Work.* New York 1959.

Koontz, H.: »The Management Theory Jungle and the Existential Manager.« In: *Academy of Management Journal,* Bd. 4, Nr. 3/1961.

March, James: »The Technology of Foolishness«. In: Harold J. Leavitt/L. R. Pondy/D. M. Readings (Hrsg.): *Managerial Psychology.* Boje 1980.

McGregor, D.: *Der Mensch im Unternehmen.* Düsseldorf 1970.

Mockler, R.J.: »Situational Theory of Management«. In: *Harvard Business Review,* Bd. 49, Nr. 3/1971.

McKinsey (Hrsg.): *Einfach überlegen.* Stuttgart 1993.

Ordione, G.S.: »The Management Theory Jungle and the Existential Manager«. In: *Academy of Management Journal,* Bd. 9, Nr. 2/1966.

Peters, Thomas J./Robert H. Waterman: *Auf der Suche nach Spitzenleistungen.* Landsberg 1984.

Pettigrew, A.M.: *The Creation of Organizational Cultures.* Vortrag in Kopenhagen am 18.5.1976.

Reddin, W.: *Das 3-D-Programm zur Leistungssteigerung des Managements.* München 1977.

Roethlisberger, F.J./W.J. Dickson: *Management and the Worker.* Cambridge (Mass.) 1939.

Rudolph, F.: *Klassiker des Managements.* Von der Manufaktur zum modernen Großunternehmen. Wiesbaden 1994.

Simon, Herbert Alexander: *Entscheidungsverhalten in Organisationen.* Landsberg 1981.

Taylor, Frederick Winslow: *Die Grundsätze wissenschaftlicher Betriebs-führung*. München/Berlin 1919.

Utterback, M.: »Pattern of Industrial Innovation«. In: *Technology, Innovation and Corporate Strategy*: A Special Executive Seminar, Presented by the MIT, November 17/1967. Cambridge (Mass.), Industrial Liaision Program, MIT 1978.

Womack, P. u. a.: *Die zweite industrielle Revolution in der Autoindustrie*. Frankfurt/M. 1992.

Zweiter Teil:
Metastrategische Modelle
der Unternehmensführung

1. Balanced Scorecard

In Zeiten des globalen Turbokapitalismus wird der Ruf nach Strategierezepten lauter. Managementautoren und Berater unterbreiten ihre Offerten: z.B. Qualitäts-, Prozess-, Wissensmanagement, Kunden- und Kernkompetenzorientierung, *Empowerment*, je nachdem, was gerade Mode ist. Diese Konzepte sind zwar wirksam, aber sie könnten noch viel wirksamer sein, wenn man sie in ein strategisches Gesamtkonzept einbinden und sie mit finanzwirtschaftlichen Zielen koppeln würde.

Hier setzt die *Balanced Scorecard* (»ausgewogene Anzeigentafel«) an. Dieses Instrument entstand aus dem Bedürfnis nach einem neuen Kennzahlenverständnis, bei dem neben monetären auch nicht-monetäre Aspekte berücksichtigt werden. Die Wirtschaft suchte nach einem Steuerungssystem, das schnelles und flexibles Handeln ermöglicht, indem strategische Ziele mit Kennzahlen und Maßnahmen verknüpft und kommuniziert werden.

Neues Kennzahlenverständnis

Die Grundgedanken der Balanced Scorecard

Um ein Unternehmen in die Zukunft zu führen, reicht es nicht, finanzielle Größen und Kennzahlen zu nutzen, die sich auf vergangene Leistungen beziehen. Finanzielle Kennzahlen sagen nichts darüber aus, was jetzt getan werden muss. Darum interessiert sich die BSC für die treibenden Faktoren zukünftiger Leistungen. Diese Leistungstreiber sind Zahlen, die Bewegung auslösen. Sie sind Voraussetzung für die Ergebnis-Kennzahlen. Bei

Leistungstreiber identifizieren

Ergebniszahlen ohne Nennung der Leistungstreiber bleibt unklar, wie man zu dem Ergebnis kommt. Andererseits geben Leistungstreiber für sich allein keine Auskunft über die Wirkung der Maßnahmen auf das Unternehmensergebnis.

Eine gute *Balanced Scorecard* besteht aus diagnostischen Ergebniszahlen und strategischen Zielzahlen. Aufgrund ihres Anspruches der Ausgewogenheit zwingt sie den Anwender, ein Gleichgewicht zwischen finanziellen und nichtfinanziellen Kennzahlen, kurzfristigen und langfristigen Zielen, Früh- und Spätindikatoren sowie interner und externer Sichtweise herzustellen.

Die BSC bietet dem Management ein Handlungs- und Steuerungsinstrument, mit dem die Unternehmensvision in ein geschlossenes Strategie-, Ziele- und Maßnahmenbündel gegossen wird. Damit füllt sie eine Lücke, die in den meisten Managementsystemen klafft, nämlich den Mangel an Systematik zur Realisierung von Strategien. Die BSC versteht sich in erster Linie als Mechanismus zur Strategieumsetzung, weniger zur Strategieformulierung.

4 strategische Hauptrichtungen Sie hat vier strategische Hauptrichtungen:

- Finanzen,
- Kunden,
- Prozesse und
- Innovationen.

Diese vier Richtungen können je nach Unternehmenssituation erweitert oder auch reduziert werden. Zu jeder Strategieperspektive werden maximal vier bis sieben Haupt- und Nebenziele mit Kennzahlen sowie die dazugehörigen konkreten Maßnahmen beschlossen. Vision, Strategie, Ziele und Maßnahmen sind hier fest miteinander verknüpft.

In einer Ursache-Wirkungsbeziehung werden auch die vier Strategiefelder verbunden. Die BSC geht von einem Kausalzusammenhang zwischen Mitarbeiterzufriedenheit, Kundenzufriedenheit, Kundentreue, Marktanteil und wirtschaftlichem Erfolg aus.

Will ein Unternehmen z. B. seine Kapitalrendite steigern, dann setzt dieses eine Reihe von Maßnahmen im Kundenbereich voraus. Diese sind aber an vorgelagerte Aktionen im Bereich der Prozesse gebunden, die sich ihrerseits aus Verbesserungen im *Human Resources*-Bereich ergeben. So entsteht eine kettenähnliche Wenn-Dann-Struktur, die in Ziele und Maßnahmen aufgegliedert ist. Maßnahmen und Zahlen, die nichts darüber aussagen, ob ein Ziel erreicht wird, sind aus dem Kennzahlenprofil zu streichen.

Beispiel

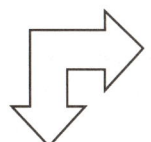
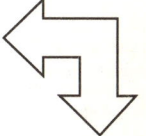

FINANZWIRTSCHAFT

Wie sollen wir aus Kapitalgebersicht dastehen?	Strategisches Ziel	Messgröße	Operatives Ziel	Aktivität

KUNDEN

Wie sollen wir aus Kundensicht dastehen?	Strategisches Ziel	Messgröße	Operatives Ziel	Aktivität

Vision & Strategie

GESCHÄFTSPROZESSE

Bei welchen Prozessen müssen wir Hervorragendes leisten?	Strategisches Ziel	Messgröße	Operatives Ziel	Aktivität

MITARBEITER, LERNEN

Wie können wir flexibel und verbesserungsfähig bleiben?	Strategisches Ziel	Messgröße	Operatives Ziel	Aktivität

Die Vision in Strategie übersetzen – aus 4 Perspektiven (nach Kaplan/Norton 1997, S. 9)

Die vier Handlungsfelder der BSC

Die finanzwirtschaftlichen Ziele spielen eine Doppelrolle im BSC-Konzept. Sie definieren einerseits die finanzielle Leistung, die von der Unternehmensstrategie erwartet wird. Andererseits dienen sie als Fokus für die Ziele und Kennzahlen aller anderen *Scorecard*-Perspektiven.

1. Finanzwirtschaftliche Perspektive

Die finanzwirtschaftlichen Ziele orientieren sich in der Regel an den Interessen der Kapitalgeber. Die wichtigsten Bezugsgrößen sind ROI, Kostensenkung, Unternehmenswert oder *Cash-flow*, Aktienkurs, Deckungsbeitrag. Mögliche Leistungstreiber wären Abbau von Zahlungsausfällen, Verkürzung von Lagerdauer und Zahlungszielen.

Finanzielle Kennzahlen für sich allein sagen wenig darüber aus, was jetzt oder in Zukunft für die Wertschöpfung getan werden muss. Unter dem Druck, kurzfristige Finanzleistungen zu erbringen, vernachlässigen viele Unternehmen die Förderung der immateriellen bzw. intellektuellen Vermögenswerte, die zukünftiges Wachstum ermöglichen.

2. Kundenperspektive In der Kundenperspektive geht es darum, jene Kunden- und Marktsegmente zu identifizieren, in denen das Unternehmen wettbewerbsfähig sein will. Die Kundenzufriedenheit gilt dabei als Voraussetzung rentabler Beziehungen zu den Geschäftspartnern. Das setzt gute Produkte und Dienstleistungen voraus (vgl. Kapitel Kundenmanagement im zweiten Teil).

Mögliche *Kennzahlen* sind: Marktanteil, Kundentreue, Kundenakquisition, Kundenzufriedenheit und Kundenrentabilität. Diese entwickeln sich aber nur dann positiv, wenn u. a. folgende Leistungstreiber genutzt werden: Qualität, Service, Image, Geschwindigkeit.

3. Lern- und Entwicklungsperspektive Will ein Unternehmen sein heutiges Leistungsvermögen steigern, muss es sich entwickeln. Dabei orientiert sich die BSC an der Idee der Lernenden Organisation. Vor allem will die BSC die Ideenproduktion an der Basis ankurbeln, weil man dort viel direkter mit internen Prozessen und den Kunden zu tun hat. Die »BSC-Apostel« sehen in diesen drei Bereichen die treibenden Faktoren: Weiterbildung, IT-Nutzung und Motivation / Empowerment / Zielausrichtung (vgl. Kapitel Lernende Organisation im zweiten Teil). Einige der möglichen *Kennzahlen* im Rahmen dieser Perspektive sind: Mitarbeiterzufriedenheit, Mitarbeitertreue, Mitarbeiterproduktivität. Die *Leistungstreiber* hierzu sind u. a. Weiterbildung, IT-Nutzung, Verbesserungsvorschläge, Motivation.

Die Prozessperspektive soll kritische Punkte identifizieren, die verbessert werden müssen. Dabei sollten diejenigen Prozesse fokussiert werden, die den größten Einfluss auf die Kundenzufriedenheit und die Zielerreichung haben. Denkbar ist aber auch, dass völlig neue Prozesse identifiziert werden, die optimale Kundenzufriedenheit erzeugen (vgl. Kapitel Prozessmanagement im zweiten Teil).

Hier geht es also um die Verbesserung von Abläufen. Die BSC will in Anlehnung an das moderne Prozessmanagement den Gesamtprozess optimieren, nicht aber einzelne Abteilungen. Der Gesamtprozess wird gegliedert in Innovationsprozesse, Betriebsprozesse und Kundendienstprozesse.

Mögliche *Kennzahlenbereiche* sind: Materialnutzung, Nacharbeit, Reklamationen, Erfindungen. Die relevanten *Leistungstreiber* sind u. a.: Abbau von Fehlern, Umsetzungsdauer von Innovationen.

Praxisempfehlungen

Die Erarbeitung und Einführung der BSC erfolgt – wie bei Organisationsentwicklungs- bzw. *Change Management*-Prozessen üblich – diskussionsaktiv, kooperativ bzw. partizipial, um den Unternehmens-IQ voll zu nutzen und Akzeptanz herzustellen (siehe Abbildung S. 70).

Es stellt sich abschließend die Frage, ob Strategiemodelle der verschiedenartigsten Provenienz im Zeitalter der Kurzlebigkeit noch brauchbar sind. In einer Zeit, in der die Produktentwicklung und die Produktlebenszyklen kurz und kürzer werden, in der neue Technologien im Stunden- und Tagestakt entstehen, in der Markt- und Ländergrenzen verschwinden, Branchen verschmelzen (z. B. Supermarkt + Tankstelle) und sich Manager schon mit Samuraiprinzipien beschäftigen, können es sich Unternehmen immer weniger leisten, Fünf- bis Zehnjahrespläne mit akribisch genauen Meilensteinen aufzustellen.

Fünf- bis Zehnjahrespläne obsolet

Für die BSC folgt hieraus, sie im Sinne eines *Double-Loop*-Lernens flexibel anzuwenden. Unternehmen brauchen eine dynamische Strategie, bei der die Feinabstimmung der Reflexe sowie die Suche und der Aufbau temporärer Chancen im Mittelpunkt stehen. BSC kann hierbei helfen, aber nur dann, wenn sie nicht als strategisches Dogma, sondern als Navigationsinstrument genutzt wird.

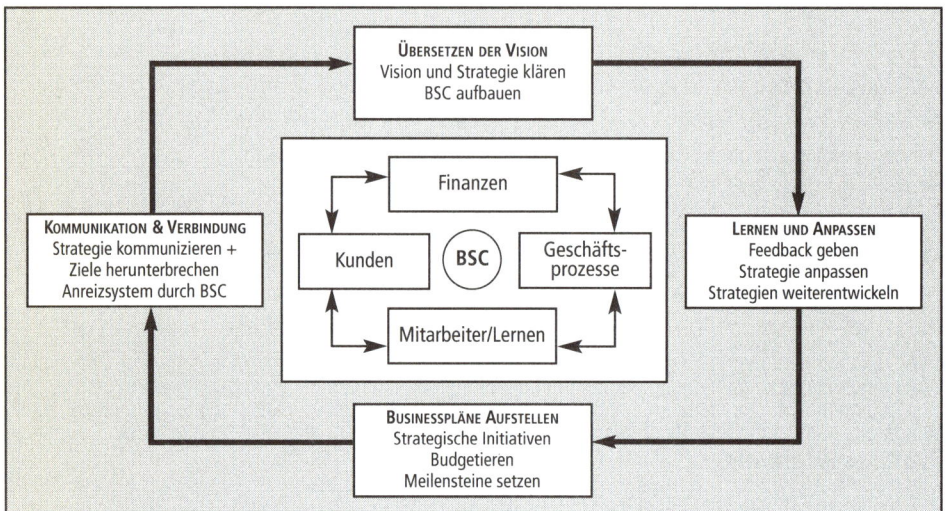

Die BSC als strategischer Handlungsrahmen (Nach Kaplan/Norton 1997, S.10)

Literatur

Ackermann, Karl-Friedrich: *Balanced Scorecard für Personalmanagement und Personalführung.* Praxisansätze und Diskussion. Wiesbaden 2001.

Ehrmann, Harald: *Balanced Scorecard.* Ludwigshafen 2002.

Kaplan, Robert S. / David P. Norton: *Balanced Scorecard.* Strategien erfolgreich umsetzen. Stuttgart 1997.

Kumpf, Andreas: *Balanced Scorecard in der Praxis.* In 80 Tagen zur erfolgreichen Umsetzung. Landsberg 2001.

Probst, Hans-Jürgen: *Balanced Scorecard leicht gemacht.* Warum sollten Sie mit weichen Faktoren hart rechnen? Frankfurt/M. 2001.

2. Business Reengineering

Um langfristig erfolgreich agieren zu können, müssen Unternehmen ihre Produkte und Dienstleistungen stets den veränderten Marktanforderungen anpassen. Organisationen mit einer klassischen, auf stark fragmentierten Arbeitsabläufen aufbauenden Struktur sind für diesen raschen Wandel zu träge. Das Konzept *Business Reengineering*, das sich Anfang der 90er-Jahre, insbesondere durch die Arbeit von Michael Hammer und James Champy, etablierte, ist eine Managementmethode zur Bewältigung dieser Herausforderungen. Über eine konsequente Prozess- und Kundenorientierung will das *Business Reengineering* eine radikale Neugestaltung der Unternehmensstrukturen herbeiführen und auf diesem Wege eine den Wettbewerbsbedingungen entsprechende Organisation schaffen (vgl. hierzu auch das Kapitel Prozessmanagement im zweiten Teil).

Was ist Business Reengineering?

Michael Hammer und James Champy definieren *Business Reengineering* als »*Fundamentales Überdenken und radikales Redesign von Unternehmen oder wesentlichen Unternehmensprozessen*« (1996, S. 52). Die grundlegende Fragestellung in diesem Zusammenhang lautet sinngemäß: Wenn wir das Unternehmen unter Berücksichtigung unseres derzeitigen Wissens und des momentanen Standes der Technik neu gründen müssten, wie würden wir dies machen?

Radikales Redesign von Unternehmen(sprozessen)

Ziel ist es, wesentliche Verbesserungen in den Bereichen Kosten, Qualität, Service und Zeit zu erreichen. Diese Verbesserungen werden nicht durch Optimierung bestehender Unternehmensprozesse erzielt, sondern durch deren komplette Neugestaltung. Somit ist *Business Reengineering* eine Radikalkur im Sinne eines kompletten Neuanfanges.

In diesem Zusammenhang werden bisherige Arbeitsabläufe völlig in Frage gestellt und aus einem neuen Blickwinkel heraus betrachtet. Wertschöpfende Prozesse werden nicht reduziert und verbleibende Aufgaben nicht mehr arbeitsteilig, sondern prozessorientiert reorganisiert.

Von der funktionsorientierten zur prozessorientierten Organisation

Nachteile der Zergliederung von Arbeitsprozessen

Noch heute folgen die meisten Unternehmen in ihrer Arbeitsweise den von Adam Smith vor mehr als zweihundert Jahren aufgestellten Grundsätzen der Arbeitsteilung. Diese funktional-atomistische Arbeitszergliederung in elementare Vorgänge diente dazu, komplexe Prozesse übersichtlicher und damit beherrschbar zu machen. Konsequenzen waren starre, bürokratische Strukturen, die jedoch keine wertschöpfenden Auswirkungen hatten. Die Zergliederung der Geschäftsprozesse führte vielmehr zu einer erhöhten Fehleranfälligkeit, mangelnder Flexibilität und einer mangelhaften Kundenorientierung. Es entstanden eine Vielzahl von Fachabteilungen, innerhalb derer jeder einzelne Mitarbeiter Teilaufgaben eines Prozesses durchführte, jedoch keiner die Verantwortung und den Überblick über den Gesamtprozess besaß. Für Fragen und Probleme der Kunden fühlte sich niemand verantwortlich, und es konnte kein Mitarbeiter eindeutig Auskunft über Verbleib und Zeitpunkt der Fertigstellung einer Bestellung geben. Zudem wurde durch die Aufgabenzergliederung die Steuerung der Prozesse immer schwieriger. Dies führte zu einem erhöhten Kontroll- und Überwachungsbedarf und zu einem Anwachsen des mittleren Managements, das diese Tätigkeiten durchführte.

Diese traditionelle Ablauforganisation ist den heutigen Herausforderungen, in denen über Schnelligkeit, Flexibilität und Kundenorientierung Wettbewerbsvorteile erzielt werden, nicht mehr gewachsen. Um den Anforderungen eines wandlungsfähigen und kundenorientierten Unternehmens zu entsprechen, sind die lähmenden, funktionsorientierten Strukturen daher durch prozessorientierte Strukturen zu ersetzen.

Ein Prozess wird nach Hammer und Champy (S. 56) als *»Menge von Aktivitäten«* definiert, *»die eine oder mehrere Arten von Input aufnimmt und einen Output erzeugt, der wertvoll für den Kunden ist.«* Der Kunde kann in diesem Zusammenhang sowohl der Endkunde als auch ein Kunde innerhalb des Unternehmens sein.

Der Prozessbegriff

Die Eröffnung eines Bankkontos steht für ein anschauliches Beispiel eines Geschäftsprozesses. Die damit verbundenen Aufgaben werden in einem funktional gegliederten Kreditinstitut von unterschiedlichen Bereichen verantwortet. So nimmt der Kundenberater am Schalter den Kontoeröffnungsantrag entgegen und leitet diesen an das Zentralregister im Logistikbereich weiter. Dieses ist für das Erfassen der Kundendaten sowie den Ausdruck der Eröffnungsbestätigung zuständig. Die Speditionsabteilung versendet schließlich die Bestätigung an den Kunden. Der gesamte Prozess nimmt mehrere Tage in Anspruch.

Im Rahmen eines *Reengineering*-Projektes würden die Tätigkeiten der Kundenberatung, der EDV-Erfassung sowie der schriftlichen Bestätigung in einen Bereich zusammengefasst oder sogar in die Verantwortung einer Person gelegt. Neben einer Beschleunigung des gesamten Prozesses hätte dies auch positive Auswirkungen auf die Kundenorientierung, da der Kunde stets einen Ansprechpartner hätte, der den Überblick über den Vorgang besitzt und ihm somit jederzeit qualifizierte Auskünfte erteilen kann.

Es gibt typische Merkmale, die nach Hammer und Champy im Zuge einer Neugestaltung von Unternehmensprozessen zu beobachten sind, wobei ein Prozess in der Regel nicht alle diese Merkmale gleichzeitig aufweist.

1. *Mehrere Positionen werden zusammengefasst:* Eines der wesentlichen gemeinsamen Merkmale neu gestalteter Unternehmensprozesse liegt in der tendenziellen Abschaffung der Fließbandarbeit. Die ehemals von verschiedenen Spezialisten durchgeführten Teilaufgaben werden im Rahmen des *Business Reengineering* wieder zu einem »Gesamtprozess« zusammengefügt. Die Verantwortung für diesen kompletten Prozess geht an einen Generalisten, den sog. *Caseworker* über, oder, falls die Prozessschritte an unterschiedlichen Orten ausgeführt werden müssen, an ein *Caseteam*.

2. *Mitarbeiter fällen Entscheidungen:* Die Arbeitnehmer werden dazu ermächtigt, vor Ort Entscheidungen zu treffen, die ehemals den Vorgesetzten vorbehalten waren. Weit reichendere Entscheidungskompetenzen *(Empowerment)* und eine damit einhergehende größere Verantwortung äußern sich meist in einer erhöhten Mitarbeiterzufriedenheit und einer gesteigerten Motivation, die im Ergebnis zu besseren Leistungen führt.

3. *Entlinearisierung von Prozessschrittfolgen:* Die Schritte, die innerhalb eines Prozesses zu vollziehen sind, werden in eine natürliche Reihenfolge gebracht. Entgegen der linearen Reihenfolge, innerhalb derer ein Aufgabenschritt immer erst komplett beendet sein musste, bevor man mit dem nächsten begann, können beim *Business Reengineering* Arbeitsschritte parallel laufen, was eine Beschleunigung des gesamten Prozesses zur Folge hat. Die moderne Informationstechnologie schafft die dazu erforderlichen Voraussetzungen, da sie es ermöglicht, zeitgleich auf relevante Informationen zuzugreifen.

4. *Es gibt mehrere Prozessvarianten:* Um den jeweiligen Anforderungen unterschiedlicher Situationen und Märkte gerecht werden zu können, werden mehrere Varianten des gleichen Unternehmensprozesses benötigt. So sollten beispielsweise einfachere Vorgänge, die häufig vorkommen, anders organisiert werden als mittelschwierige oder sehr schwierige.

5. *Die Arbeit wird dort erledigt, wo es am sinnvollsten ist:* Die Arbeit kann nach einem *Business Reengineering* über organisatorische Grenzen hinweg neu verteilt werden. Es wird beispielsweise möglich, Arbeiten auf Kunden oder Lieferanten zu übertragen und dadurch die Prozessleistung insgesamt zu verbessern.

6. *Reduzierung nicht wertschöpfender Tätigkeiten:* Durch ein *Business Reengineering* werden nicht wertschöpfende Tätigkeiten, wie beispielsweise Kontroll- und Überwachungsarbeiten, so stark wie möglich eingeschränkt. Daraus resultieren erhebliche Kosteneinsparungen sowie eine Verflachung der Hierarchien.

Die Rolle der Menschen in Business Reengineering-Projekten

Dem Menschen kommt im Hinblick auf Erfolg bzw. Misserfolg von *Reengineering*-Projekten eine wesentliche Bedeutung zu. Grundsätzlich können in diesem Zusammenhang die am Prozess *Beteiligten*, wie z.B. Führungskräfte, Projektteams, und die vom Prozess *Betroffenen*, nämlich Kunden und Mitarbeiter, unterschieden werden.

Die Führungskraft

Den Führungskräften obliegt es, die erforderlichen Rahmenbedingungen zu schaffen, um den Wandel vom traditionell funktionalen Aufbau zu prozessorientierten Strukturen erfolgreich zu vollziehen. Da dieser Wandel sehr stark von der Akzeptanz aller Beteiligten abhängt, sollten sie die Mitarbeiter frühzeitig in den Veränderungsprozess einbeziehen und sich um eine offene und vertrauensvolle Kommunikation bemühen.

Anstelle der traditionellen Kontroll- und Überwachungstätigkeiten übernimmt die Führungskraft nun eher die Rolle eines Coaches, der seinen Mitarbeitern beratend und unterstützend zur Seite steht. Dies bedeutet, dass die absolute Kontrolle und Berechenbarkeit zugunsten von Innovation und Flexibilität aufgegeben wird.

Das Management muss die Prozessteams mit weit reichenden Kompetenzen ausstatten, damit diese innerhalb der von ihnen verantworteten Unternehmensprozesse autonom arbeiten und alle erforderlichen Entscheidungen selbständig treffen können.

Zur Neugestaltung von Unternehmensprozessen ist es erforderlich, Bestehendes in Frage zu stellen und zu gänzlich neuen Lösungsansätzen zu kommen. Es werden somit innovative Ideen benötigt, die sich in der Regel nur im Team entwickeln lassen. Bei der Durchführung eines *Reengineering*-Projektes bestehen folgende Alternativen:

Permanentes Projektteam: Die Mitglieder eines Teams lösen sich bei dieser Variante völlig aus ihrer Arbeitsumgebung und widmen sich ausschließlich dem *Reengineering*-Projekt. Dies ist sicherlich eine prinzipiell gute Lösung, die aber in kleineren Unternehmen wegen der damit verbundenen Personallücke schwer anwendbar ist.

Nicht-permanentes Projektteam: Beim non-permanenten Projektteam behalten die Teammitglieder ihre Linienfunktionen bei und widmen sich den Aufgaben des *Reengineering*-Projektes im Rahmen regelmäßig stattfindender Workshops. Hier ist es möglich, die Zusammensetzung des Teams bedarfsgerecht anpassen zu können und u.U. sogar mehrere Teams parallel an einem *Reengineering*-Projekt arbeiten zu lassen.

Da ein *Business Reengineering* mit erheblichen Veränderungen verbunden ist, empfiehlt sich ein professionelles und vorsichtiges Vorgehen. Gegebenenfalls kann es sinnvoll sein, die Hilfe einer externen Beratung in Anspruch zu nehmen.

Der Kunde ist Ausgangs- und Endpunkt eines jeden Kernprozesses und muss daher im Mittelpunkt aller Aktivitäten stehen. Im Zuge des Wandels vom Verkäufer- zum Käufermarkt wurde dem Kunden eine mächtige Stellung zuteil. So ist es ihm heute möglich, aus einer Vielzahl von Angeboten das für ihn passende auszuwählen.

Für ein Unternehmen bedeutet dies somit, sich mehr denn je nach dem Kundennutzen auszurichten und die Produkte den Kundenbedürfnissen anzupassen. Basis eines *Reengineering*-Projektes muss daher die Analyse der Kundenbedürfnisse sein. Die Prozesse werden über den direkten Kundennutzen definiert, nicht über Positionen und Aufgaben. Dem Kunden soll ein »neuer Wert« geboten werden (vgl. Kapitel Kundenmanagement im zweiten Teil).

Das Berufsbild des Mitarbeiters wandelt sich durch ein *Business* **Der Mitarbeiter** *Reengineering* ganz erheblich. Als Mitglied eines Prozessteams ist er nicht mehr lediglich für einen Arbeitsschritt verantwortlich, sondern er trägt gemeinsam mit seinen Teammitgliedern die Verantwortung für einen kompletten Unternehmensprozess.

Aus ehemaligen Spezialisten werden so Generalisten mit vielschichtigen Aufgaben, die möglichst einen Gesamtüberblick über den Unternehmensprozess haben müssen. Dies stellt erhöhte Anforderungen an alle Mitarbeiter.

Während die funktionale Arbeitsgliederung zu einfachen Aufgaben führte, für die es kaum hoch qualifizierter Arbeitskräfte bedurfte, benötigt das Unternehmen für ein *Business Reengineering* intelligente und hoch qualifizierte Arbeitskräfte, die ihre Fähigkeiten innerhalb des Teams gezielt einsetzen. Es reicht nicht mehr aus, nur zu wissen, *wie* man eine Tätigkeit ausführt, sondern man sollte vor allem wissen *warum*. Lebenslanges Lernen und eine stetige Weiterbildung sollten für die Teammitglieder daher eine Selbstverständlichkeit sein. Einfache Routinetätigkeiten kann es nach einem gelungenen *Business Reengineering* so gut wie nicht mehr geben.

Die Mitarbeiter müssen innerhalb der von ihnen verantworteten Prozesse alle Entscheidungen selbständig treffen. Um diese neuen Herausforderungen erfolgreich meistern zu können, sollten sie daher fähig sein, Verantwortung zu übernehmen, und über ein gehöriges Maß an Eigeninitiative verfügen.

Die Bedeutung der Informationstechnologie

Grundlage der radikal neuen Arbeitsweise bildet die moderne Informationstechnologie, durch deren intelligenten Einsatz eine Neugestaltung der Unternehmensprozesse überhaupt erst möglich wird. Ein falscher Einsatz kann demgegenüber aber auch negative Wirkungen auslösen, so dass ein *Reengineering*-Projekt verzögert oder sogar verhindert wird.

Die Informationstechnologie dient im Rahmen des *Business Reengineering* nicht als Mittel zur Automatisierung, sondern wird eingesetzt, um Innovationen auszulösen.

Induktives Denken Um adäquate Einsatzmöglichkeiten moderner Informationstechnologie aufzuspüren, ist es nach Hammer und Champy erforderlich, induktiv denken zu lernen. Das bedeutet, man sollte nicht von einem im Unternehmen vorherrschenden Problem ausgehen und sich überlegen, wie man es mit Hilfe der neuen Technologien beseitigen kann (= deduktives Denken). Vielmehr sollte man in einem ersten Schritt eine sinnvolle Lösung erkennen und erst danach jene Probleme identifizieren, die mit Hilfe der Informationstechnologie gelöst werden könnten. Die Frage lautet in diesem Zusammenhang also nicht: »*Wie können wir unsere derzeitige Arbeitsweise durch den Einsatz der Technologie verbessern?*«, sondern: »*Wie können wir mit Hilfe der Technologie neue Dinge tun?*« (Hammer/Champy 1996, S. 122).

Auswahl neu zu gestaltender Unternehmensprozesse

Zentrale Fragen Da es nicht möglich ist, alle wesentlichen Prozesse im Unternehmen zur gleichen Zeit neu zu gestalten, muss anhand geeigneter Kriterien eine Reihenfolge der Prozesse aufgestellt werden, die einem *Business Reengineering* unterzogen werden sollen. Hierbei können diese Fragen behilflich sein:

1. Welche Prozesse stecken in den größten Schwierigkeiten?
Für ein *Business Reengineering* sind beispielsweise

1. Klärung der organisatorischen Voraussetzungen
2. Business Reengineering-Planung
3. Prozess Redesign

Teil-nehmer	Prozess	Strukturen	Technologie

4. Pilot-Prozess-Durchführung
5. Prozess-Abschluss

Change Management

Projekt-Management

Wege und Werkzeuge des *Business Reengineering*

Produktentwicklungsprozesse prädestiniert, die über längere Zeit kein neues Produkt hervorgebracht haben.

2. *Welche Prozesse haben die stärksten Auswirkungen auf die Kunden?*
Dieses Kriterium bezieht sich auf die relative Bedeutung der Prozesse unter Berücksichtigung von Kundenaspekten. Legen die Kunden z.B. besonderen Wert auf bestimmte Produktmerkmale, eine pünktliche Anlieferung oder Ähnliches, können daraus die Prozesse hergeleitet werden, welche die von den Kunden genannten Kriterien am stärksten beeinflussen.

3. *Welche Prozesse eignen sich besonders gut für Reengineering-Maßnahmen?*
Es sollen solche Prozesse ausgewählt werden, bei denen die größten Chancen für eine erfolgreiche Reorganisation bestehen. Zu beachten sind vor diesem Hintergrund u.a. der Umfang eines Projektes bzw. die Anzahl der vom *Reengineering* betroffenen Organisationseinheiten, Kostenaspekte, aber auch die Stärke eines Projektteams.

Literatur

Berndt, Ralph: *Business Reengineering*. Effizientes Neugestalten von Geschäftsprozessen. Berlin 1997.

Champy, James / Michael Hammer: *Business Reengineering*. Die Radikalkur für das Unternehmen. So erneuern Sie Ihre Firma. Frankfurt / Main 6. Aufl. 1996.

Otfried von Koenigsmarck / Carsten Trenz: *Einführung von Business Reengineering*. Methoden und Praxisbeispiele für den Mittelstand. Frankfurt / Main 1996.

Osterloh, Margit von / Jetta Frost: *Prozessmanagement als Kernkompetenz*. Wie Sie Business Reengineering strategisch nutzen können. Wiesbaden 2000.

Schnetzer, Ronald: *Business Process Reengineering kompakt und verständlich*. Praxisrelevantes Wissen in 24 Schritten. Wiesbaden 1999.

3. Change Management

Bis in die 60er-Jahre hinein orientierte sich das Management am kybernetischen Regelkreis als grundlegendem Steuerungsmodell. Abweichungen vom Regelfall wurden mittels »richtiger« Methoden als steuer- bzw. regulierbar betrachtet. Doch die Veränderungen wurden tief greifender, umfassender und vollzogen sich immer schneller. Die »Störung« wurde so zum Normalfall und die Regelung bzw. Behebung immer aufwändiger. Die Fabrik kommt nicht mehr zur »Ruhe«, sondern ist Objekt ständiger Anpassungen an veränderte Bedingungen.

Was vor 20 Jahren noch sanft »Wandel« genannt wurde, hat eine rasante Beschleunigung erfahren, so dass manche von »Revolution« sprechen. Die Wirtschaftsgeschichte schlug ein neues Kapitel auf. Neuartige Phänomene waren zu beschreiben: Globalisierung, Internet, Multimedia etc. Das führte zu neuen Begriffen wie *Change Management*, Chaosmanagement oder *Business Transformation*.

Die Erfolgsrezepte von gestern waren nun kein Garant mehr für den Erfolg von morgen. Viele neue Rezepte werden angeboten: *Lean Management*, Lernende Organisation, Wissensmanagement u.a.m.

Plötzlich mussten sich Mitarbeiter und Führungskräfte intensiv und hautnah mit dem Themenkreis *Change*, permanentes Lernen, Umbruch und Chaosbewältigung beschäftigen. Das führte zu einem Verlust an Vertrautheit und Kontrolle und bewirkte

Unsicherheit. In dieser Situation wurde ein neues »Rezept«, das *Change Management*, erfunden. Man wollte Veränderungen nicht mehr nur ausgesetzt sein, sondern diese auch aktiv mitgestalten. Man musste Mitarbeitern nicht nur die Angst vor dem Neuen nehmen, sondern sie als Verbündete für das Neue gewinnen, weil es ansonsten chancenlos geblieben wäre.

Begriffsklärungen

Keine eindeutige Definition Der Begriff *Change Management* ist als eine Art Containerbegriff nicht so eindeutig definierbar wie Projekt- oder Qualitätsmanagement. Management jedweder Art zielt auf Veränderung, weil der Wettbewerb ständiges Anpassen erforderlich macht. Insofern waren und sind alle großen Entwürfe der Wirtschaftsgeschichte ein Stück *Change Management*, der Taylorismus ebenso wie *Lean Management* oder das Wissensmanagement.

Mehr noch: Bei jeder Fusion, Reorganisation, bei gut geführten Mitarbeitergesprächen, bei jedem Verbesserungsvorschlag oder jeder QZ-Sitzung geht es um Veränderungen. Insofern stellt sich die Frage: Was ist nicht *Change Management?* Alle in diesem Buch behandelten Strategiemodelle, Konzepte oder Werkzeuge dienen dem Veränderungsmanagement oder bewirken dieses.

> **Es gibt bis heute keine eigenständige, kompakte bzw. integrierte Theorie des *Change Managements*. Das verfügbare Wissen hierzu besteht eher aus einer bunten Sammlung von Bruchstücken, die aus unterschiedlichen Herkunftsgebieten stammen: der Konflikttheorie, dem Innovationsmanagement, der Organisationsentwicklung, um nur einige als Beispiele zu nennen. *Change Management* repräsentiert einen Instrumentenkasten, der in das Gesamtinstrumentarium des strategischen und operativen Managements integriert ist, ohne dass eine eigene Kontur erkennbar ist (vgl. Reiß/Rosenstiel 1997, S. 9, 14).**

In der angelsächsischen Literatur versteht man unter *Change Management* primär die menschliche Dimension einer Veränderung. Im deutschsprachigen Raum werden auch technische Aspekte berücksichtigt. Folglich handelt es sich beim *Change Management* um technische, strategische, organisatorische, betriebswirtschaftliche und menschlich-soziale Veränderungen, die in einer multiplen Verknüpfung harter und weicher Faktoren realisiert werden. Die Aufgabe des *Change*-Managers besteht darin, Menschen, Informationen, Ressourcen und Prozesse zielgerichtet zu steuern, um Veränderung oder Anpassung zu bewirken. Der Schwerpunkt gilt dabei dem *Human Resources*-Management, denn Veränderungen stoßen auf Widerstände, bewirken Ängste und Lernblockaden. Aber ohne das Mitwirken der Mitarbeiter sind keine Veränderungen möglich.

Uwe Böning und Brigitte Fritschle halten *Change Management* in diesen Situationen für zweckmäßig (vgl. 1997):

Change-Situationen

- Strategische Neupositionierung eines Unternehmens,
- *Business Reengineering*,
- Einführung von *Lean Management*,
- Reorganisation eines Unternehmens,
- Unternehmenskultur-Entwicklung,
- Aufbau einer Lernenden Organisation,
- Fusionen.

Im Gegensatz dazu macht der bekannte deutsche Managementtrainer und Organisationsentwickler Reiner Czichos auf die kleinen, täglichen Veränderungen im Unternehmen aufmerksam. Diese beziehen sich auf die einzelnen, betroffenen Menschen, für die Veränderungen ein Risiko oder eine Chance darstellen. Es handelt sich beispielsweise um die Einstellung eines neuen Mitarbeiters, um die Auflösung einer Abteilung oder um die Veränderung einer Vorgehensweise. Die täglichen Organisationsveränderungen sind ein kontinuierlicher Prozess. Die großen Veränderungsprogramme schwimmen auf einem Fluss dieser ständigen kleinen Veränderungen (vgl. Czichos 1997, S. 67).

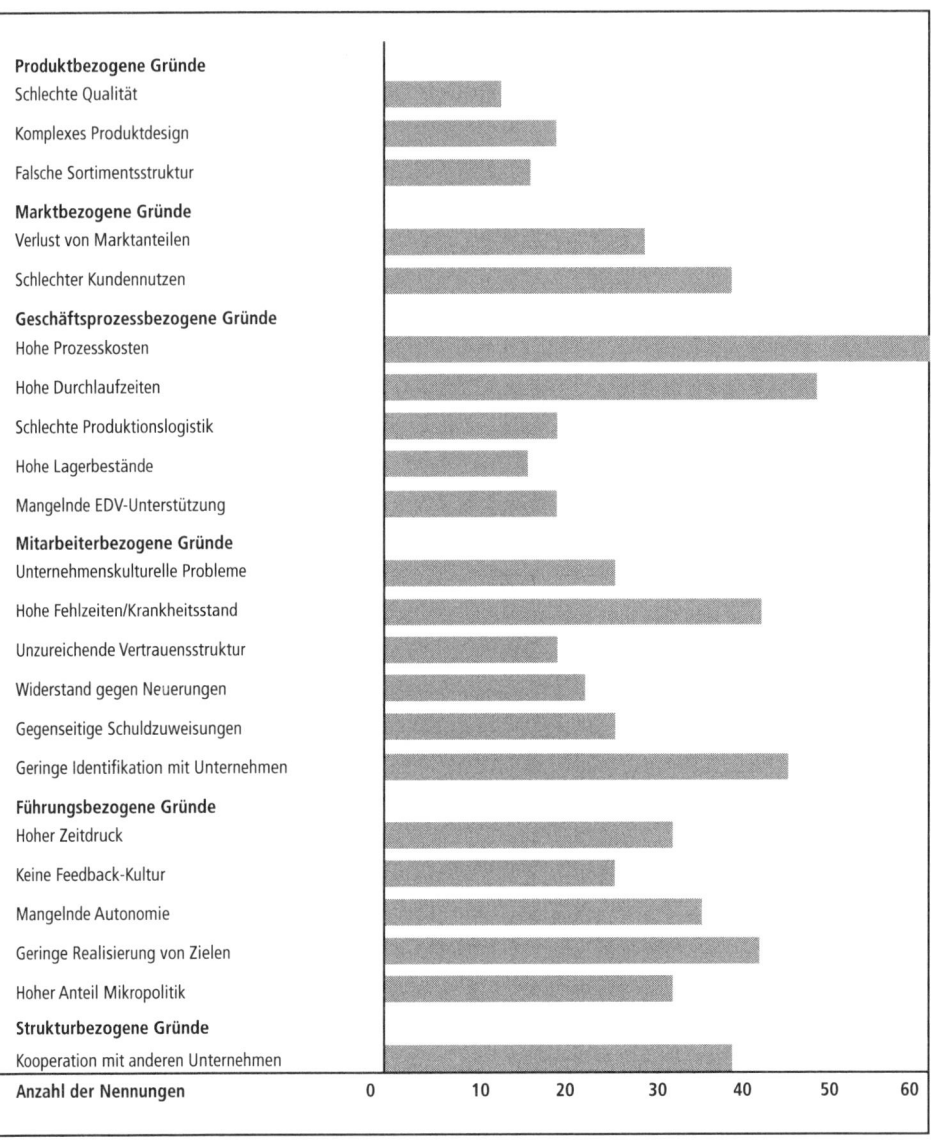

Produktbezogene Gründe
Schlechte Qualität
Komplexes Produktdesign
Falsche Sortimentsstruktur
Marktbezogene Gründe
Verlust von Marktanteilen
Schlechter Kundennutzen
Geschäftsprozessbezogene Gründe
Hohe Prozesskosten
Hohe Durchlaufzeiten
Schlechte Produktionslogistik
Hohe Lagerbestände
Mangelnde EDV-Unterstützung
Mitarbeiterbezogene Gründe
Unternehmenskulturelle Probleme
Hohe Fehlzeiten/Krankheitsstand
Unzureichende Vertrauensstruktur
Widerstand gegen Neuerungen
Gegenseitige Schuldzuweisungen
Geringe Identifikation mit Unternehmen
Führungsbezogene Gründe
Hoher Zeitdruck
Keine Feedback-Kultur
Mangelnde Autonomie
Geringe Realisierung von Zielen
Hoher Anteil Mikropolitik
Strukturbezogene Gründe
Kooperation mit anderen Unternehmen
Anzahl der Nennungen   0   10   20   30   40   50   60

Diese Ergebnisse sind Teil einer Studie, die das Institut für Lernende Organisation und Innovation, München, in Zusammenarbeit mit dem Institut für Betriebswirtschaft der Hochschule St. Gallen durchgeführt hat. Befragt wurden 111 Unternehmen (85 Prozent davon haben mehr als 500 Mitarbeiter) aus Deutschland, Österreich und der Schweiz.

Gründe für
Change Management

Ziele des Change Managements

Alle Ansätze des Veränderungsmanagements verfolgen ein gemeinsames Anliegen: Sie sollen »Infrastrukturen« für Veränderungen schaffen. Nicht die Veränderungen allein sind wichtig, sondern deren Umsetzung und die Bereitstellung eines die Realisation begünstigenden Klimas und einer entsprechenden Umgebung. Ein pro-aktives Veränderungsmanagement will vor allem ein veränderungsfreundliches Klima schaffen, in dem neue Ideen und Konzepte entstehen können.

Infrastruktur für Veränderungen

Aber es geht nicht nur um das Neue. *Change Management* bezweckt auch die kontinuierliche Unternehmensentwicklung. Neben Wachstum oder auch Schrumpfung zählen Revitalisierung, Sanierung, Konsolidierung oder Wertsteigerung zu den gängigen Zielvorstellungen für die Entwicklung von Organisationen. Ziel ist es, Strukturen zu schaffen, die selbst den Wandel gestalten und nicht mehr auf gleichbleibende Kontinuität fixiert sind. Letztlich soll das Unternehmen nicht nur die Fähigkeit erwerben, seinen eigenen Regeln entsprechend den Lernprozess zu verändern, sondern gleichzeitig Regeln für die Regeländerungen zu entwickeln und damit reflexiv zu werden (vgl. Willke 1995, S. 49 ff.).

Ein weiterer wesentlicher Punkt für erfolgreiches *Change Management* ist die Mehrwertschöpfung aus dem ganzen Menschen, nicht nur der verdingten Arbeitskraft; die traditionellen Quellen für Mehrwert (Fließbandarbeiten usw.) werden mittlerweile von allen Unternehmen genutzt und ermöglichen keinen Wettbewerbsvorsprung mehr. Unter dem gleichzeitig existierenden Druck, den spekulativen Renditeerwartungen der Finanzmärkte entsprechen zu müssen, bleiben als bisher nicht oder nur ungenügend ausgeschöpfte Quellen die im arbeitenden Menschen entwickelbaren Innovationen und kreativen Potenzen.

Aspekte und Probleme des Change Managements

Modelle und Konzepte für den erfolgreichen Umgang mit *Change*-Vorhaben kann man aus zwei Blickwinkeln betrachten, nämlich den Fragestellungen:

- *Was* soll verändert werden? Hier geht es um den Inhalt bzw. die Richtung.
- *Wie* soll diese Veränderung erreicht werden?

Was soll verändert werden? Die Antwort auf die Frage nach dem *Was* hat inhaltlichen bzw. konzeptionellen Charakter. Ein Unternehmen optiert für eines der gängigen Modelle, welches die *Change*-Szene beherrschen, sei es *Business Reengineering, Lean Management, Total Quality Management* oder *Balanced Scorecard*. Das Unternehmen muss sich bewusst sein, dass solche Veränderungen viel Zeit benötigen.

Aspekte des *Change Managements*

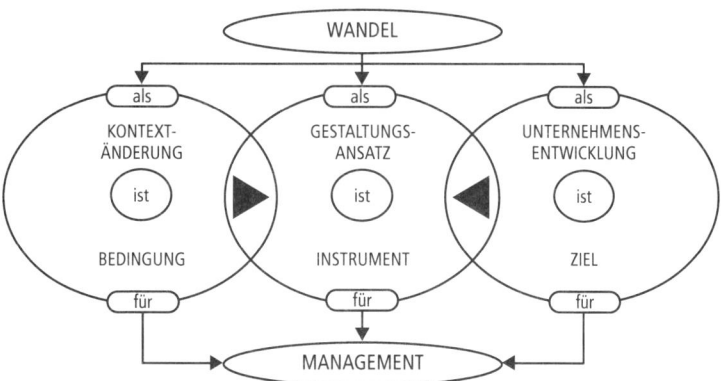

Aspekte des
Change Managements

Wie soll verändert werden? Bei der Frage nach dem Wie gibt es zwei Antworten, je nach Betrachtungsweise bzw. Basismodell. Eine eher management-technische Herangehensweise interessiert sich für den typischen Ablauf eines Veränderungsprozesses, also für die Phasen der Diagnose, Zielbildung, Planung, Entscheidung, Realisation und Kontrolle. *Human Resources*-Manager fokussieren eher die beteiligten Akteure der Veränderung und fragen nach den notwendigen motivationalen Ressourcen.

Die Umsetzung an der »Schnittstelle Mensch« ist der schwierigste Teil des Veränderungsmanagements. Denn die Angst vor dem Neuen ist eine Charaktereigenschaft des Menschen. Diese Angst kann sogar in Widerstände umschlagen, und zwar entweder in

- verdeckte Widerstände (höhere Fehlzeiten, schlechte Arbeitsqualität, Kündigung u.ä.) oder in
- offene (Streiks, Betriebsbesetzung, Aggression u.ä.).

Statistisch gesehen, sind nur 10 % von Veränderungen begeistert, und 20 % finden sie gut; 40 bis 50 % jedoch fügen sich lediglich und 20 bis 30 % leisten sogar Widerstand.

Die Praxis des Change Management

Normalerweise durchläuft ein Prozess mehrere Phasen, bis die psychologischen Veränderungen stabil in das Verhaltens- oder Einstellungsrepertoire übernommen werden. Viele Autoren gehen mit geringen Abweichungen von dem abgebildeten Sieben-Phasen-Modell aus.

7-Phasen-Modell

Phase	Beschreibung
1. Schock	Diskrepanz zwischen den Erwartungen und der eingetroffenen Realität
2. Ablehnung	Die Situation wird als nicht wesentlich unterschiedlich von der alten bewertet
3. Einsicht	Notwendigkeit zur Veränderung wird eingesehen
4. Akzeptanz	Die Realität wird als veränderte Situation akzeptiert
5. Ausprobieren	Neue Verhaltensweisen werden in verschiedenen Situationen ausprobiert
6. Erkenntnis	Gründe für Erfolge oder Misserfolge werden erkannt und reflektiert
7. Integration	Die Übernahme erfolgreicher Verhaltensweisen ins aktive Verhaltensrepertoire

Diese Veränderungsphasen umfassen einen Zeitrum von 18 bis 24 Monaten. Jedoch muss bei größeren Veränderungen sogar mit fünf bis sieben Jahren gerechnet werden, besonders dann, wenn es um die Entwicklung der Unternehmenskultur geht.

Emotions-management

Nach Böning und Fritschle geht es beim Veränderungsmanagement um »Emotionsmanagement«. Die Aspekte, um die es sich hierbei handelt, sind Gefühlsprozesse und Erlebnisphänomene der Betroffenen. Wer diese ignoriert, gefährdet den Erfolg. Darum muss ein professioneller Veränderungsmanager über Empathie, Kommunikations- und Konfliktbewältigungsfähigkeiten verfügen. Er sollte geduldig vorgehen, sachlich richtig informieren, die Mitarbeiter schulen und unterstützen.

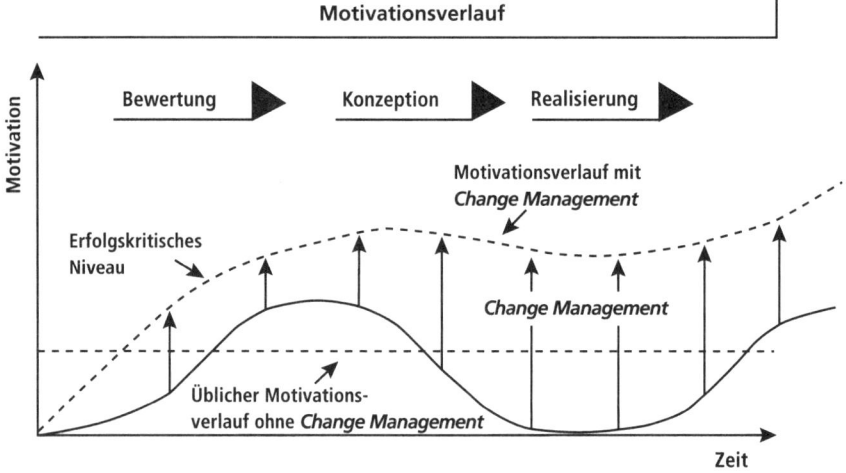

Motivationsverlauf im *Change Management*

Beim Veränderungsprozess spielt die unterstützende Beratung eine wesentliche Rolle. Er soll die Manager erinnern, das man die Menschen dort abholt, wo sie stehen. Darum muss im ersten Schritt erforscht werden, welchen Verlust der einzelne Mitarbeiter durch die Veränderung erlebt und welche Wünsche er hat. Denn nur, wenn man weiß, welche Gedanken und Gefühle den anderen bewegen, kann man beginnen, diese zu ändern.

Der zweite Schritt ist dann die Aufklärung über die Ziele und den Nutzen. Im dritten Schritt muss die Zusammenarbeit bei der Durchführung der Veränderung sichergestellt werden.

Literatur

Böning, Uwe / Brigitte Fritschle: *Veränderungsmanagement auf dem Prüfstand.* Eine Zwischenbilanz aus der Unternehmenspraxis. Freiburg 1997.

Busch, Rolf: *Change Management und Unternehmenskultur.* Konzepte in der Praxis. Mering 2000.

Czichos, Reiner: *Change Management.* München 1997.

Dalheimer, Veronika: *Change Management auf Biegen und Brechen?* Revolutionäre und evolutionäre Strategien der Organisationsveränderung. Wiesbaden 1998.

Doppler, Klaus / Christoph Lauterburg: *Change Management.* Den Unternehmenswandel gestalten. Frankfurt / Main 2002.

Reiß, M. / L. von Rosenstiel / A. Lanz: *Change Management.* Programme, Projekte und Prozesse. Stuttgart 1997.

Warnecke, H.J.: *Die Fraktale Fabrik.* Revolution der Unternehmenskultur. Reinbek 1996.

Willke, H.: *Das intelligente Unternehmen* – Wissensmanagement in der Organisation. Wien 1995.

4. Engpass-Konzentrierte Strategie (EKS)

Das Anwendungsgebiet der EKS ist breit gefächert. Jedes Unternehmen, jeder Freiberufler oder leitende Angestellte kann in seiner persönlichen Situation diese Strategie anwenden, unabhängig davon, in welcher Branche, in welchem Unternehmen oder in welcher Position er tätig ist.

Aus den letzten zwei Jahrzehnten liegen genügend Beispiele vor, die zeigen, dass Organisationen oder Menschen mit Hilfe der EKS ihre Erfolgschancen verbessern konnten. Die vier Grundprinzipien und das Sieben-Phasen-Programm lassen sich auf viele Bereiche des Geschäfts- und Berufslebens anwenden.

Begriffsklärung

Parallele zur Natur Die Buchstaben EKS stehen für die Bezeichnung »Evolutions-Konforme« und/oder »Energo-Kybernetische Strategie«. Der Begriff »evolutionskonform« wurde gewählt, weil der geistige Vater dieses Denkmodells, Wolfgang Mewes, zwischen wirtschaftlichen und ökologischen Systemen viele Gemeinsamkeiten erkannt haben wollte. So wie in der Natur, so wirken auch in der Ökonomie die Subsysteme (Unternehmen, Konsumenten, Lieferanten etc.) synergetisch zusammen.

Mewes meint, dass sich ökonomische Systeme dann optimal entwickeln, wenn sie sich dem Vorbild der

Evolution entsprechend verhalten. Dort wirken die verschiedenen Subsysteme synergetisch zusammen. Die Buchstaben EKS stehen ebenfalls für »Engpass-Konzentrierte Strategie«. Damit will Mewes verdeutlichen, dass jedes System in seiner Entwicklung von einem Engpass blockiert wird. Gelingt es, diesen zu erkennen, dann kann er beseitigt werden, um dem System so optimale Entfaltungsmöglichkeiten zu verschaffen.

Diese Erkenntnis verdankt Mewes der Lektüre militärstrategischer Literatur sowie der Arbeiten von Justus von Liebig. Das strategische Grundanliegen von Militärs besteht darin, den Schwachpunkt (Engpass) des Gegners herauszufinden, um ihn hier entscheidend zu treffen. Darum empfiehlt er, diesen Schwachpunkt zu suchen, oder umgekehrt, dem Vernichtungskrieg zwischen Wettbewerbern zu entkommen. Dazu bietet sich eine Strategie an, die auf Verschiedenheit, Segmentierung, Nischenbildung und gegebenenfalls Vernetzung basiert.

Die vier Grundprinzipien der EKS-Strategie

Die EKS-Strategie empfiehlt diese vier Grundprinzipien:

1. Konzentration statt Verzettelung
2. Den kybernetisch wirkungsvollsten Punkt erkennen
3. Nutzung des Minimumprinzips
4. Nutzenorientierung statt Gewinnmaximierung

Diese Prinzipien finden sich im Sieben-Phasen-Programm (vgl. S. 95 ff.) wieder.

Konzentration statt Verzettelung

Mit Verzettelung ist die Ausweitung der Kräfte bzw. der Aktivitäten auf mehrere Aufgabenfelder, Zielgruppen, Produkte, Probleme oder Ähnliches gemeint. Im Gegensatz dazu steht die Konzentration, d.h. die Spezialisierung durch Bündelung der Kräfte auf einen Punkt (vgl. Kapitel Kernkompetenzen im zweiten Teil). Die EKS meint: Wer auf vielen Gebieten aktiv ist, bleibt allenfalls durchschnittlich und hebt sich kaum vom Wettbewerb ab. Der Erfolg im Berufs- und Geschäftsleben hängt aber entscheidend davon ab, ob es gelingt, sich von anderen zu unterscheiden. Die *Unique Selling Proposition* (USP) im Marketing steht hierfür als Beispiel.

Beispiel Am Beispiel eines Spitzensportlers lassen sich die Vorteile von Konzentration und Spezialisierung gut darstellen: Der Sportler hat dann Erfolg, wenn er eine Sportart entsprechend seinem Talent betreibt, d. h., wenn er sich auf seine persönlichen Fähigkeiten und Stärken konzentriert. Um an die Spitze vorzudringen, muss er sich dieser einen Sportart voll und ganz widmen.

Schließlich muss der Sportler seine Leistungen ständig verbessern, sei es aufgrund neuer technischer Voraussetzungen, neuer Trainingsmethoden oder eines neuen Reglements. Hier liegen Parallelen zur ständigen Innovation im Geschäftsleben bezüglich Produkt- und Prozessverbesserungen.

Durch permanentes Training im Spezialgebiet erzielt der Sportler Lerngewinne, mit denen er sein Leistungsvermögen optimiert. Daraus resultieren Erfolge mit motivationssteigerndem Effekt. Jeder Sieg ist insoweit ein Feedback, als sich die Trainingsmühen der Vergangenheit lohnten. Diesen Effekt bezeichnet man als positive Kettenreaktion.

Kybernetisch wirkungsvollsten Punkt erkennen Kybernetisch bedeutet für die EKS so viel wie »vernetzt«. Mewes erkannte, dass Märkte und Unternehmen miteinander vernetzte Systeme sind, ähnlich biologischen Organismen in der Tier- und Pflanzenwelt. Solche Systeme bestehen aus vielen Subsystemen und Elementen, z. B. Unternehmen, Kunden, Rohstoffen, Mitarbeitern. Da die heute existierenden Systeme sehr eng miteinander vernetzt sind, führt die Veränderung eines Elements zwangsläufig zur Veränderung anderer Elemente, so dass sich die Wirkung auf das gesamte System überträgt (vgl. Kapitel Systemisches Management im zweiten Teil).

Nach Mewes gibt es in solchen ganzheitlich vernetzten Systemen zwei grundsätzliche Verhaltensstrategien:

1. Man *erhöht* den Ressourceneinsatz. Durch mehr Arbeit, Kapital oder Know-how wird ein oder werden mehrere Teile so verändert, dass sich die gewünschte Wirkung ergibt.

2. Man *konzentriert* die Ressourcen auf den wirkungsvollsten Punkt im System. Der Mitteleinsatz ist nicht höher als im ersten Fall, aber der Output ist größer, weil der kybernetisch wirkungsvollste Punkt erkannt und genutzt wurde. Ein grundlegender Satz der EKS-Strategie lautet daher auch: »*Nicht wie, sondern wo man zuschlägt, ist entscheidend.*«

Hierzu ein Beispiel: Als Hannibal auf seinem Zug über die Alpen 218 v. Chr. die Römer angriff, führte er den Stoß gegen den kybernetisch wirkungsvollsten Punkt des römischen Heeres, das Hauptquartier. Er schlug mit einer wesentlich kleineren Armee seinen großen und starken, jetzt aber kopflosen Gegner.

In komplexen und unübersichtlichen Systemen den kybernetisch wirkungsvollsten Punkt zu suchen, ist schwer. Wer es aber schafft, aus einer Vielzahl von Problemen *das* Kernproblem zu identifizieren und eine Lösung zu finden, spart Energien bzw. Ressourcen. Der Betreffende oder die Organisation kann nun mit einem Minimum an Energie seine/ihrc Chancen nutzen.

Das Minimumprinzip geht auf den Chemiker Justus von Liebig (1803–1873) zurück. Er entdeckte Mitte des 19. Jahrhunderts, dass eine Pflanze folgende Elemente für ihr Wachstum benötigt: Kali, Kalk, Stickstoff und Phosphorsäure. Fehlt eines dieser Elemente oder ist es nicht in ausreichender Menge vorhanden, kann die Pflanze nicht wachsen. Liebig bezeichnete die fehlende Substanz als Minimumfaktor.

Diese Entdeckung hat Mewes auf ökonomische Systeme angewandt. Demnach gibt es in jedem ökonomischen System einen Minimumfaktor, den dieses benötigt, um sich weiterzuentwickeln. Die EKS spricht daher vom Entwicklungsengpass, der zu beseitigen ist. Darum nennt sich dieses Strategiemodell ursprünglich auch »Engpass-Konzentrierte Strategie«.

Nutzenorientierung statt Gewinnmaximierung

Die meisten Menschen handeln egozentrisch, also ichbezogen, auf den eigenen Vorteil bedacht. Ähnlich verhält es sich bei Unternehmen: Im Zentrum ihres Handelns steht die Gewinnerzielung.

Das aber setzt voraus, seiner Zielgruppe Nutzen zu bieten. Nutzenorientierung ist für die EKS der rote Faden zum Erfolg. Dabei wertet sie jedoch keineswegs die (direkte) Gewinnmaximierung ab, sondern betrachtet sie als positive Folge der Nutzenorientierung. Je konsequenter und besser man den Nutzen einer Zielgruppe erhöht, desto zuverlässiger steigert sich auch der Gewinn bzw. das Einkommen. Darum bezeichnet die EKS die Nutzenorientierung als indirekte Gewinnmaximierung.

Die vier Grundprinzipien der EKS

Konzentration statt Verzettelung	Den wirkungsvollsten Punkt suchen	Den Minimumfaktor/ Engpass finden	Nutzenorientierung statt Gewinn- maximierung
Konzentration ist die Verdichtung von Energie.	Klären Sie, was die größten und dringendsten Probleme Ihrer Kunden oder Partner sind. Für dieses spezielle Problem bieten Sie Lösungen an. Gefragt ist nicht die Durchschnittsleistung auf möglichst vielen Gebieten, sondern die Spitzen- leistung auf Ihrem Spezial- gebiet.	Klären Sie, was getan werden muss, um das Problem Ihrer Zielgruppe zu lösen. Was ist der entscheidende erfolgs- behindernde Faktor? Wie begründet sich der Engpass?	Im Vordergrund Ihres Denkens und Handelns sollte der Nutzen stehen, den Sie anderen bieten wollen. Wenn Sie anderen nützen, nützen Sie sich selbst auch.
Klären Sie, was Sie am besten können und womit Sie Ihren Partnern den größten Nutzen bieten können.			
Suchen Sie sich eine »Nische«, in der Ihre Stärken am ehesten wirksam werden, Sie sich sozusagen zum »Marktführer« oder Meinungsführer entwickeln.		Klären Sie aber auch, welches Ihr eigener Engpassfaktor ist. Was hindert Sie persönlich an Ihrem Wachstum?	Welchen Grund- und wel- chen Zusatznutzen bieten Sie Ihren Kunden/Part- nern? Welchen Differenz- nutzen bieten Sie im Vergleich zu anderen? Wenn Sie verdienen wollen, müssen Sie vorab dienen.
	Profilieren Sie sich darum als »Fachmann«, nicht als ambulanter Bauch- warenhändler.		
Seien Sie anders als andere. Bauen Sie Ihre Stärken aus.			

Das Sieben-Phasen-Programm zur Spitzenleistung

Das zur EKS gehörende Sieben-Phasen-Programm ist ein Leitfaden, um das Strategiekonzept systematisch anzuwenden. Diesem Programm liegen die erwähnten vier Grundprinzipien zugrunde.

In Phase 1 geht es darum herauszufinden, welche generellen Stärken und Fähigkeiten der Einzelne oder das Unternehmen gegenüber anderen hat. Aus den gewonnenen Erkenntnissen ist dann ein unverwechselbares, individuelles Leistungsprofil zu erstellen, mit dem man sich vom Wettbewerb abheben kann.

Phase 1: Analyse der Ist-Situation und der speziellen Stärken

Auf diese Stärken soll man sich als Person oder Unternehmen konzentrieren und sie kontinuierlich ausbauen. Im Umkehrschluss gilt, dass man die Schwächen, deren Anzahl in der Regel die der Stärken übertrifft, zunächst einmal vernachlässigen sollte. Denn die Konzentration auf das, was man besser kann als andere, führt zu Lerngewinnen, größeren Erfolgserlebnissen, steigender Motivation und weiterführenden Erfolgen.

In Phase 2 wird das erfolgversprechendste Aufgabenfeld gesucht, das zu den individuellen Stärken passt. Durch Spezialisierung und Bündelung der Kräfte auf dieses Aufgabenfeld bieten sich Aufstiegs- bzw. Erfolgschancen.

Phase 2: Das erfolgversprechendste Aufgabenfeld finden

Die Suche nach dem erfolgversprechendsten Aufgabenfeld ist – nach dem Schlüssel-Schloss-Prinzip – vom eigenen Stärkenprofil geprägt, da sich der Erfolg nur einstellt, wenn man etwas gut kann und gerne tut. Der Erfolg stellt sich umso schneller ein, je genauer das Aufgabenfeld definiert ist.

Bei Erfolg setzt man seinen Weg fort. Stößt man auf Widerstände, weicht man gegebenenfalls geringfügig vom ursprünglichen Weg ab und berücksichtigt die gewonnenen Erfahrungen in den nächsten Schritten. Das reduziert auch das Risiko, sich auf einem falschen Aufgabenfeld zu spezialisieren.

Als Nächstes ist herauszufinden, welche Zielgruppe innerhalb des Aufgabenfeldes beworben werden sollte. Eine Zielgruppe im Sinne der EKS-Strategie sind Menschen oder Unternehmen mit

Phase 3: Die erfolgversprechendste Zielgruppe finden

gleichen Wünschen, Bedürfnissen und Problemen. Bei genauerer Betrachtung ergeben sich mehrere Zielgruppen in verschiedenen Bereichen oder auf unterschiedlichen Ebenen. Die Konzentration, sprich die Bündelung der Aktivitäten, sollte auf diese Zielgruppe gerichtet sein, sofern auf diese ein direkter Einfluss möglich ist. Ziel ist es, der beste und nachhaltigste Problemlöser dieser Zielgruppe zu werden.

Phase 4: Das brennendste Problem erkennen

Mittels intensiver Kommunikation mit der Zielgruppe muss es gelingen, ihr brennendstes Problem zu extrahieren und zu definieren. Dieser Aspekt ist wichtig. Jede Zielgruppe hat im Grunde viele Probleme. Sie empfindet diese aber als unterschiedlich wichtig: die meisten als nebensächlich, einige als wichtig und andere als existenziell bedeutsam. Entsprechend fällt die Reaktion auf Ideen und Verbesserungsvorschläge aus. Die gleichen Personen oder Unternehmen, die auf vorausgegangene Ideen oder Vorschläge nur schwach oder gar nicht reagiert haben, sind plötzlich sehr interessiert, wenn ein Vorschlag das Problem lösen könnte, das sie aktuell am brennendsten empfinden. Wahrscheinlich empfinden sie dieses Problem als Schlüsselproblem, von dem ihr Erfolg, ihre Weiterentwicklung oder ihr Überleben im Wettbewerb abhängt.

Ist das brennendste Problem erkannt, geht es darum, dieses zu lösen. Dazu benötigt man Informationen und die Kenntnis bisheriger Lösungsansätze.

Phase 5: Innovations-strategie

Für den EKS-Strategen müssen Innovationen keine großartigen, bahnbrechenden Erfindungen sein, sondern schlichtweg Leistungsverbesserungen. Innovationen sind notwendig, da Stillstand Rückschritt bedeutet. Allerdings darf nicht blind innoviert und erfunden werden, sondern die Innovationen müssen sich am dringendsten Problem der Zielgruppe orientieren. Dabei sollte man auch das Ideenpotenzial von Kunden, Mitarbeitern und Geschäftspartnern nutzen. Man sollte allerdings nicht versuchen, etwas zu innovieren, was andere bereits entwickelten oder wozu einem schlichtweg das Know-how fehlt (»das Rad nicht neu erfinden«).

Ein EKS-Grundsatz lautet: Kooperation ist immer erfolgreicher als der Wettbewerb gegeneinander. Das gemeinsame Ziel der Kooperation muss sein, das brennendste Problem der Zielgruppe nutzenorientiert zu lösen und eigene Schwächen durch die Stärken von Kooperationspartnern zu kompensieren.

Phase 6: Die Kooperations-strategie

Aber eine Kooperation ist nur dann erfolgreich, wenn strategisch richtig und mit kongruenten Zielen kooperiert wird. Bei der Auswahl des Kooperationspartners ist aber darauf zu achten, dass die Partner über komplementäre Fähigkeiten verfügen. Nur so lassen sich Synergiegewinne erzielen.

Durch die Konzentration auf seine Stärken, auf ein bestimmtes Aufgabenfeld, eine bestimmte Zielgruppe und deren brennendstes Problem entwickelt man seine Spezialisierung. Nachteilig ist eine reine Produkt- oder Technikspezialisierung, weil sie eine Quelle möglicher Gefahren in sich birgt. Denn durch technische, wirtschaftliche, soziale und/oder politische Veränderungen kann ein Produkt oder ein technisches Verfahren veralten.

Phase 7: Das konstante Grund-bedürfnis

Es gilt, zwei Spezialisierungsrichtungen zu unterscheiden: zum einen die Spezialisierung auf eine *Konstante*, zum anderen die auf eine *Variable*. Konstant sind Grundbedürfnisse wie Ernährung, Bekleidung, Information, Image usw.; variabel hingegen ist alles andere – etwa Produkte, Rohstoffe, Technik, Know-how usw. –, was die Grundbedürfnisse befriedigt.

Hinter jedem variablen Bedürfnis steht ein konstantes Grundbedürfnis. Indem man sich auf die jeweils zugrunde liegende Konstante anstatt auf die vordergründige Variable spezialisiert, vermeidet man Spezialisierungsrisiken.

Wenn es gelingt, das konstante Grundbedürfnis im Blickfeld zu behalten, ist man offen für zielgruppenorientierte Veränderungen und Innovationen. Durch Befriedigung des konstanten Grundbedürfnisses der Zielgruppe kann man zur Denkzentrale bzw. zum Problemlöser der Zielgruppe aufsteigen, was dauerhaften und stetigen wirtschaftlichen Erfolg bis hin zur Marktführerschaft impliziert.

Literatur

Beratergruppe Strategie / Wolfgang Mewes (Hrsg.): *Mit Nischenstrategie zur Marktführerschaft.* Strategie-Handbuch für mittelständische Unternehmen. Band 1 und Band 2. Zürich 2000 und 2001 (www.strategieerfolg.de).

Friedrich, Kerstin / Lothar J. Seiwert / Edgar K. Geffroy: *Das neue Einmaleins der Erfolgsstrategie.* EKS – Erfolg durch Spezialisierung. Offenbach: Gabal, 8. Aufl. 2002.

Friedrich, Kerstin / Wolfgang Mewes: *EKS-Strategielehrgang.* 20 Lernmodule mit individueller Beratung und EKS Zertifikat. Pfungstadt 1998 (www.eks.de).

Micic, Pero: *Talkshop zum Thema »Zukunftsmanagement und EKS«* (aus der Veranstaltungsreihe des StrategieForums Regionalgruppe Wiesbaden). Wiesbaden, 17.12.2000.

o.Verf.: *7 Phasen zur Spitzenleistung, 3 erfolgreiche Praxisbeispiele.* Frankfurter Allgemeine Zeitung Informationsdienste 1995.

5. Evolutionäres Management

Obwohl man die Idee des Evolutionären Managements in Europa häufig mit dem Namen Fredmund Malik von der Universität St. Gallen in Verbindung bringt, gab es in der US-Managementliteratur schon in den 70er-Jahren des gerade abgelaufenen Jahrhunderts erste Hinweise zur Idee der Unternehmensevolution. So meinte z.B. March, Organisationen müssten eher ungefähr gesegelt als präzise gesteuert werden. Auch andere sprachen davon, die Hauptaufgabe des Managements sei es, die Herde ohne genauen Fixpunkt in Richtung Westen zu treiben.

Der Unterschied zwischen Malik und den US-Vordenkern liegt meines Erachtens darin, dass Ersterer den Focus mehr auf den systemtheoretischen Teil dieses Themenkomplexes richtet, während die Amerikaner stärker der Idee der Entwicklung folgten. Aus diesem Grunde sollte dieses Kapitel im Zusammenhang mit dem später folgenden zum Thema »Systemisches Management« im zweiten Teil gesehen werden.

Evolution plus Management

Begriffsklärung

Unter *Evolution* versteht man im Allgemeinen jenen Prozess, der die Entwicklung des Lebens, insbesondere von Lebewesen, zum Inhalt hat. Im Verlauf der Erdgeschichte vollzog sich eine Entwicklung von niederen zu höheren Arten tierischen und pflanzlichen Lebens. Während einer Zeitspanne von gut drei Milliarden

Definition Evolution

Jahren fand eine Auslese jener Lebewesen statt, die sich an ihre Umweltbedingungen anzupassen verstanden. Diejenigen, die dies nicht schafften, verschwanden aus dem biologischen Lebensraum.

Als Ergebnis dieses Prozesses sind an die Umwelt angepasste »Biowesen« entstanden. Das betraf nicht nur Pflanzen und Tiere, sondern auch die Spezies des *homo sapiens* selbst. Seine Art des Lebens und die ihn umgebende Komplexität sind auch Ergebnis des Evolutionsverlaufes.

Definition Management

Mit dem Begriff *Management* umschreibt man in der Regel die Leitung sozio-organisatorischer Systeme, zumeist Unternehmen, mit Hilfe von managementtechnischen Methoden. Unternehmen zeichnen sich durch eine hohe Zielorientierung aus, in deren Mittelpunkt Gewinnerzielung, Wertsteigerung und Wachstum stehen. Durch wirtschaftlich bewusstes Gestalten und Lenken will das Management dieses Ziel möglichst optimal erreichen.

Der europäische Vordenker des Konzepts des Evolutionären Managements, Fredmund Malik, unterscheidet zwei Managementansätze:

1. den konstruktivistischen Ansatz und
2. den systemisch-evolutionären Ansatz.

Konstruktivistisches Management

Im *konstruktivistischen Ansatz* versucht das Management ein konkretes Ziel möglichst ökonomisch zu erreichen. Nach dieser Theorie ist das Ziel vorher bekannt und das Verhalten der Mitarbeiter wird mit Dienstanweisungen, Organigrammen, Stellenbeschreibungen, Anordnungen und Befehlen gesteuert. Dieses »Kommandosystem« ist so gestaltet, dass es selbst Details im Sinne des Managements regelt. Es stellt sich hier die Frage, ob und inwieweit dieser Ansatz in einer komplexen und dynamischen Welt noch brauchbar ist.

Systemisch-evolutionäres Management

Der *systemisch-evolutionäre Ansatz* gibt eine verneinende Antwort auf diese Frage. Systemtheoretisch orientierte Praktiker und Theoretiker meinen, dass eine vollständige Kontrolle und Beherrschung von Organisationen nicht möglich und auch nicht sinnvoll sei. Führung, Verantwortung und Kontrolle sollten nicht auf wenige, sondern auf viele Personen im Unternehmen verteilt werden. Die Begründung hierfür lautet:

Organisationen sind weitgehend selbstorganisierende und selbstregulierende Systeme, die nur bedingt das Ergebnis managementtechnischen Handelns nach festgelegten Plänen oder Absichten sein können.

Als Beleg dienen soziale Systeme wie Familie, Moral, Gesetz und Sprache. Diese sind nicht als Folge von Absichten und Planungen entstanden, nicht weil sie jemand bis ins kleinste Detail konstruierte, sondern über einen langen Zeitraum hinweg aus einem komplexen Ursachengeflecht heraus.

Die Ausgangslage des Evolutionären Managements

Die Auffassungen der meisten Menschen, die heute in Politik und Wirtschaft tätig sind, wurden stark durch die 50er-, 60er- und 70er-Jahre des abgelaufenen Jahrhunderts geprägt. Folgende Faktoren waren für diese Epoche sozio-ökonomisch prägend:

- Die Infrastrukturen der meisten Länder waren durch **Nachkriegsfaktoren**
  den Weltkrieg zerstört, so dass technische Innovationen
  auf fruchtbaren Boden fielen.
- Wesentliche wissenschaftliche Durchbrüche und Erfindungen prägten diese Jahrzehnte.
- Es herrschte ein dringender Bedarf an Gütern aller Art.
- Die Nachfrage war bis Mitte der 70er-Jahre ungesättigt.

Die Wahrnehmung der heutigen Welt erfolgt durch den Filter der Erziehung und Ausbildung, der sich in den Köpfen der Menschen dieser Epoche entwickelte. Da jedoch das heutige Wirtschafts- und Gesellschaftsmodell mit dem Nachkriegsmodell nicht mehr übereinstimmt, sind fehlerhafte Managementhandlungen und -strategien vorherbestimmt.

In der heutigen Zeit sind andere Faktoren für Gesellschaft und Wirtschaft bestimmend:

Heutige Faktoren

- Sättigungstendenzen auf fast allen Märkten
- Abnehmender Bedarf an existenziell wichtigen Gütern in den westlichen Industrieländern
- Schwankungen der Währungen, Wechselkurse, Zinssätze und Rohstoffpreise
- Weltweite Ver- und Überschuldung
- Überalterung der Bevölkerung in den entwickelten Ländern bei gleichzeitiger Schrumpfung

Dies sind nur einige Veränderungsaspekte seit Beginn der 90er-Jahre. Sie bringen qualitativ höhere Anforderungen an die Unternehmensführungen mit sich. Vor dem Hintergrund der neuen Situation stellt sich diese Frage: Sind die neuen Probleme mit einer Management- und Betriebswirtschaftslehre zu lösen, die – vom Primat der Hierarchie ausgehend – Anordnung, Steuerung und Kontrolle als wichtigste Führungsmittel betrachtet und einsetzt? Die ablehnende Antwort des Evolutionären Managements basiert auf den Prämissen des nachfolgenden Abschnitts.

Die theoretischen Grundlagen des Evolutionären Managements

Dienst nach Vorschrift Die informelle Organisation scheint anders zu funktionieren als die formelle. Wenn Fluglotsen oder Eisenbahner ihren Dienst nach Vorschrift leisten, also im Sinne der formalen Organisation handeln, dann wird dies als Bummelstreik gebrandmarkt.

Doch dieser Dienst nach Vorschrift zeigt, dass erst die Interpretation der Vorschriften durch die Mitarbeiter einen reibungslosen Arbeitsablauf ermöglicht. Besteht ein Unternehmen nicht gerade deswegen, weil die Menschen, die darin arbeiten, ihr Verhalten im Zeitablauf an die komplexen Veränderungen immer wieder neu anpassen? Hinken die Vorschriften den realen Gegebenheiten eventuell hinterher?

Turboschnelle und plötzliche Veränderungen oder gar »soziale Mutationen« erschweren die Planung, Steuerung und Kontrolle von Organisationen. Entwicklungen, die sich früher über Jahrzehnte hinzogen, vollziehen sich heute in einigen Monaten. Diese Zeitschrumpfung erschwert strategisches Management oder macht es gar unmöglich.

Hier setzt die Idee des Evolutionären Managements an: Demnach ist ein Unternehmen ähnlichen Entwicklungsprozessen ausgesetzt wie die Natur. Daraus folgt, dass auch ein Unternehmen letztendlich ein sich selbst organisierendes System ist, welches nur in begrenztem Maße planbar, steuerbar und gestaltbar ist.

Idee des Evolutionären Managements

Dieser Rahmen ist der Spielweise einer Fußballmannschaft vergleichbar. Das Team will das Spiel gewinnen. Zu diesem Zweck analysieren Spieler und Trainer vorab die gegnerische Mannschaft, planen eine Strategie und beschließen die Taktik. Während des Spiels, aus der Situation heraus, reagieren die Spieler jedoch anders. Sie treffen plötzliche Einzelentscheidungen, um sich situativen Gegebenheiten anzupassen. Ansonsten drohen Nachteile. Solche Änderungen der Spielweise können sich aus dem Spielstand, der Taktik des Gegners oder des plötzlich veränderten Wetters ergeben.

Beispiel Fußball

Das Verhalten der Spieler wird ganz allgemein durch die Positionen, die sie einnehmen, und die Spielregeln gesteuert. So bedarf es während eines Spiels nur weniger Befehle und Anweisungen. Würde der Trainer versuchen, sein Team direktiv bis in die Details hinein zu leiten, wäre das kontraproduktiv. Die Spieler verlören ansonsten ihre Anpassungsfähigkeit.

Im Unternehmensalltag entstehen analog ständig neue, höchst komplexe Anforderungen. Diese plötzlichen Änderungen sind jedoch wesentlich komplexer als bei einem Fußballspiel. Was heute noch richtig war, kann morgen falsch sein. Umso mehr sollten Organisationen bestrebt sein, ihre Anpassungsfähigkeit auf der Basis weitgehender Selbstorganisation zu erhöhen.

In einem sich selbst organisierenden System können Veränderungen schneller vollzogen werden als in einem

hierarchisch strukturierten Saurierunternehmen. Spontan handlungsfähige Ordnungssysteme weisen eine wesentlich höhere Anpassungsfähigkeit an komplexe Geschehnisse auf, als dies bei starr geplanten Organisationen der Fall ist; ihre Kraft zur Bewältigung der Komplexität ist größer.

Blockade der Evolution

Doch die Anpassung wird durch Hindernisse erschwert. So haben sich im Laufe der Geschichte eines jeden Unternehmens Denkstrukturen, Vorstellungen, Sichtweisen und Gewohnheiten bei Mitarbeitern und Managern entwickelt, die als Denkschablonen zu vorgefertigten Denkergebnissen führen. Die tägliche Routine und geistige Bequemlichkeit kann gedankliche Lethargie auslösen. Als Folge hiervon münden Innovationsvorschläge in Abwehrreaktionen, so dass das Neue chancenlos bleibt.

Anpassungswillige Mitarbeiter wirken multiplizierend, so dass daraus ein Kreislauf entsteht. Als Folge hiervon verliert das Unternehmen recht bald seine Anpassungsfähigkeit. Die Unternehmensevolution ist dann blockiert.

Für das Management empfiehlt es sich in dieser Situation gegebenenfalls, leichten Druck auszuüben, um verkrustete Denkstrukturen aufzuweichen, Routine und bürokratische Altlasten aufzubrechen und Veränderungsprozesse in Gang zu bringen. Aber man kann ein verbrauchtes Führungskonzept nicht einfach per Dekret in ein neues umwandeln. Unternehmensmodelle müssen von innen heraus wachsen, benötigen also ihre eigene Evolution.

Neues einzuführen, bedeutet Einsichten, Werte sowie Überzeugungen entstehen zu lassen und diese zu pflegen, eine neue Unternehmenskultur zu generieren, gemeinsame Bezugssysteme in Form von Visionen und Zielen zu schaffen und eine gemeinsame Sprache bzw. Begrifflichkeit bezüglich des Neuen einzuführen. Insofern steht das Konzept des Evolutionären Managements in enger Verbindung mit dem der Lernenden Organisation oder des *Change Management*.

Das St. Galler Praxismodell für das Evolutionäre Management

Ein formelles Rahmenkonzept kann helfen, die Unternehmensevolution bewusst zu gestalten. Die Wirtschaftsuniversität St. Gallen hat einen solchen Bezugsrahmen entwickelt, an dem sich interessierte Unternehmen orientieren können. Aber unabhängig hiervon kann man prinzipiell mit vielen der in diesem Buch vorgestellten Metamodelle oder Konzepte »gesteuertes Evolutionsmanagement« betreiben, so z.B. mit dem Konzept der Lernenden Organisation oder dem EFQM-Modell.

Zunächst müssen sich Unternehmen fragen, warum sie ihre Unternehmenssituation verändern wollen. Mögliche Gründe wären: veränderte Marktsituationen, Exportinteressen, Expansionsbestrebungen oder ganz einfach ein Generationenwechsel in den Führungsriegen von Unternehmen.

1. Klärung der Gründe

Eine sorgfältige Analyse der Unternehmenssituation leitet den Veränderungsprozess ein. Es darf nicht überstürzt vorgegangen werden. Vorhandene und bewährte Managementinstrumente sind in den Prozess einzubeziehen. Auch in der Natur wurde immer wieder auf dem bereits Erreichten aufgebaut.

2. Analyse der gegenwärtigen Unternehmenssituation

Auf der Grundlage der durch die Analyse gewonnenen Informationen werden dann strategische Ziele formuliert.

3. Formulierung von Zielen

Die klassischen Führungsinstrumente können in diesen Veränderungsprozess eingebunden werden, so z.B.:

4. Nutzung von klassischen Instrumenten zur Problemlösung

- Projektteams
- Qualitätszirkel
- Informationsmanagement
- inner- und außerbetriebliche Schulungen
- Errichtung von Workshops

Literatur

Laszlo, Ervin: *Evolutionäres Management*. Globale Handlungskonzepte. Fulda 1992.

Malik, Fredmund: *Führen, Leisten, Leben*. Wirksames Management für eine neue Zeit. München 2001.

Malik, Fredmund: *Management-Perspektiven*. Wirtschaft und Gesellschaft, Strategie, Management und Ausbildung. Bern 1999.

Malik, Fredmund: *Systemisches Management, Evolution, Selbstorganisation*. Grundprobleme, Funktionsmechanismen und Lösungsansätze für komplexe Systeme. Bern 1999.

Probst, Gilbert / Hans Ulrich: *Anleitung zum ganzheitlichen Denken und Handeln*. Ein Brevier für Führungskräfte. Bern 1995.

Ulrich, Hans: *Systemorientiertes Management*. Bern 2002.

6. Fraktale Organisation

Ein Unternehmensumfeld, das geprägt ist von dynamischen Veränderungen, steigendem Wettbewerbsdruck und wachsenden
Kundenanforderungen, bedingt schnellstmögliche Anpassungen
der Unternehmen. Traditionell nach hierarchischem Muster
strukturierte Unternehmen können dieses nur schwer leisten, da
sie unflexibel sind und die notwendigen schnellen Entscheidungen erschweren.

In dieser Situation stellt das Modell der fraktalen Organisation **Neue Denk- und**
einen möglichen Ansatz dar, die Bedingungen eines wandlungs- **Verhaltensweise**
fähigen Unternehmens zu erfüllen. Dieses von Prof. Hans Jürgen
Warnecke im Jahr 1992 entwickelte Konzept ist nicht lediglich
als ein weiterer Schritt in der organisationalen Entwicklung
eines Unternehmens zu verstehen, sondern es handelt sich vielmehr um eine neue Denk- und Verhaltensweise der Unternehmensführung mit starker Affinität zum *Lean Management* (vgl.
Kapitel im zweiten Teil).

Um das Ziel eines modernen, veränderungsfähigen Unternehmens zu erreichen, genügt es daher nicht, nur partielle Fassaden-
änderungen vorzunehmen, sondern es bedarf einer radikalen
Änderung der Unternehmenskultur sowie eines *»Wandels des
Selbstverständnisses aller Beteiligter«* (Warnecke 1996, S. 144).

Begriffsklärung

Definition Fraktale Der Begriff Fraktal (lat. *fractus* = gebrochen, fragmentiert) entstammt der von Prof. Benoit B. Mandelbrot (MIT) im Jahre 1987 entwickelten Theorie der fraktalen Geometrie. Im Rahmen seiner Forschungsarbeiten beschäftigte er sich mit der mathematisch-geometrischen Beschreibung natürlicher komplexer Strukturen lebender Organismen und der Materie. Die Objekte dieser Geometrie bezeichnete er als »Fraktale«.

Wesentliches Merkmal eines Fraktals ist die sog. »Selbstähnlichkeit« von Strukturen. Dies bedeutet, dass beim Betrachten von Teilausschnitten eines komplexen Gebildes immer wieder die Struktur des Gesamtgebildes zum Vorschein kommt. Es wiederholt sich somit immer wieder im Kleinen das, was man im Größeren beobachtet. Jedes Subsystem verfolgt im Kleinen die Ziele des Gesamtsystems und betreibt weitgehend Selbstorganisation und Selbstoptimierung.

Typische Beispiele fraktaler Formen sind u. a. Wolken, Küstenlinien oder Gebirgsformationen (vgl. Kapitel Chaosmanagement im dritten Teil).

Selbstähnlich, dynamisch, nicht linear Die selbstähnlichen Strukturen fraktaler Gebilde sind nicht als fest und determiniert, sondern als *dynamisch* und nichtlinear zu bezeichnen. Sie sind stets wandlungsfähig und können sich je nach Bedarf umstrukturieren, neu bilden oder auflösen. Die fraktale Strukturierung ermöglicht es den Organismen und Gebilden in der Natur demnach, mit wenigen, sich wiederholenden Bausteinen zu sehr komplexen, aber aufgabenangepassten Lösungen zu kommen.

Diese Erkenntnisse übertrug Warnecke in seine Vorstellungen von einem modernen Unternehmen und entwickelte auf dieser Grundlage das Modell der fraktalen Organisation.

Die Grundidee der fraktalen Organisation

Um zu einer fraktalen Organisation zu gelangen, ist es zunächst erforderlich, das Unternehmen als lebenden Organismus verstehen zu lernen, der die Fähigkeit besitzt, auf die Bedingungen in seinem Umfeld zu reagieren und sich evolutionär anzupassen. Dieser Organismus setzt sich aus vielen selbständig handelnden Regelkreisen, den Fraktalen, zusammen, die alle auf ein gemeinsames Überlebensziel hinarbeiten. Als anschauliches Beispiel kann man in diesem Zusammenhang den lebenden Organismus des Menschen heranziehen, der aus einer Vielzahl eigenständiger Regelkreise (Blutkreislauf, Nervensystem usw.) besteht, die in einem komplexen Zusammenhang zueinander stehen und als gemeinsames Ziel einen gesunden Menschen anstreben. Übertragen auf das Unternehmen bedeutet dies:

> **Die Grundlage der fraktalen Organisation besteht in der Schaffung sich selbst steuernder, selbständig agierender Unternehmenseinheiten (= Fraktale). Diese Fraktale (Arbeitsgruppen/Teams) zeichnen sich durch eigenverantwortliches Arbeiten sowie unternehmerisches Denken und Handeln aus. Sie sind jeweils für einen kompletten Geschäftsprozess verantwortlich und könnten somit als »Unternehmen im Unternehmen« bezeichnet werden. Alle im Rahmen eines Prozesses erforderlichen Entscheidungen treffen die jeweiligen Fraktale und lösen auch auftretende Probleme innerhalb ihrer selbst.**

Selbststeuernde, eigenverantwortliche Einheiten

Die von den Fraktalen verfolgten Ziele sind selbstähnlich, d.h., es gelten für die Unternehmenseinheiten die gleichen Ziele und Verhaltensleitlinien wie für das Gesamtunternehmen. Idealerweise sollte jeder einzelne Mitarbeiter das gesamte Unternehmen repräsentieren und sich mit diesem identifizieren. Die fraktale Organisation stellt somit neben den Dimensionen Technik und Organisation insbesondere den Menschen als Unternehmenspotenzial in den Mittelpunkt der Betrachtung.

Fraktale Unternehmen zeichnen sich durch eine ausgeprägte Prozessorientierung aus. An die Stelle funktionsorientierter Hierarchiestrukturen treten prozessorientierte Beziehungsstrukturen.

Prozessorientierung statt Hierarchie

Übergeordnete Strukturen dienen in diesem Zusammenhang nur noch zur Abstimmung der einzelnen Fraktale und zur Sicherstellung der Unternehmensziele.

Elemente der fraktalen Organisation

Selbstähnlichkeit Fraktale weisen sowohl in ihrer Strukturierung als auch in ihrer Art der Leistungserbringung eine Selbstähnlichkeit auf. Dies impliziert, dass sich in jedem Fraktal eine der Gesamtstruktur des Unternehmens ähnliche Strukturierung wiederfindet, wobei die Fraktale die Möglichkeit haben, sich innerhalb eines bestimmten Ähnlichkeitsrahmens intern unterschiedlich zu strukturieren. Auch die Ziele der Fraktale sind denen des Gesamtunternehmens ähnlich und weichen lediglich hinsichtlich der Detaillierung und Konkretisierung voneinander ab.

Die Fraktale genießen innerhalb eines festgelegten Handlungsrahmens Freiheiten in Bezug auf ihre Tätigkeiten, was aufgrund der unterschiedlichen Aufgaben auch erforderlich ist. Dieser Rahmen darf jedoch nicht überschritten werden, um das Gesamtziel nicht zu gefährden. Jedes Fraktal stimmt sein Zielsystem mit dem Fraktal der nächsthöheren Ordnung ab und ermöglicht so, dass durch Ähnlichkeit der Ziele ein »harmonisches Ganzes« erreicht wird.

Das Merkmal der Selbstähnlichkeit bezieht sich zudem auf die Versorgung der Fraktale mit Informationen. Ein grundlegender Erfolgsfaktor einer fraktalen Organisation ist der offene Zugang der Mitarbeiter zu allen Informationen, die sie im Rahmen ihrer zu erfüllenden Tätigkeiten benötigen. Informationen stehen nach dem Hol-Prinzip jedem zur Verfügung und werden von den Fraktalen nach Bedarf abgerufen. Um kurzfristige Abstimmungen von Mitarbeitern zu ermöglichen, die zwar an unterschiedlichen Orten, jedoch an den gleichen Projekten arbeiten, werden moderne, leistungsfähige und nutzerfreundliche Informations- und Kommunikationssysteme benötigt.

Als eine der wesentlichen Voraussetzungen der fraktalen Organisation gilt die Selbstorganisation, anders ausgedrückt: das eigenverantwortliche und selbständige Arbeiten der Fraktale. Ein Fraktal ist für einen kompletten Geschäftsprozess verantwortlich, wobei dieser Prozess z.B. von der Bestellannahme über die Herstellung bis hin zur Produktion und zum Versand reichen kann. Das Fraktal trifft alle in diesem Zusammenhang erforderlichen Entscheidungen eigenverantwortlich und gibt Aufgaben erst dann an Fraktale höherer Ordnung ab, wenn es nicht imstande ist, diese selbständig auszuführen. **Selbstorganisation**

Durch das Prinzip der Selbstorganisation werden Entscheidungen somit direkt an den Ort des Geschehens verlagert. Dadurch wird eine hohe Reaktionsgeschwindigkeit erzielt und das Eingehen auf individuelle Kundenwünsche ermöglicht. Zudem führt das eigenverantwortliche Arbeiten der Mitarbeiter in der Regel zu einer höheren Motivation und Identifikation mit dem Unternehmen. Die Mitarbeiter erhalten die erforderlichen Freiräume, die sie für kreatives und innovatives Handeln benötigen. Diese weiter reichenden Freiheiten stellen im Gegenzug aber auch erhöhte Anforderungen an die Fraktale und somit an die einzelnen Mitarbeiter. Neben der Bereitschaft zur Übernahme von Verantwortung müssen sie ebenso fähig sein, gewisse Risiken einzugehen, qualifizierte Entscheidungen zu treffen und auftretende Probleme adäquat zu lösen.

An die Stelle der Spezialisten treten im fraktalen Unternehmen Generalisten, die über die Fähigkeit verfügen, ihr Wissen erfolgreich auf unbekannte Situationen anzuwenden. Um die Mitarbeiter auf diese neuen Herausforderungen vorzubereiten, ist es ratsam, ihnen im Rahmen von Training neben den erforderlichen fachlichen Inhalten auch das nötige Quantum an Sozialkompetenz (z.B. zur Persönlichkeitsbildung, Konfliktbewältigung, Teambildung o.ä.) zu vermitteln.

Die Fraktale eines Unternehmens stehen in einer Kunden-Lieferanten-Beziehung zueinander. Sie fungieren untereinander als Dienstleister und sind gegenseitig zur Qualität verpflichtet. Produkte mangelhafter Qualität können sie demnach an das jeweilige Fraktal zurückgehen lassen und den Auftrag stattdessen jeder- **Selbstoptimierung** zeit einem unternehmensexternen Anbieter erteilen. Das daraus entstehende Wettbewerbsverhalten führt im Ergebnis zum Streben nach einer permanenten Leistungsverbesserung. Das Fraktal optimiert sich somit selbst, indem es die zur Zielerreichung optimalen internen bzw. externen Beziehungen eingeht.

Vitalität/Dynamik Die Lebensfähigkeit eines Fraktals äußert sich in dessen Wandlungsfähigkeit. Fraktale bilden sich bei Bedarf bzw. je nach Anforderung selbständig um, entstehen neu oder lösen sich auf. Sie verharren somit nicht in einer einmal eingenommenen Struktur, sondern passen ihre Strukturen, sofern es interne oder externe Veränderungen erfordern, stets flexibel an. Der Bedarf zur Umstrukturierung kann z.B. bei Einführung neuer Technologien gegeben sein. Die Aktivitäten zur Umstrukturierung werden dabei ohne Druck von außen und somit eigenverantwortlich von den Fraktalen vorgenommen.

Die Praxis der fraktalen Organisation

Das betriebliche Navigationssystem Ein wichtiges Gestaltungselement der fraktalen Organisation ist das sog. »betriebliche Navigationssystem«. Fraktale befinden sich in einem ständigen Prozess der Überprüfung ihres Leistungsstandes und dessen Abweichung zu einer bestimmten vorgegebenen Sollposition. Um diese Kontrollen und die erforderlichen Korrekturen selbständig vornehmen zu können, benötigen sie adäquate Navigations- und Steuerungsinstrumente.

Die Funktion des betrieblichen Navigationssystems übernimmt in der fraktalen Organisation ein dezentrales Controllingsystem, das es den einzelnen Fraktalen ermöglicht, den Grad der Zielerreichung, untergliedert nach zentralen Wettbewerbsparametern, wie z.B. Kosten, Qualität, Zeit usw., stets zu überprüfen und, falls erforderlich, entsprechende Maßnahmen einzuleiten. Ein Prozess der kontinuierlichen Verbesserung und der Selbstoptimierung durch die Fraktale wird somit ermöglicht. Zudem wird die Eigenverantwortlichkeit der Mitarbeiter in den Vordergrund gerückt und traditionelle Kontrolle dadurch weitestgehend überflüssig.

Zum Erreichen der vorgegebenen Ziele bedarf es der Beteiligung sämtlicher Mitglieder eines Fraktals. Dieser Tatsache muss auch die Leistungsbewertung Rechnung tragen, die somit nicht mehr die Einzelleistung eines Mitarbeiters, sondern die Leistung der Gruppe in den Vordergrund stellt.

Leistungsbewertung in der fraktalen Organisation

Finanzielle Anreize, wie z. B. Prämien, sind demzufolge ebenfalls auf die Gruppe zu beziehen und am jeweiligen Grad der Zielerreichung zu bemessen.

Das Prinzip der Selbstorganisation lässt sich in einem fraktalen Unternehmen auch auf die Arbeitszeit anwenden. Eine flexible Arbeitszeitgestaltung innerhalb eines vorgegebenen Rahmens und nach Absprache mit den Kollegen ist für die Mitglieder eines Fraktals ohne weiteres realisierbar.

Gestaltung der Arbeitszeit

Der Aufwand zur Zeiterfassung und -abrechnung ist heutzutage infolge des Einsatzes von EDV-Systemen gering. Außerdem ergeben sich für alle Beteiligten positive Wirkungen: für den Arbeitnehmer, der Freiräume erhält, um persönliche Termine wahrzunehmen, wie auch für die Unternehmensleitung, da durch eventuelle Schichtarbeit die Möglichkeit einer hohen Maschinenauslastung geschaffen wird.

Obwohl Entscheidungskompetenzen zu einem großen Teil an die Fraktale übergehen, ist weiterhin eine übergeordnete Führungsinstanz erforderlich, welche die Interessen des Gesamtunternehmens wahrnimmt. Führungsmethoden, die sich in hierarchischen Organisationen vornehmlich durch Kontrollmechanismen auszeichneten, sind im Rahmen der fraktalen Organisation nicht mehr anwendbar. Der Vorgesetzte übernimmt hier eher die Rolle eines *Coaches* und weniger die eines Arbeitsanweisers.

Die Rolle der Führung

Eine seiner wesentlichen Aufgaben liegt in der Schaffung von Rahmenbedingungen, die eigenverantwortliches und kreatives Arbeiten im Unternehmen begünstigen. Die Mitarbeiter sollen lernen, Verantwortung zu übernehmen und Risikobereitschaft zu zeigen. Dafür muss der Vorgesetzte die Bereitschaft zeigen, Kompetenzen und Verantwortung an seine Mitarbeiter zu delegieren. Nach Möglichkeit sollen Arbeitsvorgänge komplett von den Fraktalen erbracht werden und nur in kritischen Situationen die Einbindung der Führungskraft erfordern.

Führungsmethode Als Führungsmethode bietet sich die »Führung durch Zielvereinbarung« an, bei der die Mitarbeiter den Weg zum Ziel selbst bestimmen und eine Kontrolle lediglich in Form der Überprüfung der Zielerreichung stattfindet. Jedoch muss man sich hier auf den Widerstand der unteren Führungsebene einrichten, da sie direkte Verantwortung abgeben muss und demnach bemüht ist, ihre Machtposition zu erhalten.

Literatur

Dangelmaier, Wilhelm / Hans Jürgen Warnecke: *Fertigungslenkung.* Planung und Steuerung des Ablaufs der diskreten Fertigung. Heidelberg 1997.

Peitgen, Heinz-Otto / Hartmut Jürgens / Dietmar Suape: *Chaos und Fraktale.* Fraktale, Selbstähnlichkeit, Chaosspiel, Dimension. Ein Arbeitsbuch. Heidelberg 1992.

Warnecke, Hans Jürgen: *Vom Fraktal zum Produktionsnetzwerk.* Unternehmenskooperationen erfolgreich gestalten, Heidelberg 1998.

Warnecke, Hans Jürgen: *Projekt Zukunft.* Die Megatrends in Wissenschaft und Technik. Köln 1999.

Warnecke, Hans Jürgen: *Die Fraktale Fabrik.* Revolution der Unternehmenskultur. Reinbek 1996.

7. Hyperwettbewerb

Sind die existierenden Strategiemodelle im Zeitalter der Kurzlebigkeit noch zeitgemäß? Gibt es in einem turbodynamischen Umfeld überhaupt noch strategische Wettbewerbsvorteile? Sind Preis- und Qualitätsführerschaft auch in Zukunft noch Erfolgsgaranten (vgl. Kapitel Wettbewerbsstrategien im zweiten Teil)?

Der Strategieexperte Prof. Richard A. D'Aveni, New Hampshire, antwortet mit einem eindeutigen Nein auf diese Fragen. In einer Zeit, in der die Produktentwicklung und die Produktlebenszyklen kürzer und kürzer werden, in der neue Technologien im Stundentakt entstehen, in der Marktgrenzen verschwinden, Branchen verschmelzen und sich Manager mit Samuraiprinzipien beschäftigen, wird der Überlebenskampf härter und feindseliger, selbst in Branchen, die bisher als bieder und beschaulich galten.

Während die 80er-Jahre noch die Zeit der geballten Fäuste waren, sind die 90er die des Schlagabtausches. D'Aveni charakterisiert diese Situation mit dem Begriff Hyperwettbewerb:

Definition Hyperwettbewerb

> **»Hyperwettbewerb ist gekennzeichnet von raschen, intensiven Vorstößen, die dazu dienen, sich schnell Wettbewerbsvorteile zu erschließen und die Vorteile der Gegenspieler im Wettbewerb auszuschalten.«
> (D'Aveni 1995, S. 258).**

Selbst der Versuch, durch Kooperationen und strategische Allianzen dem Hyperwettbewerb zu entkommen, ist nichts anderes als der letzte Versuch, zum »vornehmen« Konkurrenzkampf zurückzufinden. Unternehmer und Manager wollen Gewinnmaximierung durch Wettbewerbsvermeidung erreichen. Solche Fluchtversuche verkehren sich in ihr Gegenteil: Sie heizen den Hyperwettbewerb an.

Die Veränderungen der traditionellen Wettbewerbsvorteile im Hyperwettbewerb

Die traditionellen Strategiekonzepte sehen in folgenden Faktoren die Ursache von Wettbewerbsvorteilen:

– Kostenminimierung / Qualitätssteigerung
– Zeitwahl / Know-how-Vorsprung
– Hochburgen (Stammmärkte)
– Finanzielle Stärke

Hierbei handelt es sich um überholte Denkmuster aus der Zeit der statisch-strategischen Sichtweise von Wettbewerbsvorteilen. An den vier Hauptelementen hat sich jahrzehntelang nichts geändert. Die statischen Strategiemodelle haben wertvolle Dienste geleistet, aber, so ein Hinweis von Gary Hamel und C. K. Prahalad, in der heute praktizierten Form können sie vom wahren strategischen Handeln ablenken.

Dynamisches Strategiekonzept Dem Konzept der »strategischen Konsistenz« stellt D'Aveni sein dynamisches Strategiekonzept gegenüber. Es basiert auf drei gedanklichen Grundsätzen:

1. *Alle Aktionen sind Interaktionen.* Aktionen provozieren Reaktionen, aus denen neue Aktionen resultieren.
   Ein Unternehmen, das agiert, reduziert die Wirksamkeit seiner Strategie, da diese für die Mitbewerber erkennbar wird.

2. *Alle Aktionen sind relativ.* Die Wettbewerbsposition eines Unternehmens hängt von den Maßnahmen der Konkurrenz ab. Wie gut sich die Konkurrenz positioniert,

entscheidet darüber, ob jemand tatsächlich Kosten- oder Qualitätsführer wird.

3. *Aktionen bewirken Adaptionen.* Ein Unternehmen kann eine Schlacht gewinnen, aber den Krieg verlieren. Ein starkes Unternehmen, das immer wieder seine Vorteile nutzt, um den/die Gegner an der Achillesferse zu treffen, macht seine Strategie immer berechenbarer. Infolgedessen kann diese in ihr Gegenteil umschlagen.

Innerhalb dieser traditionellen Hauptstrategie werden drei Teilstrategien praktiziert:

Qualitätssteigerung und Kostenminimierung

- Kostenführerschaft
- Differenzierung, indem ein qualitativ hochwertiges Produkt zu einem hohen Preis angeboten wird
- Konzentration auf Schwerpunkte innerhalb einer Marktnische oder auf eine Abnehmergruppe, die ihre besonderen Qualitätsansprüche mit einem Prämienpreis honoriert

Auf Märkten mit hohen Verkaufszahlen konkurrieren Unternehmen über Kostenoptimierung, während sie auf umsatzschwachen Märkten eher zur Qualitätswaffe greifen.

Der Hyperwettbewerb ändert diese Gepflogenheiten. Wer einen Dauerplatz in der Marktliga erringen will, muss gute Qualität zu einem akzeptablen Preis anbieten. Je mehr sich der Wettbewerb aufheizt, desto größer ist der Wert, den die Kunden erhalten. Jedes Unternehmen muss dem Preis-/Qualitätsführer folgen, um zu überleben.

Auch Nischenstrategien helfen nicht, da die Mitbewerber ebenfalls nach Chancen Ausschau halten und Flankenangriffe wagen. Aktion und Reaktion führen dazu, dass sich die Kombattanten auf der nächsten Sprosse der Eskalationsleiter wieder treffen.

»Wer zuerst kommt, mahlt zuerst.« Diese Volksweisheit galt lange auch für den Wettbewerb. Erstanbieter oder Know-how-Pioniere konnten für lange Zeit den Ton angeben, einen Marken-

Zeitwahl und Know-how-Vorsprung

wert und eine treue Gefolgschaft aufbauen. Der zeitliche Know-how-Vorsprung bewirkte Sondergewinne, da die Kunden bereit waren, einen hohen Preis für das neue Produkt oder die neue Dienstleistung zu zahlen.

Nachahmer beobachten den Pionier, lernen aus seinen Fehlern und setzen dann zum Gegenangriff an. Wer im Hyperwettbewerb in der Erstliga spielen will, braucht nicht *einen* Vorteil, sondern eine *ganze Serie* davon. Wenn die Sondergewinne aus einer Spitzenleistung zu bröckeln beginnen, muss die nächste bereits fertig projektiert sein.

Hochburgen (Stammmärkte) Wenn Unternehmen erkennen, dass ihnen trotz Kostensenkung und Qualitätssteigerung, trotz Erstschlag und Know-how-Vorsprung Wettbewerbsvorteile verloren gehen, versuchen sie sich in ihren Stammmarkt einzumauern. Diese Mauern können sich auf ein geografisch abgegrenztes Gebiet (z.B. Japan) oder auf eine bestimmte Branche (z.B. Telekommunikation) beziehen.

Je dynamischer sich ein Markt entwickelt, desto kreativer und aggressiver werden die Eindringlinge. Die Platzhalter versuchen, mit Preissenkungen, exzessiver Werbung und zusätzlichen F&E-Kosten ihr angestammtes Revier zu sichern und ebnen so den Weg in den Hyperwettbewerb. Für Peter F. Drucker ist klar, dass eine Verteidigungsstrategie lediglich Verluste eindämmt, aber keine Gewinne maximiert. Sobald der erste Eindringling seine Flagge auf fremdem Territorium gehisst hat, folgen andere Unternehmen *»seinem Vorbild – wie Haie, die vom Blutgeruch angelockt werden«* (D'Aveni 1995, S. 172).

Es ist möglich, dass die Kompanie mit den meisten Attacken und Treffern sowie dem längeren Atem die Schlacht gewinnt und mit ihren Produkten den Markt besetzt. In diesem Falle beginnt der Kreislauf von neuem, da dieser Anbieter nun seinerseits Eintrittsbarrieren errichtet und sich zugleich nach neuen Invasionszielen umsieht.

Kein Unternehmen kann es sich erlauben, der Konkurrenz den Vortritt zu lassen. Jeder ist also gezwungen, auf der Eskalationsleiter mit nach oben zu steigen und den Hyperwettbewerb weiter

anzuheizen. Die einzig wirksame Eintrittsbarriere ist der Teufels-
kreis des Hyperwettbewerbs selbst: Wer springt schon gern in
eine Schlangengrube?

Wenn alle bisher beschriebenen Wettbewerbswaffen eingesetzt **Finanzielle Stärke**
wurden, ohne dass einer der Wettbewerber einen dauerhaften
Vorteil erringen konnte, dann kommt das letzte Mittel zum Einsatz, die finanzielle Stärke. Hier sind große Unternehmen den
kleineren gegenüber im Vorteil. Finanzkraft ist ein Vorteil, aber
keine Garantie für den Erfolg eines Unternehmens. Für D'Aveni
handelt es sich bei der Gleichung »Geld = Macht« um eine
simplizistische Einstellung. Alle finanzstarken Unternehmen haben als unbedeutende Mitspieler angefangen – so z.B. Honda,
Microsoft, Pepsi – und sich im Laufe der Zeit zu ebenbürtigen
Marktrivalen entwickelt.

Zwar ist die finanzielle Stärke die beste Waffe. Auch lehrt die
menschliche Erfahrung, sich nicht mit einem stärkeren Gegner
anzulegen, aber das Kartellrecht, die staatliche Wirtschaftspoli-
tik, das negative Image des Goliaths in der Öffentlichkeit – nebst
Fusionen und Kooperationen der finanzschwächeren Unternehmen – geben auch diesen eine Chance, gegen Umsatzmilliardäre
ein Bollwerk zu errichten. *»Muskelkraft ist kein Ersatz für den Verstand«* (D'Aveni 1995, S. 207).

Vom Wettbewerb zum Wirtschaftskrieg

An den vier Fronten Kostenminimierung / Qualitätssteigerung, **Vom stabilen**
Zeitwahl / Know-how-Vorsprung, Hochburgen (Stammmärkte) **Gleichgewicht ...**
und finanzielle Stärke wurde jahrzehntelang gekämpft. Der Aufstieg auf der Eskalationsleiter des Wettbewerbs dauerte oft so lange, dass der Eindruck entstand, es gebe dauerhafte Wettbewerbsvorteile. Starke Unternehmen hielten den Status quo, indem sie
kleineren Wettbewerbern das Überleben zubilligten, solange diese nicht aggressiv gegen den Marktführer angingen. *»Ein Merkmal
des früheren ›vornehmen‹ Wettbewerbs auf stabilen Märkten war ein
implizites Vertrauen«* (D'Aveni 1995, S. 262). Die Spieler strebten
nach einem stabilen Gleichgewicht.

Im Laufe der Zeit wurden die »Friedensphasen« kürzer. Angriffslustige Asiaten betraten den Weltmarkt. Die Lebensdauer der Produkte nahm zu. Infolgedessen fiel der Bedarf an Ersatzteilen. Es lag in der Logik der Sache, dass der Kampf um den kleiner werdenden Kuchen aggressiver wurde und sich manch selbstgefälliges Unternehmen zur wilden Bestie entwickelte. Alle Unternehmen wurden gezwungen, die Eskalationsleiter mit zu erklimmen und sich so weiter in Richtung Hyperwettbewerb zu bewegen. Viele sahen nur den nächsten Schritt, ohne die langfristigen Konsequenzen zu erkennen. Es entstand eine Situation ähnlich dem Wettrüsten im Kalten Krieg.

Selbst einige der Unternehmen, denen von Tom Peters und Robert Waterman noch 1982 das Prädikat »exzellent« verliehen worden war, verloren den Boden unter den Füßen, als sie das Parkett des Hyperwettbewerbs betraten. Ihnen fehlten die für den Hyperwettbewerb wesentlichen Tugenden, vor allem der strategische Weitblick, die Schnelligkeit und der Kampfgeist.

Der Hyperwettbewerb beschränkt sich keineswegs nur auf die Computerbranche. Alle Branchen sind betroffen. Er ist auch kein vorübergehendes Phänomen. Den Asiaten werden andere Angreifer aus der Dritten Welt folgen. Die Angegriffenen werden zurückschlagen. »*Ein einziger Hyperwettbewerber genügt, um die gesamte Branche die Leiter hinaufzujagen*« (D'Aveni 1995, S. 257).

Die Elemente des Strategiekonzepts von D'Aveni

In diesem dynamischen Umfeld, dessen Trends immer weniger bestimmbar sind, können sich Unternehmen nicht mehr den Luxus eines akribisch genauen Planungsprozesses leisten. Fünf- und Zehnjahrespläne mit exakten Bestimmungen der Zwischensiege beruhen auf einem linearen Strategieverständnis, bei welchem der Weg von der Vision über Planungen und Entscheidungen, Handlungen und Kontrollen zu (möglichst) schwarzen Bilanzzahlen führt.

In einem »turbodynamischen« Umfeld brauchen Unternehmen eine andere Strategie, nämlich eine solche, bei der die Feinabstimmung der Reflexe sowie Suche und Aufbau temporärer Chancen im Mittelpunkt stehen. Das Ziel dieses dynamischen Strategieansatzes besteht darin, ohne brutale Aggression die Initiative zu ergreifen und den Status quo in der Branche zu erschüttern, um so die Kontrolle über die Wettbewerbsbedingungen zu erlangen.

Temporäre Chancen nutzen

Das Systemkonzept beruht auf einer Strategie, in der Versuche, Wettbewerbsvorteile und Marktgleichgewicht zu erhalten, abgelöst werden von dem Ziel, durch Erschütterungen des Marktes temporäre Vorteile aufzuspüren und zu erschließen. Erschütterung und Verunsicherung der Marktteilnehmer sind grundlegende Verhaltensweisen des Strategiekonzepts von D'Aveni. Es geht darum, Verunsicherungen vorauszusehen, sie zu provozieren und zu gestalten.

Das »neue« Strategiekonzept umfasst folgende Elemente:

1. Überlegene Befriedigung der Bedürfnisse von Interessengruppen
2. Strategisches Wahrsagen
3. Positionierung als schneller Wettbewerber
4. Überraschungseffekte
5. Änderung der Spielregeln
6. Signalisieren der strategischen Intentionen
7. Simultane und sequenzielle strategische Vorstöße

In einem statischen Umfeld stand das Wohlergehen der Unternehmenseigner bzw. Aktionäre im Vordergrund. Der Kunde hatte die Aufgabe, dem Unternehmen zu dienen. Im Hyperwettbewerb gilt die umgekehrte Reihenfolge. Aktionäre, die schnellstmöglich hohe Renditen fordern, übersehen, dass Erträge die Folge von Mitarbeiter- und Kundenzufriedenheit sind.

Überlegene Befriedigung der Bedürfnisse von Interessengruppen

Um am Kampf um den Kunden teilzunehmen, muss der Hyperwettbewerber fähig sein,

- Kundenbedürfnisse zu identifizieren, die nicht einmal die Kunden selbst in Worte fassen können
- neue Kunden zu finden, die bislang noch nicht bedient wurden
- Kundenbedürfnisse entstehen zu lassen, die es bisher noch nicht gab
- Veränderungen in den Kundenbedürfnissen zutreffend zu prognostizieren.

Selbst ein bekannter Markenname ist kein Garant für Kundentreue. Er schützt nicht vor Imageverlust und Kursverfall an der Börse, wie es das Beispiel IBM zeigt. Wie stark Unternehmen von den Launen des Kunden abhängig sind, zeigt der Niedergang der Markentreue bis hin zum »Fremdgehen« mit *No-Name*-Produkten.

Strategisches Wahrsagen Wer Chancen vor seinen Mitbewerbern wittern und nutzen will, muss seine Nase in den Wind halten und auch den Mut zur Sciencefiction haben. *»Strategische Wahrsagungen beinhalten zum einen ein passives Ausloten des künftigen Technologie- und Wettbewerbsumfelds ... Zum anderen zielen sie auch auf sich selbst bewahrheitende Prophezeiungen ab, indem zukünftige Ereignisse aktiv beeinflusst und geformt werden«* (D'Aveni 1995, S. 314).

Im Hyperwettbewerb hat die Prognose ein größeres Gewicht als exakte Pläne mit drei Stellen hinter dem Komma. Die Wahrscheinlichkeitsrechnung tritt an die Stelle herkömmlicher Planungsmodelle, bei denen Meilensteine und Budgets im Vordergrund stehen. Eine alte militärische Maxime lehrt: Kein Plan überlebt die Feindberührung. Dank ihrer strategischen »Präkognition« können Hyperwettbewerber die Pläne ihrer Konkurrenten durchkreuzen und so als Erste neue Wege beschreiten.

Positionierung als schneller Wettbewerber In Zeiten des normalen Wettbewerbs konnte Henry Ford seinen Kunden erklären, sie könnten Automobile in jeder beliebigen Farbe kaufen, solange es sich um Schwarz handle. Das ist im Hyperwettbewerb nicht mehr möglich. Hier können nur solche Autohersteller bestehen, die PKWs in allen Farben und Dutzenden technischen Varianten anbieten. Seinen Daimler-Benz möchte der Kunde nicht nach einem halben Jahr zugeteilt bekommen, sondern noch im Hof des Autohändlers einsteigen und gleich losfahren.

Während die Entwicklung eines PKW früher noch gut fünf Jahre dauerte, geschieht dies heute in weniger als drei Jahren. Unternehmen stellen sich auf die *High-Speed*-Gesellschaft ein.

Da Wettbewerbsvorteile schon nach kurzer Zeit von der Konkurrenz wettgemacht werden, ist die Schnelligkeit unabdingbar. Im Hyperwettbewerb gibt es nur noch die Schnellen und die Toten. Wer rasch handelt, lässt der Konkurrenz keine Zeit, die geplanten Maßnahmen zu ergründen und sich auf den Gegenschlag vorzubereiten.

Nach der konventionellen Strategielehre sollen sich Unternehmen – wie Sportler – auf eine Tätigkeit konzentrieren und diese immer wieder üben. Aber in einem dynamischen Umfeld mindert diese Konstanz die Fähigkeit, von einem zum nächsten Wettbewerbsvorteil zu springen.

Überraschungseffekte

Der Hyperwettbewerber Honda ist ein Beispiel hierfür. Die Kernkompetenz »Verbrennungsmotorenbau« wurde über die PKW-Herstellung bei vielen Produkten genutzt, z.B. Schneefräsen, Bootsmotoren, Rasenmäher und Agrarmaschinen. Niemand weiß, wo Honda als Nächstes zuschlägt, aber dass es zuschlägt, ist sicher.

Für solche Überraschungsangriffe braucht ein Unternehmen neben hoher Flexibilität und Kreativität die Fähigkeit zu Tarnungsmanövern, die sich mit Täuschungsmanövern ergänzen. Ein »Top-secret« ist in der Informationsgesellschaft nur noch schwer aufrecht zu erhalten. Es ist wie bei einem Freistoß, bei dem nicht klar ist, wer ihn schießt. Wer ihn dann schießt, täuscht den Torwart, indem er nach links unten blickt, um das Tor rechts oben zu treffen.

Schnelligkeit und Überraschungsangriffe gehören zusammen wie Kraft und Ausdauer bei Spitzensportlern. Hyperwettbewerber beherrschen ihre Mitbewerber ebenso wie gute Fechter ihre Gegner. Plötzlich, blitzschnell sticht der Musketier zu.

Im Wirtschaftsleben gibt es ungeschriebene Verhaltensregeln. Jede Branche hat ihre Konventionen. Lange war man der Meinung, dass Computer wegen der Beratung nur über den Einzelhandel verkaufbar seien, bis der EDV-Versandhändler Dell die Branche eines Besseren belehrte. Die schweizer Uhrmacher glaubten lange an die Ewigkeit mechanischer Uhrenwerke, bis die Japaner ihnen zeigten, dass diese auch mit Quarz und Batterie laufen.

Wie stark solche Konventionen sind, zeigt das Beispiel der Zertifizierung nach der Norm DIN EN ISO 9000 ff. Mehr als hunderttausend Unternehmen wurden zu Opfern dieses kollektiven Selbstbetrugs, indem sie sich nach dieser Norm ohne Nutzen prüfen ließen.

Wettbewerbsregeln erhalten sich selbst, solange sie niemand in Frage stellt. Es geht ihnen ähnlich wie wissenschaftlichen Innovationen, von denen die »Fachleute« vorher wussten, dass es *so* nicht geht. Viele Chirurgen z. B. waren fest davon überzeugt, dass ein minimal inversives Operieren mit Röhren nicht möglich, ja sogar unethisch sei.

Signalisieren
strategischer
Intentionen

Im bisherigen Wettbewerb senden Unternehmen Signale in Form verbaler Erklärungen und symbolischer Handlungen, um auf sich aufmerksam zu machen. Das geschieht u. a. zu dem Zweck, anderen Wettbewerbern die eingeschlagene Richtung mitzuteilen, um sie davon abzuhalten, ebenfalls diesen Weg zu nehmen. Insofern dienen Signale auch der stillschweigenden Abstimmung von Verhaltensweisen. Signale werden ebenfalls gesendet, um Preisanhebungen mitzuteilen, und zwar allein zu dem Zweck, um Mitbewerber aufzufordern, ebenfalls die Preise anzupassen.

Im Hyperwettbewerb werden Signalflaggen gesetzt, um zu bluffen oder den Siegeswillen zu bekunden, nicht aber um seine taktischen Ambitionen publik zu machen. Es geht eher darum, seinen Konkurrenten implizit zu drohen. So hat Intel allen potenziellen Klonproduzenten unmissverständlich signalisiert, sie mit allen zur Verfügung stehenden Waffen zu bekämpfen. In der Softwarebranche werden Produkte angekündigt, die es noch gar nicht gibt. So sollen Kunden angespornt werden, lieber auf neue Produkte zu warten als die der Konkurrenz zu kaufen.

Ein simultaner Vorstoß eines Unternehmens wäre zum Beispiel der Versuch, einen Schritt in eine Richtung vorzutäuschen und gleichzeitig energisch in eine andere Richtung zu stürmen, um so den Gegner vorübergehend auf eine falsche Fährte zu locken und sich auf diese Weise einen temporären Vorteil zu verschaffen. Einen sequenziellen Vorstoß kann man sich wie die Abfolge der Spielmanöver auf einem Fußballfeld vorstellen.

Simultane und sequenzielle Vorstöße

Im Hyperwettbewerb reicht es nicht, Ressourcen bereitzustellen und zu erhalten oder sich auf den Aufbau von Streitkräften zu konzentrieren. Diese müssen gekonnt in der Wettbewerbsschlacht eingesetzt werden. Früher hat man sich eher und mehr auf die Herstellung langer Degen konzentriert. Im Hyperwettbewerb geht es darum, sich mehr auf die Fähigkeit des Fechtens zu konzentrieren.

Literatur

D'Aveni, Richard A.: *Hyperwettbewerb.* Strategien für die neue Dynamik der Märkte. Frankfurt / Main 1995.
Judson, Bruce / Kate Kelly: *E-Commerce.* Elf Siegerstrategien für den Hyperwettbewerb. Landsberg 1999.
Kochanowski, Kirstin: *Erfolgreiche Vertriebspolitik im Hyperwettbewerb von morgen.* Köln o.J.

8. Innovationsmanagement

Im Wettbewerb der globalen Märkte werden langfristig nur die Unternehmen bestehen, die sich durch eine ausgeprägte Innovationsorientierung und ein gutes -management auszeichnen. Statt in den Erfolgen der Vergangenheit zu verharren, sind Unternehmen heute mehr denn je gefordert, sich durch die Entwicklung innovativer Produkte zu behaupten. Zu diesem Innovationsdruck tritt der Zeitfaktor, da mit dem Fortschreiten der Globalisierung eine Verkürzung der Lebenszyklen der Produkte im Markt wie auch der Innovationszyklen einhergeht. Ein Beispiel bietet in diesem Zusammenhang die Pharmaindustrie, in der sich die Produktlebenszyklen zwischen 1960 und 1990 von ca. 24 auf ca. 8 Jahre verkürzten. Es kommt somit wesentlich darauf an, Innovationen schneller als die Mitbewerber zu vermarkten.

Definition und Abgrenzung des Begriffes Innovation

Unpräzise Definitionen Zur Bestimmung des Innovationsbegriffes findet sich eine Vielzahl unterschiedlicher Definitionsansätze, die ein eher unpräzises Bild über deren Bedeutungsinhalt liefern. Allen Begriffsbestimmungen ist jedoch gemein, dass es sich um etwas »Neues« handelt, das *»entdeckt, eingeführt, genutzt, angewandt und institutionalisiert«* (Gablers Wirtschaftslexikon 1997, S. 1898) werden muss. Neben dem Hervorbringen neuer, kreativer Ideen erfordert eine Innovation somit deren praktische Umsetzung und Nutzung in Form von Produkten oder Verfahren.

Der österreichische Nationalökonom Joseph Alois Schumpeter (1883–1950) erklärt das Wesen der Innovation als »*Durchsetzung neuer Kombinationen*«, die er sowohl auf die Herstellung eines Gutes als auch auf die Einführung einer Produktionsmethode, die Erschließung eines neuen Absatzmarktes, die Eroberung einer Bezugsquelle von Rohstoffen und Halbfabrikaten oder die Durchführung einer Neuorganisation bezieht.

Durchsetzung neuer Kombinationen

Die »Durchsetzung neuer Kombinationen« impliziert, dass im Rahmen des Innovationsprozesses bereits vorhandene Elemente in bisher nicht bekannter Weise miteinander verknüpft werden. Aus dieser Verbindung entstehen neuartige Produkte und Verfahren, die der Mensch in ihrer Neuartigkeit bewusst wahrnehmen muss.

Man unterscheidet hierbei zwischen der subjektiven und der objektiven Neuheit. Es ist demnach ohne weiteres möglich, dass die Imitation eines bereits existierenden Produktes für das imitierende Unternehmen eine Neuheit in der Produktpalette und somit subjektiv gesehen eine Innovation darstellt. Hingegen spricht man von einer objektiven Neuheit, wenn es sich um eine tatsächliche Markt- bzw. Weltneuheit handelt.

Zum Verständnis des Innovationsbegriffes ist es hilfreich, diesen zunächst von der »Invention« abzugrenzen, da beide Begriffe häufig synonym verwendet werden.

Innovation und Invention

Die *Invention* kann als notwendige Vorstufe zur Innovation bezeichnet werden und stellt als solche die eigentliche Erfindung bzw. Idee dar. Sie ist zeitpunktbezogen, wohingegen die *Innovation* als Prozess (prozessuale Sichtweise) bzw. Ergebnis eines Prozesses (objektbezogene Sichtweise) angesehen werden kann, der von der Idee über die Entwicklung, die Produktion bis hin zur Markteinführung viele Stufen umfassen kann. Ziel der Innovation ist die Markteinführung der Invention in Form eines neuen Produktes oder Verfahrens.

Um Innovationen hervorzubringen, müssen Ideen generiert werden. Hierzu ist der Einsatz von Kreativität erforderlich. Eine kreative Leistung erbringt ein Mensch, der seine eingefahrenen

Innovation und Kreativität

Denkschemata überwindet und neuartige, originelle Ideen hervorbringt. Damit diese neuartigen Ideen nicht auf der Strecke bleiben, müssen sie hinsichtlich ihrer Realisierbarkeit geprüft und anschließend umgesetzt werden. In der Phase der Realisierung setzt dann die Phase der Innovation an. Die Innovation verbindet somit Kreativität und Durchsetzungskraft.

Unterscheidung der Innovationen nach ihrem Neuheitsgrad

Die vorstehende Beschreibung des Innovationsbegriffes lässt offen, was eine Innovation letztendlich ausmacht, um als solche bezeichnet zu werden. Die Fachliteratur unterscheidet nach dem Neuheitsgrad und spricht von Anpassungs-, Erneuerungs- und Durchbruchsinnovationen.

Anpassungs-innovationen
Anpassungsinnovationen zeichnen sich durch kleine Veränderungen aus. Dies kann beispielsweise die optische Verschönerung eines Verpackungsaufdrucks sein. Das Produkt gewinnt durch diese Maßnahme zwar an Attraktivität für den Konsumenten, doch erfährt es an sich keine gravierende Veränderung. Anpassungsinnovationen erfolgen häufig als Antwort auf Trendbewegungen im Markt, sind als solche aber nicht in der Lage, den Markt langfristig zu beeinflussen.

Erneuerungs-innovationen
Erneuerungsinnovationen, z.B. ein neues Geschmackserlebnis bei einem Nahrungsmittel, stellen demgegenüber erhebliche Verbesserungen an Produkten oder Verfahren dar, über die das Unternehmen Wettbewerbsvorteile erzielen kann.

Durchbruchs-innovationen
Als Durchbruchsinnovationen können schließlich die wirklichen »Knüller« bezeichnet werden, durch die ein Unternehmen den Markt grundlegend verändert oder sogar neu schafft. Diese »Neuheiten« führen in der Regel zu einer neuen Generation von Produkten, die dem Unternehmen langfristige Wettbewerbsvorteile sichern, also zu einem »Fort-Sprung« anstelle eines »Fort-Schritts« führen. Als anschauliche Beispiele sind in diesem Zusammenhang das Penicillin oder das Drei-Liter-Auto zu nennen.

Aus diesen Unterscheidungen wird ersichtlich, dass oft auch kleine Verbesserungen innovativen Charakter besitzen. Häufig sind es viele kleine Schritte, die letztendlich Großes bewirken. Man darf sie daher im Hinblick auf ihre Wirkung keinesfalls unterschätzen.

	Anpassung	Erneuerung	Durchbruch
Dauer des Einflusses	kurzfristig	mittelfristig	Jahrzehnt
Patentierbarkeit	fast nie	häufig	fast immer
Imitierbarkeit	meist einfach	schwer	sehr schwer
Konkurrenzvorteile	mäßig	erheblich	groß, aber oft langer Anlauf
Widerstände in der eigenen Firma	fast nie	gelegentlich	fast immer
Renditen	gering – mittel	erheblich	sehr gut – selten sofort
Umdenken	nicht nötig	teilweise	fast immer
Veränderungen am Markt	unverändert	verändert	total anders
Unverständnis im Markt	selten	mitunter	meistens

Auswirkungen von Anpassungs-, Erneuerungs- und Durchbruchsinnovationen

Von der Innovation zum Innovationsmanagement

Erfolgreiche Innovationen, oftmals durch Patente geschützt, schaffen Markteintrittsbarrieren gegenüber dem Mitbewerber, und zwar durch zeitliche Vorsprünge. In manchen Fällen kann sich ein Unternehmen dadurch sogar eine zeitweilige Monopolstellung sichern. Außerdem können Innovationen eine nicht zu unterschätzende Imagewirkung in der Öffentlichkeit entfalten. Für eine wirksame Innovationstätigkeit ist daher ein systematisches Innovationsmanagement bedeutsam.

Als Führungsaufgabe umfasst es die Planung, Organisation, Steuerung und Kontrolle aller Aufgaben, die von der Ideenfindung bis zur letztendlichen Umsetzung der »Neuheit« zu leisten sind. Dazu gehört insbesondere die Schaffung einer innovationsfördernden Organisationsstruktur und -kultur, das Festlegen und Verfolgen von Innovationszielen und -strategien sowie die

Installation eines adäquaten Informationssystems, das eine flexible Prozesssteuerung sowie einen zeit- und ortsunabhängigen Informationsaustausch zwischen den Beteiligten ermöglicht.

Der Innovations-prozess

Zur Darstellung des Innovationsprozesses existiert kein allgemein gültiges Ablaufschema. Die in der Praxis vorliegenden Modelle variieren sowohl in der Anzahl der zu durchlaufenden Phasen als auch in deren Bezeichnung und Abgrenzung voneinander. In Anlehnung an das von Vahs und Burmester entwickelte »Grundkonzept des Innovationsprozesses« sollen jedoch nachfolgend die Schwerpunkte des Innovationsprozesses dargestellt werden.

Die Vorstufe des Prozesses bildet dabei eine Situationsanalyse, innerhalb derer das Unternehmen seine Stellung am Markt (Ist-Position) bestimmt und Abweichungen zur angestrebten Soll-Position, die sich aus den strategischen Unternehmenszielen ableitet, ermittelt. Die dabei festgestellten Diskrepanzen, deren Ursachen u. a. in veränderten Konsumentenbedürfnissen oder in der allgemeinen Marktentwicklung liegen können, bilden die Ausgangslage für die Suche nach einer innovativen Problemlösung und die nachfolgenden Phasen des Innovationsprozesses.

Über alle Phasen hinweg müssen Controllingmaßnahmen erfolgen, um eine zentrale Planung, Steuerung, Koordination und Kontrolle der Aktivitäten für eine gezielte und systematische Durchführung des Prozesses sicherstellen zu können.

Wirkungsfaktoren im Innovationsprozess

Da etwas »Neues« immer mit einem gewissen Unsicherheitsfaktor verbunden ist, stoßen Innovationen häufig auf große Vorsicht oder sogar Ablehnung. Diese Haltung verstärkt sich mit dem Grad der Neuheit, denn das Risiko eines Misserfolges liegt bei einer Durchbruchsinnovation wesentlich höher als bei der Modifikation eines bereits bestehenden Produktes. Hinzu kommt, dass es sich bei Innovationsprojekten um sehr komplexe Vorgänge handelt, da die beteiligten Personen und Funktionen vielfältige Interdependenzen und Verbindungen zueinander aufweisen, wodurch sich die Unsicherheit verstärkt.

Ideengewinnung Welche Maßnahmen können ergriffen werden, um eine Problemlösung herbeizuführen?	Problemlösungsvorschläge sammeln durch: · Ideensammlung (Hinzuziehen von Kunden, Lieferanten, Mitarbeitern usw., die als Quelle dienen) · Ideengenerierung (Entwickeln von Lösungsansätzen durch Einsatz von Kreativitätstechniken)
Bewertung Welche Ideen sollen weiter verfolgt werden, welche Ideen sollten wir besser fallen lassen?	· Sorgfältige Bewertung der gesammelten Ideen hinsichtlich ihrer guten/weniger guten Erfolgswahrscheinlichkeiten · Rangfolge der bewerteten Ideen aufstellen
Auswahl Welche Ideen sollen tatsächlich umgesetzt werden?	· Auswahl der umzusetzenden Idee durch ein weiteres Gremium (unabhängig vom Bewertungsgremium) · Zusammensetzung: In der Regel Manager und Fachverantwortliche aus unterschiedlichen Bereichen · Das letzte Wort hat die Unternehmensführung
Realisierung Wie gehen wir bei der Realisierung vor?	Umsetzen der ausgewählten Idee in die Praxis *Vorgehensweise:* · bei hohem Ressourcenaufwand/Neuheitsgrad meist über Projektmanagement · bei geringem Ressourcenaufwand/Neuheitsgrad meist im Rahmen der Routineabläufe
Markteinführung Wie gestalten wir die Instrumente des Marketing-Mix bei der Markteinführung?	· Produkt wird auf dem Markt eingeführt und somit für den Kunden verfügbar · Aus der Invention wird nun die Innovation · Gezielter Einsatz der Marketing-Mix-Instrumente Preis, Kommunikation und Distribution

Kernphasen des Innovationsprozesses (nach Vahs/Burmester 2002, S. 88-92)

Um zu einer erfolgreichen Innovationstätigkeit zu gelangen, bedarf es der Schaffung von Rahmenbedingungen, die sowohl die Entstehung als auch die Umsetzung innovativer Ideen fördern. Die Mitarbeiter sollen ein Verständnis für die Notwendigkeit von Innovationen entwickeln und dazu ermutigt werden, selbst die eingefahrenen Bahnen zu verlassen und sich Gedanken über bisher nicht bekannte Lösungswege zu machen. Zu den Merkmalen innovationsfördernder Unternehmen gehören folgende:

Innovations-verständnis Für ein erfolgreich innovierendes Unternehmen ist es wichtig, dass Mitarbeiter Innovationen nicht als »lästiges Übel« empfinden, sondern mit Motivation und Begeisterung an die Sache herangehen. Eine zentrale Bedeutung kommt dabei den sog. »Champions« zu, die voller Begeisterung und Hingabe für die Durchsetzung ihrer innovativen Ideen kämpfen und somit für den Erfolg von Innovationsprojekten unabdingbar sind. Diese Persönlichkeiten sollten im Unternehmen akzeptiert und unterstützt werden. Es ist wichtig, dass ihnen die Unternehmensleitung die Freiräume zur Verfügung stellt, die sie zur Verwirklichung ihrer innovativen Ideen benötigen.

Um das Innovationsverständnis im Unternehmen zu fördern, sollte aber auch das Management dieses Bewusstsein vorleben. Die Selbstverständlichkeit und Notwendigkeit zur Innovation muss in dessen Handeln ersichtlich werden, um so die Mitarbeiter zu motivieren, neue Wege zu beschreiten. Um dieses Verständnis zu fördern, ist es sinnvoll, Innovationen als normativen Bestandteil in die Unternehmensgrundsätze zu integrieren.

Offene Kommunikation Da es sich bei Innovationen in der Regel nicht um Einzelleistungen handelt, sondern um das Ergebnis einer gemeinschaftlichen Arbeit, ist die offene Kommunikation zwischen den Mitarbeitern eines Unternehmens sowie zwischen den unterschiedlichen Abteilungen (z.B. Marketing, F&E) für den Erfolg unerlässlich. Dabei sollte den Problemen, die sich im Innovationsprozess ergeben, die gleiche Bedeutung beigemessen werden wie den Problemen der täglichen Arbeit. Eine offene Kommunikation schließt auch offene Kritik ein. Sie ist produktiv für Verbesserungen zu nutzen. Vorschläge zur Verbesserung von Abläufen dürfen von Vorgesetzten daher nicht als Kritik an ihrer Arbeit empfunden werden.

Teamfähigkeit Um im Innovationsprozess den gewünschten Erfolg zu erreichen, sind bis zur letztendlichen Durchsetzung der Idee unterschiedliche Fähigkeiten gefordert. Neben kreativen Ideenproduzenten werden auch Menschen mit analytischer Begabung und solche mit der Fähigkeit, Abläufe organisieren zu können, diese voranzutreiben und auch durchzusetzen, benötigt. Da all diese Fähigkeiten kaum eine Person in sich vereint, ist die Zusammenarbeit vieler unterschiedlicher Menschen notwendig. Teamfähigkeit ist demnach die Voraussetzung, damit diese Zusammenarbeit funktioniert (vgl. Berth 1997 Band 1, S. 24).

Ein innovationsförderndes Unternehmen verabschiedet sich von seiner ehemaligen Hierarchiekultur, da sie innovationshemmend wirkt.

Empowerment statt Kontrolle

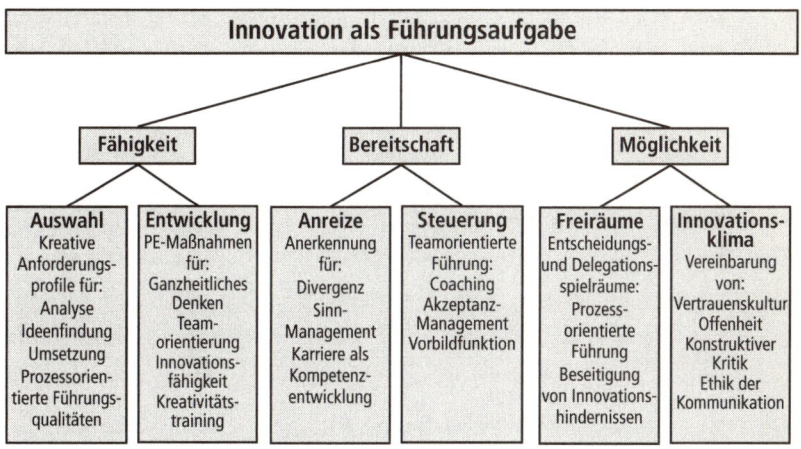

Innovation als Führungsaufgabe

Führungskräfte müssen Verantwortung an ihre Mitarbeiter delegieren und sich um den Aufbau eines vertrauensvollen Verhältnisses zu ihnen bemühen. Durch das selbständige und eigenverantwortliche Handeln der Mitarbeiter reduzieren sich die erforderlichen Kontrollen. Zudem erhalten die Mitarbeiter durch den Abbau von bürokratischen Hemmnissen einen größeren Freiraum zur Entfaltung kreativer Ideen.

Um den Weg für ein zukünftiges erfolgreiches Handeln zu ebnen, ist es notwendig, nach vorne zu schauen und nicht an den erfolgreichen Strategien der Vergangenheit festzuhalten. Schumpeter spricht in diesem Zusammenhang von der »schöpferischen Zerstörung« als Voraussetzung der Innovation. Viele Unternehmen tun sich aber gerade in diesem Punkt sehr schwer und zeigen bei lang andauerndem Erfolg eines Unternehmens in einem bestimmten Bereich eine sinkende Bereitschaft, sich auf etwas Neues einzulassen.

Loslösen vom Erfolg der Vergangenheit

Toleranz von Fehlern Da Innovationsprojekte mit besonderen Risiken behaftet sind, können Fehlschläge nie ganz ausgeschlossen werden. Zur Schaffung eines innovationsfördernden Klimas ist es aber sehr wichtig, diese zu akzeptieren und Fehler grundsätzlich nicht negativ zu bewerten, sondern sie als Chance zum Lernen zu begreifen.

Nutzen des Kundenkontaktes Kundenkontakte sind als Anstoß innovativer Ideen sehr nützlich, da über den Austausch mit Kunden wertvolle Informationen zu deren Produkterfahrungen, Verbesserungsvorschlägen und Wünschen gewonnen werden können. Daher sollten Abteilungen, die direkt mit den Kunden in Kontakt kommen, wichtige Informationen an die entsprechenden Stellen weiterleiten. Es werden heute zudem vielfach Informationen systematisch im Rahmen von Marktforschungsbefragungen oder über sog. Kundengesprächsrunden ermittelt.

Literatur

Berth, Rolf: *Der große Innovationstest.* 2 Bände. Die Botschaften; Der Fragebogen. Das Arbeitsbuch für Entscheider. Chancen erkennen, Flops vermeiden. München 1997.

Berth, Rolf: *Zukunft für alle.* Wie wir mit kreativem Innovationsgeist den Durchbruch schaffen oder Mut zu Neuem! Frankfurt / Main 2001.

Hübner, Heinz: *Integratives Innovationsmanagement.* Nachhaltigkeit als Herausforderung für ganzheitliche Erneuerungsprozesse. Berlin 2002.

Meyer, Jörn-Axel: *Innovationsmanagement in kleinen und mittleren Unternehmen.* Jahrbuch der KMU-Forschung 2001. München 2001.

Simon, Walter: *Lust aufs Neue.* Werkzeuge für das Innovationsmanagement. Offenbach: Gabal, 1999.

Vahs, Dietmar / Ralf Burmester: *Innovationsmanagement.* Von der Produktidee zur erfolgreichen Vermarktung. Stuttgart 2002.

9. Kernkompetenzen

Der Kernkompetenzgedanke wird schon in den Anfängen der Betriebswirtschaftslehre aufgegriffen und erwähnt. Doch erst Anfang der 80er-Jahre des letzten Jahrhunderts wurde die Diskussion zu diesem Thema eröffnet. Die entscheidenden Impulse hierfür setzten Michael Porter mit seiner Theorie der Marktfokussierung (vgl. Kapitel Wettbewerbsstrategie im zweiten Teil) und in Gegnerschaft zu ihm C. K. Prahalad und Gary Hamel mit ihrer Theorie der Ressourcenfokussierung. Letztere meinten, dass ein Unternehmen die Macht besitzt, die Entwicklung im Bereich der Endprodukte aktiv mitzugestalten, solange es bei der Herstellung seiner Kernprodukte eine weltweite Führungsposition innehat. *»Die Kernkompetenzen sind so etwas wie das kollektive Wissen der Organisation, insbesondere was die Koordination diverser Herstellungstechniken und die Integration unterschiedlicher Technologiebereiche betrifft ... Im Gegensatz zu den materiellen Aktiva, die sich mit der Zeit verbrauchen, nehmen die Kompetenzen durch Gebrauch zu«* (Hamel/Prahalad 1995).

Markt- und Ressourcenfokussierung

Die gegensätzlichen Ansichten wandelten sich im Laufe der Zeit, indem man erkannte, dass erst die Verbindung von Markt- und Ressourcendenkweise bestmögliche Ergebnisse hervorbringt.

Begriffsklärung

In der Praxis ist häufig zu beobachten, dass Unternehmen auf vielen unterschiedlichen Märkten aktiv sind, jedoch auf keinem dieser Märkte eine besondere Rolle spielen. Durch die Vielzahl von Aktivitäten und Produkten werden Ressourcen verschwendet. Unternehmen begehen den Fehler, sich nicht auf die Fähigkeiten zu besinnen, die sie am besten beherrschen, und diese zielorientiert einzusetzen. Als Folge erging die Empfehlung, sich auf solche Dinge zu konzentrieren und sie entsprechend zu forcieren, die sie am besten beherrschen bzw. aus denen sich strategische Vorteile gegenüber der Konkurrenz ergeben.

Das Motto hierbei lautet: Schuster, bleib bei deinen Leisten. In diesem Zusammenhang entstand der Begriff Kernkompetenz. *»Im Kern geht es darum, sich auf das zu beschränken bzw. das weiter auszubauen, wo Wertschöpfung eigentlich stattfindet. Konzentration der Kräfte auf das Wesentliche an der entscheidenden Stelle, lautet der strategische Grundgedanke«* (Strasmann / Schüller 1996, S. 2 f.).

Kompetenz versus Kernkompetenz

Die Differenzierung zwischen Kompetenz bzw. Einzelfähigkeit und Kernkompetenz ist in der Praxis häufig sehr schwierig und erfordert enorme Unternehmenskenntnisse. Man muss sich dabei ständig nach dem Ausschlussprinzip die Frage stellen, ob eine Fähigkeit zum Kernbereich gehört oder nicht. Weiterhin ist zu hinterfragen, ob sie den langfristigen Wettbewerbserfolg signifikant unterstützt oder, falls nicht, zum Kernbereich gehörend, ausgelagert werden sollte.

Voraussetzungen und Kriterien für Kernkompetenzen

Aufgrund ihrer strategischen Bedeutung müssen Kernkompetenzen drei Voraussetzungen erfüllen, um wirksam zu sein: Kundennutzen, Differenzierung und Ausbaufähigkeit.

Die erste Voraussetzung bezieht sich auf den Kundennutzen. Das **Kundennutzen** heißt, eine Kernkompetenz muss ein Produkt hinsichtlich seines Nutzens entscheidend beeinflussen. Sie erzeugt quasi den Kernnutzen. Der Kunde muss diese Beeinflussung positiv wahrnehmen und bewerten. Man kann auch sagen, die Kernkompetenz ist die Quelle und Notwendigkeit für diese Kundenzufriedenheit, wobei der Kunde die Kernkompetenz dabei nicht zwingend erkennen muss. Die meisten Kunden würden z.B. den Fahrspaß, den sie bei einer bestimmten Automarke verspüren, selten mit der Kernkompetenz des Unternehmens in Beziehung setzen. Wichtig in diesem Zusammenhang ist nur, dass ein entscheidender Kundennutzen entsteht, wodurch sich ein Produkt im positiven Sinne von der Konkurrenz abhebt. Letztendlich entscheidet der Kunde über die Existenz einer Kernkompetenz, denn Produkte, die vom Kunden boykottiert werden, können nicht aus einer Kernkompetenz resultieren.

Ein Unternehmen muss sich mit seinen Produkten von denen **Differenzierung** anderer Unternehmen abheben. Die Kernkompetenz muss eine einzigartige Eigenschaft einer Organisation sein, um dem Begriff »Kernkompetenz« Rechnung zu tragen. Man spricht somit nur von Kernkompetenzen, wenn bestimmte unternehmensspezifische Fähigkeiten und Kenntnisse nicht ohne weiteres von Konkurrenten übernommen bzw. imitiert werden können. Unternehmen können also durch ihre Kernkompetenzen identifiziert werden. Fällt beispielsweise das Stichwort Miniaturisierung, so denkt man an Sony (z.B. Walk- und Discman).

Kernkompetenzen dürfen sich nicht nur auf einzelne Produkte **Ausbaufähigkeit** beziehen, sondern müssen für viele unterschiedliche Produkte nutzbar sein. Sie müssen bereichsübergreifend eingesetzt werden können (z.B. Hondas Motoren).

Erst wenn alle diese drei Voraussetzungen erfüllt sind, spricht man von einer Kernkompetenz. Diese erstreckt sich jedoch nicht nur auf technische Fähigkeiten (so wie früher oft behauptet), sondern schließt die intangiblen bzw. »weichen« Faktoren mit ein. Gerade diesen Kompetenzen wird heute große Bedeutung zugemessen. Man denke dabei an die positiven Auswirkungen einer einzigartigen und konsequenten Unternehmenskultur.

Ist ein Unternehmen in der Lage, alle drei Voraussetzungen zu erfüllen, so kann es sich unverwechselbar machen, da eine Imitation bzw. Nachahmung seitens der Konkurrenz schwer möglich ist. Beispiele für Kernkompetenzen könnten danach spezifische Fertigungsanlagen, organisatorische Prozesse, das Management, Datenbanken, Patente, Lizenzen, Know-how und Innovationspotenzial der Mitarbeiter, spezielle Verbindungen zu Banken, Lieferanten und Kunden, strategische Allianzen, Image des Unternehmens und seiner Produkte und eine einzigartige Unternehmensphilosophie sein.

Konzept der strategischen Geschäftseinheiten versus Konzept der Kernkompetenzen

Strategische Geschäftseinheiten (SGE)

Das Konzept der strategischen Geschäftseinheiten wird seit gut 20 Jahren praktiziert. Einer der bekanntesten Verfechter dieses Ansatzes ist Michael Porter, der die theoretischen Grundlagen legte. Man geht hierbei von einer *Outside-In*-Sichtweise aus. Das bedeutet, es findet eine Betrachtung des Marktes statt, und mit Hilfe dieser Erkenntnisse wird das Unternehmen hinsichtlich seiner Produkte, Funktionen, Preise usw. ausgerichtet. Man könnte auch sagen, dass der Markt dem Unternehmen vorgibt, was es zu tun hat. In der Literatur fällt dabei der Begriff »Marktfokussierung«. *Outside-In* bedeutet somit, dass Impulse, die ihren Ursprung außerhalb des Unternehmens haben – verursacht durch Kunden bzw. Abnehmer, Konkurrenten, Lieferanten und Substitutionsprodukte (Ersatzprodukte) –, ins Unternehmen hineinwirken und es grundsätzlich beeinflussen.

Konzept der Kernkompetenz

Beim Konzept der Kernkompetenz findet eine Ressourcenfokussierung – also eine *Inside-Out*-Betrachtung – statt. Man orientiert sich nicht primär an den derzeitigen Marktbedingungen, sondern analysiert die unternehmensinternen Fähigkeiten und Kenntnisse und entwickelt aus dieser Art der Sichtweise die Unternehmensstrategie. Mit anderen Worten: Man tut das, was man am besten kann, und versucht aus diesem Gesichtspunkt heraus, Wettbewerbsvorteile geltend zu machen. Die Hauptaufgabe bei diesem Konzept ist das Erkennen, die Förderung und die permanente Ausweitung von Kernkompetenzen, die entscheidend verantwortlich sind für den Erfolg des Unternehmens. Wichtig hierbei ist, dass es sich um eine langfristige und zukunftsbezogene Sichtweise handelt, da der Auf- und Ausbau von Kernkompetenzen längere Zeit in Anspruch nimmt. Ein schnelles Abspringen vom fahrenden Zug ist deshalb nicht möglich.

Dieses Konzept achtet also nicht nur auf die gegenwärtige Gewinn- und Kostenentwicklung, sondern versucht auch die zukünftige Erfolgsposition zu berücksichtigen und zu beeinflussen. Zum Beispiel könnte dies durch die Erschließung und »Erfindung« von neuen Märkten mit Hilfe innovativer Produkte geschehen.

Als erstes Fazit ist festzuhalten, dass diese beiden Konzepte unterschiedliche Prioritäten und Akzente setzen. Doch diese müssen sich nicht ausschließen. Die beiden Ansätze könnten marktorientiert und kernkompetenzenbezogen Hand in Hand vorgehen und so die Vorteile beider strategischer Ansätze nutzen. *»Die beiden eindimensionalen Wirkungsketten* (structure-conduct-performance *bzw.* resources-conduct-performance) *müssen – wie es die Grundintention eines strategischen Managements seit jeher fordert – zusammengeführt werden, wobei je nach Umwelt- und Unternehmenssituation entweder die interne oder die externe Orientierung dominieren kann und ein situationsbedingter Perspektivenwechsel nicht nur zugelassen, sondern explizit gefordert wird«* (Rasche/Wolfrum 1994, S. 513).

Die Kernkompetenzen bilden das Fundament bzw. die Basis. Aus ihnen entstehen die Kernprodukte, welche die immateriellen Verbindungsstücke zwischen Kernkompetenzen und Endprodukten darstellen. Sie sind quasi die reale Verkörperung der Kernkompetenzen. Sony hat es beispielsweise geschafft, die Kernprodukte Mikromotoren und Mikroprozessoren zur Steuerung von Elektrogeräten vielfach in unterschiedlichen Endprodukten wie Walkmans, Discmans, Fernsehapparaten, Videorecordern usw. einzusetzen.

Zusammenspiel von Kernkompetenzen und -produkten mit strategischen Geschäftseinheiten

Aus den Kernprodukten wiederum entstehen in den strategischen Geschäftseinheiten die fertigen Endprodukte. Sie können

	Marktorientierter Ansatz	Kernkompetenzenbezogener ressourcenorientierter Ansatz
Allgemeine Zielsetzung	Wachstum durch *Cash-flow*-Balance im Laufe des SGF-Lebenszyklus	Nachhaltiges Wachstum durch Entwicklung, Nutzung und Transfer der Kernkompetenzen
Denkfigur	Unternehmen als Portfolio von Geschäften	Unternehmen als Reservoir von Fähigkeiten und Ressourcen
Träger des Wettbewerbs	Geschäftseinheit gegen Geschäftseinheit	Unternehmen gegen Unternehmen
Konkurrenz-Grundlage	Produktbezogene Kosten- oder Differenzierungsvorteile	Ausnutzung von unternehmens- weiten Kompetenzen
Charakter des strategischen Vorteils	· zeitlich befristet, erodierbar · geschäftsspezifisch · wahrnehmbar	· dauerhaft, schwer angreifbar · transferierbar in andere Geschäfte · verborgen *(tacit knowledge)*
Strategiefokus	tendenziell defensiv: Ausbau und Verteidigung bestehender Geschäf- te; Anpassung der Strategie an die Wettbewerbskräfte	tendenziell offensiv: durch Kernkompetenztransfer, Weiterent- wicklung alter und Aufbau neuer Märkte; Beeinflussung der Wett- bewerbskräfte
Planungshorizont	eher kurz- und mittelfristig	betont langfristig
Rolle der Geschäftseinheiten	Quasiunternehmen, *Owner* von Personen und Ressourcen *(Profit Center)*	Speicher von Ressourcen und Fähig- keiten *(Center of Competence)*
Aufgabe des Topmanagements	Zuweisung von finanziellen Ressourcen an die strategische Geschäftseinheit	Integration von Ressourcen und Fähigkeiten auf Basis eines inhalt- lichen Gesamtkonzepts

Vergleich des markt- und ressourcenorientierten Ansatzes

dabei ihre Kundenerfahrungen und -kenntnisse zielgerichtet einsetzen, um so ein konkurrenz- und marktfähiges Endprodukt zu kreieren.

Prahalad und Hamel sehen die Abgrenzung von Kern- kompetenz, Kernprodukt und strategischer Geschäfts- einheit als äußerst wichtig an, da auf jeder dieser Ebenen ein Wettbewerb mit der Konkurrenz stattfindet. Man muss in der heutigen Zeit jede dieser drei »Disziplinen«

beherrschen, da das Zusammenspiel von Kernkompetenzen, Kernprodukten und strategischen Geschäftseinheiten als eine Art Kette zu verstehen ist. Wenn ein Glied zu schwach ist oder gar abreißt, ist der gesamte Ablauf gestört.

Moderne Managementkonzepte und die Verbindung mit dem Kernkompetenzansatz

Viele moderne Managementkonzepte versuchen, Unternehmen fit für die Zukunft zu machen. Beispiele für solche Konzepte sind *Business Process Reengineering, Lean Management, Total Quality Management* und Kaizen, um nur einige zu nennen. Verstärkt betrachtet werden in diesem Zusammenhang Schnelligkeit und Zeit, Flexibilität, Qualität, Kostensenkungspotenziale, Mitarbeiterzufriedenheit usw. Die Frage, die sich nun stellt, lautet: Werden diese Strategien den hohen Anforderungen, die der heutige und zukünftige Wettbewerb vorgibt, gerecht, oder führen sie nur zu geringfügigen und kurzfristigen Verbesserungen?

Bei europäischen oder auch amerikanischen Unternehmen werden diese Konzepte vielfach erst dann implementiert, wenn der Umsatz des Unternehmens spürbar zurückgeht. Das heißt, sie werden meist in Krisensituationen angewendet, weil man in der Vergangenheit versäumte, sich für künftige Bedingungen und Erwartungen zu rüsten. Zweifelsohne ist das Aufholen bzw. das Beseitigen von Defiziten äußerst wichtig und notwendig, bildet aber nur die Basis und die Voraussetzung für künftiges und zielgerichtetes Handeln. In Bezug auf die Wettbewerbsfähigkeit von morgen sollte man sich also nicht nur auf diese Konzepte verlassen. Das Problem bei den erwähnten Managementansätzen liegt darin, dass sie meist nur bestimmte Bereiche wie Kosten, Qualität und Schnelligkeit ansprechen. Es ist also notwendig, eine allumfassende Vorgehensweise zu erarbeiten, welche alle Einzelansätze integriert und nutzt.

Erst in Krisen angewendet

Nach Prahalad und Hamel ist die Wettbewerbsfähigkeit von morgen nur gewährleistet, wenn ein Unternehmen kleiner, besser und anders ist. Erst diese Kombination ermöglicht es ihm auch in Zukunft, eine führende Position am Markt einzunehmen.

Kleiner »Kleiner« bedeutet in diesem Zusammenhang, dass man ein schlankes Unternehmen schafft. Um dieses Ziel zu erreichen, setzt man verstärkt *Downsizing-* und *Outsourcing*-Strategien ein. Damit wird erreicht, dass überflüssige Kapazitäten oder Bereiche, welche andere Unternehmen besser und günstiger bearbeiten, wegfallen. Wenn man *Outsourcing* betreiben will, ist es daher unbedingt notwendig, den entsprechenden Bereich auf Kernkompetenzen bzw. -fähigkeiten zu untersuchen, um dem Verlust von Unternehmenspotenzialen und -stärken vorzubeugen (vgl. Kapitel Lean Management im zweiten Teil).

Besser Unter »besser« ist die Umstrukturierung und Reorganisation der Geschäftsprozesse zu verstehen. Dies geschieht üblicherweise im Rahmen eines *Business Process Reengineering*. Hierbei werden die Hauptprozesse des Unternehmens identifiziert, analysiert und verbessert. Die Einführung eines durchgängigen Informationssystems (wie SAP R/3), welches über den gesamten Geschäftsprozessen liegt, ist in der heutigen Zeit Voraussetzung geworden. Die Geschäftsführung erhält durch dieses System eine verbesserte Prozesstransparenz und wichtige Informationen aus allen Bereichen. Die Vorteile dieser Maßnahme sind Kostensenkungen, Erhöhung der Flexibilität und Schnelligkeit, Mitarbeitermotivation durch erweiterte Verantwortung usw.

Anders »Anders« ist ein Unternehmen in diesem Kontext, wenn es sich von der Konkurrenz positiv abheben und differenzieren kann. Nach Prahalad und Hamel wird diese Unterscheidung durch die Strategie der Kernkompetenzen erst möglich. Kernkompetenzen sind unternehmensspezifisch und kaum oder nur sehr schwer imitierbar. Unternehmen, die Kernkompetenzen aufbauen und einsetzen, können sich deshalb besser im Wettbewerb bemerkbar machen als solche, die keine besonderen Merkmale und Fähigkeiten besitzen. Diese Firmen können keine Akzente setzen, sondern werden immer Mittelmaß bleiben, da sie nicht die Möglichkeiten bzw. Ressourcen haben, etwas Neues oder Innovatives hervorzubringen. »Anders«-Sein ist also die Fähigkeit, neue Wege zu gehen, neue Bedürfnisse und Tendenzen zu erkennen und neue Bereiche zu entdecken. Der strategische Vorteil, der daraus resultiert, muss dann durch entsprechende Abschöpfungsstrategien ausgenutzt werden.

Die Kombination »kleiner – besser – anders« versucht viele positive Effekte, die durch Einzelaktivitäten hervorgerufen werden, zu bündeln und zu konzentrieren. Unternehmen, welche auch in Zukunft an der Weltspitze sein wollen, müssen diese drei Aspekte berücksichtigen und entsprechend ausprägen. Die Strategie der Kernkompetenzen liefert dabei einen wichtigen Beitrag, da sie es ermöglicht, die Zukunft besser vorauszusehen, zu beeinflussen und entsprechend zu gestalten.

Kernkompetenzen – ein integrativer Ansatz

Für den Aufbau, die Hervorbringung und den effizienten Einsatz von Kernkompetenzen sind nicht nur die dafür entsprechenden Ressourcen notwendig, sondern auch verschiedene institutionelle und organisationale Fähigkeiten – wie beispielsweise Lernverhalten und Veränderungsbereitschaft – sind in diesem Zusammenhang von signifikanter Bedeutung.

Der einzelne Mitarbeiter ist dabei besonders gefragt, denn die Belegschaft stellt mittlerweile einen wichtigen und strategischen Erfolgsfaktor dar. Vielfach ist der Ausspruch zu hören: Ein Unternehmen kann nur so gut sein wie seine Mitarbeiter. Dies gilt natürlich auch in Bezug auf Kernkompetenzen bzw. deren Entwicklung und Aufbau. Man unterscheidet drei so genannte »Schlüsselqualifikationen«, welche die Mitarbeiter innehaben müssen, um dieser Aufgabenstellung gewachsen zu sein.

Schlüsselqualifikationen

1. Eine dieser Qualifikationen ist die Methodenkompetenz. Diese Fähigkeit bewirkt, dass Mitarbeiter selbständig bestimmte Aufgaben und Problemstellungen erkennen und daraus systematisch Lösungsalternativen entwickeln und umsetzen. Beispielhaft dafür ist das Lernverhalten, das Handling von Informationen und das Erkennen von Zusammenhängen.

Methodenkompetenz

Sozialkompetenz 2. Die Sozialkompetenz stellt eine weitere Schlüsselqualifikation dar. Diese befähigt den einzelnen Mitarbeiter, mit anderen Kollegen und Personen zusammenzuarbeiten und gemeinsam bestimmte Problemstellungen verantwortungsbewusst zu lösen.

Individual- bzw. Ich-Kompetenz 3. Die dritte Schlüsselqualifikation ist in der Individual- bzw. Ich-Kompetenz wiederzufinden. Diese Kompetenz ist auf die Persönlichkeit des einzelnen Mitarbeiters gerichtet, der dadurch befähigt werden soll, sich im Rahmen seiner Aufgaben zu entwickeln und bestimmte Begabungen und Neigungen zu fördern. Er soll sein gesamtes Potenzial identifizieren und entfalten. Selbstwertgefühl, Motivation und Willensstärke stellen diesbezüglich wichtige Ziele dar.

Fachkompetenz Die Fachkompetenz – also die Fähigkeiten, die zur Erfüllung der konkreten Sachaufgabe notwendig sind – steht gleichrangig neben den drei Schlüsselqualifikationen. In der Praxis entstehen aber vielfach Interdependenzen zwischen den einzelnen Qualifikationen.

Man kann also sagen: Erst wenn das Personal diese Qualifikationen verinnerlicht hat und beherrscht, können Kernkompetenzen optimal entstehen und eingesetzt werden. Diese Schlüsselqualifikationen müssen gegebenenfalls im Rahmen von Personal- und Organisationsentwicklungsprozessen entwickelt und ergänzt werden. Die Identifikation, der Aufbau und die Förderung von Kernkompetenzen wird dadurch erst möglich oder erheblich erleichtert.

Mögliche Kernkompetenzen sind: Kundenorientierung, Qualitätsorientierung, Innovationsorientierung und Mitarbeiterorientierung. Sie stehen eng miteinander in Verbindung. Das heißt, je besser diese Kernkompetenzen im Unternehmen ausgebildet sind, desto größer ist letztendlich auch der Erfolg und der Vorteil gegenüber den Konkurrenten.

Literatur

Albach, Horst: *Wertschöpfungsmanagement als Kernkompetenz*. Wiesbaden 2002.

Blohm, Peter: *Strategische Planung von Kernkompetenzen?* Möglichkeiten und Grenzen. Diss., Wiesbaden 2000.

Hamel, Gary / C.K. Prahalad: *Wettlauf um die Zukunft*. Wien 1995.

Homp, Christian: *Entwicklung und Aufbau von Kernkompetenzen*. Diss., Wiesbaden 2000.

Hümmer, Bernd: *Strategisches Management von Kernkompetenzen im Hyperwettbewerb*. Operationalisierung kernkompetenzorientierten Managements für dynamische Umfeldbedingungen. Diss., Wiesbaden 2001.

Kochanowski, Kirstin: *Erfolgreiche Vertriebspolitik im Hyperwettbewerb von morgen*. BBE Unternehmensberatung. Köln o.J.

Krüger, W. / W. Homp: *Kernkompetenz-Management – Steigerung von Flexibilität und Schlagkraft im Wettbewerb*. Wiesbaden 1997.

Rasche, C. / B. Wolfrum: »Ressourcenorientierte Unternehmensführung.« In: *Die Betriebswirtschaft*, 4/1994.

Strasmann, J. / A. Schüller: *Kernkompetenzen: Was Unternehmen wirklich erfolgreich macht*. Stuttgart 1996.

Wildermann, Horst: *Kernkompetenzen*. Leitfaden zur Ermittlung und Entwicklung von Kernfähigkeiten in Produktion, Entwicklung und Logistik, Transfer-Centrum (Unternehmensberatung). München 1996.

10. Kundenmanagement

Gewachsene Bedeutung des Kunden Im Zuge eines sich verschärfenden Verdrängungswettbewerbs auf den Märkten erkennen die Unternehmen immer mehr die Bedeutung des Kunden als entscheidenden Erfolgsfaktor. Der Wandel vom Anbieter- zum Käufermarkt ist längst vollzogen. Die Nachfrager haben in ihrer Position erheblich an Bedeutung gewonnen, da es ihnen heute möglich ist, aus einer Vielzahl an Produkten, die in ihrer Qualität stets homogener werden, das für sie passende Angebot herauszusuchen. Der Kunde entscheidet somit letztendlich über Erfolg oder Misserfolg eines Produktes. Seine Anforderungen hinsichtlich Qualität, Preis und Service sind gewachsen. Der Kunde ist besser informiert als früher. Im Zeitalter des Internets kann er benötigte Informationen selbständig suchen und sich Angebote von Mitbewerbern schnell einholen. Produkte mit Schwächen haben daher kaum noch Chancen.

> **Es reicht heute nicht mehr, den Kunden mit den Mitteln des Massenmarketings undifferenziert »abzufertigen«. Vielmehr gilt es, seine individuellen Wünsche zu erfassen und reibungslos zu erfüllen. Dem dient das Kundenmanagement.**

Management der Kundenstruktur

Ein systematisches Kundenmanagement setzt eine Kenntnis der eigenen Kunden voraus. Um maßgeschneiderte Leistungsangebote zu unterbreiten, ist es notwendig, die Kunden anhand

Was nimmt der Kunde wahr?

Produkt	Mitarbeiter	Unternehmen
Kulanz	Erreichbarkeit	Lieferschnelligkeit
Garantie	Einhalten von Terminzusagen	Glaubwürdigkeit/ Vertrauen
Zuverlässigkeit der Produkte	Freundlichkeit/ Höflichkeit der Mitarbeiter	Flexibilität/ Motivation
Sicherheit der Produkte	Auftreten und Verhalten der Mitarbeiter	Materielles Umfeld
Produktdesign	Kompetenz der Mitarbeiter	Dargebotene Lösungen/Nutzen und Erfolg
Auswahl/Sortiment		
Verständlichkeit der Leistung		

Die Sicht
des Kunden

bestimmter Kriterien in Gruppen zu segmentieren und ihre Bedürfnisse zu identifizieren. Die Kundenstruktur ist also zu analysieren.

Es bedarf vielfältiger Daten, um sich Transparenz im Hinblick auf die Wünsche und Erwartungen der Kunden zu verschaffen und eine individuelle Beziehung zu ihnen aufzubauen. Neben demografischen Merkmalen, wie z. B. Alter, Familienstand, Einkommen oder Wohnort, sind auch Informationen über deren Kauf- und Nutzungsverhalten, Einstellungen, Preissensibilität usw. erforderlich (vgl. Kapitel Customer Relationship Management im dritten Teil).

Informationen über den Kunden

Informationen können dabei auf vielfältige Art und Weise gewonnen werden. So hinterlässt der Kunde beim Kauf über das Internet beispielsweise Spuren. Aber auch über den heute üblichen Einsatz von Scannerkassen lassen sich Aussagen zu den bevorzugten Produkten, Qualitäten, Preisklassen und Mengen treffen. Durch Bezahlen der Einkäufe mit EC- oder Kreditkarte wird es sogar möglich, die Identität des Konsumenten zu ermitteln.

Data Warehouse und Data Mining Diese Daten werden heute meist an einem zentralen Punkt, dem sog. *Data Warehouse*, einer Art Datenbank über die einzelnen Transaktionssysteme, strukturiert und gespeichert. Das *Data Warehouse* bringt Informationen unterschiedlicher Datenbanken in einem einheitlichen Format zusammen. Diese Informationen ermöglichen es dann dem Unternehmen, das Kaufverhalten von Kunden zu analysieren und aus den Ergebnissen gezielte Marketingaktivitäten abzuleiten. Mit Hilfe des Programms *Data Mining* können zudem Trends, Muster und Beziehungen zwischen den Daten des *Data Warehouse* ermittelt und somit Rückschlüsse auf Kaufmotive und Kaufmuster der Kunden gezogen werden. Das Unternehmen erhält klarere Kundenprofile und kann somit deren individuelle und bedarfsgerechte Ansprache entsprechend vornehmen. Zudem lassen sich Zusammenhänge zwischen Produktverkäufen identifizieren, die das Unternehmen bei der Platzierung entsprechend berücksichtigen kann. *Data Mining* ermöglicht es dem Unternehmen außerdem, aus der Analyse vergangenheitsbezogener Kundendaten wichtige Informationen im Hinblick auf zukünftige Entscheidungen abzuleiten. Auch können Prognosen über zukünftige Kundenwünsche aufgestellt werden.

Alle diese Informationen unterstützen die Bildung von Kundensegmenten. Doch ist darauf zu achten, eine Differenzierung der Kunden entsprechend ihrer Attraktivität für das Unternehmen vorzunehmen. Da eine konsequente Kundenorientierung stets mit hohen Kosten verbunden ist, sollte sich das Unternehmen bei der Marktbearbeitung auf ausgewählte Marktsegmente konzentrieren und den Umfang des Leistungsangebotes bei den übrigen Segmenten entsprechend abstufen.

Segmentierung im Kundenportfolio Als aussagekräftiges Instrument zur Durchführung einer Kundensegmentierung kann das von Christian Homburg und Harald Werner entwickelte Kundenportfolio dienen. Über die unternehmensinterne Dimension »relative Lieferantenposition« sowie die unternehmensexterne Dimension »Kundenattraktivität« erhält das Unternehmen hier die Möglichkeit, seine Kunden innerhalb eines Vier-Felder-Portfolios einzuordnen, um im Ergebnis Aussagen zu deren Attraktivität sowie zur sinnvollen Konzentration von Mitteln auf die jeweiligen Kunden bzw. Kundengruppen zu treffen. Um die Kundenattraktivität zu ermitteln, sind Kriterien heranzuziehen wie beispielsweise die strategische Bedeutung des Kunden für das Unternehmen oder das grundsätzlich zu erzielende Absatzvolumen bzw. Preisniveau beim jeweiligen Kunden. Die Beurteilung der Lieferantenposition erfolgt über den Lieferanteil, den das betrachtete Unternehmen bei dem jeweiligen Kunden erzielt. Der Lieferanteil wird dabei aus dem Quotienten des im eigenen Haus erzielten Umsatzvolumens zum generellen jährlichen Lieferbedarf des Kunden ermittelt. Kennt das Unternehmen den Lieferanteil, den ein Wettbewerber beim entsprechenden Kunden erzielt, kann über das Verhältnis des eigenen zum Lieferanteil des Konkurrenten der relative Lieferanteil errechnet werden. Auf dieser Grundlage erfolgt eine Einordnung der Kunden in folgende vier Kategorien:

– Starkunden
– Fragezeichenkunden
– Ertragskunden
– Mitnahmekunden

Starkunden

Starkunden stellen eine attraktive Zielgruppe dar, da sie dem Unternehmen die höchsten Umsatz- und Gewinnpotenziale bieten. Zudem hält das Unternehmen bei ihnen eine starke Lieferantenposition. Sie sollten daher über verschiedene Maßnahmen – wie z.B. durch die Ausgabe einer Kundenkarte, durch eine intensive Betreuung oder durch die Einrichtung eines Kundenclubs – enger an das Unternehmen gebunden werden.

Fragezeichenkunden

Auch die *Fragezeichenkunden* sind für das Unternehmen attraktiv; die eigene Lieferantenposition ist allerdings gering. Daher sollte das Unternehmen über gezielte Maßnahmen versuchen, die eigene Lieferantenposition zu verbessern, um die Fragezeichen- somit in Starkunden umzuwandeln.

Ertragskunden

Im Bereich der *Ertragskunden*, die einen Großteil ihres Bedarfs bei dem betrachteten Unternehmen decken, sollten die Anstrengungen in erster Linie darin bestehen, sie auf ihrem starken Niveau zu halten. Da sie sich grundsätzlich durch eine eher begrenzte Attraktivität auszeichnen, ist es ratsam, entsprechend auch nicht mehr zu investieren, als dazu notwendig ist.

Mitnahmekunden Bei den *Mitnahmekunden* sollte das Unternehmen die Betreuungs- und Kundenbindungsaktivitäten auf ein Minimum reduzieren, da die Wirtschaftlichkeit der Kundenbeziehung ohnehin gering ist. Daher ist es für das Unternehmen in der Regel auch nicht problematisch, wenn sich der Kunde dazu entschließt, den Anbieter zu wechseln.

In einem Unternehmen mit einer ausgewogenen Kundenstruktur ist der Anteil an Star- und Ertragskunden am höchsten. Die Fragezeichenkunden machen dagegen einen etwas geringeren Anteil aus und die Mitnahmekunden schließlich den geringsten.

Kundenorientierung

Eines der Hauptziele eines aktiven Kundenmanagements ist es, Produkte und Leistungen anzubieten, die den Kundenbedürfnissen entsprechen, um das Ziel einer maximalen Kundenzufriedenheit zu erreichen. Dabei sind die Kosten nicht aus den Augen zu verlieren und die Marketingressourcen auf die Kunden, entsprechend ihrer Ertragskraft, zu verteilen. Dazu notwendige Informationen erhält das Unternehmen aus der Segmentierung. Im Idealfall steigen mit einer erhöhten Kundenorientierung die Kundentreue und damit der Umsatzanteil.

Kundennahe Organisationsstruktur Ein wichtiger Aspekt zur Steigerung der Kundenorientierung ist die kundenorientierte Ausrichtung der Organisationsstruktur. So kann sich in einem Unternehmen aufgrund einer großen Anzahl an Schnittstellen ein unangemessen hoher Koordinations- und Kommunikationsaufwand ergeben. Als Folge hiervon steht der Kunde mehreren Ansprechpartnern im Unternehmen gegenüber. Das erschwert den Aufbau einer persönlichen Beziehung zwischen dem Kunden und dem Unternehmen.

Zudem sollte das Unternehmen eine Kultur entwickeln, die zur Förderung des kundenorientierten Denkens und Handelns beiträgt. Die Bereitschaft zur Kundenorientierung muss von allen Führungskräften und Mitarbeitern unterstützt und gelebt werden, denn von ihrem freundlichen und hilfsbereiten Auftreten wird die Kundenzufriedenheit stark beeinflusst und das Image des Unternehmens geprägt.

Um Aussagen zur Kundenorientierung eines Unternehmens zu treffen und konkrete Maßnahmen zu deren Steigerung einzuleiten, ist es erforderlich, regelmäßig die Kundenzufriedenheit und die Kundenbindung zu analysieren.

Die Kundenzufriedenheit ist die Folge einer emotionalen Reaktion auf einen kognitiven Vergleichsprozess. Der Kunde vergleicht die von ihm tatsächlich wahrgenommenen Produkteigenschaften (Ist-Leistung) mit seinen subjektiven Erwartungen (Soll-Leistung). Werden seine Erwartungen erreicht oder sogar übertroffen, stellt sich bei ihm ein Gefühl der Zufriedenheit ein. Die dieses Gefühl bewirkenden Faktoren finden sich auf allen Stufen der Wertschöpfungskette.

Kundenzufriedenheit

Mögliche Beiträge der Wertschöpfungsstufen zur Kundenzufriedenheit

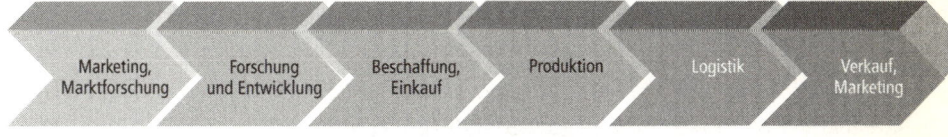

| Marketing, Marktforschung | Forschung und Entwicklung | Beschaffung, Einkauf | Produktion | Logistik | Verkauf, Marketing |

Wertschöpfungsstufen

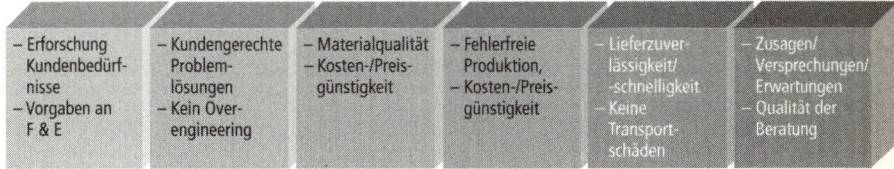

| – Erforschung Kundenbedürfnisse
– Vorgaben an F & E | – Kundengerechte Problemlösungen
– Kein Overengineering | – Materialqualität
– Kosten-/Preisgünstigkeit | – Fehlerfreie Produktion,
– Kosten-/Preisgünstigkeit | – Lieferzuverlässigkeit/-schnelligkeit
– Keine Transportschäden | – Zusagen/Versprechungen/Erwartungen
– Qualität der Beratung |

Beiträge zur Kundenzufriedenheit/-unzufriedenheit

Der Abbildung ist zu entnehmen, dass die Möglichkeiten, auf die Kundenzufriedenheit einzuwirken, bereits im Marktvorfeld beginnen, da deren Vorgaben schließlich zur Umsetzung in konkre-

Beiträge zur Kunden-(un)zufriedenheit (nach Simon/Homburg 1997, S. 21)

te Leistungsangebote führen. Doch auch von allen anderen Bereichen, insbesondere den Abteilungen mit unmittelbarem Kundenkontakt, wird die Zufriedenheit der Kunden beeinflusst.

Je zufriedener ein Kunde ist, desto weniger wird er zur Abwanderung bzw. zum Markenwechsel neigen und desto eher wird er das Unternehmen weiterempfehlen. Zudem zeigen zufriedene Kunden in der Regel eine geringere Preissensibilität und eröffnen dem Unternehmen die Möglichkeit, steigende Absatzmengen und somit höhere Umsätze zu realisieren.

Daher ist es wichtig, regelmäßig die Kundenzufriedenheit zu messen. Dazu kann das Unternehmen eine Kombination von objektiven Messkriterien (z. B. Umsatz, Wiederkaufsrate, Beschwerdeanzahl) und subjektiven Messkriterien (Befragungen der Kunden z. B. zur empfundenen Zufriedenheit, Zuverlässigkeit oder Gesamtleistung des Unternehmens im Vergleich zur Konkurrenz) heranziehen.

Kundenbindung Es ist wesentlich teurer, neue Kunden zu akquirieren, als bestehende zu halten. Darum versucht das Unternehmen, mit Maßnahmen der *Kundenbindung* eine intensivere und engere Geschäftsbeziehung zu seinen Kunden aufzubauen. Diese sollen ein Interesse entwickeln, längerfristig beim Unternehmen einzukaufen.

Produktpolitik Im Rahmen der *Produktpolitik* kann ein Unternehmen seine Kunden beispielsweise über sog. Modulsysteme binden, bei denen verschiedene Module eines Systems zwar unabhängig voneinander gekauft werden können, jedoch bei Zukauf eines Moduls stets wieder der gleiche Anbieter zu wählen ist, da die Produkte anderer Unternehmen meist nicht kompatibel sind.

Preismanagement Das *Preismanagement* arbeitet u. a. mit der Ausgabe von Kreditkarten, die dem Kunden außer der reinen Zahlungsfunktion noch zusätzliche Leistungen offerieren, z. B. Sonderrabatte. Auch sog. Bonussysteme, wie das *Miles & More*-Programm der Lufthansa, gehören in den Bereich der Preispolitik. Während der treue Kunde in diesem Fall nachträglich belohnt und langfristig gebunden werden soll, besteht über Preisgleitklauseln oder Rabatte die Möglichkeit, den Kunden im Voraus zu binden.

Die *Kommunikationspolitik* eröffnet ebenfalls vielfältige Möglichkeiten zur Kundenbindung. Einrichtungen, wie z. B. Hotlines, ermöglichen es dem Kunden, auf unkomplizierte Weise mit dem Unternehmen in Kontakt zu treten, um Fragen und Probleme mit einem Mitarbeiter zu besprechen. Auch die Ausgabe von Kundenzeitschriften oder Einladungen der Kunden zu Veranstaltungen gehören in diesen Bereich. Über Kundenforen oder -beiräte ist es dem Unternehmen möglich, eine direkte Rückmeldung zu aufgetretenen Problemen zu erhalten. Schließlich fällt ein aktives Beschwerdemanagement in den Bereich der Kundenbindung über Kommunikationsmaßnahmen.

Kommunikations-politik

In der *Distributionspolitik* gibt u. a. die Form des Abonnementverkaufs die Möglichkeit, den Kunden durch einen Preisvorteil an das Unternehmen zu binden. Heim- oder Katalogverkauf können dies ebenfalls bewirken.

Distributionspolitik

Beschwerdemanagement

Auf dem Weg zur Steigerung der Kundenorientierung ist für das Unternehmen die Entwicklung eines Kundenverständnisses eine wichtige Voraussetzung. Dies beinhaltet nicht nur eine sorgfältige Ermittlung der gegenwärtigen und zukünftigen Kundenwünsche, sondern ebenso das Erkennen von Problembereichen, um gezielte Maßnahmen einzuleiten und somit eine Steigerung der Kundenzufriedenheit zu erreichen.

Kundenbeschwerden geben wertvolle Hinweise zur Identifikation von Problemfeldern. Unternehmen sollten sie als Chance zur langfristigen Verbesserung der Kundenorientierung konstruktiv nutzen. In den meisten Fällen beenden Kunden die Geschäftsbeziehung, ohne ihre Unzufriedenheit je geäußert zu haben.

Beschwerden äußernde Kunden zeigen jedoch ein konkretes Interesse am Fortbestehen der Geschäftsbeziehung und bieten bei erfolgreicher Beseitigung des Problems die Möglichkeit zum Aufbau einer langfristigen und vertrauensvollen Zusammenarbeit.

Die Kunden müssen durch geeignete Einrichtungen dazu gebracht werden, ihren Unmut und ihre Wünsche gegenüber dem Unternehmen zu äußern. Dies kann beispielsweise in Form von kostenlosen Beschwerdetelefonen, über Hinweise zu Beschwerdemöglichkeiten auf Produktverpackungen oder Ähnliches geschehen. In jedem Fall ist es wichtig, den Kunden mehrere einfache Wege zum Vortragen einer Beschwerde zu bieten und ihnen diese bekannt zu machen.

Rolle der Mitarbeiter Eine tragende Rolle im Beschwerdemanagement kommt den Mitarbeitern zu, welche die Beschwerden freundlich entgegennehmen und den Kunden das Gefühl vermitteln, dass Anregungen ernst genommen werden.

Im Idealfall sollten sie die Kunden davon in Kenntnis setzen, wer für die Bearbeitung ihrer Beschwerden verantwortlich ist und bis wann sie mit einer Erledigung rechnen können. Jeder Mitarbeiter muss sich für Beschwerden der Kunden zuständig fühlen, diese selbstverständlich entgegennehmen und an die entsprechenden Stellen weiterleiten. In diesem Zusammenhang ist es sinnvoll, den Mitarbeitern gewisse Freiräume zur Verfügung zu stellen, die ein schnelles und unkompliziertes Beheben häufig vorkommender, geringfügiger Probleme vor Ort ermöglichen.

Es empfiehlt sich, alle eingereichten Beschwerden in einer Beschwerdedatenbank aufzunehmen, um die Schwerpunkte vorgetragener Beschwerden ermitteln und gezielte Maßnahmen einleiten zu können.

Mitarbeiter in kundenorientierten Unternehmen

Den entscheidenden Beitrag, um die Kundenorientierung zu steigern, kommt den Mitarbeitern zu. Sie stehen den Kunden als Repräsentanten des Unternehmens gegenüber und können durch ihr freundliches und motiviertes Verhalten einen erheblichen Beitrag zu deren Zufriedenheit leisten. Daher ist es sehr wichtig, dass sie die Bedeutung der Kundenorientierung für das Unternehmen, aber auch für sich selbst erkennen und ihr Verhalten konsequent daran ausrichten.

Die Bereitschaft eines Mitarbeiters zu kundenorientiertem Verhalten wird stark von dessen Zufriedenheit mit seiner beruflichen Situation beeinflusst. Nur Mitarbeiter, die hinter dem Unternehmen stehen und sich mit diesem identifizieren, werden dies auch nach außen weitergeben (vgl. Kapitel Leadership im dritten Teil).

Ein kundenorientiertes Verhalten der Mitarbeiter erfordert somit ein mitarbeiterorientiertes Führungsverhalten seitens des Unternehmens. Auch die Führungskräfte sind in diesem Zusammenhang gefordert. Es ist wichtig, dass sie die Bedeutung der Mitarbeiter im Kundenkontakt erkennen und sie zu kundenorientiertem Verhalten anleiten. In diesem Zusammenhang sollten sie Bereitschaft zeigen, Entscheidungskompetenzen an ihre Mitarbeiter zu delegieren und sie somit zu eigenverantwortlichem Arbeiten befähigen.

In vielen Unternehmen werden Mitarbeiter, die sich durch besonders freundliches oder aufmerksames Verhalten gegenüber Kunden auszeichnen, in Form öffentlicher Belobigungen gekürt oder mit verbesserten Aufstiegschancen belohnt. Auch Maßnahmen im monetären Bereich – so z.B. finanzielle Beteiligungen der Mitarbeiter am Unternehmenserfolg oder Vergütungssysteme, die Kriterien, wie Kundenorientierung oder Kundenzufriedenheit berücksichtigen – können die Mitarbeiter zu kundenorientiertem Verhalten motivieren.

Literatur

Ederer, Günter / Lothar J. Seiwert: *Der Kunde ist König*. Das 1x1 der Kundenorientierung. Das Strategie-Buch für kundenorientierte Unternehmen. Offenbach: Gabal 2000.

Geffroy, Edgar K.: *Das einzige was stört ist der Kunde*. Landsberg 2000.

Großklaus, Rainer H. G. / Christina Didszun: *Die 122 besten Checklisten Kundenorientierung*. Landsberg 1999.

Homburg, Christian / Harald Werner: *Kundenorientierung mit System*. Mit Customer Orientation Management zu profitablem Wachstum. Frankfurt/Main 1998.

Homburg, Christian: *Kundenzufriedenheit*. Konzepte – Methoden – Erfahrungen. Wiesbaden 2001.

Stahl, Heinz: *Modernes Kundenmanagement*. Wenn der Kunde im Mittelpunkt steht. Renningen 2000.

Wagner, Peter: *Kundenorientierung*. Der Königsweg zum Unternehmenserfolg. Renningen 2002.

11. Lean Management

Das Toyota-System

Als Anfang der 80er-Jahre des letzten Jahrhunderts japanische Automobilfirmen aggressiv auf den US-Markt drängten, stellten sich westliche Automobilfirmen die Frage, wie hohe Qualität, hohe Quantität und ein vergleichbar günstiger Preis – Faktoren, die letztlich zu erheblicher Konkurrenz führten – vereinbar seien. Die amerikanische Autoindustrie hat dazu an das *Massachusetts Institute of Technology* (MIT) einen Forschungsauftrag vergeben, in dessen Verlauf zahlreiche japanische und westliche Autohersteller untersucht wurden und dessen Ergebnis die Forscher Womack, Jones und Roos unter dem Begriff *Lean Production* zusammenfassten (vgl. Womack u.a. 1992). Es geht dabei um Teamarbeit, Kundenorientierung, Abbau von Hierarchien und Entscheidungsdezentralisation. Am Anfang dieser Philosophie, in den 50er-Jahren, stand der Automobilhersteller Toyota mit dem leitenden Produktionsingenieur Taiichi Ohno. Als Ergebnis von Werksbesichtigungen bei Ford wurden u.a. Effizienzdefizite bei der praktizierten Massenproduktion, bei der Lagerhaltung sowie bei der Nutzung des Mitarbeiterpotenzials und des Mitarbeitereinsatzes festgestellt. Unter Berücksichtigung der eigenen Stärken und der eigenen Marktsituation – in Japan war zu diesem Zeitpunkt kein kaufkräftiger Massenmarkt vorhanden – entwickelte Ohno das »Toyota Produktionssystem«. Damit war es möglich, hohe Qualität und hohe Quantität gleichzeitig zu erreichen.

Lean Management und seine Kernelemente

Lean Management schließt das gesamte Unternehmen ein und ist damit als umfassendes Konzept anzusehen. Neben der auf die eigentliche Produktion bezogenen *Lean Production* soll es auch als Organisations- und Führungsprinzip verstanden werden, in welchem alle zur Verfügung stehenden Produktionsfaktoren optimal zu nutzen und die ursprüngliche Aufbau- und Ablauforganisation umzugestalten sind.

In der Literatur sind verschiedene Interpretationen der Kernelemente der *Lean Production* und damit auch des *Lean Management* zu finden, zumeist die nachfolgenden.

Teamarbeit Vielfach wird Teamarbeit mit Gruppenarbeit gleichgesetzt. Doch beide Begriffe unterscheiden sich vor allem dahingehend, dass bei der Organisation in Teams die dispositiven Aufgaben losgelöst von der Arbeitsgruppe dem Teamleiter obliegen, während bei der Gruppenarbeit die ausführenden und dispositiven Aufgaben von der Gruppe übernommen werden (vgl. die Kapitel Gruppenarbeit und Teamwork im dritten Teil).

Ungeachtet der verschiedenen Interpretationen soll das Team / die Gruppe als eigenständige Organisationseinheit verstanden werden.

An die Mitglieder des Teams werden hohe Anforderungen hinsichtlich der Qualifikation gestellt, verbunden mit der Bereitschaft zur Aneignung neuen Wissens. Die Unternehmensführung muss bereit sein, Veränderungen hinsichtlich Organisation, Personalführung und Personalpolitik zuzulassen, bei der Neugestaltung mitzuwirken und Anreizsysteme zur Erreichung der Ziele zu schaffen. Für ein erfolgreiches Umsetzen ist letztendlich aber die Bereitschaft der Mitarbeiter aller Hierarchiestufen, bis hin zu jedem einzelnen Gruppenmitglied, notwendig.

Flache Hierarchien Hinter dem Kernelement der flachen Hierarchien verbirgt sich neben dem Abbau der Hierarchieebenen auch der Abbau von Führungspositionen und von Mitarbeitern, die an dem Wertschöpfungsprozess nicht unmittelbar beteiligt sind.

Durch eine horizontale Reduzierung der Hierarchieebenen auf drei bis vier Stufen, von der vor allem das mittlere Management betroffen ist, soll die Bürokratie innerhalb des Unternehmens abgebaut sowie die Entscheidungsfindung und der Informationsfluss beschleunigt werden. Weitere Ziele sind die steigende Übersichtlichkeit hinsichtlich der Aufbauorganisation, eine unkomplizierte Kommunikation, der Abbau von überflüssigen Aufgaben und eine stärkere Einbindung der Mitarbeiter durch Erhöhung der Kompetenzen des Einzelnen.

Der Abbau von Führungspositionen geschieht u.a. durch Zusammenfassung von Funktionsbereichen. Das mit dem Führen dieser zusammengelegten Bereiche betraute Management hat die Aufgabe, Teams aufzubauen und diese bei der Zielerreichung zu unterstützen, indem es beispielsweise im Vorfeld sichtbare Probleme abwehrt, aufgetretene Hindernisse beseitigt, die Mitarbeiter motiviert und die Teamfähigkeit fördert.

Der Abbau von Mitarbeitern, die nicht unmittelbar am Wertschöpfungsprozess beteiligt sind, ist nicht als Abbau von Arbeitsplätzen zu verstehen, sondern vielmehr als Einbindung dieser Mitarbeiter und Bereiche in die Wertschöpfungskette.

Kundennähe

In der Literatur gibt es keine einheitliche Definition des Begriffes Kundennähe. Allgemein kann darunter die Nutzung aller Möglichkeiten zur ständigen Informationsbeschaffung über den Markt und die Kundenzufriedenheit verstanden werden (vgl. Kapitel Kundenmanagement im zweiten Teil).

Im Rahmen der Kundenzufriedenheit geht es nicht nur darum, die externen, sondern auch die internen Kunden zufrieden zu stellen, wobei zur Erreichung dieses Zieles alle Funktionsbereiche des Unternehmens einzubeziehen sind. Kennzeichnend für externe Kunden ist, dass sie etwas mit dem Produkt, aber nicht unmittelbar mit dem herstellenden Unternehmen, im Sinne von »Angehören«, verbindet. Als interne Kunden sind alle Mitarbeiter zu sehen, die im Rahmen ihrer innerbetrieblichen Tätigkeit mit dem Produkt zu tun haben.

Hinsichtlich der internen Kundenzufriedenheit ist jeder an der Produktion beteiligte Mitarbeiter gleichzeitig Abnehmer und Lieferant. Das bedeutet, dass jeder Mitarbeiter die geforderte Qualität zu liefern hat, gleichzeitig aber auch nicht qualitätsgerechte Vorprodukte ablehnen soll. Damit die geforderte Qualität geliefert werden und der Mitarbeiter diese kontrollieren kann, sind die entsprechenden technischen Voraussetzungen zu schaffen und sowohl die Eigeninitiative des einzelnen Mitarbeiters als auch gegenseitiges Vertrauen zwischen den Mitarbeitern und Führungskräften unerlässlich.

Simultaneous Engineering

Simultaneous Engineering kann als »*systematischer Ansatz hinsichtlich einer integrierten, gleichzeitigen Entwicklung von Produkten und der mit ihnen verbundenen Prozesse, einschließlich der Produktionsanlagen und der notwendigen Unterstützung durch andere Unternehmensbereiche*« (Groth / Kammel 1994, S. 89) definiert werden. Dabei sollen an der Produkt- und Prozessentwicklung beteiligte Mitarbeiter, Bereiche, Lieferanten etc. das Produkt über den gesamten Zeitraum von der Produktidee bis hin zu *After Sales*-Aktivitäten (z.B. Garantieleistungen) begleiten. Durch die gleichzeitige Produkt-, Prozess- und Produktionsmittelentwicklung sollen Zeit-, Kosten- und Qualitätsvorteile realisiert werden. Mit Hilfe von ressortübergreifenden Projektteams *(Cross functional teams)* werden die verschiedenen Arbeitsschritte aufeinander abgestimmt. Eindeutig definierte Qualitätsmerkmale bereits zu Beginn können zeit- und kostenintensive Produktänderungen vermeiden oder reduzieren. Damit mögliche Qualitätsprobleme schnell erkannt werden, wird das Qualitätsmanagement von Anfang an Bestandteil der Projekt-Teamarbeit.

Total Quality Management (TQM)

TQM beschäftigt sich nicht nur mit der Qualität des Produktes sowie dessen Normen in Form einer Endkontrolle, sondern ist vielmehr eine Art der Unternehmensführung (vgl. Kapitel Qualitätsmanagement im zweiten Teil).

Bis in die 70er-Jahre hinein wurde der Begriff Qualität produktbezogen verwendet, im Laufe der 80er-Jahre vollzog sich ein Wandel zur umfassenden Qualitätskonzeption. Anstatt einer, wie man feststellte, sehr teuren Endkontrolle begleitet heute der Qualitätsprozess den gesamten Produktzyklus von der Planung bis zum Verkauf und darüber hinaus. Des Weiteren werden Qualitätsstandards heute nicht nur an materiellen Werten gemessen, sondern mehrheitlich, mit zunehmender Tendenz, an immateriellen Werten, insbesondere dem Kundenwunsch.

Während der Japaner Qualität mit Kundenzufriedenheit gleichstellt und somit das TQM mit dem Erfolg oder Misserfolg des Unternehmens assoziiert, stellt es für den Europäer oder Nordamerikaner lediglich eine Strategie zur Erlangung von Wettbewerbsvorteilen dar (vgl. Gendo/Konschak 1999, S. 85). Zieht man allerdings aus dem Marketing zusätzliche Aspekte heran, wie

- Behaftung des Produktes mit Dienstleistungen
- Service nach dem Verkauf
- Marketing als Maxime (Ausrichtung des gesamten Unternehmens auf Kundenzufriedenheit)
- integriertes Marketing
- Imagebildung
- Schaffung von Käuferpräferenzen

und noch weitere Elemente, so könnte man unter Umständen das erhalten, was sich der Japaner unter TQM vorstellt.

Zulieferintegration

Anstelle eines ständigen Preiskampfes zwischen den Parteien ist es sinnvoller, eine gemeinsame Zukunft zu planen, wenn ein entsprechendes Vertrauensverhältnis vorhanden ist. Die Ausnutzung der Marktmacht des Abnehmers oder Lieferanten führt zur permanenten operativen Lösungssuche des Partners, welcher unter Druck gerät. Darunter leidet die Qualität und die Kosten steigen langfristig (vgl. Kapitel Supply Chain Management im zweiten Teil).

Vielmehr sollten beide nachdenken über eine Zusammenarbeit, z. B. in Form von Kostensenkungsprojekten und Qualitätsverbesserung, wie beim Bau einer neuen Produktionsstätte, bei welchem auf dem Nachbargrundstück der Zulieferer ein Werk baut. Solche Projekte bedürfen selbstverständlich der langfristigen Planung und ebenso langfristigen vertraglichen Absicherung. Auch strategische Allianzen zwischen Hersteller und Absatzmittler sind dienlich. In einem solchen Projekt können beide Partner ihre Marktposition ausbauen und langfristig die Qualität sichern; sie verschwenden ihre Energie nicht beim Preispoker.

Bei dem gesamten Integrationsprozess sollte vom »Schnittstellen-Denken zum Nahtstellen-Denken« umgeschaltet werden. Die einzelnen Produktionsstufen sollten als ein Strom von Gütern betrachtet werden statt als eigene in sich abgeschlossene Einheiten.

Neben der Zulieferintegration ist auch das Kanban-System (Kanban = jap. *Karte*) für den Japaner im *Lean Management* von Bedeutung. Hierbei werden Läger zwischen einzelnen Produktionsstufen permanent auf das benötigte Niveau aufgefüllt mit dem Ziel, übermäßige Vorräte abzubauen.

Informations-
management
und Kommuni-
kationskultur
Integriertes Informationsmanagement und offene Kommunikationskultur sind keine Themenbereiche, die erst seit Aufkommen des *Lean Management* diskutiert werden. Jegliche Entscheidung im Unternehmen, gleich aus welchem Bereich, bedarf der fundierten Bewertung von Daten mit Hilfe der EDV. Die fundamentale Frage bei der Entscheidung von *Lean Management*-Fragen bezieht sich darauf, ob die Kommunikationskultur es ermöglicht, diese Konzepte bereits umzusetzen, oder es erst einer Weiterentwicklung bedarf.

Ein ausgeklügeltes Informationsmanagement ist im Informationszeitalter mittlerweile Voraussetzung zur Wettbewerbsfähigkeit für jedes Unternehmen, insbesondere in Bereichen, welche die Verwaltung großer Datenbestände als Kernkompetenz zum Inhalt haben, wie z. B. Banken oder Versicherungen.

Die praktische Umsetzung des Lean Management

Porsche
Ausgehend von der MIT-Studie stellt sich die Frage, ob und wie *Lean Management* auf andere Unternehmen und andere Branchen übertragen werden kann. Nach einem 1999 veröffentlichten Beitrag in den *VDI Nachrichten* ist der Erfolg des Autobauers Porsche

in den letzten Jahren auf *Lean Management* bei besonderer Gewichtung von Teamarbeit in Verbindung mit einer Qualitätsoffensive zurückzuführen.

Die Einführung des *Lean Management* geht zurück auf einen Verlust von rund 240 Millionen DM Anfang der 90er-Jahre, wobei eine Übernahme durch ein anderes Unternehmen nicht auszuschließen war. Bereits 1997/1998 gehörte Porsche, gemessen an der Umsatz- oder Eigenkapitalrendite, zu den weltweit am besten verdienenden Automobilherstellern.

Nach Angaben der leitenden Manager ist dieser Erfolg vor allem darauf zurückzuführen, dass die eingeleiteten Teilkonzepte des *Lean Management* in allen Bereichen des Unternehmens entschlossen, schnell und konsequent eingeführt und umgesetzt wurden.

Zunächst wurden die Schwächen des Unternehmens aufgedeckt. **Japanische Berater** Für den Bereich der Sportwagenschmiede wurde festgestellt, dass Entwicklungszeiten zu langsam und die Produktionskosten wegen umständlicher Abläufe zu hoch waren. Mit Hilfe von japanischen Beratern wurden Prozess- und Entscheidungsabläufe effizienter gestaltet und Management- und Organisationsstrukturen verändert. Führungsebenen und mehr als ein Drittel der Führungskräfte wurden ab- und gleichzeitig Teams aufgebaut. Die Bereiche Karosserie, Lackiererei, Motoren, Montage und Auftragsmontage wurden zu *Cost-Centern* umgewandelt, d. h. zu Bereichen mit eigener Kostenverantwortung.

Ziel des nächsten Schrittes, der Qualitätsoffensive, war die Reduzierung der Fehlerquote bei der Fahrzeugproduktion auf null Prozent. Ein neues System unterstützte die Fehlererkennung und war sogar in der Lage, darüber zu informieren, wie diese zu beseitigen sind. Ausgehend von einer zwanzigprozentigen Fertigungstiefe erfolgte eine Prozessoptimierung durch Einbindung der Lieferanten. Ziele dieses Programms waren das Aufdecken von Verschwendung sowie das kurzfristige Realisieren von Einsparpotenzialen und langfristigen Entwicklungspartnerschaften. In diesem Zusammenhang reduzierte Porsche seine Zulieferer auf ein Drittel der ursprünglichen Lieferantenzahl.

Im Anschluss daran wurde das betriebliche Vorschlagswesen optimiert. Die Verbesserungsvorschläge prüften jetzt nicht mehr Stabsstellen, sondern Meister in der Produktion, die sie sofort in die Praxis umsetzten. Eine sichtbare Prüfung der Vorschläge fördert die Kreativität und Motivation der Mitarbeiter.

Verbesserungs-prozess mit weit reichenden Folgen

Der Produktionsfortschritt führte innerhalb von sieben Jahren zu einer Mehrproduktion von 3,6 Autos pro Mitarbeiter und Jahr. Durch den Porsche-Verbesserungs-Prozess (PVP) soll der begonnene Weg nicht nur fortgesetzt, sondern auch beschleunigt werden.

Der Betriebsrat hat während der Umstrukturierung in den Sachfragen die Lösungen mitgetragen, was eine Berücksichtigung der Interessen der Beschäftigten nicht ausschloss. Der Personalabbau bei den Mitarbeitern in der Produktion fand ohne betriebsbedingte Kündigungen statt. Zusammenfassend stellt der Betriebsrat fest, dass durch Wegfall von überflüssigen Wegen, auch bei den Fertigungsteilen, die Arbeit erleichtert wurde. Durch Prämien für Verbesserungsvorschläge, Schulungsangebote und höhere Eigenverantwortlichkeit ist die Motivation jedes Einzelnen gestiegen. Die schwere körperliche Arbeit konnte reduziert werden. Zusätzlich ist es dem Betriebsrat gelungen, die ergonomische Arbeitsplatzgestaltung einzufordern.

Literatur

Bösenberg, D./H. Metzen: *Lean Management.* Vorsprung durch schlanke Konzepte. Landsberg 1993.

Gendo, F./R. Konschak: *Mythos Lean Production.* Die wahren Erfolgskonzepte japanischer Unternehmen. Essen 1999.

Groth, U./A. Kammel: *Lean Management: Konzepte, kritische Analyse, praktische Lösungsansätze.* Wiesbaden 1994.

Hinterhuber, H. H./H. Aichner/W. Lobenwein: *Unternehmenswert und Lean Management: Wie ein Unternehmen den Nutzen für alle Stakeholders erhöht.* Wien 1994.

Wildemann, Horst: *Lean Management.* Methoden, Vorgehensweisen und Wirkungsanalysen. Eine empirische Studie aus 20 Unternehmen. München 1994.

Womack, J.P./D.T. Jones/D. Roos: *Die zweite Revolution in der Autoindustrie.* Frankfurt/Main 1992.

12. Lernende Organisation

Die Idee bzw. das Konzept der Lernenden Organisation stammt von dem Amerikaner Peter Senge, einem in Harvard lehrenden Managementprofessor. Obwohl seine Gedanken und Empfehlungen nicht neu sind, hat sich das Konzept weltweit und schnell verbreitet. Es nimmt in sich Elemente aus dem Wissens-, dem Team-, dem *Change*- und dem Systemmanagement in Verbindung mit Personal- und Organisationsentwicklung auf (vgl. Kapitel Wissensmanagement im zweiten Teil).

Begriffsklärung

Die Breite und Tiefe der Komplexe »Lernen« und »Organisation« impliziert eine Menge möglicher Definitionen. So beschreibt sie Tom Pedler (1989) als *»eine Organisation, die das Lernen sämtlicher Organisationsmitglieder ermöglicht und die sich kontinuierlich transformiert«*.

Von einem *»process of detecting and correcting error«* sprechen Chris Argyris und Donald A. Schön (1996). George P. Huber definiert das Lernen einer Organisation *»through its processing of information, the range of its potential behaviors is changed«*. Noch Dutzende anderer Beschreibungsversuche könnten genannt werden.

Das Grundmerkmal einer Lernenden Organisation besteht darin, dass ein Unternehmen ständig die eigenen Fähig-

keiten und Kompetenzen erweitert, um sich an Probleme und Herausforderungen anzupassen. Dabei wird vor allem das umfangreiche Wissen einer Organisation genutzt, und zwar basierend auf dieser Gleichung:

> **Lernen des Individuums**
> **+ Lernen der Gruppen**
> **x Institutionalisierung**
> **= Organisationales Lernen**

Beim Lernen in einer Organisation lernt nicht nur der einzelne Mitarbeiter, sondern die ganze Gruppe, der ganze Betrieb bzw. das ganze Unternehmen. Es geht nicht um die Summe individuell erreichbarer Lernergebnisse, sondern um organisationales Lernen in seiner Gesamtheit. In einer Lernenden Organisation ist Lernen der Arbeit nicht vor- oder nachgelagert, sondern Teil der Arbeit selbst. Es ist ein kontinuierlicher Prozess, der auf allen Ebenen des Unternehmens stattfindet und somit eine wesentliche strategische Erfolgsposition für das Unternehmen, aber auch für das Individuum darstellt.

Die fünf Grunddisziplinen des Konzepts der Lernenden Organisation

In seinem Buch *Die fünfte Disziplin* nennt Peter Senge folgende fünf *»disciplines of the learning organization«*:

1. *Systems Thinking*
2. *Personal Mastery*
3. *Mental Methods*
4. *Building Shared Vision*
5. *Team Learning*

Jeder Punkt repräsentiert einen anderen Aspekt der Lernenden Organisation. Alle zusammen ermöglichen das organisationale Lernen. Dabei kommt dem Systemdenken eine Sonderrolle zu: *Systems Thinking* ist für Senge der Blick für das Ganze, die Fähigkeit Prozesse und Zusammenhänge zu begreifen und somit *»the* *discipline that integrates the disciplines, fusing them into a coherent body of theory and practice«* (Senge 1994, S. 12).

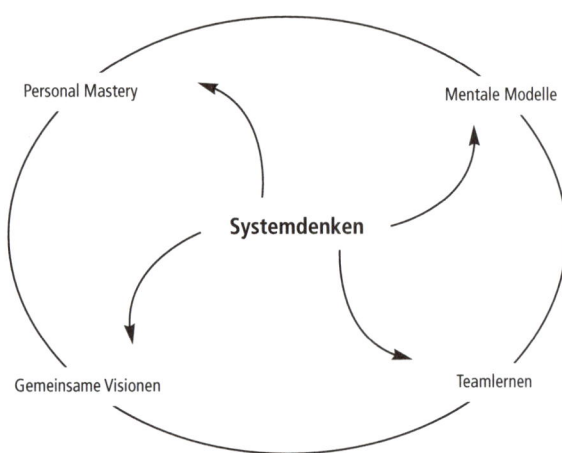

Personal Mastery

Mentale Modelle

Systemdenken

Systemisches Denken
als die Fähigkeit,
Prozesse und Zusammen-
hänge zu begreifen

Gemeinsame Visionen

Teamlernen

Systems Thinking   Mit dem systemischen Denken ist mehr gemeint als das, was man umgangssprachlich »systematisch« nennt. Systematisch zu denken bedeutet, analytisch und linear Schritt für Schritt vorzugehen. Hier wird für ein Ereignis oder eine Veränderung nach einer Ursache gesucht. Die Ausgangsprämisse lautet: Wenn – dann (vgl. Kapitel Systemisches Management im zweiten Teil).

Im Gegensatz dazu richtet das systemische Denken sein besonderes Augenmerk auf nicht-lineare Abläufe und betrachtet diese ganzheitlich mit all ihren Wechsel- und Rückwirkungen. Systemisches Denken ist also ein integrierendes, zusammenfügendes Denken, welches von größeren Zusammenhängen ausgeht und möglichst alle Einflussfaktoren berücksichtigt. Es interessiert sich besonders für die Zusammenhänge zwischen Ursache und Auswirkung, um so kurzfristige oder daneben greifende Lösungen zu vermeiden.

Ohne sich Gedanken über Zusammenhänge und Vernetzungen zu machen, bleiben die Organe der Lernenden Organisation leblos und der Gesamterfolg ist bereits vor Beginn der Umsetzung gefährdet. Ganzheitliches Denken und Handeln bedeutet im hier behandelten Kontext Folgendes:

- Erkennen von Strukturen und Zusammenhängen.
- Denken in Möglichkeiten – sowohl A als auch B ist möglich und machbar.
- Prozessdenken – Was passiert, wenn …?
- Denken in Szenarien – Wenn heute 2015 wäre, dann …?
- Vernetztes Denken – Wenn …, dann kann 1. *und* 2. *und* 3. eintreten und nicht nur 1. *oder* 2. *oder* 3.

Personal Mastery ist die Bereitschaft von Menschen, sich weiterzuentwickeln, die Dinge zu tun, die ihnen wichtig sind, und die Realität kritisch zu überdenken. Anders ausgedrückt, ist es auch die Fähigkeit zur Selbstführung und Persönlichkeitsentwicklung. In diesem Sinne kann man *Mastery* auch als Grad an Professionalität betrachten, mit dem Menschen an eine Sache herangehen. Dabei darf man *Personal Mastery* nicht als Zustand verstehen, sondern als lebenslangen Prozess, bei dem der Weg das Ziel ist. **Personal Mastery**

»Organisationen lernen nur, wenn die einzelnen Menschen etwas lernen. Das individuelle Lernen ist keine Garantie dafür, dass die Organisation etwas lernt, aber ohne individuelles Lernen gibt es keine Lernende Organisation« (Senge 1994, S. 111).

Folglich muss eine Organisation daran interessiert sein, lernorientierte und motivierte Mitarbeiter zu beschäftigen. Das aber setzt eine Unternehmenskultur voraus, die *Personal Mastery* bewirkt und fördert.

Mentale Modelle sind nach Senge (1994, S. 271) *»die Bilder, Annahmen und Geschichten, die wir von uns selbst, von unseren Mitmenschen, von Institutionen und von jedem anderen Aspekt der Welt in unseren Köpfen tragen«.*

Alle Menschen tragen mentale Modelle in sich. Dazu gehören deren Sichtweisen bzw. Grundeinstellungen gegenüber anderen Menschen, Sachverhalten und Institutionen, Weltbilder, ihre **Mental Methods**

Normen und Werte. Jeder Mitarbeiter und Vorgesetzte entwickelt im Laufe seiner Tätigkeit eine bestimmte Sichtweise für bestimmte Situationen, die er als Denk- und Wahrnehmungsschablone einsetzt, um einen Sachverhalt zu analysieren und zu interpretieren. Diese Sichtweisen sind sehr unterschiedlich. Jegliche Art, etwas zu sehen, ist nur eine von mehreren Möglichkeiten der Wahrnehmung. Menschen müssen also um die Relativität ihrer Denkschablonen wissen.

Denkmuster Die Sichtweisen von Menschen mögen sich in bestimmten Situationen als vernünftig erwiesen haben. Darum wurden sie zu Automatismen ihres Verhaltens, ohne dass sie in einer gegebenen Situation lange darüber nachdenken müssen. So entstehen »Wenn-dann-Gebrauchsanleitungen«, die man auch als »Denkmuster« bezeichnen kann. Solche Denkmuster werden oft durch ein Wort oder Etikett ausgelöst, z. B. »Ossi und Wessi«. Schnell sind wir dann mit den dazugehörigen Attributen wie »faul« oder »arrogant« zur Hand.

Wie die Affen Die Folgen unterschiedlicher Wahrnehmungen und daraus resultierender Denkmuster werden an diesem Beispiel deutlich: Vier Affen wurden in einen Raum gebracht, in dessen Mitte ein hoher Pfahl stand, an dessen Spitze Bananen hingen. Sofort kletterte ein Affe hinauf. In dem Moment, als er nach der Banane griff, erhielt er von oben eine kalte Dusche. Erschreckt ließ er von der Banane ab und sprang vom Pfahl. Das wiederholte sich mehrmals, bis die Affen endgültig von den Bananen abließen.

Nun wurde einer der Affen durch einen anderen ersetzt. Als sich dieser anschickte, die Bananen zu pflücken, sprangen seine Gefährten erregt auf ihn zu und zogen das Tier vom Pfahl wieder herunter. Der Affe verstand die Botschaft und ließ von den Bananen ab. Nun wurden auch die anderen Affen durch neue ersetzt. Jeder Neue erhielt die gleiche Lektion wie seine Vorgänger. Keiner der Affen verstand, warum er nicht an die Bananen sollte, aber alle respektierten das Modellverhalten, selbst nachdem die Dusche abmontiert war.

Die Wirtschaftswelt ist voll von solchen Modellfällen. Sie »überwintern« in Handbüchern, Dienstanweisungen und Schulungsprogrammen, obwohl sich der Kontext, in dem sie entstanden sind, längst verändert hat.

Menschen müssen sich ihrer mentalen Modelle bewusst werden und sich vom Korsett überlieferter Meinungen befreien. Nur wenn sie ihren Denkmustern entfliehen, bringen sie neue Ideen hervor.

Das Denken von heute ist die Realität von morgen. Wenn Organisationen weiterhin erfolgreich arbeiten wollen, dann benötigen sie anschauliche Zukunftsbilder. Visionen sind innere Bilder einer zukünftigen Wirklichkeit, die realisierbar, heute aber noch keine Realität ist. Hierbei handelt es sich um keine festen Vorgaben, sondern um Orientierungspunkte für das Unternehmen (vgl. Kapitel Unternehmensvisionen im zweiten Teil).

Building Shared Vision

Visionen bewegen Menschen im positiven wie im negativen Sinne. Sie sind eine Art menschliche Energie, die es zu nutzen gilt. Sie sind zugleich eine Art Kompass, der dafür sorgt, dass Management und Mitarbeiter im Unternehmen die richtige Richtung finden.

Eine Idee bekommt Kraft, sobald sich andere Menschen für sie begeistern. »*Wenn das Leben keine Vision hat, dann gibt es auch kein Motiv sich anzustrengen*«, sagt der berühmte Psychoanalytiker Erich Fromm. Nur durch eine *shared vision*, die von allen Mitarbeitern des Unternehmens verstanden, getragen und gelebt wird, kann die Grundlage der Lernenden Organisation geschaffen werden. »*A shared vision is not an idea. … It is rather a force in peoples' hearts, a force of impressive power. … It is palpable*« (Senge 1994, S. 206).

Die Vision eines Lernenden Unternehmens muss sich also stark an dem Wert »Lernen« ausrichten und sich auf die konsequente Erweiterung der Wissensbasis von Individuen, Gruppen und der Organisation als Ganzes fokussieren.

Unternehmen mit Visionen erzielen einen höheren Umsatz, erwirtschaften höhere Renditen und schreiben bei Innovationen schneller schwarze Zahlen als visionslose Unternehmen. Wichtig ist dabei, dass die Vision schriftlich

formuliert und unternehmensintern publiziert wird. Zwischen denjenigen Firmen, die keine Visionen haben, und denjenigen, die nur eine mündliche besitzen, zeigen die Messzahlen »keine« merklichen Differenzen. Ergo: In der schriftlichen Fixierung liegt offenbar der besondere Wert (vgl. Berth 1993, S. 93).

Team-Lernen Immer mehr setzt sich die Erkenntnis durch, dass Mitarbeiter effizienter arbeiten könnten, wenn sie über mehr Kompetenzen verfügten und sie einen direkteren und schnelleren Zugang zu wichtigen Informationen hätten. Das bedeutet konkret, ihnen die direkte und unmittelbare Kooperation mit anderen Fachleuten in der Organisation zu gestatten, ohne den Vorgesetzten als Briefträger und Ideenzensor einschalten zu müssen. Hier ist Teamwork in Form von Projektgruppen, Arbeitskreisen, Qualitätszirkeln oder in der Urform als Gruppenarbeit gefragt (vgl. die Kapitel Gruppenarbeit und Teamwork im dritten Teil).

Auch beim Team-Lernen gilt: Keiner ist so schlau wie alle zusammen. Es wird ja gerade deshalb ein Team gebildet, weil das Ganze mehr ist als die Summe seiner Teile. Anders ausgedrückt, könnte man sagen: Das Unternehmensergebnis ist mehr als die Addition der Einzelleistungen, vorausgesetzt, alle verhalten sich team- bzw. synergiefördernd. Die Realität sieht aber leider anders aus: In vielen Unternehmen wird der Begriff Abteilung im Sinne von »abteilen« und der Begriff Zuständigkeit im Sinne von »ständig zu« missverstanden.

Es gilt, Betroffene zu Beteiligten zu machen. Ohne die Involvierung wichtiger Schlüsselgruppen in den Kreislauf der Entscheidungsfindung, -umsetzung und -überprüfung ist der Anspruch, ein Lernendes Unternehmen zu sein, nicht einlösbar.

Umsetzungsinstrumente für die Lernende Organisation

Interessant sind nun die Instrumente, mit denen diese Zielvorstellung erreicht werden soll. Die Autoren Cummings und Worley sprechen von »*four major employee involvement applications*«:

1. *Cooperative Union-Management Projects*
2. *Quality control Circles*
3. *High Involvement Plants*
4. *Total Quality Management*

Wellins und Murphy (1995, S. 33 ff.) halten ein faires *selection-promotion system*, eine *Workteam Organization* und *Team-Training* für die ausschlaggebenden Faktoren. Gouillart und Kelly (1995) behaupten: »*a measurement system creates a sense of commitment*«.

Literatur

Argyris, Chris / Donald A. Schön: *Die Lernende Organisation*. Grundlagen, Methode, Praxis. Stuttgart 1999.

Argyris, Chris / Donald A. Schön: *Organizational Learning 2 – Theory*. Method and Practice. New York 1996.

Berth, Rolf: *Erfolg*. Düsseldorf 1993.

Cummings, Th. G. / Chr. Worley: *Organizational Development and Change*. St. Paul, Minneapolis 1993.

Gouillart, F.J. / J. N. Kelly: *Transforming the Organization*. New York 1995.

Laßleben, Hermann: *Das Management der Lernenden Organisation*. Eine systemtheoretische Interpretation. Diss. Wiesbaden 2002.

Pedler, M. / T. Boydel / J. Burgoyne: *Auf dem Weg zum Lernenden Unternehmen*. 1989.

Pieler, Dirk: *Neue Wege zur lernenden Organisation*. Bildungsmanagement, Wissensmanagement, Change Management, Culture Management. Wiesbaden 2001.

Senge, Peter M.: *Das Fieldbook zur Fünften Disziplin*. Stuttgart 1996.

Senge, Peter M.: *Die fünfte Disziplin*. Kunst und Praxis der lernenden Organisation. Stuttgart 1999.

Wellins, R. / J. Murphy: »Reengineering: Plug into the Human Factor.« In: *Training & Development*, January 1995, S. 33-37.

13. Management-Buyout

Im Rahmen von Fusionen und Übernahmen begann die Entwicklung von *Management-Buyouts* (MBOs) bereits Mitte der 70er-Jahre in den USA. Dort sind Anzahl und Volumen inzwischen stark gestiegen. Auch in Deutschland besteht ein großes Interesse an MBOs, wie sich aus der steigenden Tendenz zu Firmenübernahmen schlussfolgern lässt. Die Anzahl der realisierten MBOs sind aber im Vergleich zu den möglichen Unternehmensübernahmen noch relativ niedrig, da *Buyouts* insbesondere in Deutschland von vielen als riskant und problematisch angesehen werden.

Begriffsklärung

Verschiedene Arten von Buyout

Buyout bezeichnet einen Unternehmenskauf. Folglich ist unter einem *Management-Buyout* ein Unternehmenskauf durch das eigene Management zu verstehen. Eine Übernahme durch ein externes Management wird dagegen als *Management-Buyin* bezeichnet. Ein *Employee-Buyout* (EBO) ist die Übernahme durch Arbeitnehmer. Als *Leveraged Management-Buyout* (LMBO) bezeichnet man eine Übernahme, die fast ausschließlich durch den Einsatz von Fremdkapital erfolgt, wenn das Management nicht über ausreichend Eigenkapital verfügt, um das Unternehmen zu erwerben.

Ein Unternehmen wird von den Eigentümern an das eigene Management veräußert, indem

- Beteiligungsgesellschaften Anteile an dem Unternehmen kaufen und die Finanzierungslücke schließen oder
- das Management selbst einen bestimmten Anteil am Unternehmen (in der Regel Mehrheitsanteil) erwirbt. Dazu nimmt das Management kurz- und mittelfristige Kredite auf und bringt dieses Geld als Eigenkapital in die Gesellschaft ein. Das Risiko ist relativ hoch, da es sowohl mit dem eigenen als auch mit dem fremden Kapital haftet.

Dementsprechend sind Erfolg und Misserfolg entscheidend von Kompetenz, Engagement und Erfolgsorientierung des Managementteams abhängig.

Eignung von Unternehmen für eine Übernahme durch das Management

Nicht jedes Unternehmen ist MBO-geeignet, was die Beurteilung erschwert. Die nachfolgenden Eignungskriterien sollen darum eine Hilfestellung zur besseren Einschätzung sein.

Im Rahmen der produktbezogenen Eigenschaften ist eine stichwortartige Unterteilung in Kriterien sinnvoll, die zum einen in unmittelbarem Zusammenhang mit dem Produkt stehen und zum anderen das Produkt nicht direkt betreffen.

Produktbezogene Eignungskriterien

Beispiele für produktbezogene Eigenschaften im engeren Sinne	Beispiele für produktbezogene Eigenschaften im weiteren Sinne
Ausgereifte Produkte mit bekannten Produktnamen	Es handelt sich um ein produzierendes Unternehmen
Produkte im mittleren Produktlebenszyklus	Stabile, gute und planbare Marktposition
Lange Produktlebenszyklen	Hohe Markteintrittsbarrieren
	Wenige Konkurrenten, keine Preiskämpfe

Personenbezogene Eignungskriterien	Nach der Durchführung eines MBOs ist das Management der wichtigste Garant für eine erfolgreiche Unternehmensführung. Grundsätzlich lässt sich anhand der Persönlichkeit und der Führungsstile nicht ableiten, inwieweit ein Management MBO-geeignet ist. Das belegen die Erfolge der Vergangenheit, die von verschiedenen Managern mit unterschiedlichen Führungsstilen erzielt wurden. Aber grundsätzlich kann man sagen, dass ein MBO eher mit einem erfahrenen Management in einem Unternehmen mit einem guten Betriebsklima und einem kooperierenden Betriebsrat gelingt.
Struktur und Art von Vermögen und Verbindlichkeiten	Bei der Struktur und Art von Vermögen und Verbindlichkeiten sollte es sich um Unternehmen im fortgeschrittenen Produktlebenszyklus handeln, die sich bereits am Markt etabliert haben und hohe Vermögenswerte beinhalten. Ideal sind dabei hohe freie *Cash-flows* und ein niedriger Verschuldungsgrad. Weiterhin sollte das Unternehmen gute Verbindungen zu den Fremdkapitalgebern haben. Auch die Verbindlichkeiten sollten gut einschätzbar sein.
Ertrags- und Investitionslage des Unternehmens	Im Hinblick auf hohe Ertragsaussichten sollte sich das Unternehmen in der Gewinnzone befinden. Neben geringen Forschungs- und Entwicklungskosten ist eine stabile Marktentwicklung vorteilhaft und Investitionsstaus sind zu vermeiden.
Kaufpreis	Bei der Kaufpreisermittlung unterscheidet man zwischen zwei Alternativen:

– Der Kaufpreis wird über Multiplikatoren ermittelt, wobei diese sich aus dem Heranziehen börsennotierter Vergleichsunternehmen ergeben.

– Der Kaufpreis wird über das *Direct-Cash-flow*-Verfahren ermittelt (z. B. *Equity-*, *Entity*-Methode).

Durchführung eines erfolgreichen Management-Buyouts

Die nachfolgenden sieben Arbeitsschritte sind typische Faktoren für die Durchführung eines erfolgreichen MBOs (vgl. Lütjen 1992, S. 51 ff.):

Das richtige Team sollte aus zwei bis vier markterfahrenen, durchsetzungsfähigen Managern bestehen. Idealerweise sind die Aufgaben in offensive, nach außen orientierte Tätigkeiten und in introvertierte, nach innen gerichtete Führungs- und Organisationsaufgaben aufgeteilt.

Das richtige Team

Das entscheidende Kriterium ist aber die Qualität des Teams. Neben Anforderungen wie Erfahrung und Durchsetzungsfähigkeit sollten Kriterien wie Zuverlässigkeit, Erfolg, Flexibilität und Detailkenntnisse innerhalb der entsprechenden Branche erfüllt sein.

Gute Geschäftspläne zeichnen sich dadurch aus, dass sie seriös und konservativ im Ansatz sowie dynamisch und kreativ in der Umsetzung sind. Sie enthalten auf wenigen Seiten eine übersichtliche Darstellung von Vergangenheit und geplanter Zukunft. Im Geschäftsplan sollten die zukünftigen Erfolge überzeugend begründet, die derzeitigen Stärken und neuen Chancen aufgezeigt und etwaige Schwächen als problemlos und lösbar dargestellt und somit die Kapitalsuche in Verbindung mit potenziellen Kapitalgebern beschleunigt werden.

Ein guter Geschäftsplan

Der Unternehmenswert unter MBO-Bedingungen richtet sich nach dem Preis, der in diesem Moment am Markt erzielbar ist. Dabei wird eine dieser Methoden eingesetzt:

Die korrekte Bewertung des Unternehmens

- *Ertragswertmethode:* Der Ertragswert ergibt sich aus der Summe der abgezinsten Erträge eines Unternehmens.
- *Cash-flow-Methode:* Hier erfolgt die Bewertung nach den reinen Gewinnen. Die Gefahr besteht allerdings darin, dass selbst hohe Gewinne keinen Automatismus für hohe Liquidität beinhalten.
- *Multiplikationsmethode:* Der Wert wird über Multiplikatoren ermittelt. Dazu dienen in der Regel börsennotierte Vergleichsunternehmen.

Für die Finanzierung gilt die Regel: Je mehr Risiken, desto vorsichtiger die Finanzierung.

Eine solide Finanzierung

Von den Finanziers und Partnern eines *Buyouts* wird neben spezifischen Fähigkeiten und Erfahrungen eine enge Zusammenarbeit mit dem Managementteam erwartet. Die Aufgabe des Finanziers bezieht sich auf die Erfassung der Risiken, um daraus die Finanzierbarkeit abzuleiten.

Das Risikopotenzial besteht einerseits in Grundsatzfragen (z.B. Investoren, Preis der gesamten Transaktion etc.), andererseits in den Finanzkennzahlen (*Cash-flow*, dynamischer Verschuldungsgrad) und im strategischen Bereich (Faktoren: Branchenposition und -zugehörigkeit, Unternehmensposition, Markt-Lebenszyklus-Position etc.).

Die Darstellung der Finanzierung bezieht sich im Wesentlichen auf den *Cash-flow-Deal*. Der *Cash-flow* sichert die Rückführung des zur Finanzierung der Transaktion notwendigen Fremdkapitals sowie den Zinsdienst.

Finanzierungsinstrumente können Bankverbindlichkeiten, nachrangige Verbindlichkeiten oder das Eigenkapital des Übernehmers sein. An der Aufbringung des Eigenkapitals sollte sich das Management, das ein Unternehmen übernehmen will, in angemessener Form beteiligen, damit es sich nicht aussichtslos verschuldet.

Die richtige Verhandlungsstrategie

Da es sich bei MBO-Verhandlungen um hohe Summen handelt, bedarf es der Auswahl einer angemessenen Strategie. MBO-Verhandlungen laufen aber nicht nach »Schema F« ab; aus diesem Grund ist es bei MBO-Teams mit geringer Erfahrung empfehlenswert, einen Profi, z.B. aus dem Bank- oder Investmentsektor, in die Gespräche einzubeziehen.

Die vorausschauende Vertragsgestaltung

Durch Vermeiden von Risiken und Nutzen von Chancen bei vorausschauender Vertragsgestaltung lässt sich oftmals mehr Geld einsparen als bei der Vertragsverhandlung selbst. Aus der Sicht des MBO-Teams bedürfen z.B. folgende Punkte besonderer Beachtung:

- zukünftige Vertragspartner
- der Zeitpunkt der Übertragung des Unternehmens

- Regelungen über Höhe und Fälligkeit des
  Kaufpreises
- Leitung des Unternehmens zwischen Vertragsabschluss
  und Übergabestichtag
- Übertragung der Lizenzen und Patente
- Sicherung des Firmennamens (insbesondere bei hohem
  Bekanntheitsgrad)
- Übernahme sämtlicher Arbeitnehmer gem. § 613 a BGB
  und deren Bezahlung

Insbesondere im *Cash-flow* orientierten MBO-Geschäft ist die zukunftsorientierte Steuerstrategie ein unerlässlicher Faktor, der oft zu spät betrachtet wird. Grundsätzlich kann das MBO in folgenden steuerlichen Grundmodellen durchgeführt werden:

**Die zukunfts-
orientierte
Steuerstrategie**

1. Erwerb von Anteilen an Kapitalgesellschaften
2. Erwerb von Wirtschaftsgütern
3. Erwerb von Anteilen an Personengesellschaften
4. Kombinationsmodell

Innerhalb dieser Modelle kann die Übernahme sowohl direkt als auch indirekt, das heißt mit Zwischenschaltung anderer Gesellschaften / Holdings, durchgeführt werden.

Möglichkeiten der Mitarbeiterbeteiligung

Die generelle Zielsetzung *vor* Durchführung eines MBOs ist eine von außen induzierte Ausrichtung des Managements am *Shareholder Value* (monistisch an rein ökonomischen Zielen orientiert). *Nach* der Durchführung ist die Zielsetzung eher eine Ausrichtung am *Stakeholder Value*. Das impliziert eine Interessenvertretung sämtlicher Interessengruppen des Unternehmens. Dazu zählen der Staat, die interessierte Öffentlichkeit, Zulieferer etc. und insbesondere die Mitarbeiter. Diesen kann eine Mitarbeiterbeteiligung angeboten werden, um so eine stärkere Bindung an das Unternehmen zu erreichen. Diese Beteiligungsprogramme können materieller und immaterieller Natur sein.

Materielle Beteiligungen

Bei materiellen Beteiligungen denkbar wäre hier die Teilhabe am Erfolg in Form von Gewinn-/Erfolgs- oder Kapitalbeteiligungen. Erstere erfolgt in Form von Tantiemen, Boni etc. Bei der Kapitalbeteiligung wird unterschieden in virtuelle und reale Kapitalbeteiligungsprogramme.

Reale Kapitalbeteiligung

Der Mitarbeiter erhält bei einer realen Kapitelbeteiligung nicht handelbare Aktienoptionen des Unternehmens, in der Regel als Substitut für ein fixes Gehalt. Nach Ablauf einer Bindungsdauer und nach Erreichen vorher festgelegter Ziele kann er diese Optionen veräußern. Ein festgelegtes Ziel kann dabei z. b. der zukünftige Aktienkurs oder ein operativer Erfolg sein.

Virtuelle Kapitalbeteiligung

Bei der virtuellen Kapitalbeteiligung bekommt der Mitarbeiter keine Optionen. Er wird über die Differenz zwischen dem aktuellen Aktienkurs und dem Aktienkurs bei fiktivem Verkauf vergütet.

Immaterielle Anreizsysteme

Neben materiellen Anreizsystemen bieten sich immaterielle an, z. B. die Beteiligung der Arbeitnehmer an Planung, Entscheidung und Kontrolle. Das impliziert eine intensivere und schnellere Kommunikation, Teamarbeit, flache Hierarchien und Mitwirkung in allen Fragen, die den eigenen Arbeitsplatz betreffen.

In Verbindung mit der Steigerung der Produktivität sollen die Motivation, das Interesse, das wirtschaftliche Denken und der Einsatz der Mitarbeiter erhöht werden. Jeder Mitarbeiter soll sich mit dem Unternehmen identifizieren.

Personalbezogene Ziele beinhalten außer der verstärkten Bindung der Mitarbeiter an das Unternehmen den Abbau der Fluktuationsrate sowie eine Verbesserung der Wettbewerbsposition auf dem Arbeitsmarkt.

Literatur

Hatzig, Christoph: *Unternehmensbewertung und Kaufpreisfindung beim Management Buy-Out (MBO)*. Bielefeld 1995.

Hoffmann, Peter / Ralf Ramke: *Management Buy-Out in der Bundesrepublik Deutschland*. Anspruch, Realität und Perspektiven. Berlin 1992.

Lennardt, Jörg (Hrsg.): *Management-Buy-Out*. Düsseldorf 1994.

Lütjen, Gerd: *Management Buy-Out*. Firmenübernahmen durch Management und Belegschaft. Wiesbaden 1992.

Pfaffmann, Eric: *Kompetenzbasiertes Management in der Produktentwicklung*. Make-or-buy-Entscheidungen und Integration von Zulieferern. Wiesbaden 2001.

14. Prozessmanagement

Die Ausgangssituation Mitte der 90er-Jahre

Ohne ein intelligent gestaltetes Prozessmanagement wird es für Unternehmen immer schwerer, im Wettbewerb zu bestehen. Sie erwirtschaften eventuell den angestrebten Umsatz, aber nicht die anvisierten Gewinne (vgl. ergänzend das Kapitel Business Reengineering im zweiten Teil).

Fast zwei Jahrhunderte glaubte man, mit der richtigen Organisation erfolgreich zu sein. Entsprechend wurden Unternehmen arbeitsteilig organisiert und funktional gegliedert. Der Grundstein der Unternehmensorganisation war die Fachabteilung. Strukturen, Positionen, Menschen und Aufgaben standen hier im Vordergrund. Hier wirkten viele Menschen unabhängig voneinander am gleichen Auftrag. Jeder blickte in seine Abteilung, aber kaum über den Tellerrand hinaus.

Aufbau- und Ablauforganisation Diese traditionelle Ablauforganisation hatte einen hierarchischen Aufbau und Bürokratie zur Folge, jedoch ohne jeden wertschöpfenden Effekt. Die Aufbauorganisation dominierte die Ablauforganisation. Viele Aufgaben dienten einfach nur der Erfüllung interner organisatorischer Anforderungen. Diese waren ohne Nutzen für den Kunden, dessen einziger Wert die ausgelieferten Waren sind. Denn eine Funktion für sich allein, z.B. Buchführung, erzeugt noch keinen Wert für den Kunden. Das schafft sie erst in Kombination mit der Herstellung und dem Vertrieb, über die sie Buch führt. Funktionen erledigen Aufgaben,

Prozesse schaffen Ergebnisse. Sie laufen quer zu den funktionalen Einheiten wie Marketing, Produktion und Vertrieb.

Durch die Zergliederung von Arbeitsprozessen wurde die Arbeit zwar einfacher, aber der Koordinierungsaufwand nahm umgekehrt proportional zu. Der Preis hierfür war eine wachsende Anzahl von Fachabteilungen und mittleren Managern. Zwar konnten die direkten Lohnkosten gesenkt werden, aber die Gemeinkosten stiegen und steigen unaufhörlich. Diese konnten von einem bestimmten Zeitpunkt an nicht mehr an die Kunden weitergegeben werden.

Die Marketingfachleute glaubten lange, mit dem richtigen Produkt und Marktsegment erfolgreich zu sein. Die Erfolgsfaktoren suchten und fanden sie auf dem Schlachtfeld des Wettbewerbs. Doch Mitbewerber imitierten erfolgreiche Produkte und Marketingkonzepte. Außerdem wurden Produkte und Leistungen immer ähnlicher, so dass der Kunde die nur sehr geringen Produkt- oder Leistungsunterschiede kaum noch wahrnimmt.

Die »richtige« Produktgestaltung oder Wettbewerbsstrategie für sich allein ist nicht mehr sehr vorteilswirksam. Auch durch den billigeren Bezug von Rohmaterialien, Werkzeugen und Dienstleistungen waren Wettbewerbsnachteile nicht mehr kompensierbar. Man versuchte, die Leistung von Mitarbeitern oder Abteilungen zu optimieren. Leistungsreserven entdeckte man zunehmend in der eigenen Organisation, hier insbesondere in den Abläufen. **Resümee**

Unter diesen Bedingungen wurden die internen und externen Wertschöpfungsprozesse immer bedeutender für den Erfolg oder Misserfolg der Unternehmen. Gut gestaltete Prozesse sind im Gegensatz zu Produkten nur schwer imitierbar. Es setzte ein Wandel vom vertikalen Funktionsmanagement hin zum horizontalen Prozessmanagement ein. Der natürliche Arbeitsablauf trat an die Stelle einer künstlich auferlegten Linearität. Zwei Aspekte rückten dabei in den Mittelpunkt strategischer Überlegungen: die Erwartungen des Kunden und die volle Ausschöpfung des internen Know-hows, verbunden mit nachhaltiger Motivation der Mitarbeiter.

Die Zufriedenheit des Kunden sollte das Hauptziel des Prozessmanagements sein. Um das Überleben des Unternehmens zu gewährleisten, wird die Kundenzufriedenheit mit dem Ziel der Wirtschaftlichkeit gekoppelt.

Begriffsklärungen

Verschiedene Arten von Prozessen Die DIN EN ISO 8402 definiert den Begriff Prozess als »*einen Satz von in Wechselbeziehungen stehenden Mitteln (Personal, Einrichtungen; Anlagen, Technologien, Methoden) und Tätigkeiten, die Eingaben in Ergebnisse umgestalten*«. So gesehen kann man jede Art von Tätigkeit als Prozess betrachten. Typische Geschäftsprozesse sind Auftragsbearbeitung, Entwicklung, Produktion, Beschaffung, Personalentwicklung, Kundendienst, Produktplanung, Marketing und Vertrieb. Dabei unterscheidet man in der Regel zwischen »Hauptprozessen« (z. B. Produktion) und »Teilprozessen« (z. B. Montage).

Denkbar ist ebenfalls eine Einteilung in wertschöpfende Leistungsprozesse, Führungsprozesse und Unterstützungsprozesse. Für den Unternehmenserfolg wichtige Prozesse bezeichnet man auch als Schlüsselprozesse.

Der Anteil der Leistungsarten an der Gesamtleistung des Unternehmens

Nutzleistungen sind solche Tätigkeiten, die aus der Sicht des Kunden zu einer Wertsteigerung führen. Anders ausgedrückt: Sie erhöhen den Nutzen eines Ergebnisses für den Kunden während des Leistungserstellungsprozesses. Nutzleistungen sind fortwährend zu optimieren.
Beispiele: Bestellannahme, Montage, Versand

Stützleistungen tragen nur indirekt zur Wertsteigerung eines Produktes bei. Sie unterstützen die Nutzleistung, werden aber vom Kunden nicht wahrgenommen. Da sie Kosten verursachen, sollten sie auf das geringstmögliche Maß reduziert werden.
Beispiele: Planung, Genehmigungsverfahren, Berichtswesen, Archivierung

---

Blindleistungen treten ungeplant auf und tragen weder direkt noch indirekt zur Wertschöpfung einer Leistung bei. Da auch sie vom Kunden nicht wahrgenommen werden und die Prozesskosten erhöhen, sind sie zu eliminieren.

Beispiele: Nach- oder Doppelarbeit infolge fehlender Informationen, Heizer auf der E-Lok

---

Fehlleistungen wurden als Nutz- oder Stützleistung geplant, sind als solche aber nicht verwertbar, da bei der Erstellung ein Fehler aufgetreten ist. Durch bessere Planung, Schulung oder Prozessstrukturierung sind solche Fehlleistungen grundsätzlich zu vermeiden.

Beispiele: Fehlerhafte Produkte, falsche Buchungen, falsche Lieferung

---

Prozessketten

Die gesamte betriebliche Leistungskette besteht aus vielen einzelnen Prozessen, bei denen der Output eines Teilprozesses der Input für den nächsten Teilprozess ist. Die eigentliche Arbeit wird im Rahmen von Prozessketten geleistet. Diese Prozessketten bilden die Grundlage der Kern- bzw. Schlüsselprozesse im Unternehmen. Sie sind das Rohmaterial für die Aufbauorganisation. Je schneller und intelligenter die Prozessketten organisiert sind, desto wirtschaftlicher und effizienter läuft der Gesamtprozess ab.

Jeder Prozess hat immer mindestens einen Lieferanten, von dem der Input kommt, und mindestens einen Kunden, der das Prozessergebnis (Output) erhält. Dabei wird wie bei anderen Strategiemodellen auch zwischen externen und internen Kunden unterschieden. Dieser interne oder externe Kunde formuliert die Anforderungen, die messbar, dokumentiert und zwischen Kunden und Lieferant abgestimmt sein müssen.

Prozessorientierte Managementkonzepte sind unter den Bezeichnungen »Geschäftsprozessmanagement«, *Business Process Reengineering, Lean Management* und »Kontinuierlicher Verbesserungsprozess« bekannt geworden. Sie sind Ausdruck der Besinnung auf wertschöpfende Prozesse. Ihr strategischer Fokus ist die Ablaufoptimierung, hier insbesondere die bereichsübergreifenden Querprozesse. Dabei geht es um Kosten, Material, Zeit und Qualität. Im Mittelpunkt stehen jene Aktivitäten, die einen Mehrwert schaffen, z.B. Auftrags-

**annahme, -bearbeitung und Versand. Alles andere ist
für den Kunden letztendlich ohne Interesse.**

Umsetzung des Prozessmanagements

Über die richtige Vorgehensweise beim Prozessmanagement ist
viel geschrieben und gesagt worden. Die *Step by Step*-Befürworter
bevorzugen eine stufenweise Einführung. Hier werden sukzessive regionale oder funktionale Teilbereiche auf die neue Prozessorganisation umgestellt, während andere Bereiche immer noch
nach dem alten Vorgehen weiterarbeiten. So können zunächst
Erfahrungen gesammelt und das Risiko auf mehrere Perioden
verteilt werden.

Fragen für die Prozessbeschreibung bzw. -gliederung

1. Wie kann man diesen Prozess *bezeichnen*? (Prozessname)
2. Was sind der *Zweck* und das *Ziel* des Prozesses? (Zweck/Ziel)
3. Wo *beginnt* und wo *endet* der Prozess? (Prozessumfang)
4. Was ist der vorgelagerte Prozess?
5. Was ist der nachfolgende Prozess?
6. Was verbirgt sich hinter der Prozessbezeichnung? (Begriffsklärung)
7. Welches sind die einzelnen *Prozessschritte*? (Prozessablauf)
8. Wer ist für welche Schritte *zuständig*? (Zuständigkeiten)
9. Welche *Prozessschritte* sind Ihrer Meinung nach überflüssig?
10. Welches sind die notwendigen *Arbeitsmittel* für diesen Prozess?
    (Vorschriften, Checklisten, Handbücher, Dokumente u.ä.)
11. Welche mitgeltenden *Vorschriften* sind zu beachten?
    (z. B. BGB, Tarifvertrag, Arbeitsverträge, Beraterverträge)
12. Wie wird der Prozess *überwacht*? (Prozessüberwachung)
13. Welche *Spezialisten* sind gegebenenfalls hinzuzuziehen?
14. In welcher Form wird der Prozess *dokumentiert*? (Dokumentation)
    (Vorgang – Nachweisform – Zuständigkeit – Ablageort)
15. Wie erfolgt die *Informationsweitergabe* an den *Schnittstellen*?
    (Art der Information, Umfang der Information)
16. Wer ist befugt den Prozess zu *ändern*? (Verantwortlichkeit)
17. Wer beurteilt die *Prozesswirksamkeit* und ist für *Verbesserungen* verantwortlich?
    (Prozessoptimierung)

Bei der *Big Bang*-Strategie erfolgt die Einführung unternehmens- **Big Bang-Strategie**
weit und gleichzeitig. Das führt zu Zeitersparnissen bei der
Projektamortisation. Manche Unternehmen versuchen, das Prozessmanagement mit ihrer funktionalorientierten Struktur zu
verbinden. Aufgabenverteilung und Machtverhältnisse bleiben
unverändert. Man möchte lediglich die Neuverbindung der Ressourcen mit den vorgegebenen Strukturen: *»Es ist ein herkömmlicher Rationalisierungsansatz, der sich allerdings dadurch auszeichnet,
dass er nicht an Abteilungsgrenzen endet«* (Klepzig/Schmidt 1997,
S. 28).

Im Gegensatz dazu ist die prozessorientierte Strukturierung aus- **Prozessorientierte**
geprägter, konsequenter, genauer, tiefer und am nachhaltigsten **Strukturierung**
in ihrer Umsetzung. Jahrzehntealte Strukturen und Abläufe wer-
den eliminiert. Nur mit Mut und nach dem Prinzip »alles oder
nichts« kann man sich von ineffektiven, antiquierten Geschäfts-
methoden lösen. Für diesen Ansatz stehen die Autoren des Best-
sellers Business Reengineering, M. Hammer und J. Champy.

Eine dritte Form der Umstrukturierung besteht in der dualen **Duale**
Strukturierung: *»Im Rahmen einer dualen, d.h. funktionalen und* **Strukturierung**
prozessorientierten Einführungsstrategie versucht das Unternehmen,
durch zusätzliche Prozessorientierung die Reaktionszeit auf Umwelt-
veränderungen zu verkürzen. Erreicht wird das durch die Einführung
eines Measurement-Systems. Neben dessen Etablierung wird in aller
Regel auch eine duale, matrixartige Organisationsstruktur durch Ein-
satz eines crossfunktional tätigen Prozessmanagements aufgebaut«
(Klepzig/Schmidt 1992 S. 28).

Gleich für welche Vorgehensweise sich ein Unternehmen letztendlich entscheidet, es sollte sich an den nachfolgend empfohlenen, allgemeinen Vorgehensweisen orientieren. Hierzu bedient
man sich eines einfachen Schemas, bestehend aus diesen Phasen:

1. Identifizierung und Gliederung der Schlüsselprozesse
   (s. Fragenschema)
2. Vermittlung des Prozessgedankens an die Mitarbeiter;
   diese müssen die Hauptprozesse kennen
3. Ernennung von Prozessverantwortlichen und oder
   gegebenenfalls Prozessteams

4. Definition von Zielen und Messgrößen sowie Messung des aktuellen Leistungsstandes, z.B. Qualität, Termintreue, Materialnutzung
5. Prozessmessung, -lenkung und -verbesserung
6. Vermeiden von Überproduktion
7. Einführung von Selbstkontrollen
8. Zusammenführen von Tätigkeiten
9. Parallele Ausführung von Teilprozessen
10. Bilden von Prozessvarianten
11. Verbessern von Arbeitsbedingungen
12. Verringern von Beständen
13. Vermeiden unnötiger Transporte
14. Verkürzen von Durchlaufzeiten
15. Erhöhen der Betriebsmittelverfügbarkeit

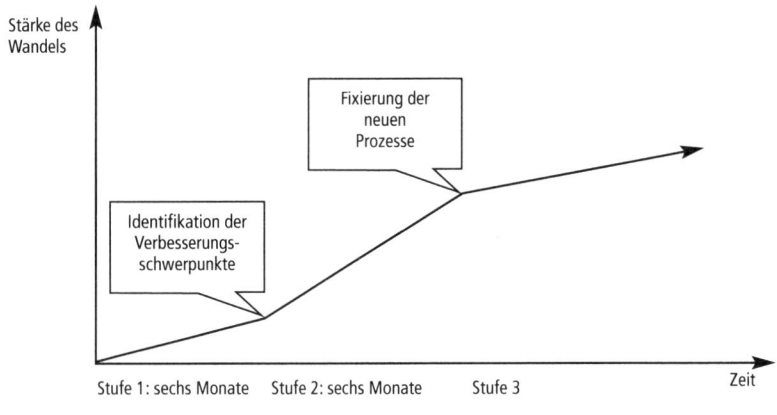

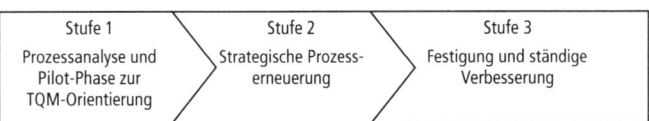

Ungefährer Zeit- und Projektplan

Beispiel für eine Prozessanalyse

Nr.	Tätigkeit, Maßnahme, Schritt	Abteilung Gruppe Mitarbeiter	Zeit- aufwand/ Prozent	Nutz- leistung	Stütz- leistung	Blind- leistung	Fehl- leistung

Literatur

Becker, Jörg: *Prozessmanagement*. Ein Leitfaden zur prozessorientierten Organisationsgestaltung. Heidelberg 2002.

Champy, James / Michael Hammer: *Prozessmanagement und Reengineering*. Frankfurt / Main 1994.

Erdmann, Jörg: *Integriertes Prozessmanagement*. Hannover 2000.

Klepzig, J. / K. Schmidt: *Prozessmanagement mit System*. Wiesbaden 1997.

Osterloh, Margit / Jetta Frost: *Prozessmanagement als Kernkompetenz*. Wie Sie Business Reengineering strategisch nutzen können. Wiesbaden 2000.

Schmidt, Günter: *Prozessmanagement*. Modelle und Methoden. Heidelberg 2002.

15. Qualitätsmanagement

Seit den 70er-Jahren wurden umfassende Qualitätsmanagementkonzepte eingeführt, zunächst in Japan, später auch in den USA und Europa. Die Gründe hierfür waren vielfältig. Zu nennen sind neue Rechtsvorschriften zur Produkthaftung, Arbeitssicherheit, zum Umweltschutz, der Wettbewerb mit der fernöstlichen Konkurrenz, die Globalisierung, der Kostendruck und die zunehmenden Erwartungen der Kunden.

Diese beiden Aspekte waren charakteristisch und neu im Vergleich zum bisherigen Konzept der Qualitätssicherung:

1. Die starke Einbeziehung der Firmenleitung in das QM-Geschehen, indem das Qualitätsmanagement als Teil der Gesamtführungsaufgabe eines Unternehmens definiert wurde.
2. Daraus abgeleitet, das Verständnis von Qualitätsmanagement als abteilungsübergreifende Aufgabe, die von der Entwicklung, über die Produktion, den Verkauf bis hin zum Kundendienst reichte.

Der neue Qualitätsbegriff umfasst folgende Aspekte:

– Qualität ist nicht nur Produktqualität, sondern die Gesamtleistung des Unternehmens.
– Qualität wird nicht nur während der Produktion erzeugt, sondern geht über den gesamten Prozess hinweg.

- Die Unternehmensführung muss Qualitätsmanagement als gestalterische Aufgabe verstehen und die Verantwortung übernehmen.
- Jeder einzelne Mitarbeiter muss ein ausgeprägtes Qualitätsbewusstsein und Engagement entwickeln.
- Qualität ist ein strategisches Instrument, mit dem das Unternehmen sich von den Wettbewerbern abgrenzen will.
- Qualität muss in Wechselwirkung mit Kosten und Zeit gesehen werden. Spitzenqualität ist erreicht, wenn durch die Qualität der Leistungsprozesse und der strategischen Ausrichtung eine hohe Schnelligkeit und Flexibilität des Unternehmens im Markt und ein Vorsprung im Kostensenkungsbereich erzielt worden sind.

Der verstärkte Einfluss von Qualitätsnormen (z.B. die DIN EN ISO 9000 ff.), die damit einhergehenden Zertifizierungen und die Vergabe von Qualitätspreisen – wie beispielsweise des *Deming Award* in Japan, des *Malcolm Baldrige National Quality Award* in den USA oder des *European Quality Award* – prägten die 80er- und die erste Hälfte der 90er-Jahre. Umfassende Qualitätsansätze (z.B. *Total Quality Management)* und die Standardisierung von Qualitätssicherungssystemen waren charakteristisch für diese Phase der Entwicklung.

Begriffsklärung

So alt wie der Begriff Qualität ist auch die Diskussion um seine Bedeutung bzw. genauen Inhalte, die bis heute andauert. Qualitätsmaßstäbe waren immer dem Wandel unterworfen, weil sich die Bedürfnisse der Verbraucher ändern. Außerdem kann der Begriff Qualität aus unterschiedlichen Blickrichtungen betrachtet werden und hat dementsprechend unterschiedliche Aspekte, die sich gegenseitig nicht ausschließen müssen, sondern ergänzen.

Während in den 50er-Jahren Qualität lediglich über die technische Beschaffenheit eines Produktes definiert wurde, war in den 60er-Jahren auch der Eignungsgrad für den Verwendungszweck des Anwenders maßgeblich. In der heutigen Zeit wurden außerdem Ausstattung und

Ästhetik relevant, so dass zwei Seiten der Qualität erkennbar werden: der angebotene Nutzen und die Freiheit von Fehlern.

Die internationale Norm DIN EN ISO 8402 definiert Qualität so: »*Qualität ist die Gesamtheit von Merkmalen einer Einheit bezüglich ihrer Eignung, festgelegte und vorausgesetzte Erfordernisse zu erfüllen.*« Hierbei wird nicht nur das Produkt allein betrachtet, sondern die Gesamtheit der angebotenen Leistungsmerkmale. Aus Sicht des Kunden wird demnach Qualität durch die von ihm subjektiv wahrgenommenen Eigenschaften bestimmt.

Neben der bereits angesprochenen produktbezogenen und anwender-/kundenbezogenen Sichtweise von Qualität gibt es noch vier weitere Aspekte, die Qualität auf unterschiedliche Weise beschreiben (vgl. Westphal/Eichling 1998, S. 30):

Vier Qualitätsaspekte
Bei der *prozessbezogenen* Betrachtungsweise steht die Qualität sämtlicher Geschäftsprozesse im Vordergrund, die sich durch wirtschaftlich effizient organisierte Prozesse äußert und aus einer hohen Produktqualität resultiert.

Qualität im Preis-Leistungsverhältnis wird in der *preis-/nutzenbezogenen* Sichtweise relevant, denn Qualität ist relativ zu den verschiedenen Bedürfnissen der Kunden und im Verhältnis zu dem verlangten Preis.

Der *transzendente* Aspekt definiert Qualität als ein subjektiv empfundenes gutes Gefühl, d.h. als etwas Positives, Gutes, jedoch schwer Fassbares. Die Bedeutung dieser Sichtweise bei Kaufentscheidungen wird oftmals unterschätzt.

Die Qualität der Arbeitssituation bzw. die *mitarbeiterbezogene* Betrachtungsweise beeinflusst entscheidend die bereits genannten Qualitätsaspekte (z.B. Einfluss auf Entscheidungen nehmen, Ideen und Vorschläge einbringen dürfen etc.).

Ungeachtet der Schwierigkeiten bei einer einheitlichen und somit allgemein gültigen Definition ist die *Bedeutung von Qualität* unumstritten. Aus einer überlegenen Qualität seiner Produkte gegenüber den Wettbewerbern resultiert langfristig der Erfolg eines Unternehmens. Daher liegt es im Interesse jeden Unternehmens, durch den Einsatz eines funktionierenden Qualitätsmanagementsystems eine in jeder Hinsicht maximale Qualität zu erzielen.

Vom Begriff »Qualität« ist der weiter gefasste Begriff »Qualitätsmanagement« abzugrenzen. Die internationale Norm DIN EN ISO 8402 definiert ihn so: »*Alle Tätigkeiten des Gesamtmanagements, die im Rahmen des Qualitätsmanagementsystems die Qualitätspolitik, die Ziele und Verantwortungen festlegen sowie diese durch Mittel wie Qualitätsplanung, Qualitätslenkung, Qualitätssicherung/Qualitätsmanagementdarlegung und Qualitätsverbesserung verwirklichen.*«

Definition Qualitätsmanagement

Das Thema Qualität hat weitere Facetten. Immer wieder erscheinen Begriffe wie Qualitätsphilosophien, Qualitätswerkzeuge, Qualitätsstandards, Qualitätsmanagementsysteme und Ähnliches in verschiedenen Zusammenhängen, oftmals auch mit jeweils unterschiedlichen Definitionen, so dass schnell Verwirrungen und Missverständnisse entstehen können. Angesichts der Vielfalt existierender QM-Modelle kann man von einem Theoriendschungel sprechen. Das erschwert den Zugang und führt zur Interpretationsvielfalt. Um dieses Problem zu umgehen, bietet sich eine einfache Zuordnung an in 1. Qualitätsphilosophien, 2. Qualitätsmanagementsysteme, 3. Qualitätswerkzeuge, 4. Führungskonzepte zur Qualitätsförderung und 5. Qualitätsstandards.

Qualitäts-philosophien	Qualitätsmanage-mentsysteme	Qualitäts-werkzeuge	Qualitätsklassen bzw. -standards	Führungs-instrumente zur Qualitäts-förderung
TQM	DIN EN ISO 9000 ff.	Fehlerlisten	DIN ISO-Normen	Qualitätszirkel
Kaizen, (jap. Kai = verbessern, zen = gut)	EFQM-Konzept	Fehler-Möglich-keiten- und Einfluss-analyse	Anzahl von Hotelsternen	Projektgruppen
KVP	ServAs	4M-Diagramm	Weinklassen	Vorschlagswesen
u.a.m.	u.a.m.	u.a.m	u.a.m.	u.a.m.

Qualitäts-philosophien Qualitätsphilosophien sind eine Art geistiger Überbau. Ihr Zweck ist denk- und verhaltensnormativ ohne eine eindeutig definierte Vorgehensweise. Sie zielen auf die Arbeitsmentalität bzw. Geisteshaltung, die als organisationsgenetischer Code das Mitarbeiterverhalten und die Unternehmenskultur qualitätsaktivierend prägen soll.

Zu diesen Überbaukonzepten zählen *Kaizen*, das *Total Quality Management* (TQM), der Kontinuierliche Verbesserungsprozess (KVP) und das Umfassende Qualitätsmanagement (UQM).

Kaizen *Kaizen* kann als Prozess ständiger Verbesserungen, unter Einbeziehung aller Mitarbeiter, in allen Bereichen und in Form kleiner Schritte, definiert werden. Während japanische bzw. asiatische Unternehmen viele kleine Verbesserungen, also Kaizen, bevorzugen, um Veränderungen zu erreichen, bedienen sich westliche Unternehmen eher der traditionellen Innovationen in Form von großen Veränderungen, oftmals verbunden mit aufwendigen technologischen Änderungen, hohen Investitionen und nicht zu unterschätzenden Risiken.

> **Kaizen als »Innovation der kleinen Schritte« ist in der Lage, neue Standards besser zu stabilisieren als die großen Sprünge der herkömmlichen Innovationen. Zudem ist es auch einfacher durchzuführen.**

Nach Auffassung einiger Autoren ist Kaizen keine Methode, die zur Problemlösung beiträgt, sondern vielmehr eine prozessorientierte Denkweise bzw. eine Geisteshaltung, die zum einen das Ziel und zum anderen die grundlegende Verhaltensweise im Arbeitsleben beeinflusst.

Kontinuierlicher Verbesserungs-prozess (KVP) Mit gleicher inhaltlicher Bedeutung wird Kaizen in der deutschen Übersetzung in der Regel als KVP bezeichnet. Das deckt sich inhaltlich mit dem, was im anglo-amerikanischen Sprachraum als *Continuous Improvement Process* bezeichnet wird.

Total Quality Management (TQM) Beim *Total Quality Management* handelt es sich nach der DIN EN ISO 8402 um eine *»auf Mitwirkung aller ihrer Mitglieder basierende Führungsmethode einer Organisation, die die Qualität in den Mittel-*

punkt stellt und durch Zufriedenstellung der Kunden auf langfristigen Geschäftserfolg sowie auf Nutzen für die Mitglieder der Organisation und für die Gesellschaft zielt.«

Die Bedeutung des Begriffes erschließt sich auch aus der Betrachtung seiner Bestandteile:

- *Total* = Alle Bereiche eines Unternehmens sowie dessen Produkte/Dienstleistungen werden über die gesamte Wertschöpfungskette in den Qualitätsprozess einbezogen.
- *Quality* = Fehlerfreie Produkte/Dienstleistungen zur Erfüllung von Kundenerwartungen; ständige Verbesserung der Prozesse.
- *Management* = Es handelt sich um eine Führungsaufgabe.

Daraus ergeben sich im Einzelnen folgende *Kerngedanken* des TQM:

Kerngedanken TQM

- *Kundenorientierung:* Das Unternehmen ist mit seinen gesamten Prozessen (bereichs- und funktionsübergreifend) auf den Kunden ausgerichtet.
- *Zero-Defects:* Im Innovationsprozess werden Fehler als Lernquelle angesehen, bei Routinearbeiten hingegen wird versucht, diese zu vermeiden (Null-Fehler-Prinzip).
- *Kaizen:* Ständige Verbesserung der Prozesse.
- *Eigenverantwortung:* Alle – jeder Mitarbeiter, jede Abteilung etc. – sind für Qualität verantwortlich und werden in jeder Hinsicht mit einbezogen (Mitarbeiterorientierung).
- *Umfassend:* Vom Kunden über die Lieferanten bis zur Öffentlichkeit (z.B. Gesellschaft und Umwelt) werden alle Bereiche erfasst und integriert.
- *Kernkompetenzen:* Traditionelle Stärken und Erfolgspositionen des Unternehmens werden ausgebaut.
- *Prozessführung:* Die Geschäftsleitung muss TQM initiieren und führen.

Kamiske und Brauer sprechen von TQM als einer der umfassendsten (Qualitäts-)Strategien, die für ein Unternehmen denkbar ist. Zur praktischen Umsetzung von TQM müssen organisatorische, personelle und technische Rahmenbedingungen geschaffen sowie Methoden und Instrumente des Qualitätsmanagements angewendet werden.

Umfassendes Qualitäts-management (UQM) Der Begriff »Umfassendes Qualitätsmanagement« entstand Ende der 80er-Jahre durch die Gründung des *European Foundation for Quality Management* (EFQM), das europäische Modell für Umfassendes Qualitätsmanagement. Da es sich bei dem Begriff lediglich um eine Übersetzung des europäischen EFQM-Modells handelt und damit um die deutsche Bezeichnung für TQM, entfällt die Notwendigkeit einer weiteren Definition.

Von diesen eher normativen Konzepten ist Kaizen das allgemeinste, während TQM mit seinem Imperativ bezüglich Kunden-, Mitarbeiter- und Prozessorientierung eher auf Integration und Konkretion zielt. Doch diese Unterschiede sind marginal. Letztendlich zielen alle Aktivitäten darauf, über Qualitäts-, Prozess- und Produktivitätssteigerungen die Wettbewerbsposition eines Unternehmens oder einer Volkswirtschaft zu steigern.

Qualitätsphilosophien bzw. -grundkonzepte sind elementare Vorstellungen bzw. Denkmodelle, die ihren Ursprung in Japan haben. Diese können in formalisierten und durchsystematisierten Qualitätsmanagementsystemen umgesetzt werden (z.B. DIN EN ISO 9000 ff.).

Qualitätsmanagementsysteme

Qualitätsmanagementsysteme entstanden unabhängig von japanischen Einflüssen in den 60er-Jahren in der amerikanischen Weltraum- und Militärindustrie. Dabei handelt es sich um durchstrukturierte Modellbeschreibungen (z.B. DIN EN ISO 9000 ff., EFQM-Modell, Six Sigma-Modell), in denen Qualität als Teil der Gesamtführungsaufgabe eines Unternehmens betrachtet wird. Es geht hier also nicht mehr nur um die Qualitätssicherung als zeitliche, personelle und gegebenenfalls örtliche Spezialveranstaltung am Ende des Leistungserstellungsprozesses, sondern um Qualität als eine unternehmerische Funktion, die gleichberechtigt neben dem Personal-, Beschaffungs-, Finanz-, Produktions- und Vertriebsmanagement steht. Solche Qualitätsmanagementsysteme enthalten Aufgaben, Funktionszuordnungen, fordern Strukturen, Maßnahmen und Kontrollen, so wie sie in der DIN EN ISO 9001 enthalten sind.

Qualitätsklassen bzw. -standards

Qualitätsstandards sind von kompetenten oder zugelassenen Stellen erlassene Sollbeschreibungen zur Güte eines Produktes oder einer Dienstleistung. So erkennt ein Reisender anhand der Anzahl der Sterne sofort, zu welcher Güteklasse ein Hotel gehört.

Die Wirtschaft hat im Interesse des Güterverkehrs und Verbraucherschutzes einen großen Bedarf an Standardisierungen. Dabei ist aber zu bedenken, dass es »den Standard« nicht gibt, sondern Leistungen immer im Verhältnis zur Erwartung, Verwendung und zum Preis betrachtet werden müssen. Qualität ist das, was der Kunde als das adäquate Verhältnis von Geld- und Gebrauchswert definiert.

Qualitätswerkzeuge

Hierbei handelt es sich in der Regel um Datensammlungs- und Problembearbeitungstechniken, Moderationswerkzeuge für Gruppensitzungen, Kreativitätsmethoden und Ähnliches, mit denen Qualitätsprobleme diagnostiziert und gelöst werden sollen. Im Prinzip ist jede Methode, mit der eine Arbeit besser, schneller und billiger verrichtet werden kann, ein *Quality Tool*.

Das wichtigste Werkzeug ist das PDCA-Rad. Die durch Kaizen hervorgerufenen Veränderungsprozesse vollziehen sich in vier Phasen bzw. Teilschritten. Es wird davon ausgegangen, dass jeder

Teilschritt wiederum als einzelner Prozess betrachtet wird und als solcher verbessert werden kann. Das Prinzip wird durch den so genannten PDCA-Zyklus *(Plan – Do – Check – Act* bzw. Planen – Umsetzen – Überprüfen – Ausführen) veranschaulicht:

PDCA-Zyklus *Planen:* In dieser ersten Phase wird ein Plan für die Verbesserung unter Berücksichtigung der wichtigsten Ergebnisse und größten Hindernisse entwickelt.

Umsetzen: Zunächst wird der Plan im kleinen Maßstab ausgeführt. Die festgelegten Änderungen werden durchgeführt und Problemlösungen für Fragen der Planungsphase werden gesammelt.

Überprüfen: Gegenstand dieser Phase ist die Überprüfung der durchgeführten Änderungen bzw. der Ergebnisse.

Ausführen: Diese Phase beinhaltet eine genaue Beobachtung der letzten Änderungen, um feststellen zu können, was an dem neuen Vorgang zusätzlich optimiert werden kann.

Das ständige Durchlaufen des Zyklus' in Form eines fortwährenden Prozesses führt zu einem immer stärkeren Eingrenzen von Problemen und ermöglicht die Verwertung von Erfahrungen aus den vorherigen Zyklen.

Führungsinstrumente zur Qualitätsförderung

Qualitätsförderung wird immer mehr als eine Führungsaufgabe begriffen, die gleichrangig neben die klassischen Führungsaufgaben wie Planung, Kontrolle, Information/Kommunikation tritt. Hierbei kann sich die Führungskraft spezieller Führungsinstrumente bedienen, so z.B. Qualitätszirkel, betriebliches Vorschlagswesen, Projektgruppen und Zielvereinbarungen.

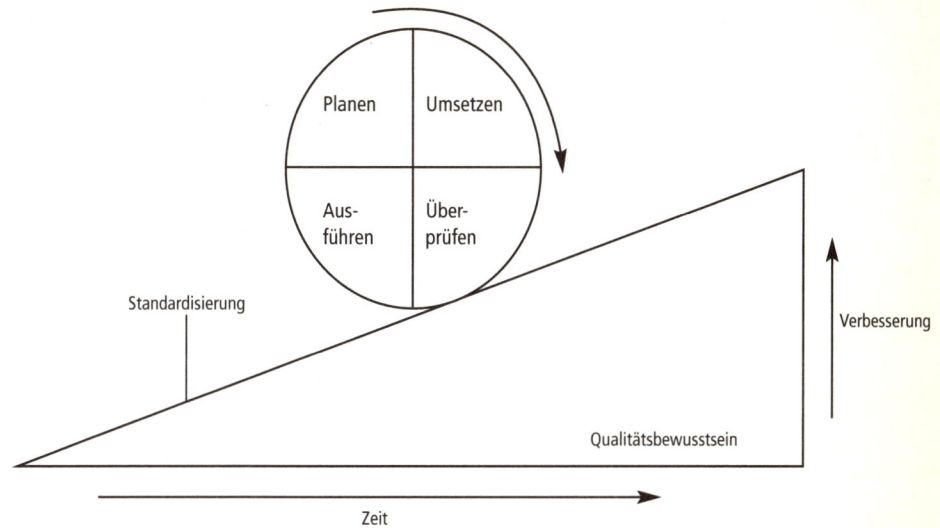

Planen | Umsetzen

Ausführen | Überprüfen

Standardisierung

Verbesserung

Qualitätsbewusstsein

Zeit

Nur durch ständiges Durchlaufen des kontinuierlichen Verbesserungsprozesses können das Qualitätsbewusstsein gesteigert und Verbesserungen erzielt werden.

Literatur

Becker, Peter: *Prozessorientiertes Qualitätsmanagement*. Renningen 2002.

Brauer, Jörg-Peter / Gerd F. Kamiske: *Qualitätsmanagement von A bis Z*. Erläuterung moderner Begriffe des Qualitätsmanagements. München 1999.

Crosby, Philip B.: *Qualitätsmanagement*. Wien 2000.

Ebel, Bernd: *Qualitätsmanagement*. Konzepte des Qualitätsmanagements. Organisation und Führung. Ressourcenmanagement und Wertschöpfung. Herne 2001.

Hansen, Wolfgang (Hrsg.): *Qualitätsmanagement im Dienstleistungsbereich*. Assessment, Sicherung, Entwicklung. Düsseldorf 2002.

Pfeifer, Tilo: *Qualitätsmanagement*. Strategien, Methoden, Techniken. München 2001.

Wächter, Hartmut: *Qualitätsmanagement in Organisationen*. DIN ISO 9000 und TQM auf dem Prüfstand. Wiesbaden 2001.

Westphal, M. / O. Eichling: *Das Qualitätsmanagement*. Eine Einführung für betriebliche Interessenvertreter. Frankfurt / Main 1998.

16. Shareholder Value

Die Wurzeln der *Shareholder Value*-Ökonomie reichen bis in die 30er-Jahre zurück. Schon damals machten Betriebswirtschaftler darauf aufmerksam, dass es zwischen dem Management und den Anteilseignern eine Interessenkollision gibt. Während das Management den buchhalterischen Gewinn anstrebe, steigere es nicht zwangsläufig den Unternehmenswert; doch nur durch Letzteren werde der Wert der Aktien gesteigert.

Kurzfristiger Gewinn versus langfristiger Wert 1986 leitete Prof. Alfred Rappaport mit seinem Grundlagenwerk *Creating Shareholder Value – The New Standard for Business Performance* eine breite und oft auch heftige Diskussion über die Frage »kurzfristiger Gewinn oder langfristiger Unternehmenswert« ein. Seine Grundthese lautet etwa so:

> **Ein Investor betrachtet den Kauf einer Aktie ausschließlich als finanzielles Investment, das eine Rendite erschaffen soll, die zumindest nicht schlechter ist als die einer alternativen Anlage.**
> **Für die Aktionäre stellt sich der »Shareholder Value« als so genannter »Total Return« dar, d. h. die Summe aus Kursgewinnen, Dividenden und Bezugsrechten.**

Zweck und Nutzen des Shareholder Value-Ansatzes

Mit *Shareholder Value* setzte ein Paradigmenwechsel ein, indem die strategische Ausrichtung sich vom Wettbewerbsvorteil zum Unternehmenswert verschob. Das Konzept entstand aus der Erkenntnis, dass sich die Steigerung des Unternehmenswertes nur dann einstellt, wenn sich dieser als Ganzes entwickelt, d. h., wenn ein Gleichgewicht zwischen zukunftsbezogenen Investitionen und der Ausschöpfung der aktuellen Marktmöglichkeiten erreicht wird. Der ausgewiesene Gewinn allein ist kein zuverlässiger Indikator der Wertschöpfung, weil unterschiedliche Bewertungsregeln und Verbuchungsmöglichkeiten nichts über den tatsächlichen Gewinn aussagen. Außerdem liegt eine Gewinnsteigerung, die durch übermäßige Risiken erreicht wurde und keine Steigerung des Aktienkurses nach sich zieht, nicht im Interesse der Eigner. Dadurch, dass sich das Management zunehmend mit kurzfristigen Quartalsabschlüssen beschäftigt, werden gegebenenfalls Investitionen vernachlässigt, die sich erst in ferner Zukunft auszahlen. Als Folge hiervon weichen die Marktwerte von den Buchwerten ab.

Die Verantwortung für die Steigerung des Eigentümerwertes, des *Shareholder Value*, trägt das Management eines Unternehmens. Folglich ist die Unternehmensführung im Sinne des *Shareholder Value*-Ansatzes gut beraten, Geschäftsstrategien nach Renditegesichtspunkten zu beurteilen.

Verantwortung beim Management

Die Ermittlung des Shareholder Value

Die Beurteilung des Wertes eines Unternehmens orientiert sich an Daten des Rechnungswesens, wie z. B. Umsatz, Gewinn oder Buchwerte. Die Informationen des Rechnungswesens sind allerdings vergangenheitsorientiert und somit nur wenig geeignet für eine Bewertung des zukünftigen ökonomischen Erfolges des Unternehmens.

Hier setzt nun das *Shareholder Value*-Konzept an. Im Kern handelt es sich um eine herkömmliche Investitionsrechnung zur Beurteilung von Finanzanlagen. Rein technisch betrachtet, ist der *Shareholder Value* der diskontierte Nettogegenstandswert des zukünftigen freien *Cash-flows* eines Unternehmens.

»Berechnung«
der Zukunft
Kennzeichnendes Merkmal dieses Ansatzes ist also der Versuch, den ökonomischen Wert von Investitionen »berechnend« zu schätzen, indem prognostizierte zukünftige Zahlungsströme mit dem Kapitalkostensatz diskontiert werden. Der SV wird nun berechnet, indem der Wert aller finanziellen Verbindlichkeiten gegenüber Nicht-Eigentümern (Marktwert des Fremdkapitals) subtrahiert wird: SV = Unternehmenswert – Fremdkapital.

Die Bewertungsmethodik des *Shareholder Value*-Ansatzes baut auf der Ertragswertmethode auf. Bei dieser Methode wird der Gesamtwert eines Unternehmens dem Ertragswert gleichgesetzt und durch die Diskontierung aller zukünftig zu erwartenden Reinerträge ermittelt. Dementsprechend wird der Shareholder Value (SV) als Unternehmenswert (WU) abzüglich des Marktwertes des Fremdkapitals definiert:

SV = WU – Fremdkapital

Der Unternehmenswert WU entspricht der Summe der auf den Bewertungszeitpunkt abgezinsten Geldflüsse innerhalb eines bestimmten Prognosehorizontes (Summe aller abgezinsten freien *Cash-flows*) zuzüglich der Geldflüsse nach dem Prognosehorizont (Restwert des Unternehmens).

Der Unternehmenswert und somit auch der *Shareholder Value* wird also von folgenden vier Einflussfaktoren bestimmt: 1. dem freien *Cash-flow*, 2. dem Diskontierungsfaktor, 3. der Länge des Prognosehorizontes, 4. dem Restwert.

Cash-flow
Der *Cash-flow* bezeichnet im üblichen Sinne das tatsächliche Innenfinanzierungsvolumen. Er ist eine Stromgröße, die den in einer Periode erfolgswirksam erwirtschafteten Zahlungsmittelüberschuss angibt.

Diskontierungs-
faktor
Da es Ziel des *Shareholder Value*-Ansatzes ist, Investitionsentscheidungen zu beurteilen, müssen alle zukünftigen Geldströme

und der Endwert des Unternehmens betrachtet werden. Dafür werden die zukünftigen *Cash-flows* und der Endwert des Unternehmens auf den Bewertungszeitpunkt diskontiert.

Der *Prognosehorizont* stellt ein Zeitintervall dar, auf das die detaillierte *Cash-flow*-Prognose beschränkt wird. Diese Abgrenzung muss vor allem wegen der temporären Begrenztheit der strategischen Planung durchgeführt werden. Zur Bestimmung der Dauer des Prognosehorizontes ist der Produktlebenszyklus geeignet. Seine vier Phasen sind 1. Einführung, 2. Wachstum, 3. Reife und 4. Degeneration. Zu Beginn wird der *Cash-flow* aufgrund notwendiger Investitionen negativ ausfallen, um in der Wachstumsphase überproportional anzusteigen.

Prognosehorizont

In vielen Fällen resultiert ein erheblicher Teil des Unternehmenswertes aus *Cash-flow*-Strömen, die jenseits des Prognosehorizonts liegen. Der Restwert, also der Wert, den das Unternehmen am Ende des Prognosezeitraumes aufweist, ist die Höhe des *Cash-flows* im letzten Jahr des Prognosehorizontes, dividiert durch die gewichteten Durchschnittskosten des Kapitals.

Restwert

Der Vorteil dieses Konzepts besteht darin, dass es zukunftsorientiert und auf langfristige Wertsteigerung ausgelegt ist. Das Problem aber ist, dass die Erwartungen der Investoren und des Managements eine wesentliche Rolle bei der Bestimmung des anzuwendenden Diskontierungssatzes und der Abschätzung des zukünftigen *Cashflows* spielen.

Erfolgsfaktoren für den Shareholder Value

Es lassen sich zwei Arten von Phänomenen unterscheiden, die bei einer Steigerung des *Shareholder Value* auftreten.

1. Kurzfristige Steigerung des *Shareholder Value* ohne Rückendeckung eines entsprechenden Unternehmenswertes und einer Verzerrung der Tatsachen zum bloßen Schein. Die Erfolgsfaktoren *in specie* führen zu einer

scheinbaren, substanzlosen Verbesserung des *Shareholder Value.*

2. Langfristige Steigerung im Einklang mit dem tatsächlichen Wert eines Unternehmens. Die Erfolgsfaktoren *in re* führen zu einer realen und greifbaren Verbesserung des *Shareholder Value.*

Der *Shareholder Value* ist nicht alleine durch das Steigen des Aktienkurses gegeben, sondern erst dann, wenn die Aktionäre eine risikoadäquate Rendite für ihr Kapitalengagement erhalten.

Zu einem realen Erfolg und somit zu einer Erhöhung des inneren Wertes führen folgende sechs Erfolgsfaktoren:

**Die
6 Erfolgsfaktoren**

1. *Kundenorientierung*: Das Unternehmen muss über den Kundennutzen hinaus auch die nächsten Stufen, die Kundenbindung und die Kundenloyalität, erreichen, um ein Unternehmen mit einem hohen Kundenwert, dem so genannten *Customer-Lifetime-Value*, zu sein (vgl. Kapitel Kundenmanagement im zweiten Teil).

2. *Wandlungsorientierung*: Unter dem Gesichtspunkt der Globalisierung der Märkte müssen Unternehmen schnell auf stetig wachsenden Anpassungs- und Änderungsdruck reagieren (vgl. Kapitel Change Management im zweiten Teil).

3. *Kernkompetenzorientierung*: Die Kernkompetenz ist eine Eigenschaft des Unternehmens, die langfristigen Imitationsschutz gegenüber der Konkurrenz aufbaut und somit den *Shareholder Value* beeinflusst (vgl. Kapitel Kernkompetenzen im zweiten Teil).

4. *Mitarbeiterorientierung.* Der Wert der Mitarbeiter wird als Triebfeder für die Wertschöpfung erkannt und die Mitarbeiterorientierung als einer der wichtigsten Erfolgsfaktoren betrachtet. Im *Shareholder Value*-Ansatz steht der Mitarbeiter hinter dem Aktionär, jedoch darf nicht vergessen werden, dass gerade ein innovatives,

motiviertes und produktives Team Grundstein und Bedingung für einen nachhaltigen Unternehmenswert bedeutet (vgl. Kapitel Leadership im dritten Teil).

5. *Netzwerkorientierung*: Der Prozess der Wertsteigerung hat eine netzwerkartige Konfiguration, in der auf allen Stufen der Wertsteigerung mit internen und externen Kunden, mit Lieferanten und mit ausgegliederten Tochtergesellschaften interagiert wird. Darum ist das gesamte Netzwerk Optimierungsgegenstand.

6. *Wertschöpfungsorientierung*: Nicht nur verlustbringende oder unterdurchschnittlich rentable, sondern auch nach traditionellen Bewertungsmaßstäben als höchstrentabel ausgewiesene Unternehmensteile müssen dann rückinvestiert werden, wenn langfristig die Renditen unter den Kapitalkosten liegen, d.h. die diskontierten zukünftigen *Cash-flows* negativ sind.

Die Wandlungsorientierung ist die Primärursache, aus der sich die anderen Erfolgsfaktoren ergeben. Sie steht am Anfang sämtlicher Wechselwirkungsprozesse. Aus ihr entspringen Innovationen, Mitarbeiterorientierung, Kundenorientierung und Imitationsschutz gegenüber der Konkurrenz.

Wert-Management ist die effektive Verbindung zwischen Strategie, Kontrolle und Prozessen, um »Shareholder Value« zu erzeugen.

Pro und kontra Shareholder Value-Konzept

Shareholder Value ist im Kontext der wirtschaftlichen Entwicklung des letzten Jahrzehnts das am kontroversesten diskutierte »Rezept« der Mikroökonomie. Die Kritik ist einerseits ökonomieimmanent, andererseits wirtschaftsübergreifend, denn insbesondere aus der Soziologie werden Befürchtungen und Kritik geäußert.

Ökonomie-
immanente Kritik
Die Unwägbarkeiten des *Cash-flows* sind ein Grund der Kritik am Konzept, und zwar deshalb, weil die Definitionen des *Cash-flows* voneinander abweichen und verschiedene *Cash-flow*-Varianten verwendet werden. Auch enthält die *Cash-flow*-Prognose einen Bestandteil, der gar nicht errechnet werden kann, nämlich die Wertentwicklung des Unternehmens. Denn auf den Wert einer Aktiengesellschaft wirken Fremdfaktoren wie die Mitbewerber, die Branchenkonjunktur, Inflation, Zinsniveau usw. Im Falle von Aktienkursen kommen noch massenpsychologische Phänomene hinzu. Skeptiker meinen deshalb, dass die *Cash-flow*-Rechnung nur als Faustregel gelten kann, vor allem bei Prognosen, die über fünf Jahre hinausreichen.

Andere Kritiker brandmarken die Kurzlebigkeit des *Shareholder Value*-Konzepts. Oft werden Betriebsteile verkauft, um schnelle Einnahmen zu erzielen, mit denen eine angemessene Dividende gezahlt oder diese sogar erhöht werden kann.

In diesem Zusammenhang werden gegebenenfalls auch wichtige Investitionen unterlassen, weil die nötigen Finanzmittel benötigt werden, um die Aktionäre positiv zu stimmen. Aber selbst dann, wenn Investitionen geplant sind, sind diese gut zu durchdenken. Da sie in der Regel mit Fremdmitteln finanziert werden, steigen die Kapitalkosten, was sich wiederum nachteilig auf den *Cash-flow* auswirkt.

Sozialwissen-
schaftliche Kritik
Sozialwissenschaftler fragen besorgt, ob die *Shareholder Value*-Ökonomie nicht gegebenenfalls die positiven Effekte des *Human Resources*-Management der letzten drei Jahrzehnte beseitigt. Um im stärker werdenden Wettbewerb bestehen zu können, steigt der Rationalisierungsdruck. Infolgedessen kommt es zu einer Retay-

Was?	Warum?	Wie?
1. Kostenführerschaft und Differenzierung	Erzielung eines strategischen Wettbewerbsvorteils	Einführung von *Firewall Brands*
2. Organisation	Förderung der Kreativität Erhöhung der Flexibilität	»Parallele« Organisationen (Aufbau formeller und informeller Organisationsstrukturen)
3. Strategische Innovationen	Eröffnung neuer Marktmöglichkeiten	Umgestaltung der Wertkette
4. Kompensationen	Anreizstrukturen, die mit den langfristigen Interessen der Aktionäre kompatibel sind Sicherung des intellektuellen Kapitals	Options- und Aktienpläne für das Top-Management Entlohnung auf Akkord-Basis *(Piecework)* Mitarbeiterbeteiligungspläne
5. Kapitalstruktur-Optimierung	Verbesserte Effizienz der Kapitalallokationen Reduktion der Steuerlast	Reduktion des *Free Cash-flows* mittels Aktienrückkäufen
6. *Financial Engineering*	Effizienzsteigerung im Finanzmanagement Verbesserung der Handelsliquidität an der Börse Reduktion des *Freerider*-Problems bei Publikumsgesellschaften Reduktion der Finanzierungskosten	*Cash Pooling* Einführung von Einheitsaktien Bildung starker Aktionärsgruppen Innovative Finanzierungsinstrumente
7. Kommunikation	Reduktion der Finanzierungskosten *Branding*	Offene und transparente Informationspolitik Image-Kampagne

lorisierung der Arbeit, d. h. zum Abbau von Eigenverantwortlichkeit und modernen Arbeitsformen. Begünstigt wird dies durch die hohe Arbeitslosigkeit, die einen schnellen Austausch von Arbeitskräften ermöglicht. Damit jedoch können sich Unternehmen ins eigene Fleisch schneiden, weil sie auch die ökonomisch-positiven Effekte moderner Arbeitsformen wegrationalisieren.

Schritte zur Wertsteigerung

Stakeholder Value Um diese Kritik zu paralysieren, wird der *Stakeholder Value*-Ansatz als Alternative propagiert. Statt einer einseitigen Orientierung auf den / die Anteilseigner werden dabei alle Interessengruppen einbezogen, die zum Funktionieren eines Geschäftes beitragen, z. B. Mitarbeiter, Kunden, Kapitalgeber, Zulieferer und das regionale Umfeld. Diese sind als strenge Nebenbedingung zu beachten.

Ob es sich beim *Stakeholder Value*-Ansatz um eine Alternative zum *Shareholder Value*-Konzept handelt, ist fraglich, denn ein nachhaltiges Überleben des Unternehmens hängt auch von der Beziehung zu den *Stakeholdern* ab. Außerdem, so Rappaport: *»Die Fähigkeit eines Unternehmens, Geldmittel an seine verschiedenen Anspruchsgruppen zu verteilen, hängt von der Fähigkeit ab, Geldmittel zu erwirtschaften«.*

Literatur

Kennedy, Allan A.: *Das Ende des Shareholder Value*. Warum Unternehmen zu langfristigen Wachstumsstrategien zurückkehren müssen. München 2001.

Raab, Hermann: *Shareholder Value und Verfahren der Unternehmensbewertung*. Leitmaxime für das Management? Herne 2001.

Rappaport, Alfred: *Shareholder Value*. Das Handbuch für Manager und Investoren. Stuttgart 1999.

Siegwart, Hans / Julian I. Mahari: *Corporate Governance*. Shareholder Value & Finance. München 2002.

Unzeitig, Eduard / Dietmar Köthner: *Shareholder Value Analyse*. Entscheidung zur unternehmerischen Nachhaltigkeit. Wie Sie die Schlagkraft Ihres Unternehmens steigern. Stuttgart 1995.

17. Supply Chain Management

Der Begriff *Supply Chain Management* (SMC) beinhaltet die Planung und Steuerung der Versorgungs- bzw. Lieferkette eines produzierenden Unternehmens. Dabei werden alle unternehmensinternen und -externen Aktivitäten, die das zu erstellende Produkt betreffen, berücksichtigt. Das beinhaltet, dass die gesamte Logistikkette eines Unternehmens zu einer durchgängigen Prozesskette verschmolzen wird, um Fehler und Verzerrungen zu vermeiden.

Zielsetzung

Bei der traditionellen Herangehensweise an die Prozessgestaltung wurden Lieferanten, interne Funktionen und Kunden voneinander isoliert betrachtet. Daraus resultierten Abstimmungsprobleme, die ihrerseits zu langen Durchlaufzeiten, hohen Beständen und einer verzögerten Reaktion auf Marktveränderungen führten. Eine unzureichende Einbindung von Kundeninformationen wirkte negativ auf die Kundenzufriedenheit. Unterbrochene Prozessketten schwächten außerdem die Wettbewerbsfähigkeit.

Probleme der traditionellen Methode

Im Gegensatz dazu zielt SCM auf die systematische Verzahnung der gesamten internen und externen Wertschöpfungskette. Es beinhaltet damit die integrierte Bearbeitung aller Aktivitäten entlang der Logistikkette, angefangen von der Prognose der Kundenbedürfnisse

bis hin zum Teile- und Rohstoffeinkauf. Damit deckt es alle wichtigen logistischen Aufgaben (Beschaffung, Produktion, Absatz, Distribution und Transport) ab.

Ziel ist die Verringerung von Beständen bei gleichzeitiger Erhöhung der Lieferbereitschaft. Tatsächlich konnten Bestände zwischen 20 und 50 Prozent, die Durchlaufzeiten ebenfalls um bis zu 50 Prozent und Kosten um 20 Prozent reduziert werden (vgl. Groothuis 1998, S. 132f.). Doch vor allen Dingen verspricht die größere Reaktionsfähigkeit auf sich verändernde Marktbedingungen höhere Marktanteile, zufriedenere Kunden sowie steigende Umsätze bei gleichzeitig besserer Rendite.

Um diesem Ziel näher zu kommen, müssen sich Unternehmen einer permanenten Prozessoptimierung unterwerfen, die sich konkret mit der Analyse, Gestaltung, Planung, Beurteilung, Verbesserung und Erfolgskontrolle von Prozessen beschäftigt. Den Hauptanteil hierbei haben die Unternehmensangehörigen mit ihrem Wissen und ihrer Erfahrung.

Schlüsselprozesse   Um längerfristige Erfolge am Markt zu garantieren, muss auch der Produktlebenszyklus geändert und verbessert werden. Dieser lässt sich in Schlüsselprozesse (z.B. Beschaffungsprozess, Produktionsprozess, Distributionsprozess) untergliedern, die unmittelbar zur Zweckerfüllung beitragen und durch Einbeziehung von Hilfsprozessen (z.B. Personalverwaltung, Mitarbeiterführung, Rechnungswesen) in einen Gesamtzusammenhang gebracht werden. Das SCM führt somit über die Schlüsselprozesse zu einer übergreifenden Prozessverbesserung, indem es organisatorische Grenzen überschreitet.

Da nicht nur Einkauf, Fertigung, Lager und Versand innerhalb eines Unternehmens betroffen sind, sondern die gesamte Kette Untersuchungsgegenstand ist, können die Grenzen der Unternehmen transparenter und durchlässiger werden. Dies aber fordert ein intaktes Vertrauensverhältnis sowie eine partnerschaftliche Beziehung zwischen den beteiligten Unternehmen. Erst durch die Abstimmung, Nutzung und Verbesserung der gemeinsamen Fähigkeiten ist es möglich, die Wettbewerbsposition der gesamten *Supply Chain* zu steigern.

Die Idee der Transparenz und der gegebenenfalls damit verbundene Verlust von Eigenständigkeit und Selbstregie innerhalb eines Unternehmens setzt sich bis zum Endverbraucher fort. Erst die Konzentration auf Kernkompetenzen, das Ausnützen von Synergieeffekten und die Reduzierung von Marktrisiken durch eine effiziente Koordination der *Supply Chain* sowie ein durchgängiger Informationsfluss garantieren eine harmonisierte Durchführung und Planung der logistischen Kette. Dies führt normalerweise zu einer Verbesserung der Qualität der Produkte und der Serviceleistungen, womit eventuell auch das Vertrauen der Kunden in die Leistungsfähigkeit der Produkte und das Unternehmen gestärkt wird.

Um eine langfristige Kooperation zu erzielen, spielen nicht nur betriebliche Faktoren wie Unternehmensstrukturen und EDV-Systeme oder marktorientierte Faktoren wie Umfeld und Entwicklung eine Rolle, sondern primär müssen Vertrauen, Zuverlässigkeit und Engagement stimmen. Eine ideale Voraussetzung für eine langfristig erfolgreich ausgerichtete Kooperation ist die *Win-win*-Situation, von der alle beteiligten Unternehmen profitieren. Dabei sind zwei Arten von Kooperationsstrategien zu unterscheiden:

Win-win-Kooperation

Mit der vertikalen Kooperationsstrategie werden vor- (Lieferanten) und/oder nachgelagerte (Kunden) Wertschöpfungsebenen (Lieferanten, Kunden) in die Unternehmensprozesse einbezogen. Die horizontalen Kooperationsstrategien richten sich auf die gleiche Stufe der Wertschöpfung. Sie finden zwischen konkurrierenden Partnern, häufig in Form strategischer Allianzen, statt.

Die praktische Umsetzung des Supply Chain Management

Um eine übergreifende Prozessoptimierung zu erreichen, müssen zunächst die einzelnen Schlüsselprozesse so dargestellt und optimiert werden, dass sie sich mit anderen Schlüsselprozessen verknüpfen lassen. Dies lässt sich am besten durch eine Standardisierung erreichen. Erst durch die Entwicklung standardisierter

Prozesse lassen sich Fehler vermeiden; Schwachstellen können aufgedeckt und behoben und die so gewonnenen Informationen für andere Prozesse gewinnbringend genutzt werden.

Beispiel Beschaffungs- prozess Als Praxisbeispiel soll hier der Beschaffungsprozess skizziert werden. In der Vergangenheit haben sich vier verschiedene Beschaffungsstrategien entwickelt:

1. die belastungsorientierte Auftragsfreigabe,
2. das Konzept der Fortschrittszahlen,
3. das Kanbansystem und
4. die retrograde Terminierung.

Obwohl die Steigerung der Transparenz, die Informationsbeschaffung und die Senkung der Kosten als Grundgedanken für die jeweilige Strategie gleich bleiben, werden sie auf unterschiedliche Weise ausgeführt. Sind die Ziele der Lieferantenbewertung, Bedarfsermittlung und Bestandsoptimierung erreicht und auch auf lange Sicht durchführbar, lässt sich der Baustein Beschaffungsprozess in den Produktlebenszyklus einfügen.

Erst jetzt ist es möglich, die gewonnenen Erfahrungen und Informationen in das Gesamtbild des *Supply Chain Management* einfließen zu lassen und eine durchgehende Wertschöpfungskette zu erreichen.

Informations- system Da das SCM auf den Abbau der Informationsbarriere zwischen den angestammten Planungs- und Steuerbereichen innerhalb und zwischen den Unternehmen aufbaut, ist es unumgänglich, eine gemeinsame Plattform zu finden, die ein übergreifendes Verständnis der zugrunde liegenden Prozesse und deren Bewertung in standardisierter Form zulässt. Um eine solche Plattform zu realisieren, muss die IT die Schlüsselrolle übernehmen. Ohne ein integriertes Informationssystem lassen sich optimierte *Supply Chain*-Lösungen nicht bewerkstelligen. Notwendig ist in jedem Fall ein Softwaresystem, das der gesamten betrieblichen Prozesskette vom Einkauf über die Produktion übergeordnet ist und die herkömmlichen Produktionsplanungs- und Steuerungsprogramme (PPS) ergänzt. Erst durch eine gemeinsame technologische Plattform ist es möglich, Lieferanten, Vertrieb, Produzenten,

Kunden und weitere Geschäftspartner gemeinsam agieren zu lassen und Informationen auszutauschen.

Doch bevor über die Auswahl geeigneter SCM-Software nachgedacht werden kann, müssen die vorhandenen traditionellen ERP-Systeme *(Enterprise Resource Planning)* über Unternehmens- und Prozessgrenzen hinweg vergrößert werden, um den gesamten Informationsfluss der Wertschöpfungskette zu steuern.

Eine Lösung hierfür bietet die Entwicklung des SCOR-Modells der *Supply Chain Council* (SCC), die 1996 in den USA von mehreren Firmen wie zum Beispiel Bayer, Kodak, Compaq und LaRoche ins Leben gerufen wurde. Das *Supply Chain Operations Reference*-Modell SCOR ist ein Prozess-Referenzmodell, das als branchenübergreifender Standard für das SCM entwickelt worden ist. **Das SCOR-Modell**

Die integrierte *Supply Chain* im SCOR-Modell umfasst die gesamte Wertschöpfungskette, d.h. alle Material-, Waren- und Informationsflüsse vom Lieferanten des Lieferanten zur Fertigung über die Auslieferung bis hin zum Kunden des Kunden. Grundsätzlich unterscheidet das SCOR-Modell folgende Aktivitäten bzw. Kernprozesse:

- Planen *(plan)*: alle vorbereitenden Aktivitäten wie Zuweisung von Ressourcen, Kapazitätsplanung
- Beschaffung *(source)*: Erwerb, Erhalt, Prüfung, Bereitstellung des Materials und Lieferantenbewertung
- Produzieren *(make)*: der eigentliche Produktionsprozess und Infrastruktur (Maschinen)
- Liefern *(deliver)*: Distribution, Transport

Durch die Nutzung dieser Bausteine können komplexe *Supply Chains* einheitlich beschrieben und definiert werden. Zur einheitlichen Definition muss allerdings auch der jeweilige Baustein durch Checklisten standardisiert werden.

Auszug einer Checkliste am Beispiel Beschaffungsprozess:

Beurteilungsgrößen im Beschaffungsprozess (BEP)	Wirkung in der logistischen Kette	Mess-/ Beurteilungsgrößen in den weiteren Prozessen
Lieferantenauswahl		
Lieferantenstruktur	Langfristige Erfolgssicherung	Lieferqualität
Materialien, Teile, Varianten	Transportvolumen	Transportkosten
Anzahl, Angebote, Bestellungen/Periode	Bestellabwicklung	Kosten
Bedarfsermittlung		
An- und Auslaufteile	Losgrößen	Fehlmengen
Kritische Teile	Lieferausfall	Mehraufwand
Wiederbeschaffungszeit	Bestellzyklen	Bestände
Bestandsplanung und -führung		
Dispositionsverfahren	Bestellzyklen	Bestände
Umschlagshäufigkeit	Materialabfluss	Transportkosten
Lagerauslastungsgrad	Lagernutzung	Lagerkosten
Bestellabwicklung		
Termineinhaltung	Fertigstellungstermine	Lieferzuverlässigkeit
Mengen und Terminänderungen	Produktionsschwankungen	Kosten Nacharbeit

(nach Wiendahl et al. 1998, S. 3 f.)

Mit den so gewonnenen einheitlichen Bewertungskriterien und Kennzahlen von der untersten Ebene eines internen Prozesses bis zum Austausch der Informationen zwischen den Unternehmen lässt sich eine vollständige, einheitliche *Supply Chain* bilden, die sich jederzeit auch durch *Benchmarking* und Analyse von *Best-in-Class*-Leistungen weiterentwickeln lässt.

Literatur

Corsten, Daniel: *Supply Chain Management erfolgreich umsetzen.* Grundlagen, Realisierung und Fallstudien. Heidelberg 2002.

Groothuis, U.: »Hosen runter.« In: *Wirtschaftswoche,* Nr. 10, 02/1998, S. 132f.

Hughes, Jon/Mark Ralf/Bill Michels: *Supply Chain Management.* So steigern Sie die Effizienz Ihres Unternehmens durch perfekte Organisation der Wertschöpfungskette. Landsberg 2000.

Lawrenz, Oliver/Knut Hildebrand/Michael Nenninger: *Supply Chain Management.* Konzepte und Erfahrungsberichte und Strategien auf dem Weg zu digitalen Wertschöpfungsnetzen. Wiesbaden 2001.

Walther, Johannes/Martina Bund: *Supply Chain Management.* Neue Instrumente zur kundenorientierten Gestaltung integrierter Lieferketten. Frankfurt/Main 2001.

Werner, Hartmut: *Supply Chain Management.* Grundlagen, Strategien, Instrumente und Controlling. Wiesbaden 2000.

Wiendahl, Hans-Peter et al.: »Kennzahlengestützte Prozesse im Supply Chain Management.« In: *Industrie Management* 6/1998, S.3-4.

18. Systemisches Management

Begriffsklärung

Der Begriff des Systemischen Managements beschreibt eine Form des Managements, die sich mit der Gestaltung und Lenkung von Gesamtsystemen befasst. Der Begriff »systemisch« wird im weiteren Verlauf synonym mit »systemorientiert« verwendet.

Systemisches Management konzentriert sich somit nicht auf einzelne Funktionsfelder und Führung im traditionellen, personenbezogenen Sinne, sondern beschäftigt sich vielmehr mit der Vernetzung der einzelnen Subsysteme bzw. der einzelnen Funktionsbereiche. Herausgestellt werden dabei insbesondere die aus der Vernetzung der einzelnen Funktionsbereiche entstehende Dynamik des Gesamtsystems sowie die für das Management erforderliche Interdisziplinarität.

Systemorientiertes Management kann als eine wissenschaftliche Theorie verstanden werden, die ihrerseits insbesondere folgende Theorien zum Gegenstand hat (Metatheorie):

Kognitions-
wissenschaft

1. Die grundsätzliche Vorstellung, die dem kognitionswissenschaftlichen Ansatz zu Grunde liegt, lautet, dass menschliche Kognition als regelgebundene Verarbeitung von Symbolen zu verstehen ist. Der Begriff »Kognition« beschreibt die Erkenntnisgewinnung durch den Menschen; »kognitiv« bedeutet »die Er-

kenntnis betreffend«. Aus kognitionswissenschaftlicher Sicht ist der menschliche Zugang zu einem problem-relevanten Realitätsausschnitt ein Prozess der fortwäh-renden, zielgerichteten, kognitiven Konstruktion und Rekonstruktion expliziter und impliziter Vorstellungen. Mit ihnen (den expliziten und impliziten Vorstellungen) versucht ein Beobachter in einer Organisation seinen jeweiligen Verantwortungsbereich zu steuern.

2. Die Kybernetik ist die Wissenschaft von der zielgerich-teten Beeinflussung von kybernetischen Systemen. Ein kybernetisches System bezeichnet ein reales oder erdachtes Objekt, welches aus Elementen oder Teil-systemen zusammengesetzt ist und von seiner Umwelt relativ abgegrenzt ist. Zu den wesentlichen Eigenschaf-ten eines kybernetischen Systems zählen die Verarbei-tung, Übertragung und Speicherung von Informatio-nen. Unter kybernetischen Gesichtspunkten wird ein System nicht konkret realisiert, sondern ein abstraktes kybernetisch-mathematisches Modell gebildet, das nur noch die für die Steuerung und Informationsverarbei-tung maßgebenden Informationen enthält. Die Wissen-schaft der Kybernetik kann auf beliebige Systeme ange-wendet werden. Sie dient dazu, die Gesetzmäßigkeiten von Steuerungen und Informationsverarbeitungen in der Natur zu erkennen und zum Entwurf und zur Steuerung von Systemen in vielen Bereichen mensch-licher Aktivität einzusetzen.

Kybernetik

3. Die Systemtheorie ist eine interdisziplinäre Wissen-schaft, die eine für alle biologischen, sozialen und mechanischen Systeme geltende formale Theorie zu entwickeln bestrebt ist und auf die Schaffung einer alle Realwissenschaften integrierenden Superwissenschaft abzielt. Die Systemtheorie beschreibt ein Teilgebiet der theoretischen Kybernetik. Sie untersucht die theoreti-schen Beziehungen zwischen Systemen untereinander sowie die Beziehungen zwischen Systemen und ihrer Umwelt. Darüber hinaus umfasst die Systemtheorie die Theorie des Zusammenhangs zwischen der Struktur

Systemtheorie

und dem Verhalten von Systemen. Weiterhin beschäftigt sie sich mit der Beeinflussbarkeit der Ausgangsgrößen bestimmter Systeme bei gegebenen Eingangsgrößen durch Veränderung von Systemeigenschaften. Gesellschaften und Organisationen analysiert sie als funktional ausdifferenzierte soziale Systeme, wobei die einzelnen Funktionssysteme (Wirtschaft, Wissenschaft etc.) bzw. Unternehmensbereiche durch ihre Schnittstellen mit der Umwelt definiert sind. Umwelt wird als Gesamtheit aller externen Umstände definiert. Gegenstand der Untersuchung sind die Wechselbeziehungen zwischen den verschiedenen Funktions- oder Unternehmensbereichen.

Systemisches Denken – die Basis für das Systemische Management

Systemische Denkansätze bilden die Grundlage für die Theorie des Systemischen Managements.

Problemsituationen Substanz systemischen Denkens sind zu erfassende *Problemsituationen*, die z. B. im Manageralltag aus dem Konflikt zwischen dem Willen zur Unternehmenszielerreichung und meist dagegen wirkenden Umwelteinflüssen entstehen. Problemsituationen bestehen immer aus wirksamen Einflussgrößen (Input) und wirksamen Folgeeinflussgrößen (Output), die aus dem problembedingten Handeln heraus resultieren. Systemisches Denken bzw. die daraus resultierenden Managementmaßnahmen müssen demzufolge beispielsweise die Unternehmensstrategie ebenso wie Umweltfaktoren berücksichtigen, im Idealfall in Einklang bringen.

Alle wirksamen Einflussgrößen sind durch Strukturen untereinander verbunden bzw. miteinander vernetzt. Dies können monetäre Strukturen (Finanzströme), Regelstrukturen (z.B. juristische Restriktionen) und Verhaltensstrukturen (z. B. soziale Normen) sein.

Daraus folgt: Das Erkennen bzw. Erfassen der Problemsituation inklusive der zugehörigen problemrelevanten wirksamen Einflussgrößen ist erste Voraussetzung, um erfolgswirksames (systemisches) Management zu verwirklichen. Aus diesem Ansatz entwickelten sich analog zu den genannten Strukturen Theorien wie »vernetztes Denken«, »ganzheitliche« sowie »systemorientierte« Unternehmensführung bis hin zur vor allem in der Forschung forcierten »Kybernetik«.

Systemisches Denken im Kontext

Die Ausbildung zum Manager, z. B. durch das erfolgreiche Absolvieren eines konservativen Betriebswirtschaftsstudiums, ist bis heute zum großen Teil durch eine disziplinorientierte Strukturierung gekennzeichnet. In Fächern wie Betriebswirtschaft, Volkswirtschaft, Recht, Psychologie und Soziologie wird zumeist in Unabhängigkeit von anderen Disziplinen Hintergrundwissen vermittelt. Die strukturellen Zusammenhänge der Einzeldisziplinen fehlen und müssen nach der Ausbildung in der Praxis mühevoll erarbeitet werden. Um in Zeiten zunehmender Globalisierung Probleme von Unternehmen erfolgreich lösen zu können, muss zunächst erkannt werden, dass heutige Problemsituationen nicht aus traditionellen Wirtschaftsdisziplinen heraus resultieren, sondern vielmehr eine Summe verschiedener Einflussgrößen sind.

Im Sinne des angestrebten systemischen Denkens bzw. Managements muss zur Erschließung von Lösungswegen für moderne Probleme ein transdisziplinäres Problemverständnis entwickelt, d.h. eine Vernetzung des erlernten Wissens und der erlernten Fähigkeiten realisiert werden. Unterschiedliche Prozesse und Problemstellungen sollen vergleichbar gemacht werden, indem ein oder mehrere gemeinsame Nenner gefunden werden. Dies erleichtert die Erfassung späterer Erkenntnisse und Lösungswege innerhalb einer disziplinübergreifenden Begriffswelt. Weiterhin ist die Kommunikation zwischen den einzelnen Wissensgebieten für eine integrative Anwendung von vorhandenem Wissen unabdingbar. Das kann unter Umständen auch die Kommunikation

Transdisziplinäres Problemverständnis nötig

einzelner Beteiligter sein (z.B. die Kommunikation zwischen einem Hersteller und seinem Lieferanten).

Das integrative Vorgehen hinsichtlich unterschiedlicher Problemstellungen ermöglicht nicht nur umfassendes Denken und damit die Suche nach Lösungswegen, sondern eröffnet schon bei der Problemerkennung den Zugang zu einer mehrdimensionalen und multirelationalen Wirklichkeit. Man erkennt die Situation ohne betriebs- oder wissensbedingte »Scheuklappen« oder, alternativ formuliert: Probleme werden globaler und umfassender erkannt, um ebenso analysiert werden zu können. Nur eine realitätsnahe Analyse, basierend auf der Erkenntnis der Komplexität von Problemsituationen, führt zu einer erfolgreichen Maßnahmenfindung.

Basis für erfolgreiches Management ist also die Erkenntnis des Gesamtzusammenhangs einer Problematik und das Denken in dessen Strukturen unter Zuhilfenahme erworbener Kenntnisse. Die tatsächliche Aktion, also das »Managen« an sich, resultiert aus Erkennen, Erfassen, Lösungssuche in Verbindung mit Wissenstransaktion und verhaltenssicherer Anwendung der ermittelten Lösungsansätze.

Ausprägungen des systemischen Denkens

Man kann das systemische Denken in die folgenden Teilbereiche gliedern, die zur Entscheidungsfindung beitragen:

1. Vernetztes Denken
2. Dynamisches Denken
3. Modellorientiertes Denken
4. Systemorientiertes Handeln

Vernetztes Denken

1. Im Rahmen vernetzten Denkens erfolgt eine Abkehr von einem Denken in einfachen Kausalitäten bzw. Ursache-Wirkungsbeziehungen hin zu einem Denkprozess, der mehrfach untereinander verbundene

direkte und indirekte Wechselwirkungen berücksichtigt. Insbesondere sollen Rückwirkungen von den Wirkungen auf die Ursachen (Rückkopplungseffekte, -kreisläufe) erkannt werden. Problemsituationen werden also nicht als Produkt einiger weniger Faktoren erfasst, sondern vielmehr als additive Kausalketten mit komplexen Abhängigkeiten wahrgenommen (vgl. z. B. *Balanced Scorecard)*.

2. Erst die Berücksichtigung des Zeitaspektes ermöglicht das Erkennen von nicht immer offensichtlichen Wirkungen der Einflussfaktoren untereinander. Rückkopplungskreisläufe können bei statischer Betrachtungsweise kaum wahrgenommen werden. Zum Beispiel kann eine getroffene Entscheidung in statischer Perspektive die Problemsituation lösen, bei dynamischer Betrachtungsweise aber zur Eskalation führen.

Dynamisches Denken

3. Systemanalyse heißt auch Abstrahieren von der Wirklichkeit. Ein Modell kann immer nur zu einer vorläufigen Visualisierung komplizierter Systeme und damit zur Unterstützung der Problemerkenntnis dienen. Weiterhin sind mögliche Auswirkungen von Handlungsalternativen in der Gegenwart vereinfacht abzubilden. Die Simulation beispielsweise bietet hier vorgreifende Möglichkeiten für eventuelle Folgesituationen.

Modellorientiertes Denken

Deutlich wird, dass der menschliche Denkprozess von adäquaten Darstellungsmöglichkeiten abhängig ist. Abbildungen, die beispielsweise mit Hilfe von Modellierungswerkzeugen (ARIS, eMPlant, Case Wise, Visio) erstellt werden, können bei der Erfassung der Problemsituation hilfreich sein.

4. Bei aller Konzentration auf Systeme, Wechselbeziehungen, Modellierung und Simulation darf der Sinn des Denk- und Analyseprozesses nicht in den Hintergrund treten. Immerhin wird eine möglichst erfolgversprechende Entscheidung benötigt, um von der Ausgangssituation in die Wunschsituation zu gelangen (z. B. Er-

Systemorientiertes Handeln

reichen eines bestimmten Durchsatzes). Systemisches Denken sollte also in Verbindung mit dem Handeln gesehen werden und dem Manager Stellen zum Hebeleinsatz bieten.

Wird systemisches Denken zu technisch oder zu philosophisch verstanden, kann dieser Problemlösungsansatz keinen wirkungsvollen Beitrag zu einer Verbesserung der globalen Probleme von heute leisten. Er würde hingegen den Entscheidungsprozess bremsen und die Problemsituation um einen weiteren kritischen Zeitfaktor erweitern.

Praxismodell

Um die Ansätze systemischen Denkens bzw. systemischen Managements näher zu erläutern, hilft gegebenenfalls das folgende Denkbeispiel.

Richtet ein Unternehmen, z.B. ein Automobilkonzern, seine Vision und Strategie darauf aus, eine bestimmte Wettbewerbsposition am Markt zu erlangen – so z.B. zu den fünf größten Automobilkonzernen der Welt zu gehören –, ist es vor allem wichtig, dass das Management in der Lage ist, die wesentlichen Einflussfaktoren, die die Wettbewerbsposition des Unternehmens am Markt determinieren, zu identifizieren bzw. zu erfassen (vgl. Abbildung). Darüber hinaus muss beachtet werden, dass die erfassten Einflussgrößen nie mit gleicher Intensität auf ein Problem einwirken.

Beispiel VW Die Abbildung zeigt die Struktur hinsichtlich des genannten Problems bzw. des angestrebten Ziels auf. Dabei werden Kausalketten aus den o.g. Einflussfaktoren und dem Problem gebildet. So ist z.B. deutlich zu erkennen, dass der Einflussfaktor Produktinnovationen einerseits zur Stärkung der eigenen Wettbewerbsposition beitragen kann, derselbe Einflussfaktor andererseits aber auch einen negativen Einfluss auf die eigene Wettbewerbsposition ausüben kann, indem er u.U. die Konkurrenz zur Entwicklung einer anlehnenden Technologie motiviert. An dieser Stelle

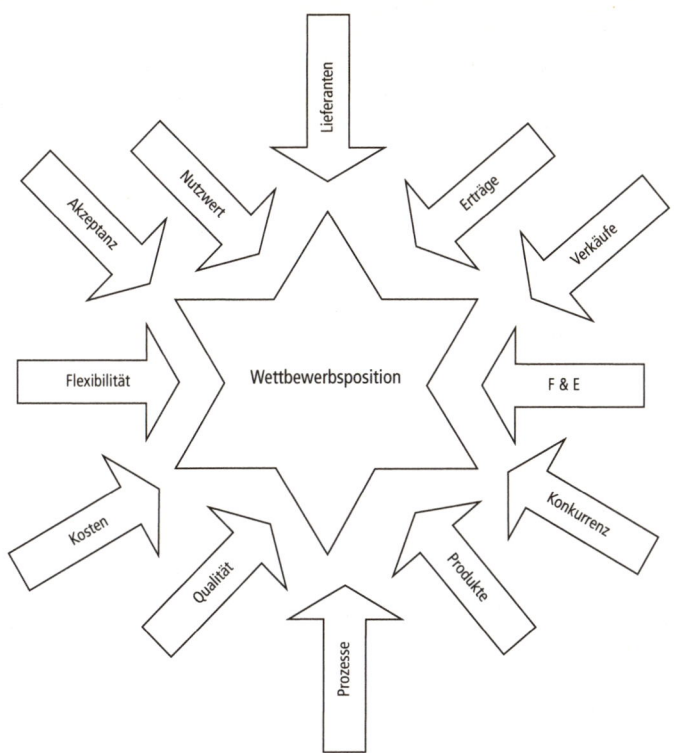

Einflussgrößen der
Wettbewerbsposition
(nach Wilms 2001, S. 56)

kann z. B. die Entwicklung der Valvetronic durch den mit VW in Konkurrenz stehenden Automobilkonzern BMW genannt werden. Diese Entwicklung könnte als eine Antwort auf die von VW entwickelte Technologie interpretiert werden und beeinflusst die angestrebte Wettbewerbsposition von VW unter Umständen negativ. Innerhalb der Kausalketten muss also sowohl die Problemerfassung als auch der alle Einflussfaktoren einschließende Denkprozess ablaufen. Werden Einflussgrößen oder Wechselbeziehungen vernachlässigt, so kann eine wirkungsvolle zielgerichtete Steuerung nicht oder nur beschränkt stattfinden.

Bezogen auf das gewählte Beispiel, wird der VW-Konzern also künftig möglichst alle Einflussgrößen identifizieren wie analysieren, Wechselwirkungen unter den Einflussfaktoren erfassen und beachten und gegebenenfalls Aktionen durchführen, um das zu erreichende Ziel verstärkt positiv zu unterstützen.

Nachfolgendes Beispiel soll eine weitere mögliche Wechselwirkung unter den identifizierten Einflussfaktoren verdeutlichen:
Prozessinnovationen in der Lackierstraße eines Automobilher-
stellers können zu geringerer Nacharbeit führen, wodurch die
Termintreue gegenüber dem Kunden gesteigert werden kann.
Die Qualität des Produktes erhöht sich hierdurch ebenso wie der
Nutzen des Produktes für den Kunden, denn der Kunde erhält
sein in Auftrag gegebenes Fahrzeug entsprechend früher oder
zumindest pünktlich. Würden die Faktoren Prozessinnovationen
und Prozessoptimierung nicht als Einflussgrößen erkannt und die
damit zusammenhängenden Kausalitäten vernachlässigt, wäre
zwar das Erreichen der Wettbewerbsposition nicht ausgeschlossen, die versteckten Mängel in den Prozessen könnten aber die
Zielerreichung bremsen. Es wird also erneut deutlich:

**Je größer das wahrgenommene Realitätsfenster ist,
desto vielfältiger und zielorientierter kann gehandelt
(und auch gedacht) werden. Eine ganzheitliche Erfassung
der Problemsituation und das Denken in Problem-
strukturen sind der Schlüssel zum zielgerichteten und
angestrebten Erfolg.**

Literatur

Malik, Fredmund M.: *Systemisches Management, Evolution, Selbst-
    organisation.* Grundprobleme, Funktionsmechanismen und
    Lösungsansätze für komplexe Systeme. Bern 1999.
Malik, Fredmund M.: *Strategie des Managements komplexer Systeme.*
    Ein Beitrag zur Management-Kybernetik evolutionärer Systeme.
    Bern 1996.
Ossimitz, G.: *Systemisches Denken und systemisches Management.* Graz
    1998. (Internet-Quelle)
Wilms, Falko E.P.: *Systemorientiertes Management.* München 2001.

19. Unternehmensfusionen

Die Prognosen der marxistischen Urväter bezüglich Konzentration und Zentralisation des Kapitals scheinen sich zu bestätigen. Immer mehr Unternehmen verbinden sich zu größeren und schlagkräftigeren Einheiten. In den letzten fünf Jahren haben weltweit über 40 000 Fusionen und Übernahmen in einem Gesamtwert von mehr als 5000 Milliarden DM stattgefunden (www.wirtschaftswoche.de). Was sind die Ursachen dieser Entwicklung?

– Um im härter werdenden Konkurrenzkampf zu überleben, versuchen Unternehmen, ihre Marktanteile zu vergrößern. Alte Wettbewerbsvorteile sollen ausgebaut und neue durch Fusionen hinzugewonnen werden.

– Viele Fusionen zielen auf eine Steigerung des Unternehmenswertes, indem Ersparnis- bzw. Synergiepotenziale genutzt werden.

Diese Unternehmen haben sich vertikal oder horizontal verschmolzen. Bei der vertikalen Fusion schließen sich zwei oder mehrere Unternehmen aufeinanderfolgender Produktions- und Handelsstufen zusammen, während durch die horizontale Fusion gleichartige Unternehmen vereinigt werden.

Die Folgen von Fusionen

Merger-Syndrom zeugt von Ängsten

Eine Fusion ist immer mit tief greifenden organisatorischen Veränderungen verbunden, begleitet von Angst und Verunsicherung bei den Mitarbeitern. Die fusionierenden Unternehmen müssen sich auf das *Merger*-Syndrom in Form von Ängsten, Ablehnung und Misstrauen einstellen, denn Erfolgsmeldungen über Fusionen waren immer von Mitteilungen über Entlassungen begleitet. Auch ohne diese Personalfreisetzungen fragen sich die Mitarbeiter, ob der eigene Arbeitsplatz bleibt, wer die künftigen Vorgesetzten sind und wo der Arbeitsort sein wird. Chancen und Risiken werden ausgelotet. Es drohen offener oder verdeckter Widerstand und Machtspiele, und zwar gerade zu einem Zeitpunkt, zu dem Kommunikation und Kooperation für die gemeinsamen Ziele erforderlich wären.

Das alles wirkt negativ auf das Leistungsniveau und steigert die Fluktuation: Personalberater werben die besten Mitarbeiter ab und gute Kunden werden eventuell von diesen mitgenommen.

Fusionen häufig nutzlos

Um negative Auswirkungen möglichst gering zu halten, stellt sich die Frage nach der richtigen Vorgehensweise in unternehmens- und personalpolitischer Hinsicht. Die Notwendigkeit dieser Frage ergibt sich u. a. aus der Tatsache, dass die mit der Fusion angestrebten Effekte oft gar nicht oder nur sehr langsam erreicht werden. In einer Untersuchung wird berichtet, dass von 115 fusionierten Unternehmen 58 % ihr Ziel *nicht* erreichten (vgl. Habeck u. a. 1999, S. 32).

Eine andere Analyse ergab, dass 83 % der grenzüberschreitenden Großfusionen zwischen 1996 und 1998 für die Aktionäre ohne Nutzen waren, kein Wertzuwachs erreicht wurde und bei 53 % dieser Fusionen der *Shareholder Value* sogar gefallen ist (vgl. Kelly u. a. 1999, S. 8). Gary Hamel schreibt (2000, S. 61): »*Nichts spricht dafür, dass ein Unternehmen allein schon durch seine Größe rentabler wird.*« Bei dem Wort »Synergieeffekt«, so seine Empfehlung, sollten Investoren schleunigst die Flucht ergreifen.

Das richtige Fusionsmanagement

Die meisten Fusionen scheitern, weil man dem *Human Resources Management* nicht die gebotene Aufmerksamkeit schenkte. Rechtsanwälte, Steuerberater und Wirtschaftsprüfer werden frühzeitig in den Fusionsprozess eingeschaltet, *Human Resources*-Experten meistens zu spät. Die Schlüsselrolle der Mitarbeiter für das Gelingen der Fusion wird nicht erkannt oder unterschätzt.

Dieses Defizit ist oft eine Folge schlechter Zeitplanung. Für die Unternehmensleitung haben die *Hard Facts* der »Eheschließung« Priorität. Für die »weichen Themen« der Fusion bleibt keine Zeit, obwohl die Erfahrung zeigt, dass jede Stunde, die in das *Human Resources Management* investiert wird, viele Stunden *Troubleshooting* erspart.

Die fusionierenden Unternehmen müssen Glaubwürdigkeitsverluste vermeiden. Das kann nur durch rechtzeitige, umfassende und eindeutige Kommunikation geschehen, noch bevor die Mitarbeiter in der Zeitung über den geplanten *Merger* lesen.

Unternehmen, die eine Fusion planen oder sich im Fusionsprozess befinden, sollten die im Folgenden aufgelisteten Gestaltungsaspekte einer neuen gemeinsamen Unternehmenskultur beachten:

Führungsklarheit

Die Führungspositionen werden zu spät und / oder ohne klare Linie und eindeutige Richtung besetzt. Das dadurch entstehende Führungsvakuum wirkt lähmend und gegebenenfalls chaotisierend. Daraus folgt in der Regel ein erhöhter Arbeitsaufwand für die verbleibende Belegschaft.

Dieses Führungsvakuum bzw. -chaos ist Ursache für viele der in den nachfolgenden Abschnitten beschriebenen Probleme. Führung ist und bleibt der entscheidende Stellhebel für das Gelingen einer Fusion. Ob und mit welcher Intensität die hier benannten Probleme auftreten und wie gut sie gelöst werden, hängt entscheidend von den Weichenstellungen in der Chefetage ab.

Maßnahmen: Je schneller eine Führungsmannschaft aufgestellt ist, umso besser ist dies für die Motivation der Mitarbeiter. Die mit der Fusion einhergehende Desorientierung wird reduziert. Erst wenn tatsächlich mit der eigentlichen Arbeit begonnen wird, werden auch die ersten positiven Auswirkungen der Fusion spürbar. Nur die besten Mitarbeiter sollen in den aufzustellenden Projektteams mitarbeiten, denn sie kennen sich im Tagesgeschäft aus. Durch Ausstrahlung und Entschlossenheit der Spitzenleute wird der Integrationsprozess vorangetrieben.

Da sich die Praxis immer als Einzelfall darstellt und nicht verallgemeinert werden kann, erweist sich die genaue Prüfung des individuellen Falls als unabdingbar. Nichtsdestotrotz können die nachfolgend beschriebenen Lösungsansätze die Erfolgswahrscheinlichkeit von Fusionen erhöhen und daher als allgemeingültige Handlungsprämissen verstanden werden.

Unternehmen lebendiger, teamorientierter Organisationskultur, die offen für Veränderungen sind und Fusionen als Chance und Herausforderung begreifen, verfügen über die besten Voraussetzungen für erfolgreiche Fusionen.

Aktive Information und Kommunikation Aufgrund der mit einer Fusion verbundenen Unsicherheiten haben die Mitarbeiter einen überdurchschnittlichen Informationsbedarf. Da auch Manager von Ängsten befallen sind, halten sich diese lieber zurück, als etwas verlautbaren zu lassen, was sie später vielleicht revidieren müssen. Die daraus resultierenden Informationslücken werden durch eigene »Wahrheiten« ausgefüllt, d.h. die Zukunft wird »schwärzer« gemalt, als sie wirklich ist. Das wirkt demotivierend und bindet zugleich Energien, die besser in das Fusionsprojekt geflossen wären.

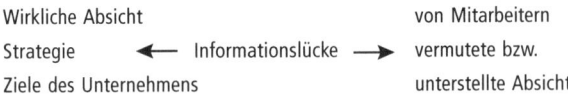

Wirkliche Absicht		von Mitarbeitern
Strategie	← Informationslücke →	vermutete bzw.
Ziele des Unternehmens		unterstellte Absicht

Maßnahmen: Zum Bauplan eines Fusionsprojekts gehört ein dickes Arbeitspaket mit der Aufschrift »Information und Kommunikation«. Information ist der notwendige Vertrauensvorschuss für die Mitarbeiter. Diese haben Fragen, auf die sie Antworten erwarten, und sie haben Ängste, die abzubauen sind. Vielleicht haben sie auch Ideen, die für *Merger and Acquisition* nützlich sind.

Fusionierenden Unternehmen sei empfohlen, ein Informations- bzw. Integrationsteam zu bilden, das für Fragen und Anregungen der Mitarbeiter verantwortlich ist und über den genauen Verlauf der Fusion ständig Auskunft gibt. Es ist zugleich verantwortlich für die mehrmalige und regelmäßige Befragung der Mitarbeiter über die Qualität des Fusionsprozesses. Damit wird die aktuelle Akzeptanz überprüft und Verbesserungen werden rechtzeitig vorgenommen.

Die Führungsspitze der fusionierenden Unternehmen sollte neben der Repräsentation bei externen Veranstaltungen auch eine interne »Promotionstour« durchführen. Leitbilder in Form lebendiger Menschen sind effektiver und glaubwürdiger als jedes geschriebene Statement.

Fusionszirkel

Hilfreich sind weiterhin Fusionszirkel. Hier treffen sich die Mitarbeiter der unterschiedlichsten Hierarchien und/oder des Fusionspartners in regelmäßigen Abständen, um Optimierungsvorschläge zu erarbeiten. Das erhöht die Projektakzeptanz und baut Vorurteile gegenüber dem ehemaligen Mitbewerber ab. Auch wenn nicht alle Mitarbeiter an solchen Fusionszirkeln teilnehmen können, überträgt sich das Verständnis und die positive Grundeinstellung auf andere Kollegen.

Es reicht aber nicht, der Kommunikation nur eine Struktur zu geben. Auch die Inhalte sind sorgfältig zu bedenken. Schnell treten Missverständnisse auf, die kontraproduktiv wirken. So sind die mit der Fusion verbundenen Nachteile, z.B. Stellenabbau, gekonnt zu kommunizieren und schwierige strategische Zusammenhänge zu vermitteln. Auf viele Fragen kann das Management oder ein eventuelles Informations- bzw. Integrationsteam selbst keine Antworten geben, weil die Informationen noch fehlen.

Fazit: **Will das Management der Fusionsunternehmen Demotivation, Feindbilder oder Identitätsverlust vermeiden, dann sollte es die Mitarbeiter über den Stand der Dinge ehrlich und offen informieren.**

Die fusionierenden Partner haben in der Regel konkrete Vorstellungen von den Kostensynergien. Diese interessieren zwar die Finanzanalysten und Fondsmanager, aber kaum die Mitarbeiter. Was außer *Shareholder Value* noch sein wird, wissen die Fusionsmanager oft selber nicht (vgl. Kapitel Unternehmensvisionen im zweiten Teil).

Die intensive Kommunikation der Vorstellung von der gemeinsamen Zukunft ist wichtig für den Integrationserfolg. Indem die Fusionspartner gemeinsam eine Vision oder unternehmenspolitische Leitbilder erarbeiten, entsteht als wichtige Voraussetzung für den Fusionserfolg ein neues gemeinsames Wir-Gefühl. Eine gemeinsame Vision hat unterstützende Wirkung und verdeutlicht den *Mainstream* des neuen Unternehmens.

Maßnahmen: Die Fusionspartner sollten schnellstmöglich die grobe Richtung und Strategie des zukünftigen Unternehmens festlegen. Hier liegt eine zentrale Aufgabe des *Human Resources Management* nämlich den Mitarbeitern Sinn und Wert der Fusion zu vermitteln und wie bei Jungvermählten gemeinsame Zukunftspläne zu schmieden.

Dazu gehören auch unternehmenspolitische Leitbilder. Sie sollen normativ das Verhalten der Manager und Mitarbeiter sowie die neue gemeinsame Unternehmenskultur prägen (vgl. Kapitel Leitbilder im dritten Teil). Die damit transportierte Botschaft lautet: »Wenn wir diese Grundsätze praktizieren und Verhaltensweisen anwenden, dann sind wir erfolgreich.«

Bei Fusionen treffen verschiedene Unternehmenskulturen aufeinander. Menschen, die vor der Fusion Konkurrenten waren, müssen jetzt in einem neuen, gemeinsamen Unternehmen zusammenarbeiten. Die alte Unternehmensidentität und das gewachsene Wertesystem sind plötzlich in Frage gestellt. Ein Stück Sicherheit geht verloren (vgl. Kapitel Unternehmenskultur im zweiten Teil).

Daraus resultiert ein Kulturvakuum, welches zu Identifikationsschwierigkeiten bei den Mitarbeitern der zusammengeführten Unternehmen führt. Die umfassenden Veränderungen und das daraus entstehende Misstrauen bewirken einen Rückzug in die vertraute Organisationskultur.

In der Vorphase einer Fusion wird das Wir-Syndrom einer Firma manifest. Damit versucht sich die Belegschaft von der Unternehmenskultur des Fusionspartners abzuheben, der mit Vorurteilen begegnet wird. Bei national unterschiedlichen Kulturen, so z. B. bei Daimler und Chrysler, wird der Effekt noch verstärkt und auch als »Kollision der Unternehmenskulturen« bezeichnet.

Das alles erfordert ein gutes Projektmanagement, da der Fusionsprozess ansonsten eine eigene ungewollte, kontraproduktive Dynamik entwickelt.

Maßnahmen: Die kulturelle Integration ist der entscheidende Faktor für den Erfolg einer Fusion. Das neue Unternehmen benötigt baldmöglichst eine gemeinsame Soll-Kultur. Da die Mitarbeiter Träger der Unternehmenskultur sind, ist hier das Personalmanagement gefordert. So fordern M&A-Spezialisten, die finanzielle, produktions- und marktbezogene Analyse der Fusion durch die Prüfung und Bewertung der kulturellen Gegebenheiten zu vervollständigen.

Gemeinsame Soll-Kultur entscheidend

Zu diesem Zweck sollten zunächst kulturelle Unterschiede aufgedeckt werden. So können beispielsweise Interviews mit ausgesuchten Mitarbeitern geführt werden, um betriebliche Rituale oder »Hackordnungen« zu diagnostizieren und zu interpretieren. Darauf aufbauend wird dann die neue Kulturarchitektur gestaltet.

Vor der eigentlichen Integrationsphase sollte das persönliche Kennenlernen der künftigen Kollegen ermöglicht werden. Das kann auch in Form von Austauschprogrammen, Seminaren oder gemeinsamen Projektarbeiten geschehen.

Literatur

Bußmann, Ludwig: *Unternehmensfusionen und Beschäftigung.* (Internationale Tagungen der Sozialakademie Dortmund). Berlin 2002.

Donnersmarck, M. Henckel / R. Schatz: *Fusionen gestalten und kommunizieren.* Bonn 2000.

Feldman, Mark L. / Michael F. Spratt: *Speedmanagement für Fusionen.* Wiesbaden 2000.

Geschwill, Roland: *Fusionen erfolgreich managen.* Wege aus der Integrationsfalle. Mannheim 2000.

Habeck, M. / F. Kröger / M. Träm: *Wi(e)der das Fusionsfieber.* Wiesbaden 1999.

Hamel, Gary: *Das revolutionäre Unternehmen.* München 2000.

Honegger, Beat / Wolfgang Ahrendt: *Visionen für Fusionen, 1 + 1 = ?* Ein Prozessbegleiter. Zürich 1999.

Kelly, I. / C. Cook / D. Spitzer: »Unlocking the Shareholder Value: The Keys to Success.« In: *Mergers & Acquisitions* – A Global Research Report. KPMG Studie 1999.

Lucks, Kai / Reinhard Meckl: *Internationale Mergers & Acquisitions.* Der prozessorientierte Ansatz. Heidelberg 2002.

20. Unternehmenskultur

Die Unternehmenskultur ist für sich genommen kein Strategie-konzept. Aber ihre Beschaffenheit begünstigt oder behindert unternehmensstrategische Planung oder Maßnahmen. Sie ist der Humus, auf dem eine Organisation gedeiht oder verkümmert und somit Voraussetzung für den Unternehmenserfolg oder Ursache für den Misserfolg. Schon 1933 erkannte der Begründer der betrieblichen Sozialpsychologie, Elton Mayo, dass Wertvorstellungen für das Verhalten und Handeln im Unternehmen bedeutsam sind. Darum ist der »Kulturpolitik« des Unternehmens Aufmerksamkeit zu schenken. Alle in diesem Buch vorgestellten Strategiemodelle benötigen eine handlungsstimulierende Unternehmenskultur. Außerdem muss die Verbesserung der Unternehmenskultur ein zusätzliches Ergebnis der Unternehmensstrategie sein. Insofern ist die Unternehmenskultur Resultat und Voraussetzung aller Strategieaktionen.

Kultur = Resultat und Voraussetzung

Begriffsklärung

Unter »Kultur« lässt sich allgemein ein System von Wertvorstellungen, Verhaltensnormen, Denk- und Handlungsweisen verstehen, das von einem Kollektiv von Menschen erlernt und akzeptiert worden ist und eine Abgrenzung dieser sozialen Gruppe von anderen Gruppen bewirkt. Dementsprechend wird der Begriff Unternehmenskultur von vielen Autoren in Anlehnung an Prof. K. Bleicher (St. Gallen) als Gesamtheit von Normen, Wertvorstellungen und Denkhaltungen gedeutet, die das Verhalten der Mitarbeiter aller Stufen und somit das Erscheinungsbild eines Unternehmens prägen. Alternativ gebräuchliche Begriffe sind »Geist«, »Stil des Hauses« oder *Corporate Culture*. Einige Autoren definieren den Begriff Unternehmenskultur auch ganz kurz mit »so, wie wir es hier bei uns machen« (Drennan 1993, S. 1).

Abgrenzung zu anderen Begriffen
Das Wort Unternehmenskultur wird häufig mit Begriffen gleichgesetzt, die aber etwas anderes meinen, so z. b. *Corporate Design* als optische Identitätsdarstellung, *Corporate Identity* als ganzheitliches Zeichen- und Symbolsystem einer Organisation, »Betriebsklima« als subjektive Wahrnehmung der Unternehmenskultur, »Vision« als eine Art Aktionsziel oder »Leitbild« als Grundbotschaft des Unternehmens nach innen und außen.

Natürlich sind vor allem die Begriffe »Leitbild«, »Vision« und gegebenenfalls »Unternehmensphilosophie« eng mit der Unternehmenskultur verbunden. So ist beim Entwickeln von Leitbildern die derzeitige Unternehmenskultur ein wesentlicher Ansatzpunkt. Während aber das Unternehmensleitbild den gewünschten Soll-Zustand beschreibt, drückt die Unternehmenskultur den realen Ist-Zustand aus.

Kernelemente der Unternehmenskultur

Der Begriff Unternehmenskultur wird gern herangezogen, um das Besondere eines Unternehmens zu beschreiben bzw. dessen Zusatzeigenschaften in Worte zu fassen. Diese drücken sich in folgenden Kernelementen auf besondere Art aus:

Werte und Normen
Ein gemeinsam geteiltes Werte- und Normensystem ist von zentraler Bedeutung für konkrete Handlungsweisen im Unternehmen. Es trägt dazu bei, Wahrnehmungen zu filtern, Verhalten, Entscheidungen und Handlungen zu beeinflussen und zu legitimieren.

Werte sind Vorstellungen darüber, wie bestimmte Dinge sein sollten. Als Beurteilungsmaßstäbe helfen sie dem Individuum,

Entscheidungen zu treffen. Sie können bewusst oder unbewusst das Handeln und Verhalten lenken.

Ergänzend dazu sind Normen Verhaltensregeln, die dazu dienen, dass sich die Mitarbeiter im Sinne des Unternehmens (wertkonform) verhalten. Ihre Beachtung ist mit Sanktionen wie Tadel, Lob, Belohnungen, Beförderung etc. verbunden oder kann konkret durch Vorschriften, Ge- oder Verbote festgelegt sein. Im Hinblick auf die Unternehmenskultur ist dabei relevant, wie die Normen gelebt werden.

Grundannahmen sind Ausgangspunkt für Werte und Handlungen. Es handelt sich hierbei um unsichtbare und überwiegend unbewusste Annahmen über das Wesen des Menschen, das Wesen menschlicher Handlungen und Beziehungen.

Innerhalb eines Unternehmens entwickelt sich eine spezielle **Sprache**, die auch dessen Wertesystem ausdrückt. Sprache wirkt in erheblichem Maße beeinflussend und dient so der Weitergabe der Werte an neue Mitarbeiter.

In jedem Unternehmen existieren **Geschichten und Legenden** über Personen und Ereignisse; sie signalisieren den Mitarbeitern, worauf es im Unternehmen ankommt.

Das Unternehmen kann durch sein **Erscheinungsbild** seine Werte nach außen hin darstellen. Dies kann durch die Kleidung der Mitarbeiter oder eine spezielle Architektur geschehen. So sollen offene Räume mit viel Glas und Licht Offenheit und Kommunikation ausdrücken.

Neben der Sprache sind **Rituale und Zeremonien** einer der wichtigsten Bereiche zur Identifizierung und Formung der Unternehmensidentität. Jedes Unternehmen entwickelt spezielle Rituale, die sehr verhaltensprägend sind, z. B. Betriebsfeiern, Wettbewerbe (der beste Mitarbeiter des Monats, IBM-Klub 100) und Festessen mit dem Vorstand.

Jedes Unternehmen zeichnet sich durch eine spezielle Art der **Führungsstil** Umgangsweise der Vorgesetzten mit ihren Mitarbeitern aus.

Das betriebliche Geschehen wird nicht nur von rationalen Managemententscheidungen her geprägt, sondern wesentlich von den Basisannahmen, Werten und Normen eines jeden einzelnen Mitarbeiters. Insofern ist ein Unternehmen mehr als die Summe nebeneinander agierender Personen. Es ist eine kommunikative Wertegemeinschaft, die der sichtbaren Kultur zugrunde liegt.

Man kann die Analyse der Unternehmenskultur neben der Einteilung in Kernelemente durch eine ebenenorientierte Betrachtung ergänzen. Diese Ebenen können in Form eines Eisbergs dargestellt werden. Jede einzelne Ebene mit unterschiedlichem Sichtbarkeitsgrad verkörpert hierbei bestimmte kulturelle Ausdrucksformen. An der Spitze stehen die beobachtbaren Verhaltensweisen, z.B. Kleidung und Sprache, unterhalb der »Wasseroberfläche« befinden sich die nicht sichtbaren Grundannahmen, z.B. Lebenssinn und Weltbild.

Die Ebenen einer
Unternehmenskultur

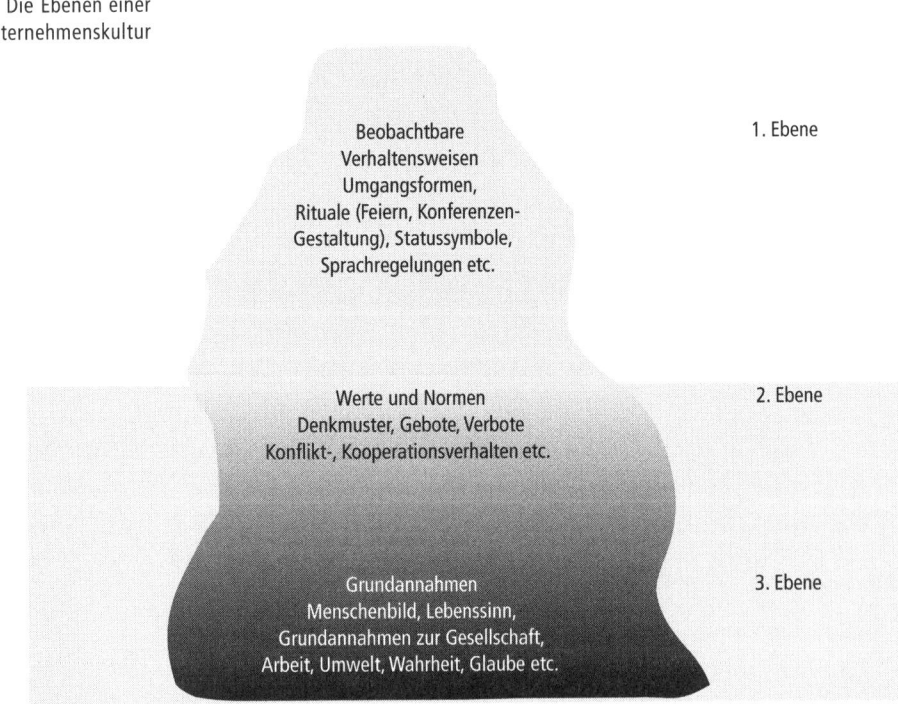

Beobachtbare
Verhaltensweisen
Umgangsformen,
Rituale (Feiern, Konferenzen-
Gestaltung), Statussymbole,
Sprachregelungen etc.

1. Ebene

Werte und Normen
Denkmuster, Gebote, Verbote
Konflikt-, Kooperationsverhalten etc.

2. Ebene

Grundannahmen
Menschenbild, Lebenssinn,
Grundannahmen zur Gesellschaft,
Arbeit, Umwelt, Wahrheit, Glaube etc.

3. Ebene

Funktion und Nutzen der Unternehmenskultur

Unternehmenskultur wird als erfolgsprägender Faktor des unternehmerischen Handelns verstanden. Mittels einer leistungsstimulierenden Unternehmenskultur will man nicht nur Organisationskrankheiten therapieren, sondern man will sie auch vorbeugend zur Steigerung der Unternehmensfitness einsetzen. Hierzu gibt es eine Vielzahl von Gestaltungsmöglichkeiten. Bevor man aber gestaltend auf die Unternehmenskultur einwirkt, sollte man sich ihre Funktionen vor Augen führen:

Unternehmenskultur ist verhaltenssteuernd und vermittelt Richtlinien für das »tägliche Verhalten« der Mitarbeiter, indem sie Handlungsabläufe festlegt und Handlungsfreiräume definiert (gemeinsame Werte und Normen). **Koordinationsfunktion**

Unternehmenskultur schafft auch bei dezentralen Organisationsstrukturen ein Zugehörigkeitsgefühl der Mitarbeiter (Kultur als Konsens für alle). **Integrationsfunktion**

Unternehmenskultur erzeugt Identifikationsmöglichkeiten für den Mitarbeiter und vermittelt so den Sinn der Arbeit (Wir-Gefühl). **Identifikationsfunktion**

Unternehmenskultur setzt bei den Mitarbeitern Motivationspotenziale frei durch ein ausgeprägtes Wir-Gefühl und Teamgeist, z. B. »Ich arbeite bei Daimler« (Kultur als Sinnvermittler für das interne Verhalten). **Motivationsfunktion**

Während sich die traditionelle Betriebswirtschaft primär mit »harten« Faktoren wie Gewinnmaximierung und Input-Output-Beziehungen beschäftigte, interessiert sich die moderne BWL für den ökonomischen Wert einer Unternehmenskultur. Sie fragt nach dem Imagewert bestehend aus dem Kontaktwert, dem Nachfragewert auf dem Personalmarkt, dem Motivationswert für die Mitarbeiter oder auch nach dem *Public Relations*-Wert und versucht, diesen zu berechnen.

Typen von Unternehmenskultur

In der Literatur gibt es eine Menge Typologisierungsversuche zur Unternehmenskultur. Da diese die komplexe Wirklichkeit von Organisationen vereinfachen, existieren Unternehmenskulturen in der gesellschaftlichen Realität niemals rein und unverschnitten. Es handelt sich allenthalben um »Idealtypen«. Exemplarisch soll hier die Typologie von Deal/Kennedy (2000) dienen:

Die Typologie
von Deal und Kennedy

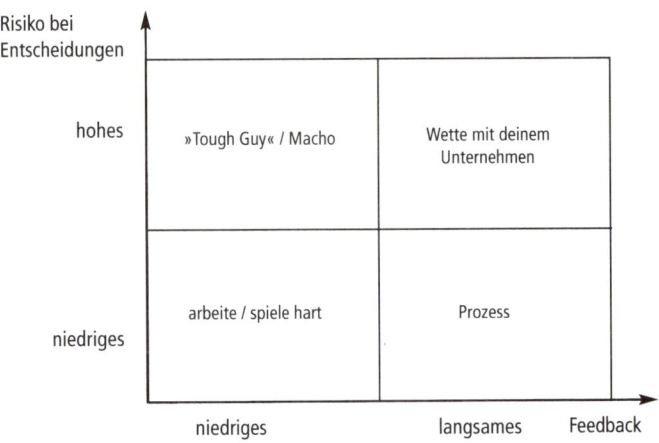

Die Typologie von Deal/Kennedy Die Autoren gehen von zwei charakteristischen Merkmalen der Unternehmenskultur aus: einerseits von der Geschwindigkeit, mit der ein Feedback über Erfolg oder Misserfolg stattfindet, andererseits vom Risiko, mit dem typischerweise ein Geschäft verbunden ist. Die beiden Kriterien werden dann in langsames und schnelles Feedback sowie in niedriges und hohes Risiko unterteilt und ermöglichen eine Einordnung des Unternehmens in eine Portfolio-Matrix. Jedem der vier Felder liegt eine »typische« Unternehmenskultur zugrunde:

- *»Tough Guy« / Macho-Kultur:* Unternehmen mit vielen Individualisten, die bereit zu hohem Risiko sind und schnelle Informationen fordern, z.B. Marketingabteilungen.
- *Arbeite hart / Spiele hart-Kultur:* Trotz schnellen Informationsflusses geringe Risikobereitschaft, z.B. Automobilbranche.

– *Wette mit deinem Unternehmen-Kultur:* Trotz hoher
Risikobereitschaft langsamer Informationsfluss,
z. B. Großmaschinenindustrie.
– *Prozess-Kultur:* Sowohl geringe Risikobereitschaft als
auch langsamer Informationsfluss, z. B. Versicherungs-
unternehmen.

Warren Bennis und Burt Nanus (1985) gehen von drei Orga-
nisationstypen aus, die sich durch folgende Elemente unterscheiden: *»ihre Entstehung, ihre grundlegende Funktionsweise, die Art der
geleisteten Arbeit, die Handhabung der Informationen, der Entscheidungsfindung und der Macht, Einfluss und Status.«* Die drei Organi-
sationstypen sind geprägt durch einen kollegialen, einen perso-
nalistischen oder einen formalistischen Organisationsstil.

**Die Typologie von
Bennis und Nanus**

1. Der kollegiale Organisationsstil ist durch eine demokratische
Entscheidungsfindung charakterisiert. Durch offene Meinungs-
äußerung soll ein Konsens zu allen offenen Fragen hergestellt
werden. Komplexe Probleme sollen mit Hilfe unterschiedlicher
Denkansätze gut und schnell gelöst werden. Dieser Organisationsstil geht oft mit einer Unternehmensphilosophie einher, die
auf Flexibilität und Spitzenleistung setzt.

**Kollegialer
Organisationsstil**

2. Der personalistische Organisationsstil ist durch das Vertrauen
zwischen Mitarbeitern und dem Eigentümer geprägt. Der Eigentümer legt Wert darauf, keine Distanz zu seinen Mitarbeitern
aufkommen zu lassen und mit ihnen im Kontakt zu bleiben,
ohne sich in Dinge einzumischen, von denen er nichts versteht.
Er verzichtet auf äußerliche Statussymbole und positionsunter-
streichende Extravaganzen.

**Personalistischer
Organisationsstil**

Die »soziale Architektur« dieses Organisationstyps zielt u. a. auf
die individuelle Selbstverwirklichung der Mitarbeiter, um so Produktivität und Leistung positiv zu beeinflussen.

3. Der formalistische Organisationsstil ist gekennzeichnet durch
eine dezentrale Betriebsführung in Verbindung mit einer zentralen Unternehmenspolitik. Es handelt sich um das Grundmodell
vieler Industrieorganisationen der letzten Jahre.

**Formalistischer
Organisationsstil**

Grundelement dieses Organisationsstils ist eine klare Hierarchie, welche die Kontrolle und Macht des Vorgesetzten betont. Dementsprechend wird viel mit Vorschriften, Gratifikationen und Sanktionen gearbeitet. Führungskräfte heben sich in vielerlei Form von den Geführten ab und legen Wert auf Distanz. Das zeigt sich u. a. an der Architektur der Chefetage.

Kern dieses Organisationsstils ist ein Organigramm, mit dem Abläufe strukturiert werden, so dass diese kontrollierbar und nachvollziehbar sind.

Werte/Verhalten	Formalistischer Stil	Kollegialer Stil	Personalistischer Stil
Entscheidungsbasis	Anweisung von oben	Diskussion, Einigung	Innere Antriebe, Überzeugungen
Formen der Kontrolle	Vorschriften, Gesetze	Zwischenmenschliche und Gruppenbindungen	Handlungen in Einklang mit dem Selbstkonzept
Quelle der Macht	Vorgesetzte	was wir denken und fühlen	was ich denke und fühle
Angestrebtes Ziel	Pflichterfüllung	Konsens	Selbstverwirklichung
Zu vermeiden ist	Abweichung gegenüber den Anordnungen von oben; Eingehen von Risiken	Nichtherstellung eines Konsenses	sich selbst treu bleiben
Position gegenüber anderen	hierarchisch	gruppenorientiert	individuell
Menschliche Beziehung	festgefügt	gruppenorientiert	individuell orientiert
Wachstumsbasis	Erhaltung der hergebrachten Ordnung	Zugehörigkeit zur Gruppe der Gleichgestellten	Handeln aufgrund von Selbstbewusstsein

Stilvergleich (Bennis/ Nanus 1985, S. 130)

Es ist schwer, diese Organisationsstile zu bewerten, denn sie sind im jeweiligen Gesamtkontext auf ihre Art erfolgreich.

Praktische »Kulturpolitik« im Unternehmen

Da Unternehmenskulturen keine festgeschriebenen Grundsätze sind, sondern vielmehr »gelebt« werden, gibt es viele Verhaltensweisen, an denen sie erkannt werden können. Dem Insider sind sie meist so vertraut, dass er sie oft nicht mehr wahrnimmt, während sie einem Außenstehenden sofort ins Auge springen. Nachfolgend einige Beispiele.

In welcher Art und Weise wird in einem Unternehmen kommuniziert? Administrativ-formalistisch und damit distanzierend oder informell-unkompliziert und damit motivierend?

Kommunikation

Ist der Briefstil offen, direkt, präzis, freundlich und kunden- bzw. mitarbeiterbezogen oder bürokratisch, autoritär, unpersönlich und umständlich?

Briefstil

Kehrt man Konflikte von vornherein unter den Teppich? Sucht man zuerst nach Schuldigen oder nach sachlichen Problemlösungen?

Umgang mit Kritik und Konflikten

Arbeiten die Mitarbeiter vorwiegend als Einzelkämpfer oder im Team?

Teamarbeit oder Einzelkämpfertum

Werden Titel und Hierarchie stark betont, oder sind Arbeitsstil und Zusammenarbeit unkompliziert, sachbezogen und leistungsorientiert?

Titel und Hierarchie

Reagiert man schnell auf Schreiben von außen oder innen? Gibt man bei längerer Bearbeitungszeit einen kurzen Zwischenbescheid, oder gehört es zum Stil des Hauses, dass man grundsätzlich ein paar Wochen auf Antwort warten lässt?

Antwortzeiten

Sind Sekretärinnen und Telefonistinnen abweisend und hochnäsig oder hilfreich und freundlich ?

Verhalten von Sekretärinnen und Telefonistinnen

Vor einigen Jahren wurden Führungskräfte und Mitarbeiter nach den praktischen und erfahrbaren Elementen einer Unternehmenskultur gefragt. Hier das Ergebnis in der Reihenfolge der genannten Wichtigkeit (vgl. Bromann/Piwinger 1992, S. 5 f.):

1. Förderung der Selbstverantwortlichkeit der Mitarbeiter
2. Verbesserung der Teamarbeit
3. Verstärkte Beteiligung der Mitarbeiter an betrieblichen Entscheidungsprozessen
4. Mehr Informationen über betriebliche Vorgänge
5. Selbstverwirklichung am Arbeitsplatz
6. Freiheitsräume bei der Gestaltung von Arbeitsinhalten
7. Humanisierung des Arbeitslebens
8. Berücksichtigung der gesellschaftspolitischen Verantwortung des Unternehmens
9. Verbesserung der Arbeitsorganisation
10. Berücksichtigung ökologischer Fragestellungen

Literatur

Bennis, W. / B. Nanus: *Führungskräfte.* Die vier Schlüsselstrategien erfolgreichen Führens. Frankfurt / Main 1985.

Bertelsmann Stiftung: *Praxis Unternehmenskultur.* 7 Bände. Herausforderungen gemeinsam bewältigen. Erfolgsfaktor Unternehmenskultur. Beschäftigung sichern und entwickeln. Für den Kunden Werte schaffen. In liberalisierten Märkten bestehen. Fusionen gestalten. Gütersloh 2001.

Bromann, P. / M. Piwinger: *Gestaltung der Unternehmenskultur.* Stuttgart 1992.

Busch, Rolf: *Change Management und Unternehmenskultur.* Konzepte in der Praxis. Mering 2000.

Deal, T. E. / A. A. Kennedy: *Corporate Cultures.* New York 2000.

Drennan, D.: *Veränderung der Unternehmenskultur.* Maidenheim 1993.

Gontard, Maximilian: *Unternehmenskultur und Organisationsklima.* Mering 2002.

Pullig, Karl-Klaus: *Innovative Unternehmenskulturen.* Zwölf Fallstudien zeitgemäßer Sozialordnungen. Leonberg 2000.

Simon, Hermann: *Unternehmenskultur und Strategie.* Corporate Culture and Strategy. Herausforderungen im globalen Wettbewerb. Frankfurt / Main 2001.

21. Unternehmensvisionen

Das Thema Visionen ist seit etwa 15 Jahren Diskussionsgegenstand im Zusammenhang mit Fragen der unternehmerischen Strategieformulierung. Für viele Verantwortungsträger hat der Begriff Vision einen »bitteren Beigeschmack« im Sinne von Irrglauben oder extremem Fanatismus. Das könnte mit den Besonderheiten der deutschen Geschichte im Zeitraum von 1933 bis 1945 zusammenhängen. Aber historische Fehlentwicklungen kann man nicht der Vision als solcher anlasten, sondern dem konkreten Inhalt. Visionen etwa von der Art »I have a dream« (Martin Luther King) hatten ein zutiefst humanistisches Anliegen.

Eine Vision ist eine Zielvorstellung. Sie ist aber noch mit Unklarheiten bezüglich des Weges, der Strategie und Taktik behaftet. Dennoch hat sie langfristigen Ziel- und Richtungscharakter, vorausgesetzt, sie wird nicht nur gedacht, sondern auch aktiv kommuniziert. Menschen und Unternehmen, die erfolgreich bleiben wollen, brauchen anschauliche Visionen.

Zielvorstellung

Begriffsklärung

Lexika definieren den Begriff Vision im Sinne von »geistiger Schau, Sinnestäuschung, Erscheinung in religiöser oder künstlerischer Verzückung«.

Visionäres Denken ist Denken außerhalb der Norm ohne Schere im Kopf. Visionen sind das Ergebnis kreativer Höchstleistungen, ohne skurril oder absurd empfunden zu werden: »Sie sind innere Bilder einer künftigen Wirklichkeit, die realisierbar, heute aber noch nicht Realität sind« (Höhler 1999, S. 208). Diese dürfen nicht zu weit von der Problemlösung entfernt sein, um auch kleine Schritte des Erfolgs wahrzunehmen.

Die folgende Abbildung zeigt, durch welche qualitativen und zeitlichen Dimensionen ein fast idealer Visionshorizont erreicht wird. Mit ihrer Hilfe lassen sich Visionen klassifizieren, und man kann erkennen, ob es sich um Fantasien oder um nahe liegende Aufgaben handelt. Das ist wichtig, denn viele technologische Langfristprognosen liegen daneben, weil der Visionshorizont nicht beachtet wurde. Nach Schätzungen des US-Unternehmensberaters Steven Schnarrs (1989) sind es 80 bis 90 Prozent.

Problemlösung

absurd skurril inakzeptabel	Schnellschuss		Träumerei
interessant neuartig herausfordernd		Optimaler Visions- horizont	
zu nah an der Realität	Nahe Zukunft »morgen«	Mittlere Zukunft	Ferne Zukunft

Visionshorizont ⟶ Zeit

In den meisten betriebswirtschaftlichen Lexika wird der Begriff Vision oder Visionsmanagement vernachlässigt. Eher wird man in der BWL-Literatur fündig, so z. B. bei Rolf Berth. Er definiert den Begriff nicht nur im Sinne kreativer Höchstleistung, sondern als eine große Entdeckung, welche die Zukunft vorwegnimmt. Eine Vision soll auf lange Zeit Anregung und Ansporn bleiben und neue Dimensionen setzen (vgl. Berth 1981, S. 11).

Sinn und Zweck einer Unternehmensvision

Eine Vision darf sich nicht an die Schranken von heute halten. Sie dient dem ganzen Unternehmen als richtungweisend und soll Grenzen überwinden. Die Vision muss aktives Handeln fördern und reaktives bremsen.

»You have to know where you're going, to be able to state it clearly and concisely – and you have to care about it passionately. That all adds up to vision, the concise statement/picture of where the company and its people are heading, and why they should be proud of it. The elements of a successful vision, we believe, lurk in our sections on Customers, Innovation and People, tailored of course to your organization's specific circumstances« (Peters/Austin 1985, S. 284).

Auch in dieser Aussage des amerikanischen Managementgurus Tom Peters wird nach einer Vision verlangt. Die klare und deutliche Benennung der Entwicklungsrichtung soll die Mitarbeiter nicht nur lenken, sondern sie auch mit Stolz erfüllen.

Visionäre Zukunftsbilder richten sich zwar an Einzelpersonen, **Kollektive Kraft** aber sie sollen kollektive Kraft entfalten. Um dies zu erreichen, wird gezieltes Visionsmanagement betrieben, denn die ganze Organisation soll motiviert und zielorientiert gesteuert werden. Daher besteht die Vision aus einem Zukunftsbild, das von den Unternehmensangehörigen angestrebt werden soll. Auslöser ist der Zwang nach Innovation und Leistungssteigerung, um die eigene Wettbewerbsposition zu optimieren. Aus diesem Grunde wird sie oft mit Unternehmens-Leitsätzen und/oder Richtlinien (z.B. Führungsgrundsätzen) verknüpft. Damit soll nicht nur die Richtung vorgegeben werden, sondern auch die Art, wie die Vision erreicht werden soll.

Anforderungen an eine Unternehmensvision

»The very essence of leadership is [that] you have a vision. It's got to be a vision you articulate clearly and forcefully on every occasion. You can't blow an uncertain trumpet« (Theodore Hesburgh, zit. n. Peters 1988, S. 399).

Peters und Austin haben folgende Liste von Anforderungen an eine Vision erstellt (1985, S. 284):

- Visionen müssen inspirierend sein.
- Visionen sind klar und herausfordernd.
- Visionen müssen dem Markt sinnvoll erscheinen und den Turbulenzen der Zeit und Welt standhalten.
- Sie müssen aber fortwährend herausgefordert und in ihren Grenzen angepasst werden.
- Visionen sind eine Art Leuchtfeuer bzw. Fanfare und bieten Orientierung und Halt.
- Visionen zielen in erster Linie auf die Motivation der Mitarbeiter und erst in zweiter Linie auf den Kunden.
- Visionen bereiten auf die Zukunft vor, aber zeigen auch Anerkennung der Vergangenheit.
- Visionen werden im Detail gelebt statt breit vertreten.

Bildhafte Vorstellung Das Bildliche ist dabei wichtig, denn der Mensch ist ein Augentier. *»Ein Bild sagt mehr als 1000 Worte«* lautet ein altes Sprichwort. Mit der bildlichen Vorstellung, den besten Oberklasse-PKW zu bauen, kann man einen BMW-Werker eher begeistern als mit der Vision, den Kurs der BMW-Aktie in den nächsten drei Jahren zu verdoppeln.

Saint-Exupéry hat das literarisch sehr schön so formuliert: *»Wenn du ein Schiff bauen willst, dann trommele nicht Männer zusammen, um Holz zu beschaffen, Aufgaben zu vergeben und die Arbeit einzuteilen, sondern lehre die Männer die Sehnsucht nach dem weiten, endlosen Meer.«*

Der Nutzen von Visionen

Dass eine Idee zur materiellen Kraft werden kann, zeigt die Menschheitsgeschichte. Revolutionen waren immer im positiven und leider auch im negativen Sinne von Visionen begleitet, die den Revolutionären als Energiebrunnen dienten. Die einen träumen von einem vereinten Europa, die anderen träumten vom Großdeutschen Reich. Die 68er-Bewegung bezog ihre Kraft aus gesellschaftlichen Visionen bzw. aus dem, was Ernst Bloch »Das Prinzip Hoffnung« nannte.

Der Marxismus schöpfte seine Energien unter anderem aus der **Politische Ideen** Vision einer klassenlosen Gesellschaft, womit letztendlich eine völlig neue Qualität von Wirtschaft, Gesellschaft und Politik gemeint war, aber sicher nicht das, was Stalin, Mielke und Genossen daraus machten. Mit dieser Vision konnte der stalinistisch geprägte Sozialismus ein Drittel der Welt erobern. Wie Recht hatte doch der sozialistische Vordenker Karl Marx mit seiner Aussage über den Wert von Visionen: *»Die Idee wird zur materiellen Gewalt, sobald sie die Masse ergreift.«*

Das ist in Firmen nicht anders als in der Gesellschaft. Visionen sind menschliche Energie, die es zu nutzen gilt. Sie sind eine Art Kompass, der dafür sorgt, dass Management und Mitarbeiter im Unternehmen die richtige Richtung finden.

Rolf Berth, der führende deutsche Experte auf dem Gebiet des **5 Erfolgsfaktoren** Visionsmanagements, zählt die Vision oder die visionäre Orientierung zu den entscheidenden fünf Erfolgsfaktoren eines Unternehmens, und zwar in dieser Rangfolge:

1. Ergänzendes Aufeinanderzugehen
2. Vertrauensorganisation mit wenig Kontrolle
3. Einmaligkeit
4. Vision / visionäre Orientierung
5. Feindbild

Er macht aber ausdrücklich darauf aufmerksam, dass die Vision schriftlich formuliert und unternehmensintern publiziert wird. *»Zwischen denjenigen (Firmen), die keine Visionen haben, und denjeni-*

gen, die nur eine mündliche besitzen, zeigen die empirischen Messzahlen keine merklichen Differenzen. Ergo: In der schriftlichen Fixierung liegt offenbar der besondere Wert« (Berth 1993, S. 93). Ist das erfüllt, dann erzielt ein solches Unternehmen in der Regel einen höheren Umsatz, erwirtschaftet eine höhere Rendite und schreibt bei Innovationen schneller schwarze Zahlen als visionslose Unternehmen (s. Tabelle).

Messwerte	Visionär eingestellte Manager	Nicht visionär eingestellte Manager	Bessersein in Prozent
Kapitalrendite vor Steuern	9,5 %	2,8 %	239
Umsatzrendite	10,9 %	3,2 %	240
Dynamischer Entschuldungsgrad	1,3 %	2,9 %	123
Monate bis zum Erreichen schwarzer Zahlen	37	66	78
Anteil neuer Produkte am Sortiment	59 %	11 %	436
Umsatzrendite aller neuen Lancierungen im Jahr	9,6 %	2,3 %	317
Anteil Flops an allen Neulancierungen	21 %	47 %	123
			222*

* Ungewichtetes Mittel aus sieben Prozentwerten

Empirische Befunde zum Thema Vision

Die US-Wirtschaftswissenschaftler Collins und Porras kommen nach ihrer sechsjährigen Untersuchung von »visionären Unternehmen« zu etwas anderen Ergebnissen als Rolf Berth. Sie stellten u. a. fest:

1. Die schriftlich niedergelegte Unternehmensvision ist nicht von dominanter Wichtigkeit für den Erfolg eines Unternehmens.
2. Um ein erfolgreiches Unternehmen zu gründen, bedarf es keiner großartigen Anfangsidee.

3. Visionäre Unternehmen unterwerfen sich nicht der »Tyrannei des Oder«. Sie entscheiden sich für die paradoxe Sicht des »Und«.
4. Sie zeichnen sich durch Experimentierfreude aus.
5. Visionäre Unternehmen halten konstant an ihren Grundwerten fest.
6. Es bestehen keine »richtigen« Grundwerte. Zwei visionäre Unternehmen können verschiedene Philosophien haben und doch sehr erfolgreich sein.
7. Visionäre Unternehmen rekrutieren ihre Manager in der Regel nach dem Grundsatz »Aufstieg vor Einstieg«.
8. Sie setzen riskante Ziele bewusst ein, um ihre Weiterentwicklung zu fördern. Das Management motiviert Mitarbeiter durch den Nervenkitzel, den riskante Ziele mit sich bringen.
9. Es geht ihnen primär nicht darum, die Mitbewerber zu übertrumpfen, sondern sich immer wieder selbst zu überholen.
10. In vielen visionären Unternehmen herrscht ein großer Konformitätsdruck.

Für den deutschsprachigen Raum stellte Rolf Berth (1993) fest, dass nur 12 % der »Normalmanager« visionär orientiert führen. Noch zu Beginn der 90er-Jahre stieß er auf eine breite Anti-Visions-Front. 93 % seiner Gesprächspartner lehnten die Idee des Visionsmanagements ab.

Die Ursache könnte eventuell in der typologischen Häufigkeit der verschiedenen Managementtypen liegen. Führungskräfte haben ihre mentale Tätigkeitsheimat, so wie andere Menschen auch.

Nach Typologie-Studien des renommierten US-Psychologen Harold Leavitt befindet sich der Typ des Visionärs im Vergleich zu anderen Manager-Persönlichkeiten in der Minderheit, und zwar in diesem Verhältnis:

Visionäre in der Minderheit

- (Reformerischer) Visionär   5 %
- (Systematischer) Entdecker   11 %
- (Vernünftiger) Analysierer   32 %
- (Konservativer) Anpasser   11 %

- (Vorsichtiger) Organisator   22 %
- (Geschickter) Macher   19 %

Fazit: Aus Visionen müssen Ziele werden

Der Unterschied zwischen dem Leitbild, der Vision und dem Ziel liegt in der Konkretheit der jeweiligen Absicht (vgl. Kapitel Zielorientiertes Führen im dritten Teil). Von der Vision bis zum operativen Ziel wird die Absicht Schritt für Schritt konkreter. Die der Vision folgenden Stufen wären die Strategie, dann die sich daraus ergebenden Ziele und daraus folgend die Maßnahmen. Das Unternehmensziel ist die grundlegende Botschaft eines Unternehmens nach innen und nach außen. Erst wenn die Ziele qualifiziert, quantifiziert und terminiert, also soll/ist-fähig sind, hat ein Unternehmen einen Wegweiser für sein Handeln und dessen Mitarbeiter den notwendigen roten Faden für ihr Tun.

```
GRUNDWERTE
des Unternehmens oder
LEITBILD
(gilt langfristig und allgemein)
↓
VISION
Konturen
(5-Jahres-Horizont)
↓
STRATEGIE
(2-3-Jahres-Horizont)
↓
ZIELE
(1-Jahres-Horizont)
↓
MASSNAHMEN
(sofort)
```

Vor- und nebengelagert ist das Leitbild des Unternehmens als die grundlegende Botschaft nach innen und außen.

Ein Sonderfall der Vision ist das Feindbild. Solche »Feindbild-Visionen« sind für den Erfolg eines Unternehmens notwendig. Das ist ein Ergebnis aus der erwähnten Studie von Rolf Berth. Doch nur 16 % der Unternehmen und nur ein Viertel so genannter Vorbildfirmen pflegen eine aggressive Marktgegnerschaft. **Feindbilder**

Das Wort »Feindbild« sollte nicht kriegerisch verstanden werden; es geht nicht darum, einen Brandsatz in die EDV der Mitbewerber zu werfen. Hier bietet sich eher der Vergleich zwischen Sportlern an, denen die Gegnerschaft zusätzliche Energien verschafft. Wer die Anzeigen der Autovermieter in den letzten Jahren aufmerksam las, wurde Zeuge der Hassliebe zwischen *Sixt* und *Avis (we try harder)*. BMW hat 20 Jahre lang gegen die Arroganz in Untertürkheim gekämpft – und den erfolgsverwöhnten und deshalb träge gewordenen Daimler-Konzern besiegt.

Auch anderen Unternehmen, die mit Feindbildern arbeiten, hat die mentale Gegnerschaft gut getan; sie sind zweimal besser als solche ohne. Die Innovationsquote liegt im Vergleich sogar viermal so hoch. 70 % aller japanischen Unternehmen arbeiten mit einem klar definierten Feindbild, etwa nach dem Motto »den wollen wir schlagen«.

Literatur

Berth, Rolf: *Erfolg: 50 Strategien für innovatives Management*. Düsseldorf 1993.
Berth, Rolf: *Management zwischen Vision und Mittelmäßigkeit*. Stuttgart 1981.
Collins, J.C./J. Porras: *Visionen im Management*. München 1995.
Höhler, Gertrud: *Spielregeln für Sieger*. München 1999.
Peters, Thomas J./N. K. Austin: *A Passion for Excellence*. The Leadership Difference. New York 1985.
Peters, Thomas J.: *Thriving on Chaos – Handbook for a Management Revolution*. London 1988.

Schnarrs, St.: *Megamistakes – Forecasting and the Myth of Rapid Technological Change.* O.O. 1989.

Sollmann, Ulrich / Roderich Heinze: *Visionsmanagement.* Erfolg als vorausgedachtes Ergebnis. Zürich 1993.

Tracy, Brian: *Thinking Big.* Von der Vision zum Erfolg. Offenbach: Gabal 1998.

ZurBonsen, Matthias: *Führen mit Visionen.* Der Weg zum ganzheitlichen Management. Niedernhausen 2000.

22. Virtuelle Unternehmen

Unternehmen werden als virtuell bezeichnet, wenn rechtlich unabhängige Firmen, Institutionen bzw. Einzelpersonen gegenüber Dritten als *ein* Unternehmen auftreten und kooperieren, um so gemeinsame Geschäftsinteressen zu verfolgen. Diese Kooperation zielt auf die Optimierung der Wertschöpfungskette durch Einbringen von Kernkompetenzen sowie die Teilung von Risiken, Kosten und Wissen der einzelnen Partner (vgl. Kapitel Unternehmens-Netzwerke im dritten Teil).

Definition

Die erste bekannte Verwendung des Begriffes des virtuellen Unternehmens stammt aus einer Studie der *Lehigh University* (Florida) vom November 1991. Für die Autoren Roger Nagel und Rick Dove entsteht ein virtuelles Unternehmen dadurch, dass bestimmte Produktivfaktoren verschiedener Unternehmen ausgewählt und zu einer einzigen elektronischen Wirtschaftseinheit verschmolzen werden.

Der Fortschritt der elektronischen Datenverarbeitung in den letzten 15 Jahren war dann auch im Wesentlichen der Wegbereiter für die Entwicklung dieser neuartigen Unternehmensform. Sie ermöglicht es auch kleinen und mittleren Firmen, mittels elektronischer Netzwerke zu kooperieren.

Vorreiter EDV

Formen und Ausprägungen virtueller Unternehmen

Netzwerkbildung Kleine und mittlere Unternehmen sind häufig nicht in der Lage, Marktchancen wahrzunehmen oder Innovationen mit ihren begrenzten Forschungs- und Entwicklungskapazitäten zu realisieren und zu vermarkten. Aus diesem Grund schließen sie sich in Netzwerken zusammen, um so ihre finanziellen, fachlichen, zeitlichen oder räumlichen Ressourcen zu kombinieren.

Dabei werden die Kernkompetenzen der Partner auftragsbezogen entlang der Wertschöpfungskette zu Systemlösungen und ganzheitlichen Angeboten gebündelt. Gegenüber Dritten wirken die kooperierenden Partner wie ein einheitliches Unternehmen, jedoch ohne zentrale Managementfunktionen zur Gestaltung, Lenkung und Entwicklung des virtuellen Unternehmens zu etablieren (vgl. Kapitel Kernkompetenzen im zweiten Teil).

Die Netzwerke zwischen den Partnerunternehmen sind so gestaltet, dass die Kooperations- bzw. Koordinationskosten jedem Partner mit möglichst vergleichsweise niedrigeren Preisen nutzen. Für ihn ist die Art und Weise der Leistungserbringung (in einem Unternehmen oder als arbeitsteiliger Prozess zwischen unterschiedlichen Partnern) eher nebensächlich.

Merkmale virtueller Unternehmen Virtuelle Unternehmen können grundsätzlich nach vielen Merkmalen bzw. Dimensionen unterschieden werden, z. B. so:

- *Innerbetriebliche Netzwerke:* Sie eignen sich vor allem für größere internationale oder räumlich weit verzweigte Unternehmen, deren komplexe räumliche Strukturen es erschweren, Wissen im Unternehmen zu lokalisieren.
- *Überbetriebliche Netzwerke:* Diese Form bietet sich vor allem für Unternehmen an, die allein nicht alle Wissensgebiete intern abdecken können und deshalb auf Kooperationen angewiesen sind.
- *Starke, enge Verbindung:* Hier haben Unternehmen enge persönliche Verbindungen untereinander; externes und internes Wissen können gut ausgetauscht werden, da sich durch die Intensität der Beziehungen gegebenenfalls eine Vertrauenskultur entwickelt.

- *Schwache, lockere Verbindung:* Hier tauschen sich Unternehmen in loser Verbindung aus; es bestehen niedrige Ein- und Ausstiegsbarrieren; der Aufbau einer Vertrauenskultur ist nur bedingt möglich. Das erschwert den Wissenstransfer.
- *Horizontale Kooperation:* Die Zusammenarbeit erfolgt auf der gleichen Wertschöpfungsstufe.
- *Vertikale Kooperation:* Dies ist die Zusammenarbeit von Finalisten, Zulieferern sowie Vertriebspartnern.
- *Gemischte Kooperation:* Damit ist die Zusammenarbeit von Partnern unterschiedlicher Wertschöpfungsstufen und Branchen gemeint.
- *Formen der juristischen Ausgestaltung:* Es gibt Kooperationen, die durch formlose Vereinbarungen oder Absprachen begründet sind, Kooperationen, denen ein Kooperationsvertrag zugrunde liegt, und Kooperationen, die durch Kapitalbeteiligungen begründet sind.

Der Aufbau virtueller Unternehmen

Ein virtuelles Unternehmen entsteht in mehreren Entwicklungsphasen, wie die nachfolgende Abbildung zeigt.

Aufbau virtueller Unternehmen (www.Unternehmens Netzwerke.de 9/2000)

Initialzündung Idee	Konzept	Aufbau Umsetzung	Entwicklung Wachstum
Kennenlernen	Ziele/Strategie	Auswahl der Netzwerkpartner	Weitere Produkte und Leistungen
Interessenabgleich	Konzept für Leistungen und Produkte	Vereinbarung von Netzwerkregeln	Weitere Partner
Kerngruppe	Definition der Kompetenzen für das Netzwerk	Entwicklung von Produkten und Leistungen	Verbesserung von Prozessen
	Konzept für Netzwerkstruktur	Technische Vernetzung	
	Marketing- und Kundenbindungskonzept	Marketingmaßnahmen	
		Pilotprojekt	

Initialzündung/Idee Virtuelle Unternehmen entstehen, wenn sich die wirtschaftlichen Ziele eines Einzelnen nicht umsetzen lassen oder die vorhandene Struktur dafür nicht ausreicht. Dann werden Partner gesucht und deren Erwartungen geklärt:

- Können sie vom wirtschaftlichen Ziel begeistert werden?
- Inwieweit sind sie bereit, in dieses Ziel Geld oder Zeit zu investieren?
- Bestehen ähnliche Hintergründe und Erfahrungen bezüglich Wertesystemen und Qualitätsstandards?

Aus diesem Interessenausgleich resultiert dann die Kerngruppe des virtuellen Unternehmens.

Konzept In der Kerngruppe wird die Unternehmensidee weiterentwickelt. Neben den klassischen betriebswirtschaftlichen Fragestellungen hinsichtlich

- Marktsituation
- Produkten und Leistungen
- Positionierung gegenüber Wettbewerbern
- Marketing

müssen hierbei die Interessen der einzelnen Partner und deren betriebliche Hintergründe geklärt werden.

Darüber hinaus wird jetzt die Struktur des Netzwerkes festgelegt. Hier sind im Wesentlichen folgende Fragestellungen relevant:

- Welche Partner werden noch benötigt, um das Ziel zu erreichen?
- In welcher Form werden die künftigen Partner in das Netzwerk eingebunden?
- Wie erfolgt die technologische Realisation und die Arbeitsteilung bzw. Kompetenzverteilung?
- Wie werden die Führungskompetenzen des virtuellen Unternehmens verteilt?

Aufbau/Umsetzung Sind für alle Kompetenzbereiche Partner gefunden, werden sie mit den Zielen und Verhaltensregeln vertraut gemacht.

Je wichtiger einzelne Partner für den Erfolg des Unternehmens sind, desto fester sind sie in die Struktur einzubinden und desto mehr Einfluss sollten sie bekommen. Hierzu zählen Partner, die

- den Wettbewerbsvorsprung sichern und ausbauen
- eine hohe Interaktivität mit anderen Partnern aufweisen
- über Zugang zu wichtigen Ressourcen verfügen (z. B. Know-how, Einkaufsvorteile)

Sind diese Aspekte geklärt, kann nun das Pilotprojekt starten.

Im Laufe der folgenden Projekte werden Entwicklungspotenziale oder Handlungsbedarf deutlich. Möglicherweise müssen interne Prozesse verbessert werden oder es ergeben sich zusätzliche Chancen für neue Produkte bzw. Leistungen. **Entwicklung/ Wachstum**

Einige dieser Aufgaben lassen sich eventuell nur durch neue Partner lösen, so dass einzelne Entwicklungsphasen u. U. auch mehrfach durchlaufen werden müssen.

Die Praxis virtueller Unternehmen

In virtuellen Unternehmen verlieren die traditionellen Arbeits- und Organisationsbedingungen an Bedeutung. An ihre Stelle treten Netzwerkstrukturen, die sich situations- und auftrags- bezogen formieren und miteinander interagieren.

Das stellt völlig neue Anforderungen an die Unternehmens- und Personalführung. Traditionelle betriebliche Steuerungsfunktio- nen treten in den Hintergrund.

Anhand der vier Kategorien

- Informations- und Kommunikationstechnik
- Unternehmensführung
- Management in virtuellen Unternehmen
- Vertrauenskultur

wird dieser Wandlungsprozess in den folgenden vier Abschnitten dargestellt.

Informations- und Kommunikationstechnik

Eine der wichtigsten Voraussetzungen dafür, dass virtuelle Unternehmen arbeiten können, ist die moderne Informations- und Kommunikationstechnologie. Sie bildet die Grundlage für ein reibungsloses, länderübergreifendes Zusammenspiel innerhalb der virtuellen Wertschöpfungskette. Die Informationstechnologie macht Informationen omnipräsent und ermöglicht so die Dezentralisierung von Unternehmensfunktionen, die früher an einem Ort zentralisiert wurden.

Durch die Möglichkeiten der Informationstechnologie könnte also die Differenzierung von Unternehmens-Zentren und Unternehmens-Peripherie an Bedeutung verlieren. Eine der Aufgaben der virtuellen Unternehmen besteht demzufolge darin, das Gleichgewicht zwischen Aufgaben und Kompetenzen der Unternehmenszentrale und der dezentralen Unternehmenseinheiten zu finden.

Unternehmensführung

Führungsverhalten sowie Mitarbeiterverhalten und -motivation haben großen Einfluss auf den Erfolg virtueller Unternehmen. Sie sind sogar in dem Sinne bestimmend, als dass ohne ein entsprechendes Führungs- und Mitarbeiterverhalten virtuelle Unternehmen gar nicht funktionieren können.

Führung in virtuellen Unternehmen bedeutet im Wesentlichen, Ziele zu setzen, zu kommunizieren und Aufgaben zu koordinieren. Dieses Führungsverständnis wird von flachen Hierarchien und einer zunehmenden cross-funktionalen Projektorganisation flankiert. Dabei haben die beteiligten Teams weit gehende Freiräume, wie sie ihre Ziele erreichen.

Ein an der Vision und an den Zielen des Unternehmens ausgerichteter Führungsstil wird somit zur wichtigsten Grundlage für den langfristigen Erfolg des virtuellen Unternehmens. Denn wirtschaftlich erfolgreich sind vernetzte Unternehmen nur dann, wenn es ihnen gelingt, die Mitarbeiter und Führungskräfte auf die neue Aufgabe einzuschwören und sie zu hohen Leistungen zu motivieren. Führung und Zusammenarbeit spielen somit eine

Führung in traditionellen Unternehmen	Führung in virtuellen Unternehmen
· Klassische Hierarchie	· Interdisziplinäre Teams
· Hierarchie-Karriere	· Know-how-Karriere
· Vorgezeichnete Karrierepfade	· Management von Kompetenzen
· Statusdenken	· Leistungsdenken
· Verhaltensregeln	· Vision
· Kontrollkultur	· Vertrauenskultur

Schlüsselrolle bei der Umsetzung von Geschäftsstrategien in praktische Erfolge.

Mit zunehmender Virtualität sinkt die Exaktheit und Zuverlässigkeit langfristiger Detailplanungen, denn es gibt keine hinreichenden Grundlagen mehr für Planungssicherheit. Zu schnell entwickeln sich neue Technologien, Produkte und Dienstleistungen, Kundenanforderungen und wirtschaftliche Rahmenbedingungen.

Management in virtuellen Unternehmen

Vor diesem Hintergrund stellt sich die Frage, inwieweit man unter solchen Voraussetzungen überhaupt sinnvoll strategisch planen kann oder ob man in der Form von *Leadership* nicht besser versuchen sollte, durch organisatorische oder personelle Maßnahmen eine permanente Lern- und Änderungsbereitschaft im Unternehmen zu erzielen.

Die Vision spielt im Konzept des *Leadership* eine zentrale Rolle. Aber sie muss in eine realistische Wettbewerbsstrategie umgesetzt werden, da sonst die Gefahr des Blindfluges droht. Darum sind klassisches Management und *Leadership* keine Gegensätze. Sie sind nicht als Entweder-Oder, sondern im Idealfall als Sowohl-Als-Auch anzusehen. *Leadership* baut auf einem guten Management auf, geht aber in entscheidenden Situationen auch darüber hinaus (vgl. Kapitel Leadership im dritten Teil).

Viele Unternehmen sind heute eher durch eine so genannte »Misstrauenskultur« oder »Kontrollkultur« geprägt. Sie basiert auf dem traditionellen Führungsverständnis im Unternehmen und den darin arbeitenden Mitarbeitern als »Rädchen im Getriebe«.

Vertrauenskultur Die Übertragung dieses Kulturverständnisses auf virtuelle Unternehmen würde in der Mehrzahl zum Scheitern von Geschäftspartnerschaften führen und damit den Gesamterfolg des Unternehmens gefährden. Darum sind virtuelle Unternehmen existenziell auf die Vertrauenskultur angewiesen.

Vertrauen fördert die Kommunikation und führt damit zu mehr Offenheit und Ehrlichkeit. Die Bereitwilligkeit steigt, Informationen schneller und freiwillig zu geben. Gleichzeitig nehmen Kreativität, Lernbereitschaft und Toleranz gegenüber unkonventionellen Ideen zu. Insgesamt werden die Transaktionskosten durch Vertrauen gesenkt und die Vertrauenskultur somit zum Erfolgsfaktor für virtuelle Unternehmen.

Literatur

Davidow, William / Michael Malone: *Das virtuelle Unternehmen*. Frankfurt / Main 1997.

Heimburg, Y. von / G.F. Radisch: *Virtuelle Teams erfolgreich führen*. Ein Team, eine Aufgabe, verschiedene Standorte. Landsberg 2001.

Kollmann, Tobias: *Virtuelle Marktplätze*. Grundlagen, Management, Fallstudie. München 2001.

Mertens, Peter / Joachim Griese / Dieter Ehrenberg: *Virtuelle Unternehmen und Informationsverarbeitung*. Heidelberg 1998.

Pindl, Theodor: *Virtuelle Netzwerke führen und managen*. Vernetzt arbeitende Mitarbeiter und Teams coachen. Köln 2001.

Winand, Udo / Klaus Nathusius: *Unternehmungsnetzwerke und virtuelle Organisationen*. Stuttgart 1998.

Vor- und Nachteile virtueller Unternehmen

Vorteile für Kunden	Nutzen für das virtuelle Unternehmen	Mögliche Probleme für Partner
Geringer Koordinierungs- und Abstimmungsaufwand mit dem Auftragnehmer, da das Leistungspaket aus einer Hand erfolgt.	Konzentration auf Kernkompetenzen der einzelnen Partner.	Netzwerkfähigkeit scheitert an der mangelnden Kooperationsfähigkeit und- bereitschaft einzelner Partner oder gar an der fehlenden Vertrauenskultur. Die Ursachen können u. a. in zu stark technisch ausgerichteten Netzwerkstrukturen liegen.
Günstiges Preis-Leistungs-Verhältnis, da der Auftragnehmer im/als Netzwerk in der Regel effizienter arbeiten kann als ohne diesen Verbund.	Wirtschaftliche Leistungserbringung entlang der Wertschöpfungskette unabhängig von bestehenden räumlichen, zeitlichen und kapazitätsmäßigen Begrenzungen der einzelnen Partner.	Es droht die latente Gefahr des Verlustes der Unternehmensidentität, wenn die Organisation in Teilzentren zerfällt bzw. eine Art Fraktionierung entsteht (geographische oder fachliche Teilzentren).
Qualitativ bessere und innovativere Kundenlösungen, da die Auftragnehmer im Netzwerk Kernkompetenzen bündeln.	Kunden-, problemorientierte und flexible Leistungserbringung, das heißt bessere Reaktionsfähigkeit auf Marktgegebenheiten und Kundenwünsche.	Manche Netzwerke sind an ihrem fehlenden strategischen Zweck bzw. am fehlenden Nutzen für alle oder einzelne Partner gescheitert.
Schnellere Abwicklungszeiten, höhere Qualität und kostengünstigere Leistungen führen zu Wettbewerbsvorteilen beim Kunden.	Breites Leistungsspektrum, Chance für *Cross-selling*, innovativere Produkte und Leistungen.	
	Größere Marktdurchdringung (Regionalisierung, Internationalisierung) und neue Markteinstiegschancen.	
	Geringeres Risiko für einzelne Partner durch stabilere und längere Kundenbindung.	

23. Wettbewerbsstrategien

Unternehmen streben danach, Wettbewerbsvorteile zu erzielen. Der Autor des Buches *Wettbewerbsvorteile*, Michael Porter, schreibt (1999, S. 42): »*Ein Wettbewerbsvorteil lässt sich dadurch erzielen, dass man vergleichbaren Käuferwert effizienter bereitstellt als die Konkurrenz (niedrigere Kosten) oder dass man zu vergleichbaren Kosten, aber in unverwechselbarer Weise etwas bietet, das mehr Käuferwert erzeugt als die Angebote der Konkurrenz und sich deshalb mit einer höheren Marge verkaufen lässt (Differenzierung).*« Unternehmen gewinnen, wenn ihre Angebote entweder billiger oder anders sind und als solches vom Kunden wahrgenommen werden (vgl. Kapitel Hyperwettbewerb im zweiten Teil).

Wertschöpfungs-kette Hinter der Idee des Wettbewerbsvorteils steht die Idee der Wertschöpfungskette, wie Porter es nannte. Jedes Glied dieser Kette erhöht den Wert, für den der Kunde zu zahlen bereit ist.

Um Wettbewerbsvorteile zu erzielen, bedarf es einer Wettbewerbsstrategie. Jedes im Wettbewerb stehende Unternehmen verfolgt mehr oder minder bewusst eine Wettbewerbsstrategie. Zu diesem Zweck müssen, so die Empfehlungen des »Strategiepapstes« Porter, vorab die wichtigsten Unternehmensziele, die Maßnahmen zu deren Realisierung sowie die eigentliche Wettbewerbsausrichtung festgelegt werden. Das aber setzt voraus, zunächst den Wettbewerb und die beteiligten Akteure exakt zu analysieren.

Wettbewerbsanalyse

Die Wettbewerbs- bzw. Marktumfeldanalyse wird eingesetzt, um eine genaue Kenntnis des Unternehmensumfeldes und der auf das Unternehmen einwirkenden sozialen wie ökonomischen Kräfte zu erlangen. Ihr Schwerpunkt liegt in der Branche bzw. bei den unmittelbaren Konkurrenten des Unternehmens. Dabei sind die nachfolgenden Punkte zu beachten:

Durch den Eintritt neuer Marktteilnehmer werden zusätzliche Kapazitäten in den Markt gebracht. Solch ein Eintritt wird in der Regel mit hohem finanziellen Aufwand und aggressiven Preiskämpfen betrieben, die darauf zielen, Marktanteile zu erlangen. Infolgedessen könnte die Rentabilität des Geschäftsfeldes sinken.

Gefahr durch Markteintritt neuer Konkurrenten

Der Grad der Wettbewerbsintensität der Marktteilnehmer, welcher sich von einem friedlichen Nebeneinander bis hin zu aggressiver Rivalität bewegen kann, wird durch die Branchenattraktivität und daraus resultierende Positionskämpfe bestimmt. Eine Eskalation der Rivalität kann letztendlich dazu führen, »*dass alle Wettbewerber darunter leiden und am Ende schlechter dastehen als zuvor*« (Porter 1992, S. 42).

Grad der Rivalität unter den Wettbewerbern

Mit einem innovativen, das eigene Erzeugnis obsolet machenden Produkt müssen Unternehmen ständig rechnen. Eine Verdrängung der existierenden Produkte kann durch die neuen Erzeugnisse wie auch durch Veränderungen im Konsumentenverhalten stattfinden.

Gefahr durch Substitutionsprodukte

Die Abnehmer »konkurrieren« mit dem Unternehmen, indem sie die Preise drücken, höhere Qualitäten oder bessere Leistungen verlangen und Konkurrenten gegenseitig ausspielen – alles auf Kosten der Rentabilität der Branche.

Verhandlungsmacht der Abnehmer

Die relativ starke Position der Lieferanten besteht darin, dass sie Preise und Qualität bestimmen. Bei Branchen mit geringem Handlungsspielraum, bei denen Preissteigerungen nicht an die Kunden weitergegeben werden können, führt dies zwangsläufig zu Rentabilitätseinbußen.

Verhandlungsmacht der Lieferanten

Aus den gewonnenen Erkenntnissen wird nun die Wettbewerbsstrategie entwickelt.

Typen von Wettbewerbsstrategien

Die Analysen zu diesem Thema beziehen sich zumeist auf oligopolistische Marktsituationen, wie sie in den meisten Branchen vorzufinden sind.

In der Theorie der oligopolistischen Märkte bilden die im Markt operierenden Unternehmen ein System der wechselseitigen Beeinflussung. Durch das Wettbewerbsverhalten eines Unternehmens wird das Verhalten der anderen Wettbewerber beeinflusst (Hinterhuber 1990, S. 77). Dieses aber bedeutet, dass ein Unternehmen im Wettbewerb durch nicht vorhersehbare Aktionen des Konkurrenten getroffen und geschädigt werden kann.

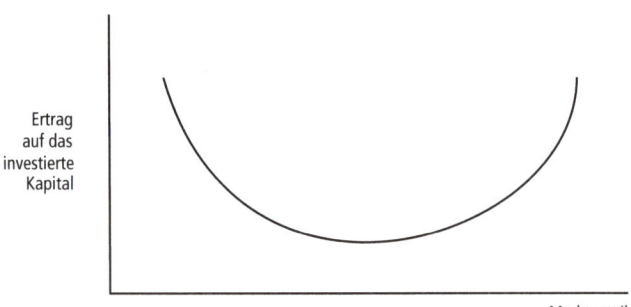

Ertrag auf das investierte Kapital

U-Kurve nach Porter

Marktanteil

Die U-Kurve Porter verneint die Existenz einer linearen Beziehung zwischen Marktanteil und Rentabilität. Aus dieser Prämisse folgt, dass das strategische Zielobjekt, das Ausmaß der Marktbearbeitung, auch ein anderes sein kann als nur ein hoher Marktanteil. Es gibt stattdessen zwei erfolgversprechende Strategieansätze. Zum einen besteht die Möglichkeit der Kostenführerschaft, verbunden mit einem hohen Marktanteil, zum anderen die der Differenzierung. Diese führt zu einem relativ geringen Marktanteil, da das Unternehmen nur selektiv bestimmte Zielgruppen anspricht.

Wie aus der U-Kurve klar ersichtlich, kommt es auf eine Entweder/Oder-Strategie an. Eine »Strategie zwischen den Stühlen« ist unbedingt zu vermeiden. Solch eine Mittelposition kann sich langfristig als fatal erweisen, da sie mit einem Verlust der relativen Konkurrenzvorteile hinsichtlich Qualität und Preis verbunden ist. Die Folge wäre eine niedrigere Marge und somit Probleme für den weiteren Fortbestand des Unternehmens. Dies ist durch eine frühzeitige Entscheidung für eine der erfolgversprechenden Strategien zu vermeiden.

Angesichts der weiter vorne beschriebenen fünf Wettbewerbskräfte lassen sich drei Grundkonzeptionen zur Entwicklung einer Strategie unterscheiden.

Erläuterung der Wettbewerbsstrategien

1. Ziel der umfassenden Kostenführerschaft ist es, auf Basis des Erfahrungskurveneffektes die Stückkosten unter das Niveau der wichtigsten Wettbewerber zu senken und durch relativ niedrige Preise einen Wettbewerbsvorteil zu erlangen. So soll ein wirksamer Schutz gegen die Konkurrenten aufgebaut werden, da diese einem längerfristigen Preiswettkampf nicht standhalten können.

Kostenführerschaft

Um die Kostenführerschaft zu erreichen, sind häufig massive Erstinvestitionen in die branchenüblichen Anlagen und aggressive Preissetzungen erforderlich. Hierbei ist auch mit Anfangsverlusten zu rechnen. Durch den intensiven Aufbau von Produktionsanlagen sollen Betriebsgrößenersparnisse *(Economies of Scale)* erreicht werden, d.h. sinkende Stückkosten bei steigender Menge pro Zeiteinheit.

Zur Überwachung der Umsetzung der gewählten Strategie ist ein effizientes Kostenkontrollsystem in Verbindung mit einem wirksamen Berichtssystem unverzichtbar.

2. Die Differenzierung zielt darauf ab, das Produkt oder die Dienstleistung so zu modifizieren, dass ein einzigartig neuer Nutzen für den Abnehmer generiert wird, mit dem man sich von Mitbewerbern abheben kann.

Differenzierung

Im Gegensatz zur Kostenführerschaft beruht die Strategie der Differenzierung nicht auf Effizienz, sondern zielt auf Flexibilität und Anpassungsfähigkeit. Ihr Ziel ist es, die Abnehmer an die Marke zu binden und die Preisempfindlichkeit zu verringern, was das Unternehmen auch automatisch von den Wettbewerbern abschirmt.

Wichtigstes Ziel dabei ist nicht das Erreichen von Marktanteilen, sondern den Markt so abzugrenzen, dass das Unternehmen innerhalb dieses Teilsegmentes eine Position des einzigartigen Nutzens erreicht.

Schwerpunkte   Die dritte Grundkonzeption besteht in einer Konzentration auf Marktnischen, also auf einen bestimmten Teil des Produktsortiments, eine bestimmte Abnehmergruppe oder einen geografisch abgegrenzten Markt. Alle Tätigkeiten eines Unternehmens sind hier auf die Erfüllung der Bedürfnisse einer spezifischen Abnehmergruppe gerichtet.

Diese Grundkonzeption beruht auf der Prämisse, dass das Unternehmen durch Spezialisierung auf bestimmte Kundengruppen einen Wettbewerbsvorteil gegenüber solchen Konkurrenten erzielen kann, die eine Marktausrichtung auf ein breiter gefasstes Marktsegment haben. Das Ergebnis ist entweder Produktdifferenzierung, Kostenführerschaft oder eine Kombination der beiden Strategien. Es handelt sich hierbei somit nicht um eine neue Strategieform, sondern nur um die gezielte Anwendung der beiden Grundkonzeptionen in einem speziellen Segment.

Marktumfeldanalysen

Konkurrenz-   Zur Sicherung oder zum Ausbau der Branchenposition sind auch
analyse   die Wettbewerber zu untersuchen. Die hierzu eingesetzte Konkurrenzanalyse verfolgt den Zweck, alle bedeutenden existierenden und potenziellen Wettbewerber hinsichtlich ihrer zukünftigen Potenziale und zu erwartenden Wettbewerbsstrategien zu untersuchen, um dies bei der Erstellung der eigenen Wettbewerbsstrategie entsprechend zu berücksichtigen. Porter nennt diese vier Elemente der Konkurrenzanalyse:

1. *Diagnose der Ziele für die Zukunft:* Hierbei wird versucht, anhand der Unternehmensziele eines Wettbewerbers und dessen derzeitiger Position am Markt auf dessen Zufriedenheit mit der gegenwärtigen Situation zu schließen.

2. *Annahmen:* Das zweite Element beinhaltet die Annahmen des Wettbewerbers über sich selbst und über die Branche mitsamt den anderen Konkurrenten.

3. *Analyse der gegenwärtigen Strategie:* Das dritte Element der Konkurrenzanalyse gibt Auskunft über die aktuelle Strategie eines Wettbewerbers. *»Die Strategie eines Konkurrenten stellt man sich am besten vor als Kombination seiner wichtigsten Instrumente in jedem Funktionsbereich mit der besonderen Art, wie er die Funktionsbereiche untereinander zu verbinden sucht. Diese Strategie kann explizit oder implizit sein – sie existiert immer in der einen oder anderen Form«* (Porter 1992, S. 97).

4. *Fähigkeiten der Wettbewerber.* Eine realistische Einschätzung der Konkurrenten hinsichtlich ihrer Fähigkeiten gibt Auskunft darüber, ob die Wettbewerber überhaupt dazu in der Lage sind, strategische Schritte zu ergreifen.

Sehr wichtig ist die Wahrnehmung und richtige Interpretation von Marktsignalen. *»Marktsignale zu ignorieren heißt soviel, wie die Konkurrenz selbst zu ignorieren«* (Simon 2000, S. 24). **Marktsignale**

Unter Marktsignalen werden jegliche Handlungen des Wettbewerbers verstanden, die einen direkten oder indirekten Hinweis auf seine möglichen Vorhaben, Motive, Ziele oder interne Situation geben. *»Das Verhalten der Wettbewerber erzeugt in vielfältiger Weise Signale. Manche sind Bluffs, andere sind Warnungen, wieder andere sind verbindliche Hinweise auf zukünftige Handlungsverläufe«* (Porter 1992, S. 110).

Im Wettbewerb miteinander konkurrierende Unternehmen stehen in einer gegenseitigen Abhängigkeit zueinander. Jedes Unternehmen spürt die Auswirkungen der Maßnahmen der Wettbewerber und fühlt sich gedrängt, darauf zu reagieren. **Wettbewerbsmaßnahmen**

Ziel der Wettbewerbsmaßnahmen ist es, unter Wahrung der eigenen Interessen eine Strategie zu entwickeln, die zu einer Verbesserung der eigenen Wettbewerbsposition führt, ohne die Konkurrenz zu einem ernsthaften Wettbewerbskrieg zu animieren. Hierzu zählen sowohl offensive Schritte zur Positionsverbesserung als auch defensive Schritte, die Konkurrenten von unerwünschten Aktionen abhalten sollen.

Strategien gegenüber Abnehmern In den meisten Branchen wird eine Vielzahl von verschiedenen Kunden bedient. Um hieraus die interessantesten und zukunftsträchtigsten Abnehmer herauszufiltern und qualitativ zu beurteilen, gibt Porter vier allgemeine Kriterien vor:

Kaufbedürfnisse der Kunden: Es muss überprüft werden, ob die Fähigkeiten und Leistungen des Unternehmens ausreichen, um die Ansprüche der jeweiligen Kundengruppe zu befriedigen.

Wachstumspotenzial: Dieses hängt wiederum von drei Faktoren ab: der Wachstumsrate der Branche, der Wachstumsrate des Marktsegmentes, in welchem der Kunde agiert, sowie dem Ausmaß, in welchem sich in Zukunft der Marktanteil des Kunden in seiner Branche ändert.

Strukturelle Position: Hierbei muss gefragt werden, welche potenzielle Verhandlungsstärke der Kunde besitzt und inwieweit er gewillt ist, diese einzusetzen um niedrigere Preise zu fordern.

Bedienungskosten: Es wird analysiert, in welchem Ausmaß Kosten bei der Auftragsabwicklung der jeweiligen Kunden entstehen. Hierbei werden das Auftragsvolumen, die benötigte Lieferzeit, Vertriebskosten, Stetigkeit des Auftragsflusses für die Zwecke der Planung und Logistik sowie der Zwang zur Auftragsfertigung oder Modifizierung berücksichtigt.

»Das grundlegende strategische Prinzip bei der Auswahl von Abnehmern besteht darin, gemäß den oben genannten Kriterien die günstigsten erreichbaren Abnehmer auszuwählen und zu versuchen, an sie zu verkaufen« (Porter 1992, S. 163).

Durch Preiserhöhungen, Qualitätsveränderungen bei den angebotenen Produkten und Dienstleistungen sowie durch die Lieferzeiten können starke Lieferanten einen großen Einfluss auf die Rentabilität eines Unternehmens ausüben. Um diesen Einfluss möglichst gering zu halten, muss der Einkauf so gestaltet werden, dass die Ursachen der Lieferantenmacht überwunden oder neutralisiert werden können. Hierzu bieten sich die folgenden vier Maßnahmen an:

Strategien gegenüber Lieferanten

1. *Streuen der Einkäufe:* Das Auftragsvolumen mit jedem einzelnen Lieferanten muss eine solche Dimension erreichen, dass dieser weiterhin bemüht ist, die Geschäftsbeziehungen aufrechtzuerhalten. Eine zu breite Streuung sollte aber vermieden werden, da dadurch die Verhandlungsposition geschwächt und der damit verbundene mengenmäßige Kostenersparniseffekt nicht voll ausgeschöpft werden kann.

2. *Umstellungskosten vermeiden:* Die Flexibilität in der Auswahl der Lieferanten muss permanent gewährleistet sein, um auf markttechnische Veränderungen jederzeit reagieren zu können. Eine zu große Anbindung an technische Unterstützungen des Lieferanten sollte somit vermieden werden, um sich nicht zu stark vom Lieferanten abhängig zu machen.

3. *Zusätzliche Bezugsquellen fördern und unterstützen:* Ziel dieser Maßnahmen ist es, die langfristigen Versorgungskosten und -risiken zu minimieren.

4. *Standardisierung fördern:* Für alle Unternehmen einer Branche kann es ratsam sein, die Standardisierung technischer Spezifikationen in den Branchen zu fördern, aus denen sie ihre Ware beziehen, um somit die Produktdifferenzierung der Lieferanten abzubauen und den Aufbau von Umstellungskosten zu untergraben.

Strategische Grundsatzentscheidungen

Die strategischen Grundsatzentscheidungen beziehen sich auf den Grad der Integration von Prozessen und die Kapazitätserweiterung.

Die strategische Analyse der vertikalen Integration

Vertikale Integration ist die Kombination technisch verschiedenartiger, jedoch zur Hauptproduktion komplementärer Prozesse. Sie kann in zwei Richtungen durchgeführt werden, einerseits durch Rückwärtsintegration, d. h., wenn alle für die Hauptproduktion benötigten Rohstoffe, Dienstleistungen usw. im Unternehmen bereitgestellt werden, oder andererseits durch Vorwärtsintegration. Hierbei kommt die Übernahme nachgelagerter Vertriebsstufen in Betracht.

Die strategischen Vorteile liegen in der Kostenersparnis, im effizienten Wissensaustausch zwischen vor- und nachgelagerten Geschäftseinheiten sowie in der Sicherung der Versorgungs- und Absatzwege bei Engpässen nebst der Erhöhung von Eintritts- und Mobilitätsbarrieren für Mitbewerber.

Kapazitätserweiterung

»Die Erweiterung der Produktionskapazität zählt zu den wichtigsten strategischen Entscheidungen der Unternehmensleitung, und zwar aufgrund der Höhe und Irreversibilität des Kapitaleinsatzes, der Komplexität des Entscheidungsprozesses und der Langfristigkeit seiner Auswirkungen« (Hinterhuber 1990, S. 207). Im Rahmen der wettbewerbsorientierten Unternehmensführung wird laut Porter über Kapazitätsausbau nicht mehr alleine anhand von *Cash-flow*-Prognosen sondern auch von Prognosen des Konkurrenzverhaltens entschieden.

Hierbei ist besonders die Präventivstrategie hervorzuheben. Diese Strategie, welche vornehmlich in wachsenden Märkten praktiziert wird, zielt darauf ab, wesentliche Teile des Marktes frühzeitig zu besetzen, um Erweiterungspläne bestehender und Eintrittspläne neuer Konkurrenten zu verhindern.

Bei erfolgreicher Durchführung der Präventivstrategie kann eine hervorragende Position am Markt erreicht werden, aber diese Strategie ist auch sehr riskant. Es werden frühzeitig massive Investitionen in Märkte getätigt, deren vollständige Entwicklung in den seltensten Fällen absehbar ist.

Schlussbemerkung

Porters Theorie zur Wettbewerbsstrategie stieß in den 80er-Jahren auf großes Interesse. Die neuen Denkansätze wirkten sehr einleuchtend, da sie eindeutig fundiert und deshalb wegweisend schienen und es bis zu diesem Zeitpunkt noch keine ernst zu nehmende Theorie darüber gab, mit welcher Wettbewerbsstrategie ein Unternehmen seinen Konkurrenten entgegentreten sollte.

Es gibt allerdings auch kritische Stimmen, welche die Kernaussage Porters nicht teilen, dass sich ein Unternehmen für eine der drei Strategien – Kostenführerschaft, Konzentration auf Schwerpunkte oder Differenzierung – entscheiden muss und eine kombinierte, als »zwischen den Stühlen« bezeichnete Strategie als langfristig nicht erfolgreich durchführbar gilt. So liegen empirische Untersuchungen vor, die zeigen, dass auch gemischte Strategien Erfolg versprechen. Und auch Murray und Hill erhoben Einwand gegen die Behauptung der Unvereinbarkeit der Strategien und zeigten, dass gemischte Strategien nicht ausgeschlossen werden müssen (vgl. Kapitel Kernkompetenzen im zweiten Teil).

Kritik an Porter

Literatur

Corsten, Hans: *Grundlagen der Wettbewerbsstrategie*. Wiesbaden 1998.
Ehrhardt, Marcus: *Netzwerkeffekte*. Standardisierung und Wettbewerbsstrategie. Diss., Wiesbaden 2001.
Hinterhuber, Hans H.: *Wettbewerbsstrategie*. Berlin 1990.
Kaluza, Bernd / Thorsten Becker: *Wettbewerbsstrategien*. Markt- und ressourcenorientierte Sicht der strategischen Führung. München 2000.
Montgomery, Cynthia A. / Michael E. Porter: *Strategie*. Sonderausgabe. (Mit Beitr. v. Gary Hamel, Henry Mintzberg u. a.). Frankfurt / Main 2001.

Murray, A.I.: »Contingency View Of Porter's ›Generic Strategies‹.« In: *Academy of Management Review,* 13/1988, S.390-400.

Porter, M.: *Wettbewerbsstrategie.* Competitive Strategy. Methoden zur Analyse von Branchen und Konkurrenten. Frankfurt/Main 1992.

Porter, M.: *Wettbewerbsvorteile.* Spitzenleistungen erreichen und behaupten. Frankfurt/Main 1999.

Simon, Hermann: *Das große Handbuch der Strategiekonzepte.* Frankfurt/Main 2000.

24. Wissensmanagement

In vielen Unternehmen wird die Ressource Wissen noch unzureichend genutzt. Es besteht häufig keine Transparenz darüber, welche Kenntnisse die einzelnen Mitarbeiter besitzen, und somit liegen Wissensressourcen brach, die zur Beschleunigung von Geschäftsprozessen und zum Erreichen von Unternehmenszielen eingesetzt werden könnten. Zudem führt die mangelnde Transparenz dazu, dass dem Unternehmen mit dem Ausscheiden von Mitarbeitern im Rahmen von Kündigungen, Arbeitsplatzwechsel oder Ruhestandsregelungen wertvolle Wissensressourcen verloren gehen. Auch die Bedeutung der Wissensschaffung haben einige Unternehmen noch nicht erkannt. Entgegen den japanischen Unternehmen, die als Organisationen zur Wissensschaffung angesehen werden, gelten Unternehmen aus westlicher Sicht bislang meist als Organisationen zur Wissensverarbeitung (vgl. Nonaki/Takeuchi 1997, S. 18 f.).

> **Nur Wissensverarbeitung statt Wissensschaffung**

Vor diesem Hintergrund wird die Notwendigkeit eines professionellen Wissensmanagements deutlich. Je systematischer Unternehmen Wissen erwerben, nutzen und vermehren, umso erfolgreicher werden sie die Herausforderungen der Zukunft bewältigen. Die Ursachen dieser steigenden Bedeutung des Wissens sind vielfältiger Natur. So lässt sich z. B. eine zunehmende Verschiebung von arbeits- und kapitalintensiven zu informations- und wissensbasierten Tätigkeiten feststellen. Das Geschäft der Unternehmen basiert heute immer mehr auf dem Verkauf intelligenter Produkte. Beim Verkauf eines PC übersteigt das vergegenständlichte Wissen den Materialwert beispielsweise um ein Vielfaches.

Die Situation verschärft sich schließlich durch die Globalisierung der Wirtschaft, innerhalb derer sich die Industrienationen zu Wissensnationen wandeln. Im Zuge dieser Entwicklung drängen zunehmend neue Wettbewerber auf den Weltmarkt, die sich schnell das benötigte Marktwissen aneignen und die Unternehmen somit vor neue Herausforderungen stellen. Es wird daher zukünftig immer stärker darauf ankommen, Möglichkeiten zu schaffen, Wissen über ein weltweites Netzwerk unternehmensweit transferieren zu können, um darüber Wettbewerbsvorteile zu erzielen.

Wissen unterstützt den Erfolg eines Unternehmens in vielerlei Hinsicht. Es hilft beispielsweise Mitarbeitern, Entscheidungen gezielter zu treffen, Leistungen zu optimieren, kundengerechtere Produkte zu erstellen oder auch innovative Ideen schneller umzusetzen. Einem gezielten und professionellen Wissensmanagement, das die Aufgabe hat, die Ressource Wissen im Unternehmen *»aktiv zu pflegen, zu nutzen und weiterzuentwickeln«* (Herbst 2000, S. 3) kommt vor diesem Hintergrund eine wachsende Bedeutung zu (vgl. Kapitel Lernende Organisation im zweiten Teil).

Begriffsklärung

Von der Information zum Wissen Man kann das Wissen definieren als *»das Netz aus Kenntnissen, Fähigkeiten und Fertigkeiten, die jemand zum Lösen einer Aufgabe einsetzt«* (Herbst 2000, S. 9).

Informationen sind der Grundstoff, aus dem Wissen generiert wird. Indem sie von einer Person interpretiert und in einem bestimmten Kontext verknüpft werden, entsteht Wissen. Es ist somit möglich, neues Wissen zu erzeugen, indem verschiedene Informationen in einer neuartigen Weise miteinander verknüpft werden. Dieser Verknüpfungs- und Interpretationsprozess ist im Gegensatz zur reinen Information personengebunden und abhängig von den individuellen Erfahrungen und dem Kulturkreis seines Trägers.

Wissen wird als Information gespeichert und auch als solche an andere weitergegeben. Um ihm einen Wert zu verleihen, ist es anzuwenden. Es muss zweckorientiert zum Treffen von Entscheidungen und zum Lösen von Aufgaben eingesetzt und somit in Handlungen umgesetzt werden.

Die dazu erforderlichen Schritte lassen sich folgendermaßen beschreiben: Wissen wird zu Können, indem im Rahmen der Informationsverknüpfung und -bewertung ein Anwendungsbezug hergestellt wird. Hinzu muss eine Motivation treten, dieses Können in Handlungen umzusetzen. Erfolgen diese Handlungen ziel- und zweckorientiert, entsteht schließlich Kompetenz.

Träger des Wissens in einem Unternehmen sind die Mitarbeiter, die mit Hilfe ihrer Erfahrungen und Einsichten aufkeimende Probleme erkennen und gezielt Lösungen entwickeln. Das Unternehmenswissen als Ganzes umfasst dabei mehr als die Summe des individuellen Wissens aller Organisationsmitglieder, denn durch Verknüpfung von Wissensbeständen verschiedener Mitarbeiter kann vollkommen neues Wissen erzeugt werden, über welches das Unternehmen Wettbewerbsvorteile erzielen kann.

Das Wissen unterteilt sich in eine explizite und eine implizite Dimension.

Formen des Wissens

Explizites Wissen ist sowohl visualisierbar als auch verbalisierbar. Es steht dem Unternehmen unabhängig von Wissensträgern zur Verfügung, lässt sich in Zahlen, Worten und Formeln ausdrücken, mit den Mitteln der Informations- und Kommunikationstechnologie speichern und somit problemlos an Personen weitergeben.

Demgegenüber ist *implizites Wissen* wesentlich schwieriger erfassbar. Es handelt sich um Wissen, das sich in den Köpfen von Mitarbeitern befindet und auf deren Erfahrungen, Idealen, Werten und Gefühlen beruht. Intuitionen und subjektive Einsichten gehören in den Bereich des impliziten Wissens. Ein Koch, der seine Speisen nach jahrelanger Erfahrung mehr nach Gefühl als nach Rezept zubereitet, wird große Schwierigkeiten haben, das »Geheimnis seines Erfolges« an seine Kollegen weiterzuvermitteln.

Genau hier liegt aber die Notwendigkeit, um auch bei Ausscheiden eines wertvollen Mitarbeiters weiterhin erfolgreich agieren zu können und somit das Wissen dem Unternehmen unabhängig von Personen zur Verfügung zu stellen. Die Voraussetzung, um diese Herausforderung bewältigen zu können, besteht in der Umwandlung des impliziten Wissens in explizites Wissen, der sog. »Externalisierung«. Erfahrungen und Intuitionen der Mitarbeiter müssen somit greifbar gemacht und in Worte und Zahlen umgewandelt werden, damit sie vermittelt werden können.

Wissensmanagement in der Praxis

Das Wissensmanagement ist ein strategisches Führungskonzept, dessen Aufgabe in erster Linie darin liegt, einen Prozess der organisationalen Wissensnutzung und -erzeugung in einem Unternehmen systematisch zu gestalten. Wissensmanagement ist kein Selbstzweck, sondern es sollen mit dessen Hilfe die Firmenziele besser und schneller erreicht sowie Wettbewerbsvorteile erzielt werden.

Marktplatz des Wissens Dazu muss das Wissen den Unternehmensangehörigen bedarfsgerecht zur Verfügung stehen. Somit liegt die Intention nicht darin, wahllos Informationen an alle Mitarbeiter zu verteilen, sondern es soll vielmehr eine Art »lebendiger Marktplatz« geschaffen werden, auf dem Menschen mit gemeinsamen Interessen zusammengebracht und ein Austausch relevanten Wissens ermöglicht wird. Ergänzend werden externe Personen, wie z.B. Kunden, Lieferanten oder Kooperationspartner mit einbezogen, deren Kenntnisse durch einen aktiven Austausch mit den Unternehmensangehörigen genutzt werden sollen.

Wissensmanagement als Führungsaufgabe

Wissensmanagement umfasst als ganzheitlicher komplexer Prozess eine Reihe unterschiedlicher Aktivitäten. Das von Probst entwickelte Modell »Bausteine des Wissensmanagements« gliedert diesen Prozess in sechs Kernelemente, erweitert um die Elemente »Wissensziele« und »Wissensbewertung« (vgl. S. 279).

Die Wissensziele sollen dabei die wichtige Bedeutung einer strategischen Ausrichtung des Prozesses verdeutlichen. Über eine abschließende Wissensbewertung wird es möglich, die Effizienz der Wissensmanagement-Aktivitäten zu überprüfen.

Wissensziele definieren

Durch die Definition von Wissenszielen werden die Lernprozesse im Unternehmen in eine gewollte Richtung gelenkt. Zudem ermöglichen es präzise formulierte Ziele, den Prozess des Wissensmanagements im Hinblick auf Erfolg bzw. Misserfolg zu kontrollieren.

Es kann zwischen normativen, strategischen und operativen Zielen unterschieden werden. Während normative Ziele sich auf die Schaffung einer wissensbasierten Unternehmenskultur beziehen, definieren strategische Ziele das organisationale Kernwissen des Unternehmens und legen somit den zukünftigen Kompetenzbedarf fest. Operative Ziele schließlich sorgen für eine Übersetzung der normativen und strategischen Vorgaben in handlungsorientierte Teilziele und unterstützen somit die Umsetzung des Wissensmanagements.

Wissen identifizieren

Eine wichtige Aufgabe des Wissensmanagements liegt darin, im Unternehmen Transparenz über die vorhandenen Wissensbestände zu schaffen, denn die Suche nach im Unternehmen verstreutem Wissen kostet die Mitarbeiter Zeit und führt zu unnötigen Doppelarbeiten. Zu diesem Zweck können Wissenslandkarten oder Datenbanken nach Art der »Gelben Seiten« erstellt werden, die den Mitarbeitern einen Überblick darüber geben, wer über welche Kenntnisse im Unternehmen verfügt.

Wissen entwickeln/erwerben

Relevantes Wissen, das im Unternehmen nicht vorhanden ist, muss entweder über unternehmensinterne oder -externe Quellen beschafft werden. Indem das Unternehmen Kreativität und Ideen seiner Mitarbeiter nutzt, können neue Fähigkeiten systematisch intern produziert werden. Kreativitätsfördernde Rahmenbedingungen und das Arbeiten in heterogenen Teams unterstützen den Prozess der internen Wissensschaffung.

Daneben besteht die Möglichkeit, über die Rekrutierung von Experten oder die Akquisition innovativer Unternehmen Wissen extern zu beziehen, das aus eigener Kraft nicht entwickelt werden könnte.

Wissen bewahren

In einem Unternehmen vorhandenes wertvolles Wissen muss vor Verlusten geschützt werden und dem Unternehmen unabhängig z. B. von ausscheidenden Mitarbeitern erhalten bleiben. Der Prozess der Wissensbewahrung kann in die Schritte Selektion, Speicherung und Aktualisierung gegliedert werden.

Nachdem über die Selektion bewahrenswertes Wissen herausgefiltert wurde, muss es in angemessener Form gespeichert werden, um es jederzeit verfügbar zu halten. Eine regelmäßige Aktualisierung sorgt dafür, dass sich das Unternehmen von altem und belastendem Wissen trennt.

Wissen verteilen

Die Nutzung relevanten Wissens durch die Mitarbeiter setzt eine vorherige Verteilung innerhalb des Unternehmens voraus. Da nicht jeder Mitarbeiter das gleiche Wissen benötigt, muss sich das Unternehmen zunächst die Frage stellen, wer über welches Wissen in welchem Umfang verfügen soll und auf welche Weise die Wissensverteilung erleichtert werden kann. Ziel ist es, schnell, aktuell und korrekt auf das relevante Wissen zugreifen zu können. Modernen Informations- und Kommunikationstechnologien kommt in diesem Zusammenhang eine tragende Bedeutung zu, da sie es ermöglichen, Wissen unabhängig von Zeit und Raum im Unternehmen zu verteilen. Nicht alles lässt sich jedoch mit Hilfe der Technologie übermitteln. Implizites oder komplexes und erklärungsbedürftiges Wissen bedarf einer persönlichen Weitergabe.

Wissen nutzen

Die Wissensnutzung stellt das Hauptziel des Wissensmanagements dar, denn Identifizieren, Entwickeln oder Verteilen von Wissen bekommen erst dann einen Sinn, wenn das Wissen auch angewendet wird, um somit einen Wert für das Unternehmen zu erzeugen. Das Wissen soll eingesetzt werden, um zielgerichtete Entscheidungen treffen und Probleme besser lösen zu können. Aufgabe des Wissensmanagements ist es daher, die Nutzung des betrieblichen Wissens sicherzustellen.

Auch das Lernumfeld sollte so beschaffen sein, dass Fehler toleriert und die Motivation der Mitarbeiter zur Nutzung neuen Wissens gefördert wird. Da das Anwenden und Erproben neuen Wissens Zeit kostet, ist es zudem wichtig, den Mitarbeitern die erforderlichen zeitlichen Freiräume zu bieten.

Um die Effizienz des Wissensmanagements beurteilen zu können, werden Methoden zur Messung der vorab definierten Wissensziele notwendig. Es bestehen jedoch vielfach Probleme bei der Durchführung der Wissensbewertung, da die Unternehmen nur wenig Erfahrung im Hinblick auf das Controlling nicht-monetärer Größen besitzen. Die Bewertung sollte daher nicht nur nach quantitativen Gesichtspunkten erfolgen. Als Instrument zur Bewertung der Wissensziele können Unternehmen die von Kaplan und Norton entwickelte *Balanced Scorecard* heranziehen.

Wissen bewerten

Bausteine des Wissensmanagements (nach Probst u.a. 1999, S. 56)

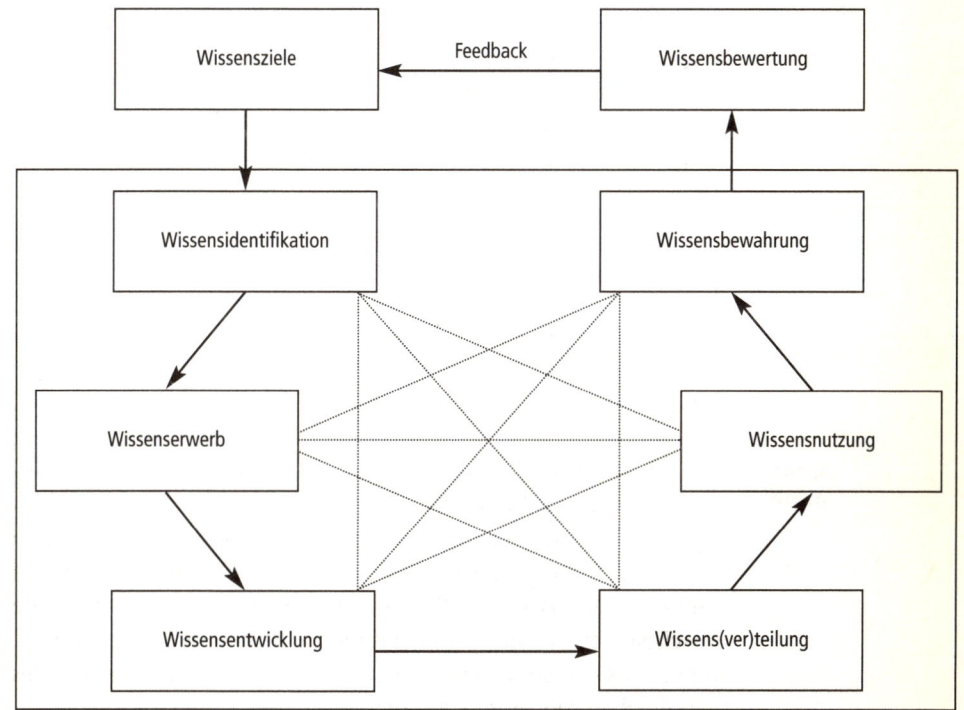

Mitarbeiter in wissensorientierten Unternehmen

Die Einführung von Wissensmanagement im Unternehmen stellt Mitarbeiter vor neue Herausforderungen und führt zu veränderten Arbeitsweisen. Als Träger des Wissens stehen sie im Zentrum des Wissensmanagements. Sie müssen die Bereitschaft zeigen, sich Wissen anzueignen, das ihnen zum Lösen von Aufgaben fehlt, und sich somit einem Lernprozess zur Bewältigung neuer Herausforderungen öffnen. Dazu bedarf es auch der Bereitschaft, Wissen von anderen anzunehmen sowie das eigene Wissen mit anderen zu teilen.

Machtproblem Da sehr häufig Wissen mit Macht gleichgesetzt wird, ängstigen sich viele Mitarbeiter, durch Wissensweitergabe einen Teil an Macht und Einfluss einzubüßen und somit entbehrlich zu werden. Zum Abbau dieser Widerstände ist es wichtig, dass die Mitarbeiter die Vorteile des Wissensmanagements sowohl für das Unternehmen als auch für ihre eigene Arbeit erkennen und so zur Wissensteilung motiviert werden. Eine offene Kommunikation, innerhalb derer ihnen diese Vorteile sowie die Bedeutung des Wissens vermittelt werden, ist für das Verständnis und die Akzeptanz der Mitarbeiter eine wesentliche Voraussetzung. In einigen Unternehmen wurden bereits neue Funktionen geschaffen, wie z.B. die des »Wissensmanagers«, der die Aufgabe hat, Wissensaufbau und -nutzung im Unternehmen zu fördern und in diesem Zusammenhang für eine offene Kommunikation zu sorgen.

Rahmenbedingungen wissensorientierter Unternehmen

Das Interesse und die Bereitschaft, Wissen zu geben und zu nehmen, hängen sehr stark von den Rahmenbedingungen in einem Unternehmen ab.

Fehlertoleranz Die Toleranz gegenüber Fehlern stellt einen wichtigen Aspekt wissensorientierter Unternehmen dar, denn nur, wenn ein Unternehmen Fehler als einen Teil des Lernprozesses begreift, werden die Mitarbeiter den Mut entwickeln, neues Wissen anzuwenden und das Risiko nicht zu scheuen.

Da Wissen nur eine begrenzte Gültigkeit hat, ist es in regelmäßigen Abständen erforderlich, bestehendes Wissen in Frage zu stellen und es gegebenenfalls zu aktualisieren.

Offenheit gegenüber Neuem

Um die Bereitschaft zur Wissensnutzung und -teilung im Unternehmen zu fördern, sind Anreizsysteme einzurichten, welche den Beitrag eines Mitarbeiters zum Wissensaufbau und -transfer berücksichtigen. Dies kann beispielsweise in Form eines betrieblichen Vorschlagswesens geschehen, über das die Verbesserungsvorschläge der Mitarbeiter finanziell honoriert werden. Aber auch Belohnungen in nicht-monetärer Form, wie z. B. verbesserte Aufstiegschancen, sind in diesem Zusammenhang denkbar.

Anreizsysteme

Für einen effizienten Wissensaufbau und -transfer ist es wichtig, dass das Unternehmen seinen Mitarbeitern eine geeignete informationstechnische Unterstützung zur Verfügung stellt. Dabei sollte insbesondere auf Anwenderfreundlichkeit und eine leichte Erlernbarkeit der Medien geachtet werden, da die Akzeptanz und die Bereitschaft zur aktiven Nutzung davon stark beeinflusst werden.

Informations- und Kommunikationstechnologie

Um Wissensmanagement erfolgreich umzusetzen, ist es erforderlich, dass die Geschäftsleitung voll hinter dem Projekt Wissensmanagement steht. Sie sollte den Unternehmensangehörigen die Bedeutung des Wissens für den zukünftigen Unternehmenserfolg vermitteln und sinnvollerweise als Vorbild fungieren, indem sie die Vorreiterrolle beim aktiven Wissensaufbau und -austausch übernimmt.

Bekenntnis der Unternehmensführung zum Wissensmanagement

Bei der Implementierung des Wissensmanagements im Unternehmen müssen zahlreiche Maßnahmen ergriffen und vielfältige Rahmenbedingungen beachtet werden. Für eine erste gedankliche Auseinandersetzung mit dem Thema Wissensmanagement können einem Unternehmen folgende fünf Fragen von North als Hilfestellung dienen:

1. Welche Bedeutung hat Wissen für unseren Geschäftserfolg?
2. Welche strategischen Ziele werden wir durch die Mobilisierung von Wissen unterstützen?

3. Über welches Wissen verfügen wir heute und welches Wissen werden wir zukünftig benötigen, um unsere Wettbewerbsfähigkeit nachhaltig sicherstellen zu können?
4. Wie gehen wir mit der Ressource Wissen um?
5. Wie sollten wir unser Unternehmen gestalten und entwickeln, damit wir heute und zukünftig dem Wissenswettbewerb gewachsen sind?

Literatur

Bukowitz, Wendi R./Ruth L. Williams: *Wissensmanagement.* Effizientes Knowledge Management aufbauen und integrieren. München 2002.

Eppler, Martin J. von/Oliver Sukowski (Hrsg.): *Fallstudien zum Wissensmanagement.* Lösungen aus der Praxis. St. Gallen 2001.

Herbst, D.: *Erfolgsfaktor Wissensmanagement. Berlin* 2000.

Mandl, Heinz/Gabi Reinmann-Rothmeier: *Individuelles Wissensmanagement.* Strategien für den persönlichen Umgang mit Information und Wissen am Arbeitsplatz. (Psychologie Praxis) Göttingen 2000.

Nonaka, I./H. Takeuchi: *Die Organisation des Wissens: Wie japanische Unternehmen eine brachliegende Ressource nutzbar machen.* Frankfurt 1997.

North, Klaus: *Wissensorientierte Unternehmensführung.* Wertschöpfung durch Wissen. Wiesbaden 1999.

Pawlowsky, Peter: *Wissensmanagement für die Praxis.* Methoden und Instrumente zur erfolgreichen Umsetzung. Neuwied 2002.

Probst, G./S. Raub/K. Romhardt: *Wissen managen: Wie Unternehmen ihre wertvollste Ressource optimal nutzen.* Wiesbaden 1999.

Tucher von Simmelsdorf, Friedrich W.: *Benchmarking von Wissensmanagement.* Eine Methode des ressourcenorientierten strategischen Managements. Diss., Wuppertal 2002.

Dritter Teil:
Führungskonzepte
und -tools

1. Neue Arbeitszeitmodelle

Fragen der Arbeitszeit sind seit Jahrzehnten vorwiegend als soziales Problem betrachtet worden. Diese Tatsache erklärt, warum sie in betrieblichen Leistungs- und Entscheidungsfunktionen wenig Aufmerksamkeit fanden. Aber die Arbeitszeit ist eine Kernfrage, die sich nicht nur allein auf die Arbeitswelt bezieht, sondern auf die Gesellschaft überhaupt.

Kernfrage der Gesellschaft

Automatische Produktanlagen sparen zwar Arbeitskräfte ein, sie erfordern jedoch hohe Investitionsvolumen, die bei einer unzureichenden Kapazitätsauslastung zu hohen Produktionskosten führen. Daraus folgt: Die Arbeitszeiten sind neu aufzuteilen und an den Arbeitsanfall anzupassen, um zukünftig im internationalen Wettbewerb bestehen zu können.

Begriffsklärungen zu Arbeitszeitformen

Arbeitszeit ist die Zeitspanne, während der ein Arbeitnehmer seine Arbeitskraft zur Verfügung stellt. Dabei wird zwischen der Dauer und der Verteilung der Arbeitszeit unterschieden:

Die *Dauer der Arbeitszeit* ist das vertraglich festgelegte Volumen der Verfügbarkeit des Arbeitnehmers für den Betrieb. Die jeweilige Dauer der Arbeitszeit ergibt sich aus dem Tarifvertrag oder dem Individualarbeitsvertrag.

Die *Verteilung der Arbeitszeit* ist in der Regel in Tarifverträgen und in Individualarbeitsverträgen festgelegt. Allerdings beziehen sich diese Ausführungen nur auf allgemeine Rahmenregelungen. Eine konkrete Verteilung erfolgt meist durch Betriebsvereinbarungen, soweit ein Betriebsrat besteht.

Die *Betriebszeit* gilt als die Öffnungszeit eines Betriebes. Sie ist der Oberbegriff für die Maschinenlaufzeiten, die Ladenöffnungszeit oder die Ansprechzeiten im Dienstleistungsgewerbe und in der Verwaltung.

Flexible Arbeitszeitgestaltung erfolgt in der Regel immer dann, wenn das verfügbare Arbeitszeitvolumen für den betrieblichen Bedarf nicht ausreicht oder aber wenn keine Übereinstimmung zwischen Verteilung und betrieblichem Bedarf besteht. Das Ziel besteht darin, Differenzen zwischen Arbeitsanfall und Arbeitszeit bzw. Betriebszeit zu vermeiden oder zumindest abzumildern.

Teilzeitarbeits-modelle

Ein Teilzeitarbeitsverhältnis unterscheidet sich von einem herkömmlichen Arbeitsverhältnis durch sein kleineres Arbeitszeitvolumen. Die Verkürzung der allgemein üblichen Arbeitszeit beruht dabei auf einer ausdrücklichen und freiwilligen Vereinbarung.

Der Begriff Teilzeitarbeit wird heute zunehmend durch den Begriff »Mobilzeit« abgelöst. Der Grund dafür liegt darin, dass der Begriff Teilzeitarbeit ggf. negative Assoziationen auslöst. »Teilzeit« steht als Synonym für Halbtagstätigkeit, Frauenarbeit mit wenig qualifizierter und schlecht bezahlter Arbeit. Mobilzeit hingegen steht für kreative, innovative und flexible Formen der Teilzeitbeschäftigung, für qualifizierte Tätigkeiten im Fach- und Führungsbereich, und zwar gleichermaßen für Frauen wie für Männer. Teilarbeitsmodelle werden in starren oder in flexiblen Grundformen angewendet:

Starre Formen der Teilzeitarbeit

Bei den starren Modellen der Teilzeitarbeit sind die Dauer und die Lage der Arbeitszeit genau festgelegt. Die Einhaltung der Arbeitszeiten wird durch eine vertragliche Vereinbarung gewährleistet.

Halbtagsarbeit: Sie gliedert den Arbeitstag in zwei Hälften, von denen ein Arbeitnehmer nur eine Hälfte des Tages arbeitet, in der Regel vier bis fünf Stunden pro Tag.

Im allgemeinen Sprachgebrauch wird »Teilzeitarbeit« oft mit dem Begriff »Halbtagsarbeit« gleichgesetzt. Dies liegt daran, dass diese Form der Teilzeit am häufigsten unter berufstätigen Müttern verbreitet ist.

	Unternehmer	Mitarbeiter	Gesellschaft
Vorteile	Bessere Ausnutzung der Leistungskurven	Beruf und Familie können besser vereinbart werden; hilft bei der Wiedereingliederung nach Familienpause	Unterstützung der Familien; eine größere Anzahl von Arbeitnehmern gehen einer Erwerbstätigkeit nach
Nachteile	Mehr Organisationsaufwand, ggf. schwierige Übergabe, nicht für kontinuierliche Arbeitsabläufe geeignet	z. Zt. oft wenig qualifizierte Tätigkeitsprofile	

Verkürzte Arbeitszeit: Teilzeitarbeit, die zwischen Normalarbeitszeit und der Halbtagsarbeitszeit angesiedelt ist, z. B. ein sechsstündiger Arbeitstag, wird mit diesem Begriff umschrieben. Arbeitet jemand weniger als vier Stunden pro Tag, spricht man von geringfügiger Teilarbeitszeit.

	Unternehmer	Mitarbeiter	Gesellschaft
Vorteile	Bedarfsorientierte Einstellung Fixkostenblock wird klein gehalten	Gute Einsatzmöglichkeiten für Schüler, Studenten, Hausfrauen und Rentner; »Taschengeld«-Aufbesserung	
Nachteile	hohe Fluktuation	in der Regel keine Festeinstellung: *»Hire and Fire«*	Aushilfsjobs tragen nicht zur Finanzierung des Sozialversicherungssystems bei; keine Schaffung neuer Arbeitsplätze

Ein Arbeitnehmer, der seine Arbeitszeit in zwei Blöcken absolviert und zwischenzeitlich eine mehrstündige Pause in Anspruch nimmt, leistet seine Arbeit in Form der Teilzeitarbeit und im Speziellen als gespaltene Arbeitstage.

Sabbatical (Langzeiturlaub): Dabei handelt es sich um eine Arbeitszeit, die in so genannten Jahresblöcken abgeleistet wird. In diesem Zusammenhang geht es um eine Mobilzeit, bei der die Arbeitnehmer alle vier bis sieben Jahre ein Jahr Urlaub haben.

	Unternehmer	Mitarbeiter
Vorteile	Zeitgebundene Projekte lassen sich bedarfsorientiert konzentriert ableisten; zufriedenere Mitarbeiter	Freizeiten in Bezug auf Langzeiturlaube lassen sich realisieren
Nachteile	Mitarbeiter fehlen u.U. ein Jahr (Wissensverlust im Unternehmen); Einarbeitungszeit nach langem Urlaub	Höhere Belastung, da Erholungsurlaube nicht regelmäßig stattfinden

Flexible Formen der Teilzeitarbeit Eine flexible Arbeitszeitgestaltung bedeutet, dass die Dauer und Lage der vereinbarten Arbeitszeit nicht vollständig im Vorhinein festgelegt ist. Hier steht eine situationsbezogene Reaktion auf betriebs-, kunden- und mitarbeiterspezifische Bedürfnisse und Interessen im Vordergrund. Auch sie kommt in verschiedenen Formen vor.

Gleitende Arbeitszeit bietet dem Arbeitnehmer die Möglichkeit, Beginn und Ende seiner Arbeitszeit unter Beachtung der Anwesenheitspflichten (während der Kernarbeitszeiten) weit gehend frei zu wählen. In der Praxis sind so genannte Sollarbeitszeiten bzw. Stunden vorgegeben. Arbeitet der Mitarbeiter mehr oder weniger, gemessen an der Sollvorgabe, so werden ihm die betreffenden Stunden auf einem Zeitkonto verbucht.

	Unternehmer	Mitarbeiter
Vorteile	Weniger Überstunden innerhalb eines Zeitrahmens; zufriedenere Mitarbeiter; höhere Motivation der Mitarbeiter	Bessere Einflussnahme auf die Arbeitszeit; persönliche Termine besser vereinbar
Nachteile	Zeiterfassungssysteme, ansonsten ist Kontrolle unmöglich Ungeeignet für Schicht- und Fließbandarbeit	Geringerer Anfall von Überstundenzuschlägen

Beim *Job-Sharing* wird ein Vollzeitarbeitsplatz mit zwei oder mehreren Teilzeitarbeitskräften besetzt. Dabei sind die Arbeitnehmer bei freier individueller Zeitaufteilung für die Erfüllung ihrer Arbeitsaufgabe verantwortlich. Das setzt ein hohes Maß an Kommunikationsbereitschaft und Teamgeist bei den jeweiligen Mitarbeitern voraus.

Das *Job-Sharing* braucht sich nicht nur auf eine zeitliche Aufteilung der Aufgaben zu beschränken. Die Arbeitnehmer können auch eine sachliche Aufgliederung der Aufgaben eines Arbeitsplatzes vornehmen.

	Unternehmer	Mitarbeiter	Gesellschaft
Vorteile	Physische und psychische Leistungskurve kann optimal genutzt werden; Aufgabe kann sachlich und zeitlich getrennt werden	Vereinbarkeit von Beruf und Familie; evtl. mehr Zeit für Weiterbildung	Eine höhere Anzahl von Erwerbstätigen
Nachteile	Höherer Verwaltungsaufwand; Übergabe evtl. schwierig	Höhere Anforderungen an Teamgeist und Kommunikation; nichts für Einzelgänger	

Der *Jahresarbeitszeitvertrag* ist eine Form, bei der die Arbeitszeit vorrangig vom Arbeitgeber disponiert wird (Jahressollarbeitszeit). Hier muss die jeweils gültige tarifliche Wochenarbeitszeit im Durchschnitt eines Verteilzeitraums von 12 Monaten erbracht werden. Das ermöglicht dem Arbeitgeber, direkt auf betriebliche

Schwankungen zu reagieren. Bei hoher Auftragslage werden die jeweiligen Arbeitszeiten in gewissen Grenzen angepasst.

	Unternehmer	Mitarbeiter
Vorteile	Arbeitgeber kann besser auf betriebliche Schwankungen reagieren	Durch Mehrarbeit sind in regelmäßigen Abständen längere Freizeiten möglich
Nachteile		Keine Eigenbestimmung bzgl. der Arbeitszeit; keine langfristige Freizeitplanung möglich

Kapazitätsorientierte variable Arbeitszeit (KAPOVAZ): Bei diesem Modell handelt es sich um eine bedarfsorientierte Arbeitsinanspruchnahme (Kapazitätsbedarf). Je nach Arbeitsanfall entscheidet der Arbeitgeber kurzfristig über die Dauer und Lage der Arbeitszeit. Diese Form nennt man auch »Arbeit auf Abruf«. Sie ist aufgrund des Abrufprinzips in Verruf geraten. Mitarbeiter fühlen sich verpflichtet, dem Arbeitgeber zur Verfügung zu stehen, da sie ansonsten befürchten, bei zukünftigen Arbeitseinsätzen nicht mehr berücksichtigt zu werden.

Betriebswirtschaftliche Wirkung

Ein Unternehmen kann mit neuen Arbeitszeitformen u. a. folgende betriebswirtschaftliche Wirkungen erzielen (vgl. Dingler 1997, S. 32):

– Arbeitszeitregelungen der beschriebenen Art können die qualitative und quantitative Leistung der Mitarbeiter steigern. Dies betrifft z. B. Fragen der Belastbarkeit zu bestimmten Tageszeiten sowie die Verbesserung der Qualifikation oder das Gewinnen bzw. Halten leistungsfähiger Mitarbeiter.
– Kapitalintensive Betriebsmittel können besser genutzt werden. Daraus folgt in der Regel eine Ausweitung der Betriebszeit.

- Mit variablen Arbeitszeiten kann sich ein Unternehmen besser an zeitliche Schwankungen des Marktes anpassen oder billige Nachttarife für Energie oder Kommunikation nutzen.
- Flexible Arbeitszeitmodelle verleihen eine höhere Flexibilität und damit eine schnellere Reaktion auf veränderte Kundenwünsche.
- Sie ermöglichen eine bessere Berücksichtigung der Arbeitnehmerwünsche nach mehr Zeitsouveränität und Anpassung an die individuellen Lebensumstände.
- Mobilzeit bringt Kostenvorteile und Produktivitätsgewinne durch höhere Leistungsfähigkeit und gesteigerte Motivation hervor.

Ein praktisches Beispiel

Die Firma Reemtsma Zigarettenfabrik Hamburg bietet ein modellhaftes Beispiel. Hier werden zwei einfache Grundthesen verfolgt, die Führungskräften und Mitarbeitern bei der Gestaltung ihrer Arbeitszeit viele Möglichkeiten bieten:

Reemtsma

- Jeder kann in der Zeit von 7.00 Uhr bis 20.00 Uhr arbeiten.
- Es gibt keine Kernzeit.
- Die tägliche Arbeitszeit kann nach vorheriger Abstimmung mit der Abteilung auch unterbrochen werden.
- Dennoch dürfen weder zu große Zeitguthaben noch zu hohe Zeitschulden entstehen. Die Verantwortung dafür tragen Vorgesetzte und Mitarbeiter gleichermaßen.
- Jeder Mitarbeiter hat ein Arbeitszeitkonto. Einmal im Monat erhält er einen Auszug dieses Kontos.
- Die branchenübliche Wochenarbeitszeit beträgt 37 Stunden.
- Sofern ein Mitarbeiter Plusstunden nachweist, erfolgt ein Ausgleich durch kürzere Arbeitszeiten an anderen Tagen oder arbeitsfreie Tage.

Weitere Ausgleichsmodalitäten gibt es nicht. Diese Regelungen betreffen alle Mitarbeiter im »nicht taktgebundenen Bereich«, also im Verwaltungs- und Servicebereich. Insgesamt sind 1400 Belegschaftsmitglieder von insgesamt 3300 Mitarbeitern betroffen.

Für die Mitarbeiter im »taktgebundenen Bereich« wird ein »Freitags-frei-Modell« praktiziert. Dabei beträgt die Ankündigungsfrist 14 Tage. Diese Mitteilungen erfolgen auf einem allen Mitarbeitern sichtbaren Arbeitszeitkalender.

Führungskräfte arbeiten ohne jede Arbeitszeitvorgabe, also ausschließlich aufgabenorientiert.

Literatur

Dingler, Markus: *Arbeitszeitmanagement.* Diss., Wiesbaden 1997.

Fiedler-Winter, Rosemarie: *Flexible Arbeitszeiten.* Landsberg 1995.

Gebert, Hermann / Bettina Heupel / Konrad Schall: *Flexible Arbeitszeitmodelle im öffentlichen Dienst* (mit CD-Rom). Praktiker-Handbuch. München 2001.

Gutmann, Joachim: *Arbeitszeitmodelle.* Die neue Zeit der Arbeit: Erfahrungen mit Konzepten der Flexibilisierung. Stuttgart 1999.

Rischar, Klaus: *Flexible Arbeitszeitmodelle in der betrieblichen Praxis* (mit CD-Rom). München 2001.

Ulich, Eberhard: *Beschäftigungswirksame Arbeitszeitmodelle.* Zürich 2001.

2. Arbeitsrecht

Mit Arbeitsrecht bezeichnet man die Summe aller Regelungen, die sich mit abhängiger, unselbständiger Arbeit befassen. Es ist eine Art Rahmenbedingung für alle Strategiemodelle und Managementtools in diesem Buch. Darum ist es wichtig, seine Grundzüge zu kennen.

Das Arbeitsrecht gilt nur für Arbeiter und Angestellte. Deren wirtschaftliche Abhängigkeit vom Unternehmen erfordert rechtliche Bestimmungen, die für einen gerechten Interessenausgleich sorgen. Dieser Ausgleich konnte aber nicht nur auf dem Gebiet des Privatrechts gesucht werden, vielmehr mussten Gesetze erlassen werden, die in das abhängige Arbeitsverhältnis auch mit öffentlich-rechtlichen Mitteln eingriffen. Freiberufler, Beamte oder Soldaten sind keine arbeitsrechtlichen Bezugsgruppen. Für sie gelten andere Rechtsverhältnisse.

Unser Arbeitsrecht ist zersplittert in eine unübersehbare Zahl gesetzlicher Sonderregelungen. Obwohl die arbeitende Bevölkerung in der Mehrzahl darauf angewiesen ist, in einem abhängigen Arbeitsverhältnis ihren Lebensunterhalt zu verdienen, ist es bislang, trotz vielfältiger Vorarbeit, nicht gelungen, für das Arbeitsrecht in einem Arbeitsgesetzbuch einheitliche Begriffsbestimmungen zu schaffen und das Recht der abhängigen Arbeit zusammenfassend zu regeln. Anders als beim Bürgerlichen Recht oder dem Strafrecht, wo es einheitliche Gesetzbücher – BGB und StGB – gibt, wurde bisher kein zusammenfassendes Gesetzbuch der Arbeit geschaffen. Infolgedessen ist das Arbeitsrecht – und dies

Arbeitsrecht = Richterrecht

trotz der hohen Zahl arbeitsrechtlicher Bestimmungen – weit gehend Richterrecht. Das Arbeitskampfrecht ist sogar ausschließlich Richterrecht, das auf Entscheidungen des Bundesarbeitsgerichtes beruht.

Sachgebiete des Arbeitsrechts

Die vier Sachgebiete des Arbeitsrechts gliedern sich folgendermaßen:

Individualarbeitsrecht

1. Das *Individualarbeitsrecht:* Es regelt die rechtlichen Beziehungen des einzelnen Arbeitnehmers zu seinem Arbeitgeber, ihre beiderseitigen Pflichten und Rechte aus dem Arbeitsvertrag. Hierzu gehören die Zahlung der Arbeitsvergütungen, Gratifikationen und Ruhegelder, die Haftung des Arbeitnehmers oder Arbeitgebers, die Gleichbehandlung und Kündigung sowie die Arbeitspflicht.

Arbeitnehmerschutzrecht

2. Im *Arbeitnehmerschutzrecht* werden die Rechtsbeziehungen zwischen dem Arbeitgeber oder dem Arbeitnehmer und dem Staat zum Schutz der Arbeitnehmer zusammengefasst. Hierzu gehören der Arbeitszeitschutz (Arbeitszeit) und der Arbeitsschutz (Gesundheitsschutz).

Kollektives Arbeitsrecht

3. Das *kollektive Arbeitsrecht* befasst sich mit den Belegschaften der Betriebe, den Vereinigungen der Arbeitnehmer und Arbeitgeber sowie ihren Vereinbarungen und Auseinandersetzungen. Dazu gehört das Recht der Betriebsverfassung, der Koalitionen, des Tarifvertrages und des Arbeitskampfes sowie der Schlichtung.

Arbeitsverfahrensrecht

4. *Arbeitsverfahrensrecht* schließlich heißt die Gesamtheit der Normen, die zur Beilegung von Streitigkeiten auf dem Gebiet des Arbeitsrechts aufgestellt worden sind. Unterschieden wird zwischen der Arbeitsgerichtsbarkeit und der Schlichtung. Während die Gerichte der Arbeitsgerichtsbarkeit im Urteils- oder Beschlussverfahren Rechtsstreitigkeiten entscheiden, dient die Schlichtung der Beilegung von Arbeitsstreitigkeiten durch Abschluss kollektiv-rechtlicher Vereinbarung zur Vermeidung von Arbeitskämpfen.

Zu den tragenden Gestaltungsprinzipien des Arbeitsrechts gehört der Schutz des Arbeitnehmers vor den mit seiner persönlichen und wirtschaftlich abhängigen Stellung verbundenen Gefahren. Er muss gegen die ihm aus der Arbeit selbst drohenden Gefahren, gegen Missgriffe des Arbeitgebers, gegen die Entziehung seiner Lebensgrundlage bei Lohnpfändung und durch Verlust seines Arbeitsplatzes (Kündigungsschutz) geschützt werden.

Schutz vor Gefahren

Andererseits bedürfen auch die Interessen des Arbeitgebers des Schutzes. Hierzu dienen die Treuepflicht des Arbeitnehmers, die Vorschriften über den Arbeitsvertragsbruch, die Einhaltung von Wettbewerbsverboten usw.

Eine funktionsfähige Wirtschaft ist nur zu erhalten, wenn die Sozialpartner durch kollektiv-rechtliche Vereinbarungen den Arbeitsfrieden sichern und zur Vermeidung von Arbeitskämpfen durch Abschluss von Tarifverträgen beitragen.

Rechtsquellen des Arbeitsrechts

Die grundlegenden Rechtsquellen der großen Zahl von arbeitsrechtlichen Vorschriften sind sehr unterschiedlich. Sie gehören teils dem öffentlichen, teils dem Privatrecht an. Im Privatrecht wird die Rechtsgestaltung weitestgehend der Privatautonomie überlassen, so z.B. bei Abschluss eines Arbeitsvertrages. Von öffentlichem Recht wird dann gesprochen, wenn ein Träger der öffentlichen Gewalt in dieser seiner Eigenschaft an einem Rechtsverhältnis teilnimmt. Einfacher ausgedrückt: Das öffentliche Recht regelt die Beziehung des Bürgers zum Staat, während das Privatrecht die Beziehung der Bürger untereinander ordnet.

Das Arbeitsrecht ist zum größten Teil Privatrecht. Das gilt insbesondere für alle Bestimmungen, die das Verhältnis zwischen Arbeitgeber und Arbeitnehmer regeln. Denn hier handelt es sich um Rechtsbeziehungen zwischen grundsätzlich gleichgestellten Personen.

Überwiegend Privatrecht

Der Interessenausgleich von Arbeit und Kapital konnte aber nicht nur auf dem Gebiet des Privatrechts gefunden werden, vielmehr mussten Gesetze erlassen werden, die in das abhängige Arbeitsverhältnis auch mit öffentlichen Mitteln eingreifen. Daher gibt es eine Reihe von Gesetzen, in denen der Staat dem Arbeitgeber eine Reihe von besonderen Pflichten auferlegt.

Rahmenbedingungen des Arbeitsrechts

Die Rahmenbedingungen können staatlicher, kollektiver oder individueller Natur sein. Sie stehen in einem Über- und Unterordnungsverhältnis zueinander; danach darf die untergeordnete Regelung nicht zu Ungunsten des Arbeitnehmers von der vorrangigen Bestimmung abweichen. Jedoch geht die rangniedrigere Rechtsquelle der ranghöheren dann vor, wenn diese für den Arbeitnehmer günstiger ist. Dies bezeichnet man als das Günstigkeitsprinzip. Ausnahmen von diesem Prinzip sind nur möglich, wenn dies in der ranghöheren Rechtsquelle vorgesehen ist.

Staatliche Rahmenbedingungen Zu den staatlichen Rahmenbedingungen gehören das Grundgesetz, die Länderverfassungen und die Gesetze, insbesondere das Bürgerliche Gesetzbuch (BGB).

Das *Grundgesetz* schweigt sich zwar über den Charakter unserer Arbeits- und Sozialordnung aus, ist aber in seinem Grundrechtsteil für das Arbeitsrecht von erheblicher Bedeutung. Zu nennen wären hier die Koalitionsfreiheit (Art. 9,3), das Grundrecht auf Berufsfreiheit (Art. 12) und der Gleichberechtigungsgrundsatz (Art. 3,2), der unter anderem die Lohngleichheit von Mann und Frau bei gleicher Arbeit fordert. Außerdem enthält die Sozialstaatsentscheidung in Art. 20,1 einen Rechtsgrundsatz von gesellschaftsordnender Dimension.

Das *Bürgerliche Gesetzbuch* ist eine der wichtigsten staatlichen Rechtsquellen des Arbeitsrechts, hier insbesondere seine Regeln über den Dienstvertrag (§§ 611 - 630).

In § 611 werden die Arbeitspflicht und die Vergütungspflicht als die zwei Hauptelemente des Arbeitsvertrages gekennzeichnet. § 612 umschreibt den Grundsatz: Jede Arbeit ist ihres Lohnes wert. § 614 bestimmt, dass die Vergütung nach der Erbringung der Dienste zu entrichten ist. Arbeitsleistung und Arbeitsentgelt stehen in einem Gegenseitigkeitsverhältnis: ohne Arbeit kein Lohn.

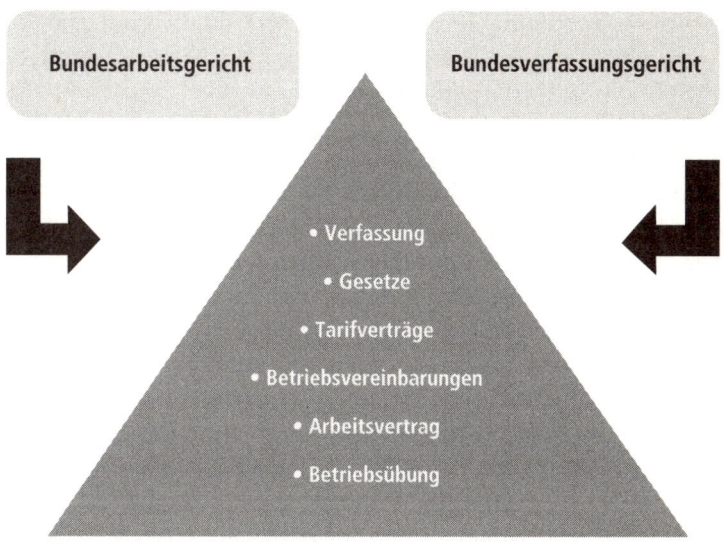

»Normen-Pyramide«

Bundesarbeitsgericht

Bundesverfassungsgericht

• Verfassung

• Gesetze

• Tarifverträge

• Betriebsvereinbarungen

• Arbeitsvertrag

• Betriebsübung

Normenpyramide

- Auf der unteren Rechtsebene dürfen gegenüber der höheren keine Verschlechterungen vorgenommen werden, es sei denn, die übergeordnete erlaubt dies.
- Die untergeordnete Rechtsebene lässt dagegen Verbesserungen zugunsten der Arbeitnehmer zu, sofern dies nicht ausdrücklich verboten ist.
- Bei mehreren Regelungen auf einer Rechtsebene gilt vorrangig immer die detailliertere Regelung.
- Die Arbeitsgerichtsbarkeit entscheidet bei strittigen Regelungen, konkretisiert allgemeine Vorschriften und füllt Lücken aus, die Gesetzgeber und Tarifparteien nicht geschlossen haben.
- Das Bundesverfassungsgericht überprüft arbeitsrechtliche Sachverhalte auf ihre Verfassungskonformität.

§§ 617-619 betreffen die so genannte Fürsorgepflicht des Arbeitgebers. Ihr steht die Treuepflicht des Arbeitnehmers gegenüber, die im BGB selbst nicht ausdrücklich erwähnt wird.

Die §§ 620-628 beschäftigen sich mit der Beendigung des Arbeitsverhältnisses, insbesondere mit der Kündigung. Die Zeugnispflicht ist in § 630 statuiert.

Gewerbeordnung Die Gewerbeordnung ist das älteste Gesetz, das sich mit dem Arbeitsverhältnis befasst. Hier drückt der § 105 den wichtigen Grundsatz der Vertragsfreiheit aus, der darüber hinaus für alle Arbeitsverhältnisse gilt. Die Gewerbeordnung enthält außerdem Ermächtigungsgrundlagen für den Erlass weiterer Rechtsvorschriften, unter denen vor allem die Arbeitsstättenverordnung vom 20.03.1975 eine ausführliche Regelung über die Gestaltung der Arbeitsplätze und der Arbeitsumgebung gebracht hat.

§ 121 statuiert das so genannte Direktionsrecht des Arbeitgebers, das über die Gewerbeordnung hinaus allgemein im Arbeitsverhältnis gilt. Die Arbeitnehmer sind danach verpflichtet, den Anordnungen der Arbeitgeber in Bezug auf die ihnen übertragenen Arbeiten Folge zu leisten.

Neben den Bestimmungen des BGB und der Gewerbeordnung sind weitere wichtige Gesetze zu nennen:

- Betriebsverfassungsgesetz
- Kündigungsschutzgesetz
- Lohnfortzahlungsgesetz
- Bundesurlaubsgesetz
- Jugendarbeitsschutzgesetz
- Berufsbildungsgesetz

Alle diese Gesetze sind der Verfassung untergeordnet. Andererseits haben sie Vorrang gegenüber anderen auf das Arbeitsverhältnis einwirkenden Gestaltungsfaktoren. So darf z.B. in einem Arbeitsvertrag nicht von der im Bundesurlaubsgesetz geregelten Mindestdauer des Jahresurlaubs (20/24 Werktage bei einer 5/6-Tage-Woche) zu Ungunsten des Arbeitnehmers abgewichen werden.

Rechtsverordnungen sind den Gesetzen untergeordnet, kommen aber in ihrer Verbindlichkeit für Arbeitgeber und Arbeitnehmer den Gesetzen sehr nahe. Als Beispiel sei die Arbeitsstättenverordnung genannt. Durch Rechtsverordnungen können auch Tarifverträge für allgemeinverbindlich erklärt werden.

Dem staatlich gesetzten Arbeitsrecht steht jenes gegenüber, das auf überbetrieblicher und betrieblicher Ebene aufgrund staatlicher Ermächtigung eigengesetzlich (autonom) durch so genannte Gesamtvereinbarungen geschaffen wird, und zwar durch Tarifverträge und Betriebsvereinbarungen. Man spricht daher auch vom kollektiven Arbeitsrecht. **Kollektivrechtliche Gestaltungsfaktoren**

Tarifverträge sind Verträge zwischen Arbeitgeberverbänden (oder auch einzelnen Arbeitgebern) und Gewerkschaften, welche die Festlegung von Arbeitsbedingungen auf überbetrieblicher Ebene in Form von Mindestbedingungen zum Inhalt haben. Diese gelten unmittelbar und zwingend für alle Arbeitnehmer, die der betreffenden Gewerkschaft angehören. Allerdings bleibt es den Arbeitgebern unbenommen, über die tariflichen Bedingungen hinauszugehen und seinen Arbeitnehmern günstigere Arbeitsbedingungen zu gewähren, als sie der Tarif enthält. **Tarifverträge**

Ein Arbeitsvertrag unterliegt immer dann den Bestimmungen eines Tarifvertrages, wenn entweder

- beide Parteien den Tarifvertragsparteien angehören (der Arbeitgeber gehört dem Arbeitgeberverband an oder ist selbst Tarifpartei und der Arbeitnehmer ist in der »richtigen« Gewerkschaft) oder
- im Arbeitsvertrag die teilweise oder vollständige Geltung eines bestimmten Tarifvertrages vereinbart wurde oder
- der Tarifvertrag vom Bundesminister für Arbeit und Sozialordnung für »allgemeinverbindlich« erklärt wurde (oft in der Bauindustrie der Fall) oder
- wenn es »betriebliche Übung« ist, dass Tarifnormen Anwendung finden.

Die gebräuchlichsten Arten von Tarifverträgen sind die Lohn- und Gehaltstarife mit den Lohn- und Gehaltstabellen sowie die Manteltarife, in denen die übrigen Arbeitsbedingungen (z. B. Arbeitszeit, Zeitzuschläge, Urlaub, Entlohnung bei Arbeitsausfall) geregelt sind.

Rangschwächere Rechtsquellen, z. b. der Einzelarbeitsvertrag, dürfen keine Bestimmungen enthalten, die zu Ungunsten der Arbeitnehmer von den Regelungen des Tarifvertrages abweichen. Dagegen darf aber auch der Tarifvertrag keine Bestimmungen enthalten, die gegen die rangstärkeren Gestaltungsfaktoren Gesetz, Verordnung und Verfassung verstoßen.

Betriebs-vereinbarung Mit einer Betriebsvereinbarung können Arbeitgeber und Betriebsrat auf betrieblicher Ebene alle jene Fragen regeln, die den Betrieb und seine Arbeitsverhältnisse betreffen, soweit die Regelungen nicht gegen bestehende Tarifverträge, Gesetze oder verfassungsrechtliche Bestimmungen verstoßen. So fordert der § 77 Abs. 3 des Betriebsverfassungsgesetzes ausdrücklich, dass Arbeitsentgelte und sonstige Arbeitsbedingungen, die durch Tarifvertrag geregelt oder üblicherweise geregelt werden, nicht Gegenstand einer Betriebsvereinbarung sein dürfen.

Der Arbeitsvertrag

Der Einzelarbeitsvertrag regelt die Teile des Arbeitsverhältnisses, die nicht durch gesetzliche oder tarifvertragliche Bestimmungen oder Betriebsvereinbarungen festgelegt sind. Er kann zunächst mündlich oder schriftlich geschlossen werden. Das Nachweisgesetz – NachwG – verpflichtet den Arbeitgeber jedoch dazu, spätestens einen Monat nach dem vereinbarten Beginn des Arbeitsverhältnisses die wesentlichen Bedingungen des Arbeitsvertrages schriftlich niederzulegen, zu unterzeichnen und dem Arbeitnehmer auszuhändigen. Als wesentlich wird dabei im Gesetz genannt: Name und Anschrift beider Vertragsparteien, der Vertragsbeginn, der Arbeitsort, die Arbeitszeit, die Bezeichnung der Tätigkeit, die Höhe des Arbeitsentgeltes, die Dauer des jährlichen Erholungsurlaubes und die Kündigungsfristen.

Arbeitgeber und Arbeitnehmer dürfen im Einzelarbeitsvertrag keine Vereinbarungen rechtswirksam treffen, die zu Ungunsten des Arbeitnehmers von zwingenden gesetzlichen Bestimmungen oder vom Tarifvertrag abweichen. Zulässig und nicht unüblich sind dagegen günstigere Regelungen, wie z. B. übertarifliche Zulagen, Urlaubs- und Weihnachtsgeld, zusätzlicher Urlaub, Fahrtkostenzuschuss u. Ä.

Arbeitsverhältnis und Arbeitsvertrag sind Bestandteile des so genannten individuellen Arbeitsrechts. Ein Arbeitsverhältnis wird dadurch begründet, dass jemand auf der Grundlage eines Arbeitsvertrages fremdbestimmte Arbeit leistet. Als Gegenleistung zahlt der Arbeitgeber den vereinbarten Lohn. Insofern ist das Arbeitsverhältnis ein wirtschaftliches Austauschverhältnis.

Rechte und Pflichten

Hauptpflicht eines jeden Arbeitnehmers ist es, die Arbeitsleistung, zu der er sich verpflichtet hat, ordnungsgemäß zu erbringen. Zu dieser Dienstleistungspflicht kommen ungeschriebene Nebenpflichten, z. B.: den Arbeitsplatz in Ordnung zu halten, Werkzeuge zu säubern und zu pflegen.

Ferner ist der Arbeitnehmer der Treuepflicht unterworfen, d. h., er hat den Interessen des Betriebes entsprechend zu handeln und ihn vor Schaden zu bewahren. Hinzu kommt die Schadenersatzpflicht. Der Arbeitnehmer muss grob fahrlässig oder vorsätzlich verursachten Schaden an Werkzeugen und Maschinen ersetzen.

Den Pflichten des Arbeitnehmers stehen Pflichten des Arbeitgebers gegenüber, also Rechte des Arbeitnehmers. Als Wichtigstes ist hier die Lohnzahlungspflicht zu nennen.

Die Treuepflicht des Arbeitnehmers findet ihre Ergänzung in der Fürsorgepflicht des Arbeitgebers. Ihr Inhalt ist gesetzlich nicht genau beschrieben. Er richtet sich nach »Treu und Glauben«, d. h. danach, wie vernünftig denkende Arbeitgeber und Arbeitnehmer üblicherweise handeln würden.

Da nicht alle Einzelheiten der Tätigkeit vorausgesehen werden können, ist der Arbeitnehmer verpflichtet, den Weisungen des

Arbeitgebers zu folgen (Weisungsrecht). Der Arbeitgeber kann Ort, Art und Zeit der Tätigkeit bestimmen.

Weisungsrecht des Arbeitgebers

Das Weisungsrecht des Arbeitgebers (auch »Direktionsrecht« genannt) ermöglicht es diesem, die jeweils konkret zu leistende Arbeit und die Art und Weise, wie sie zu erbringen ist, zu bestimmen.

Das Weisungsrecht ist unterschiedlich stark, je nachdem in welchem Umfang andere Gestaltungsfaktoren auf das Arbeitsverhältnis einwirken. So kann die Zuweisung eines anderen Arbeitsplatzes einmal einseitig vom Arbeitgeber mittels Weisungsrecht erfolgen, in einem anderen Fall – bei einer entsprechenden vertraglichen Regelung – aber nur mit Hilfe einer Änderungskündigung.

Weisungen des Arbeitgebers, die Bestimmungen in Gesetzen, Tarifvertrag, Betriebsvereinbarung oder Einzelarbeitsvertrag widersprechen, braucht der Arbeitnehmer grundsätzlich nicht zu befolgen.

Die Kündigung

Die Kündigung durch einen der beiden Partner des Arbeitsvertrages beendet ein Arbeitsverhältnis. Während es für eine Kündigung durch den Arbeitnehmer keine einschränkenden Regelungen gibt, gilt für Kündigungen durch den Arbeitgeber eine ganze Anzahl von »Erschwernissen«, die er sehr sorgfältig zu beachten hat.

Zu unterscheiden sind ordentliche und außerordentliche Kündigungen.

Ordentliche Kündigung

Mit der ordentlichen Kündigung wird ein bestehendes Arbeitsverhältnis unter Einhaltung einer bestimmten Frist beendet. Eine Begründung für die Kündigung ist bei der ordentlichen Kündigung nicht erforderlich. Sofern nicht (zulässigerweise) eine abweichende Frist im Einzelarbeitsvertrag vereinbart ist, gilt die gesetzliche Kündigungsfrist. Sie beträgt für alle Arbeitnehmer gleichermaßen 4 Wochen und verlängert sich nach § 622 BGB in Abhängigkeit von der Beschäftigungsdauer auf bis zu 7 Monate.

Mit der außerordentlichen Kündigung kann das Arbeitsverhältnis in der Regel ohne Einhaltung einer Frist mit sofortiger Wirkung beendet werden. Eine solche fristlose Kündigung ist nur gerechtfertigt, wenn die Fortsetzung des Arbeitsverhältnisses aus einem wichtigen Grund bis zum Ende der Kündigungsfrist unzumutbar wird (§ 626 BGB).

Außerordentliche Kündigung

Kommt ein Arbeitnehmer z. B. regelmäßig zu spät zum Dienst oder hält er sich nicht an die Arbeitsschutzbestimmungen, so kann das ein »wichtiger Grund« sein, aber in der Regel muss dieser »verhaltensbedingten Kündigung« eine so genannte »Abmahnung« vorausgehen. Das bedeutet: Der Vorgesetzte muss dem Arbeitnehmer das Fehlverhalten möglichst vor Zeugen oder auf dem Schriftwege vorwerfen und bei Fortsetzung die fristlose Kündigung androhen. Wichtige Gründe für eine fristlose Kündigung durch den Arbeitgeber sind z. B.: beharrliche Arbeitsverweigerung, regelmäßige Verspätung, Beleidigung und Körperverletzung von Kollegen und Vorgesetzten, Diebstahl, Betrug, Unterschlagung, Untreue, Urkundenfälschung oder betrügerische Personalangaben.

Der Arbeitnehmer ist (oft auch erst nach erfolgloser Abmahnung des Arbeitgebers!) zur fristlosen Kündigung berechtigt bei Nichtzahlung von Lohn und Gehalt, Ehrverletzungen durch den Arbeitgeber oder Nichtbeachtung von Unfallverhütungsvorschriften durch diesen.

Die außerordentliche Kündigung ist innerhalb einer Frist von 2 Wochen nach Kenntnis des Kündigungsgrundes auszusprechen. Das Betriebsverfassungsgesetz (§ 102) sowie das Kündigungsschutzgesetz benennen Rahmenbedingungen, die bei einer Kündigung zu beachten sind. So kann z. B. nach § 1 des Kündigungsschutzgesetzes eine Kündigung unwirksam sein, sofern sie nicht sozial gerechtfertigt ist, mag sie auch sonst fristgerecht und einwandfrei sein. Außerdem genießen einige Arbeitnehmergruppen einen besonderen Kündigungsschutz, z. B. Schwangere,

Schwerbeschädigte, Wehrpflichtige sowie gewählte Mitarbeiter-vertreter.

Ist es zu einer Kündigung gekommen, obliegt dem Arbeitgeber eine Zeugnispflicht (§ 113 GesO, § 630 BGB) und dem Arbeitneh-mer eine Schweigepflicht bezüglich technischer Spezialkennt-nisse, Betriebsgeheimnisse usw.

Das Betriebsverfassungsgesetz

Dem Betriebsverfassungsgesetz liegt der Leitgedanke der Part-nerschaft zugrunde. Arbeitgeber und Betriebsrat sollen vertrau-ensvoll zum Wohle des Arbeitnehmers und des Unternehmens zusammenarbeiten. Zu diesem Zweck sollen sie z. b. nach § 74 BetrVG einmal monatlich zu einer Besprechung zusammenkom-men und dabei strittige Fragen mit dem ernsten Willen zur Eini-gung verhandeln.

Da dies nicht immer möglich ist und Meinungsverschiedenheiten nicht gleich vor das Arbeitsgericht getragen werden sollen, kann bei Bedarf eine Einigungsstelle eingerichtet werden.

Betriebsrat Der Betriebsrat vertritt die Arbeitnehmer gegenüber dem Arbeit-geber. Im § 80 des BetrVG werden seine allgemeinen Aufgaben benannt:

- Darüber wachen, dass die zugunsten der Arbeitnehmer geltenden Gesetze, Verordnungen, Unfallverhütungs-vorschriften, Tarifverträge und Betriebsvereinbarungen durchgeführt werden
- Maßnahmen, die dem Betrieb und der Belegschaft dienen, beim Arbeitgeber beantragen
- Anregungen von Arbeitnehmern und der Jugend-vertretung entgegennehmen und durch Verhandlungen mit dem Arbeitgeber auf eine Erledigung hinwirken
- Die Wahl einer Jugendvertretung vorbereiten und durchführen sowie mit ihr zur Förderung der Belange jugendlicher Arbeitnehmer eng zusammenarbeiten

- Die Eingliederung Schwerbeschädigter und sonstiger besonders schutzbedürftiger Personen fördern
- Die Beschäftigung älterer Arbeitnehmer im Betrieb fördern
- Die Eingliederung ausländischer Arbeitnehmer im Betrieb und das Verständnis zwischen ihnen und den deutschen Arbeitnehmern fördern

Um all diese Aufgaben durchführen zu können, muss der Arbeitgeber dem Betriebsrat rechtzeitig und umfassend die notwendigen Informationen zukommen lassen.

Der Betriebsrat ist nicht als gewerkschaftliche Vertretung anzusehen, obwohl viele Betriebsratsmitglieder der Gewerkschaft angehören. Das BetrVG schreibt eine Aufgabentrennung von Betriebsrat und Gewerkschaft vor. Allerdings hat der Betriebsrat das Recht, mit der Gewerkschaft zusammenzuarbeiten.

Mitbestimmung ist in ihrer Wirksamkeit stark abgestuft. Im engeren Sinne besagt Mitbestimmung, dass der Arbeitgeber rechtswirksame Maßnahmen nur ergreifen kann, wenn der Betriebsrat zustimmt. Das trifft beispielsweise auf die in § 87 aufgezählten Mitwirkungsrechte zu. Wird keine Einigung erzielt, so entscheidet die Einigungsstelle. Ihr Spruch ersetzt die Einigung zwischen Arbeitgeber und dem Betriebsrat.

In den Fällen, in denen der Betriebsrat nicht so durchsetzungsstark ist, spricht man von Mitwirkung. Diese Mitwirkung kann ein schlichtes Erörterungs- oder Informationsrecht sein, ein Anhörungsrecht, ein Widerspruchsrecht oder ein Antrags- und Überwachungsrecht.

Das Recht auf Unterrichtung besteht ganz allgemein. Der Arbeitgeber muss den Betriebsrat über alle Angelegenheiten informieren, die für die Arbeitnehmer von Interesse sein könnten (§ 80, II.).

Das Anhörungsrecht greift u.a. bei Kündigung ein. § 102 bestimmt: »*Der Betriebsrat ist vor jeder Kündigung zu hören. Eine ohne Anhörung des Betriebsrats ausgesprochene Kündigung ist unwirksam.*«

Die Rechte des Betriebsrates erstrecken sich auf die sozialen, personellen und wirtschaftlichen Angelegenheiten. In allen drei Bereichen hat der Betriebsrat unterschiedliche Rechte. Vereinfacht gesagt: In sozialen und personellen Angelegenheiten hat der Betriebsrat ein Mitwirkungs- und Mitbestimmungsrecht, in wirtschaftlichen jedoch nur ein Recht auf Information.

Soziale Angelegenheiten

In sozialen Angelegenheiten umfasst das Mitbestimmungsrecht nach § 87 folgende Bereiche:

- Fragen der Ordnung des Betriebs und des Verhaltens der Arbeitnehmer im Betrieb
- Beginn und Ende der täglichen Arbeitszeit sowie Pausenregelung
- Verkürzung oder Verlängerung der betriebsüblichen Arbeitszeit
- Zeit, Ort und Art der Auszahlung der Arbeitsentgelte
- Aufstellung allgemeiner Urlaubsgrundsätze und des Urlaubsplans
- Einführung und Anwendung von technischen Einrichtungen, die dazu bestimmt sind, das Verhalten oder die Leistung der Arbeitnehmer zu überwachen
- Regelungen über die Verhütung von Arbeitsunfällen und Berufskrankheiten sowie über den Gesundheitsschutz im Rahmen der gesetzlichen Vorschriften oder der Unfallverhütungsvorschriften
- Form, Ausgestaltung und Verwaltung von Sozialeinrichtungen
- Zuweisung und Kündigung von Wohnräumen
- Fragen der betrieblichen Lohngestaltung
- Grundsätzliches über das betriebliche Vorschlagswesen

Personelle Angelegenheiten

Zu den personellen Angelegenheiten des Betriebsrates gehören insbesondere Einstellungen, Eingruppierungen, Umgruppierungen, Versetzungen, Kündigungen, Fragen der Personalplanung sowie der Berufsbildung. Eine Mitwirkung in derartigen Angelegenheiten setzt in der Regel mehr als 20 Beschäftigte voraus.

In Fragen der Berufsausbildung hat der Betriebsrat nach §§ 96 ff. ein Initiativ- und Beratungsrecht.

In wirtschaftlichen Angelegenheiten sind die Rechte des Betriebsrats am schwächsten ausgestaltet. Es gibt nur Informationsrechte für den Wirtschaftsausschuss. Hat ein Betrieb mehr als 20 wahlberechtigte Arbeitnehmer, steht ihm ein Mitspracherecht bei solchen Maßnahmen zu, die für den Arbeitnehmer von einschneidender Bedeutung sind (§ 111), u.a.: **Wirtschaftliche Angelegenheiten**

- Einschränkung und Stilllegung des ganzen Betriebes oder von wesentlichen Betriebsteilen
- Verlegung des ganzen Betriebes oder von wesentlichen Betriebsteilen
- Zusammenschluss mit anderen Betrieben oder die Aufspaltung von Betrieben
- Grundlegende Änderungen der Betriebsorganisation, des Betriebszwecks oder der Betriebsanlagen
- Einführung grundlegend neuer Arbeitsmethoden und Fertigungsverfahren

In Betrieben mit mehr als 100 ständig Beschäftigten ist ein so genannter Wirtschaftsausschuss zu bilden. Er soll wirtschaftliche Angelegenheiten mit dem Arbeitgeber beraten und den Betriebsrat informieren.

Durch seine Zusammensetzung ist der Betriebsrat nicht immer geeignet, auch die Probleme und Wünsche der jugendlichen Arbeitnehmer und Auszubildenden entsprechend zu vertreten. Dieser Mangel soll durch die Jugendvertretung ausgeglichen werden.

Die Jugendvertretung ist dafür zuständig, die besonderen Interessen der jugendlichen Arbeitnehmer beim Betriebsrat wahrzunehmen. Selbst hat sie keine eigenen Mitbestimmungs- oder Mitwirkungsrechte gegenüber dem Arbeitgeber.

Damit der Betriebsrat seine Wähler unterrichten und diese ihn auch kontrollieren können, muss er in jedem Kalendervierteljahr vor der Arbeitnehmerschaft über seine Tätigkeit auf einer Betriebsversammlung Rechenschaft ablegen (§ 43).

Die Betriebsversammlung besteht aus den Arbeitnehmern des Betriebes. Sie wird von dem Vorsitzenden des Betriebsrates geleitet. Sie ist nicht öffentlich. Hinzugezogen werden können Beauftragte der im Betrieb vertretenen Gewerkschaften sowie der Arbeitgeber oder sein Beauftragter.

Das Arbeitsschutzrecht

Arbeitsschutzrecht ≠ Fürsorgepflicht

Das Arbeitsschutzrecht soll den Arbeitnehmer vor den Gefahren bewahren, die seiner Gesundheit und seinem Leben sowie seiner besonderen Situation im Betrieb drohen. Hier schaltet sich der Staat ein und übt eine gewisse Kontrolle zum Schutze des Arbeitnehmers aus. Das Arbeitsschutzrecht regelt daher die Verpflichtung des Arbeitgebers zugunsten des Arbeitnehmers dem Staat gegenüber. Hier liegt der Unterschied zur Fürsorgepflicht. Sie beruht auf einem Anspruch des Arbeitnehmers gegen den Arbeitgeber aus dem Arbeitsverhältnis. Das Ziel des Arbeitsschutzes und der Fürsorgepflicht ist jedoch dasselbe: das Wohl des Arbeitnehmers.

Der Arbeitsschutz wird durch die staatlichen Aufsichtsbehörden und die Berufsgenossenschaft gewährleistet. Sie werden in ihren Aufgaben durch Gewerkschaften, Arbeitgeberverbände, die betrieblichen Organe des Arbeitsschutzes und die Betriebsräte weit gehend unterstützt. Staatliche Organe des Arbeitsschutzes sind die Beamten der Gewerbeaufsicht und die Polizei.

Der betriebliche Arbeitsschutz umfasst die Unfallhygiene und den Schutz der guten Sitten. So hat der Arbeitgeber Betriebsräume, Maschinen usw. mit den notwendigen Schutzvorrichtungen zu versehen, sie also »betriebs-« und »unfallsicher« zu machen.

Gleiches gilt für die Betriebshygiene. Hier ist die Gesundheit des Arbeitnehmers vor allgemeinen und beruflich bedingten Krankheiten durch entsprechende Einrichtungen zu schützen. Den Geboten der Sittlichkeit ist durch getrennte Wasch- und Umkleideräume Rechnung zu tragen. Für einzelne Berufsgruppen gelten Sondervorschriften.

Die Höchstdauer der Arbeitszeit wurde vom Gesetzgeber einheit- **Arbeitszeit**
lich mit den wirtschaftlich notwendigen Ausnahmen durch das
Arbeitszeitgesetz seit dem 1. Juli 94 verbindlich geregelt. So beträgt die werktägliche Arbeitszeit 8 Stunden. Sie kann bis auf
10 Stunden verlängert werden, aber nur, wenn innerhalb eines
halben Kalenderjahres im Durchschnitt 8 Stunden nicht überschritten werden. Abweichende Regelungen sind durch Tarifvertrag, Betriebsvereinbarung oder mit Zustimmung des örtlichen
Gewerbeaufsichtsamtes in bestimmten Ausnahmefällen zulässig.

Weiterhin sind Regelungen hinsichtlich der Ruhepausen, der
Ruhezeit nach Beendigung der täglichen Arbeitszeit, der Nacht-
und Schichtarbeit sowie des Beschäftigungsverbotes an Sonn-
und Feiertagen getroffen (Sonn- und Feiertagsruhe).

Für die werdende Mutter, gleichgültig ob sie verheiratet oder **Mutterschutz**
ledig ist, hat das Mutterschutzgesetz besondere Vorsorge getroffen. Danach ist es unzulässig, einer schwangeren Mitarbeiterin
anstrengende Arbeit zuzuweisen oder sie in gesundheitsgefähr-
denden Betriebsbereichen arbeiten zu lassen. In den letzten
6 Wochen vor der Entbindung darf die werdende Mutter nur
weiterbeschäftigt werden, wenn sie sich ausdrücklich freiwillig
dazu bereit erklärt. Diese Zustimmung kann sie jederzeit wider-
rufen. Nach der Entbindung dürfen Wöchnerinnen bis zum
Ablauf von 8 Wochen, bei Früh- und Mehrlingsgeburten von
12 Wochen generell nicht beschäftigt werden. Das Beschäfti-
gungsverbot für werdende Mütter gilt weit gehend auch für stil-
lende. Bei Beschäftigungsverboten und Beschränkungen hat der
Arbeitgeber den entstehenden Lohnausfall zu ersetzen, falls die
Arbeitnehmerin nicht arbeitsunfähig krank ist.

Die Kündigung einer Schwangeren ist absolut nichtig. Dieser to-
tale Kündigungsschutz der werdenden Mutter wirkt sich auch
nach der Entbindung bis Ende des vierten Monats aus.

Auch Jugendliche und Kinder bedürfen genau wie Frauen eines **Kinder- und**
besonderen Schutzes. Hier greift das Jugendarbeitsschutzgesetz **Jugendschutz**
vom 12. April 1976 ein. Danach ist Kinderarbeit grundsätzlich
verboten.

Kind im Sinne dieses Gesetzes ist jeder, der noch nicht 15 Jahre alt ist. Jugendliche sind 15, aber noch nicht 18 Jahre alt. Die tägliche Arbeitszeit von Jugendlichen darf 8 Stunden täglich bzw. 40 Stunden wöchentlich nicht überschreiten, es gilt für sie die Fünf-Tage-Arbeitswoche. Für die Teilnahme am Berufsschulunterricht sind die Jugendlichen entgeltlich freizustellen. Sonntags- und Nachtarbeit ist bei Jugendlichen unzulässig. Jugendliche erhalten in Abhängigkeit von ihrem Alter einen erhöhten Urlaub von 25, 27 oder 30 Werktagen.

Die Züchtigung von Kindern und Jugendlichen ist, auch wenn es der Erziehungsberechtigte gestattet hat, untersagt.

Schwerbeschädigte   Körperlich, geistig oder seelisch behinderte Arbeitnehmer, die infolge ihrer Behinderung in ihrer Erwerbstätigkeit nicht vorübergehend um wenigstens 50 Prozent gemindert sind, genießen nach dem Gesetz zur Sicherung der Eingliederung Schwerbeschädigter in Arbeit, Beruf und Gesellschaft vom 29. April 1974 besondere Schutzrechte.

Die Arbeitgeber haben die Schwerbehinderten so zu beschäftigen, dass diese ihre Fähigkeiten und Kenntnisse möglichst voll verwerten und weiterentwickeln können. Auf einem bestimmten Prozentsatz der Arbeitsplätze, regelmäßig 5 Prozent bei mindestens 20 Arbeitsplätzen, haben die Arbeitgeber Schwerbehinderte zu beschäftigen. Diese Einstellungspflicht ist aber lediglich eine öffentlich-rechtliche Pflicht und gibt dem einzelnen Schwerbehinderten keinen Anspruch auf Beschäftigung bei einem bestimmten Arbeitgeber. Solange der Arbeitgeber die vorgeschriebene Zahl Schwerbehinderter nicht beschäftigt, muss er für jeden unbesetzten Pflichtplatz monatlich eine Ausgleichsabgabe entrichten.

Schwerbehinderte und ihnen Gleichgestellte genießen einen besonderen Kündigungsschutz. Die ordentliche Kündigung durch den Arbeitgeber ist nur nach vorheriger Zustimmung der Hauptfürsorgestelle zulässig. Dies gilt auch bei einer außerordentlichen Kündigung, und zwar unabhängig davon, ob die Kündigung ihre Ursache in der Behinderung hat oder nicht. Schwerbehinderte sind auf ihr Verlangen von Mehrarbeit freizustellen. Außerdem

haben sie Anspruch auf einen bezahlten, zusätzlichen Urlaub
von einer Arbeitswoche im Jahr.

Literatur

Däubler, Wolfgang: *Arbeitsrecht*. Ratgeber für Beruf, Praxis und
Studium. Köln 2001.
Kittner, Michael: *Arbeitsrecht*. Handbuch für die Praxis. Köln 2001.
Lieb, Manfred: *Arbeitsrecht*. Heidelberg 2000.
Loritz, Karl-Georg/Wolfgang Zöllner: *Arbeitsrecht*. Ein Studienbuch.
München 1998.
Meier, Hans-Georg/Walter Hesse: *Arbeitsrecht*. Ihre 220 wichtigsten
Fragen an den Anwalt. Vorstellungsgespräch, Abschluss des Arbeits-
vertrags, Betriebsrat, Kündigung, Abfindung, Vertragsmuster, Wahl
des Anwalts, Kosten. Bonn 2000.

3. Benchmarking

Der Begriff *Benchmarking* im Sinne von »Vergleich« taucht 1979 erstmals in den USA auf, doch schon vorher gab es rudimentäre *Benchmark*-Ansätze. So revolutionierte Henry Ford 1912 die Fertigungstechnik, indem er das Fließband einführte. Dieses Verfahren hatte er bei einer Besichtigung der Schlachthöfe in Chicago abgeschaut. Auch die japanischen Wirtschaftserfolge der 70er- und 80er-Jahre beruhten auf einer Art *Benchmarking*, oft als »billige Kopiererei« belächelt.

Beispiel Canon Der Canon-Konzern erkämpfte sich in weniger als einem Jahrzehnt im Bereich der Kopiertechnik bedeutende Marktanteile auf Kosten der bis in die 70er-Jahre hinein dominierenden Rank Xerox-Company. Deren Weltmarktanteil verringerte sich binnen fünf Jahren von 80 auf 10 Prozent. Ein Kennzahlenvergleich mit den Besten ergab, dass Xerox hoffnungslos im Rückstand lag, also nicht mehr wettbewerbsfähig war. Spätestens Ende der 70er-Jahre hätte Xerox Konkurs anmelden müssen bzw. wäre für eine Übernahme reif gewesen.

Darum beschloss das Unternehmen 1980, die Arbeitsabläufe seines japanischen Wettbewerbers Canon zu *benchmarken*, was die *Benchmarking*-Welle in den USA auslöste. Xerox entwickelte *Benchmarking* zu einem ganzheitlichen Ansatz einschließlich aller Funktionen und Prozesse und praktiziert es als permanenten Prozess. Das strategische Ziel besteht darin, das gesamte Verhalten der Mitarbeiter, beginnend beim Management, zu verändern. Heute hat Xerox seine Wettbewerbsposition von 1979 wiedererlangt und betreibt weiterhin *Benchmarking*, um seine Wettbewerbsfähigkeit zu steigern.

Begriffsklärung

In der Literatur herrscht Unklarheit über den Begriff *Benchmarking*. Es mangelt auch an einem Konsens darüber, welches die Grundbestandteile dieser Methode sind. Infolgedessen gibt es in der einschlägigen Literatur eine begriffliche Vielfalt und Beliebigkeit im Zusammenhang mit diesem Thema.

> Das Wort *Benchmark* bezeichnet ursprünglich Bezugspunkte bei der Landvermessung; *Benchmarking* bedeutet im Englischen, »Maßstäbe zu setzen«. Durch das Setzen eines *Benchmarks* wird demnach ein externer Maßstab für die eigene Leistungsfähigkeit definiert. Mit Hilfe von *Benchmarks* kann die Leistung von Funktionen, Tätigkeiten und Geschäften im Vergleich zu anderen beurteilt werden. Das Ergebnis ist meist das Aufdecken einer Leistungslücke zwischen den eigenen Leistungen und den *Best Practices*.
>
> Man kann also *Benchmarking* als eine Methode zur Aufdeckung eigener Schwächen durch den systematischen Vergleich mit Bestleistungen anderer Abteilungen oder Unternehmen definieren. Mittels der gewonnenen Erkenntnisse werden Fehlerquellen beseitigt und fortlaufende Verbesserungen ermöglicht. Hier liegt die Schnittstelle zur Idee der Lernenden Organisation.

Begrifflicher Ursprung und moderne Definition

Benchmarking sollte auch mit anderen Managementinstrumenten verknüpft werden, um optimal zu wirken, z. B. mit Wettbewerbsanalyse, *Balanced Scorecard*, Prozessmanagement und *Total Quality Management*.

Insbesondere das TQM, das alle Bereiche, Abteilungen, Mitarbeiter, Produkte und Dienstleistungen eines Unternehmens einbezieht, ergänzt sinnvoll das *Benchmarking*. Es stellt nicht nur die Philosophie dar, in die *Benchmarking* eingebettet ist, sondern liefert auch konkrete Ansätze bezüglich der Prozessorientierung und damit verbundener umfassender Kunden- bzw. Wettbewerbsorientierung.

Gegenstände und Ansätze des Benchmarking

Man kann alles *benchmarken,* z. B. Personalkosten, Forschungs-
aufwendungen, Durchlaufzeiten, Logistikabläufe, Verwaltungs-
tätigkeiten, Produktionsarbeiten, aber auch Mitarbeiter- und
Führungsverhalten, Führungskräfteentwicklung, Vergütungs-/
Gehaltsabrechnungssysteme oder das Betriebsklima. Dies geschieht, indem man sich eine Messlatte setzt *(Best Practice)* und
sich mit besseren Unternehmen vergleicht. Die bessere Praxis
wird dann als Auftrag und als Zielsetzung für das eigene Unternehmen definiert.

Die Objekte des *Benchmarking* werden in synonymer Verwendung auch als Untersuchungsobjekte, Vergleichs-, Betrachtungs-
oder Analyseobjekte bezeichnet. Außerdem findet man in der
Literatur eine Menge begrifflicher Zuordnungen für mögliche
Ansätze des *Benchmarking,* je nachdem, wie man das System Unternehmen strukturiert. Hier einige Beispiele:

**Gegenstands-
orientierter Ansatz**

Der gegenstandsorientierte Ansatz geht von unterschiedlichen
Objekten aus, die im Mittelpunkt des *Benchmarking*-Prozesses stehen können, z. B. Personalkosten, Durchlaufzeiten, Forschungs-
aufwendungen. Die Objekte können

- die Produkte selbst sein (produktorientiertes *Benchmarking),*
- die Prozesse, mittels derer sie hergestellt werden
  (prozessorientiertes *Benchmarking),* oder
- die Aufbau- und Ablauforganisation des Unternehmens
  (strukturorientiertes *Benchmarking).*

**Ebenenorientierter
Ansatz**

Beim ebenenorientierten Ansatz wird unterschieden zwischen
einem strategischen *Benchmarking,* womit die übergeordneten
Führungs- und Steuerungsprozesse eines Unternehmens gemeint
sind, und dem operationalen *Benchmarking,* bei dem man sich für
jene Aktivitäten interessiert, die sich direkt auf die physische Entwicklung, Erstellung und marktorientierte Verwertung des End-
produktes richten.

Auch das administrative *Benchmarking* gehört in diese Gruppe. Hier stehen Strukturen, Aufgaben und Funktionen von Stabsstellen oder anderen Stellen mit Führungs- oder Lenkungsfunktion im Mittelpunkt.

Zur Gruppe des beziehungsorientierten *Benchmarkings* gehören folgende Betrachtungsansätze:

Beziehungsorientierte Ansätze

- *Internes Benchmarking:* Hier werden innerhalb der Organisation ähnliche Tätigkeiten oder Funktionen zwischen gleichartigen Suborganisationen verglichen, z. B. die Leistungsfähigkeit von Geschäftsbereichen, Sparten oder Verkaufsgruppen innerhalb eines Unternehmens. Wesentlicher Vorteil des internen *Benchmarkings* gegenüber dem externen ist die einfache Datenbeschaffung und höhere Vertraulichkeit.
- *Wettbewerbsorientiertes Benchmarking:* Das Interesse gilt den Mitteln und Methoden, mit denen Wettbewerbsvorteile gegenüber Mitbewerbern erreichbar sind. Im Idealfall sind die unmittelbaren Mitbewerber *Benchmarking*-Partner. Aber das ist wegen der fehlenden Kooperationsbereitschaft der möglichen Partner nur selten möglich.
- Beim *branchenbezogenen Benchmarking* sucht man innerhalb der Branche nach neuen Leistungsmaßstäben, um um so zukunftsweisende Trends zu erkennen und zu nutzen.
- *Branchenübergreifendes / Funktionales Benchmarking:* Wenn das Vergleichsobjekt betriebliche Funktionsbereiche sind, stehen wesentlich mehr potenzielle Vergleichspartner, auch außerhalb der gleichen Branche, zur Verfügung. Darum ist es einfacher, deren Interesse zu wecken und mit ihnen Daten auszutauschen.

Durchführung des Benchmarking-Prozesses

Der Benchmarking-Prozessablauf könnte in etwa so wie bei Xerox gestaltet werden (vgl. Camp 1989).

	1. Bestimmung des *Benchmarking*-Objektes
Planung	2. Identifizierung vergleichbarer Unternehmen
	3. Auswahl der Methoden und Durchführung der Informationsbeschaffung

	4. Bestimmung der Zielerreichungslücke
Analyse	5. Prognose der zukünftigen Leistungsfähigkeit

	6. Kommunikation der Ergebnisse des Vergleichs in der eigenen Organisation und Gewinnung von Akzeptanz
Integration	7. Entwicklung von Sachzielen

	8. Entwicklung von Aktionsplänen
Aktion	9. Umsetzung der Aktionspläne und Fortschrittskontrolle
	10. Anpassung der *Benchmarks*

	11. Führungsposition erreichen
Reife	12. Neue Praktiken voll in den Prozess integrieren

Ablauf des *Benchmarking*-Prozesses

Der erste Schritt befasst sich mit der Bestimmung des Untersuchungsobjektes. Bei der Definition sollte ein Bezug zu den strategischen Zielen des Unternehmens hergestellt werden. Dadurch können Probleme identifiziert und ihre Bedeutung eingeschätzt werden.

1. Bestimmung des Benchmarking-Objektes

Im zweiten Schritt geht es um die Identifizierung des Vergleichspartners. Das *Benchmarking*-Objekt ist der Ausgangspunkt für die Wahl eines Vergleichspartners. Zumeist kann aus dem *Benchmarking*-Objekt gefolgert werden, welche Vergleichspartner in Frage kommen. Hierbei ergibt sich ein Dilemma: Einerseits besteht das Problem der Vergleichbarkeit, weil sich der Betrachtungshorizont zumindest für einige Geschäftsprozesse auf die gleiche Branche beschränkt. Andererseits besteht das Ziel, die jeweils besten Unternehmen bezüglich der Beherrschung eines Geschäftsprozesses ausfindig zu machen, gleich wo dieses Unternehmen liegt und welcher Branche es angehört.

2. Auffinden vergleichbarer Unternehmen

Beim *Benchmarking* wird unterschieden, ob es sich um interne vergleichbare Funktionen innerhalb eines Konzerns bzw. Großunternehmens handelt oder ob externe Vergleichspartner beteiligt werden. Anders als bei der klassischen Konkurrenzanalyse endet *Benchmarking* nicht an Branchengrenzen, sondern kann auch branchenfremde Unternehmen einbeziehen.

Der dritte Schritt umfasst die Auswahl der Informationsquellen und die Festlegung der Methode der Informationsbeschaffung. Grundsätzlich ist bei der Erschließung von Informationsquellen die Kostenseite zu beachten. Demzufolge ergibt sich folgende Rangfolge:

3. Auswahl der Methoden und Durchführung der Informationsbeschaffung

- Intern verfügbare Informationen (Datenbanken, interne Studien und Veröffentlichungen)
- Öffentlich verfügbare Sekundärquellen (Berufsverbände, Fachmagazine, Branchenstatistiken, Zeitungen, Internet, Fragebögen etc.)
- Durchführung eigener Primärforschung (Kundenbefragung, Telefonumfrage, Unternehmensberater, Personalberater)

4. Bestimmung der Zielerreichungslücke

Im Anschluss erfolgt als vierter Schritt die Identifizierung, Beschreibung und Bewertung der Zielerreichungslücke. Hier findet der eigentliche Vergleich innerhalb des *Benchmarking*-Prozesses statt.

5. Prognose der zukünftigen Leistungsfähigkeit

Die Prognose ist in Bezug auf die Entwicklung des Leistungsniveaus sowohl beim eigenen Unternehmen als auch beim Vergleichspartner zu treffen. Wichtig ist hier die Bestimmung der zukünftigen Leistungslücke, weil sich die Praktiken verändern werden und sich die Lücke in eine Richtung entwickeln wird.

6. Gewinnung von Akzeptanz im Unternehmen

Der sechste Schritt ist schwierig, denn Mitarbeiter stehen neuen Methoden in der Regel kritisch bis ablehnend gegenüber. Um die Akzeptanz zu gewinnen und die Erkenntnisse im Unternehmen umzusetzen, müssen die Mitarbeiter mit einbezogen und die Ergebnisse innerhalb des Unternehmens kommuniziert werden. Ansonsten ist mit Widerständen zu rechnen.

Die Schritte sieben bis zehn lehnen sich an den allgemein bekannten Planungsprozess an. Dabei geht es im Kern um die Entwicklung von Sachzielen und Aktionsplänen sowie deren Umsetzung und Kontrolle. Wegen ihres Allgemeinheitsgrades sollen diese Schritte hier allerdings nicht beschrieben werden.

Literatur

Camp, R. C.: *Benchmarking*. The Search for Industry. Best Practices that Lead to Superior Performance. Milwaukee 1989.

Mertins, Kai: *Benchmarking*. Praxis in deutschen Unternehmen. Heidelberg 1995.

Patterson, James G.: *Grundlagen des Benchmarking*. Die Suche nach der besten Lösung. Frankfurt / Main 1996.

Puschmann, Norbert: *Benchmarking*. Norderstedt 2000.

Töpfer, Armin: *Benchmarking*. Der Weg zu Best Practice. Heidelberg 1997.

Tucher von Simmelsdorf, Friedrich W.: *Benchmarking von Wissensmanagement*. Eine Methode des ressourcenorientierten strategischen Managements. Diss., Wiesbaden 2000.

4. Betriebliches Vorschlagswesen

Unternehmen erkennen zunehmend, dass eine moderne technische Ausstattung und hohe Investitionsbereitschaft allein die Produktivität und Innovationskraft eines Unternehmens nicht sicherstellen. Sie müssen ihr Augenmerk auch auf die Kreativität ihrer Mitarbeiter richten. Durch gezielte Nutzung des Ideenreichtums von Mitarbeitern werden Innovationen bewirkt, und so wird gegebenenfalls die Wettbewerbsfähigkeit eines Unternehmens gesteigert. Als wirkungsvolles Instrument hierzu bietet sich das Betriebliche Vorschlagswesen an, nachfolgend BVW genannt. In Deutschland wird es seit über 120 Jahren praktiziert, erstmals wahrscheinlich bei der Firma Krupp in Essen.

**BVW bei Krupp
1882**

General-Regulativ (§13) von Alfred Krupp von 1882

Anregungen und Vorschläge zu Verbesserungen, auf solche abzielende Neuerungen, Erweiterungen, Vorstellungen über und Bedenken gegen die Zweckmäßigkeit getroffener Anordnungen sind aus allen Zeiten der nächsten Vorgesetzten an das Directorium zu befördern, damit dieses ihre Prüfung veranlasse.

Eine Abweisung der gemachten Vorschläge ohne eine vorangegangene Prüfung derselben soll nicht stattfinden, wohingegen denn auch erwartet werden muss, dass eine erfolgte Ablehnung dem Betreffenden, auch wenn ihm ausnahmsweise nicht alle Gründe dafür mitgeteilt werden können, genüge und ihm keineswegs Grund zur Empfindlichkeit und Beschwerde gebe.

Die Wiederaufnahme eines schon abgelehnten Vorschlages unter veränderten thatsächlichen Verhältnissen oder in verbesserter Gestalt ist selbstredend nicht nur zulässig, sondern empfehlenswert.

Merkmale des BVW und des Verbesserungsvorschlags

Definition BVW Man kann das BVW allgemein als System der organisatorischen Behandlung und Belohnung von Verbesserungen aus dem Kreis der Arbeitnehmer definieren. Die Mitarbeiter eines Unternehmens werden durch das BVW angeregt, ihre Ideen einzubringen. Sie können Vorschläge zur Verbesserung oder Vereinfachung der betrieblichen Abläufe bei einem BVW-Beauftragten einreichen und werden nach angemessener Prüfung und Umsetzung dieser Vorschläge für ihre Bemühungen belohnt. Während das BVW traditionell in erster Linie als Rationalisierungsinstrument eingesetzt wurde, nutzt man es heute immer stärker zur Förderung der Eigeninitiative und der Motivation der Arbeitnehmer.

Definition Verbesserungs- vorschlag
Im Zentrum des BVW steht ein Verbesserungsvorschlag. Er bezweckt eine zeitgerechte Änderung oder Neuerung, die rentabel sowie praktisch durchführbar sein soll. Die vorgeschlagene Lösung muss nicht vollkommen neu, aber für den vorgesehenen Bereich nützlich sein.

Der Verbesserungsvorschlag wird meist schriftlich eingereicht. Neben der exakten Beschreibung des Ist-Zustandes muss der Lösungsweg zum angestrebten Soll-Zustand beschrieben werden. Der alleinige Hinweis auf eine verbesserungsbedürftige Situation genügt dabei nicht. Traditionell wurden nur Ideen als prämienberechtigte Verbesserungsvorschläge anerkannt, die über den eigentlichen Aufgabenbereich eines Arbeitnehmers hinausgingen. Inzwischen lösen sich viele Unternehmen von dieser Einschränkung, da sie feststellen, dass gerade solche Vorschläge am wertvollsten sind, die das eigene Arbeitsgebiet betreffen.

Grundsätzlich können sich die Vorschläge auf alle Bereiche eines Unternehmens beziehen. Die umgesetzten Ideen können sich dabei u. a. in folgenden positiven Auswirkungen zeigen:

- Verbesserung der Kundenzufriedenheit
- Verbesserung der Qualität
- Steigerung der Produktivität
- Vereinfachung der Arbeitsabläufe
- Senkung der Kosten für Material, Arbeitszeit und Energie

- Verbesserung der Motivation und Arbeitszufriedenheit
- Verbesserung des Unfall-, Gesundheits- und Umwelt-schutzes

Organisation des BVW

Auch das BVW lässt sich in die Aufbau- und die Ablauforganisation untergliedern.

Aufbauorganisation

Innerhalb der Aufbauorganisation werden die am BVW-Prozess beteiligten Unternehmensorgane und Personen bestimmt und deren Rollen klar definiert. Dies beinhaltet neben der Verteilung der zu bewältigenden Aufgaben auch die Regelung der jeweiligen Kompetenzen. Je nach Betriebsgröße kann dies sehr unterschiedlich aussehen: Während in großen Unternehmen meist eine eigene BVW-Abteilung existiert, wird das Vorschlagswesen in kleinen und mittleren Betrieben meistens vom Werkleiter übernommen.

Ablauforganisation

Die Ablauforganisation hingegen umfasst sämtliche Regelungen, die das generelle BVW-Verfahren betreffen. Der Weg eines Verbesserungsvorschlags wird von dessen schriftlicher Einreichung auf einem speziell dafür vorgesehenen Vordruck bis zur abschließenden Prämierung festgelegt.

Voraussetzungen
für ein wirksames BVW

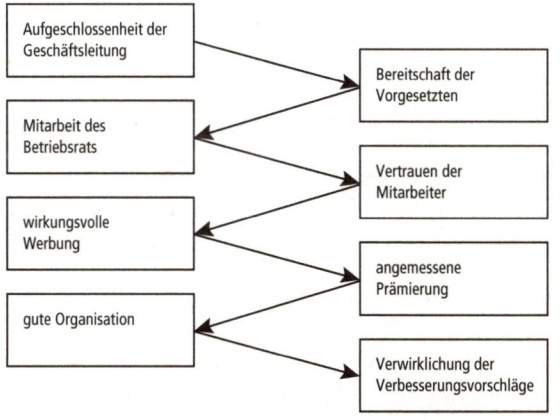

Organe des BVW

Die mit dem BVW zusammenhängenden Aufgaben werden von unterschiedlichen Organen wahrgenommen. Als klassische Organe sind der Vorschlagsbeauftragte, der Gutachter und die Bewertungskommission zu nennen.

Der Vorschlags-beauftragte

Als »Motor des BVW« ist der Vorschlagsbeauftragte für eine ordnungsgemäße und zügige Abwicklung des BVW-Prozesses verantwortlich. Er wird in der Regel im Einvernehmen der Unternehmensleitung mit dem (Gesamt)-Betriebsrat bestellt und sollte die Interessen des Unternehmens wie auch der Einreicher beachten. Sein Verantwortungsbereich reicht von der Entgegennahme und formalen Prüfung der schriftlichen Verbesserungsvorschläge bis zur Unterstützung und Beratung der Mitarbeiter bei auftretenden Fragen im Zusammenhang mit dem BVW. Zudem ist er für die Weiterleitung der Vorschläge an den BVW-Gutachter zuständig und soll die Mitarbeiter zur Teilnahme am BVW durch entsprechende Werbemaßnahmen und Sonderaktionen motivieren.

Nachdem der Verbesserungsvorschlag sämtliche Instanzen durchlaufen hat und ein Ergebnis im Hinblick auf dessen Annahme oder Ablehnung vorliegt, hat der Vorschlagsbeauftragte die schriftliche Mitteilung des Ergebnisses an den Einreicher vorzunehmen und ihm die Prämie zu überreichen.

Der Gutachter

Der Gutachter ist das zweitwichtigste Organ im BVW-Prozess. Als Experte auf einem bestimmten Spezialgebiet wird er zur Prüfung der Realisierbarkeit eines eingereichten Verbesserungsvorschlags hinzugezogen. Es ist möglich, dass die Rolle des Gutachters je nach Themengebiet von mehreren Personen ausgefüllt wird.

Das Gutachten enthält Aussagen zu den konkret zu erwartenden Vorteilen sowie zu den entstehenden Einführungskosten bei Umsetzung des Verbesserungsvorschlags. Da es als Grundlage für die Entscheidung der Bewertungskommission dient, obliegt dem Gutachter außerdem die Aufgabe, seine Prüfungsergebnisse schriftlich festzuhalten und die Ablehnung eines Vorschlags ausreichend zu begründen. Grundsätzlich hat er bei seiner Stellungnahme auf größtmögliche Objektivität und eine zügige Bearbeitung zu achten.

Die Bewertungskommission, als drittes Organ im BVW-Prozess, sollte sich paritätisch aus Vertretern der Arbeitnehmer- und der Arbeitgeberseite sowie dem BVW-Beauftragten zusammensetzen. Auf der Grundlage des erstellten Gutachtens fällt sie die letztendliche Entscheidung über Annahme oder Ablehnung eines Verbesserungsvorschlags. Des Weiteren ist sie für die Auswahl der Gutachter zuständig und nimmt die Festlegung der Prämienhöhe vor.

Die Bewertungskommission

Das Prämieren von Verbesserungsvorschlägen

Der Einreicher eines Verbesserungsvorschlags hat nach dessen Umsetzung Anspruch auf eine »angemessene« Vergütung, die den wirtschaftlichen Nutzen berücksichtigen muss, den der Arbeitgeber durch die Verbesserung erfährt. Kann dieser Nutzen berechnet werden, erhält der Mitarbeiter meist eine prozentuale Beteiligung am jährlichen Nettonutzen seines Vorschlags.

Beteiligung am Nettonutzen

Bei der weitaus größeren Anzahl der Verbesserungsvorschläge lässt sich der erzielbare Nutzen jedoch nicht berechnen. Zur Bewertung der »Vorschläge mit qualitativem Nutzen« werden von den Unternehmen individuelle Kriterien herangezogen, beispielsweise Brauchbarkeit der Lösungsidee, Ausführungsreife des Verbesserungsvorschlags, Änderungsaufwand bis zur Realisierung usw.

Eine gängige Bewertungsmethode stellt die so genannte »Nutzwerttabelle« dar. Die Vorschläge werden dabei anhand vorgegebener Kriterien einer bestimmten Nutzwertklasse zugeordnet und die Prämie bzw. der Nutzwert entsprechend abgelesen.

Da die Prämien im Zusammenhang mit dem Arbeitsverhältnis stehen, werden sie nach einem Urteil des Bundessozialgerichts zum Arbeitsentgelt gerechnet und unterliegen wie dieses der Steuer- und Sozialversicherungspflicht. Grundsätzlich kommen neben monetären Anreizen verstärkt Sachprämien zum Einsatz. Auch diese sind gem. § 8 EStG mit dem maßgebenden Wert zu versteuern.

Rechtliche Grundlagen des BVW

Regelungen zum BVW finden sich in verschiedenen Gesetzen. Über § 87 BetrVG werden beispielsweise die mitbestimmungspflichtigen Sozialangelegenheiten des Betriebsrats festgelegt, wobei sich § 87 I Ziffer 12 BetrVG ausdrücklich auf die »Grundsätze über das betriebliche Vorschlagswesen« bezieht. Im Rahmen einer freiwillig zwischen dem Betriebsrat und der Arbeitgeberseite abzuschließenden Betriebsvereinbarung ist es möglich, diese Grundsätze unternehmensindividuell zu kommentieren.

Weitere rechtliche Grundlagen bilden das Arbeitnehmerfindungsgesetz, das eine inhaltlich-rechtliche Bestimmung der Begriffe »Erfindung« und »Verbesserungsvorschlag« vornimmt, sowie eine Vielzahl an Verordnungen und Richtlinien aus dem Bundesministerium für Arbeit und Sozialordnung.

Entwicklung eines modernen BVW

Gesellschaftliche und ökonomische Veränderungen erfordern einen Wandel des klassischen BVW und damit einhergehend ein mitarbeiterorientiertes Führungsverständnis. So beruhte das klassische BVW auf dem tayloristischen Menschenbild, wonach der Mitarbeiter träge und nur finanziell motivierbar sei.

Orientierung am heutigen Menschenbild Demgegenüber geht das moderne Menschenbild davon aus, dass der Mensch selbst nach Eigenverantwortung und Verbesserung strebt, dass er kreativ ist und dass die Arbeit für ihn eine Möglichkeit darstellt, sein Bedürfnis nach Selbstverwirklichung zu befriedigen. Daran orientiert sich auch das heutige BVW. Es zielt darauf ab, den Mitarbeiter durch Einreichen eigener Vorschläge am Unternehmensgeschehen zu beteiligen und somit dessen Zufriedenheit und Identifikation mit dem Unternehmen zu fördern.

Im Sinne eines »Kontinuierlichen Verbesserungsprozesses« (KVP) muss es die Mitarbeiter dazu herausfordern, kreative Ideen einzubringen, und die nötigen Voraussetzungen schaffen, diese Ideen umzusetzen (vgl. Kapitel Qualitätsmanagement im zweiten Teil). Es bedarf dazu eines innovationsfördernden Klimas, innerhalb dessen die Mitarbeiter mit weiter reichenden Entscheidungskompetenzen ausgestattet werden, die es ihnen ermöglichen, kleinere Vorschläge selbständig umzusetzen. Diese Veränderung wirkt sich positiv auf die Motivation der Mitarbeiter aus, da der zum Teil sehr langwierige und schwerfällige Weg eines Verbesserungsvorschlags durch die gesamte BVW-Organisation verkürzt wird. Über die Möglichkeit einer schnellen und unbürokratischen Umsetzung kleinerer Verbesserungsvorschläge werden die Mitarbeiter vielmehr zur Teilnahme am BVW angeregt, was den Anforderungen des modernen BVW somit wesentlich mehr gerecht wird.

Innovations-förderndes Klima

Ziel des modernen BVW ist es letztendlich, durch Schaffen entsprechender Rahmenbedingungen dafür zu sorgen, dass Verbesserungen alltäglich werden. Entgegen dem klassischen Verständnis des BVW, innerhalb dessen von den Mitarbeitern große Veränderungen erwartet wurden, folgt das moderne BVW dem Gedanken des KVP (japanisch: Kaizen), dass auch viele kleine Schritte Großes bewirken können.

Um die eingereichten Ideen stets abrufbar zu halten und deren Verwaltung möglichst effektiv zu gestalten, bietet sich der Aufbau einer Ideen-Datenbank an. Neben den erfolgreich umgesetzten Vorschlägen sollten auch die Ideen festgehalten werden, die vom Grundgedanken zwar brauchbar sind, die aufgrund bestimmter Rahmenbedingungen jedoch zum Zeitpunkt der Einreichung nicht realisiert werden konnten. Somit geraten diese Verbesserungsvorschläge nicht in Vergessenheit und können u.U. zu einem späteren Zeitpunkt im Unternehmen noch sinnvoll umgesetzt werden.

Ideen-Datenbank

Literatur

Bismarck, Wolf-Bertram von: *Das Vorschlagswesen.* Von der Mitarbeiteridee bis zur erfolgreichen Umsetzung. Mering 2000.

Fiedler-Winter, Rosemarie: *Ideenmanagement.* Mitarbeitervorschläge als Schlüssel zum Erfolg. Landsberg 2001.

Neubeiser, Andreas: *Die Effizienz des Betrieblichen Vorschlagswesens.* Eine empirische Untersuchung bei der AGFA-Gevaert AG unter besonderer Berücksichtigung der Rolle der Führungskräfte. Diss., Mering 1998.

Ridolfo, Elena: *Ideenmanagement – Chancen und Möglichkeiten für Klein- und Mittelbetriebe.* Kosten einsparen durch Mitarbeiterideen. Marburg 2000.

Steih, Marco: *Betriebliches Vorschlagswesen in Kleinbetrieben und Mittelbetrieben.* Ein strategisches Konzept. Diss., Berlin 1995.

5. Chaosmanagement

Normalerweise verfügen Managementstrategien über einigermaßen klare Konturen oder sind durch genaue Vorgehensweisen gekennzeichnet. Auch lassen sie sich in der Regel Personengruppen zuordnen, welche die Strategiemodelle kreierten.

Das ist beim Chaosmanagement nicht der Fall. Es handelt sich eher um ein Strategiekonzept mit Empfehlungscharakter, das als Reaktion auf die früheren, tayloristisch geprägten Managementmodelle entstand. Diese zielten primär auf Ordnung und Struktur, auf Regeln und Vorschriften, auf Planung und Kontrolle. Das aber bewirkte Bürokratie, Verkrustungen und Trägheit. Solche Erscheinungen sind mit einer turbodynamischen Globalwirtschaft nicht vereinbar. Der Ruf nach flexiblen Organisationsformen wurde lauter. Chaosmanagement war eine der vielen Antworten auf die neuen Erfordernisse des Marktes (vgl. Kapitel Evolutionäres Management im zweiten Teil).

Chaos statt Ordnung

Die fundamentalen Veränderungen des unternehmerischen Umfeldes vollzogen sich parallel mit der Entstehung neuer Werte, die vor allem die Arbeitswelt betrafen. Mehr und mehr forderten vor allem jüngere Mitarbeiter Informationen zur Geschäftspolitik und Mitspracherechte bei Entscheidungen des eigenen Arbeitsbereiches. Hiervon hängt der jeweilige Grad der Motivation oder Demotivation ab. Die Kasernenhofordnung des Industriezeitalters war nicht mehr geeignet, den Wettbewerb des 21. Jahrhunderts zu gestalten. Auch insofern war Chaosmanagement eine der Antworten auf neue Wertevorstellungen arbeitender Menschen.

Vor diesem Hintergrund wurde der Begriff Chaosmanagement ab Mitte der 80er-Jahre zum Gegenstand der managementtheoretischen Diskussion. Fachleute erkannten schnell, dass es sich hierbei um einen übergeordneten »Containerbegriff« handelt, der mit vielen Inhalten gefüllt werden kann, z.B. mit der Idee teilautonomer Gruppen, Dezentralisierung, fraktaler Organisation und Ähnlichem mehr, also Inhalten, die sich in der Regel auf das Innenleben des Unternehmens beziehen. Insofern haben auch andere der in diesem Buch vorgestellten Strategiekonzepte eine starke Affinität zum Chaosmanagement.

Notwendigkeit und Möglichkeiten des Chaosmanagements

Unsere hierarchiegeprägten Vorstellungen von Führung stammen aus der Zeit des Pyramidenbaus. Dabei schien man sich an der Form dieser Monumente zu orientieren: oben spitz, unten breit, so wie es das Organigramm fast jeden Unternehmens widerspiegelt. Ähnlich wie bei der Handhabung einer Marionette will man so komplexe Sozialgebilde linear auf der Basis von Ursache und Wirkung organisieren, regulieren und kontrollieren. Solche autokratisch-zentralistischen Strukturen mögen in einem statischen Umfeld effektiv gewesen sein, aber sie versagen in einem dynamischen und komplexen System. Wenn unsere Manager nicht einmal in der Lage sind, ihre eigene Zeit zu organisieren, wie sollen sie es dann schaffen, die Komplexität von Großorganisationen in den Griff zu bekommen, egal ob es sich um ein Unternehmen, eine Kommune oder einen Verband handelt. Filigrane Organigramme, EDV-Informationssysteme, Netzpläne, DIN-Normen und Ähnliches vermitteln die Illusion der Lenkbarkeit sozialer Systeme. Aber außer der formalen Organisation ist in vielen Sozialgebilden kaum noch etwas klar und überschaubar. Wir sind Opfer der »neuen Unübersichtlichkeit«, wie Jürgen Habermas es nennt. Vor lauter Wald sehen wir die Bäume nicht mehr.

Diese Unübersichtlichkeit erschwert und verzögert Entscheidungsprozesse. Um eine Investitionsentscheidung über 10 Millionen Euro zu treffen, müsste ein Geschäftsführer vier Wochen

Akten lesen. Aber Entscheidungen müssen heute im Blitzschachtempo getroffen werden. Das Ergebnis ist eine Zeitschere mit gleichzeitiger Informationslücke.

Früher war es leichter, Entscheidungen zu treffen, da man zwischen Input und Output eine lineare, berechenbare Beziehung annahm. In einfachen, so genannten trivialen Systemen ließ sich eine Beziehung zwischen Handlung und Ergebnis und somit die Zukunft des Systems vorhersagen. Diese Wenn-Dann-Beziehung führte in der Regel zum geplanten Ergebnis.

Lineare Konzepte veraltet

Infolge von vielfältigen Wechsel- und Rückwirkungen greifen lineare Wenn-Dann-Konzepte auf der Basis von Ursache und Wirkung nicht mehr. Die Komplexitätszunahme führte dazu, dass Prognose-, Planungs-, Simulations- und Berechnungstechniken ihre Wirksamkeit verloren.

Das gilt insbesondere für wirtschaftliche Systeme. Sie sind nichtlinear und entwickeln deshalb ihre eigene Dynamik, bei der Ursachen zwar Wirkungen erzeugen, diese aber auf die Erstursachen wieder zurückwirken und gänzlich neue Wirkungen auslösen. Ein Eingriff in das Organisationsgeschehen kann den Grund für den Eingriff gänzlich verändern, so dass ein weiterer Eingriff notwendig wird, der weitere Eingriffe nach sich zieht usw.

Die Erklärung hierfür lautet: Das Ganze ist mehr als die Summe seiner Teile. Die dynamischen Rückkopplungen führen in komplexen sozialen Systemen dazu, dass es keinen »Endzustand« mehr gibt. Jedes Ergebnis wird wieder zum Ausgangspunkt einer neuen Entwicklung, besonders dann, wenn man Planungsfehler durch noch mehr Planung vermeiden will und so genau die Effekte erzeugt, die man durch Planung eigentlich vermeiden wollte, nämlich Planungsfehler.

Dynamische Rückkopplungen führen zur Komplexität

In dieser Situation sind unsere Politiker und Manager von dem Irrglauben befallen, die Komplexität sozialer Systeme reduzieren zu können, um sie beherrschbar zu machen. Verstärker- und Kippeffekte, Zufälle, Mutationen, Selbstorganisation und Megakomplexität werden als Störfaktoren empfunden. Politiker eben-

Komplexität lässt sich nicht reduzieren

so wie Unternehmensführer versuchen sie zu eliminieren, zu verhindern oder zumindest zu bändigen. Zu diesem Zweck schaffen und erlassen sie Dienstvorschriften, Organisationshandbücher, Gesetze, Normen und Spielregeln, meistens ohne die Spieler einzubeziehen.

Dieser Versuch, gesellschaftliche Dynamik und Komplexität durch bürokratische Ordnung bewältigen zu wollen, führt in die Sackgasse. Die alten, hierarchie- und bürokratiegeprägten Strukturen und die auf statischen Märkten entwickelten Planungs- und Führungsinstrumente greifen nicht mehr. Manager und Politiker als Mechaniker, welche die ökonomische oder politische Organisationsmaschine von außen steuern, sind *out*.

Ist der andere Weg, nämlich Komplexität anzustreben und zu fördern, nicht viel sinnvoller? Sollte man das Chaos, statt es bändigen zu wollen, nicht besser produktiv nutzen? Es stellt sich die Frage: Ist Chaosmanagement ein geeigneter Weg zur Ordnung?

Ordnung durch Chaos?

Chaos ist nicht chaotisch
Systemisch geprägte Wirtschafts- und Gesellschaftswissenschaftler beantworten diese Fragen mit einem eindeutigen Ja. Sie machen darauf aufmerksam, dass sich hinter den scheinbar willkürlich und regellos, ja chaotisch ablaufenden Phänomenen in Natur und Gesellschaft eine subtile Form von Ordnung verbirgt. Chaos ist also nicht chaotisch. Chaotische Situationen, z. B. Börsenturbulenzen, Flüchtlingsströme, das Wetter, Erdbeben, Revolutionen, verfügen über ihre eigenen Ordnungsmuster, die man immer wieder antrifft. Für diese Art von Ordnung interessieren sich unsere Chaosforscher. Ihr Bestreben ist es, in ungeordnet erscheinenden Abläufen, in unberechenbaren Vorgängen oder komplexen Strukturen doch noch einen Rest an Ordnung nachzuweisen. Diese Ordnung zeigt sich in der Selbstähnlichkeit von Materie und in der Fähigkeit zur Selbstorganisation. Letzteres ist der entscheidende »Link« zum Chaosmanagement.

Selbstorganisation bedeutet, dass ein Unternehmen Störungen im Umfeld und bei sich selbst schnellstmöglich erkennt und darauf reagiert – vorausgesetzt, das Management fördert die notwendige Reorganisation. Insofern ist Selbstorganisation ein anderer Ausdruck für das, was man die Lernende Organisation nennt.

Ein Unternehmen, das diese Fähigkeit zum organisationalen Lernen bzw. zur Selbstregulierung verliert, ist krank. In der *High-Speed*-Gesellschaft des 21. Jahrhunderts ist das ständige und schnelle Umorganisieren ein notwendiges Rezept gegen die Verkalkung des Unternehmens. War Krisenmanagement früher nur ein Durchgangsstadium hin zu stabileren Verhältnissen, so ist es heute der normale Dauerzustand.

Auch Unternehmen, Behörden und Verbände brauchen kreatives Chaos, wenn sie am Spieltisch des Marktes oder in der Gesellschaft weiterhin mitmischen wollen. Neue Strategien haben in alten Strukturen keine Chance mehr.

Während in den 60er- und 70er-Jahren noch das Prinzip *structure follows strategy* galt, lautet die Parole heute: *strategy follows structure*. Dahinter steht die Erkenntnis, dass man in einer sich turbodynamisch entwickelnden Wirtschaft, eingebettet in globale Wettbewerbsstrukturen, kaum noch über Jahre hinweg strategisch planen kann. Der »Flügelschlag« eines neuen Bill Gates an irgendeiner Ecke der Welt kann zu einem ökonomischen Taifun führen, der die Strategie anderer EDV-Unternehmen über Nacht obsolet macht.

Mit dem Wandel des Umfeldes verändert sich auch die Rolle der Führungskraft. Wirtschafts-Nobelpreisträger Friedrich Hayek rät dem Management, sich als »Kultivator einer spontanen Ordnung« zu begreifen, denn selbst organisierende Systeme sind in der Summe viel intelligenter und aufnahmefähiger als eine Person allein. Darum sollten sich unsere Führungskräfte vor allem auf die Gestaltung der Rahmenbedingungen konzentrieren, innerhalb deren sich die Unternehmensevolution vollzieht. Ergänzend dazu sollte die Lenkungsfunktion nicht allein an der Spitze konzentriert sein, sondern möglichst dezentral über das ganze System verteilt werden.

Der deutsche Nobelpreisträger Gerd Binnig, der die Segnungen eines extrem innovationsfördernden und hierarchiearmen Umfeldes im IBM-Forschungslabor Rüschlikon genoss, schreibt: *»Jedes zentralistische Management ist Unsinn.«* Es muss auf alle verteilt sein, jeder mit der Verantwortung für die Sache, die er versteht.

Das zentralistisch-direkte Führungsverhalten ist Ursache für ein bei vielen Managern häufig anzutreffendes Führungsdilemma. Diese Manager haben eine tayloristisch geprägte Berufssozialisation durchlaufen. Sie bevorzugen klare Vorgaben ohne langes Hinterfragen durch andere. Sie beanspruchen für sich den größeren Sachverstand, betonen ihre formale Autorität und treffen »einsame« Entscheidungen. Aber ihre nach außen, auf den Markt und somit auf den Kunden gerichteten Strategien, sind nur dann wirksam, wenn sie motivatorisch nach innen ergänzt werden. Strategien werden letztendlich von Mitarbeitern in viele Einzelhandlungen umgesetzt. Für welche der beiden Ansätze soll sich ein Manager nun entscheiden? Die meisten bevorzugen den scheinbar einfacheren und schnelleren Weg des *Top-down* durch den *Big Boss.*

Den Mitarbeitern mehr Verantwortung zugestehen

Unsere Führungskräfte sollten sich häufiger zurücknehmen, um Selbststeuerung und Selbstorganisation zuzulassen. Damit fördern sie zugleich die Motivation ihrer Mitarbeiter. Alle arbeitspsychologischen Forschungsergebnisse im Bereich des Themas »Motivation« weisen darauf hin, dass ein tendenziell wachsender Teil der Arbeitnehmer nach Eigenverantwortung strebt. Außerdem sind diese Mitarbeiter signifikant zufriedener, wenn ihr Handlungsspielraum während der Arbeit wächst. Manager sind also gut beraten, leistungsbereiten und leistungsfähigen Mitarbeitern reale Leistungsmöglichkeiten anzubieten.

Die Praxis des Chaosmanagements

Wenn man Toplisten der besten Unternehmen über mehrere Jahre hinweg vergleicht, wird man feststellen, dass bis zu zwei Drittel der aufgeführten Namen verschwunden sind. Es wird immer deutlicher, warum Organisationen kein langes Leben haben. Die Ursachen sind empirisch belegt: Manager neigen zur Nachahmung und Wiederholung. Sie orientieren sich am stabilen Gleichgewicht und halten sich mit Kleinigkeiten auf. Dann tauchen plötzlich fantasiereichere Mitbewerber auf und ändern die Spielregeln. Was ursprünglich die Quelle des Erfolges war, wird der Grund des Scheiterns, weil das überangepasste Unternehmen sich nicht schnell genug umstellen kann. Dies bedeutet also, dass ein Unternehmen darauf angewiesen ist, ständig in Bewegung zu bleiben, innovativ zu sein, um am Markt bestehen zu können.

Doch wie schafft es ein Unternehmen, in Bewegung zu bleiben und Innovationen zu produzieren? Hier einige Empfehlungen, wie sie sich ähnlich auch an anderer Stelle dieses Buches wiederfinden:

Das Management sollte erkennen, dass es fast unmöglich ist, die Zukunft eines Unternehmens vorherzubestimmen. Eine sorgfältige Planung kann zwar Weichen günstig stellen, sie ist aber keine Sicherheit vor den Imponderabilien des Marktes. In welche Richtung sich ein Unternehmen entwickelt, hängt stark von der Gruppendynamik ab, hier insbesondere von der Zusammensetzung der Gruppe, und nicht von vorgegebenen Planungssystemen. *»Die strategischen Entscheidungen, die ein Topteam trifft, haben viel mehr mit der Dynamik innerhalb der Gruppe als mit rationalen Überlegungen zu tun«* (Stacey 1995, S. 23).

1. Das Prognose- bzw. Planungs- und Strategieproblem

Durch Hierarchie geprägte Unternehmenskulturen können die Fähigkeit einer Organisation blockieren, lebendige Strategien zu entwickeln und zu handhaben. Lässt ein Unternehmen aber Teilkulturen zu, das heißt Abteilungen, die voneinander unabhängig und damit auch oft gegensätzlich arbeiten können, um mögliche Innovationen zu schaffen, kann dies für ein Unternehmen von Vorteil sein, wie viele Beispiele zeigen.

2. Kulturelle Vielfalt statt Einfalt

Neue Ideen lassen sich nicht am Reißbrett planen und am Fließband produzieren. Ideen werden im Freiraum geboren. Wollen die Unternehmensleiter Bewegung und Innovationen, dann müssen sie Vielfalt, Ungleichgewicht und Freiräume schaffen.

3. Innovative Freiräume

Den Mitarbeitern im Unternehmen muss Zeit gegeben werden, um miteinander zu kommunizieren, voneinander zu lernen und neue Richtungen einschlagen zu können.

4. Fehlertoleranz Will man Chaosmanagement produktiv nutzen, muss das Management Abschied nehmen von der bis ins kleinste Detail gehenden Strukturierung des Unternehmens und den Mitarbeitern Raum, Zeit und Ausstattung für eigene Ideen gewähren.

Dabei passieren Fehler. Aber diese sind weder gut noch schlecht. Fehler sind notwendig, wenn man Erfolg haben will. Den größten Fehler begehen jene, die sich vor neuen Wegen scheuen. Die Geschichte des Innovationsmanagements zeigt, dass sich viele Fehler im Nachhinein als Knotenpunkte wichtiger Entwicklungen herausstellen, so wie es beim 3M-*Post-it* der Fall war: Ein untauglicher Kleber erwies sich im Zusammenhang mit einem Blatt Papier als profitable Innovation. Aber auch viele andere Erfolge waren das Ergebnis eines falschen Schritts in die richtige Richtung.

Fallbeispiel zur Umsetzung

Das Chaosmanagement enthält keine genauen Verhaltensvorgaben für ein Unternehmen, das die positiven Wirkungen dieser Managementform nutzen will. Darum ist das folgende Fallbeispiel nur ein Anhaltspunkt dafür, was möglich ist, wenn man seinen Mitarbeiten Freiraum für eigene Ideen lässt.

Discman von Sony 1988 erlitt Yoshitaka Ukita, ein Sony-Mitarbeiter, einen Misserfolg mit dem von ihm entwickelten 8-cm-Single-CD-Player. Doch Ukita gab nicht auf und entwickelte mit Hilfe einiger Kollegen ein persönliches Informationssystem. Er hatte sich nach Scheitern des ersten Projektes die Zeit genommen, um über alternative Einsatzmöglichkeiten des vom Markt abgestoßenen Gerätes nachzudenken. Was entstand war der »Discman«. Mit seiner Hilfe kann man CDs hören, aber auch Lexika, Sprachkurse oder Ratespiele abrufen.

Bis kurz vor Markteinführung des neuen, verbesserten Produktes hatte der Präsident von Sony keine Ahnung von dem Projekt, dass in seiner Firma lief. Dennoch reagierte er nicht negativ darauf, dass kostbare Arbeitszeit in ein nicht von der Geschäftsleitung abgesegnetes Projekt investiert wurde, sondern er ließ lediglich einige äußerliche Veränderungen an dem Gerät vornehmen und gab es für den Markt frei. Zu Anfang wurde ein Absatz von 5000 Stück im Monat erwartet. Doch die Nachfrage stieg, und es wurden schließlich deutlich mehr Exemplare produziert. Hinterher waren sich Ukita und seine Kollegen einig, dass sie im Grunde gar nicht wussten, wie das Endprodukt, dass auf so große Resonanz gestoßen war, überhaupt entstanden war.

Diese Tatsache stützt die These, dass Mitarbeiter unabhängig von der Geschäftsführung in der Lage sind, sich Selbstkontrollen auszusetzen, sich selbst zu organisieren und trotzdem ohne Fahrplan zu einem im Vorfeld nicht festgelegten Ziel zu gelangen. Der Discman entstand aus dem Prinzip »Versuch und Irrtum«. Der Fahrplan wurde während der Fahrt geschrieben, die Vision entwickelte sich noch während ihrer Verwirklichung weiter. Ukita und seine Kollegen waren sich während der ganzen Entwicklungszeit bewusst, dass sie nicht abschätzen konnten, welches Ergebnis ihr Schaffen haben würde.

Reise ohne Ziel

Im Zuge ihrer Entwicklung schafften sie noch etwas für viele Produkte Lebenswichtiges. Sie schufen mit dem Produkt ein Kundenbedürfnis. Das war mit dem 8-cm-CD-Player nicht möglich. Im Gegensatz dazu fand der Discman reißenden Absatz. Durch praktisches Herumprobieren und Kreativität und vor allem durch viel Freiraum für selbständiges Handeln entstand nun ein neues Produkt, dass ohne praktisches Chaosmanagement nie entstanden wäre. Ideen lassen sich also nicht planen, sondern sie entstehen während einer Fahrt in eine möglicherweise falsche und letztlich doch richtige Richtung.

Literatur

Briggs, John / D. F. Peat: *Chaos.* Abschied von der Sehnsucht, alles in den Griff zu bekommen. München 2000.

Czichos, R.: *Creaktivität & Chaosmanagement.* München 1993.

Deser, Frank: *Chaos und Ordnung im Unternehmen.* Chaosforschung als ein Beitrag zum besseren Verständnis von Unternehmen als Nichtlinearen Dynamischen Systemen. Diss., Heidelberg 1997.

Müri, Peter: *Chaos-Management.* Eine neue Führungsphilosophie, Thun 1998.

Peters, Thomas J.: *Kreatives Chaos.* Die neue Management-Praxis. München 2000.

Stacey, R.D.: *Das Chaos managen.* Wiesbaden 1995 .

6. Coaching

Sowohl das deutsche Wort »Kutsche« als auch der englische Begriff *Coach* entwickelten sich aus dem ungarischen Begriff *Kocsi* (Pferdefuhrwerke aus dem Dorf Kocsi). Im Englischen wurden Pferdetrainer als *Coach* bezeichnet. Als dieses Wort in den Sport übertragen wurde, änderte sich abermals seine Bedeutung. Seither wird *Coaching* nicht mehr als begleitende Maßnahme beim körperlichen Training verstanden, sondern auch als mentale Unterstützung, um bessere Leistungen zu erzielen. Heute wird *Coaching* als umfassende Betreuung verstanden, und zwar als teilnehmende Hilfestellung beim Lösen von Problemen.

Wortherkunft

Wie der Begriff vom *Coaching* in den 60er- und 70er-Jahren schließlich vom Sport in den Unternehmensbereich gelangte, ist heute nicht mehr genau nachvollziehbar. In Deutschland wurde er erstmals in den 80er-Jahren verwendet und hat sich als modisches Schlagwort dann schnell verbreitet.

Begriffsklärung

Hinter diesem Begriff verbirgt sich ein marktschreierisches Wirrwarr. Eine exakte Bestimmung des mit *Coaching* verbundenen Sachverhalts ist schwierig, da die *Coaches* ihre Arbeitsweise aus jeweils eigener Perspektive deuten und definieren.

Anlässlich der ersten *Coaching*-Fachtagung im deutschsprachigen Raum einigten sich die Teilnehmer darauf, *Coaching* als eine Kombination aus individueller Beratung, Betreuung, Stützung, Konfrontation und Einzeltraining zu konkretisieren. *Coaching* sollte in erster Linie Hilfe zur Selbsthilfe sein. Im Gegensatz zu einem Fachberater richtet der *Coach* sein Augenmerk nicht auf die schnelle Problemlösung, sondern darauf, der gecoachten Person Wege aufzuzeigen, ihre Probleme selber zu lösen. Diese Betreuung und Beratung kann individuell oder im Kollektiv stattfinden.

Sinn und Zweck von Coaching

Beim *Coaching* geht es darum, die Schwächen des Betroffenen in Stärken umzuwandeln. Das setzt voraus, dass der Gecoachte den Umgang mit Problemen und deren Bewältigung lernt. *Coaching* bezweckt eine Veränderung im Verhalten der Gecoachten hinsichtlich eines größeren Selbstvertrauens und größerer Risikobereitschaft. Zu diesem Zweck versuchen *Coachee* und *Coach* gemeinsam, eine Diagnose (Ursachenfeststellung) zu erstellen, um einen Missstand zu beseitigen (Intervention) oder einem solchen in Zukunft vorzubeugen (Prävention).

Coaching in allen sozialen Beziehungen Der Begriff *Coaching*, der sich früher ausschließlich auf die berufliche Beratung von Personen bezog, wird nun auch auf deren persönliche Probleme ausgeweitet. Damit wird *Coaching* therapeutisch ausgerichtet und auf den kleinen Kreis von Individualpsychologen zugeschnitten.

Coaching ist als interaktiver personenzentrierter Beratungsprozess, der berufliche und private Inhalte umfassen kann, auf alle sozialen Beziehungen anwendbar. Er findet in Form von Sitzungen bzw. Gesprächen statt und ist zeitlich begrenzt. Doch muss dieser Prozess für den Gecoachten nachvollziehbar sein. Das sollte manipulative Techniken, wie z. B. Hypnose und einige Formen des NLP, ausschließen.

Neben einem formalen Vertrag wird zusätzlich ein psychologischer Kontrakt abgeschlossen, der den Ablauf und Inhalt des

Coachings festlegt. Außerdem werden hier die Kriterien erörtert, an denen der Erfolg messbar gemacht wird. Anschließend beginnt der *Coaching*-Prozess. Sein Erfolg hängt im starken Maße von den Methoden und Erfahrungen des *Coachs* ab. Da das *Coaching* eine Art Hilfe zur Selbsthilfe ist, sollte es nach einiger Zeit überflüssig werden.

Je nach Einzelfall können auch Grenzen erreicht werden, die eine professionelle Beratung zum konkreten Problem erfordern, d. h., der *Coach* sollte seinem Kunden nahe legen, einen Fachmann zu konsultieren.

Anlässe von Coaching

Coaching wird einerseits als Problemlösungs- und Entscheidungshilfe genutzt. Ursache ist die Unfähigkeit des *Coachees*, schwierige Entscheidungen zu treffen. Der *Coach* hilft, das Problem von einer anderen Seite zu beleuchten, um so Chancen oder Risiken klarer zu erkennen. Ziel ist nicht, die Entscheidung möglichst schnell zu treffen, sondern unter Berücksichtigung weiterer Aspekte diese vernünftig zu begründen und nachvollziehbar zu machen.

Problemlösungs- und Entscheidungshilfe

Von betrieblichen Personalentwicklern wird *Coaching* gern auch als Methode der Managemententwicklung genutzt. Hier geht es primär um das innere Wachstum der gecoachten Mittelmanager. Diese erhalten ein Bild ihrer eigenen Person, lernen Stärken auf- und Schwächen abzubauen.

Managemententwicklung

Im Bereich der betrieblichen Weiterbildung wird *Coaching* auch als Transferpartnerschaft eingesetzt. Seminarteilnehmer firmieren paarweise als Lernpartner und coachen sich untereinander. Auch der Pate, der einem neuen Mitarbeiter die Einarbeitung erleichtern soll, ist für die Dauer dieser Patenschaft eine Art *Coach*.

Betriebliche Weiterbildung

Formen des Coachings

Es gibt eine ganze Bandbreite von *Coaching*-Formen, was u. a. eine der Ursachen für die begrifflichen Unklarheiten und definitorischen Schwierigkeiten ist.

Einzelcoaching Das Einzelcoaching ist die Ursprungsform. An den Sitzungen sind nur *Coach* und *Coachees* beteiligt. Insbesondere Topmanager schätzen diese Form der Beratung wegen des hohen Grades an Intimität.

Hat eine Führungskraft endlich den Gipfel der Machtpyramide erreicht, dann werden menschlich offene Kontakte immer dürftiger, so dass die exponierte Einsamkeit an der Spitze entsteht. Hier setzt der *Coach* an, indem er dem »Topmann« offenes Feedback gibt und gemeinsam mit ihm Lösungen erarbeitet.

Gruppencoaching Beim Gruppencoaching arbeitet der *Coach* mit einem größeren Personenkreis. Über die Wirksamkeit kann man sich streiten, da sich Teilnehmer hier eher geschlossen halten. Von Vorteil ist jedoch die Möglichkeit der Kommunikation in der Gruppe, um auf diese Weise viele Sichtweisen zu erfassen.

Teamcoaching Eine Variante des Gruppencoachings ist das Teamcoaching. Der beteiligte Personenkreis kommt aus derselben Organisation oder Abteilung. Es geht hier weniger um individuelle als um kollektive Probleme. Ziel des Teamcoachings ist eine bessere Zusammenarbeit, kurzum: ein gut funktionierendes Team.

Projektcoaching Eine Variante des Teamcoachings ist das Projektcoaching. Hier helfen *Coaches* bei der Projektarbeit. Natürlich ist auch eine Kombination der zuvor genannten Varianten möglich.

Mentoring Kümmert sich eine erfahrene Führungskraft um einen jüngeren Mitarbeiter, dann spricht man von *Mentoring*. Hierbei handelt es sich um einen mitarbeiterbezogenen Personalentwicklungsansatz mit dem Ziel, jemanden für höherwertige Aufgaben zu qualifizieren.

Der Coach und seine Qualifikation

Die Anforderungen an einen *Coach* sind menschlicher und fachlicher Art. Auch die nachstehenden Punkte sind lediglich ein Anhaltspunkt, um die Entscheidung für einen *Coach* zu fundieren.

- Sie/er verfügt über fundierte betriebswirtschaftliche, sozialwissenschaftliche sowie psychologische Kenntnisse.
- Ihr/sein Menschenbild ist humanistisch geprägt. Darum sieht sie/er im Mitarbeiter ein lern- und entwicklungsfähiges Individuum.
- Sie/er ist offen für Feedback und Veränderungen, kann aufmerksam zuhören und hat einen aktiven und offenen Interaktionsstil.
- Sie/er definiert seine Rolle nicht permanent kompetitiv, sondern bietet sich als kooperativer Helfer an.
- Sie/er hat Kenntnisse über die Unternehmensstruktur, deren Organisation und das gesamte Umfeld.
- Sie/er verfügt über Charisma, ist ideologisch offen und intellektuell flexibel.
- Sie/er hat eine breite Lebens- und Berufserfahrung.
- Sie/er verfügt über eine gewisse Selbsterfahrung und hat ihre/seine Leistungen in regelmäßigen Seminaren und Sitzungen überprüft.

Darüber hinaus sollte der *Coach* ein fundiertes Konzept besitzen, um seine Vorgehensweise sichtbar und nachvollziehbar zu machen.

Die praktische Umsetzung des Coaching-Prozesses

Der Wunsch nach *Coaching* kann von zwei Seiten aus kommen: zum einen vom Mitarbeiter, zum anderen von der Unternehmensführung. Die Unternehmensführung ist an effizienter Zusammenarbeit interessiert, für den Mitarbeiter steht meist die Lösung einer akuten Problematik im Vordergrund.

Die Finanzierung der *Coaching*-Maßnahme übernimmt zumeist der Betrieb, doch ist eine Teilung der Kosten möglich. Dass der Mitarbeiter die Kosten komplett übernimmt, ist die Ausnahme.

Von den Mitarbeitern wird *Coaching* überwiegend positiv aufgenommen. Bei der »flächendeckenden« Einführung im Rahmen der Managemententwicklung oder eines Projektes ist aber zu beachten, dass der betreffende Mitarbeiter das *Coaching* ausdrücklich wünscht und es nicht als zusätzliche Belastung empfindet.

In der Literatur finden sich unterschiedliche Abläufe des *Coachings*. Hier wird eines von mehreren Modellen vorgestellt, das je nach Problemlage vielfältig variierbar ist.

1. Einstiegs- und Kontaktphase

Die Einstiegsphase dient dem gegenseitigen Kennenlernen von *Coach* und *Coachee*. Sie findet im Rahmen eines unverbindlichen Gesprächs statt. Beide Seiten müssen herausfinden, ob die drei wesentlichen Voraussetzungen für ein effektives *Coaching* gegeben sind, nämlich Freiwilligkeit, Diskretion und persönliche Akzeptanz.

2. Vereinbarungs- und Kontraktphase

Haben sich beide Seiten für den Einstieg in das *Coaching* entschieden, so werden in der Vereinbarungs- und Kontraktphase Ausgangslage, Zielsetzung und Methodik des *Coachings* vereinbart.

3. Arbeitsphase

Die Arbeitsphase ist der Hauptteil des *Coaching*-Prozesses, bestehend aus mehreren Sitzungen. Der Einstieg erfolgt mit der Situationsanalyse, die von *Coach* und *Coachee* gemeinsam erarbeitet wird. Darauf folgt die Diagnose, eine sich in jeder Sitzung wiederholende Prozedur.

Das wesentliche Element der Arbeitsphase und somit auch des *Coachings* ist die Arbeit an der Problemlösungs- und Entwurfsgestaltung. Diese Phase ist ebenfalls untergliedert und wiederholt sich jede Sitzung von neuem. Dann wird die Problembearbeitung im Hinblick auf eine Zielerreichung aufgenommen, mögliche Hindernisse werden erkannt und alternative Lösungen erarbeitet. Dies mündet in ein konkretes Vorhaben, das eventuell auch schriftlich fixiert wird.

Nach Erreichung der Ziele findet noch eine abschließende Sitzung statt. Es besteht für beide Seiten die Möglichkeit des Feedbacks. Das *Coaching* wird in einem lockeren Rahmen und mit einem Blick in die Zukunft beendet.

4. Abschluss-Phase

Ein Gespräch einige Wochen nach dem Abschluss dient der freiwilligen Erfolgskontrolle. Auch Anstöße für neues eigenständiges Arbeiten des *Coachees* können hier gegeben werden. Aber der erneute Einstieg in das *Coaching* sollte vermieden werden.

5. Evaluations-Phase

Praktische Arbeitshilfe für die Phasen des *Coaching*-Prozesses

A Problemwahrnehmung

– Misserfolge, Konflikte und Unzufriedenheit erkennen

B Einstiegs- und Kontaktphase

– sicherstellen, dass das *Coaching* vom *Coachee* gewollt ist und er die nötige Motivation zur Beseitigung der Probleme mitbringt

– feststellen, ob das Thema für *Coaching* geeignet und zwischen *Coach* und *Coachee* Sympathie und persönliche Akzeptanz vorhanden ist

C Vereinbarungs- und Kontraktphase

– schriftliche Fixierung der Ausgangssituation (was stört, wie äußert sich das Empfinden?)

– Ursachenanalyse und Zielvereinbarung

– Erstellung eines transparenten *Coaching*-Konzeptes (Zeitrahmen, Vorgehensweise, Kooperationspartner, Feedbacksicherung)

– Ausfertigung einer klaren vertraglichen Vereinbarung über alle Modalitäten der Bezahlung

D Arbeitsphase

– mit allen Informationen vertraulich umgehen, dies dem *Coachee* auch vermitteln

– Einsetzen von Fragetechniken zur Situationsanalyse

– Diagnose der aktuellen Situation

– Erarbeitung von Lösungsansätzen, den *Coachee* ermutigen, diese in der Praxis umzusetzen

– Auswertung von Umsetzungsergebnissen der letzten Sitzung

- dem *Coachee* Bewusstseins-, Einstellungs- und Entscheidungshilfe geben

- dem *Coachee* helfen, Ziele zu erreichen

- sicherstellen, dass alle vereinbarten Punkte bearbeitet werden

E Abschlussphase

- dem *Coachee* den Erfolg des *Coachings* deutlich machen

- den *Coachee* zu weiterem Arbeiten ermutigen

- Reflexion des *Coaching*-Prozesses

- Abschluss des *Coachings:* sicherstellen, was abgeschlossen wurde und was offen bleibt

F Evaluationsphase

- Überprüfung der Nachhaltigkeit der Erfolge des *Coachings*

- Vermeidung einer erneuten Beratung

- Neues Verhalten anwenden bzw. erproben und vereinbarte Maßnahmen aktiv umsetzen

Literatur

Fischer-Epe, Maren: *Coaching.* Miteinander Ziele erreichen. Reinbek 2002.

Hamann, Angelika / Johann J. Huber: *Coaching.* Die Führungskraft als Trainer. Leonberg 2001.

Rückle, Horst: *Coaching.* So spornen Manager sich und andere zu Spitzenleistungen an. Landsberg 2000.

Shula, Don / Ken Blanchard: *Coaching.* Erfolgsgeheimnisse aus Topmanagement und Spitzensport. Frankfurt / Main 2000.

Vogelauer Werner (Hrsg.): *Coaching Praxis.* Neuwied 1999.

Vogelauer, Werner: *Methoden-ABC im Coaching.* Praktisches Handwerkszeug für den erfolgreichen Coach. Neuwied 2001.

Wunder, Michael / Michael Pohl: *Coaching und Führung.* Orientierungshilfen und Praxishilfe. Heidelberg 2001.

7. Corporate Universities

Eine *Corporate University* ist eine unternehmenseigene *Business School*. Mehr als ein Dutzend deutscher Großunternehmen betreibt eine firmeneigene *University*. In den USA sind es etwa 1700. Dort gibt es sie in allen Branchen, in großen und mittleren Unternehmen. Im angelsächsischen Sprachraum sind sie lange eingeführt und werden als Instrumente der Managemententwicklung und Strategieumsetzung genutzt. Sie arbeiten zumeist auf der Basis einer Kooperation mit einer etablierten *Business University* oder ähnlichen Hochschule.

Firmeneigene Business School

> **Die hauptsächlichen Gründe für die Etablierung von firmeneigenen *Business Schools* sind:**
> - **Praxisferne Ausbildung von Hochschulabsolventen**
> - **Stärkerer Lerntransfer als bei üblichen Lehrveranstaltungen**
> - **Zunahme der Bedeutung von Wissen für die Wettbewerbspositionierung**

Was verbirgt sich hinter dem Begriff Corporate University?

Corporate Universities haben viele Gesichter. Da ein konzeptioneller Rahmen zu ihrer Systematisierung fehlt, versteckt sich hinter diesem Begriff eine ganze Bandbreite namensähnlicher, jedoch wesensverschiedener *University*-Modelle. Mit einer herkömmli-

chen Hochschule haben die Firmenuniversitäten nur die Bezeichnung gemeinsam, denn sie würden in den meisten Fällen
den strikten Vorschriften des deutschen Hochschulrechts nicht
genügen. Eine *Corporate University* ist kein Ort freien Forschens
und Lehrens; dafür ist sie zu stark in den kulturellen und strategischen Rahmen des Unternehmens eingebunden und verfolgt
Zwecke und Ziele des jeweiligen Gründerunternehmens (vgl. Simon 2002).

Typus	Funktion	Geschäftslogik	Rolle des Top-Managements	Beispiele
Profit Center	Positiver Deckungsbetrag	Unabhängiges Geschäftsfeld	Aufsichtsrat	Outgesourcte Trainings-abteilungen
Qualifikations-zentrum	Vermittlung tätigkeitsrelevanten Wissens	Innovation, Qualität	Bereitstellung der Ressourcen	Motorola
Standardisierungs-motor	Transfer von Kernpraktiken	*Economies of Scale*	Definition der Standards	McDonalds, Disney
Drehscheibe strategischen Wandels	Unterstützung von Transformations-prozessen	Kerninstrument der Unternehmensfüh-rung	Architekt und *Change-Leader*	General Electric, Deutsche Bank

Idealtypische Modelle von *Corporate Universities* (nach Deiser 1998, S. 44)

Oftmals verbirgt sich hinter einer *Corporate University* nur das
traditionelle Trainingszentrum eines Unternehmens, dessen
Kursangebot keinen Bezug zu konkreten gegenwärtigen oder
zukünftigen Geschäftsbedürfnissen hat. Viele Unternehmen versehen Trainingsabteilungen gern mit dem hochwertig klingenden
Etikett einer Universität oder einer Akademie, ohne dem Quali-
tätsanspruch einer akademischen Einrichtung zu entsprechen.
Hierbei ist aber große Vorsicht geboten, da die meisten Landes-
hochschulgesetze die Verwendung des Begriffs »Universität« oder
deren fremdsprachliche Bezeichnung verbieten. Bei Verstoß werden Ordnungsstrafen bis zu 100 000 Euro verhängt.

Welchen Nutzen bietet eine Corporate University?

Eine gut konzipierte *Corporate University* orientiert sich an der strategischen Ausrichtung des Unternehmens. Das Leistungsangebot ist also auf die Bedürfnisse des Unternehmens zugeschnitten. Das garantiert einen stärkeren Umsetzungsgrad als bei der üblichen Form der Weiterbildung. Insbesondere im Bereich der Management-Weiterbildung sollte das Studium auf der Basis eines begleitenden Projekts zum Nutzen des Unternehmens erfolgen. Die Prüfungsleistung wird durch den erfolgreichen Projektabschluss erbracht. Alle Ergebnisse sind schnellstens zum Nutzen des Unternehmens umzusetzen. So wird die Idee des innovationsauslösenden Wissensmanagements lebendig und das Unternehmen auf den Weg zur Lernenden Organisation gebracht. Das stimuliert zugleich die Führungs- und Unternehmenskultur.

Unternehmensbezogenes Training

Den studierenden Managern und eventuellen Nachwuchskandidaten werden Kenntnisse, Fähigkeiten und Werkzeuge vermittelt, die das Unternehmen zur Ideengenerierung und Zukunftsgestaltung benötigt. Zusätzlich erhält das Unternehmen die Möglichkeit, Nachwuchskandidaten für gehobene Managementaufgaben zu rekrutieren. Das steigert ihre Motivation und Bindung an das Unternehmen. Im Kampf um die besten Nachwuchskräfte werden Studienmöglichkeiten an einer *Corporate University* zu einem überzeugenden Argument auf dem Arbeitsmarkt.

Rekrutierung von Management-Nachwuchs

Welche Themen werden an einer Corporate University gelehrt?

Das Themenangebot richtet sich nach der Zweckbestimmung des Unternehmens. Es gibt Firmen, die ihre *University* allen Interessenten gegen Entgelt öffnen. Entsprechend breit ist das Themenangebot. Andere setzen sie u. a. zu Marketingzwecken ein und offerieren ihren Lieferanten und Kunden ein entsprechendes Seminarangebot, so dass die gesamte Wertschöpfungskette profitiert. Für Daimler-Chrysler ist sie ein Führungsinstrument vorwiegend zum Zwecke der Managemententwicklung. In diesem Bereich lassen sich die Themen folgenden drei Gebieten zuordnen:

- Funktionenbezogene BWL, abgestimmt auf die Besonderheiten des Unternehmens (Beschaffung, Marketing, Produktion, Rechnungswesen, Personalwirtschaft, Vertrieb, Wirtschaftsrecht usw.)
- Management-Querschnittwissen (Innovationsmanagement, Qualitätsmanagement, Projektmanagement, Wissensmanagement, *Change Management* usw.)
- Persönliche Managementqualifikation (Kommunikation, Führung, Rhetorik, Kreativität, Zeitmanagement, Stressbewältigung usw.)

Wie wird an der Corporate University studiert bzw. trainiert?

Unterstützung und Begleitung von Veränderungen

Das Lernen an der *Corporate University* unterstützt nicht nur Veränderungen, sondern soll diese auslösen und begleiten. Nur wenn Wissen und Lernen mit dem konkreten Geschäft bzw. der Strategie verknüpft werden, bieten sie dem Unternehmen einen Nutzen. Darum vollzieht sich das Studium projektbasiert. Das Projektthema ergibt sich aus der aktuellen Geschäftssituation oder den strategischen Zielen. Es muss innovativen Charakter haben.

Projektbericht

Die Managementausbildung an der *Corporate University* endet mit einem großen Projektbericht, der als Abschlussarbeit dient. Er muss alle Projektaspekte beinhalten, von der Darlegung über die Kosten-Nutzenanalyse bis hin zu konkreten Aktionsplänen. Dieser Projektbericht wird der Prüfungskommission präsentiert und von ihr benotet. In diesem Gremium sitzen Professoren / Trainer sowie Mitglieder des Top-Managements des Unternehmens.

Jeder studierende Mitarbeiter wird durch einen externen Dozenten gecoacht und hat eine interne Führungskraft als Mentor.

Der *Corporate University* steht die ganze Bandbreite an Lehrmethoden zur Verfügung: Traditionelle Seminare, *Near-by-the-job*-Training, Diskussionsforen, projektorientierte Lernformen, Selbstlernprogramme, *Computer-based*-Training, Videokonferenzen, Intranet und Internet.

Wer sind die Dozenten?

Der Lehrkörper besteht in der Regel aus internen und externen Mitarbeitern. Bei den internen Mitarbeitern handelt es sich um Top-Manager des Unternehmens, deren Wissen und Erfahrung durch Einbindung in den Lehrprozess genutzt werden. Zugleich werden sie als Mentoren in das studienbegleitende Projekt eingebunden. Die externen Lehrkräfte sind zumeist Hochschullehrer der Sozial-, Rechts- und Wirtschaftswissenschaften sowie akademisch gebildete Trainer mit fundierter Managementerfahrung.

Interne und externe Mitarbeiter

Welche Mitarbeiter sollten an einer Corporate University studieren?

Das Studienangebot wendet sich an besonders qualifizierte Führungs- und Nachwuchskräfte. Es hat postgraduellen Charakter, sollte aber auch solchen nichtakademischen Mitarbeitern offen stehen, die sich durch herausragende Leistungen bewährt haben. Denkbar ist, das Studienangebot gegen Entgelt auch ausgesuchten Kunden oder Geschäftspartnern zu offerieren.

Die *Corporate University* bietet die Chance, auch Top-Manager in Weiterbildungsaktivitäten einzubinden. Für sie ist die *Corporate University* eine attraktive Form der geschäftlichen und persönlichen Weiterentwicklung durch Gedankenaustausch und Diskussionen.

Welchen Abschluss erwirbt man an einer Corporate University?

Soweit die unternehmenseigene *University* eine Kooperation mit einer angelsächsischen Hochschule eingegangen ist, besteht die Möglichkeit, international anerkannte Abschlüsse wie *Bachelor* oder *Master of Business Administration* (MBA) zu erwerben. Im Falle einer Partnerschaft mit einer deutschen Universität oder Fachhochschule können spezielle, fachlich eingegrenzte Abschlüsse vereinbart werden, z. B. *Master of Leadership*.

Die vom Autor dieses Buches geleitete *Business Training University* in Bad Nauheim bietet sich Unternehmen als »Geburtshelfer« beim Aufbau eigener *Corporate Universities* an. Auf der Basis dieser Kooperation können Unternehmen qualifizierte Mitarbeiter zum *Certified Business Leader* oder zum *Certified Business Master* ausbilden lassen. Durch die Anbindung an das eigene Unternehmen wird ein Abschlusszertifikat mit Praxissiegel erworben.

Praxisbeispiel Studien- und Trainingsplan für die Ausbildung zum *Certified Business Leader* an der *Business Training University*, Bad Nauheim

1. Trimester

Seminarmodul 1.1	*Zielorientierte Persönlichkeitsentwicklung*
(jedes Modul umfasst	Standortbestimmung,
zwei Seminartage)	Selbst-, Zeit- und Zielmanagement für die berufliche
	Zukunftspositionierung
Seminarmodul 1.2	*Grundlagen der Information und Kommunikation I*
	Elementare Kommunikationsmodelle (Transaktionsanalyse
	und Neuro-linguistisches Programmieren)
	Mitarbeitergespräche gekonnt führen
Seminarmodul 1.3	*Grundtendenzen des modernen Managements*
	Wettbewerbs-, Qualitäts-, Prozess-, Innovations-, Wissens-,
	Kunden- und *Human Resources*-Orientierung für das eigene
	Unternehmen
Seminarmodul 1.4	*Change Management* im eigenen Unternehmen
	Definition von studienbegleitenden Innovationsprojekten
Transfermodul 1	Studentische Prüfungsreferate, Präsentation und Diskussion
1 Tag	der geplanten Innovationsprojekte

2. Trimester

Seminarmodul 2.1	*Grundlagen der Führung und Zusammenarbeit I*
(jedes Modul umfasst	Führungsaufgaben (Motivation, Delegation, Kritik usw.)
zwei Seminartage)	Führungsstile, Führungskonzepte, Konfliktmanagement
Seminarmodul 2.2	Projektmanagement
Seminarmodul 2.3	Rhetorik und Präsentation
Seminarmodul 2.4	Arbeitsrecht in der Mitarbeiterführung
Transfermodul 2	Studentische Prüfungsreferate, Präsentation und Diskussion
1 Tag	der geplanten Innovationsprojekte

3. Trimester

Seminarmodul 3.1	*Grundlagen der Führung und Zusammenarbeit II*
(jedes Modul umfasst	Kooperativ arbeiten und führen, Teamentwicklung,
zwei Seminartage)	*Empowerment*, Zielvereinbarung, *Mentoring* und *Coaching*
Seminarmodul 3.2	Kreativitätstechniken/Innovationsmanagement
Seminarmodul 3.3	*Grundlagen der Information und Kommunikation II*
	Einstellungsgespräche, Beurteilungsgespräche,
	Zielvereinbarungsgespräche
Seminarmodul 3.4	Besprechungs- und Moderationstechnik
Transfermodul 3	Studentische Prüfungsreferate, Präsentation, Diskussion
1 Tag	und Benotung der geplanten Innovationsprojekte

Literatur

Deiser, R.: »Corporate Universities.« In: *Organisationsentwicklung* 1/1998.

Glotz, Peter/Sabine Seufert: *Corporate University in der Praxis.* Frauenfeld 2002.

Kraemer, Wolfgang (Hrsg.): *Corporate Universities und E-Learning.* Personalentwicklung und lebenslanges Lernen. Strategien – Lösungen – Perspektiven. Wiesbaden 2001.

Neumann, Reiner/Johann Vollath (Hrsg): *Corporate University.* Zürich 1999.

Simon, Walter: »Corporate University.« In: Rolf Berth (Hrsg.): *Top in Training und Beratung.* Konzepte deutscher Spitzentrainer. München 2002.

8. Customer Relationship Management

Infolge des schärfer werdenden Wettbewerbs müssen Unternehmen mehr leisten, als lediglich Produkte bzw. Dienstleistungen zu vermarkten. Der Wettbewerb findet nicht länger nur auf einem anonymen Absatzmarkt statt, sondern auf einer Plattform, auf der sich gut informierte Individuen bewegen. Diese Menschen gilt es zu erreichen, zu überzeugen und zufrieden zu stellen (vgl. Kapitel Kundenmanagement im zweiten Teil). Doch sollten die Individuen nicht als einmalige Käufer behandelt werden, sondern als Partner einer dauerhaften Beziehung.

Massive Kostenerhöhung durch Kundenverlust Fiktive Rechenanalysen zeigen, dass durch Abwanderung von Kunden annähernd das Siebenfache an Kosten anfällt, als zur Neugewinnung von Kunden notwendig ist. Der Kundenstamm gehört damit zur existenziellen Unternehmenssubstanz und bildet einen der wichtigsten Vermögensgegenstände, der auch dementsprechend im Unternehmen gepflegt werden sollte. Die zunehmende IT-basierte Vernetzung von Wirtschaft und Gesellschaft schafft die Voraussetzungen für dieses kundenorientierte Management.

Customer Relationship Management (CRM) ist eines von mehreren Modellen, auf dessen Basis Softwaresysteme entstehen, die es den Unternehmen ermöglichen, mit Hilfe von modernen Kommunikationsmitteln und elektronischer Datenverarbeitung die Kundenorientierung erfolgreich in die Praxis umzusetzen.

Begriffsdefinition

Es existiert keine einheitliche Definition für den Begriff des *Customer Relationship Management*. Allgemein ausgedrückt, fallen darunter alle Maßnahmen, die dem strukturierten Aufbau sowie der Pflege von Kundenbeziehungen gelten. Hierzu wird eine spezielle Software nebst der dazugehörigen IT-basierten Hardware eingesetzt, die das Kernstück des CRM darstellen.

Folglich ist CRM eine Mischung aus Software, Hardware und einer leider allzu oft unterbewerteten, aber absolut notwendigen kundenorientierten Geschäftsstrategie.

Die Entwicklung des Customer Relationship Management

Das *Computer Aided Selling* (CAS) ist das Vorgängermodell des heutigen CRM. CAS-Systeme wurden unter der Prämisse der Rationalisierung entwickelt und sollten die datentechnische Alternative zur Papierorganisation darstellen. Zudem beschleunigte die automatische Übertragung der Daten die unternehmensinternen Abläufe und bot überdies die Möglichkeit einer verbesserten Steuerung und Kontrolle von größeren Organisationseinheiten.

Computer Aided Selling

Um den Vertrieb zu beschleunigen, wurden die in den USA erfolgreich erprobten CAS-Systeme Mitte der 80er-Jahre auch in Deutschland eingeführt. Aber in Anbetracht der guten Nachfrage spielte die Suche nach Neukunden und die Altkundenbetreuung noch keine Rolle.

Erst die Veränderungen auf den Märkten zu Beginn der 90er-Jahre forderten den Verkauf heraus. Der neue Typ Kunde forderte nun bessere Qualität, Flexibilität, kürzere Lieferzeiten und einen zuvorkommenden Service. Fortan standen nicht mehr nur die Produkte im Mittelpunkt. Der Kunde wurde gleichberechtigt neben das Produkt gestellt.

Vom CAS zum CRM

Um den neuen Anforderungen wirtschaftlich gerecht zu werden, wurden die CAS-Systeme mit der Vision weiterentwickelt, den »gläsernen Kunden« zu schaffen. Der Verkäufer sollte besser als der Kunde selber über dessen eigene Wünsche und Bedürfnisse informiert sein.

Diese weiterentwickelten Systeme werden als *CRM-Systeme* bezeichnet. Daneben wurden andere Systeme wie TERM *(Technology Enabled Relationship Management)* oder CIS *(Customer Interaction Software)* auf den Markt gebracht, die jedoch alle dasselbe Ziel verfolgen, nämlich die Optimierung der Kundenbeziehung durch eine Integration des Kunden in das Unternehmen.

Die Integration eines CRM-Systems

Das CRM dient in erster Linie nicht mehr der Beschleunigung von Vertriebsabläufen, sondern soll die Kundenbeziehungen organisieren und optimieren. Kunden sollen langfristig an das Unternehmen gebunden werden, um Umsätze und Marktanteile zu sichern. Im Idealfall soll der damit verbundene Erfolg sowohl das Management als auch die Mitarbeiter motivieren, die infolgedessen ihrerseits den Kunden einen besseren Service bieten. Dieser einfache Kreislauf wird durch CRM-Systeme gestützt und optimiert.

Die Funktionsweise Die Basis für CRM bildet immer eine gut geführte Kundendatei. Bei der Neugewinnung von Kunden sind die darin befindlichen Daten, z. B. im Rahmen von *Data Warehouses (Data Mining)* erhältlich. Durch die CRM-Systeme werden diese Daten analysiert und potenzielle Kunden lokalisiert. Das ermöglicht den Verkäufern, zielgerichteter und erfolgversprechender zu agieren.

Verfügt ein Unternehmen bereits über einen Kundenstamm, werden die Daten der einzelnen Kunden durch entsprechende Informationen ergänzt. So ergibt sich schließlich aus einem bisher unpersönlichen Namen ein aussagefähiges Kundenprofil.

Die Kundendateien werden zentral in so genannten *Call-Centern* verwaltet und stehen durch die betriebsinterne Vernetzung bzw. über DFÜ-Verbindungen jedem Sachbearbeiter jederzeit zur Verfügung.

Durch dieses Wissen über den Kunden können Unternehmen relativ preiswert maßgeschneiderte Problemlösungen in respektabler Zeit anbieten und so den Kunden dauerhaft an das Unternehmen binden.

CRM bietet über das Internet eine direkte Gelegenheit, mit dem Kunden in Kontakt zu treten. Durch sog. *Call-back-Buttons* kann der Internet-Surfer dem Unternehmen sein Interesse signalisieren, der »virtuelle Verkäufer« erhält die Möglichkeit, dem potenziellen Kunden bei seiner Suche in den Webseiten des Unternehmens zu folgen oder ihn sogar zu leiten. Auf diesem Wege will man dem Kunden das Internet-Shopping schmackhaft machen.

CRM im Internet

CRM bietet außerdem die Möglichkeit des *Cross-Sellings*. Durch das »Studium« der Kaufgewohnheiten und der Interessengebiete eines Kunden können andere Produkte angeboten werden, die zu diesem Konsumprofil passen.

Die Realisation eines CRM-Projektes

Die Entscheidung für ein CRM-System sollte durch eine ganzheitliche Unternehmensanalyse im Vorfeld gestützt werden, da es sich um eine kostenintensive Investition handelt. Diese Fragen sind zu beantworten: Bringt CRM einen gerechtfertigten Nutzen? Liegt das eventuelle Abwandern von Kunden eher am Verkäuferverhalten?

Die technologische Komponente

Auch die Größe des Unternehmens spielt eine wichtige Rolle. Besonders bei kleinen Unternehmen sollte der erwartete Ertrag im Verhältnis zu den Kosten stehen. Fallstudien zufolge liegt die untere Preisschwelle einer CRM-Integration bei mittelständischen Unternehmen bei knapp fünf Millionen Euro.

Die Wahl des »richtigen« Systems bringt Entscheidungsprobleme mit sich. Auf der CEBIT 2002 boten bereits mehr als 150 Unternehmen CRM-Systeme an. Abgesehen von der mangelnden Transparenz auf diesem boomenden Markt bemängeln Experten die Vielzahl unausgereifter Produkte.

Oft fällt die Entscheidung für gute, aber überdimensionierte Systeme, deren Ressourcen nicht zweckmäßig ausgeschöpft werden können. Darum sollten Anwender genau wissen, warum, wie und wo sie CRM einsetzen wollen.

Die personelle Komponente Mit der Akzeptanz des Personals gegenüber CRM steht und fällt ein solches Projekt. Nicht selten missdeuten Mitarbeiter den Zweck des CRM als Rationalisierungs- oder Kontrollmethode. Bekenntnisse zur Kundenorientierung, wie man sie allenthalben in vielen Unternehmensleitbildern findet, sind wirkungslos, wenn sich Mitarbeiter nicht aktiv damit identifizieren. Inwieweit dies gelingt, hängt hauptsächlich von der Unterstützung und der Motivation des Managements ab.

Um CRM wirksam zu machen, bedarf es gezielter Mitarbeitertrainings. Eventuell entsteht auch ein zusätzlicher Personalbedarf, da sich die Aufgabengebiete mit dem CRM verändern. So werden z. B. die zunächst entstandenen *Call-Center*, die eingerichtet wurden, um Kundenfragen zu beantworten, jetzt zu *Contact-Centern*, in denen alle Informationen, ob per Telefon, Fax, E-Mail oder Internet, über den Kunden zusammenlaufen. Eine wichtige Rolle spielt dabei die *Computer Telephony Integration (CTI)*, wodurch eine Schnittstelle zwischen Telefonnetz und Computer entsteht. So kann der Kunde z. B. bei einem Kontakt – egal, ob per Fax oder Telefon – identifiziert und mit Aufruf der Kundendatei zum zuständigen Sachbearbeiter unmittelbar weitergeleitet werden; dieser hat dank der aktuellen Datei einen sofortigen Überblick.

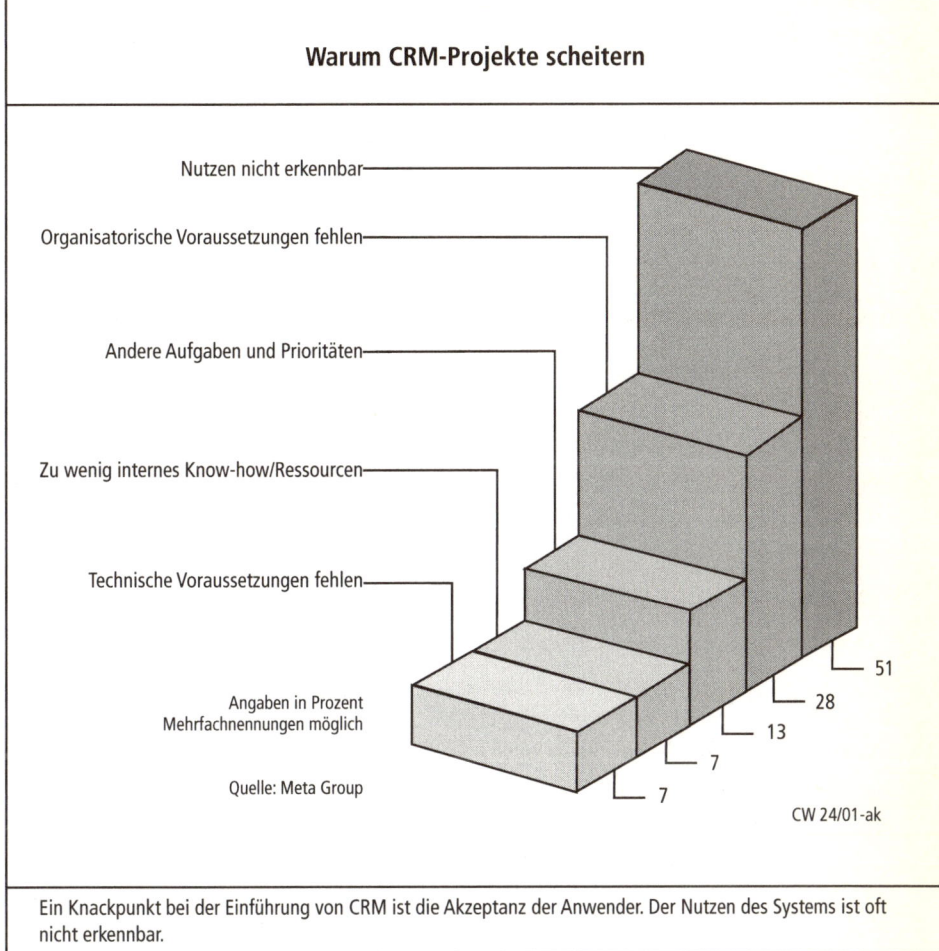

Warum CRM-Projekte scheitern

Nutzen nicht erkennbar — 51

Organisatorische Voraussetzungen fehlen — 28

Andere Aufgaben und Prioritäten — 13

Zu wenig internes Know-how/Ressourcen — 7

Technische Voraussetzungen fehlen — 7

Angaben in Prozent
Mehrfachnennungen möglich

Quelle: Meta Group

CW 24/01-ak

Ein Knackpunkt bei der Einführung von CRM ist die Akzeptanz der Anwender. Der Nutzen des Systems ist oft nicht erkennbar.

Warum CRM-Projekte scheitern

Schlussbetrachtung

Die optimistischen Prognosen der CRM-Einführung in Deutschland haben sich (noch) nicht erfüllt. Aber Kundenorientierung könnte auch bedeuten, dass der Kunde das Tempo mitbestimmen darf. Fragen nach dem Datenschutz haben hierbei eine Rolle gespielt. Sowohl auf technologischer als auch auf juristischer Seite wurde die Situation erheblich zugunsten der Sicherheit des Kunden verbessert.

**Verhaltene Reaktion
gegenüber CRM** Viele Unternehmen stehen jedoch noch abwartend dem CRM-Markt gegenüber. Im Sommer 2000 hatten erst 23 % der in Frage kommenden Unternehmen CRM-Systeme integriert, aber immerhin planen bereits 31 % eine Umstellung auf ein CRM-System (vgl. Frielitz/Wilde 2000, S. 100) – eine verständliche Situation angesichts des raschen Verfalls von Technologiewerten auf dem heutigen Markt und der bedeutenden Entscheidung für ein Unternehmen, sich auf CRM einzulassen.

Dennoch boomt die Entwicklung von CRM-Systemen. Obwohl erst ein vergleichsweise geringer Prozentsatz von Unternehmen die Möglichkeiten des CRM nutzt, ist absehbar, dass in greifbarer Zukunft jedes Unternehmen einen Wettbewerbsnachteil erleiden wird, das dem Stand der wirtschaftlichen und technischen Entwicklung nicht folgt.

Literatur

Duffner, Andreas/Harald Henn: *CRM verstehen, nutzen, anwenden.* Ein Leitfaden für kundenorientierte Unternehmen. Würzburg 2001.

Frielitz, M./H. Wilde: »CRM 2000. Aufklärung tut Not.« In: *Absatzwirtschaft* 7/2000.

Kreuz, Peter/Anja Förster/Bodo B. Schlegelmilch: *Customer Relationship Management im Internet.* Grundlagen und Werkzeuge für Manager. Norderstedt 2001.

Stengl, Britta/Renate Sommer/Reinhard Ematinger: *CRM mit Methode – Intelligente Kundenbindung in Projekt und Praxis mit iCRM.* Bonn 2001.

Wessling, Harry: *Aktive Kundenbeziehungen mit CRM.* Strategien, Praxismodule und Szenarien. Wiesbaden 2001.

9. Diversity Management

Diversity wird gern als eine Art Make-up definiert, mit dem ein Unternehmen demografische Gegebenheiten der Gesellschaft in seiner Belegschaft abbildet. Der Begriff bezieht sich auf alles, worin Menschen sich unterscheiden: Rasse, Geschlecht, Alter, körperliche Behinderung, Erziehung, Religion und Lebensstil.

Vom Nutzen der Vielfalt

Für das unternehmerische Handeln in einer globalen Welt sind personelle Monokulturen wenig geeignet, auf internationalen Märkten zu überleben. Eine weltweit vernetzte Wirtschaft, komplexe Kundenstrukturen, vielfältige Produkte und ein harter Wettbewerb erfordern *Diversity Management* als notwendig für die Pflege der Unternehmenskultur. Zunehmend entdecken Unternehmen, dass sich so auch ungenutzte Kundenpotenziale erschließen lassen. Heterogen zusammengesetzte Belegschaften erleichtern den Zugang zu neuen Märkten. Kein deutsches Unternehmen verzichtet auf den Rat seiner türkischen Mitarbeiter, wenn es darum geht, Märkte jenseits des Bosporus zu bearbeiten. Insofern bekommt *Diversity* einen *business sense*. Wenn Mitarbeiter verschiedene Sprachen sprechen und sich in anderen Kulturkreisen bewegen können, sind sie näher an den Wünschen der dortigen Kunden und gewinnen eher deren Vertrauen. Insofern bietet *Diversity* die Voraussetzung dafür, rechtzeitig auf Veränderungen in Teilmärkten reagieren zu können.

Heterogene Belegschaften

Das Management der Vielfalt zielt u. a. auf diese Wettbewerbsvorteile:

- Umsatz- und Marktanteilssteigerungen durch globale Aktivitäten
- verbesserte Rekrutierungsmöglichkeiten, so z. B. Inder im IT-Sektor
- Erhöhung, Steigerung der Arbeitszufriedenheit und der Motivation
- schnellerer Übergang bei Fusionen und Firmenaufkäufen
- Arbeitsmarktattraktivität

Der ökonomische Veränderungsprozess wird vom Wertewandel begleitet. Gewinn allein ist keine Begründung mehr für wirtschaftliches Handeln. Ethik und Moral sind zwar ungeschriebene, aber dennoch wichtige Bilanzposten. Darum hat der Umgang mit Vielfalt eine ethische Dimension.

Bei der *Diversity* geht es nicht nur um die quotenmäßige Abbildung gesellschaftlicher Gruppen, insbesondere der Frauen oder Ausländer. Die bewusst herbeigeführte Toleranz und *Diversity* im Sinne von Vielfalt und Buntheit soll zugleich gute Voraussetzungen für Innovationen schaffen. Dahinter steckt die Erkenntnis, dass eine Gruppe oder eine Gemeinschaft kreativer und produktiver arbeitet, wenn sie über eine Bandbreite unterschiedlicher Erfahrungen, Kenntnisse und Fähigkeiten im Umgang mit Menschen, Ressourcen und Prozessen verfügt. Nur wenn »Andersdenkende« mitdiskutieren, entstehen neue Ideen, entwickeln sich interessante Denkansätze und ergeben sich ungeahnte Lösungswege (vgl. Kapitel Teamwork im dritten Teil).

Vorgesetzte, die nicht den Mut besitzen, in den Kategorien der *Diversity* zu denken, und keine multikulturellen Personalentscheidungen wagen, vergeben diese Chancen. Das gilt auch für jene Unternehmen, in deren Management noch immer eine starke Stammhaus-Dominanz vorherrscht. Insbesondere hier sollte man über die Vielfalt von Führungsstrukturen und -personen nachdenken.

Diversity lässt sich nicht einfach an oberflächlichen, sichtbaren Merkmalen festmachen. Eine Vielfalt an Meinungen, Einstellungen, Denk- und Lösungsansätzen, an unterschiedlichen Wahrnehmungen, Werten, Lebenserfahrungen und -philosophien sind für die Wirkung von Vielfalt und Buntheit ausschlaggebend.

Darum ist *Diversity* weitaus mehr als der Versuch, lediglich das gesellschaftliche Umfeld spiegelbildlich in einem Unternehmen abbilden zu wollen. Vielfalt und Buntheit bedeuten zugleich, einen Umdenkungsprozess weg vom Ich und hin zum globalen Wir auszulösen und voneinander zu lernen. Das erfordert vom einzelnen Mitarbeiter, neugierig auf das Andere, auf Ungewohntes und Fremdes zuzugehen. Erst wenn das gelingt, erfüllt die Vielfalt ihren Zweck.

Die Verantwortung für die angestrebte Vielfalt und deren Steuerung liegt beim einzelnen Manager. Dessen *Managing Diversity*, so der englischsprachige Terminus, überschneidet sich mit dem gängigen interkulturellen Management, geht aber weit darüber hinaus. *Managing Diversity* als personalpolitisches Konzept bezieht

Managing Diversity

sich auf eine integrierte, in sich schlüssige Steuerung der Managementprozesse mit Blick auf jene Personenkreise, die aus dem üblichen Klischee bzw. der nationalen Kernbelegschaft herausragen.

Die Formen des Diversity Management

In der Diskussion zum Thema *Managing Diversity* dominieren diese drei Ansätze:

1. der Antidiskriminierungs- und Fairness-Ansatz,
2. der (Markt-)Zutritts- und Legitimitätsansatz und
3. der integrative Ansatz.

Antidiskriminierungs- und Fairness-Ansatz Hier wird *Diversity* im Sinne von Gleichberechtigung eher moralisch definiert und zielt auf die faire Behandlung aller Mitarbeiter. Der Ursprung dieses Ansatzes liegt in den USA. Dort gibt es Einstellungsquoten für benachteiligte Mitarbeitergruppen. Amerikanische Manager reden oft vom »Mosaik«, wenn sie über ihre Belegschaft sprechen. Schwarze und Weiße, Puertoricaner und Asiaten, Frauen und Männer, Behinderte und Nichtbehinderte, homo- und heterosexuelle Mitarbeiter, das sind die Hauptformen dieses Mosaiks.

(Markt-)Zutritts- und Legitimitätsansatz Beim (Markt-)Zutritts- und Legitimitätsansatz wird *Diversity* in erster Linie als strategisches Instrument genutzt, um wirkungsvoller in unterschiedliche Märkte beziehungsweise Marktsegmente eindringen zu können. So bemüht sich *British Telecom* darum, die Struktur der Kundenbetreuer nach Hautfarbe und Geschlecht auf die Kundenstruktur auszurichten, um sich so Wettbewerbsvorteile zu verschaffen. Ausgangspunkt ist also die Unterschiedlichkeit des Absatz- bzw. Arbeitsmarktes.

Diese Praxis ist zwiespältig. Einerseits bietet sie Mitarbeitern Aufstiegschancen, andererseits erschwert sie die Möglichkeit, in anderen Bereichen Karriere zu machen.

Dem integrativen Ansatz liegt ein ganzheitliches Verständnis zugrunde, bei dem ethische und wirtschaftliche Gründe gleichberechtigt nebeneinander stehen.

Integrativer Ansatz

Im Unterschied zum Antidiskriminierungsansatz steht hier nicht die Assimilation im Vordergrund, sondern Assimilation im Zusammenhang mit Integration. Der integrative Ansatz zielt darauf ab, die Unterschiede zwischen den Mitarbeitern bzw. deren Vielfalt so zu nutzen, dass sich Lernchancen eröffnen und das Unternehmen von diesem interkulturellen Lerneffekt profitiert. Insgesamt handelt es sich hierbei um den fortgeschrittensten, aber auch den anspruchsvollsten Ansatz.

Training als Voraussetzung für Vielfalt

Auch *Diversity* bedarf der Sensibilisierung und Fundierung durch Training. Zwei elementare Trainingsfelder sind zu »bestellen«: *Awareness-Training* und *Skill-Building-Training*.

Zum *Awareness-Training* zählen bewusstseinsbildende Maßnahmen, z. B. über das Ausmaß und die Vorteile der Vielfalt im Unternehmen. Auch müssten noch bestehende Benachteiligungen und Vorurteile aufgezeigt und bearbeitet werden. In diesem Zusammenhang lernen Mitarbeiter ihr jeweiliges Anderssein im Sinne eines Reframings positiv zu interpretieren.

Awareness-Training

Das *Skill-Building-Training* zielt auf den Erwerb von Fähigkeiten des Umgangs mit heterogen zusammengesetzten Arbeitsgruppen und deren Führung. Hierzu zählt die Vermittlung kommunikativer Kompetenz im Umgang mit Kollegen anderer kultureller Ursprungs. Das gilt besonders für Konfliktsituationen.

Skill-Building-Training

Vorab ist der Trainingsbedarf zu ermitteln. So ist zu klären, ob in einem Unternehmen überhaupt Bedarf an *Managing Diversity* besteht. Falls ja, sind geeignete Trainingsmethoden auszuwählen und ggf. zu entwickeln.

Managing Diversity als Führungsaufgabe

Diversity beginnt in doppelter Hinsicht im Kopf: Zunächst im Kopf des Unternehmens, ganz oben im *Head* und von dort in den Köpfen aller Mitarbeiter. Vielfalt ist Chefsache!

Kluge Manager haben längst erkannt, dass Intelligenz und Talent weder an eine bestimmte Hautfarbe noch an das Geschlecht gebunden sind. Sie wissen auch, wie hilfreich Mentoren und Vorbilder für die eigene Karriere waren. Nicht anders ist es bei Angehörigen von ethnischen Minderheiten, Frauen oder Behinderten. Unternehmen sollten deshalb dazu übergehen, Mentorenprogramme einzurichten. Berufsständische Organisationen könnten Auszeichnungen verleihen, um so zur Nachahmung anzuregen.

Beispiel Motorola Die Firma Motorola ist ein nachahmenswertes Beispiel. Es zählt, so ein US-Frauenmagazin, zu den attraktivsten Unternehmen für berufstätige Mütter, weil es beispielsweise Kindergärten unterhält und flexible Arbeitszeitprogramme anbietet. Ein Magazin für Ingenieure wählte Motorola in den Kreis der besten Arbeitgeber für spanisch sprechende Minderheiten in den USA. Die Personalentwicklungsmaßnahmen des Konzerns führten dazu, dass dort auch Südamerikaner, die vielerorts in den USA als faul und unzuverlässig gelten, Karriere machten. Selbst das US-Arbeitsministerium honoriert Motorolas besondere Bemühungen um *Diversity*.

Literatur

Forschungsgruppe Jugend und Europa (Hrsg.): *Eine Welt der Vielfalt.* Ein Trainingsprogramm des A WORLD OF DIFFERENCE-Institute der Anti-Defamation League, New York, in der Adaption für den Schulunterricht. Praxishandbuch für Lehrerinnen und Lehrer. Hrsg. v. d. Bertelsmann Stiftung 2001.

Jung, Rüdiger H.: *Vielfalt gestalten – Managing Diversity.* Kulturenvielfalt als Herausforderung für interkulturelle Humanressourcenentwicklung in Europa. Frankfurt/Main 1994.

Rüsen, Jörn: *Die Vielfalt der Kulturen.* Frankfurt/Main 1998.

Thomas, R. Roosevelt: *Managing of Diversity.* Neue Personalstrategien für Unternehmen. Wie passen Giraffe und Elefant in ein Haus? Wiesbaden 2001.

Wagner, Gerhard: *Herausforderung Vielfalt.* Plädoyer für eine kosmopolitische Soziologie. Konstanz 2002.

10. Effizienzmoderation mit dem 6M-System

Kritik an konventioneller Unternehmensberatung Die konventionelle Form der Unternehmensberatung sieht sich einer immer stärker werdenden Kritik ausgesetzt: Managementzeitschriften berichten ausführlich über Beratungsfehler; Führungskräfte beklagen die Praxisferne von Juniorberatern, die frisch aus dem Hörsaal kommen; Mitarbeiter beschweren sich über das fehlende Einfühlungsvermögen der Consultants in ihre Probleme und Ängste. Andere bemängeln die oft nutzlose Produktion langer Berichte (Schrankware) ohne die notwendige Umsetzungshilfe. Aufwand und Ertrag stehen selten im angemessenen Verhältnis. *Consultants take funny and make money.* Dieses amerikanische Sprichwort bringt das Empfinden auf den Punkt.

Ziele der Effizienzmoderation

In dieser Situation besinnen sich Unternehmen auf die eigene Problemlösungskompetenz. Sie gelangen zu der Erkenntnis, dass man die billigsten und besten Unternehmensberater in der eigenen Organisation hat, vorausgesetzt es gelingt, den Know-how-Schatz in den Köpfen engagierter Mitarbeiter zu heben.

Das wurde in der Vergangenheit wiederholt versucht, z.B. im Rahmen von Wissensmanagement, Qualitätszirkel-Projekten oder des betrieblichen Vorschlagswesens. Der Arbeitsansatz war und ist hier zumeist induktiv, d. h., man arbeitet an einzelnen Themen, die in der Summe einen positiven Gesamteffekt haben, z. B. Innovationszuwachs, Prozessoptimierung, Qualitätssteigerung oder Ertragswachstum. Erst im Nachhinein wird deutlich, worin der Nutzen besteht und wie groß er ist.

Bei der Effizienzmoderation wird der umgekehrte Weg beschritten. Der Ansatz ist deduktiv. Man definiert oder quantifiziert das gewünschte Ergebnis im Voraus, z. B. Kostenreduzierung um 10 % innerhalb eines Jahres. Nur was messbar ist, kann Gegenstand der Effizienzsteigerung sein. Dieses präzise formulierte Ziel wird dann systematisch, situationsangepasst und strukturiert in vielen Teilprojekten bearbeitet.

Deduktive Zielgewinnung

Hierbei hilft ein professioneller Effizienzmoderator. Er liefert im Gegensatz zum Unternehmensberater keine Lösungen, sondern erarbeitet diese mit ausgesuchten Mitarbeitern des Unternehmens, indem er diese veranlasst, das Richtige zu sagen und es anschließend zu tun. Damit füllt er die Transferlücke, die der Unternehmensberater nach Abgabe seines Schlussberichtes hinterlässt, denn die Aufgabe des Effizienzmoderators ist erst beendet, wenn das Arbeitsziel erreicht ist.

Effizienzmoderator

Mit dieser Arbeitsweise unterscheidet er sich auch vom Moderator üblicher Provenienz, der vor einer Gruppe stehend eine Konferenz oder einen Workshop mit Hilfe von Pinwänden und Flip-Charts moderiert. Die Gruppenmoderation zielt auf Ergebnisse am Ende der Sitzung. Im Gegensatz dazu zielt die Effizienzmoderation auf das quantifizierte Ergebnis am Ende des Projekts. Der Effizienzmoderator agiert »moderat« (bescheiden) im Hintergrund. Er steuert das Gesamtprojekt der Effizienzsteigerung, indem er coachend auf die Mitarbeiter bzw. Teilprojektleiter einwirkt. Als Optimierungsspezialist vereinigt er in sich die Rollen des Moderators und des *Coaches*. Das aber setzt eine hohe Professionalität voraus. Darum sollte ein Effizienzmoderator über langjährige Berufserfahrung verfügen und die ganze Palette von Optimierungstools beherrschen, so z. B. Kreativitätstechniken, Projektmanagement, Qualitäts- und Innovationsmanagement.

Konventionelle Unternehmensberatung	Effizienzmoderation
Ergebnis in Form eines Berichtes	Reale Veränderung
Umsetzung nach Lektüre des Berichtes	Sofortige Umsetzung
Hohe Kosten	Geringe Kosten
Lange Analysephase, um Unternehmen kennen zu lernen und Probleme zu erkennen	Kurze Diagnosephase, da Unternehmen und Probleme den Mitarbeitern bekannt sind
Eventueller Personalabbau	Kein Personalabbau
Know-how gelangt in andere Unternehmen	Know-how bleibt im eigenen Unternehmen
Große Akzeptanzprobleme bei Mitarbeitern; Vorbehalte gegenüber Unternehmensberatern	Geringe Akzeptanzprobleme bei Mitarbeitern, da Vorschläge von Kollegen kommen
Breite Erfahrungsbasis aus vielen Projekten	Ggf. Betriebsblindheit
Nutzung externer Ressourcen; Vorschläge von externen Spezialisten	Nutzung interner Ressourcen; Vorschläge von internen Spezialisten

Der duale Wirkungsmechanismus: Effizienzmoderation + 6M-System

Das vom Autor dieses Buches entwickelte 6M-System (siehe Tabelle) steigert auf der Basis von systematischen Lösungsschritten die Effizienz der wichtigsten Systemelemente eines Unternehmens. Diese wurden der besseren Übersichtlichkeit und Verständlichkeit halber in ein auf dem Buchstaben M basierendes Gerippe eingefügt, das mit vielen Checklisten unterlegt ist.

6M
- M1 Markt
- M2 Maschinen
- M3 Materialien
- M4 Mittel
- M5 Menschen
- M6 Methoden

Dieses System hat sich als logisches Instrumentarium mit normierten Lösungsschritten der Problemdiagnose, der Lösungsvorschläge, der Zeit- und Umsetzungsplanung, der Wirtschaftlichkeitsberechnungen etc. bewährt. Durch die funktionsorientierte Vorgehensweise wird Kostensenkung, Umsatz- und Wertsteigerung usw. erzielt. Alle Schritte sind genau definiert.

Die Umsetzung mit Hilfe des 6M-Systems besteht in pragmatischer Durchforstung der operativen Einheiten, Geschäftsbereiche, Problemkreise, Aktivitäten und Funktionen. Ergiebige Effizienzsteigerungs-Potenziale werden gemeinsam aufgedeckt, gemessen und Lösungsvorschläge erarbeitet. Diese werden von den Mitarbeitern des Unternehmens unter Anleitung des Effizienzmoderators umgesetzt.

Durchführung der Effizienzmoderation

Zunächst verpflichtet das interessierte Unternehmen einen professionellen Effizienzmoderator. Mit diesem wird das Effizienzziel in Form einer prozentualen Kostenkürzung besprochen. Diese darf sich aus Gründen der Projektakzeptanz und wegen des Mitwirkens des Betriebsrates nur auf Sachkosten, nicht aber auf Personalkosten beziehen.

Um zu betonen, dass es sich bei dem Effizienzprojekt um ein originäres Vorhaben des Unternehmens handelt, stellt es einen Projektleiter, dem je nach Projektumfang bis zu 100 Teilprojektleiter zugeordnet werden.

In einem Zeitraum von 10 bis 20 Tagen führt der Effizienzmoderator mit einem ausgesuchten Personenkreis Effizienzoptimierungsgespräche. Die Ergebnisse sind zu analysieren und die Verbesserungsvorschläge hinsichtlich ihrer Wirtschaftlichkeit zu berechnen. Fällt diese Berechnung positiv aus, werden daraus Teilprojekte generiert. Bei diesen Effizienzoptimierungsgesprächen sind auch Sofortmaßnahmen zu besprechen. Außerdem dienen sie der Sichtung und Auswahl geeigneter Teilprojektleiter. Diese werden für die Projektaufgabe einführend und gegebenenfalls begleitend trainiert.

Projekt- und Teilprojektleiter

Die angedachten Effizienzprojekte werden anschließend einem Lenkungsausschuss vorgetragen. Ihm gehören die Geschäftsführung bzw. der Vorstand, der Betriebsrat und die Hauptabteilungsleiter an. Gelingt es engagierten Mitarbeitern, den Lenkungsausschuss von den Vorschlägen zu überzeugen, dann sind diese

Markt	Methoden	Maschinen	Materialien	Mittel	Menschen
Marktkonzept	**Abläufe/Prozesse**	**Arbeits-**	**Einkauf/**	**Mittelherkunft/**	**Personal-**
– Strategie/Positio-		**vorbereitung**	**Beschaffung**	**Mittelverwendung**	**beschaffung**
nierung	**Strukturen/**	– Fertigungsplanung	– Einstandskosten	– Debitoren	– Auswahlverfahren
– Marktschwer-	**Organisation**	– Arbeitsplanung	– Termintreue/	– Kreditoren	– Einstellungsprozess
punkte		– Rationalisierung/	*Just-in-time*	– Skonto	– Personalmarketing
– Vertriebskanäle	**Unternehmens-**	Arbeitsablauf-	– Disposition	– Anlagevermögen	
– Kunden/	**Führungskultur**	planung	– Bestellwesen	– Umlaufvermögen	**Personal-**
Zielgruppen	– *Corporate Identity*		– Stücklisten		**verwaltung**
– Produkte/	– Interne Kommuni-	**Fertigung**	– Qualität	**Controlling/Buch-**	– Leistungs-
Sortimente	kation	– Automatisierung		**haltung**	beurteilung
– Dienstleistungen		– Flexibilität	**Lagerung**	– Kalkulation	– Vergütungssystem
– Produktentwick-	**Führungs-**	– Anlagenzustand	– Bestandshöhe	– *Cash-Controlling*	– Zeitarbeit
lung	**instrumente**		– Liegezeiten	– *Asset Management*	– Überstunden
– Produkteinführung	– Planung	**Fertigungs-**	– Schwund/Verderb	– Bilanzierung/	– Personalstand
– Preise/Konditionen	– Steuerung/	**steuerung**	– Bestandsführung	Bewertung	– Abrechnung
– Kommunikation	Informationen	– Auslastung	– Lagerorganisation		
	– Digitale Vernetzung	– Durchlaufzeiten			**Personal-**
Kunden-	– *Reviews*	– Termintreue	**Verbrauch/Abfluss**		**entwicklung**
management	– Formulare	– Qualität	– Termintreue/		– Ausbildung
– Kundenfindung		– Ausschuss	*Just-in-time*		– Weiterbildung
– Kundenbindung	**Qualitätsmanage-**		– Materialfluss/		– MbO
– Kundenrück-	**ment/Kontinuier-**	**Instandhaltung**	Logistik		– *Out-/Inplacement*
gewinnung	**liche Verbesserung**		– Entsorgung		
– *Database*-Mana-		**Energie**			**Mitarbeiter-**
gement					**qualifikation**
					– Produktivität
After-Sales-Service					– Veränderungswille
– Bestellung					– Umsetzungsstärke
– Auslief./					– Problem-
Installation					bewusstsein
– Entsorgung					– Flexibilität
– Fakturierung					– Fremdsprachen
– Anfrage-/					– Kommunikation
Reklamations-					
bearbeitung					
– Mahnwesen					
– Techn. Kunden-					
dienst					

Effizienzsteigerungs-
möglichkeiten
nach der 6M-Methode

zu beschließen und anschließend umzusetzen. Von diesem Moment an muss sich der Effizienzmoderator als Transfercoach bewähren. Ergebnisse werden monatlich dem Lenkungsausschuss vorgetragen.

Nutzen der Effizienzmoderation

In vielen europäischen Großunternehmen oder staatlichen Groß-
Return on Input
organisationen wurden Effizienzmoderationen durchgeführt. Die Praxis der Effizienzmoderation zeigt, dass es leichter fällt, Sachkosten um 10 % zu senken als den Absatz um 5 % zu steigern. In der einschlägigen Fachliteratur wird das Verhältnis von Nutzen zu Aufwand mit mindestens 10:1 angegeben. Der bewertete Nutzen wird mit den notwendigen Vorauskosten, z. B. Investitionen, Personalaufwendungen, Abschreibungen) ins Verhältnis gesetzt, so dass sich ein entsprechender *Return on Input*, so der Fachterminus, ergibt.

Dieser *Return on Input* deckt sich mit den Daten aus ähnlichen Projektansätzen, z. B. der Qualitätszirkelarbeit. Hier spricht die Literatur von einem durchschnittlichen Nutzen-Aufwand-Verhältnis von 8:1. Aber Ausnahmen bestätigen die Regel, auch bei der Effizienzmoderation, denn in einigen Projekten wurden weit darüber liegende Rückflüsse erwirtschaftet. Außerdem gehen die weichen Erfolgsdaten z. B. in Form verbesserter Kooperation und Motivation nicht in die Bewertung ein. Nur das, was gemessen werden kann, wird bewertet.

Literatur

Michel, Reiner M. / Diethelm Fr. Reschke: *Effizienz-Steigerung durch Moderation*. Projektmanagement und Sanierungsprojekte professionell durchführen. Heidelberg 2000.

11. Empowerment

Der Begriff *Empowerment*, übersetzbar mit »Bevollmächtigung, Ermächtigung«, tauchte Anfang der 80er-Jahre in den USA als »Zauberbegriff« auf dem Markt moderner Organisationskonzepte auf. Zu diesem Zeitpunkt erkannten Wirtschaftsexperten, Führungskräfte und Wissenschaftler, dass viele US-amerikanische Unternehmen an Wettbewerbsfähigkeit verloren. Darum begann man herkömmliche Managementmethoden zu überdenken.

Talente und Potenziale nutzen Das Informationszeitalter stellte die Unternehmen vor neue Herausforderungen und verlangte nach neuen Ideen für das Überleben im Wettbewerb. Verschärfte Konkurrenz, anspruchsvollere Kundschaft und eine rasche Technologieentwicklung zwangen Unternehmen, sich dem neuen Wettbewerbsumfeld anzupassen. *»Die Zeiten sind einfach zu rauh geworden, als dass es sich ein Unternehmen leisten könnte, auch nur den kleinsten Beitrag an vorhandenen Talenten, Fähigkeiten oder Kenntnissen zu vergeuden«* (Schuster u.a. 1997, S. 25).

Die oft ungenutzt gebliebenen Potenziale an Intelligenz, Innovation und Talenten wurden erkannt und sollten nunmehr genutzt werden. *»Irgendwie erscheint es paradox, dass Unternehmen, die in technischer Hinsicht schon auf dem Stand des 21. Jahrhunderts sind, in ihrer Firmenstruktur Prinzipien des frühen 20. Jahrhunderts aufweisen und ihre Mitarbeiter mit Methoden des 19. Jahrhunderts zur Arbeit motivieren möchten«* (Scott u.a. 1995, S. 63).

Um das zu ändern, sind Mitarbeiter zu fördern, ist ihnen Verantwortung und Entscheidungsbefugnis zu übergeben. *Empowerment* will Mitarbeiter bewegen, unternehmerisch zu denken, um sie so zu größeren Leistungen zu motivieren. So wird das Unternehmen in seiner Wettbewerbsfähigkeit gestärkt. Die empowerte Mitarbeiterschaft steigert, so die Vorstellung, durch die eigene Arbeitszufriedenheit auch die Kundenzufriedenheit und -treue.

Begriffsklärung

Es gibt keine Standarddefinition für *Empowerment,* denn die Konzeptinterpretationen sind sehr unterschiedlich. Im Prinzip handelt es sich um eine von vielen Formen der Arbeitsgestaltung, die auf Effizienzsteigerung und Wettbewerbsoptimierung zielt. *»Die Menschen besitzen bereits Macht durch ihr Wissen und ihre Motivation. Empowerment bedeutet, diese Macht zu aktivieren«* (Blanchard u.a. 1999, S. 111).

Keine Standarddefinition

Darum fordert das *Empowerment*-Konzept ein Arbeitsumfeld, in dem Mitarbeiter einen großen Verantwortungs- und Handlungsspielraum haben und ihre Fähigkeiten voll einbringen können. Es geht hier nicht nur um die Delegation von Aufgaben, sondern um eine Neuverteilung der Macht. *»Empowerment ist keine Zauberei. Es besteht aus einigen wenigen einfachen Schritten und einem langen Atem«* (Blanchard u.a. 1999, S. 111).

Umsetzungsstrategie

Die Organisationsstruktur eines Unternehmens muss zur Idee des *Empowerment* kompatibel sein. Flache Hierarchien fördern sie. Darum fordert das Konzept u.a. die Ersetzung des Pyramidenmodells der Unternehmensführung durch ein Kreismodell.

In einem Unternehmen mit Pyramidenstruktur ist der Aufgabenbereich der einzelnen Mitarbeiter abgegrenzt und die Stellenbeschreibung eng definiert. Planung erfolgt an der Spitze und Ent-

Kreismodell statt Pyramidenmodell

scheidungsbefugnisse sind dort angesiedelt. Die unteren Ebenen sind überwiegend ausführend tätig.

Eine Kreisstruktur, die man auch als Netzmodell bezeichnet, basiert auf mehreren, miteinander kooperierenden, selbst gesteuerten Arbeitsteams, die durch ein gemeinsames Zentrum koordiniert werden.

Die Abschaffung des Pyramidenmodells führt zu einer Beschleunigung von Planungen und Entscheidungen, da wichtige Machtbefugnisse delegiert und bis in die untersten Organisationsebenen dezentralisiert sind. Das herkömmliche Hierarchie-Konzept wird durch selbstverantwortliche, qualifizierte Teams ersetzt.

Hierzu müssen der Tätigkeitsspielraum wie auch der Entscheidungs- und Kontrollspielraum erweitert werden, um den »ermächtigten« und »befähigten« Mitarbeitern eine selbständige und eigenverantwortliche Bewältigung der Aufgaben zu ermöglichen. Das ist oft nur möglich, indem das Unternehmen unnötige Vorschriften und Regeln, welche die Reaktionsfähigkeit des Unternehmens einschränken, eliminiert.

von	zu
Fremdbestimmung	Eigeninitiative
Befolgen von Anordnungen	Eigenverantwortung
Etwas richtig machen	Das Richtige machen
Reagieren	Agieren
Tradition	Innovation
Quantität	Qualität und Quantität
Chef = Verantwortungsträger	Gemeinsame Verantwortung
Schuldzuweisung	Problemlösung

Unternehmens-kultur Dieser organisatorische Wandel benötigt eine von allen Mitarbeitern getragene Unternehmenskultur, mit einem Höchstmaß an Information, Kommunikation und Kooperation. Die Unternehmenskultur einer *Empowerment*-Organisation ist durch ein enges Vertrauensverhältnis zwischen den Vorgesetzten und der Belegschaft geprägt. Jeder Mitarbeiter hat Zugang zu allen wichtigen

Informationen. Das befähigt, selbständig Entscheidungen treffen zu können, ohne auf Anweisungen von »oben« warten zu müssen.

Eines der Merkmale einer derartigen Unternehmenskultur ist z. B. der Verzicht auf äußere Status- und Hierarchiesymbole. So spricht man sich in einer auf *Empowerment* ausgerichteten Organisation üblicherweise mit dem Vornamen an, selbst wenn die Gesprächspartner völlig unterschiedlichen Führungsebenen – oder auch nationalen Kulturkreisen – angehören.

Der Übergang vom Pyramidenmodell zum Kreismodell erfordert folgende gedanklichen und organisatorisch-prozessualen Veränderungen:

In einer durch *Empowerment* geprägten Unternehmenskultur *»gibt es kaum physische, funktionale oder hierarchische Barrieren: Die Mitarbeiter bewegen sich überall dort, wo sie etwas zu erledigen haben, die Arbeit und die Ideen eines jeden Mitarbeiters geschätzt werden und die risikoreiche und neuartige Idee gefragt ist und belohnt wird«* (Clutterbeck u. a. 1997, S. 78).

Teamwork

Der Aufbau selbst gesteuerter Teams ist der wichtigste Schritt bei der Schaffung einer durch *Empowerment* geprägten Unternehmenskultur. Teams sind Gruppen von Mitarbeitern, die ihren Arbeitsablauf selbständig und eigenverantwortlich organisieren und eigenverantwortliche Entscheidungen treffen. Arbeitsteams bekommen hier wenig Anweisungen von den übergeordneten Führungsebenen. Doch diese grundsätzlichen Regeln gilt es zu befolgen:

– Der Kunde kommt immer zuerst.
– Die finanziellen Interessen der Firma müssen gewahrt werden.
– Gute Entscheidungen müssen flexibel getroffen werden.
– Die Mitarbeiter im Betrieb werden auf dem Laufenden gehalten (vgl. Blanchard u. a. 1999, S. 140).

Informationsfluss

Mitarbeitern, die Verantwortung übernehmen und selbständig Entscheidungen treffen, benötigen Informationen, denn *»Men-*

schen, die nicht informiert sind, können nicht verantwortungsvoll handeln. Menschen, die informiert sind, wollen verantwortlich handeln« (Blanchard u.a. 1999, S. 40). Information ist also eine Grundbedingung für das Funktionieren des *Empowerment*-Konzepts.

In den letzten Jahren wurden in fast allen Unternehmen verschiedene Programme zur Effizienzsteigerung eingeführt, ohne die Belegschaft über Sinn und Zweck zu informieren. Das führte zu Misstrauen unter den Mitarbeitern und Zweifeln an diesen Programmen. Sie stehen ihnen auch weiterhin eher skeptisch gegenüber, wenn sie nicht darüber informiert werden, was diese Neuerungen für sie persönlich bedeuten. Ein empowertes Unternehmen funktioniert nur mit aktiver Information und Kommunikation, horizontal wie vertikal. Das impliziert absolute Offenheit und Vertrauen. Sie sind Voraussetzungen für das Gelingen des Konzepts.

Das Management »*Ein Sporttrainer steckt in die Vorbereitung seiner Mannschaft viel Arbeit, aber sobald das Spiel begonnen hat, steht er außerhalb des Spielfelds. Nur die Spieler können den Spielplan realisieren*« (Clutterbeck u.a. 1997, S. 140). In diesem Sinne heißt es, dass die Führungskräfte in einer empowerten Organisation die Rolle der Befehlsinstanz aufgeben, um sich zu einem Berater, Herausforderer und / oder Trainer zu entwickeln. Sie halten sich aus dem Alltagsgeschehen heraus und konzentrieren sich auf die strategischen Aufgaben.

»*Der neue Manager sollte nicht länger Anweisungen, sondern stattdessen Anleitungen zum Handeln geben. Die einzelnen Mitglieder eines Arbeitsteams müssen lernen, Probleme gemeinsam zu lösen sowie Autorität, Kontrolle, Verantwortung und Erfolgserlebnisse miteinander zu teilen*« (Scott u.a. 1995, S. 80).

Im Kontext des *Empowerment* sind dies die Aufgaben des Vorgesetzten:

- – Koordination von Marschrichtungen (im Sinne der Zielsetzung)
- – Beschaffung erforderlicher Ressourcen (Geld, Ausrüstungen, Fachwissen und Erfahrungswissen)

- Ansprechbarkeit bei Bedarf und
- Vertretung des Teams nach außen

Trotz weit gehender Handlungsfreiheit der Mitarbeiter ist es wichtig, bestimmte Richtlinien festzulegen, um die Energien in die gewollte Richtung lenken zu können. Das ermöglicht dem Mitarbeiter zu erkennen, worin sein Beitrag zum Unternehmenserfolg besteht und in welchen Grenzen er dazu bevollmächtigt ist, frei zu entscheiden und zu handeln. Durch diese Definition von Richtlinien wird zugleich auch die Vision des Unternehmens in konkretisierende Rollen und Ziele umgesetzt.

Autonomie durch Abgrenzung

Abgrenzungsbereiche, die Autonomie schaffen, sind:

Zweck	– In welcher Branche das Unternehmen tätig ist
Werte	– Richtlinien für das Handeln
Was	– Das Bild von der Zukunft
Ziele	– Was, wann, wo, wie und warum getan wird
Rollen	– Wer macht was?
Organisatorische Strukturen und Systeme	– Der notwendige Rahmen

Ein Umsetzungsbeispiel: Oticon

Das dänische Unternehmen Oticon ist ein weltweit führender Hersteller von Hörhilfen. Hier wurde das Undenkbare eingeführt: eine Organisation ohne Arbeitsplatzbeschreibungen und Privilegien, in der man sich kaum noch um Formalitäten, sondern um Leistung und Ergebnisse kümmert. Man schuf hundertprozentig projektorientierte Geschäftseinheiten, in der die Mitarbeiter ihre Aufgaben selbst finden und selbstverantwortlich erledigen. Vorstandsvorsitzender Lars Kolind, dänischer »Mann des Jahres 1995«, charakterisiert sein Unternehmen als eine Spaghetti-Organisation, die den »chaotischen Wissensfluss« fördert: »*Um wieder wettbewerbsfähig zu werden, mussten wir sehr kreativ werden. Bei uns hat niemand einen festen Arbeitsplatz, es gibt keine Hierarchie,*

Kreatives Chaos

EMPOWERMENT-STRATEGIE

Erster Schritt:

Jeder muss Zugang zu allen Informationen haben

- Stellen Sie Informationen über die Gesamtleistung des Unternehmens zur Verfügung; helfen Sie anderen dabei, die Ziele und Probleme des Unternehmens zu verstehen.
- Schaffen Sie Vertrauen, indem Sie andere einbeziehen.
- Stellen Sie Möglichkeiten zur Verfügung, das eigene Tun kritisch zu überprüfen.
- Betrachten Sie Fehler als Gelegenheit dazuzulernen.
- Schaffen Sie hierarchisches Denken ab; helfen Sie den Mitarbeitern dabei, eine Besitzermentalität zu entwickeln.

Dann:	**Und dann:**
Schaffen Sie Autonomie durch Abgrenzung.	Ersetzen Sie die alte Hierarchie durch selbstgesteuerte Teams.

- Verdeutlichen Sie das Gesamtbild und die Einzelbilder.	- Geben Sie Anleitung und bieten Sie Trainingskurse für empowerte Teams an.
- Erklären Sie Ziele und Rollen.	- Unterstützen und ermutigen Sie Veränderungen.
- Definieren Sie Wertvorstellungen und Regeln, auf denen die Handlungen basieren.	- Betrachten Sie Verschiedenartigkeit als Vorteil.
- Schaffen Sie Regeln und Verfahren, die das *Empowerment* unterstützen.	- Übergeben Sie allmählich dem Team mehr Macht.
- Bieten Sie die notwendigen Trainingskurse an.	- Vergessen Sie nicht, dass es schwierige Zeiten geben wird.
- Machen Sie die Menschen für die Ergebnisse verantwortlich.	

keine festen Arbeitszeiten. Bei uns herrscht das kreative Chaos« (Handelsblatt 14./15.9.1996).

So wurden verloren gegangene Marktanteile zurückgewonnen und rote Zahlen schnell in Rekordgewinne umgewandelt.

Fazit

Die Grundidee des *Empowerments* ist vernünftig, denn *»das Denken, das in der Vergangenheit erfolgreich war, wird in der Zukunft keinen Erfolg haben«* (Blanchard u. a. 1999, S. 14). Dennoch bleiben viele Führungskräfte dem Prinzip von Befehl und Gehorsam verbunden. Firmenchefs fürchten um ihren Status im Unternehmen, da die Übertragung von Aufgaben und Kompetenzen an die *Frontline Employees* für sie auch die Abgabe eines Teils ihrer Macht bedeutet.

Verhaltensänderung notwendig

Auch die Belegschaft betrachtet dieses Konzept mit gemischten Gefühlen. Mehr Verantwortung und Entscheidungsfreiheit hört sich für die Mitarbeiter gut an und wird deshalb begrüßt. Aber niemand ist persönlich gern rechenschaftspflichtig. Deshalb ist es wichtig, bevor die Entscheidung über Einführung von *Empowerment* in einer Organisation gefällt wird, das Konzept genau zu definieren, die Ziele festzulegen und die Einführungsstrategie vorzubereiten. Die Umstellung, die auf allen Ebenen stattfinden sollte, bedeutet Verhaltensänderung, und zwar sowohl bei den Managern als auch bei den Angestellten.

Die Realisierung des *Empowerments* ist nicht einfach, aber durchaus möglich. Die Schaffung einer derartigen Organisation erfordert Innovationsgeist, Mut und Ausdauer.

Literatur

Blanchard, Kenneth/John P. Carlos/Alan Randolph: *Management durch Empowerment*. Das neue Führungskonzept. Mitarbeiter bringen mehr, wenn sie mehr dürfen. Reinbek 1999.

Clutterbeck, David/Susan Kernaghan: *Empowerment*. So entfesseln Sie die Talente Ihrer Mitarbeiter. München 1997.

Schuster, J. P./J. Carpenter/P. M. Kane: *Open-Book Management*. Field book, USA 1997.

Scott, C.D./D.T. Jaffe: *Empowerment – mehr Kompetenz den Mitarbeitern*: So steigern Sie Motivation, Effizienz und Ergebnisse. Wien 1995.

Stewart, Aileen Mitchell: *Mitarbeitermotivation durch Empowerment*. Mehr Kompetenz, bessere Arbeitsergebnisse. Niedernhausen 1997.

12. Emotionale Intelligenz

Der Erfolg eines Menschen wird zu einem Großteil durch seine emotionalen Fähigkeiten bestimmt. Das 1990 durch den amerikanischen Neurologen Joseph Ledoux entwickelte und durch den Psychologen Daniel Goleman popularisierte Konzept der Emotionalen Intelligenz widmet sich dieser Thematik. Es verdeutlicht, dass der Karriereweg mindestens so stark von den sozialen Kompetenzen eines Menschen beeinflusst wird wie von seinem Sachverstand und seinem Wissen.

Emotionale Intelligenz kann dabei als »Wissen über den intelligenten Umgang mit Emotionen« bezeichnet werden; jene Fähigkeiten, die für eine soziale Integration und eine geschickte Beziehungspflege zu anderen Menschen von enormer Bedeutung sind. Emotional intelligente Menschen kennen sich und ihre Gefühle gut und zeigen im Umgang mit anderen Personen große Begabung.

Die fünf Elemente der emotionalen Intelligenz

Für den klugen Umgang mit Gefühlen sind nach Goleman fünf Kompetenzen entscheidend.

Selbstreflektierte Menschen erkennen ihre eigenen Gefühle sowie deren Auswirkungen auf andere. Dies versetzt sie in die Lage, sich selbst besser zu verstehen und den inneren Stimmungen

1. Selbstwahrnehmung/ Selbstreflexion

somit nicht machtlos gegenüberzustehen. Des Weiteren verfügen sie in aller Regel über ein realistisches Bild ihrer eigenen Stärken und Schwächen, wodurch sie sehr gut einschätzen können, welche Aufgaben ihren Fähigkeiten entsprechen und in welchen Situationen sie sich überfordert fühlen.

2. Selbstkontrolle

Die Fähigkeit zur Selbstkontrolle baut auf der Selbstwahrnehmung auf. Selbstkontrollierte Menschen unterdrücken ihre Gefühle nicht, sondern versuchen, sie über einen inneren Dialog zu beeinflussen und zu steuern. Sie lassen sich von negativen Gefühlen, wie z. B. Angst oder Schwermut, nicht beherrschen, sondern bemühen sich, einen klaren Kopf zu behalten und diese negativen Gefühle abzuschütteln oder sie sogar in nützliche Bahnen zu lenken. Sie sind somit stets um innere Ausgeglichenheit bemüht.

3. Selbstmotivation

Sich selbst motivieren zu können bedeutet, aus sich selbst heraus Leistungsbereitschaft und Begeisterungsfähigkeit entwickeln zu können. Selbstmotivierte Menschen suchen stets die Herausforderung und stehen allem Neuen offen und mit Interesse gegenüber. Besonders in schwierigen Situationen hilft ihnen ihre optimistische und ehrgeizige Einstellung, trotz aufkeimenden Frustes nicht aufzugeben und das Ziel weiter zu verfolgen.

4. Empathie

Ein Mensch, der über Empathie verfügt, ist imstande, sich in die Gefühle eines anderen hineinzuversetzen. Er ist achtsam und empfänglich für Signale, die ihm vermitteln, was sein Gegenüber empfindet oder braucht. Er tritt den Menschen mit Respekt entgegen und zeigt Verständnis für deren Denken und deren Handlungsweisen. Empathie ist somit eine wichtige Eigenschaft für den Aufbau vertrauensvoller Beziehungen.

5. Soziale Kompetenz

Sozial kompetente Menschen verstehen es, Beziehungen zu anderen Menschen aufzubauen und diese intelligent zu steuern. Durch ein sinnvoll geknüpftes Netzwerk stehen ihnen in den unterschiedlichsten Situationen meist kompetente Personen zur Verfügung, auf deren Hilfe sie bei Bedarf zurückgreifen können. Soziale Kompetenz vereint die vorangegangenen vier Komponenten in sich und wird daher von Goleman als »Krönung der emotionalen Intelligenz« bezeichnet. Sie stellt eine der wesentlichen Eigenschaften erfolgreicher Führungskräfte dar, da sie es ihnen ermöglicht, Mitarbeiter so zu lenken, dass die Organisationsziele erreicht werden.

All diese Fähigkeiten leisten sowohl zum privaten als auch zum beruflichen Erfolg einen erheblichen Beitrag. Emotionale Intelligenz hilft Menschen, mit ihrem Partner und ihren Familienangehörigen besser zurechtzukommen und Konflikte in den Beziehungen konstruktiv zu lösen. Im Beruf zeichnen sich emotional intelligente Menschen in der Regel durch gute Führungsqualitäten und durch einen geschickten Umgang mit ihren Kollegen aus. Sie können aktiv zuhören und zeigen gegenüber ihren Mitmenschen Akzeptanz. Diesen Eigenschaften haben sie häufig eine besondere Beliebtheit zu verdanken.

EQ + IQ – Die den Erfolg generierende Synthese

Intellektuelle Fähigkeiten genießen in unserer Gesellschaft einen hohen Stellenwert. Daher verwundert es nicht, dass Schule und Universitäten diese besonders gewichten, während emotionale Kompetenzen dabei häufig ignoriert werden. Doch gute Noten allein sagen noch nichts darüber aus, wie ein Mensch das Auf und Ab seines Lebens zu meistern versteht, oder darüber, ob er über einen hohen Ideenreichtum und einen ausgeprägten Innovationsehrgeiz verfügt.

Intelligenz ist wichtig

Sicher spielt der Intelligenzquotient eine unbestritten große Rolle im Leben eines Menschen. Gerade im Rahmen des Berufseinstiegs kann ein hoher IQ als bedeutende Eintrittskarte dienen, doch für den weiteren Verlauf der Karriere sind nach Goleman die emotionalen Fähigkeiten wesentlicher.

Eine besonders ausgeprägte Intelligenz kann hier manchmal eher als Barriere wirken. So haben intelligente Menschen gelernt, bei Entscheidungen zunächst alle Fakten zu analysieren und erst nach deren ausreichender Prüfung zu agieren. Ein Handeln erfolgt hier ausschließlich nach rationalen Gesichtspunkten. Doch das permanente Abwägen aller Für und Wider, ausge-

Emotionale Intelligenz ist wichtiger

löst durch die Angst, einen Fehler zu begehen, kostet Zeit. Im Geschäftsleben müssen aber oftmals schnelle Entscheidungen getroffen werden, und dies erfordert neben dem Verstand auch den Einsatz von Intuition und Gefühl sowie den Mut, Risiken einzugehen. Rein rational agierende Menschen werden hier scheitern.

Die Handlungen sollten somit das Herz ebenso wie den Verstand berücksichtigen, denn Entscheidungen, die auf Gefühl und Überlegung basieren, sind häufig schneller und sogar besser als rein rational getroffene Entscheidungen.

Emotionen finden im Berufsleben jedoch so gut wie keine Akzeptanz und spielen daher noch vielfach eine Inkognito-Rolle. Manager verfügen zwar über eine ausgeprägte akademische Intelligenz, sie sind jedoch häufig unfähig, mit ihren Mitarbeitern in angemessener Art und Weise umzugehen. Ihre Defizite im Bereich der emotionalen Intelligenz führen nicht selten zu Frustrationen am Arbeitsplatz und im äußersten Fall zu Fluktuationen.

Dagegen wirkt die Fähigkeit einer Führungskraft, die eigenen Gefühle zu kontrollieren und vertrauensvolle Beziehungen zu den Mitarbeitern aufzubauen, sehr positiv auf das Betriebsklima und auf den Erfolg eines Unternehmens.

Emotionen = Antrieb und Motivation

Emotionen sind laut Gertrud Höhler »*die Antriebsenergie für Begeisterung und Motivation, ohne die Höchstleistungen nicht möglich sind*«. Statt unkontrollierter Wutausbrüche oder sarkastischer Bemerkungen äußern emotional intelligente Führungskräfte ihre Kritik in einer Form, die den Mitarbeiter nicht bloßstellt, sondern Vertrauen aufbaut und den weiteren Gesprächsverlauf unterstützt. Vertrauensvolle Beziehungen fördern das Wohlbefinden des Mitarbeiters in seinem Arbeitsumfeld und fördern die Identifikation mit dem Unternehmen, was in der Regel zu mehr Motivation und Leistung führt.

Erlernen der emotionalen Intelligenz

Emotionale Fähigkeiten sind nicht bei jedem Menschen gleich gut entwickelt; grundsätzlich lassen sich Schwächen nach Meinung Daniel Golemans jedoch zu jeder Zeit im Leben abbauen. Allerdings sind Ausdauer, Motivation und ein permanentes Üben auf diesem Weg unerlässlich.

Eine Vielzahl von Unternehmen versucht, den Mitarbeitern emotionale Fähigkeiten über Wochenendseminare oder über die Buchung eines Motivationstrainers zu vermitteln. Diese Bemühungen können allerdings nur der Beginn eines Lernprozesses sein und sind als alleinige Maßnahme laut Goleman erfolglos. Dies liegt daran, dass sich rationale und emotionale Fähigkeiten in unterschiedlichen Schaltkreisen des Gehirns bewegen. Das emotionale Gehirn lernt gegenüber dem rationalen sehr langsam und bedarf einer häufigen Wiederholung des Erlernten. Da das Erlernen emotionaler Fähigkeiten mit einer angestrebten Verhaltensänderung einhergeht, ist es nötig, über regelmäßiges und andauerndes Training in den Zustand zu gelangen, spontan und ohne darüber nachzudenken die richtige Entscheidung zu treffen. Alte Verhaltensweisen müssen dabei verlernt und gleichzeitig neue erlernt werden.

Seminare allein sind zu wenig

Ausgangspunkt dieses Lernprozesses ist das Bewusstwerden, dass in einem oder mehreren Kompetenzbereichen der emotionalen Intelligenz Schwächen vorliegen. Um zu dieser Erkenntnis zu gelangen, kann ein erbetenes Feedback nützlich sein. Aus den erkannten Schwächen muss in einem nächsten Schritt ein Lernplan mit Zielen erarbeitet werden.

Ergab das Feedback beispielsweise, dass eine Person von den Beurteilern als sehr schüchtern eingeschätzt wird, so könnte der Lernplan vorsehen, dass diese Person gezielt versucht, ihre Schüchternheit abzubauen, indem sie in Meetings künftig öfter das Wort ergreift oder Präsentationen vorbereitet und diese vor der Gruppe vorträgt. Ein *Coach* oder Mentor kann auf diesem Weg Unterstützung und Hilfestellung bieten. Das Überwinden der Schüchternheit und eine bleibende Verhaltensänderung können dabei jedoch nur durch permanentes Üben und Wieder-

Feedback und Lernplan

holen erreicht werden. Dieser Prozess kann unter Umständen mehrere Monate dauern.

Überprüfung der eigenen emotionalen Intelligenz

Daniel Goleman hat sich einen Test (ohne wissenschaftlichen Anspruch) ausgedacht, mit dem man seinen EQ prüfen kann. Bitte pro Frage nur eine Antwort ankreuzen.

---

01 Ihr Flugzeug wird heftig durchgeschüttelt. Die Stewardess meldet: »Wir durchfliegen ein Gebiet mit starken Turbulenzen.« Wie reagieren Sie?

a) Sie lesen weiter, respektive Sie schauen sich weiter den Film an, als wäre nichts geschehen.

b) Sie beobachten das Bordpersonal aus dem Augenwinkel heraus und lesen die Anweisungen für Notfälle nochmals durch.

c) Sie machen ein bisschen von beidem, a) und b).

d) Sie können nicht sagen, wie Sie reagieren, Sie haben nie darauf geachtet.

02 Sie sind mit einer Schar vierjähriger Kinder im Park. Ein kleines Mädchen weint, weil die anderen nicht mit ihm spielen wollen.

a) Sie überlassen es den Kindern, miteinander auszukommen.

b) Sie besprechen es mit dem Mädchen: »Was könntest du tun, damit dich die anderen mitspielen lassen?«

c) Sie sagen sanft zu ihr: »Nun komm, weine doch nicht!«

d) Um sie abzulenken, rufen Sie ihr zu: »Komm, wir spielen etwas anderes!«

03 Im Gymnasium haben Sie mit einer 2 gerechnet, aber nur eine 4 gekriegt.

a) Sie entwerfen einen Plan, wie Sie sich verbessern können.

b) Sie beschließen, besser zu werden.

---

c) Sie denken: »Ach, lassen wir dieses Fach, ich bin ja in den anderen Fächern überdurchschnittlich!«

d) Sie gehen zum Lehrer und verlangen, er solle Ihnen eine bessere Note geben.

04 Sie verkaufen Versicherungen. Nach 15 Anrufen haben Sie noch nichts erreicht. Entmutigt sagen Sie sich:

a) Heute ist ein schlechter Tag, morgen wird es besser gehen.

b) Was ist falsch an mir, dass ich all diese Absagen einfange?

c) Bei meinen nächsten Telefonanrufen versuche ich mal etwas Neues.

d) Ich suche mir eine neue Arbeit.

05 Sie sind Manager. Bei einer Sitzung reißt ein Angestellter einen rassistischen Witz.

a) Sie ignorieren den Vorfall – schließlich geht es ja nur um einen Witz.

b) Sie zitieren die Person in Ihr Büro und weisen sie dort zurecht.

c) Sie machen unverzüglich und vor allen Leuten klar, dass hier diese Art Witze nicht geduldet wird.

d) Sie empfehlen dem Angestellten, einen Kurs zum Thema »Ethnische Unterschiede« zu besuchen.

06 Ihr Freund ist fuchsteufelswild, weil ein Rowdy ihm den Weg abgeschnitten hat.

a) Sie sagen ihm, er solle sich davon nicht fertigmachen lassen und die Angelegenheit vergessen.

b) Sie legen seine Lieblingskassette ein, um ihn abzulenken.

c) Sie feuern ihn an und helfen ihm, seinen Hass auf den Rowdy auszuspucken.

d) Sie erzählen ihm, dass Ihnen das auch schon passiert sei, dass Sie hinterher aber bemerkt hätten, dass der Wagen auf dem Weg zur Notfallaufnahme gewesen war.

07 Sie und Ihr Partner respektive Ihre Partnerin haben einen heftigen Streit.

a) Sie legen eine Pause von zwanzig Minuten ein, um sich zu beruhigen, bevor Sie mit der Auseinandersetzung fortfahren.

b) Sie unterbrechen die Auseinandersetzung, ohne wütend zu werden, und reagieren nicht weiter auf die Provokationen.

c) Sie entschuldigen sich und bitten Ihren Partner/Ihre Partnerin darum, es Ihnen gleichzutun.

d) Sie halten einen Moment inne, um innerlich so objektiv wie möglich die Gründe Ihrer Klagen zu rekapitulieren.

08 Sie leiten eine Gruppe, welche die Aufgabe hat, ein bestimmtes Problem zu lösen.

a) Sie nehmen Ihre Agenda zur Hand, damit alle die besten Lösungen innerhalb der besten Fristen finden können.

b) Sie lassen sich Zeit, damit sich alle kennen lernen können.

c) Sie fragen alle Beteiligten, wie sie über das Problem denken, solange sie noch einen klaren Kopf haben.

d) Sie führen ein Brainstorming durch: Sämtliche Lösungen, die den Leuten durch den Kopf gehen, sind willkommen.

09 Ihr dreijähriger Sohn ist hypersensibel. Seit seiner Geburt flößen ihm neue Umgebungen und unbekannte Leute Angst ein.

a) Er ist schüchtern und muss beschützt werden.

b) Gehen wir zum Kinderpsychiater!

c) Sie setzen ihn bewusst immer wieder solchen Situationen aus, damit er lernt, mit seiner Angst umzugehen.

d) Sie bringen ihm nach und nach bei, mit solchen Situationen fertig zu werden.

10 Sie wollen wieder anfangen zu musizieren, und zwar auf dem Instrument, das Sie bereits in Ihrer Kindheit gespielt und dann vernachlässigt haben.

a) Sie knien sich hinein, üben täglich.

b) Sie wählen zunächst Musikstücke, denen Sie gewachsen sind.

c) Sie üben nur, wenn Sie Lust haben.

d) Sie wählen schwierige Stücke, bis Sie sie schließlich beherrschen.

Berechnen Sie Ihren EQ

01 Alle Antworten sind richtig, außer D, welche zeigt, dass Sie sich nicht bewusst sind, wie Sie unter Stress reagieren.

A = 20, B = 20, C = 20, D = 0

02 B ist die beste Antwort. Sie verstehen es, aus Krisen den besten Nutzen zu ziehen.

A = 0, B = 20, C = 0, D = 0

03 A ist die beste Antwort. Die Bereitschaft, einen Plan auszuarbeiten, zeugt von Selbstmotivation.

A = 20, B = 0, C = 0, D = 0

04 C ist die beste Antwort. Sie zeigt Optimismus, Ausdauer und Fantasie.

A = 0, B = 0, C = 20, D = 0

05 C ist die beste Antwort. Sie machen unmissverständlich klar, welches das sozial anerkannte Verhalten im Unternehmen ist.

A = 0, B = 0, C = 20, D = 0

06 D ist die beste Antwort. Sie sind fähig zur Empathie und verstehen es, gleichzeitig durch einen Wechsel des Blickwinkels die Situation zu beruhigen.

A = 0, B = 5, C = 5, D = 20

07 A ist die beste Antwort. Physiologisch braucht es 20 Minuten, bis Körper und Hirn sich beruhigt haben und wieder cool sind.

A = 20, B = 0, C = 0, D = 0

08 B ist die beste Antwort. In der Gruppe wird kreativer gearbeitet, wenn eine harmonische Atmosphäre herrscht.

A = 0, B = 20, C = 0, D = 0

09 D ist die beste Antwort. Sie stellen niemanden vor Herausforderungen, die er nicht meistern kann.

A = 0, B = 5, C = 0, D = 20

10 B ist die beste Antwort. Sie verstehen es, Lernen und Vergnügen zu verbinden, was zu den besten Resultaten führt.

A = 0, B = 20, C = 0, D = 0

Zählen Sie zusammen. Mit 200 Punkten haben Sie einen maximalen EQ. Mit 100 Punkten liegen Sie in der Mitte. Darunter haben Sie noch einen langen Weg vor sich.

(Quelle: Brückenbauer, Setzen Sie Ihre emotionale Intelligenz ein – Interview mit Daniel Goleman. www.brueckenbauer.ch/INHALT/9915/15kult.htm#test)

Literatur

Goleman, Daniel / Richard Boyatzis / Anne McKee: *Emotionale Führung.* München 2002.

Goleman, Daniel: *Emotionale Intelligenz (EQ).* München 1999.

Höhler, Gertrud: *Herzschlag für Sieger.* Die EQ-Revolution. München1999.

Köhler, Hans-Uwe: *Mehr verkaufen mit Emotionaler Intelligenz.* (Business Power). Düsseldorf 2000.

Lambrou, Peter T. / George Pratt: *Emotionales Selbstmanagement.* Akupressur für die Gefühle. Sofortige Stärkung emotionaler Intelligenz und Offenheit. Sofortige Befreiung von Ängsten, Phobien und Traumata. München 2000.

Walther, P.: »Mehr Gefühl im Management.« In: *Manager-Seminare* 1 / 2001.

Weisbach, Christian-Rainer / Ursula Dachs: *Mehr Erfolg durch Emotionale Intelligenz.* Mit Gefühlen bewusst umgehen. Steigern Sie Ihre Emotionale Intelligenz. München 1999.

13. 360-Grad-Feedback

Technische, wirtschaftliche und organisatorische Veränderungen bewirken neue Anforderungen, insbesondere an die Führungskräfte. So sollen Mitarbeiter zu selbständigem und eigenverantwortlichem Handeln ermächtigt und in diesem Zusammenhang nicht mehr als Untergebene, sondern als Vermögensbestandteil eines Unternehmens angesehen werden.

Die Schwerpunkte der Führungstätigkeiten liegen deshalb nicht mehr in den traditionellen Kontroll- und Überwachungsfunktionen, sondern im Delegieren von Verantwortung und in der Vereinbarung von Zielen. Der Erfolg eines Unternehmens wird in nicht unerheblichem Maß von dem Potenzial und der Anpassungsfähigkeit seiner Führungskräfte an diese veränderten Bedingungen beeinflusst. Vor diesem Hintergrund haben sich Maßnahmen der Leistungsbeurteilung und -entwicklung von Führungskräften zu einer wichtigen Komponente der Personalpolitik entwickelt. Das 360-Grad-Feedback gewinnt in diesem Zusammenhang als Instrument der Personalentwicklung an Bedeutung (vgl. Kapitel Personalentwicklung im dritten Teil).

Das 360-Grad-Feedback zielt primär auf Personalentwicklung und Laufbahnplanung einzelner Führungskräfte. Es soll die direkte und offene Kommunikation fördern und dem Feedbacknehmer durch Gegenüberstellung von Selbst- und Fremdbild eine Einschätzung der eigenen Persönlichkeit ermöglichen. Zudem bekommen Mitarbeiter die Gelegenheit, sich an der Gestaltung der Führungsbeziehungen sowie an der Unternehmensent-

Ziele des 360-Grad-Feedbacks

wicklung aktiv zu beteiligen. Sie erhalten die Möglichkeit, den Führungskräften das von ihnen erlebte Führungsverhalten rückzumelden und ihnen in diesem Zusammenhang ihre Erwartungen und Wünsche mitzuteilen. Auf diese Weise können Offenheit und Ehrlichkeit im Unternehmen gesteigert und positive Auswirkungen auf das Arbeitsklima und die Zusammenarbeit erreicht werden.

Begriffsklärung

Die Methode des 360-Grad-Feedbacks wurde ursprünglich Ende der 70er-Jahre in der israelischen Armee zur Leistungsbeurteilung hoher Militärs entwickelt. Der Personalleiter des US-Unternehmens Tesco, Peter Ward, »importierte« sie 1987 als Konzept zur Mitarbeiterentwicklung in die Wirtschaftswelt.

Beim 360-Grad-Feedback handelt es sich um ein Verfahren, bei dem die Führungskräfte eines Unternehmens im Sinne einer »Rundumschau« von ihren Mitarbeitern, Vorgesetzten, Kollegen und häufig zusätzlich von Kunden und Lieferanten strukturierte, schriftliche Beurteilungen erhalten, und zwar zumeist anonym.

Das aus diesen Beurteilungen gewonnene Fremdbild wird sodann einer Selbsteinschätzung der beurteilten Führungskraft gegenübergestellt; ermittelte Differenzen werden im Rahmen von individuellen Interviews oder moderierten Workshops diskutiert. Ziel ist es, »blinde Flecken« im Führungsverhalten zu erkennen und auf dieser Grundlage Entwicklungsmaßnahmen einzuleiten.

Abgrenzung zur 360-Grad-Beurteilung Zum Verständnis des Begriffes 360-Grad-Feedback ist es erforderlich, diesen von der häufig synonym verwendeten »360-Grad-Beurteilung« abzugrenzen. Die Akzeptanz des 360-Grad-Feedbacks hängt stark davon ab, wie gut es den Verantwortlichen gelingt, diese Unterscheidung innerhalb des Unternehmens zu vermitteln und somit bestehende Befürchtungen zu zerstreuen.

Im Fokus einer 360-Grad-Beurteilung steht ein Selektionsziel. Ihr Einsatz erfolgt vor dem Hintergrund, aus den gewonnenen Ergebnissen, die in der Regel Eingang in die Personalakte finden, Maßnahmen zur Personalauswahl und -entscheidung abzuleiten.

Demgegenüber zielt das 360-Grad-Feedback darauf ab, die Entwicklung von Führungskräften zu fördern und zu coachen. Anders als die 360-Grad-Beurteilung hat es keinerlei Auswirkungen auf die berufliche Entwicklung oder die Entlohnung der Führungskräfte. Weder dem Vorgesetzten noch der Personalabteilung gehen die Einzelergebnisse des Feedback-Verfahrens zu. Diese erhalten meist lediglich einen Gesamtbericht, dem sie die Ausprägung der im Unternehmen vorhandenen Management-*Skills* entnehmen können.

Durchführung eines 360-Grad-Feedbacks

Im Rahmen der Vorbereitungsphase wird ein auf das Unternehmen und dessen Kultur zugeschnittener Fragebogen entwickelt, der als Grundlage der Beurteilung dient. Im Anschluss daran müssen die Führungskräfte, deren Teilnahme auf freiwilliger Basis erfolgen sollte, im Rahmen sog. *Start-Up-Sessions* ausführlich über das Verfahren, den geplanten Verlauf, angestrebte Ziele sowie die eingesetzten Fragebögen informiert werden.

Vorbereitungsphase

Diese Vorabinformationen sind für die Akzeptanz und somit für den Erfolg eines 360-Grad-Feedbacks von enormer Bedeutung. Um den Führungskräften ihre Ängste im Hinblick auf mögliche negative Konsequenzen des Verfahrens zu nehmen, muss ihnen von der Geschäftsleitung glaubwürdig vermittelt werden, dass das 360-Grad-Feedback nicht mit der Absicht durchgeführt wird, eine Selektion in starke und schwächere Führungskräfte vorzunehmen, sondern dass es den Führungskräften als Chance für deren persönliche und berufliche Weiterentwicklung dienen soll. Häufig erhalten die Führungskräfte die Möglichkeit, eine Wunschliste der Personen aufzustellen, von denen sie beurteilt werden möchten. Es sollte allerdings darauf geachtet werden, dass die Anzahl der auf der Liste verzeichneten Personen größer als die letztendliche Anzahl der Beurteilenden ist, um Anonymität und größtmögliche Objektivität des Verfahrens zu wahren. Grundsätzlich sollten die beurteilenden Personen in einer Beziehung zur Führungskraft stehen, die es ihnen ermöglicht, ein ehrliches und faires Feedback abzugeben.

Durchführungs-phase

Im Anschluss an diese vorbereitenden Maßnahmen erfolgt die eigentliche Befragung, die zumeist anonym durchgeführt wird. Sowohl die Feedbackgeber als auch der Feedbacknehmer erhalten einen Fragebogen, den sie nach Ausfüllen zur Auswertung an einen externen Personaldienstleister senden. Die statistische Auswertung ermöglicht es, einen Vergleich zwischen der Eigen- und der Fremdbeurteilung vorzunehmen und auf diese Weise Störungen auf der Beziehungs- und Kommunikationsebene aufzudecken.

Nachbearbeitungs-phase

Die Führungskräfte erhalten über ein detailliertes schriftliches Gutachten sowie im Rahmen eines vertraulichen Gesprächs eine Rückmeldung über die Ergebnisse des 360-Grad-Feedbacks. Diese bilden die Grundlage für die anschließende Gruppenbesprechung, in deren Rahmen Feedbackgeber und Feedbacknehmer unter der Leitung eines neutralen Moderators über die Ergebnisse diskutieren und einen persönlichen Entwicklungsplan erarbeiten. Das gemeinsame Gespräch ist der eigentliche Kern des 360-Grad-Feedbacks.

Nach einer festgelegten Zeit sollten die Erfolge der eingeleiteten Maßnahmen schließlich über sog. *Follow-Up*-Befragungen ermittelt und das Verfahren in regelmäßigen Abständen von etwa ein bis zwei Jahren wiederholt werden.

	Personalbeurteilung	Personalentwicklung
Bezugssystem	360°-Beurteilung	360°-Feedback
Ziele	– Leistungskontrolle/-beurteilung – Ergänzung/Unterstützung des klassischen Vorgesetztenurteils – Messung von Leistungs-/Qualitätskriterien – Informationserhebung als Entscheidungsgrundlage – Ermittlung von Schulungsbedarf	– Förderung selbstaktiver Entwicklung – Ermittlung von Entwicklungspotenzialen und -barrieren – Beitrag zur Teamentwicklung – Förderung einer Feedbackkultur im Unternehmen
Einführung	– Verordnung »von oben« oder gemeinsame Vereinbarung bspw. im Rahmen von Leistungsvereinbarungen	– als Baustein eines Entwicklungsangebots (Entwicklung kann nicht verordnet werden)
Beziehungsperspektive	– Beurteilter – Beurteiler	– Feedback-Nehmer – Feedback-Geber
Teilnahme	– (für Beurteilte) verpflichtend	– freiwillig
Weitergabe/ Kommunikation (individueller Ergebnisse)	– an Beurteilte, Vorgesetzte – verbindliches Beurteilungsgespräch mit Vorgesetztem (z.B. im Rahmen von Mitarbeitergespräch) – ggf. verpflichtende Gespräche mit Beurteilern	– an Feedbacknehmer – keine Weitergabe ohne Zustimmung/Beteiligung der Feedbacknehmer – Kommunikation mit den Feedbackgebern ist anzuraten, aber freiwillig und zwischen Führungskraft und Feedbackgebern zu vereinbaren – Wahl der Gesprächspartner durch Führungskraft
Konsequenz/ Relevanz	– Entscheidung in Vergütungsfragen, beruflicher Aufstieg, Weiterbeschäftigung – ggf. Verpflichtung zu Trainings-/Schulungsmaßnahmen	– Entscheidung über Entwicklungsziele und Entwicklungsmaßnahmen durch die Führungskraft selbst – Offene Beratungs-/Begleitungsangebote an Führungskraft
Kommunikation im Unternehmen	– Vor der Einführung transparente Information über Beurteilungssystem und dessen Ziele und Konsequenzen – Standardisierung von Beurteilungskriterien – Standardisierte Durchführung	– Information über das Angebot – Vereinbarung, Abstimmung gewünschter Verfahrensschritte – Offenheit für individuelle Ausrichtungen – Einhaltung des Entwicklungsgedankens

Die 360-Grad-Beurteilung und das 360-Grad-Feedback

Kritische Auseinandersetzung mit dem 360-Grad-Feedback

Die Meinungen im Hinblick auf Sinn und Nutzen des 360-Grad-Feedbacks gehen in der Praxis weit auseinander. So stehen den vielen Befürwortern aus dem Beraterlager Kritiker aus der Wissenschaft gegenüber. Dies sind die wichtigsten Kritikpunkte:

360-Grad-Feedback als Offenbarung von Kommunikationsdefiziten?

Einer der wesentlichen Kritikpunkte des 360-Grad-Feedbacks betrifft die Anonymität der durchgeführten Befragung. Dieser Aspekt wird häufig als Ergebnis mangelnden Vertrauens und einer unzureichenden Offenheit im Unternehmen gewertet.

Viele Unternehmen, bei denen Feedback-Instrumente bislang keinen Einsatz fanden, erachten die schriftliche und anonyme Durchführung des 360-Grad-Feedbacks jedoch als sinnvollen Zwischenschritt auf dem Weg zu einer offenen Feedbackkultur. Anstatt die Mitarbeiter abrupt mit einem solchen Instrument zu konfrontieren, sollen sie schrittweise darauf vorbereitet und eine Akzeptanz somit gefördert werden.

Objektivität der Beurteilung?

Zweifel besteht zudem vielfach an der Auffassung, durch Erhöhung der Anzahl der Beurteiler eine größere Objektivität des Verfahrens erzielen zu können. Grundsätzlich sollte bei der Interpretation von Beurteilungsergebnissen beachtet werden, dass die jeweilige Beziehung des Feedbackgebers zum Feedbacknehmer eine nicht zu unterschätzende Rolle spielt. So können neben dem persönlichen Bezug zwischen Beurteiler und Beurteiltem beispielsweise auch Verhaltensweisen, die gegenüber dem Feedbackgeber in bestimmten Situationen gezeigt wurden, in die Bewertung mit einfließen.

Bei der statistischen Auswertung der Beurteilungsergebnisse sind daher Zweifel an der Reliabilität, d. h. an der Zuverlässigkeit der Ergebnisse bei wiederholten Messungen, sowie an der Validität, also der Übereinstimmung zwischen Maß und Gemessenem, angebracht.

Bei der 360-Grad-Beurteilung werden auch jene Fehler begangen, die für die Mitarbeiterbeurteilung typisch sind, z. B.

- Tendenz zur Mitte (mittlere Urteilswerte werden bevorzugt)
- Vorurteile (Blondinen, Ausländer)
- Analogieschluss (Brille als Intelligenzbeweis)
- Gruppen- und / oder Ressortegoismus (im Vertrieb arbeiten nur gute Leute)
- Überstrahlungseffekt (bestimmte positive oder negative Eigenschaften überstrahlen andere)
- Überformungseffekt (Mitarbeiter strengt sich vor der Beurteilung besonders an)

Feedbackinstrument oder Kontrollmöglichkeit?

Von einigen Kritikern wird die Befürchtung geäußert, das 360-Grad-Feedback könnte in der Praxis weniger in seiner ursprünglichen Intention als reines Feedbackinstrument eingesetzt werden, sondern vielmehr als Kontroll- oder Beurteilungsmethode.

Für Oswald Neuberger, einen der schärfsten Kritiker des 360-Grad-Feedbacks, dient dieses Instrument in erster Linie als Kontrollmethode des höheren Managements. So müsste die Verantwortung zur Einleitung von Entwicklungsmaßnahmen seiner Ansicht nach einzig und allein bei den beurteilten Führungskräften liegen, wenn es sich um ein reines Feedbackinstrument handelte. Dies ist in der Praxis allerdings meist nicht der Fall. Er geht schließlich noch einen Schritt weiter, indem er behauptet, das 360-Grad-Feedback mache aus Führungskräften »unmündige, dressierte und kontrollierte Befehlsempfänger«. In diesem Zusammenhang sieht er die Gefahr, die Führungskräfte könnten sich zur Spielfigur all derer entwickeln, die sie beobachten bzw. beurteilen. In der Konsequenz würde dies bedeuten, dass sich eine Führungskraft aus dem Gefühl heraus, permanent und überall beobachtet zu werden, stets so verhält, wie sie glaubt, dass es erwünscht sei, und sich somit selbst nicht mehr treu wäre (Neuberger 1998). Dass auf diese Weise eine Entwicklung von Entrepreneuren im Unternehmen kaum möglich ist, steht außer Frage.

360-Grad-Feedback – ein aufwendiges Verfahren mit fraglichem Nutzen?

Häufig finden Rundumbeurteilungen nur im Ansatz statt, da nicht das gesamte Umfeld mit einbezogen wird. So beschränken sich die Beurteilungen in vielen Fällen auf die Gruppe der Vorgesetzten, der Mitarbeiter und die Führungskraft selbst. Eine wesentliche Ursache liegt in der Tatsache eines nicht zu unterschätzenden Kosten- und Arbeitsaufwandes begründet, der mit zunehmender Zahl der Beteiligten entsprechend steigt.

Beispiel Anhand eines anschaulichen Beispiels soll dieser Durchführungsaufwand verdeutlicht werden. Ausgangslage soll in diesem Zusammenhang eine Abteilung mit 25 Mitarbeitern sein. Im Rahmen der traditionellen Vorgesetztenbeurteilung ist eine Führungskraft lediglich für die Beurteilung der Unterstellten zuständig. Man hat es diesbezüglich mit einer $n - 1$-Beziehung zu tun und käme im zugrunde liegenden Beispiel auf 24 Beurteilungen. Würden sich alle Abteilungsmitglieder im Sinne eines 360-Grad-Feedbacks gegenseitig beurteilen, läge eine $n (n - 1)$-Beziehung vor, woraus sich 600 Beurteilungen ergäben. Sollte das Verfahren schließlich um die Selbsteinschätzung der Manager ergänzt werden, käme man auf ein Verhältnis von n^2 und somit auf 625 Beurteilungen.

Neben dem mit dem 360-Grad-Feedback verbundenen Aufwand, der eine Prüfung der Wirtschaftlichkeit des Verfahrens sinnvoll macht, liegt der Grund einer bruchstückhaften Durchführung vielfach in der Schwierigkeit der Vergleichbarkeit der Beurteilungsinhalte bei zunehmender Heterogenität der Beurteiler. So unterscheiden sich die an einen Manager gestellten Erwartungen je nach dessen Bezugsgruppe.

Durch den Einsatz gruppenspezifischer Beurteilungsinstrumente wäre es zwar möglich, dieses Manko zu beheben, der Durchführungsaufwand würde dadurch allerdings wieder erheblich steigen.

Erfolgsfaktoren eines 360-Grad-Feedbacks

Unternehmen, die sich dennoch entscheiden, das 360-Grad-Feedback flächendeckend einzuführen, sollten diese Empfehlungen beachten:

Literatur

Edwards, Mark R. / Ann J. Ewen: *360-Grad-Beurteilung*. Klareres Feedback, höhere Motivation und mehr Erfolg für alle Mitarbeiter. München 2000.

Maklan, Stan / Simon Knox: *Der 360 Grad-Wettbewerb*. Vom Marketing zur radikalen Kundenorientierung. München 2000.

Metz, A. / S. Roth: »360-Grad-Methode: Weiterentwicklung statt hitziger Rundumschläge.« www.psychonomics.de/0030%20Artikel.pdf

Neuberger, Oswald: »Ein starkes Stück: fragwürdige Themen, fahrlässige Schlussfolgerungen, fatale Folgen.« In: *Manager-Magazin* 12/ 1998.

Neuberger, Oswald: *Das 360-Grad-Feedback*. Alle fragen? Alles sehen? Alles sagen? Mering 2000.

14. Fehlzeitenabbau

Hohe Fehlzeiten mindern wegen der damit verbundenen Belastungen die wirtschaftliche Leistungsfähigkeit eines Unternehmens. Auch die Krankenkassen und andere sozialpolitische Leistungsträger sind hiervon betroffen. Hier droht tendenziell die Gefahr steigender Beiträge. Selbst für die Mitarbeiter entstehen Nachteile, denn diese müssen die Arbeiten fehlender Kollegen mit übernehmen. Das belastet das Betriebsklima und mindert die Arbeitszufriedenheit.

Unerkannte Konflikte im Hintergrund

Insofern sind Fehlzeiten einerseits Störfaktoren, denn sie verursachen einen zusätzlichen Organisationsaufwand. Andererseits sind sie auch ein Signal, denn sie zeigen einen unerkannten Konflikt an, der vielfältige Ursachen haben kann, z.B. Demotivation, schlechtes Betriebsklima, Privatprobleme und Ähnliches. Egal, welches die Ursache ist, Fehlzeiten verursachen direkte und indirekte Kosten, z.B. für Produktionsausfälle, Entgeltfortzahlung, Lohnkosten für Hilfskräfte.

Vor diesem Hintergrund gewinnt die Frage zunehmend an Bedeutung, wie überhöhte Fehlzeiten im Betrieb beeinflusst und vermindert werden können. Dabei kann es nicht darum gehen, Fehlzeiten zu reduzieren, die für die Wiederherstellung der Gesundheit der Mitarbeiter erforderlich sind, sondern lediglich darum, Abwesenheitszeiten zu verringern, die nicht ausschließlich krankheitsbedingt sind und sich damit gegen die Interessen der Beteiligten richten.

Fehlzeiten: Die Probleme der Betriebe

So viel Prozent der befragten Betriebe haben mit diesen Problemen zu kämpfen

	sehr stark	stark	gering	sehr gering
Kosten der Entgeltfortzahlung	31.3	50.2	14.3	4.3
Zusätzliche Überstunden	15.7	42.1	35.6	6.5
Vertretungsregelung	11.2	44.2	35.7	8.9
Terminschwierigkeiten	13.3	37.9	34.5	13.8
Motivation des Vertretenden	8.9	39.8	38.4	12.9
Produktionsausfälle	7.9	28.7	38.7	24.7
Zusätzliche Arbeitskräfte	7.3	24.6	42.9	25.2
Umsetzungskosten	3.7	31.3	50.2	14.3
Kapazitäts-Unterauslastung	4.2	21.2	44.2	30.4
Zuschüsse für Kuren etc.	1.1	11.1	40.1	47.5

Quelle: IW-Umfrage bei 541 Unternehmen im Sommer 1996   Institut der deutschen Wirtschaft Köln

Fehlzeiten:
Die Probleme der
Betriebe

Begriffsklärung

Unter »Fehlzeiten« versteht man jene Art des Fernbleibens von der Arbeit, die nicht in gesetzlichen, tariflichen oder betrieblichen Freistellungsregelungen begründet ist. Meistens ist dies die Arbeitsunfähigkeit, die im weitesten Sinne krankheitsbedingt ist. Fehlzeiten ergeben sich aber auch aus Kuren, Mutterschutz, Unfällen oder aus unentschuldigtem Fehlen.

Im Zusammenhang mit Fehlzeiten ist die Abgrenzung von Krankheit und Arbeitsunfähigkeit wichtig.

Krankheit ist ein regelwidriger, körperlicher oder geistiger Zustand, der einer ambulanten oder stationären Behandlung bedarf, z. B. Zuckerkrankheit.   **Krankheit**

Arbeitsunfähigkeit liegt vor, wenn es dem Arbeitnehmer infolge der Krankheit unmöglich oder unzumutbar ist, die vertragliche   **Arbeitsunfähigkeit**

Arbeitsleistung zu erbringen, z. B. durch einen Herzinfarkt. Das bedeutet, dass ein kranker Mitarbeiter nicht zwangsläufig auch ein arbeitsunfähiger ist.

Ausfallzeiten Ausfallzeiten umfassen alle Zeiten, an denen der Mitarbeiter dem Unternehmen im Rahmen der Arbeitszeit nicht zur Verfügung steht. Die Gründe hierfür sind zumeist gesetzlicher oder tarifvertraglicher Art, z. B. Eheschließung, Geburt, Todesfall, Umzug und Ähnliches. Viele Unternehmen bieten solche Freistellungen auch als freiwillige soziale Leistung, so z. b. gegenüber politischen Mandatsträgern, Sportlern, Eltern behinderter Kinder oder aber zum Zwecke der Prüfungsteilnahme.

Die möglichen Ursachen von Fehlzeiten

Die Ursachen für Fehlzeiten sind sehr komplex. Sie können im persönlichen oder auch im betrieblichen Bereich liegen. Davon sind einige nicht oder kaum beeinflussbar, so z. B. Krankheit, Mutterschutz oder Unfälle.

Im persönlichen Bereich können folgende beeinflussbaren Ursachen zu Fehlzeiten führen: exzessiver Lebensstil, eheliche oder finanzielle Probleme, Umfeldkonflikte, Erziehungsprobleme, Schwarzarbeit usw.

Bei den beeinflussbaren Faktoren im betrieblichen Bereich kommt den Führungskräften eine Schlüsselrolle zu. Sie sind insbesondere in diesen Bereichen gefordert:

Personalauswahl *Personalauswahl und die Einführung neuer Mitarbeiter:* Bereits bei der Personalauswahl und beim ersten Personaleinsatz kann es zu Weichenstellungen in Richtung Fehlzeiten kommen, z. B. dann, wenn die Erwartungen und Fähigkeiten des künftigen Mitarbeiters oder seine gesundheitlichen und körperlichen Voraussetzungen nicht mit den Arbeitsbedingungen oder den Anforderungen des Arbeitsplatzes übereinstimmen oder der neue Mitarbeiter schlecht in das Team integriert wird.

Ungenügende Arbeitsabläufe: Wenn eindeutige Verhaltens-, Leistungs- oder Organisationsgrundsätze im Unternehmen fehlen oder diese nicht beachtet werden, dann bewirkt das eine Minderung der Leistungsfähigkeit der einzelnen Organisationsbereiche. Dabei werden diese Problemfelder immer wieder sichtbar:

Arbeitsabläufe

Ein schlechtes Betriebsklima beeinflusst die Leistungsbereitschaft der Mitarbeiter, führt zu Unpünktlichkeit, hohen Ausschussquoten, zu deutlichen Fluktuationsziffern und zu einem ausgeprägten überdurchschnittlich hohen Krankenstand.

Betriebsklima

Besonders das Führungsverhalten der Vorgesetzten spielt sowohl als Ursache wie auch als Instrument zur Beeinflussung hoher Fehlzeiten eine besondere Rolle.

Führungsverhalten

Vorgesetzte müssen ihren Mitarbeitern durch eine »gesunde« Mischung aus Information, Delegation und menschlicher Aufgeschlossenheit eine umfassende Motivationsgrundlage verschaffen. Die Nichtberücksichtigung dieser Punkte kann zu »abstrafender Frustration« führen, die sich durch Fernbleiben von der Arbeit ausdrückt.

Diese Führungsfehler begünstigen Fehlzeiten: Autoritärer Führungsstil, mangelnde Kritikfähigkeit, fehlende Motivation, Informationsmängel, fehlende Vorbildwirkung, mangelhafte Delegation, Unkenntnis der Zusammenhänge von Zielsetzung und Mitdenken im Betrieb, mangelnde menschliche Aufgeschlossenheit und schlechte Arbeitszeitgestaltung.

Die Arbeitnehmer erwarten heutzutage auch im Beruf Selbstbestimmung und Flexibilität. Arbeitszeiten, die keine Abstimmung zwischen den beruflichen und privaten Verpflichtungen ermöglichen, veranlassen die Arbeitnehmer dazu, der Arbeit fernzubleiben, um dringende private Verpflichtungen innerhalb der Arbeitszeit erledigen zu können. Starre Arbeitszeitregelungen führen immer wieder zu leidigen Gesprächen und Diskussionen zwischen Vorgesetzten und Mitarbeitern, wenn diese morgens aufgrund persönlicher Umstände oder der Verkehrsverhältnisse zu spät kommen. Mitarbeiter möchten auch nicht jedes Mal um

Arbeitszeit

Freizeit bitten, wenn sie persönliche Dinge während der Arbeitszeit zu erledigen haben.

Entgeltsystem Arbeitnehmer fühlen sich ungerecht behandelt, wenn sie nicht leistungs- und arbeitsmarktgerecht entlohnt werden. Sinkende Motivation und steigende Fehlzeiten sind die möglichen Folgen.

Indirekte Maßnahmen zur Verringerung von Fehlzeiten

Die folgenden Punkte dienen als Orientierung und sollen für bestimmte Mangelsituationen sensibilisieren.

Personalauswahl Das Ziel jeder Auswahlentscheidung ist es, eine möglichst weit gehende Übereinstimmung von persönlicher Eignung und den Anforderungen des zu besetzenden Arbeitsplatzes zu erreichen. Je mehr es gelingt, hier eine Annäherung bzw. Übereinstimmung zu erreichen, umso eher kann sich der Mitarbeiter mit der beruflichen Aufgabe identifizieren. Als Hilfsmittel einer eignungsgerechten Mitarbeiterauswahl dienen Stellen- oder Arbeitsbeschreibungen, Eignungsprofile sowie die verschiedenen üblichen Informationsquellen, die über die Eignung des Bewerbers für eine bestimmte Stelle Auskunft geben.

Einführung neuer Mitarbeiter Eine wichtige Maßnahme zur Integration in das Unternehmen, zur Entwicklung einer positiven Arbeits- und Leistungsbereitschaft – und damit auch zur Steuerung des Fehlzeitenverhaltens – ist die systematische Einführung des neuen Mitarbeiters. Dabei sollte der neue Mitarbeiter neben den rein arbeits- und ablauftechnischen Informationen auch die nicht reglementierten Gegebenheiten des Unternehmens oder der Abteilung kennen lernen.

Arbeitsabläufe koordinieren Bei der Aufgabenverteilung ist eine eventuelle Über- bzw. Unterforderung des Mitarbeiters zu beachten. Seine Fähigkeiten sollten umfassend und abwechselnd beansprucht und weiterentwickelt werden. Befugnis und Verantwortung sind in Abhängigkeit von der Qualifikation des Mitarbeiters und der an ihn gestellten Sachaufgabe zu verteilen. Hierfür spricht die Erkenntnis, dass qualifizierte Mitarbeiter, die eine ihrer Qualifikation entsprechende Eigenverantwortung zur Durchführung ihrer Aufgaben eingeräumt bekommen, seltener fehlen als Mitarbeiter, die nur geringe Verantwortung tragen.

Dienst- und Entscheidungswege müssen für jeden Einzelnen eindeutig und überschaubar sein. Weiterhin sollten Arbeitnehmer trotz notwendiger innerbetrieblicher Arbeitsplatzumsetzungen nicht zu häufig von ihren Stammarbeitsplätzen weggerissen werden. Eine Umsetzung wird nur dann Erfolg haben, wenn der betroffene Arbeitnehmer der Umsetzungsentscheidung zustimmt. Das gilt auch für den Fall, dass sie zur Erhaltung des Produktionsablaufs dringend erforderlich ist. Erfahrungen zeigen immer wieder, dass Mitarbeiter, die mit neuen Anforderungen, neuen Arbeitsumgebungen und neuen Arbeitskollegen konfrontiert werden, mit erheblichen Widerständen reagieren. Darum sollten Umsetzungen mit jenen Arbeitnehmern durchgeführt werden, die auf freiwilliger Basis so genannte Springerfunktionen ausüben.

Die Organisationsformen der Arbeit, die den sozialen Zusammenhalt in überschaubaren Arbeitsgruppen fördern, z. B. Gruppenarbeit, tragen dazu bei, die Fehlzeiten in vertretbaren Grenzen zu halten.

Motivation

Führungskräfte müssen die Fähigkeit entwickeln, die Einstellungen ihrer Mitarbeiter zu ihrer Arbeit und zum Unternehmen zu fördern. Die sich daraus ergebenden Zielstellungen müssen bedürfnisgerecht formuliert, entwickelt und angewendet werden.

Diese Motivatoren bieten sich u.a. an: Chancen zum Leistungserfolg bieten, Lernerlebnisse und Weiterbildungsmöglichkeiten, Zuordnung erweiterter Verantwortung, Aufstiegsmöglichkeiten, Anerkennung / Lob / Kritik, Selbstkontrolle ermöglichen, erweiterte Information, Sonderzahlungen / Prämien / Tantiemen, Zuordnung von Titeln, bessere Arbeits- bzw. Büroausstattung, Systeme der Arbeitsplatzsicherung für ältere Mitarbeiter, Entwicklung eines betrieblichen Vorschlagswesens.

Bei den finanziellen Motivationsmitteln ist zu beachten, dass diese an einem bestimmten Punkt ihre Wirksamkeit verlieren, wenn die Grund- und Luxusbedürfnisse befriedigt sind. Leistungsanreize wie Aufstiegsmöglichkeiten, mehr Verantwortung und Erfolgserlebnisse, sind dann das geeignetere Motivationsinstrument.

Arbeitszeitregelungen Viele Unternehmen verfügen auch heute noch über starre Arbeitszeitregelungen. Besonders bei verheirateten Frauen ergeben sich durch die Doppelbelastung in Beruf und Familie immer wieder Schwierigkeiten bei einer starren Arbeitszeitregelung. Oft kommt es zu einer »Flucht in die Krankheit« oder anderen Fehlzeiten. Laut einer DAK-Statistik aus dem Jahre 2000 seien Frauen im Durchschnitt 13,4 Tage krank gewesen, Männer 12,3 Tage (vgl. de.news.yahoo.com/010608/30/loezp.html). Durch eine flexible Gestaltung der Arbeitszeitregelungen können Fehlzeiten von Frauen vermieden werden.

Teilzeitarbeit Mit der Einführung von Teilzeitarbeit lassen sich besonders für verheiratete Frauen die Doppelbelastungen aus Familie und Beruf besser bewältigen. So lassen sich bestimmte Fehlzeiten von Vollbeschäftigten durch die Teilzeitarbeit auffangen.

Gleitarbeitszeit Die gleitende Arbeitszeit ermöglicht dem Arbeitnehmer, in einem bestimmten Rahmen über Beginn und Ende seiner täglichen Arbeitszeit in definierten Grenzen selbst zu entscheiden. Es erfolgt eine bessere Abstimmung der beruflichen Verpflichtungen mit dem privaten Bereich mit der Konsequenz, dass sich Fehlzeiten wegen Erledigung privater Angelegenheiten reduzieren.

Job-Sharing Bei dieser Arbeitszeitregelung kommt es zur Besetzung einer Vollzeitstelle durch mehrere Teilzeitbeschäftigte. Der Vorteil ist auch hier, dass der Teilzeitmitarbeiter eine Arbeitszeitregelung hat, die seinen Möglichkeiten entspricht. Unternehmen, die *Job-Sharing* einsetzen, berichten von einer Zunahme der Arbeitszufriedenheit und einem Rückgang von Fehlzeiten. Ein weiterer Vorteil dieser Regelung ist, dass die Arbeitsstelle auch während des Fehlens eines Mitarbeiters durch die anderen *Job-Sharing* Partner besetzt werden kann.

Führungsverhalten Das Führungsverhalten gewinnt als Instrument der Leistungsmotivation immer mehr an Gewicht. Um ein Unternehmen heutzutage erfolgreich führen zu können, müssen die Wünsche und Erwartungen der Mitarbeiter mit den sachlichen Zielen des Unternehmens in Übereinstimmung gebracht werden. Auf diese Weise wird Leistung ohne Druck erzeugt.

Ein Führungsverhalten, das Sach- und Personenziele berücksichtigt, ist durch Kooperation geprägt. Die Hauptziele der kooperativen Führung bestehen darin, die Mitarbeiter in die Aufgabenplanung und Entscheidungsfindung so weit wie möglich mit einzubeziehen, ihnen funktionale Mitverantwortung zu übertragen, angemessene Handlungs- und Entscheidungsspielräume bei der Arbeit zu verschaffen, ihre berufliche Entwicklung zu fördern und ihre Belange im Rahmen der betrieblichen Möglichkeiten zu berücksichtigen.

Die Mitarbeiter sollen zudem mittels Motivation, Information und Kommunikation in die betriebliche Arbeitsgemeinschaft voll integriert werden. Um bei den Führungskräften hierfür das Bewusstsein zu schaffen, sind ggf. entsprechende Fort- und Weiterbildungsmaßnahmen durchzuführen.

Entgeltpolitik

Als Instrument zur Beeinflussung von Fehlzeiten werden immer wieder verschiedene Formen materieller Anreize diskutiert und praktiziert. Neben Lohn und Gehalt kann eine betriebliche Entgeltregelung zur Realisierung der o. g. Forderungen weitere Vergütungsbestandteile umfassen:

- Prämienlohn für eine messbare Mehrleistung
- Tantieme als zusätzliche Einmalzahlung, welche die individuelle Beteiligung bei der Erreichung des Betriebsergebnisses berücksichtigt
- Gewinnbeteiligung, die als jährliche Einmalzahlung die Beteiligung am wirtschaftlichen Erfolg des Unternehmens berücksichtigt
- Provision als Bestandteil eines anreizorientierten Vergütungssystems (im Handel stark verbreitet)

Im Hinblick auf die Anwendung eines betrieblichen Entgeltsystems sind jedoch Grundsätze zu beachten:

- Die Regelungen des Entgeltsystems müssen für die Mitarbeiter transparent sein.
- Löhne und Gehälter sind regelmäßig zu überprüfen.
- Gegebenenfalls ist eine analytische Arbeitsbewertung unter den Gesichtspunkten Können, Verantwortung, Belastung und Umgebungseinflüsse durchzuführen.
- Möglichkeiten zur zusätzlichen Vergütung aufgrund besonderer individueller Leistungen sind zu entwickeln.

Betriebliches Sozialwesen Die betriebliche Sozialpolitik leistet einen wichtigen Beitrag zur Humanisierung der betrieblichen Arbeitswelt; sie steigert den Leistungswillen, erhöht die Arbeitszufriedenheit, fördert den Gemeinschaftsgedanken und bietet Schutz und Förderung der Familie. Der Maßnahmenkatalog einer zeitgemäßen betrieblichen Sozialpolitik kann – abhängig von Größe und Struktur des Unternehmens – u.a. folgende Leistungen vorsehen:

- Betriebliche Altersvorsorge
- Erholungseinrichtungen (kostenloser Besuch solcher Einrichtungen)
- Werksgemeinschaften (die Bildung von Sport- und Arbeitsgemeinschaften, Besuch von kulturellen Veranstaltungen usw.)
- Beihilfen (in bestimmten Notfällen)
- Sozialarbeit / Werksfürsorge
- Werksärztliche Versorgung (Einfluss auf das Gesundheitsbewusstsein nehmen)

Direkte Möglichkeiten zur Verringerung von Fehlzeiten

Rückkehr-begrüßung Rückkehrgespräche sind die wirksamste Möglichkeit, um Fehlzeiten zu reduzieren. Je nach Grund und Dauer der Abwesenheit vom Arbeitsplatz handelt es sich eher um eine Rückkehrbegrüßung oder um ein Rückkehrgespräch. War der Mitarbeiter nur ein oder zwei Tage krank, begrüßt ihn der Vorgesetzte und sagt ihm sinngemäß: »Schön, dass Sie wieder da sind. Sind Sie wieder voll einsatzfähig?« Er informiert den Mitarbeiter gegebenenfalls noch über wichtige Vorkommnisse oder Änderungen im Betrieb.

Dauerte die Abwesenheit länger, dann muss der Vorgesetzte ggf. **Rückkehrgespräch**
noch einen Einarbeitungsplan erstellen und nach gesundheit-
lichen Einschränkungen fragen. Eventuell hatte die Krankheit
sogar betriebsspezifische Ursachen. Um diese herauszufinden, ist
ein längeres Gespräch notwendig.

Ein tendenzielles Personalgespräch ist notwendig, wenn der Ver- **Personalgespräch**
dacht auf einen vertragswidrigen Missbrauch besteht, z. B. wenn
ein Mitarbeiter häufig am Gründonnerstag, am Freitag nach Him-
melfahrt, an Arbeitstagen vor oder nach Feiertagen oder aber
wiederholt montags fehlt. In diesem Falle sollte der Vorgesetzte
hartnäckig nach den Ursachen fragen und ggf. seinen Verdacht
auf Missbrauch aussprechen. Außerdem kann ein Arbeitsun-
fähigkeitsnachweis für jeden Tag verlangt werden.

Fehlzeitengespräche werden dann geführt, wenn der Mitarbeiter **Fehlzeitengespräch**
lange krank war oder sich der Verdacht auf Missbrauch erhärtet.
In der BASF AG werden solche Gespräche z. B. geführt, falls ein
Mitarbeiter während der zurückliegenden sechs Monate 60 Ka-
lendertage fehlte oder sechs Einzelerkrankungen hatte (6/60er-
Regelung). In diesem Gespräch geht es u. a. um mögliche betriebliche Ursachen und um die Zukunftsprognose. Dieses Gespräch
wird im Beisein eines betrieblichen Vertrauensmannes und eines
Vertreters der Personalabteilung geführt und endet auf der Basis
konkreter Vereinbarungen.

Kommt ein Mitarbeiter im Krankheitsfalle seinen Anzeige- und
Nachweispflichten nicht nach (maximal drei Tage) oder verhält er
sich genesungswidrig (treibt Sport, geht der Schwarzarbeit nach
oder verstößt gegen ärztliche Anweisungen), dann kann das Unternehmen disziplinarische Maßnahmen von der Abmahnung bis
zur verhaltensbedingten Kündigung ergreifen.

Krankheit als Kündigungsgrund

Bei diesen drei Voraussetzungen kann krankheitsbedingt gekündigt werden:

1. Wenn eine *negative Fehlzeitenprognose* vorliegt. Dies ist dann gegeben, wenn ein Arbeitnehmer während der letzten drei Jahre wegen Kurzerkrankungen an über 42 Arbeitstagen im Jahr fehlte und daraus der Schluss gezogen werden kann, dass auch in Zukunft mit ähnlich hohen Fehlzeiten zu rechnen ist.

2. Wenn diese Fehlzeiten zu *erheblichen Beeinträchtigungen* der Interessen des Betriebes führten und auch zukünftig damit zu rechnen ist.

   Zu diesen Beeinträchtigungen zählen u. a. Produktionsausfälle, Überstunden, Urlaubsverlegungen und sogar wirtschaftliche Belastungen wie Entgeltfortzahlungskosten.

3. Schließlich müssen die betrieblichen oder wirtschaftlichen Beeinträchtigungen zu einer *unzumutbaren Belastung* des Arbeitsverhältnisses für den Arbeitgeber führen. Hierbei ist eine Abwägung zwischen den Interessen des Arbeitnehmers und des Arbeitgebers durchzuführen. Zugunsten des Arbeitnehmers ist insbesondere die Dauer der Betriebszugehörigkeit zu berücksichtigen, zu seinen Lasten die Dauer der Fehlzeiten und das Ausmaß der betrieblichen Störungen.

Ausblick

Fehlzeiten sind ein wesentlicher Kostenfaktor in den Unternehmen und blockieren die Entfaltung ihrer vollen Leistungsfähigkeit. Die Ursachen der Fehlzeiten sind sehr komplex; entsprechend sind die Maßnahmen und ihre Ansatzpunkte vielfältig. Unabhängig von Größe und Struktur des Unternehmens wird die Lösung des Problems der Reduzierung von Fehlzeiten nur gelingen, wenn sie konsequent und den Erfordernissen des Unternehmens entsprechend erfasst werden. Dem muss sich eine sachgerechte Analyse der Fehlzeitenursachen anschließen, aus der Maßnahmen zum Abbau von Fehlzeiten abgeleitet werden.

Literatur

Badura, Bernhard: *Fehlzeiten-Report 2001*. Gesundheitsmanagement im öffentlichen Sektor. Zahlen, Daten, Analysen aus allen Branchen der Wirtschaft. Heidelberg 2002.

Bitzer, Bernd: *Fehlzeiten als Chance*. Ein praktischer Leitfaden zum Abbau von Fehlzeiten. Renningen 1998.

Derr, Dietmar: *Fehlzeiten im Betrieb*. Ursachenanalyse und Vermeidungsstrategien. Köln 1995.

Mall, Georg / Michael Sehling: *Das Fehlzeiten-Informations-Management*. Das Konzept zur Verbesserung der betrieblichen Prozesse. Renningen 1998.

Pohen, Josef / Walter Esser: *Fehlzeiten senken*. Mit System zum Erfolg. Zusammenhänge, Ursachen, Maßnahmen. Heidelberg 1995.

15. Führungsgrundsätze

Führungsgrundsätze beschreiben das vom Unternehmen erwartete Verhalten von Vorgesetzten gegenüber den Mitarbeitern. Der Mitarbeiter erhält aufgrund des Normencharakters der Grundsätze ein Gefühl der scheinbaren Führungssicherheit, zumindest kann er das Verhalten seines Vorgesetzten auf seine Angemessenheit hin überprüfen und beurteilen. Zugleich sind Führungsgrundsätze ein Versuch, die Führungsphilosophie eines Unternehmens zu systematisieren, durchsichtig und damit leichter durchsetzbar zu machen, indem ein geschlossenes Begriffssystem angeboten wird. Das soll eine widerspruchsfreie und einheitliche Sprachregelung in Führungsfragen ermöglichen und Missverständnisse vermeiden.

Macht Je höher der Grad der Verbindlichkeit bzw. der Normativcharakter der aufgestellten Führungsgrundsätze ist, desto größer wird die »Macht« der Mitarbeiter, das Führungsverhalten ihrer Vorgesetzten zu kontrollieren und darauf Einfluss zu nehmen.

Für den Vorgesetzten heißt das, dass er sich der Bedeutung seiner Personalführungsaufgaben stärker bewusst werden muss, um diese nicht zu vernachlässigen und damit in die Gefahr zu geraten, gegen die Führungsgrundsätze zu verstoßen.

Norm und Maßstab Letztendlich dienen Führungsgrundsätze der Effizienzsteigerung, indem motivierende Rahmenbedingungen für das Zusammenwirken zwischen Vorgesetzten und Mitarbeitern geschaffen werden. Durch die vorgegebene Einheitlichkeit des Führungsverhaltens wird eine Gleichbehandlung der Mitarbeiter angestrebt. Außerdem informieren Führungsgrundsätze darüber, welches Rollenverhalten von Mitarbeitern und Vorgesetzten erwartet wird. Insofern handelt es sich also um eine grundlegende Norm, die zugleich Maßstab für die Beurteilung des Führungs- und des Leistungsverhaltens von Vorgesetzten sein kann.

Wer sich entscheidet, Grundsätze der Führung in einem Unternehmen einzuführen, der entscheidet sich dafür, Veränderungen anzustoßen und zuzulassen, bisherige Umgangsformen und Verhaltensweisen aufzugeben, Kompetenzen überprüfbar zu machen und, zumindest teilweise, abzugeben.

Solche Veränderungen sind notwendig. Durch sie entsteht jedoch auch Unruhe im »gewohnten« System; es gilt, diese konstruktiv im Sinne von Fortschritt und Verbesserung zu nutzen und nicht destruktiv wirken zu lassen.

Institutionelle Absicherung

Führungsgrundsätze können entweder in schriftlicher Form (explizit) formuliert oder implizit als ungeschriebene Norm vorliegen. Letztere basieren auf individuellen Werten, Erfahrungen und Motiven der Unternehmenseigner, Führungskräfte oder Mitarbeiter. Zur Unterstützung der Umsetzung ist eine institutionelle Absicherung, etwa über entsprechend gestaltete Anreiz- und Sanktionssysteme, Weiterbildung oder Personalentwicklung vorteilhaft.

Die Ausgestaltung der Verhaltensrichtlinien, die in den Führungsgrundsätzen enthalten sind, müssen mit anderen Führungsinstrumenten sowie den übrigen Organisations- und Personalgrundsätzen (z. B. Grundsätze der Aus- und Weiterbildung, Personalförderungssystem, Stellenbeschreibung und Anforderungsprofile) vereinbar sein und dürfen nicht im Widerspruch zueinander stehen. Sie müssen vielmehr eine Unteilbarkeit darstellen, denn alle zusammen ergeben erst das Führungssystem.

Inhalte von Führungsgrundsätzen

Inhaltsanalysen zeigen immer wieder, dass Führungsgrundsätze in Aufbau und Formulierung weitestgehend übereinstimmen.

Harzburger Modell
Bis Mitte der 70er-Jahre dominierte das Harzburger Modell *(Management by Delegation)* als Formulierungsgrundlage, das relativ einheitlich und standardisiert in den Firmen eingeführt wurde. Im Vordergrund standen dabei »*organisatorische Regelungen, unter anderem zur Kompetenzverteilung, Gestaltung der Informations- und Konsultationsbeziehungen und Aufbau- und Ablauforganisation*« (Wunderer 1997, S. 293).

Dieses Modell wurde oft kritisiert, weil es sehr formal, bürokratisch und tendenziell autokratisch war. Das Modell berücksichtigte weder motivationspsychologische noch gruppendynamische Aspekte. So blieben vor allem individuelle Bedürfnisse auf der Strecke.

Kooperatives Führungskonzept
Dieser Typ von Führungsgrundsätzen wurde infolge des Vordringens des kooperativen Führungsstils ab Mitte der 70er-Jahre durch einen eher verhaltenswissenschaftlich orientierten Typus ergänzt bzw. ersetzt. Das Konzept der kooperativen Führung ergänzte den bürokratischen Typ von Führungsgrundsätzen besonders im Bereich der Gestaltung der »sozialen« und »partizipativen« Führungsbeziehungen, also durch Betonung der Bereiche Vertrauen, wechselseitige Unterstützung, Selbstentfaltung, Achtung des Einzelnen und der Menschenwürde.

Bis heute noch gilt das kooperative Führungskonzept als besseres Modell für die moderne Organisation, da der Vorgesetzte nicht mehr alles alleine bewältigen kann und auf die Zusammenarbeit mit qualifizierten und teamorientierten Mitarbeitern angewiesen ist. Das setzt aber eine hohe und vor allem dauerhafte Teammotivation aller Beteiligten voraus. Außerdem erfordert die Teambildung gegebenenfalls einen großen Zeitaufwand und reduziert damit die Entscheidungsgeschwindigkeit.

Bis Ende der 80er-Jahre hatten alle größeren Unternehmen der westlichen Welt Führungsgrundsätze. Sie existieren oft neben den weiter gefassten Unternehmensgrundsätzen oder sind mit diesen Teil eines einheitlichen Dokuments.

Was letztendlich in den Führungsgrundsätzen eines Unternehmens steht, hängt von dessen externen (z. B. Arbeitsmarkt, Wettbewerb, Gesetzgebung) und internen Rahmenbedingungen (Betriebsgröße, Firmengeschichte, Unternehmensziel) ab. Die Inhalte müssen sich also an der Realität des Unternehmens orientieren und auf dieses zugeschnitten werden.

Die formulierten Verhaltenserwartungen können mehr oder weniger umfassend sein. Die Praxis zeigt, dass sich die Verhaltensregelung zwischen den beiden Extremen der völligen Handlungsfreiheit und der absoluten Bindung durch strikte Handlungsnormen, die jede Verhaltenssituation erfasst, bewegt. Es ist daher wichtig, den Verallgemeinerungsgrad der Aussagen so zu wählen, *»dass er einem Mittelmaß zwischen zu summarischer, leerformelhafter Grundsätzlichkeit und zu einschränkender Situationsgebundenheit entspricht«* (Knebel / Schneider 1983, S. 19). Nur so ist es dann den Betroffenen möglich, sich gerade in Problemfällen auf die aufgestellten Verhaltensregelungen zu berufen. Aber in den letzten Jahren ist festzustellen, dass sich Unternehmen von unabdingbaren verbindlichen Forderungen in gewollt imperativ gefassten Formulierungen (Muss-Erwartungen) verabschieden. Diese werden ergänzt oder gar durch Anordnungen grundsätzlicher Art (Soll-Erwartungen) oder durch lediglich führungsmäßige Verhaltensempfehlungen (Kann-Erwartungen) ersetzt.

Soll- und Kann- statt Muss-Erwartungen

In den Führungsgrundsätzen finden sich fast immer folgende Regelungsinhalte, bei denen es sich überwiegend um die überfachlichen Aufgaben einer Führungskraft handelt (Führungsaufgaben):

- Delegation von Aufgaben und Verantwortung
- Information
- Zusammenarbeit
- Anerkennung, Kritik, Beurteilung
- Fortbildung und Förderung der Mitarbeiter
- Dienstweg / Führungsweg
- Stellvertretung

- Beschwerde
- Kontrolle

Oft werden den Führungsgrundsätzen allgemeine Grundsätze mit folgendem oder ähnlichem Inhalt vorangestellt:

- Verpflichtung gegenüber den Anteilseignern
- Leistung für den Kunden
- Verpflichtung gegenüber den Mitarbeitern
- Verantwortung gegenüber der Gesellschaft und der Umwelt
- Persönlicher Einsatz aller Mitarbeiter

Anforderungen an die Form Grundsätzlich sollten Führungsgrundsätze knapp, übersichtlich, eindeutig, auf das Wesentliche beschränkt und verständlich formuliert sein, um eine wirkliche Zweckmäßigkeit und eine echte Befolgungschance zu garantieren. Sie sollten logisch aufgebaut sowie klar und deutlich in der Substanz sein. Ihre Aussagen müssen in einer dem inneren Zusammenhang der Grundsätze entsprechenden Gliederung dargelegt werden.

Voraussetzung für die Wirksamkeit von Führungsgrundsätzen

Diese acht Voraussetzungen werden in Theorie und Praxis als notwendig angesehen, um Führungsgrundsätze erfolgreich einzuführen und umzusetzen:

1. Die Führungsgrundsätze müssen von der Unternehmensleitung anerkannt werden. Sie muss bereit sein, ihr eigenes Verhalten danach auszurichten und sich an den festgestellten Maßstäben messen zu lassen.

Beteiligung der Mitarbeiter 2. Sowohl Vorgesetzte als auch Mitarbeiter sollen bei der Entwicklung und Erarbeitung der Führungsgrundsätze beteiligt werden und die Möglichkeit haben, eigene Anregungen und Vorschläge einzubringen. Durch eine solche Zusammenarbeit wird die innere Übereinstimmung mit diesen Leitlinien erhöht, was deren Wirksamkeit verbessert.

3. Führungsgrundsätze müssen in der Praxis anwendbar sein. Sie sollten den Weg aufzeigen und den großen Rahmen abstecken. Dabei sind starre Regeln ebenso zu vermeiden wie Einzelfalllösungen. Optimales Führungsverhalten muss auch in gewissem Umfang immer personen-, situations- und aufgabenbezogen sein. Daher ist es wichtig, der Führungskraft genügend persönlichen Spielraum für das im Einzelfall gebotene Verhalten zu geben und nur Richtlinien des Handelns an die Hand zu geben.

4. Führungsgrundsätze müssen realistisch sein. Nur wenn dies garantiert ist, haben sie eine Chance, akzeptiert und verwirklicht zu werden.

5. Ein zielgerichtetes Führungsverhalten, wie in Führungsgrundsätzen gefordert, verlangt eine wiederholte und systematische Schulung der Führungskräfte. Die Verwirklichung wird einfacher, wenn dieses Ziel von Seiten der Mitarbeiter aktiv unterstützt wird. Um dies zu erreichen, ist es notwendig, auch Mitarbeiter ohne Vorgesetztenfunktion an den oben erwähnten Schulungen zu beteiligen. Die verbindliche Einführung von Führungsgrundsätzen sollte nicht vor Ablauf einer Probephase auf der Basis eines Entwurfes erfolgen.

Schulung von Vorgesetzten und Mitarbeitern

6. Werden Führungsgrundsätze als Beurteilungskriterium in die Beurteilung von Führungskräften aufgenommen, kann man dadurch ihre Anwendung fördern.

7. Die Förderung von Mitarbeiterinitiative durch Führungsgrundsätze wird fruchtlos bleiben, wenn ein Unternehmen seinen Mitarbeitern bei der Ausübung ihrer Tätigkeiten nicht das notwendige Maß an Eigenverantwortung und Entscheidungsspielraum überträgt. Hier muss also eine Abstimmung erfolgen, um die Realisierung von Führungsgrundsätzen zu unterstützen.

Eigenverantwortung und Entscheidungsspielraum

Weiterhin ist es für eine erfolgreiche Einführung von Führungsgrundsätzen förderlich, wenn in Form von Stellenbeschreibungen Kompetenzen, Aufgaben und Verantwortlichkeiten schriftlich festgelegt werden.

Einführung von Führungsgrundsätzen

Die Einführung von Führungsgrundsätzen ist nur dann erfolg-
versprechend, wenn das Unternehmen gleichzeitig Maßnahmen
zu ihrer Unterstützung und Verbreitung ergreift. Dazu gehören
u.a. diese Aufgaben und Schritte:

- Schulung aller Führungskräfte über Führungstheorie
  und Führungspraxis
- Gemeinsames Studium von Führungsgrundsätzen
  anderer Unternehmen
- Analyse der besonderen Führungssituation des eigenen
  Unternehmens
- Herausarbeiten der Schwerpunkte für die Führungs-
  arbeit im eigenen Unternehmen in den nächsten Jahren
- Entwicklung eigener Führungsgrundsätze
- Aufstellen eines Aktionsprogramms zur Umsetzung der
  Führungsgrundsätze

Vom Textentwurf zur endgültigen Fassung Die eigentliche Entwicklung der Führungsgrundsätze beginnt mit
der Erarbeitung eines ersten Textentwurfes durch eine Projekt-
gruppe. Es empfiehlt sich, den Entwurf einem größeren Gremium
vorzulegen, das ihn diskutiert und gegebenenfalls Verbesserungsvorschläge einbringt. Anschließend wird der so mit neuen Ideen
angereicherte Entwurf von der Projektgruppe überarbeitet. Ist
man zu einem Konsens gekommen, wird eine endgültige Fassung
formuliert und der Geschäftsleitung zur offiziellen Verabschiedung vorgelegt. An diesem Punkt ist es auch möglich, die Führungsgrundsätze in Form einer Betriebsvereinbarung zu verabschieden.

Akzeptanz aufbauen Aber mit der Verabschiedung von Führungsgrundsätzen ist deren
Umsetzung längst nicht gesichert. Daher sind im Rahmen der

Einführung von Führungsgrundsätzen umfangreiche Informationsarbeiten notwendig, um eine möglichst breite Akzeptanz im Unternehmen zu erreichen. Gerade die Mitarbeiter, die nicht unmittelbar an der Entwicklung der Führungsgrundsätze beteiligt waren, müssen über Sinn, Zweck und Inhalt der Führungsgrundsätze und damit verbundenen Führungstechniken informiert und davon überzeugt werden.

Dazu eignen sich sicherlich verschiedene Maßnahmen, wie z.B.
- Aufbau von Informationsständen,
- Behandlung und Erläuterung einzelner Führungsgrundsätze in internen Publikationen, z.B. der Hauszeitschrift,
- Durchführen von Seminaren und Schulungen auch für Mitarbeiter ohne Vorgesetztenstellung.

Durch umfangreiches Informieren und Aufklären über die neuen Grundsätze der Führung und Zusammenarbeit kann von Anfang an Ängsten, Unsicherheiten und Skepsis bei den Mitarbeitern vorgebeugt werden, indem man offen über Vor- und Nachteile sowie Inhalt der Grundsätze redet. Dafür ist im Übrigen keine Zeit zu schade, da nur Führungsgrundsätze, die auf eine breite Zustimmung stoßen, die Chance haben, richtig angewandt und damit gelebt zu werden.

Zeitbedarf

Ein wichtiger Aspekt bei der Einführung von Führungsgrundsätzen ist der Aspekt Zeit. Eine Umfrage bei 350 deutschen Unternehmen, die Führungsgrundsätze einführten, erbrachte einen Zeitbedarf von einem bis zu zwei Jahren. Bei der Deutschen Lufthansa dauerte der Meinungsbildungs- und Diskussionsprozess sogar ganze fünf Jahre.

Realisierung von Führungsgrundsätzen

Allein die Tatsache, dass es Führungsgrundsätze gibt, garantiert noch nicht, dass sich am gewohnten Personalführungsstil in einem Unternehmen etwas ändert. Damit der gewünschte Erfolg eintritt, bedarf es verschiedener unterstützender Maßnahmen, die dazu dienen sollen, dass Führungsgrundsätze »gelebt« werden und nicht in der Schublade der Vorgesetzten verschwinden. Folgendes Aktionsprogramm könnte helfen, das gewünschte Führungsverhalten im Unternehmen zu implementieren:

1. Die Führungsgrundsätze sollten allen Mitarbeitern im Unternehmen ausgehändigt werden, auf jeden Fall aber allen Personen, die Vorgesetztenfunktionen ausüben, d. h. der oberen, mittleren und unteren Führungsebene.

2. Die von der Unternehmensleitung eingerichtete Koordinierungsstelle erhält die Aufgabe, dafür Sorge zu tragen, dass die Führungsgrundsätze im Unternehmen ein fester Bestandteil der Führung werden. Sie hat dazu Maßnahmen einzuleiten, wie z. B. Seminare und Mitarbeitertrainings. Sie sollte auch dazu da sein, Führungskräfte bei der Umsetzung der Grundsätze zu beraten, Verbesserungsvorschläge und Anregungen aufzunehmen und für eine kontinuierliche Überprüfung der Grundsätze hinsichtlich ihrer Aktualität zu sorgen.

Trainings

3. Bereits bei der Einführung sollte damit begonnen werden, in regelmäßiger Wiederholung Trainings für Vorgesetzte und Mitarbeiter zu veranstalten, damit die Führungsgrundsätze durch die wiederholte Beschäftigung und intensive Auseinandersetzung immer mehr als Verhaltens- und Führungsleitlinie verstanden und akzeptiert werden.

Publikationen

4. Durch wiederholte Publikationen von Artikeln, z. B. in der Hauszeitschrift, über Sinn und Zweck von Führungsgrundsätzen, verknüpft mit Fallbeispielen aus der Betriebspraxis, wird die Information der betrieblichen Öffentlichkeit sichergestellt und intensiv betrieben. Die Führungsgrundsätze werden so zu einem Thema, über das man spricht.

5. Die Umsetzung der Anwendung und Bekanntmachung der Führungsgrundsätze auf den mittleren und unteren Organisationseinheiten obliegt, neben der allgemeinen

Informationsarbeit durch die Koordinierungsstelle, den jeweiligen Führungskräften. Sie haben dafür Sorge zu tragen, dass die Mitarbeiter gründlich und umfassend an das Thema Führungsgrundsätze herangeführt werden.

6. Führungsgrundsätze sind mit dem Beurteilungswesen für Führungskräfte zu verknüpfen. Dabei ist der Punkt Personalführung bzw. Führungsverhalten besonders zu gewichten.

7. Um die Wirksamkeit der Führungsgrundsätze zu messen, sollten in regelmäßigen Abständen Kurzumfragen und Situationsanalysen im Unternehmen durchgeführt werden, um Schwachstellen, Probleme oder Stärken festzustellen.

Literatur

Andreas, Matje: *Unternehmensleitbilder als Führungsinstrument:* Komponenten einer erfolgreichen Unternehmensidentität. Wiesbaden 1996.

Gabele, Eduard / Hermann J. Liebel / Walter A. Oechsler: *Führungsgrundsätze und Mitarbeiterführung.* Führungsprobleme erkennen und lösen. Wiesbaden 1992.

Knebel, Heinz / Helmut Schneider: *Leitlinien für die Einführung und praktische Umsetzung.* Heidelberg 1994.

Knebel, Heinz / Helmut Schneider: *Taschenbuch der Führungsgrundsätze.* Heidelberg 1983.

Martus, Rainer: *Führungsleitsätze entwickeln, einführen, umsetzen.* Landsberg 1993.

Reisach, Ulrike: *Bankunternehmensleitbilder und Führungsgrundsätze: Anspruch und Wirklichkeit.* Köln 1994.

Wunderer, Rolf: *Führung und Zusammenarbeit.* Beiträge zu einer unternehmerischen Führungslehre. Stuttgart 1997.

16. Gruppenarbeit

Veränderte Wettbewerbsanforderungen, der technologische Fortschritt und der gesellschaftliche Wertewandel führen dazu, dass Unternehmen ihre betrieblichen Strukturen und Strategien überprüfen. Gruppenarbeit nimmt dabei eine zentrale Rolle ein. Auch »reife« Mitarbeiter wünschen sich eine inhaltsreiche und verantwortungsvolle Arbeitstätigkeit mit Handlungs- und Entscheidungsspielraum, wie sie für Gruppenarbeit typisch ist (vgl. Kapitel Teamwork im dritten Teil).

Entwicklung der Gruppenarbeit

Gruppenarbeit ist nichts fundamental Neues. Bereits Anfang der 70er-Jahre wurde das Konzept in den skandinavischen Unternehmen Volvo und Saab praktiziert. Auch in der ostasiatischen Wirtschaftskultur wird Gruppenarbeit schon lange als Motivations- und Produktivitätsquelle genutzt. Der Nutzen wurde dort schon vor 20 Jahren durch das japanische Wirtschaftswunder bestätigt. Aber erst als das *Massachusetts Institute of Technology (MIT)* Anfang der 90er-Jahre die Architektur des *Lean Management* beschrieb, interessierten sich westliche Manager plötzlich für das kollektive Zusammenwirken am Arbeitsplatz (vgl. Kapitel Lean Management im zweiten Teil).

Veränderte Wettbewerbsverhältnisse und der technologische Fortschritt führten dazu, dass das Thema Gruppenarbeit auf einen der vorderen Plätze der unternehmenspolitischen Tagesordnung gelangte.

Begriffsklärungen

In der Literatur existiert für den Begriff der Gruppe – trotz der langen Tradition gruppentheoretischer Forschung – kein einheitliches Verständnis. In der Summe der vorliegenden Definitionen lässt sich der Begriff Gruppenarbeit im Sinne sich selbst steuernder Arbeitsgruppen wie folgt umschreiben:

- Gruppenarbeit vollzieht sich als dauerhafte Zusammenarbeit einer Gruppe.
- Die planenden, steuernden und kontrollierenden Funktionen werden in die ausführenden (re)integriert.
- »Zerstückelte« Tätigkeiten werden zu sinnvollen und überschaubaren Arbeitsgebieten zusammengefasst. Die Gruppe ist für die Erledigung eines überschaubaren Arbeitskomplexes selbst verantwortlich.
- Die Gruppenmitglieder verrichten nicht nur gleichartige oder ähnliche Arbeitsgänge, sondern auch vertiefende, z. B. die Qualitätskontrolle und Instandhaltung. Selbst die Regelung kleiner Konflikte nimmt die Gruppe vor.

Vorteile der Gruppenarbeit

Diese Form der Arbeitsorganisation verringert innerbetriebliche Abstimmungswege und reduziert den Koordinationsaufwand. Sie eröffnet neue Entscheidungs- und Handlungsspielräume für die Mitarbeiter. Auch fordert und fördert sie deren Fach-, Sozial- und Methodenkompetenz, denn nunmehr nimmt die Gruppe einen Teil jener Aufgaben wahr, die früher dem Management vorbehalten blieben. Infolgedessen relativiert sich die Grenze zwischen Führung und Ausführung. Die Eigenverantwortung der Teams könnte auch die Besserwisserei des Managements bremsen.

In der Praxis existieren unterschiedliche Bezeichnungen für Gruppenarbeit, z. B. Fertigungsteam, Fertigungsinsel, Gruppenfertigung, teilautonome Arbeitsgruppe, Fraktalteam.

Formen der Gruppenarbeit

Gruppenarbeit nebeneinander
Bei der Gruppenarbeit »nebeneinander« arbeitet jeder an einer Aufgabe, aber gemeinschaftlich mit anderen. Das war der Fall, als sich früher die Frauen eines Dorfes zum Spinnen trafen, dabei sangen und plauderten. Dieses Nebeneinander stimulierte die Einzelleistung, man lernte voneinander und löste kleine Probleme gemeinsam. Auf die betriebliche Praxis bezogen, ändert sich dieses Nebeneinander nicht grundsätzlich, wenn das Arbeitsergebnis an Kollegen bzw. andere Abteilungen weitergereicht wird.

Gruppenarbeit füreinander
Bei der Gruppenarbeit »füreinander« wird im Prinzip auch nebeneinander an Einzelarbeitsplätzen gearbeitet, jedoch wird das jeweilige Arbeitsergebnis an Kollegen oder andere Arbeitsgruppen weitergereicht. Kontakte treten sporadisch auf, und zwar nur dort, wo es erforderlich ist, sich abzustimmen oder Probleme zu lösen. Jeder ist hier für Menge und Qualität selbst zuständig und verantwortlich. Ein Staffelteam, z. B. eine 4 x 100m-Sprintmannschaft, ist mit einer solchen Gruppe vergleichbar: Jeder bemüht sich um ein gutes Einzelergebnis und gibt dann seinen Staffelstab an das nächste Mannschaftsmitglied weiter. In der Industriesoziologie wurde hierfür der Begriff der »gefügeartigen Kooperation« geprägt.

Merkmale von Team- und/oder Gruppenarbeit

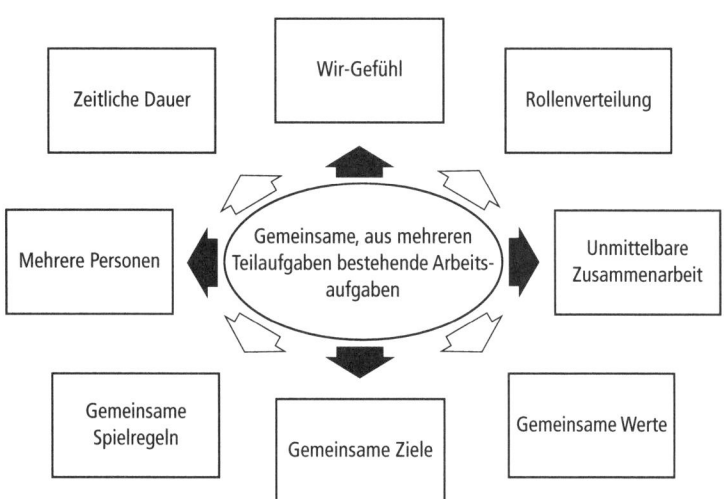

Merkmale von Team- und/oder Gruppenarbeit

Bei der Gruppenarbeit »miteinander« geht es um ein gemeinsames Arbeitsergebnis hinsichtlich Menge und Güte. Jeder ist für das Gesamtergebnis mitverantwortlich, auch wenn er nur Teilaufgaben verrichtet. Der Idealtypus hierfür ist eine Fußballmannschaft. Wenn es spieltaktisch geboten ist, sind die Spieler bereit, alle Positionen einzunehmen. Das Tor, das jeder gerne selbst schießen würde, wird demjenigen überlassen, der am günstigsten zum gegnerischen Tor steht. Mannschaftsleistung geht vor Einzelleistung. Für dieses Verhalten hat die Industriesoziologie den Begriff »teamartige Kooperation« geprägt.

Gruppenarbeit miteinander

Aufgrund der zunehmend überregionalen Firmenkooperationen und verschiedener Tele-Teaching-Angebote zur Aus- und Weiterbildung wächst der Bedarf zur Durchführung von Gruppenarbeit ohne physische Anwesenheit aller Beteiligten in einem Raum stark an. In diesem Zusammenhang entstanden die Begriffe *Computer Supported Cooperative Work*, kurz CSCW, oder auch *Groupware*. Während CSCW das universelle Arbeitsgebiet und die dazugehörigen Forschungsfelder bezeichnet, versteht man unter dem Begriff *Groupware* die entsprechenden Systemlösungen.

Der Sonderfall IT-gestützter Gruppenarbeit

Groupware sind integrierte Softwareanwendungen, auf deren Basis computergestützte Teamarbeit *(Workgroup Computing)* ermöglicht wird. In der Praxis bedeutet dies das gemeinsame Sammeln und Auswerten von Daten, die Erstellung von Dokumenten, Ablaufplänen oder Konzepten im Team, die Führung von öffentlichen Terminkalendern oder die Abwicklung von offenen Gruppendiskussionen auf der Basis von vernetzten Computersystemen. Der wesentliche Vorteil von *Workgroup Computing* besteht darin, dass die Gruppenmitglieder orts- und zeitunabhängig an den gemeinsamen Aktivitäten teilnehmen können, wodurch sich ihre Produktivität vervielfacht. Darüber hinaus macht sich eine Reihe von Eigenschaften computerorientierter Gruppendynamik positiv bemerkbar. So ergaben Untersuchungen, dass bei elektronisch geführten Diskussionen Statuseinflüsse zurückgehen (z. B. haben Mitglieder mit höherem Status, jedoch geringerer Sachkenntnis weniger Einfluss), mehr Ideen hervorgebracht, hohe Zeitersparnisse erzielt werden können (bei Berücksichtigung von Reisezeiten) sowie Kostenreduzierung erreicht werden kann.

Flachere Hierarchien mit *Groupware* bedeuten die notwendige Verlagerung wichtiger Entscheidungen an die Arbeitsplätze, an denen das Geschäft erledigt wird. Mitarbeiter müssen entscheidungsfreudiger, also auch risikobereiter, werden und mehr Selbstverantwortung übernehmen.

Groupware benötigt bereits funktionsfähige Teamarbeit in der Abteilung bzw. im Projektteam. Einzelkämpfer, die sich aus der Teamarbeit verabschieden, wichtige Informationen lieber für sich behalten, um sich auf Kosten des Teams persönlich zu profilieren, sind schnell untragbar. Weiterhin benötigt *Groupware* aktive Mitarbeiter. Regelungsgewohnte Mitarbeiter tun sich schwer mit der Kultur der *Groupware*. Ein flexibles System benötigt flexible Mitarbeiter, die in Frage stellen, was unsinnig erscheint, und unbürokratisch die optimale Nutzung suchen, solange das Ganze davon profitiert.

Das am weitesten verbreitete *Groupware*-Produkt *Lotus Notes* galt über Jahre hinweg als Synonym für diesen Applikationstyp. Mit der Einführung von Intranets werden *Groupware*-Funktionen mitgeliefert und stehen damit unmittelbar und unternehmensweit zur Verfügung.

Praxis der Gruppenarbeit

Voraussetzungen für erfolgreiche Gruppenarbeit

Gruppenarbeit setzt die Akzeptanz aller im Unternehmen voraus. Daher ist es erforderlich, Mitarbeiter und Führungskräfte durch rechtzeitige und umfassende Informationen für die Idee der Gruppenarbeit zu gewinnen. Mitarbeiter und Führungskräfte müssen darüber informiert werden,

– was Gruppenarbeit ist,
– welche Veränderungen und Konsequenzen sich daraus für die Mitarbeiter und Führungskräfte ergeben,
– welche Gründe das Unternehmen bewogen haben, Gruppenarbeit einzuführen,
– welche Ziele mit der Umstellung auf Gruppenarbeit verbunden sind,

- welche Erwartungen das Unternehmen an Mitarbeiter und Führungskräfte stellt,
- in welchen Bereichen Gruppenarbeit als Pilotprojekt eingeführt wird,
- welche innerbetrieblichen Akteure und gegebenenfalls externe Berater einbezogen werden.

Gruppenorientierte Strukturen ermöglichen die Überwindung von monotonen, einseitigen Tätigkeiten. Damit tragen sie zu einer Motivation durch die Arbeit selbst bei. Zusätzliche Motivation resultiert aus der Erweiterung der fachlichen Qualifikation (Beherrschung aller Teilfunktionen innerhalb der Gruppenfunktion) sowie des fachübergreifenden Wissens und Könnens (Konflikt und Problemlösungsfähigkeit). Zudem befriedigt eine intensivierte Kommunikation und Kooperation das Bedürfnis der Mitarbeiter nach sozialem Austausch. Auch erzeugt Gruppenarbeit eine starke Identifikation mit der Arbeitsaufgabe und kann so der oft beklagten »inneren Kündigung« entgegenwirken.

Zielaspekte der Gruppenarbeit und mögliche Probleme

Ein wichtiger Bestandteil der Gruppenarbeit ist die Gruppenentscheidung. Die Vorteile kollektiver Entscheidung werden erst im direkten Vergleich mit der Einzelentscheidung sichtbar. Erfahrungen zeigen, dass die Gruppenentscheidung zwar mehr Zeit beansprucht, jedoch auf jeden Fall schneller realisiert wird, da die Gruppenmitglieder im Entscheidungsprozess die beschlossenen Maßnahmen bereits akzeptiert haben.

Gruppenentscheidungen sind in der Regel qualitativ besser als Einzelentscheidungen. Keiner ist so klug wie alle zusammen. Im Entscheidungsprozess vermeidet eine Gruppe stärker als eine Einzelperson das große Risiko. Dies wird zudem auf die Gruppenmitglieder verteilt, so sich eine eher kollektive Verantwortlichkeit ergibt.

Als nachteilig können sich gegebenenfalls diese Punkte auswirken:

Nachteile

- Eine zu lange Entscheidungsdauer
- Gefahr der Lähmung von Einzelinitiativen
- Überlappung der Kompetenzen von Gruppen-

mitgliedern und damit der Aufbau von Ärger und
Missbehagen
- Ggf. ein Verzicht darauf, als richtig erkannte Ziele
konsequent zu verfolgen, weil einzelne Gruppen-
mitglieder sich aus gemeinsamen Entscheidungen
heraushalten bzw. die insgesamt herbeigeführte
Entscheidung bei der Realisierung unterschiedlich
interpretieren
- Eine mangelnde Verantwortung des Einzelnen für
den Gesamtbereich eines Unternehmens
- Sozialer Druck und Disziplinierung durch direkte
Kontrolle untereinander

Auch sind negative Auswirkungen auf die Motivation und Zufriedenheit einzelner Mitarbeiter nicht auszuschließen. Da die Implementierung von Gruppenarbeit flache Hierarchien, Rationalisierungen und Reduzierungen von Arbeitsplätzen mit sich bringt,
schrumpfen eventuelle Aufstiegsmöglichkeiten. Für karriere-
orientierte Mitarbeiter reduzieren sich die Möglichkeiten, ihr
Bedürfnis nach sozialer Hervorhebung in Führungspositionen zu
befriedigen.

Organisation der Gruppenarbeit

Mitarbeiter Die Gruppenarbeit verändert nicht nur die Arbeitsaufgaben der
Mitarbeiter einer Gruppe, sondern auch die der Führungskräfte
und der Mitarbeiter in den Dienstleistungsbereichen, mit denen
Gruppen zusammenarbeiten, so z.B. Arbeitsvorbereitung, Instandhaltung, Qualitätssicherung, Logistik.

Was die Veränderung der Arbeitsaufgaben der Gruppenmitglieder
angeht, so werden einzelne Arbeitsaufgaben ebenso wie die planenden, ausführenden und kontrollierenden Tätigkeiten zu einer
Gruppenaufgabe gebündelt. Eventuell werden auch noch Funktionen aus den Servicebereichen in die Gruppenaufgabe integriert (Personalwesen, Führung, Fertigungsplanung, Qualitätssicherung etc).

Das setzt voraus, dass die betroffenen Mitarbeiter über die notwendigen fachlichen, methodischen und sozialen Kompetenzen verfügen oder ihnen diese vermittelt werden.

Gruppensprecher

Die Position des Gruppensprechers und gegebenenfalls seines Stellvertreters wird durch die Einführung von Gruppenarbeit im Unternehmen neu geschaffen. Dies sind seine wichtigsten Aufgaben:

- Gruppeninteressen nach außen vertreten
- Gruppengespräche steuern
- Urlaubsplanung koordinieren
- Unterstützung bei der Aus- und Weiterbildung
- Personaleinsatzplanung
- Verbesserungen anregen
- Neue Mitarbeiter betreuen
- Gruppenübergreifende Probleme mit anderen Gruppensprechern klären

Diese Aufgaben stellen relativ hohe Anforderungen an die methodische und soziale Kompetenz des Gruppensprechers. Man sollte ihm daher die Inhalte einer Führungsgrundschulung hinsichtlich methodischer und sozialer Kompetenz vermitteln.

Führungskräfte

Gruppenarbeit verändert die Aufgaben der unteren und mittleren Führungsebene. Durch Verlagerung der Aufgaben, z.B. eines Meisters in die Gruppe, erhält die Gruppe eigenen Handlungs- und Entscheidungsspielraum. Da die Führungskraft Aufgaben und Verantwortung an die Gruppe abgibt, gewinnt sie damit zeitliche Kapazitäten für die Mitarbeiterführung und strategische Aufgaben.

Mit der Verlagerung von Führungsaufgaben und -verantwortung in die Gruppe hinein und dem eventuellen Wegfall einer Führungsebene kann eine Veränderung in der Führungsstruktur des Unternehmens entstehen. Darum ist es wichtig, im Rahmen der Personalplanung/-entwicklung, mit den betroffenen Personen neue Tätigkeitsfelder zu eruieren.

Projektleiter Als Prozessbegleiter betreut und steuert der Projektleiter die Planungs- und Einführungsphase. Er ist Ansprechpartner für die Mitarbeiter der Gruppe, für die involvierten Führungskräfte und die Mitarbeiter der Servicebereiche während – und im Bedarfsfall nach – der Einführung von Gruppenarbeit. Seine Aufgabe ist es, die Mitarbeiter und Führungskräfte für Gruppenarbeit zu gewinnen sowie auftretende Probleme der Zusammenarbeit in der Gruppe oder zwischen Gruppen aufzugreifen. Sofern das Unternehmen keinen externen Berater hinzuzieht, organisiert und moderiert er die Projektsitzungen und sorgt für die Umsetzung der Projektergebnisse, welche die Projektgruppe in Abstimmung mit dem Entscheidungsausschuss plant.

Einige seiner Aufgaben sind im Nachfolgenden beispielhaft aufgeführt:

- Projektsitzungen moderieren
- Qualifizierungsmaßnahmen koordinieren
- Erfahrungen aus anderen Gruppen vermitteln
- Gruppensprecher / Führungskräfte unterstützen
- Bei Konflikten helfen
- Die Gruppen betreuen und begleiten
- Für die Umsetzung der Projektergebnisse sorgen
- Veranlassung der Umsetzung von Verbesserungen
- Mitwirkung bei planerischen Arbeiten
- Unterstützung der Gruppe bei der Ermittlung des Personalbedarfs
- Schulung der Mitarbeiter für Teamarbeit

Projektgruppe Aufgabe der Projektgruppe ist es, in Abstimmung mit dem Entscheidungsausschuss Gruppenarbeit im Unternehmen einzuführen und die erforderlichen Maßnahmen zur Information und Qualifizierung der Mitarbeiter und Führungskräfte zu erarbeiten. In der Projektgruppe sind die wichtigsten Funktionsbereiche des Unternehmens und der Betriebsbereich, in dem die Gruppenarbeit eingeführt wird, vertreten.

Zukunft der Gruppenarbeit und Schlussfolgerungen

Praxisbeispiele aus vielen Unternehmen zeigen, dass eine teilautonome Arbeitsgruppe nicht nur eine Vereinigung von in ihr tätigen Menschen, sondern selbst auch Produktivkraft ist. Diese Produktivkraft ist stärker als die Summe der individuellen Kräfte der Mitglieder. Auch bei einer sich selbst steuernden Arbeitsgruppe ist das Ganze mehr als die Summe seiner Teile.

Die Erfolge von Gruppenarbeit sprechen für sich: Die Europäische Stiftung für Verbesserung der Lebens- und Arbeitsbedingungen, Dublin, befragte 5800 Unternehmen in 10 EU-Ländern zum Nutzen von Gruppenarbeit.

Empirisch erwiesene Erfolge

- 94 % der angeschriebenen Manager gaben an, dass die Qualität durch Gruppenarbeit gesteigert wurde
- 66 % berichteten von kürzeren Durchlaufzeiten
- 56 % von Kostenreduzierung
- 37 % vom Fehlzeitenabbau

Diese Zahlen zeigen, dass in der Organisation der Arbeit immer noch beachtliche Produktivitätsreserven stecken. Sie dürften Grund genug sein, noch stärker über die Einführung von Gruppenarbeit in europäischen Unternehmen nachzudenken.

Die Zukunft verlangt nach überschaubaren organisatorischen Abläufen und klaren, nachvollziehbaren Entscheidungen. Sie braucht Menschen, die an ihrem Arbeitsplatz so handeln, als wäre er ihr eigenes Unternehmen, und die Ideen zur Verbesserung der Produktionsabläufe unbürokratisch und effektiv in die Tat umsetzen, und zwar in einem sie darin unterstützenden Umfeld. Das setzt die Mitwirkung aller Mitarbeiter und Vorgesetzten voraus. Die Gruppenarbeit bietet die Möglichkeit, diesen Prozess in Gang zu setzen.

Literatur

Antoni, Conny: *Praxishandbuch Gruppenarbeit.* Konzepte, Werkzeuge, Praxismodelle. Düsseldorf 2001.

Dombrowski, Thomas: *Gruppenarbeit und Entgeltsysteme.* Ein Beitrag zur Untersuchung der Wirkung von Entgeltsystemen auf die Personaleinsatzflexibilität. Eine Fallstudienuntersuchung. Diss., Mering 2000.

Fischer, Michael: *Methoden für die Gruppenarbeit.* Köln 2001.

Hubbertz, Hans: *Gruppenarbeit und Unternehmenskultur.* Eine systemtheoretische Fallstudie zum Bochumer Werk der Adam Opel AG. Diss., Mering 2000.

Kliebisch, Udo W. / Rolf Bornschein: *Keine Angst vor Gruppenarbeit!* Ein Lern- und Übungsbuch. Baltmannsweiler 2001.

Rehm, Siegfried: *Gruppenarbeit.* Ideenfindung im Team. Praxisorientierte Ideenfindung, Problemlösung und Entscheidungen treffen. Frankfurt / Main 1999.

Sey, Anne: *Gruppenarbeit in Japan.* Stereotyp und Wirklichkeit. Diss., Mering 2001.

17. Leadership

Fundamentale Veränderungen in Wirtschaft und Gesellschaft machen es für Unternehmen notwendig, sich ständig neuen und komplizierten Bedingungen anzupassen. Diese Anpassungserfordernisse verunsichern vor allem die Mitarbeiter und bewirken tendenziell Demotivation. Darum benötigen Führungskräfte im 21. Jahrhundert Verhaltensweisen und Fähigkeiten, die man früher dem charismatischen Führer zuschrieb.

Das traditionelle Führungsverhalten aus Zeiten der Kommandowirtschaft eignet sich nicht mehr, die Aufgaben und Probleme der veränderten Wirtschaftswelt zu lösen. Als Alternative bietet sich ein Denkansatz an, der unter der Bezeichnung *Leadership* weltweit Furore machte (vgl. ergänzend das Kapitel Empowerment im dritten Teil).

Traditionelles Führungsverhalten out

Begriffsklärung

Der Begriff *Leadership* wurde durch den Politologen James McGregor Burns in den 70er-Jahren popularisiert, obwohl er von Philip Selznick schon 1957 durch sein wenig bekanntes »Büchlein« *Leadership in Administration* geprägt worden war. Darin grenzt er zwei Arten von Führung miteinander ab:

- Vorgangsorientierte Führung und
- Transformierende Führung.

Vorgangsorientiertes Management

Das vorgangsorientierte Management war tayloristisch geprägt. Es legte den Fokus auf die zielorientierte Steuerung des technischen und organisatorischen Ablaufs, also auf das, was man allgemein als Management bezeichnet. Demnach leitet und verantwortet ein Manager die richtige Umsetzung von Aufgaben. Er mobilisiert die »physischen Ressourcen«, z.B. Kapital, Material, Technologie, und löst Probleme mit Hilfe von Managementmethoden.

Dieses Verständnis von Management hat viele Managergenerationen geprägt. Die zahlengläubige, rationalistische Managementlehre beherrschte die *Business Schools*. Man glaubte, dass gut ausgebildete Manager mit den richtigen Analyseinstrumenten und Leitungsmethoden so gut wie alles managen könnten.

Als Folge hiervon wurde immer mehr sachbezogen verwaltet und gemanagt, aber immer weniger zwischenmenschlich geführt. Organisationen litten immer stärker an einem Zuviel an Management und einem Zuwenig an Führung (Gertrud Höhler). Manager, die etwas verändern wollten, bastelten in der Regel an der Strategie oder der Organisation herum, aber selten am eigenen Verhalten.

Transformierende Führung

Als in den 70er- und 80er-Jahren das Wirtschaftswachstum abflachte, setzte ein Paradigmenwechsel der Managementtheorie ein. Theorie und Praxis der Unternehmensführung verabschiedeten sich vom Konzept des »wissenschaftlichen Managements« des Arbeitsplatzes (Taylorismus) und fragten nunmehr nach der richtigen Art und Weise der Mitarbeiterführung. Vor diesem Hintergrund entstand die Idee der »transformierenden Führung«, eine Art des Einwirkens auf Mitarbeiter, das auf dem Sinnstreben des Menschen aufbaut und ein sinnstiftendes Organisationsziel formuliert. Darum wirft James McGregor Burns den früheren Managementforschern vor, sie hätten sich vor allem mit der Machtfrage beschäftigt und dabei die weitaus wichtigere Aufgabe der Sinnvermittlung aus den Augen verloren. Seine Kernaussage lautet: »*Führung ist darum im Gegensatz zur nackten Machtausübung untrennbar verbunden mit den Bedürfnissen und Zielen der Geführten*«. Transformierende Führung liegt für ihn dann vor, wenn eine oder mehrere Personen mit anderen so zusammenwirken, dass Führer und Geführte einander zu höherer Motivation und Moral verhelfen.

Als Folge hiervon bildete sich eine Balance zwischen Managen und Führen heraus. Während Manager planen, analysieren, realisieren und kontrollieren, vermittelt die Führung Sinn, schafft Motivation und Solidarität für gemeinsame Ziele. Die amerikanischen Managementautoren und -trainer Bennis und Nanus drückten das so aus: *»Managers do the things right, leaders do the right things«*. Anders ausgedrückt: Manager arbeiten mit Zahlen und Fakten, *Leader* mit Menschen und Gefühlen. Während sich der Manager als Businessarchitekt betätigt, ist der *Leader* als Sozialarchitekt aktiv.

Manager versus Leader

Der Unterschied zwischen Managen und Führen

Im Zusammenhang mit dem Paradigmenwechsel der Managementpraxis setzte sich der Begriff *Leadership* durch. Bei diesem Führungsverständnis stehen die menschlichen Qualitäten des Führenden im Vordergrund: *»Leadership ist die natürliche und spontane Fähigkeit, Mitarbeiter anzuregen, zu inspirieren und sie in die Lage zu versetzen, diese neuen Möglichkeiten zu entdecken und umzusetzen sowie sich freiwillig und begeistert für die Verwirklichung gemeinsamer Ziele einzusetzen«* (Hinterhuber 1999, S. 22). Während der Manager für die Arbeit und das Funktionieren der Organisation sorgt, kümmert sich der *Leader* um die Lust an der Arbeit und die Freude an der Organisation.

Die Unterschiede zwischen Leadership und Management

Der neue Typ des *Leaders* probiert neue Lösungen für alte Probleme, um so eventuell noch unbekannte Handlungs- und Geschäftsmöglichkeiten zu entdecken. Er weitet Spielräume aus und beschreitet neue Wege. Das impliziert vorbildliches Verhalten vor allem bei der Verwirklichung von Visionen.

Leadership	Management
Entdecken neuer Möglichkeiten, das Kommende vorbereiten	Die vereinbarten Ziele erreichen
Mitarbeiter anregen und in die Lage versetzen, Spitzenleistung zu erbringen	»Dinge« und Menschen durch Methoden, Techniken und Kontrolle in Bewegung setzen
Ganzheitliche Veränderung, Leistungssteigerung	Partielle Veränderungen, Leistungssicherung
Zeithorizont: länger als ein Jahr	Zeithorizont: ein Jahr
Führung mit sinnstiftenden Inhalten und Visionen	Führung mit Zahlen und Daten sowie mess- und kontrollierbaren Zahlen

Im Gegensatz dazu versucht der Manager klassischen Zuschnitts, die gestellten Ziele zu erfüllen und gegebene Probleme zu lösen. Er agiert in vorhandenen, gegebenenfalls klar strukturierten Märkten und Branchen. Seine Methoden, Techniken und Werkzeuge sind technisch, mathematisch, analytisch und linear im Sinne von Wenn–Dann, von Ursache und Handlung. Sein wichtigstes Führungsmittel sind konkrete Ziele, die einem ständigen Soll-Ist-Vergleich unterliegen, so dass er gegensteuern kann. Das ermöglicht ihm, den Erfolg bzw. Misserfolg seiner Handlungen gegenüber seinen Vorgesetzten oder auch Aktionären zu belegen.

Das kann der *Leader* nicht, da seine Visionen nicht so leicht messbar sind. Sie zeichnen sich außerdem durch einen Langzeiteffekt aus. »Test« ist ein wichtiges Wort in seinem Vokabular. Er weiß, dass es keine risikolosen Risiken gibt.

Neuentdeckung der Einzelpersönlichkeit
Ein Unternehmen benötigt solche Identifikationspersonen. Diese Einsicht war in der Teameuphorie der letzten zwei Jahrzehnte verloren gegangen. Erst in den letzten Jahren wurde die besondere Rolle der Einzelpersönlichkeit neu entdeckt. Menschen wie Nelson Mandela und Bill Gates treiben das Handeln von Menschen in Unternehmen, Organisationen und Nationen voran.

Doch trotz der hier beschriebenen Unterschiede haben *Leadership* und Management gleiche wirtschaftliche Ziele. Es geht letztendlich um die langfristige Gewinnsicherung von Unternehmen, um Marktführerschaft oder die Steigerung des Unternehmenswertes.

Müssten Manager nicht zugleich *Leader* und *Leader* nicht zugleich Manager sein? Den ersten Teil der Frage beantworten die Protagonisten des *Leadership*-Konzepts mit Ja. Da es die Hauptaufgabe eines Managers ist, Ziele durch die Mitarbeit anderer Menschen zu erreichen, kann er nicht ohne die Fähigkeiten und Verhaltensweisen des *Leaders*, also soziale Kompetenz, auskommen.

Leader oder Manager?

Im Gegensatz dazu sollte der *Leader* mit einem Minimum an Management auskommen. Erfolgreiche *Leader* lassen andere für sich managen oder verlagern Managementaufgaben in die Arbeitsgruppe. Doch darf der Leader nicht auf Management verzichten, da sonst ein Blindflug droht.

Die Praxis des Leaderships – Anforderungen an den Leader

Führungskräfte sollen nach Meinung der *Leadership*-Apologeten drei Anforderungen erfüllen:

1. Visionär sein,
2. Vorbild sein sowie
3. den Unternehmenswert steigern.

Jede Führungskraft, soweit sie die Leaderrolle einzunehmen gedenkt, sollte prüfen, ob sie diese Anforderungen erfüllt.

Wer wirksam und zukunftsbezogen führen will, sollte Visionär sein. Er überzeugt andere und spornt sie an, indem er Sinn vermittelt und die Richtung vorgibt. Dazu benötigt er Willenskraft und nutzt gegebenenfalls seine Macht, aber ohne diese zu missbrauchen (vgl. Kapitel Unternehmensvisionen im zweiten Teil). Mit seiner Vision (Kernauftrag) drückt er das aus, was er für möglich hält. Er lebt sie vor und wirkt so auf seine Mitarbeiter ein.

Visionär sein

Der Führende muss für seine Mitarbeiter Vorbild sein. Das betrifft insbesondere sein Bemühen zur Steigerung des Unternehmenswertes und Verbesserung der Unternehmenskultur. Für ein Unternehmen ist dies (überlebens-)wichtig und auch deshalb

Vorbild sein

notwendig, weil das Bild, welches die Außenwelt von einem Unternehmen wahrnimmt, durch das Verhalten der Mitarbeiter und Führungskräfte geprägt wird.

Natürlich sind auch Motivation und das Engagement der Mitarbeiter zu wecken, weil sich Kundenzufriedenheit nur durch zufriedene Mitarbeiter erreichen lässt.

Das Top-Management ist hier ebenfalls gefordert. Werte, Normen und Ziele sind von oben nach unten vorzuleben. Die natürliche Autorität und Glaubwürdigkeit aller Führungskräfte hängt davon ab, ob ihre vorgelebte Vision, ihre Strategien und Einstellungen von den Mitarbeitern geglaubt und akzeptiert werden.

Steigerung des Unternehmenswertes Das Verhalten des *Leaders* ist Mittel zum Zweck. Dieser lautet: Rentabilitätssicherung und gegebenenfalls Ausbau der Marktführerschaft, um den Unternehmenswert zu steigern, und zwar im Interesse der Eigner und Mitarbeiter langfristig und nachhaltig. Der »Managementstar« Jack Welch von *General Electric* meint*: »Als Führende werden wir bezahlt, kurzfristige Ergebnisse zu erzielen und die Unternehmung langfristig stärker zu machen«* (Hinterhuber 1999, S. 65). Dies setzt ein ausgeprägtes Kostenbewusstsein und eine engagierte Gewinnorientierung voraus (vgl. Kapitel Shareholder Value im zweiten Teil).

Die Basis erfolgreichen *Leaderships* sind die Kunden. Ein Unternehmen ohne Kunden ist *de facto* pleite. Je mehr Kunden das Unternehmen hat, desto größer ist die Chance, dass es erfolgreich überlebt und seinen Unternehmenswert steigert.

Fazit

Beim *Leadership* hat man eine schon länger bekannte Erscheinung im Sozialgefüge von Menschen in einen neuen Begriff gegossen bzw. auf die Unternehmenswelt übertragen. Bereits Max Weber hatte die Existenz und die Rolle des charismatischen Führers soziologisch beleuchtet, nach der sich der Führer durch besondere Persönlichkeitsmerkmale auszeichnet. *Leadership* darf

Leadership ist gekennzeichnet durch folgende Merkmale
(nach Hinterhuber):

– Den Aufbau einer gemeinsamen Sicht der Zukunft der Führungskräfte und Mitarbeiter, die den Kundennutzen in den Mittelpunkt stellt.

– Der Führende hat die Willenskraft und die Bereitschaft, die verliehene Macht aktiv zu gebrauchen. Dadurch sollen Handlungen und Entscheidungen beschleunigt und die Zielerreichung der Unternehmensziele gesichert werden.

– Kompetenzen müssen delegiert werden. Trotz Abgabe und Delegation von Kompetenzen müssen alle Mitarbeiter das Unternehmensziel verfolgen.

– _Leader_ gehen davon aus, dass jeder Mitarbeiter Fähigkeiten und Fertigkeiten mit- und einbringt, die für die Erreichung des Zieles wichtig sind. Mitarbeiter werden angeregt und in die Lage versetzt, Spitzenleistung zu erbringen.

– Im Gegensatz zum autoritären Führungsstil bestimmt ein _Leader_ Ziel und Aufgaben, ohne in die Ausführungen einzugreifen.

– Der _Leader_ kontrolliert nicht den Weg beim Erfüllen der Aufgabe, sondern die Zielerreichung.

– Der _Leader_ gesteht den Mitarbeitern ihren Anteil am Erfolg zu. Er muss auch schwache Signale deuten können und so schon aus dem Vorfeld vager Bedrohungen Information interpretieren und präventiv handeln.

– Der _Leader_ steht zu den eigenen Fehlern und schiebt die Verantwortung nicht den Mitarbeitern zu.

– An die Stelle der rigiden Organisation tritt eine sich selbst formierende Organisation mit einem gemeinsamen Werteverständnis, deren Gestaltung sich an der jeweiligen Aufgabe orientiert. Das System wird überarbeitet.

– Das Erreichte muss immer wieder in Frage gestellt werden, um das Unternehmen laufend den Kundenbedürfnissen und Wettbewerbsverhältnissen anzupassen.

– Bereichsübergreifende Problemlösungen stehen im Mittelpunkt.

dem Teamgedanken nicht gegenübergestellt, sondern muss in diesen eingefügt werden.

Leadership und Management bilden nicht den Gegensatz, den man in der Literatur antrifft. Eher handelt es sich bei diesen Begriffen um idealtypische Gegenüberstellungen. Man sollte sich beides eher als Kontinuum vorstellen, bei dem je nach Situation eher die eine oder die andere Richtung beschritten wird (situatives Führen).

Leadership ist organisationsabhängig

Ob und inwieweit *Leadership* praktiziert werden kann, hängt auch von der Organisation bzw. der Mitarbeiterschaft ab. In der *New Economy* oder einem Forschungslabor mag es der adäquate Führungsstil sein, aber nicht bei der Feuerwehr oder auf einer von Terminsorgen geplagten Baustelle.

Wesentliche Fragen, wie sich der *Leader* im psychologisch-sozialen Wechselspiel konstituiert, bleiben in den meisten Büchern zu diesem Thema unbeantwortet. Das gilt auch für die Frage der Kompatibilität hierarchischer Traditionalorganisation mit innovativer Handlungsfreiheit für den *Leader*. *Leadership* kann nur ein Baustein im Gesamtgefüge eines Unternehmens sein. Erst in der Kombination mit Teamwork, *Empowerment,* Visionsmanagement, Innovationsmanagement und einer Unternehmenskultur kann *Leadership* Wirkung entfalten.

Literatur

Burns, J. McGregor: *Leadership.* New York 1977.

Hinterhuber, Hans H.: *Leadership – mehr als Management.* Was Führungskräfte nicht delegieren dürfen. Wiesbaden 1999.

Matheis, Richard: *Leadership Revolution.* Aufbruch zur Weltspitze mit neuem Denken. Wiesbaden 1995.

Owen, Harrison: *The Spirit of Leadership.* Führen heißt Freiräume schaffen. Heidelberg 2001.

Selznick, Ph.: *Leadership in Administration.* A Sociological Interpretation. New York 1957.

Tracy, Brian: *High-Performance Leadership.* Der Schlüssel zu erfolgreicher Führung und Motivation. Landsberg 1999.

Vollmer, Marianne: *Training im Leadership.* Sich selbst führen, Mitarbeiter zu Höchstleistungen motivieren. Düsseldorf 2000.

18. Leitbilder

Die wachsende Komplexität und Dynamik von Wirtschaft und Gesellschaft verunsichert Menschen und damit die eigenen Mitarbeiter. Zunehmende Arbeitsteilung und fortschreitende Spezialisierung erschweren zugleich die Kommunikation über diese Entwicklung. Um die isoliert voneinander tätigen Mitarbeiter, vom Pförtner bis zum Generaldirektor, auf eine gemeinsame Richtung hin auszurichten, bedarf es eines Leitbildes. Es könnte Mitarbeitern eine grobe Orientierung im Dickicht der komplexitätsbedingten Unübersichtlichkeit geben. Im Idealfall sollte es sogar emotionalisierende Wirkung haben, um das Denken und Verhalten der Mitarbeiter zu stimulieren, vor allem im Sinne der strategischen Groborientierung des Unternehmens.

Orientierung und Ausrichtung

In dem Maße, in dem die Selbstorganisation ausgebaut wird, bedarf es einheitlicher Regeln, verbindlicher Orientierungen und Rahmenbedingungen. Auch dazu leisten Unternehmensleitbilder einen Beitrag.

Begriffsklärung

Ein Leitbild drückt kurz, präzise und verständlich aus, welche wesentlichen Werte für das Unternehmen wichtig oder verbindlich sind und wohin es sich orientiert. Es enthält also Soll-Vorstellungen über die erstrebenswerte Gestaltung des Unternehmens und seiner Zukunft. Zu

**diesem Zweck werden realisierbare, aber noch nicht
vorhandene Zustände bzw. Ziele beschrieben. Insofern
kann man das Leitbild auch als die Summe von Jahres-
zielen betrachten (vgl. Kapitel Zielorientiertes Führen
im dritten Teil).**

Genau genommen ist das Leitbild ein Führungsinstrument der
unternehmerischen Rahmenplanung, mit dem Unternehmensgrundsätze, *Policies* etc. in expliziter Weise formuliert werden. In
diesem Sinne dient es als Orientierungsrahmen für sämtliche operativen und strategischen Entscheidungen eines Unternehmens.

Grundbotschaften Die Grundbotschaften eines Leitbildes sind Aussagen über die
Art und Weise des Umgangs mit Mitarbeitern, Kunden, Lieferan-
ten, gegebenenfalls Mitbewerbern und der Öffentlichkeit. Das
Leitbild ist ein klares, fixiertes Bild der Gegenwart und der nahen
Zukunft. Es kann primär nach außen (Kunden, Lieferanten, Öf-
fentlichkeit) oder nach innen (Belegschaft) gerichtet sein.

Die Aussagen eines Leitbildes richten sich an die eigenen Mitarbeiter, an Kunden, Lieferanten, Aktionäre und an die Öffentlichkeit. Insofern kommt ihm eine Orientierungsfunktion zu, vor
allem für Mitarbeiter und Führungskräfte. Zugleich hat es auch
eine zentrale Funktion bei der Imagebildung des Unternehmens.
Leitbilder sollten aber in ihrer grundsätzlichen Orientierungs-
leistung über die interne und externe Kommunikationsleistung
nicht mit internen geschäftlichen Grundsatzregelungen verwech-
selt werden.

Das Verhältnis des Leitbildes zur Unternehmenskultur

Man muss den Begriff Leitbild ganzheitlich in einen Zusammenhang mit anderen Themen des Komplexes Unternehmenskultur
stellen. Unternehmensphilosophie, Strategie, Ziele, Struktur und
Unternehmenskultur müssen fachmännisch vernetzt und ständig harmonisiert werden, um wirksam zu sein. Ein Leitbild ist
eher ein formal definiertes Oberziel, während die Unternehmenskultur eher den Ist-Zustand darstellt. Zwischen beiden be-

steht eine enge Beziehung, so eng wie zwischen Huhn und Ei. Doch auch hier stellt sich gegebenenfalls die Frage, wer zuerst da war, das Huhn oder das Ei (vgl. Kapitel Unternehmenskultur im zweiten Teil).

Unternehmenspolitische Grundsätze sind eine Art Unternehmens-Grundgesetz ohne weitere Konkretisierung. Ergänzend dazu machen Unternehmensleitbilder Aussagen über generelle Zielsetzungen und geben Verhaltensanweisungen. Ihnen nachgeordnet sind Strategiepapiere, die sich durch einen hohen Grad an Konkretisierung auszeichnen. Sie informieren über nahe liegende Absichten und werden strikt vertraulich behandelt.

Grundsätze, Leitbilder und Strategiepapiere

Das Leitbild als Teil der Unternehmensführung ist als Bindeglied zwischen Vision und Strategie anzusehen:

»Das Unternehmensleitbild enthält die grundsätzlichsten und damit allgemein gültigsten, gleichzeitig aber auch abstraktesten Vorstellungen über angestrebte Ziele und Verhaltensweisen der Unternehmung. Es ist ein ›realistisches Idealbild‹, ein Leitsystem, an dem sich alle unternehmerischen Tätigkeiten orientieren« (Knut Bleicher).

Inhalt von Leitbildern

Inhalte eines Unternehmensleitbildes sind die allgemeinen Ziel- und Zweckvorstellungen des Unternehmens sowie Aussagen über die Verhaltensweisen. Dazu gehören im einzelnen Aussagen über Qualität, Preisniveau, Marktstellung, Neuheitscharakter, Serviceleistungen, geografische Reichweite, Verhalten gegenüber dem politischen System und Umwelt (siehe Fragenkatalog für die Einführung eines Leitbildes). Hierbei muss ein Kompromiss zwischen technisch machbaren, wirtschaftlich sinnvollen und sozial verträglichen Zielen gefunden werden.

Leitbilder enthalten einerseits branchenunabhängige Aussagen, andererseits branchenspezifische. Selten werden alle der aufgeführten Punkte in einem Leitbild vollständig abgehandelt. Ein

Blick in die Leitbilder von Unternehmen zeigt, dass diese ganz unterschiedliche Punkte betonen. Einige pointieren den Qualitätsaspekt, andere die Innovationsfähigkeit und manche das Verhältnis zur Gesellschaft.

Inhalte Ganz grob kann man die Inhalte von Leitbildern so zuordnen:

1. Unternehmenspolitische Grundsätze und strategische Missionen. Sie dienen als Vorgabe für Aktivitäten.
2. Strukturgrundsätze der Unternehmensverfassung, der Aufbauorganisation und der Managementsysteme. Hier werden die Rahmenbedingungen für die Mitarbeiter gesetzt.
3. Verhaltensgrundsätze für Führung und Zusammenarbeit. Sie enthalten zumeist eine Darstellung der Führungsaufgaben, verbunden mit Aussagen zum gewünschten Führungsverhalten.

Fragenkatalog für die Entwicklung eines Unternehmensleitbildes:

– Welche *Bedürfnisse* wollen wir mit unseren Marktleistungen (Produkten, Dienstleistungen) befriedigen?

– Welchen grundlegenden Anforderungen sollen unsere *Marktleistungen* entsprechen (Qualität, Preis, Neuheit)?

– Welche *geografische Reichweite* soll unser Unternehmen haben (lokaler, nationaler, internationaler Charakter)?

– Welche *Marktstellung* wollen wir erreichen (Marktanteil)?

– Welche Grundsätze soll unser *Verhalten gegenüber unseren Marktpartnern* (Kunden, Lieferanten, Mitbewerber) bestimmen?

– Welches sind unsere grundsätzlichen *ökonomischen Zielvorstellung*en bezüglich Gewinnerzielung und Gewinnverwendung?

– Welches ist unsere grundsätzliche *Haltung gegenüber dem Staat*?

– Wie stehen wir zu grundsätzlichen *gesellschaftlichen Anliegen* wie Umweltschutz, Gesundheitspflege, Kunstförderung u.Ä.m.?

– Wie verhalten wir uns gegenüber unseren *Mitarbeitern* bezüglich Entlohnung, Mitbestimmung, persönlicher Entwicklung usw.?

– Welche Art der *Mitarbeiterführung* wollen wir praktizieren?

– Welches sind unsere *technologischen Leitvorstellungen*?

Funktionen von Leitbildern

Das Leitbild kann gegebenenfalls dazu beitragen, Zukunftsängste abzubauen, und soll die Summe individueller Verhaltensweisen in eine gemeinsame Richtung lenken und stabilisieren. In diesem Zusammenhang bietet es gegebenenfalls eine Perspektive, wie die Unternehmenskultur in Zukunft beschaffen sein soll.

Orientierungs- und Stabilisierungsfunktion

Leitbilder können eine Zielmotivation schaffen und die Identifikation mit dem Unternehmen verstärken.

Motivations- und Identifikationsfunktion

Ein Leitbild formuliert in der Regel auch den Sinn des Unternehmens. Bei den Beteiligten soll Einigkeit sowohl im Denken als auch im Wollen bestehen.

Sinngebungsfunktion

Leitbilder sollen die vielfältigen Bemühungen zur Imagebildung des Unternehmens in seinem Umfeld unterstützen.

Imagefunktion

Die verschiedenen Interessen werden über die handlungsleitenden Grundsätze aufgeklärt und diese zugleich begründet.

Legitimationsfunktion

Leitbilder werden auch als Instrument unternehmungskultureller Transformation beim Übergang der bestehenden Kultur zur intendierten Soll-Kultur genutzt.

Unternehmenskulturelle Transformationsfunktion

In vielen Leitbildern wimmelt es nur so von Glaubensbekenntnissen und *irrealen Wunschbildern*, die das Gefühl trügerischer Sicherheit vermitteln, z.B. »Wir sind Spitzenreiter unserer Branche«. Ebenso häufig trifft man auf *Leerformeln*, z.B. »Wir streben nach Fortschritt«, und *kosmetische Schönfärberei* von Stäben, z.B. »Der Mitarbeiter steht bei uns im Mittelpunkt«.

Mögliche Disfunktionen

Viele Leitbilder haben wegen ihrer *fehlenden Glaubwürdigkeit* eher eine kontraproduktive Wirkung, z.B. wenn Mitarbeiter »verknöcherter« Unternehmen lesen: »Unsere Führungskräfte sind Vorbilder und Impulsgeber für den Fortschritt«.

Inhaltliche Anforderungen an Leitbilder

Um Dysfunktionen von Leitbildern zu vermeiden, sollten Leitbilder folgende Anforderungen erfüllen:

Allgemeingültigkeit
Entscheidungsregeln sollen in vielen zukünftigen Führungssituationen anwendbar sein, sich nicht lediglich auf Einzelfälle oder eng abgegrenzte Teilbereiche des Unternehmens beziehen.

Wesentlichkeit
Leitbilder sollen das Wichtige, Bedeutende, Grundsätzliche des zukünftigen Unternehmensgeschehens beeinflussen, jedoch nicht Randaspekte.

Vollständigkeit
Die im Leitbild formulierten Regeln sollen sich nicht nur auf die anzustrebenden Ziele, sondern auch auf das einzusetzende Leistungspotenzial und die einzuschlagende Strategie beziehen, ohne jedoch in Widerspruch zur Allgemeingültigkeit zu geraten.

Wahrheit
Der Inhalt von Leitbildern muss den wirklichen Auffassungen und Absichten der obersten Führungskräfte entsprechen und durch deren eigene Entscheide und Handlungen sichtbar bestätigt werden.

Realisierbarkeit
Die Unternehmenspolitik muss sich an den zukünftigen »Umweltbedingungen« und den unternehmenseigenen Möglichkeiten orientieren. Das bedeutet, dass Ziele grundsätzlich realisierbar sein müssen.

Konsistenz
Die Unternehmungspolitik wird auf der Grundlage sehr vieler Entscheidungen realisiert. Um die beabsichtigte Koordinationswirkung zu erzielen, müssen die Einzelziele in einem harmonischen Verhältnis zueinander stehen. Entscheidungen dürfen sich nicht widersprechen.

Klarheit
Unternehmenspolitische Grundaussagen sollen so formuliert werden, dass bei ihrer Interpretation und Konkretisierung keine Missverständnisse auftreten.

Organisatorische Grundvoraussetzungen bei der Einführung von Leitbildern

Leitbilder müssen schriftlich formuliert werden, um ihnen programmatischen Charakter zu verleihen. Die Vorteile sind u. a., dass die ganze Belegschaft an die Einhaltung der aufgestellten Leitlinien erinnert wird. Das Problembewusstsein wird aktiviert und die Kommunikation erleichtert. Daraus resultiert ein gewisser Druck auf die gesamte Belegschaft, das Leitbild umzusetzen.

Schriftlichkeit

Ein holprig formuliertes, auf Normalpapier niedergeschriebenes, von vielen Mitarbeitern mitverfasstes Leitbild ist in der Regel transferwirksamer als ein unter Zuhilfenahme einer Werbeagentur geschliffen formuliertes, das in Hochglanzbroschüren auf das Unternehmen gestreut wird. Das Entscheidende am Leitbild ist nicht das Leitbild selbst, sondern die damit verbundene Erwartung an das Verhalten. Darum sind die »Verhaltensakteure«, also die Mitarbeiter, in den Entstehungs- bzw. Diskussionsprozess möglichst einzubeziehen. Natürlich stößt dies je nach Unternehmensgröße auf Hindernisse. Ist eine umfassende Partizipation nicht möglich, muss zumindest umfassend informiert werden. Vertrauensbildung, Konsensfindung und Identifikation sind zwingend notwendig, um Leitbilder als Wegweiser nutzen zu können.

Normalität

Die Einführung von Leitbildern kann im Gegenstromverfahren von oben nach unten *(top-down)*, wie auch von unten nach oben *(bottom-up)* erfolgen. Zunächst könnte die Führungsmannschaft einer Organisation ihre Sollvorstellungen formulieren, aber es wäre auch der umgekehrte Weg, von der Mitarbeiterebene her, denkbar. Wichtig ist, dass die obere Ebene die Sichtweisen der darunter liegenden und diese die der oberen Ebene erfährt. Dabei ist der Dialog und der Abgleich zwischen den hierarchischen Ebenen wichtig.

Einführung

Um Leitbilder wirksam werden zu lassen, bedarf es begleitender Maßnahmen, z. B. Leitbildwerbung, Training oder vielleicht sogar eines Leitbildbeauftragten. Am wichtigsten sind jedoch die »lebendigen Leitfiguren«. Wenn sich Führungskräfte nicht als Impulsgeber und Vorbild für die Leitphilosophie erweisen, dann

Begleitende Maßnahmen

entlarven sich die schönen Formulierungen des Leitbildes als plakative Fassade.

Unternehmen sollten sich davor hüten, einen Proklamationsdschungel entstehen zu lassen. Manche Unternehmen verfügen über ein allgemeines Leitbild, zusätzlich über ein Qualitätsleitbild, ein Innovationsleitbild, einige Grundaussagen zur Kundenorientierung, eine schriftliche Vision und Ähnliches. Hier verkehrt sich der Zweck des Leitbildes, Einheitlichkeit zu schaffen, in sein Gegenteil. Je knapper, kürzer und präziser das Leitbild ist, umso größer ist die Chance der Umsetzung.

Leitbild des
Allgemeinen Deutschen Automobil-Clubs
ADAC

Der Allgemeine Deutsche Automobil-Club ist ein Verein. Er ist eine freiwillige, demokratische und unabhängige Vereinigung, die allen Kraftfahrern und am Verkehr interessierten Personen offen steht.

Das Mitglied steht im Mittelpunkt
Die Wünsche und Bedürfnisse der Mitglieder sind der Maßstab allen Handelns.

Der ADAC bietet Hilfe, Rat und Schutz
Eigene Dienstleistung hat Vorrang vor Vermittlungen fremder Leistung.
Hilfe vor Kostenersatz und individueller Rat vor allgemeiner Information.

Der ADAC leistet Beiträge für das Gemeinwohl
Er setzt sich für die Verkehrssicherheit, den Schutz der Verbraucher und der Umwelt in Verkehr, Tourismus und Sport ein. Er nimmt sachverständig zur Verkehrspolitik Stellung.

Der ADAC bietet Qualität
Seine Dienstleistungen und Produkte sind zuverlässig und solide.

Der ADAC handelt sachlich und fair
Sein Selbstverständnis verpflichtet ihn zu besonderer Verantwortung.

Der ADAC ist unabhängig
Er lässt sich bei der Entwicklung, Finanzierung, Abgabe und Sicherung seiner Leistungen nicht von Interessen Dritter bestimmen.

Der ADAC wird geführt wie ein Unternehmen
An der Spitze des Clubs steht ein gewähltes Ehrenamt. Es bestimmt die aktiven Grundsätze der Clubpolitik und trägt gegenüber den Mitgliedern die Letzt-Verantwortung.

Der ADAC setzt auf hohe Qualifikationen und Leistungsbereitschaft der Mitarbeiter
Ihre berufliche Entwicklung wird gefördert. Sie erhalten eine leistungs- und marktgerechte Vergütung. Im Interesse der Mitglieder handeln sie kreativ, engagiert und wirtschaftlich.

Es gibt nur einen ADAC
Der Gesamtclub, seine Gliederungen und Tochtergesellschaften sind dem Leitbild des ADAC verpflichtet und treten einheitlich in Erscheinung.
Nur aus zwingenden Gründen können Dienstleistungen und Produkte in Tochtergesellschaften ausgegliedert werden.

Damit ein Leitbild auch tatsächlich der Unternehmensphilosophie entspricht und somit ein wirksamer Bestandteil der gelebten Unternehmenskultur wird, sollten folgende Fragen mit Ja beantwortet werden (vgl. Hinterhuber 1996, S. 66 f.):

1. Ist das Leitbild von der Führungsmannschaft selbst erarbeitet worden?
2. Wird das Leitbild von den Mitarbeitern akzeptiert und verteidigt?
3. Ist das Leitbild konkret?
4. Ist das Leitbild allgemein gültig?
5. Bezieht sich das Leitbild auf einen langen Zeithorizont?
6. Findet das Leitbild seinen Niederschlag im Verhalten des Unternehmers und/oder der obersten Führungskräfte?
7. Lassen sich die Unternehmensgrundsätze internen und externen Veränderungen anpassen?
8. Lässt sich die Einhaltung der Unternehmensgrundsätze überprüfen?

Literatur

Belzer, Volker: *Sinn in Organisationen?* Oder: Warum haben moderne Organisationen Leitbilder. Mering 1998.

Bleicher, Knut: *Normatives Management.* Politik, Verfassung und Philosophie des Unternehmens. Frankfurt/Main 1994.

Brödner, Wolfgang: *Frischer Wind in der Fabrik.* Spielregeln und Leitbilder von Veränderungsprozessen. Heidelberg 1999.

Dummer, Jürgen/Meinolf Vielberg: *Leitbilder in der Diskussion.* Stuttgart 2001.

Hinterhuber, Hans: *Strategische Unternehmensführung.* Berlin 1996.

19. Management-Audit

Die Herausforderungen des Wettbewerbs stellen an die Unternehmen und insbesondere an deren Führungskräfte qualitativ neue Anforderungen. Für den Erfolg ist es sehr wichtig, dass ein Unternehmen in der Lage ist, erforderliche Struktur- oder Strategieänderungen schnell und flexibel durchzuführen. Dazu benötigt es Führungspersönlichkeiten, welche die nötigen Kompetenzen zur Bewältigung von Veränderungsprozessen besitzen. Um das festzustellen, bietet sich die Durchführung eines Management-Audits an.

Fundierter Check | **Ein Management-Audit ist eine Art Management-Check, mit dem im Vergleich zur traditionellen Methode der Vorgesetztenbeurteilung fundiertere und umfangreichere Erkenntnisse gewonnen werden können. Dieses Instrument, das in Deutschland entwickelt wurde, gehört bei vielen Unternehmen, wie z.B. Siemens, Lufthansa oder Tchibo, heute zum Standardinstrumentarium für die Beurteilung von Führungspersönlichkeiten.**

Dabei weichen die angebotenen Audit-Instrumente sowohl in der Vorgehensweise als auch in der Bezeichnung jeweils etwas voneinander ab (z.B. *Management Appraisal*, Kader-Audit, *Executive-Simulation*).

Ziele des Management-Audits

Das Hauptziel des Management-Audits ist es, dem Unternehmen einen Überblick über die Managementqualifikation seiner Führungskräfte zu verschaffen, um so die Kompatibilität zur Unternehmensstrategie festzustellen bzw. herzustellen. Zu diesem Zweck werden auf der Grundlage vorab definierter Kernkompetenzen mit den Managern Interviews geführt, um sie im Hinblick auf zukünftige Stellenanforderungen zu beurteilen.

Personalauswahl

Für das Unternehmen wird somit ersichtlich, ob die Schlüsselpositionen im Unternehmen richtig besetzt sind bzw. an welchen Stellen Defizite vorliegen. Bei ermittelten Defiziten besteht die Möglichkeit, diese entweder über spezielle Entwicklungsprogramme zu kompensieren oder bessere Führungskräfte von außen für das Unternehmen zu gewinnen.

Management-Audits werden zudem als Personal- und Karriereentwicklungsinstrumente eingesetzt. Auf der Basis der gewonnenen Ergebnisse können zielgerichtete und strategiekonforme Qualifizierungsmaßnahmen für die Führungskräfte eingeleitet werden.

Personalentwicklung

Das Management-Audit in der Praxis

Es gibt eine Vielzahl von Situationen, in denen der Einsatz eines Management-Audits zweckmäßig ist. Gerade vor dem Hintergrund immer umfangreicherer Fusionen und Übernahmen erweist es sich als sinnvoll, die Führungskräfte vergleichbarer Unternehmensbereiche im Hinblick auf ihre Potenziale zu analysieren, um auf dieser Grundlage fundierte Personalentscheidungen treffen zu können. Aber auch in anderen Situationen kann es ratsam sein, ein Management-Audit durchzuführen, so z. B. bei:

– Krisenlagen
– Strategieänderungen
– Strukturänderungen

- Privatisierungen
- Nachfolgeregelungen
- Erschließung neuer Märkte
- Personalförderung

Externe Berater Ein Management-Audit wird im Interesse einer gewissen Objektivität meist in Zusammenarbeit mit externen Beratern durchgeführt. Diese sollten über ein fundiertes Verständnis betriebswirtschaftlicher Sachverhalte verfügen. Psychologen werden dagegen eher selten in Management-Audits eingesetzt. Die Manager müssen die Erfahrung und Kompetenz der Berater spüren, um ihnen die erforderliche Akzeptanz entgegenzubringen.

Elemente eines
Management-Audits

Diese Art der Managerprüfung vollzieht sich in der Regel in folgenden Schritten:

1. Vorbereitendes
Gespräch Den Ausgangspunkt eines Management-Audits bildet ein vorbereitendes Gespräch, innerhalb dessen sich die Berater mit der gegenwärtigen Situation des Unternehmens, dessen Zielen sowie der Unternehmensstrategie vertraut machen.

In diesem Briefing legen Auftraggeber und Berater die Ziele des Audits, dessen sachlichen und zeitlichen Umfang sowie die in das Audit einzubeziehenden Führungspositionen fest. Es wird hier eine Absprache über die inhaltlichen Schwerpunkte sowie die einzusetzenden Audit-Instrumente (Einzelinterviews, Fragebogen o. Ä.) getroffen. Zudem sind Kompetenzen festzulegen bzw. Anforderungskriterien zu erarbeiten, über welche die einzelnen Führungskräfte im Hinblick auf die Erfüllung zukünftiger Aufgaben verfügen müssen.

Im Anschluss an diese vorbereitenden Maßnahmen sind die am Audit teilnehmenden Führungskräfte ausführlich über dieses Instrument, seinen Anlass sowie die geplante Vorgehensweise zu informieren. Da das Audit von den Führungskräften in der Regel eher als Bedrohung empfunden wird, ist es wichtig, ihnen im Vorfeld Ängste zu nehmen. Sie sollen akzeptieren, dass die Geschäftsleitung das Audit nicht nur mit dem Ziel einsetzt, schwächere Führungskräfte zu ersetzen, sondern es auch als Instrument für die individuelle Karriereentwicklung nutzt. Sicherlich ist bei der Durchführung eines Audits nicht auszuschließen, dass letztendlich auch Führungskräfte identifiziert werden, die ihrer momentanen Aufgabe nicht mehr gewachsen sind und bei denen auch kein Potenzial für höherwertige Positionen ermittelt werden kann. *»Generell aber darf ein Audit – und damit der Berater – nicht missbraucht werden, um sich von schlechten Führungskräften zu trennen«* (Lentz 1999).

2. Information an die teilnehmenden Führungskräfte

Zur Förderung der Akzeptanz ist es hilfreich, wenn die Unternehmensleitung als Vorbild fungiert und im Audit-Prozess eine Vorreiterrolle übernimmt, d. h. sich gegebenenfalls selbst auch dieser »Prüfung« unterzieht.

Im Rahmen von Einzelinterviews werden die Führungskräfte dazu aufgefordert, sich selbst in fachlicher und persönlicher Hinsicht darzustellen. Neben ihrer derzeitigen Position erfasst der Berater auch die Zukunftsvorstellungen der Manager.

3. Durchführung

Als Gesprächsgrundlage dienen die im Vorfeld definierten Anforderungskriterien. Über gezielte Fragen versucht der Berater, Indikatoren für diese Kriterien festzustellen. Zum Teil werden die Interviews durch Fallstudien ergänzt, um ein möglichst transparentes Bild von den Fähigkeiten der Führungskräfte zu erhalten. Im Hinblick auf größtmögliche Objektivität werden zudem häufig weitere Personen, beispielsweise Kollegen oder Externe, zu einer Einschätzung des Kandidaten hinzugezogen. Dies ist aber nur nach Absprache mit dem Auftraggeber und dem Kandidaten möglich.

4. Schriftliche Zusammenfassung der Audit-Ergebnisse

Nachdem der Berater die Soll-/Ist-Abweichungen bezüglich des Anforderungsprofils und des festgestellten Managerpotenzials ermittelt hat, übergibt er der Geschäftsleitung eine schriftliche Zusammenfassung der Ergebnisse mitsamt entsprechenden Maßnahmenvorschlägen.

5. Feedback an die Audit-Teilnehmer

Zum Abschluss des Management-Audits erhält jeder Teilnehmer ein Feedback, in dem er über sein aktuelles Potenzial sowie seinen Entwicklungsbedarf informiert wird.

6. Umsetzen von Maßnahmen

Auf der Grundlage der Audit-Ergebnisse werden individuelle Entwicklungsmaßnahmen erarbeitet und umgesetzt.

Da die Anforderungen an die Führungskräfte einem kontinuierlichen Wandel unterliegen, ist es ratsam, das Management-Audit in regelmäßigen Abständen von etwa drei bis fünf Jahren zu wiederholen.

Damit ein Management-Audit im Unternehmen zum angestrebten Erfolg führt, sind einige wesentliche Aspekte zu beachten:

Erfolgsfaktoren

– Klar definierte Ziele
– Partnerschaftliche Zusammenarbeit zwischen Auftraggeber und Beauftragtem
– Frühzeitige und ausführliche Information der Teilnehmer
– Professionalität, Objektivität und Vertraulichkeit des Beauftragten
– Branchenkenntnis des Beauftragten *(Benchmark)*
– Transparentes Feedback an die Teilnehmer
– Zügige Umsetzung der Ergebnisse

Schlussfolgerung: Vor- und Nachteile des Management-Audits

Der Einsatz eines Management-Audits ist sowohl für das Unternehmen als auch für den teilnehmenden Manager mit Vorteilen und mit Nachteilen verbunden.

Das Unternehmen erhält durch das Audit eine »extern-neutrale« und systematische Beurteilung seiner Führungskräfte. Aus den Ergebnissen dieser Beurteilung können Entscheidungen zur kurz- und mittelfristigen Besetzung von Führungspositionen abgeleitet werden. Zudem könnten die Ergebnisse als Grundlage für eine strategiekonforme Führungskräfteentwicklung dienen. Da über das Audit außerdem Wertvorstellungen und Zielsetzungen der Führungskräfte erfasst werden, ist es möglich, diese bei der Personal- und Karriereentwicklung zu beachten.

Vorteile

Der Manager erhält nach einem meist fairen und auf die Anforderungen seiner Position bezogenen Interview ein Feedback zu seinen Stärken und Schwächen. Er kann aufgrund der Ergebnisse versuchen, seine Leistungen anzupassen und zu modifizieren. Zudem dienen ihm die Ergebnisse des Audits als Grundlage für anschließende Karriere- und Entwicklungsgespräche.

Auch ein Management-Audit kann das Objektivitätsproblem nicht lösen. Obwohl das Management-Audit durch Hinzuziehen externer Berater und einer Beurteilung aus mehreren Perspektiven gegenüber der traditionellen Vorgesetztenbeurteilung weniger subjektiven Einflüssen unterliegt, bleibt das Problem, dass eine absolut objektive Beurteilung nicht möglich ist, denn auch erfahrenen Beratern können Beurteilungsfehler unterlaufen. Fehlinterpretationen sind daher niemals völlig auszuschließen.

Nachteile

Bei der Entscheidung für ein Management-Audit muss sich das Unternehmen zudem bewusst sein, dass die Durchführung sowohl für die Personalabteilung als auch für die teilnehmenden Manager und für die Geschäftsleitung mit einem hohen zeitlichen Aufwand verbunden ist. Auch der Kostenaufwand ist in diesem Zusammenhang nicht zu unterschätzen.

Literatur

Lentz, B.: »Keine Angst vor dem Manager-TÜV.« In: *Capital* 9/1999.

Samland, Jürgen: *Das Management-Audit.* Wie fit sind Ihre Führungs-kräfte? Frankfurt/Main 2001.

Walsh, Ian/Gero F. Weber: *Management Audit.* Anforderungen und Profile im Zeitalter der schlanken Führung. Göttingen 1996.

Wuebbelmann, Klaus: *Management Audit.* Unternehmenskontext, Teams und Managerleistung systematisch analysieren. Wiesbaden 2001.

20. Unternehmens-Netzwerke

In der heutigen Unternehmenswelt sind Netzwerkstrukturen allgegenwärtig. Es gibt zahlreiche Beispiele hierfür, die sich in sämtlichen Größenordnungen – vom Konzern bis hin zum Kleinunternehmer – wiederfinden (vgl. ergänzend das Kapitel Virtuelle Unternehmen im zweiten Teil). Um dies zu verdeutlichen, ist ein Blick auf die Herstellung des Kleinwagens *Smart* hilfreich.

Bei diesem im französischen Lothringen angesiedelten Betrieb wird entlang der gesamten Wertschöpfungskette in einer Netzwerkstruktur gearbeitet. Es beginnt damit, dass sich im sog. *Smartville* ein knappes Dutzend Systemlieferanten sowie drei Dienstleistungsfirmen aus den Bereichen Logistik und Informationstechnik in unmittelbarer Nähe zum MCC-Werk angesiedelt haben. Diese Systempartner versorgen die *Smart*-Produktion mit teilweise komplett fertigen Komponenten im *Just-in-time*-Verfahren. Daraus ergibt sich das einzigartige Merkmal der *Smart*-Fertigung: Die Fertigungstiefe der MCC AG liegt bei nur 10 bis 12 %. Im Vergleich zu sonst üblichen 30 bis 40 % ist das enorm wenig.

Beispiel Smart

In der eigentlichen Montage sind die Abläufe so flexibel, dass die direkte Abstimmung auf Kundenwünsche erfolgen kann.

Die Vertriebsstruktur ist ebenfalls einzigartig in der Automobilbranche. Es existieren rund 90 sog. *Regional Centers* in westeuropäischen Ballungsräumen. Diese Verkaufsstätten werden mehrheitlich von Franchisenehmern betrieben, welche über den Verkauf hinaus auch den Werkstattservice übernehmen. Als un-

terstützende Maßnahme besteht ein System von »Verkaufs-
satelliten«; dabei handelt es sich sowohl um beratend tätiges Personal als auch um Informationssysteme, wie z. B. *Touchscreens* –
sog. »Kommunikationssatelliten«. Eine Ansiedlung dieser Einheiten erfolgt gezielt, vorzugsweise in Erlebniszentren wie Kauf-
häusern, Kinos und Diskotheken.

Weiteres Ziel ist die Vermarktung des »smarten« Mobilitäts-
konzepts. Dahinter verbirgt sich ebenfalls ein Netzwerk strategischer Partner – beispielsweise die Deutsche und die Schweizer
Bahn oder der Autovermieter AVIS. Für den heutigen Stand der
Entwicklung ist MCC und deren Organisationsstruktur ein Netzwerk in einer extremen Form. Wie wirtschaftlich erfolgreich
auch immer dieses Pionierprojekt sein mag – für die Konzern-
mutter DaimlerChrysler dürften die damit gewonnenen Erfahrungen von unschätzbarem Wert sein.

Theoretische Grundlagen

Der Begriff des Netzwerkes ist von schillernder und vielfältiger
Natur und wird selbst in der betriebswirtschaftlichen Literatur
beliebig angewendet. Trotz des nicht einheitlichen Gebrauchs lassen sich zwei Kriterien für eine universelle Definition finden:

- Netzwerke bestehen aus mehr als zwei Akteuren.
- Diese stehen in einem zweckbestimmten Beziehungs-
  zusammenhang.

Die Entstehung von Netzwerken wird auf der Basis von zwei
Modellbeschreibungen erklärt. Hierbei handelt es sich um den
Transaktionskostenansatz und den Strategieorientierten Ansatz.

Transaktions-
kostenansatz
Der *Transaktionskostenansatz* geht davon aus, dass Unternehmen
mit der Absicht der Kostenminimierung kooperieren. Hierbei
handelt es sich vor allem um Kosten für Information und Kommunikation, Forschung und Entwicklung. Netzwerke minimieren die Risiken bei Transaktionen, die mit hoher Unsicherheit
und Komplexität verbunden sind.

In der Literatur ist die Diskussion über den Transaktionskosten-ansatz allgegenwärtig. Sydow beschreibt dies, indem er davon spricht, dass »*die Evolution strategischer Netzwerke derzeit mit keinem Ansatz häufiger und intensiver untersucht wird als mit dem Transaktionskostenansatz*« (Sydow 1999). Allerdings stellt die Transaktionskostentheorie mehr eine Vertragstheorie dar, als dass sie organisatorische Gestaltungsalternativen aufzeigt und bewertet.

Dem *strategieorientierten Ansatz* liegt die Annahme zugrunde, dass die Bildung eines Unternehmensnetzwerkes eine kollektive Strategie zur Erlangung von Wettbewerbsvorteilen ist. Sie ist ein zwischen den Unternehmen abgestimmtes Verhalten, um gemeinsam gegenüber anderen Unternehmen bzw. anderen Netzwerken Wettbewerbsvorteile zu erlangen.

Strategie-orientierter Ansatz

Gründe für die Bildung von Unternehmensnetzwerken

Folgende vier Einflussfaktoren sind maßgeblich am Entstehen von Unternehmensnetzwerken beteiligt:

- Innovationswettbewerb
- Zeitwettbewerb
- Qualitätswettbewerb
- Kosten- und Preiswettbewerb

Ein innovatives Produktmanagement soll die Attraktivität der erstellten Leistung zumindest beibehalten oder zu vorübergehenden Wettbewerbsvorteilen führen. Da aber in einigen Branchen die Forschungs- und Entwicklungsbereiche mit zunehmend branchenübergreifenden Technologien und Wissen versorgt werden müssen – z.B. Mikroelektronik und Werkstofftechnik als typische Komplementärtechnologien –, sind interorganisationale Netzwerkkooperationen nötig geworden, d.h., dass Unternehmen für Innovationen neben ihren Kernkompetenzen *(specialized assets)* zunehmend Komplementärfähigkeiten *(co-specialized assets)* benötigen.

Innovations-wettbewerb

Zur Lösung dieses Problems und zur Senkung der enormen Kosten, die mit autonomer Entwicklung verbunden wären, gehen Unternehmen Kooperationen ein. Besonders ausgeprägt ist dieses Verhalten bei »multi-technologischen Innovationen«.

Zeitwettbewerb Der Zeitwettbewerb stellt an vielen Punkten der Wertschöpfungskette Anforderungen an ein Unternehmen. So müssen Entwicklungszeiten infolge des schneller werdenden Innovationswettbewerbs zunehmend kürzer werden. Als Konsequenz daraus nimmt auch die Dauer eines Produktlebenszyklus ab. Um Kontinuität zu wahren und Versorgungslücken zu vermeiden, bedarf es somit schnellerer Produktgenerierungen, als sie in der Vergangenheit der Fall waren. Für die Umsetzung ist also eine enge Einbindung von Lieferanten im Rahmen von *Simultaneous Engineering* nötig.

Zum Zweiten drückt sich der Zeitwettbewerb im Druck auf die schnelle und hohe Lieferfähigkeit aus. Die zunehmende Ausrichtung von Produktionsabläufen auf z. T. individuelle Kundenwünsche stellt die Unternehmen vor das Problem möglichst geringer Durchlaufzeiten. Angemessene Lagerbestände wären eine Lösung. Damit sind jedoch enorme Opportunitätskosten verbunden. So entscheiden sich immer mehr Unternehmen zur *Just-in-time*-Produktion. Im Vordergrund steht die Koordination von Produktionsabläufen, d. h. eine möglichst schnelle Erfüllung der Bestellungen des Abnehmers durch den Zulieferer. Realisieren lässt sich das nur, wenn wichtige Voraussetzungen erfüllt sind:

– Beide Seiten stützen sich auf ein gemeinsames Datenverarbeitungssystem.
– Enge räumliche Anbindung von Zulieferer und Abnehmer.
– Zuverlässigkeit von beiden Seiten, wird meist durch langjährige Exklusivverträge garantiert.

Qualitäts-wettbewerb Unternehmensnetzwerke befinden sich auf dem Gebiet des Qualitätswettbewerbs gegenüber anderen Organisationsarten im Vorteil. Wichtig ist dies im Hinblick auf das erhöhte Qualitätsbewusstsein der Abnehmer und Verbraucher. Viele betriebswirtschaftliche Untersuchungen zeigen, dass die Produktqualität einen deutlichen Einfluss auf den Marktanteil und die Ertragssituation von Unternehmen ausübt.

Das bei Unternehmensnetzwerken bestehende Lieferanten-Abnehmer-Verhältnis impliziert, dass der Abnehmer in der Regel misstrauisch gegenüber dem Qualitätsniveau des Zulieferers ist. Die Durchführung einer kostenintensiven Qualitätsprüfung des Abnehmers ist zwar denkbar, aber die Grenze der Intensität wäre nur schwer bestimmbar.

Um dieses Problem zu vermeiden, müsste der Abnehmer auf die Kooperation verzichten und durch vertikale Rückwärtsintegration diese Leistung intern, also selbst erstellen. Angesichts nur allmählich erlangbaren Know-hows, das dafür nötig wäre, fällt diese Alternative aber von vornherein weg. Auf spezialisierte Zulieferer kann insofern gerade beim Qualitätswettbewerb nicht verzichtet werden.

Beim Kosten- und Preiswettbewerb wird versucht, an möglichst vielen Stellen der Wertschöpfungskette mit Hilfe koordinierter Aktivitäten eine Kosteneinsparung zu erreichen. Hohes Einsparungspotenzial liegt in der Koordinations- und Beschaffungsstruktur.

Kosten- und Preiswettbewerb

Im Bereich Forschung und Entwicklung wird zudem das finanzielle Risiko auf mehrere Schultern verteilt, hervorgerufen durch steigenden Innovationsdruck und demzufolge größere Aktivität auf dem Gebiet der Forschung und Entwicklung.

Zielsetzung von Netzwerken

Von Antriebsmomenten für das Eingehen von Kooperationen war bereits mehrfach die Rede. Nun soll eine allgemeinere Erläuterung folgen, bei der wir die spezifischen Ziele der verschiedenen Perspektiven in einem weiteren Zusammenhang sehen.

Unter Zielen sind Orientierungs- und Richtgrößen unternehmerischen Handelns zu verstehen. Grundlegend kann festgestellt werden, dass Netzwerkpartner gleiche Ziele verfolgen müssen, um eine erfolgversprechende Gemeinschaft zu gründen. Jedoch sind bei der Feinabstimmung der Zielsetzung Kompromissbildungen nötig, da absolute Übereinstimmungen bei Zieldefinitionen eher selten sind. Deshalb ist die Balance zwischen gemeinsamen, kooperationsstärkenden und kooperationsschwächenden Zielen ein zentraler Bestimmungsgrad für die langfristige Stabilität des Netzwerkes.

Richard Balling differenziert in seinem Buch über Kooperationen (1998) die Kooperationsziele nach folgenden Gesichtspunkten:

1. Differenzierung nach Marktseitenbetrachtung

Kooperationen im Bereich der Beschaffung bieten die Möglichkeit, durch koordinierte Einkaufsaktivitäten Preisnachlässe zu erlangen. Zudem dienen sie als Planungsgröße für Abnehmer und Lieferanten in Bezug auf Produktionsziele, vor allem wenn es darum geht, bestimmte Kapazitätsauslastungen zu realisieren.

Von erheblicher Bedeutung ist bei vielen Netzwerken der verbesserte Absatz der Waren. Ein Netzwerkverbund erhöht den Marktanteil, was sowohl wettbewerbsfördernd wie auch -dämpfend wirken kann. Schließen sich die Marktführer zusammen, so wird die Konkurrenz verdrängt und Wettbewerb vermieden.

2. Differenzierung nach Bedeutung der Ziele

Bei der Differenzierung nach der Bedeutung der Ziele in verschiedenen Zielebenen werden Ziele in hierarchischer Form in Primär-, Sekundär- und Tertiärziele eingeteilt. Die Gliederung richtet sich nach der Wichtigkeit der Erreichung.

3. Differenzierung nach der Fristigkeit der Ziele

Es erfolgt eine Einteilung in chronologischer Reihenfolge nach kurz-, mittel- und langfristigen Zielen. Ebenso möglich ist auch eine Anordnung zwischen Nah- und Fernzielen.

4. Differenzierung nach der ökonomischen Zielrichtung

Ökonomische Ziele lassen sich in Rationalisierungs- bzw. Kostensenkungsziele und in marktbezogene Wettbewerbsziele einteilen. Solche Effizienzziele sind der häufigste Grund für Netzwerke. Mögliche Kosteneinsparungen einerseits und die potenzielle Steigerung des Outputs andererseits sind ihre wesentlichen Komponenten. Wege, diese Ziele zu realisieren, sind Synergieeffekte über Größendegression oder Verbundvorteile.

»Marktbezogene Wettbewerbsziele« sind auf die Verbesserung der eigenen Marktstellung und die damit verbundene Marktmacht ausgerichtet. Angestrebt wird eine optimale Anbieter- oder Nachfragerposition.

Betrachtet man marktgerichtete Strategien detaillierter, so lassen sich einige marktstrategische Detailziele erkennen:

5. Differenzierung nach der marktstrategischen Ausrichtung

Differenzierungsziele beschreiben die Absicht, das eigene Leistungsangebot mit Hilfe von Kooperationen erweitern zu können.

Expansionsziele stellen Bestrebungen dar, durch Netzwerkanbindung Zutritt zu neuen Märkten zu erlangen, zu denen ein Beitritt sonst schwierig wäre. Exportziele sind im Allgemeinen Unterziele von Expansionszielen. Beabsichtigt ist die Erschließung neuer Märkte im Ausland.

Innovationsziele haben im Bereich gemeinsamer Forschungs- und Entwicklungsmaßnahmen ihre Grundlage. Ein hohes finanzielles Risiko wird auf mehrere Partner verteilt, so dass innovative Produktentwicklungen weiterhin möglich sind.

Kompensationsziele werden mit der Absicht verfolgt, die eigene Marktstellung im Verbund mit anderen Unternehmen zu verbessern und Größennachteile zu kompensieren.

Eine neue und zugleich wichtige Form von Zielen sind sog. *Know-how-Ziele*. Es wird versucht, Stärken der Partner zu erkennen und zu übernehmen. Jedoch schafft sich derjenige, der sein Wissen preisgibt, Konkurrenz.

Qualitätsziele können durch verbesserten Zugang zu qualitativ hochwertigeren Verarbeitungsprozessen generiert werden. Netzwerke bieten mit ihren gemeinsam genutzten Systemen eine ideale Plattform für Qualitätssicherung.

Stabilisierungsziele umfassen viele Bereiche unternehmerischer Tätigkeit. Als Mitglied eines Netzwerkverbundes unterstützt man seine Partner und wird ebenso von ihnen unterstützt.

Analog zum bereits erläuterten Zeitwettbewerb ergeben sich die daraus resultierenden Zeit- oder Beschleunigungsziele. Sie stehen in engem Zusammenhang zu Innovations- und Expansionszielen, bei denen der Zeitfaktor eine wesentliche Rolle spielt.

6. Differenzierung nach der betrieblichen Perspektive

Bei der Differenzierung nach der betrieblichen Perspektive wird zwischen internen und externen Zielen differenziert. Unternehmensintern wird versucht, optimale Kapazitätsauslastung und Kosteneinsparung zu verwirklichen. Externe Ziele beziehen sich auf die schon hinreichend beschriebenen Marktziele wie Wettbewerbsfähigkeit und Marktmacht.

7. Differenzierung nach der ökonomischen Relevanz

Zentraler Aspekt ist die Frage, welchen sozialen Nutzen eine strategische Netzwerkanbindung haben kann. Besonders Genossenschaften richten ihr Handeln nach der Unmittelbarkeit der ökonomischen Relevanz aus.

Die aufgezeigten Kategorien von Detailzielen können in der Realität selten exakt getrennt werden, da es sich teilweise um Komplementärziele handelt und Überschneidungen möglich sind.

Literatur

Balling, Richard: *Kooperation: strategische Allianzen, Netzwerke, Joint Ventures und andere Organisationsformen zwischenbetrieblicher Zusammenarbeit in Theorie und Praxis.* Frankfurt/Main 1998.

Corsten, Hans: *Unternehmensnetzwerke.* Formen unternehmensübergreifender Zusammenarbeit. München 2001.

Köhler-Frost, Wilfried: *Unternehmensnetzwerke.* Planung, Realisierung und Kontrolle durch Desktop-Management. Berlin 1998.

Renz, Timo: *Management in internationalen Unternehmensnetzwerken.* Diss., Wiesbaden 1998.

Sydow, Jörg: *Management von Netzwerkorganisationen.* Wiesbaden 1999.

21. Outplacement

Gerade in Zeiten von Fusionen und ständigen Marktveränderungen durch Internationalisierung und verschärften Wettbewerb werden in Unternehmen aller Branchen und Größen Hierarchien abgebaut, ganze Abteilungen aufgelöst oder Betriebe geschlossen. Die derzeit eintretende wirtschaftliche Unsicherheit, auch bedingt durch die Ereignisse des 11. September 2001, zwingt selbst die Unternehmen, die bis vor kurzem als »sicherer« Arbeitgeber galten, umzudenken.

Längst treffen Kündigungen sowohl tarifliche Angestellte als auch Führungskräfte. In Zeiten betriebsbedingter Kündigungen ist häufig ein Umdenken in den Betrieben gefragt. Statt ausschließlich hohe Abfindungen zu zahlen, empfiehlt es sich für Unternehmen, in dieser Situation Outplacement für die berufliche Neuorientierung der Mitarbeiter zu nutzen. In angelsächsischen Ländern wird diese Dienstleistung bereits als selbstverständlicher Service im Rahmen des Trennungsmanagements gesehen. Aber auch deutsche Unternehmen bedienen sich im zunehmenden Maße der professionellen Hilfe durch Outplacementberatungen.

Statt Abfindung

Begriffserklärung

Unter Outplacement versteht man eine Dienstleistung, die dem Unternehmen und den betroffenen Mitarbeitern, unter Mitwirkung eines erfahrenen Beraters, bei

unumgänglichem Personalabbau eine einvernehmliche Trennung ermöglicht. Mit Hilfe spezieller Serviceleistungen (z.b. Training von Bewerbungsgesprächen) soll die erfolgreiche Wiederbeschäftigung der ehemaligen Mitarbeiter ermöglicht werden. Die Initiierung und die Finanzierung geht dabei von den entlassenden Unternehmen aus.

In den letzten Jahren begrenzte sich Outplacement überwiegend auf den schnellen Übergang der ehemaligen Mitarbeiter vom einen Arbeitgeber zu einem neuen (Outplacement im engeren Sinne). Im weiteren Begriffsverständnis werden, vor allem wenn es um die Betreuung einer größeren Anzahl von Mitarbeitern geht, jedoch auch fachliche Bildungs-, überbetriebliche Karriereplanungs- und mobilitätsfördernde Anreizmaßnahmen integriert (Outplacement im weiteren Sinne). Im Fokus der Beratung stehen dann neben der Anbahnung neuer Arbeitsverhältnisse auch die Ermittlung des fachlichen Qualifizierungsbedarfs und die Einleitung der daraus abgeleiteten erforderlichen Maßnahmen.

Entlassungen können und sollen durch Outplacement-Beratung nicht vermieden werden. Vielmehr sollen die negativen Folgen für das Unternehmen und die einzelnen Individuen abgemildert werden, und zwar nicht durch Abfindungen, sondern durch vertrauliche und diskrete Beratung, um in kürzestmöglicher Zeit eine neue, adäquate Arbeitsstelle zu finden.

Historie

Von den USA ... Die Outplacement-Beratung hat eine militärische Herkunft. Sie basiert auf den Erfahrungen der US-Regierung nach dem Zweiten Weltkrieg mit Reintegrationsprogrammen von Soldaten in das zivile Berufsleben. Ende der 60er-Jahre wurde das Konzept in den USA erstmals zur Betreuung von ausscheidenden Mitarbeitern eingesetzt. Zu Beginn kam Outplacement-Beratung lediglich bei ausscheidenden Führungskräften mittlerer und höherer Ebenen zum Einsatz. Heute wird Outplacement nicht nur in Einzelfällen, sondern vor allem bei Massenentlassungen und

Betriebsschließungen angewandt und zieht sich durch alle Hierarchieebenen.

Den Weg nach Europa fand die Outplacement-Beratung über Großbritannien und die Beneluxländer. Dort hat dieses professionelle Trennungsmanagement bereits eine hohe Bedeutung. So werden in den Niederlanden heute bereits 50 % aller unternehmensseitigen Kündigungen im Angestelltenbereich mit Outplacement-Beratung begleitet.

... nach Europa

In Deutschland agieren derzeit etwa 30 auf das Trennungsmanagement spezialisierte Beratungsfirmen mit einem Branchenumsatz von ca. 60 Millionen Mark im Jahr 2000, was gegenüber dem Vorjahr eine Steigerung von 20 % bedeutet und auf die gesteigerte Akzeptanz des Instruments durch die Unternehmen schließen lässt. Insgesamt nahmen im Jahre 2000 rund 1250 Kandidaten eine Einzel- und 11 500 Kandidaten eine Gruppen-Outplacement-Beratung in Anspruch (vgl. www.outplacement.de/presseartikel_unternehmensberater.html).

Ziele des Outplacements

Die Auftraggeber der Beratungsfirmen sind zumeist die stellenabbauenden Unternehmen, aber auch Privatkunden werden von den Beratungen in zunehmendem Maße akzeptiert. Da eine professionelle Outplacementberatung für die Unternehmen mit hohen Kosten verbunden ist (in der Regel beträgt das Honorar bei der Einzelberatung zwischen 18 und 20 Prozent des letzten Bruttojahreseinkommens mit einer unteren Grenze von durchschnittlich 13 000 Euro), ist es für den unternehmensbezogenen Erfolg der Beratung entscheidend, sowohl individuelle als auch institutionelle Ziele festzulegen, an denen dieser nach Abschluss gemessen werden kann.

Ein Arbeitsplatzverlust bedeutet für den Betroffenen einen ungewollten Einschnitt in die individuelle Berufsbiografie. Es geht daher in erster Linie darum, das negative Karriereerlebnis in einen positiven beruflichen Veränderungsschritt umzuwandeln,

Individuelle Ziele

d. h. den beruflich-laufbahnbezogenen Bereich wieder möglichst positiv zu gestalten. Die Ansätze zur Förderung der beruflichen Neuorientierung sollten deshalb darauf ausgerichtet sein, sowohl einen zeitlich nahtlosen Übergang zwischen den einzelnen Karrierestationen als auch eine Aufwärtslinie hinsichtlich des Verantwortungsbereichs oder der berufs- oder branchenmäßigen Entwicklung zu ermöglichen.

Outplacementberatung soll auch dazu beitragen, unmittelbar oder mittelbar Voraussetzungen dafür zu schaffen, die materielle Existenzgrundlage bis zu einem beruflichen Neueinstieg unter Berücksichtigung gesetzlicher und organisatorischer Rahmenbedingungen zu sichern. Ebenso entscheidend ist es für den Betroffenen, bei der Anschlussposition ähnliche oder bessere Verdienstmöglichkeiten zu erhalten.

Nicht zuletzt spielen vor allem die psycho-emotionale und -soziale Unterstützung bei der Outplacementberatung eine Rolle. Der Verlust des Arbeitsplatzes kann emotionale Problemzustände hervorrufen. Aufgabe des Unternehmens ist es hier, die Voraussetzungen zu schaffen, die es dem Mitarbeiter ermöglichen, Unsicherheiten und Stress abzubauen. Der Outplacementberater kann hier die personenspezifisch ablaufende Trennungsverarbeitung begleiten und vor allem bei möglichen Auswirkungen der beruflichen Krise auf persönliche soziale Beziehungen eingreifen und unterstützen.

Institutionelle Ziele Die Art und Weise des Stellenabbaus hat nicht nur individuelle Auswirkungen für die betroffenen Mitarbeiter, sondern beeinflusst beispielsweise auch das Arbeitgeberimage oder das Commitment der verbleibenden Mitarbeiter im Unternehmen.

Ein institutionelles Ziel der Outplacementberatung soll daher die Erhaltung oder sogar die Erhöhung der Motivation der Mitarbeiter sein. Den durch die Arbeitsplatzunsicherheit ausgelösten Stress bei den mittelbar und unmittelbar Betroffenen, welcher eine Ursache für die Abnahme des Leistungsverhaltens darstellt, gilt es zunächst abzubauen. Aufgabe der Beratung ist es hier, die Personalpolitik bei einem verantwortlichen Umgang mit dem Personalabbau zu unterstützen. Dies bedeutet vor allem, den Erwartungen der Verbleibenden wie auch der Betroffenen selbst an eine faire, gerechte und sozial verantwortliche Trennungspolitik gerecht zu werden. Kann man diese Erwartungen erfüllen, lassen sich in aller Regel negative Auswirkungen auf die Mitarbeiter und damit auch auf das Unternehmen vermeiden.

Ein primäres Ziel, welches Unternehmen mit der Einbindung von Outplacementberatungen verfolgen, ist die Minimierung der mit dem Trennungsprozess verbundenen monetären Kosten. Durch einvernehmliche Trennungen können langwierige, arbeitsrechtliche Auseinandersetzungen und damit verbundene Kosten für Rechtsstreitigkeiten vermieden werden. Ein bedeutsames Einsparungspotenzial bietet die Outplacementberatung auch im Hinblick auf eventuell zu zahlende Abfindungen. Diese können, sofern der betroffene Mitarbeiter innerhalb kurzer Zeit eine Anschlussposition findet, häufig einvernehmlich umgangen werden.

Phasen des Outplacement-Prozesses

Ein Standardablauf einer Outplacement-Beratung existiert nicht. Vielmehr sollten die inhaltlichen Schwerpunkte durch den Bedarf der Gruppenmitglieder bestimmt sein. Die Beratungszeit ist meist begrenzt, was dazu führt, dass häufig nur wichtige Themen behandelt werden können. Die Beratung wird sich daher in der Praxis darauf konzentrieren müssen, den Teilnehmern Informationen, Methoden und Techniken für die persönliche und zielgerichtete Bewerbung zu vermitteln. Um zu vermeiden, dass durch abgeschriebene Textbausteine oder Ähnliches die Glaubwürdigkeit des Bewerbers verspielt wird, ist es bei der Durchführung der Beratung wichtig, auf die persönlichen Fragestellungen einzelner Betroffener gründlich einzugehen. Sie sollte daher ein sinnvoller Mix aus Gruppen-Outplacement und Einzelberatung sein.

Ablauf individuell verschieden

Im Folgenden wird mit Hilfe der Darstellung der einzelnen Phasen des Outplacement-Prozesses eine sinnvolle und in der Praxis übliche Herangehensweise dargestellt.

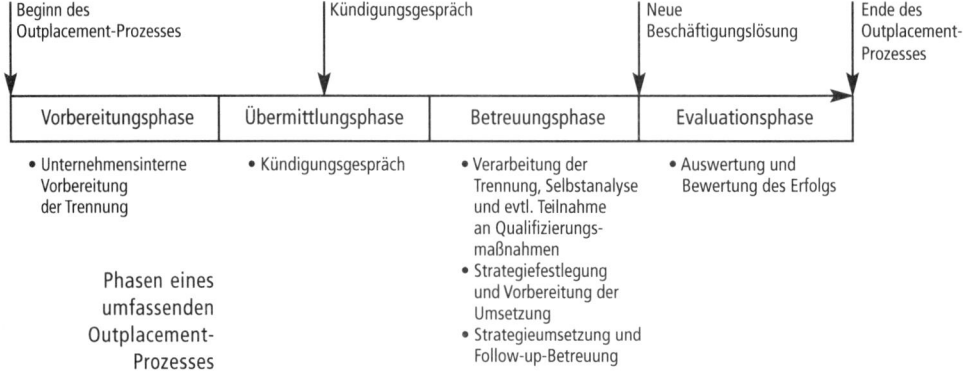

Beginn des Outplacement-Prozesses	Kündigungsgespräch	Neue Beschäftigungslösung	Ende des Outplacement-Prozesses
Vorbereitungsphase	Übermittlungsphase	Betreuungsphase	Evaluationsphase
• Unternehmensinterne Vorbereitung der Trennung	• Kündigungsgespräch	• Verarbeitung der Trennung, Selbstanalyse und evtl. Teilnahme an Qualifizierungsmaßnahmen • Strategiefestlegung und Vorbereitung der Umsetzung • Strategieumsetzung und Follow-up-Betreuung	• Auswertung und Bewertung des Erfolgs

Phasen eines umfassenden Outplacement-Prozesses

Vorbereitungsphase In der Vorbereitungsphase werden die für ein erfolgreiches Outplacement erforderlichen Informationen über die bevorstehende Trennung ausgetauscht. Das Management ist gemeinsam mit dem Beratungsunternehmen gefordert, eine Strategie zur Trennungsvorbereitung inkl. der Regelungen für die Umsetzung des Programms zu entwickeln. Dabei ist vor allem die Festlegung der internen und externen Kommunikationswege, der Abfindungsvereinbarungen, die Antizipation möglicher rechtlicher Schritte und die Vorbereitung der Manager auf die Übermittlung der Nachricht wichtig. Gegebenenfalls kann die Outplacement-Beratung bereits bei der Identifikation der zu entlassenden Mitarbeiter zur Rate gezogen werden.

Übermittlungsphase In der Phase der Übermittlung geht es um die formelle Aussprache der Kündigung. Das Kündigungsgespräch erfolgt in der Regel durch die Führungskraft, wird aber häufig durch Berater begleitet, da es die Basis für die weitere Betreuung schafft.

Die Aufgabe des Outplacement-Beraters liegt in dieser Phase in der Unterstützung der Führungspersonen bei der Planung des Gesprächsinhaltes und -ablaufes. Wichtig ist, dass die Übermittlungsperson trainiert wurde, die Inhalte sachlich und unmissverständlich zu überbringen. Ein gezieltes Training ist auch hinsichtlich des Verlaufs des Kündigungsgespräches (z.B. Festlegung des optimalen Zeitpunktes) sinnvoll, um die besten organisatorischen Voraussetzungen zu schaffen oder im Rahmen des Gesprächsverlaufes auf mögliche Reaktionen der Betroffenen angemessen reagieren zu können.

In der Betreuungsphase kommen nun die eigentlichen Inhalte der Outplacement-Beratung zum Tragen. Diese können stark variieren und sind auch davon abhängig, ob es sich um eine Einzelberatung oder um ein Gruppen-Outplacement handelt. Die Anzahl, Dauer und Inhalte richten sich außerdem nach den spezifischen Wünschen und Bedürfnissen des Mitarbeiters. Es sollen daher im Folgenden anhand einer Aufspaltung des Prozesses in drei Stadien (vgl. Stricker 1999, S. 152f.) exemplarisch einige Instrumente dargestellt werden. **Betreuungsphase**

1. Verarbeitung der Trennung, Selbstanalyse und berufliche Neuorientierung: Im direkten Anschluss an die Kündigungsaussprache gilt es, die Mitarbeiter in der psychischen Verarbeitung der Botschaft zu unterstützen. Dies mag in unterschiedlich starker Ausprägung erforderlich sein, soll aber helfen, die Trennungsentscheidung zu akzeptieren und das eventuell unter der Kündigung stark leidende Selbstwertgefühl wieder zu erhöhen. Diese Aufgabe kann auch im Rahmen des zu Beginn des Beratungsprozesses stattfindenden Orientierungsgespräches erfolgen, in dem der Berater auf den einzelnen Mitarbeiter individuell eingehen kann. Das erste Gespräch hat außerdem zum Ziel, ein vertrauensvolles, offenes Verhältnis herzustellen, welches eine wichtige Voraussetzung für den Beratungserfolg darstellt. Dieses Gespräch soll zudem den betroffenen Mitarbeiter über die einzelnen Phasen und Ergebnisse der Beratung informieren und mögliche Chancen aufzeigen.

Außerdem ist die erste Phase geprägt durch eine fundierte Bestandsaufnahme der Fähigkeiten, Interessen und Begabungen der Betroffenen und eine Art Selbstanalyse. Durch ausführliche, eignungsdiagnostische Interviews und Stärken/Schwächen-Analysen werden fachliche und persönliche Qualifikationen (Eignungsprofil) ermittelt. Dieses Eignungsprofil ist wiederum Voraussetzung dafür, dass für den Betroffenen die richtige Aufgabenstellung gefunden und der Qualifizierungsbedarf ermittelt wird. **Eignungsprofil**

2. Karriereentscheidung und Vorbereitung der Umsetzung: In dieser Phase bestimmt der Betroffene gemeinsam mit dem Berater zunächst die Stelle und Funktion, die er einnehmen möchte. Ist das Ziel der Beratungsleistung festgelegt, wird eine zielorientierte Marketing- und Bewerbungsstrategie entwickelt und anschließend die erfolgreiche Umsetzung trainiert. Hierbei geht es nicht um die eigentliche Vermittlung einer geeigneten Stelle oder die konkrete Hilfestellung bei gewünschter Selbständigkeit / Existenzgründung, sondern vielmehr um die Weitergabe von beispielsweise technischem Know-how zur Stellensuche, die Erleichterung der Orientierung am Arbeitsmarkt oder der Kontaktaufnahme.

Verhaltenstraining Diese Hilfestellung kann mit Hilfe von Persönlichkeits- oder / und Verhaltenstrainings erfolgen. Im Vordergrund von Persönlichkeitstrainings steht, basierend auf der Stärken / Schwächen-Analyse, der Aufbau einer positiven Grundeinstellung und des Selbstwertgefühls. Ziel der Verhaltenstrainings ist es, den Mitarbeiter mit allen Situationen vertraut zu machen, die es im Falle von Vorstellungsgesprächen, Tests und Eignungsinterviews zu bestehen gilt.

Vor allem ältere Mitarbeiter und Spezialisten haben es weit gehend verlernt, sich »technisch richtig« zu bewerben. Aufgabe der Berater ist es in dieser Phase daher auch, hier bei der Zusammenstellung der Bewerbungsunterlagen, dem Abfassen von Stellengesuchen bis zum Verfassen von Bewerbungsschreiben Beratung und Unterstützung zu geben.

Bewerbungen *3. Umsetzung der Karriereentscheidung und Follow-Up-Betreuung:* In der letzten Phase der Betreuung wird die eigentliche Bewerbungskampagne des Teilnehmers durchgeführt, d.h. Bewerbungen an Unternehmen verschickt und gegebenenfalls Interviews geführt. Die Betreuung ist hier nicht mehr sehr stark ausgeprägt. Der Berater unterstützt jedoch bis zum Ende der Bewerbungsphase meist in Form von *Follow-up*-Gesprächen weiter. Es geht darum, bei der Entscheidung zwischen eventuell mehreren vorliegenden Angeboten unterstützend anwesend zu sein oder beim Nichterfolg von Bewerbungsgesprächen die möglichen Gründe zu eruieren und Verbesserungsvorschläge abzuleiten. Diese Phase entscheidet wesentlich über den erfolgreichen Abschluss eines Outplacement-Projektes.

Die zu Beginn der Outplacement-Beratung definierten Ziele dienen in der Evaluationsphase zur Bewertung des Erfolges (Soll-Ist-Vergleich). Das Programm wird in seiner Gesamtheit durch die Teilnehmer und das Unternehmen beurteilt. Allerdings stellt sich hier das Problem, dass der Erfolg von Outplacement-Beratung qualitativ schwer messbar ist. Der quantitative Erfolg lässt sich relativ einfach an der durch die Beratungsleistung bewirkten Anzahl der Wiedereingegliederten festmachen, die Güte der Hilfestellung bei der psychischen Verarbeitung der Kündigung hingegen ist schwer zu ermitteln.

Evaluationsphase

Literatur

Bolduan, Gudrun / Isolde Debus: *Outplacement als Chance.* Mit dem Karrierecoach zum beruflichen Neustart. Frankfurt / Main 2002.

Groth, Klaus J.: *Outplacement.* Gefahren und Folgen des Lean Management. München 1995.

Hartmann, Fr. / I. Hamm: *Outplacement.* Beratung zur beruflichen Neuorientierung. Düsseldorf 2000.

Schulz, Dieter / Wolfgang Fritz / Dana Schuppert: *Outplacement.* Personalfreisetzung und Karrierestrategie. Wiesbaden 1989.

Stricker, Monika: *Personalabbau mit Perspektive.* Ansätze zur Förderung der beruflichen Neuorientierung vor dem besonderen Hintergrund von Restrukturierungen. Köln 1999.

22. Outsourcing und Insourcing

Auf der Suche nach Wettbewerbsvorteilen betreiben Unternehmen u. a. *Outsourcing*. Die Entwicklung vom nationalen zum internationalen Handel und der damit verbundene Wettbewerbsdruck löste die Diskussion zum Thema »Eigenfertigung oder Fremdbezug« *(Make-or-Buy)* aus. Davon sind insbesondere jene Tätigkeiten betroffen, die nicht zu den Kernkompetenzen gehören.

Selbst herstellen oder kaufen? Die Ausgangsfrage lautet: Ist es günstiger, Produkte selbst herzustellen oder Leistungen zu erbringen, oder sollten diese von anderen Unternehmen bezogen werden? Wichtig dabei ist, die Unternehmensaktivitäten in Kern- bzw. *Insourcing*-Leistungen und Rand- bzw. *Outsourcing*-Leistungen einzuteilen. Grundsätzlich ist *Out-/Insourcing* für jede Funktion im Unternehmen denkbar.

Ursprung des Outsourcing

Seinen Ursprung hat das *Out-/Insourcing* im Taylorismus. Im Gegensatz zur traditionellen Handwerksproduktion, in der hoch qualifizierte Arbeiter gefragt waren, setzte Taylor auf weit gehende Arbeitszergliederung, wofür spezielle Funktionen bzw. Fachabteilungen geschaffen wurden.

Durch diese Zerlegung der Arbeitsvorgänge in viele kleine Tätigkeiten wurde die Basis für eine Auslagerung einzelner Produkte und Dienstleistungen geschaffen. Doch es dauerte viele Jahrzehnte, bis es zur ersten Ausgliederung kam, und zwar vornehmlich solcher Tätigkeiten und Abteilungen, die nicht zum originären Betriebszweck zählten, z. B. Kantine, Gebäudereinigung, Verpackung, Vertrieb, Fuhrpark, Versand, Buchhaltung und Datenverarbeitung.

Der Taylorismus wurde zu Beginn der 90er-Jahre durch das *Lean Management* abgelöst. Dieser Strategieansatz propagiert die Konzentration auf das wettbewerbsentscheidende Kerngeschäft. Das impliziert ein konsequentes *Outsourcing* kostenintensiver Randbereiche.

Bedeutung des Lean Management

In jüngster Zeit kann man allerdings Anzeichen einer Kehrtwende in Richtung *Make* bzw. *Insourcing* erkennen. Ursächlich hierfür ist die schlechte Erfahrung mit »billigen« Lieferanten. Ein bekanntes Beispiel hierzu ist die Volkswagen AG, die Fertigungsumfänge von Bauteilen für verschiedene Modelle standardisierte und wieder zurück in das eigene Unternehmen holte.

Mögliche Wirkungen des Outsourcings

»Das Ausmaß an eigener Wertschöpfung ist eine wichtige Dimension der Identität einer Unternehmung. Demnach wird auch die Unternehmensgröße nicht nur von der Breite des Leistungsspektrums und daraus resultierendem Produktions- und Absatzvolumen, sondern auch von der Unternehmenstiefe geprägt, die ihrerseits aus der Entwicklungs-, Fertigungs- und Dienstleistungstiefe resultiert« (Männel 1997, S. 307). Dementsprechend stellt sich die Frage nach der Fertigungstiefe bzw. der Anzahl der Produktionsstufen eines Betriebes. Fertigungsobjekte in Form von Subsystemen, Baugruppen, Bauteilen, Zubehör gilt es auszuwählen.

Entsprechendes gilt für den *Out-/Insourcing*-Bereich im Dienstleistungssektor. Auch hier muss das beste Mischungsverhältnis für *Make-or-Buy*-Leistungen des Unternehmens gefunden werden. Von diesen qualitativen und quantitativen *Out-/Insourcing*-Umfängen hängt es ab, wie stark folgende unternehmensstrategische Bereiche beeinflusst werden:

Kostenstruktur: Hohe *Insourcing-* und niedrige *Outsourcing*-Umfänge führen zu hohen fixen und geringen variablen Kosten (und umgekehrt); damit steigt die Kapitalbindung.

Leerkostenrisiko: Wenn hohe *Insourcing*-Umfänge zu hohen Fixkosten führen, dann steigt damit auch das Leerkostenrisiko.

Versorgungsrisiko: Bei hohen *Insourcing*-Umfängen sinkt die Abhängigkeit von den Lieferanten, andererseits steigt die Abhängigkeit von den internen Leistungsträgern.

Qualifikation und die Anzahl des benötigten Personals und damit die *Know-how-Basis* des Unternehmens sind ebenfalls wichtig.

Machtverteilung im Unternehmen: *Outsourcing* führt zur Erhöhung des Beschaffungsvolumens, wodurch z. B. der Einkauf an Bedeutung gewinnt; *Insourcing* steht dagegen für eine Bedeutungszunahme der eigenen Leistungsersteller (z. B. eigene Produktionsstätten und Werke).

In den zurückliegenden Jahren haben viele Industrieunternehmen, die komplexe Erzeugnisse herstellen, die Beziehungen zu jenen Zulieferern bzw. Zulieferer-Netzwerken forciert, die Komplettlösungen bieten, die Subsysteme des Gesamtsystems ständig und stetig optimieren und qualitätssicher liefern.

Bedeutung für die Zukunft im Unternehmen

Vorteile durch Konzentration auf Kernkompetenzen Mit einer reduzierten Wertschöpfungskette können die Produktionskosten gesenkt werden. Die Konzentration auf Kernkompetenzen steigert die Innovationskraft und beschleunigt Innovationen. Nur bei geringer Fertigungstiefe ist eine reaktionsschnelle »bestandsarme« und damit schlanke Produktion realisierbar. Speziell dann, wenn Industrieunternehmen nicht sämtliche Einzelteile von verschiedenen Lieferanten fremdbeziehen, sondern stattdessen mit System-Zulieferern langfristig partnerschaftlich kooperieren, lassen sich die Kosten für Planungs-, Kontroll- und Steuerungsvorgänge reduzieren. Insofern bewirkt die Produktions- bzw. Leistungsreduzierung eine Senkung der Komplexitätskosten.

Schließlich sinkt durch den Abbau der Fertigungstiefe auch der Kapitalbedarf für fixkostenintensive Ressourcen. Sogar die Mitarbeiterzahl lässt sich begrenzen. Insgesamt wird eine höhere Fixkostenflexibilisierung erreicht.

Kostensenkung und Flexibilitätssteigerung

Vor allem die Automobilhersteller haben in den letzten 10 Jahren ihre Fertigungstiefe vermindert. Die von der PKW-Industrie praktizierten Konzepte wurden von anderen Branchen kopiert. Dies hat zur Produktionsverlagerung in Niedriglohnländer und demzufolge zum Abbau von Arbeitsplätzen in Deutschland geführt.

Will man das *Outsourcing* in andere Länder vermeiden, dann ist die Produktivität so zu steigern und die Personalkosten sind so zu begrenzen, dass die internationale Wettbewerbsfähigkeit wieder hergestellt wird.

Allerdings ist auch zu beachten, dass Forschung, Entwicklung und Konstruktion direkt auf das Erfahrungswissen unternehmenseigener Produktionsbereiche zurückgreifen kann, d. h., Entwicklungs- und Fertigungstiefe sind stets simultan zu optimieren. Wird die Fertigungstiefe durch *Out-/Insourcing* verändert, muss folglich den System- und Komponenten-Zulieferern die jeweils objektspezifisch relevante Weiterentwicklung übertragen werden. Für langfristig erfolgreiche Partnerschaften ist daher vor allem die Koordination der Entwicklungsstrategien wichtig.

Forschungs- und Entwicklungsproblematik

Schon im Vorfeld des *Outsourcing* müssen unpopuläre Entscheidungen gefällt werden, z. B. das Bestimmen des eigenen Leistungsniveaus gegenüber dem Zukauf, das Ermitteln von Kosten und Kostensenkungspotenzialen. Der Widerstand von Seiten der Mitarbeiter ist vorprogrammiert, denn diese sehen Arbeitsplätze, Einflussmöglichkeiten, Gewohnheiten und Sicherheiten gefährdet. Eine Gegenüberstellung von Vor- und Nachteilen sowie von Stärken und Schwächen im Unternehmen ist darum dringend zu empfehlen. Damit die Mitarbeiter solche Maßnahmen nicht blockieren, ist für eine gute Information und Vorbereitung des *Outsourcings* zu sorgen.

Personalprobleme

Vorteile	Nachteile
– Konzentration auf das Kerngeschäft	– Hohe Abhängigkeit vom Partner
– Höhere Flexibilität in Bezug auf die finanziellen Mittel	– Aufwendige Prüfung der Partner dringend notwendig
– Senkung der Komplexitätskosten	– Risiko der ungewollten Informations-
– Senkung der Fixkosten	verbreitung
– Schlankere Produktion	– Fatale Folgen durch leichtfertiges
– Kürzere Durchlaufzeiten	Handeln
– Steigerung der Wettbewerbsfähigkeit	– Bei hoher Abhängigkeit Gefahr der
– Verringerung der Kapitalbindung	willkürlichen Preisgestaltung
– Know-how-Vorteile durch spezialisierte Partner	– Beschaffungsrisiko
	– Komplexes Schnittstellenmanagement
– Kostengünstiger Produzieren	– Verlust der eigenen Kompetenzen
– Steigerung von Qualität und Effizienz	– Know-how-Verlust
– Personalabbau als positiver Nebeneffekt	– Kontrolle des Partners schwierig
	– Motivationsproblem der Mitarbeiter

Vor- und Nachteile des *Outsourcing*

Vorteile	Nachteile
– Wahrung der Firmeninterna	– Hohe Fertigungstiefe
– Unabhängigkeit von Zulieferern	– Hohe Komplexität
– Imagevorteil	– Langfristige Mittelbindung
– »Alles aus einer Hand«	– Hohe Fixkosten
– Beschaffungsrisiken entfallen	– Keine Konzentration aufs Kerngeschäft
– Wahrung eigener Kompetenzen	– Geringe Flexibilität
– Know-how-Gewinn	

Vor- und Nachteile des *Insourcings*

Out- und Insourcing in der Praxis

Schritt 1 *Erkennen der In- und Outsourcing-Problematik:* In Frage kommende Aufgabenbereiche sind zu identifizieren und anhand fundierter Kriterien zu bewerten. Um diese zu ermitteln, bedarf es einer Methodik, welche die Komplexität der Kriterien auf wenige Grunddimensionen zurückführt. Hierfür bietet sich die Einführung eines Portfolios an.

Identifizieren von In- und Outsourcing-Objekten: Hierzu ist eine ge- **Schritt 2**
dankliche Aufgliederung des Unternehmens erforderlich, um aus
einer ganzheitlichen Perspektive die *In-* und *Outsourcing*-Objekte
zu gewinnen. Es sind zwei Vorgehensweisen zu unterscheiden:

Die *funktionsorientierte* Vorgehensweise geht von den grundlegenden Funktionsbereichen (z. B. Produktion, Vertrieb) über einzelne Funktionen (z. B. Einkauf von Rohstoffen), Arbeitsplätze bis
hin zu einzelnen Tätigkeitselementen (z. B. ABC-Analyse).

Die *produktorientierte* Vorgehensweise zerlegt das Unternehmen
dagegen in einzelne Geschäftsbereiche (strategische Geschäftseinheiten) über Produkte, Systeme / Baugruppen, Komponenten
bis hin zu einzelnen Teilen.

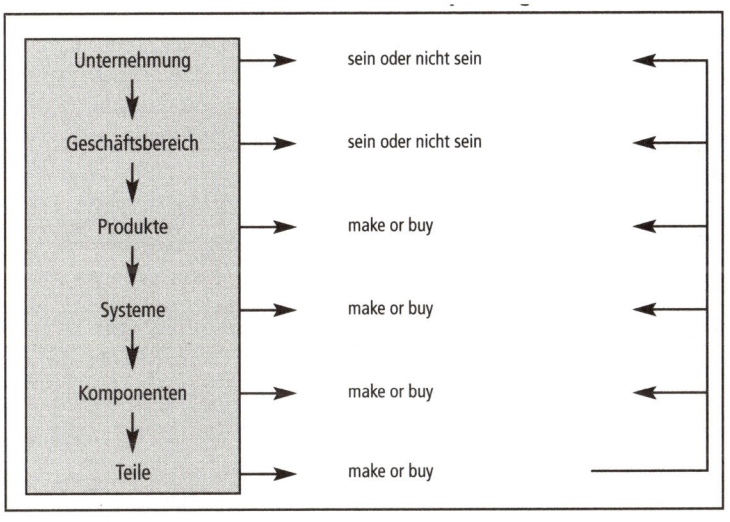

Produktorientierte
Zerspaltung

Bestimmen von Bewertungskriterien: Die ermittelten Aufgabenberei- **Schritt 3**
che werden anschließend mit den ausgesuchten Kriterien bewer-
tet. Erst dann ist eine Zuordnung zu Kern- oder Randleistungen
möglich. In der Praxis wird zumeist der traditionelle Preis-Kos-
ten-Vergleich angewendet, der sich jedoch *nur* für die kurzfristige Entscheidungsfindung eignet.

Für langfristig angelegte *In-* und *Outsourcing*-Entscheidungen sind qualitative Bewertungskriterien heranzuziehen. Bei diesen Kriterien handelt es sich entweder um *Insourcing*-Treiber (z. B. Zukunftsträchtigkeit, Sachkompetenz, Differenzierungs- und Wachstumsrelevanz, geringe Anzahl von Lieferanten) oder *Outsourcing*-Treiber (z. B. geringe technische und organisatorische Auslagerbarrieren, Verfügbarkeit vieler Lieferanten und hoher Standardisierungsgrad).

Schritt 4 *Erstellen eines Make-or-Buy-Portfolios (MOB):* Im Interesse einer breiten Auswahl sollte eine hohe Vielfalt an Kriterien herangezogen werden. Aus Gründen der Übersichtlichkeit wird zunächst die Kriterienvielfalt anhand der Grunddimensionen beim MOB-Portfolio angenommen.

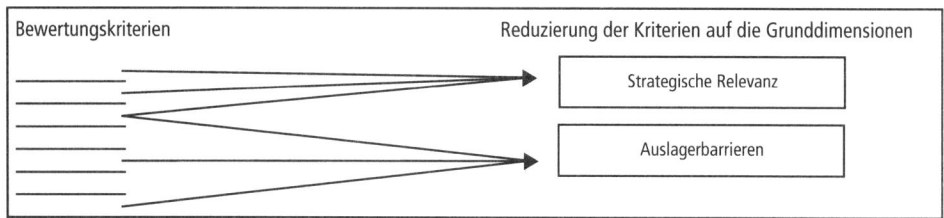

Reduzierung der Kriterienvielfalt auf MOB-Grunddimensionen

Nach der Aufteilung auf die Grunddimension erfolgt das Positionieren der MOB-Objekte im Portfolio. Eine MOB-Analyse sollte von Zeit zu Zeit immer wieder durchgeführt werden, um das MOB-Mischungsverhältnis im Hinblick auf *Outsourcing-* und *Insourcing*-Bedürfnisse zu durchkämmen und zu optimieren.

Schlussbemerkung

Der gesamte *Out-/Insourcing*-Prozess wird in der Praxis von verschiedenen Interessenlagen der Beteiligten und Betroffenen überlagert. Praktische Erfahrungen zeigen, dass die internen Leistungsersteller ihre angestammten Betätigungsfelder verteidigen und *Outsourcing*-Planungen bekämpfen. Die Versuche, *Outsourcing* zu verhindern, reichen bis zur Kostenmanipulation.

Andererseits gibt es auch Interessenvertreter auf der *Outsourcing*-Seite. Vor allem der Einkauf ist an dieser Stelle zu nennen, der das *Outsourcing* häufig forciert.

Für die Überwindung solcher Funktionsinteressen bietet es sich an, Entscheidungsteams zu bilden, welche vielfältige Kriterien unter die Lupe nehmen, und somit eine möglichst realistische und richtige Entscheidung zu treffen.

Literatur

Bruch, Heike: *Outsourcing.* Konzepte und Strategien, Chancen und Risiken. Wiesbaden 2000.

Köhler-Frost, Wilfried: *Outsourcing.* Eine strategische Allianz besonderen Typs. Berlin 2000.

Männel, W.: *Kostenrechnungspraxis.* 1997.

Meckl, Reinhard: *Personalarbeit und Outsourcing.* HR-Services und Dienstleistungen. Köln 1999.

Müller, Hans-Erich / Arno Prangenberg: *Outsourcing-Management.* Handlungsspielräume bei Ausgliederung und Fremdvergabe. Köln 1997.

Niebling, Jürgen: *Outsourcing.* Stuttgart 2001.

23. Performance Improvement

Im Zeitalter des Hyperwettbewerbs sind Unternehmen und Organisationen in einem turbodynamischen Umfeld gezwungen, auch ihre Prozesse zu optimieren. Neben *Total Quality Management, Business Process Reengineering* und anderen Ansätzen bietet sich das *Performance Improvement* an, nachfolgend PI genannt. Als universeller Ansatz zur Analyse, Messung und Verbesserung von Leistungen ist es in fast allen Bereichen eines Unternehmens einsetzbar (vgl. Kapitel Prozessmanagement im zweiten und Qualitätsmanagement im dritten Teil).

Messbarkeit von Leistungs- verbesserungen

Die Ausgangsfrage des PI lautet: Wie muss man vorgehen, um zu dauerhaften Leistungsverbesserungen zu kommen, und mit welchen objektiven Größen können diese Leistungsverbesserungen gemessen werden?

Die Frage der Messbarkeit spielt dabei eine besondere Rolle, denn nachhaltige Verbesserungen sind nur noch dann erreichbar, wenn alle Beteiligten über genaue Beurteilungskriterien verfügen.

Leistungsebenen eines Unternehmens

Eine Organisation besteht im PI-Modell aus diesen drei Leistungsebenen:

- Organisationsebene
- Prozessebene
- Mitarbeiterebene

Die *Performance* einer Organisation ist das Ergebnis komplexer Abläufe zwischen diesen drei Ebenen. Darum fordert das PI-Modell eine ganzheitliche Leistungsanalyse mit Blick auf die systemische Komplexität einer Organisation.

Mittels einer Analyse der Differenz zwischen Soll und Ist werden die Ursachen für Leistungsabweichungen aufgespürt und Maßnahmen eingeleitet. Das sind die ersten und zugleich wichtigsten Schritte des Leistungsverbesserungsprozesses.

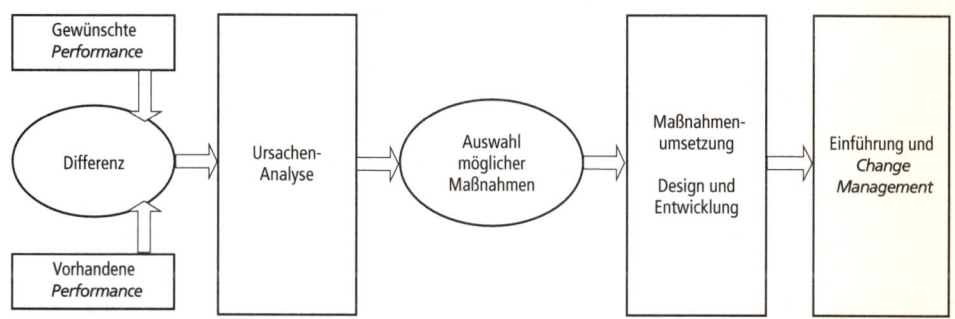

Der Prozess zur Leistungsverbesserung

Die Organisation eines Unternehmens ist eine Art Gerüst, zu dem Bereiche, Abteilungen und Gruppen gehören. Die von diesen Ebenen zu erbringenden Leistungen drücken sich in Umsätzen, Image, Marktanteilen, Unternehmenswert, Aktienkurs und Ähnlichem aus.

Die Struktur der Organisation sollte so beschaffen sein, dass sie die Realisation der erwarteten oder geforderten Leistungen nachhaltig unterstützt. Eine zu bürokratische und stark zentralistische Struktur könnte hinderlich wirken. Die »Rezepte« gegen Bürokratie und Zentralismus sind bekannt und werden genutzt: Verflachung von Hierarchien, *Outsourcing*, Dezentralisierung u. Ä.

Prozessebene Um die Leistung der Prozessebene zu steigern, werden Prozesse identifiziert, beschrieben und verbessert. Die Grundidee der Geschäftsprozessoptimierung besteht darin, Arbeitsschritte in eine ablauflogische Reihenfolge zu bringen, um so einen durchgängigen Hauptprozess zu generieren. Die Leistungen der Prozessebene kann man u.a. mit den Indikatoren Qualität, Stückkosten, Durchlaufzeiten und Lagerkosten messen.

Aufgaben- und Mitarbeiterebene Das PI-Modell definiert auch die Aufgaben- und Mitarbeiterebene als Teilsystem des Gesamtsystems Unternehmen, denn Aufgaben bzw. Leistungen werden schließlich von Mitarbeitern erfüllt und erbracht.

Auf der Aufgaben- bzw. Mitarbeiterebene vollzieht sich das Zusammenspiel unterschiedlicher Faktoren, welche die Leistungserbringung überhaupt erst ermöglichen. Wie das funktioniert, verdeutlicht das so genannte Kompetenzensystem (siehe Abbildung).

Danach entsteht menschliche Leistung dann, wenn alle Elemente des Kompetenzensystems so aufeinander abgestimmt sind, dass sie das Erreichen der gewünschten Ziele unterstützen und sich gegenseitig in ihrer Wirkung verstärken. Diese Verknüpfung zu leisten ist die Aufgabe des *PI-Consultants* oder der firmeninternen PI-Projektgruppe.

Das Kompetenzensystem (nach Bartscher/ Wittkuhn 1999)

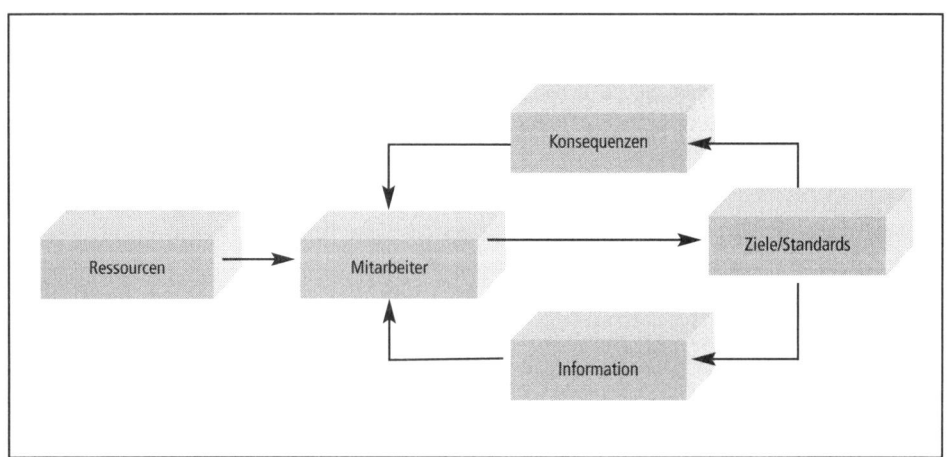

Die Leistungsmessung

Während das Messen von Organisations- und Prozessleistungen auf mehr oder weniger objektiven Größen beruht (z. B. Stückzahlen, Umsatz), ist das Messen auf der Aufgaben- bzw. Mitarbeiterebene schwieriger. Menschliche Leistung ist komplexer als Maschinenleistung. Das fehlende methodologische Instrumentarium hierfür ist Ursache, dass Personalentwicklungsmaßnahmen nur selten als Investition betrachtet und kalkuliert werden. Aber die tatsächliche Schwierigkeit bei der Leistungsmessung resultiert nicht nur aus der Komplexität menschlicher Leistung, sondern ist Folge der Unklarheit darüber, worin diese Leistung besteht und wie man sie verbessern kann. Hier nun versucht das PI-Modell, Antworten zu geben.

Eine wertschöpfende Leistung und der Potenzial-Index sind die wichtigsten Kenngrößen, mit deren Hilfe Maßnahmen zu Leistungsverbesserungen in Geld ausgedrückt und bewertet werden können.

Wertschöpfende Leistung und Leistungspotenzial

Die wertschöpfende Leistung (L) auf der Mitarbeiterebene wird als Funktion aus Ergebnissen (E) und den dabei aufgewendeten Kosten (K) so definiert: $L = E / K$

Um die Leistungsmessung zu ermöglichen, ist die Bestimmung des Leistungsverbesserungspotenzials von großer Bedeutung. Es lässt sich mit dem Potenzial-Index ausdrücken. Man erhält den Potenzial-Index, indem die durchschnittliche Leistung eines Mitarbeiters (Ld) ins Verhältnis zur besten Leistung, die jeweils bekannt ist (L_{ex} = exemplarische Leistung), gesetzt wird: $PI = L_{ex} / Ld$

Der Potenzial-Index beschreibt den durchschnittlichen Leistungsstand und das maximale Potenzial, das für eine Leistungsverbesserung besteht. Je größer die Abweichung zwischen der durchschnittlichen und der exemplarischen Leistung ist, desto leichter können Verbesserungen erzielt werden.

Das Leistungsaudit ist ein Vorgehen, das dem Unternehmen den Überblick über Leistungsstand, Leistungspotenziale und sinnvol-

Leistungsaudit

le Ansatzpunkte zur Leistungsverbesserung verschafft. Es wird in dieser Reihenfolge durchgeführt:

1. Gewünschte Ergebnisse (Ziele) festlegen
2. Damit verbundene Anforderungen festlegen
3. Exemplarische Leistung identifizieren
4. Exemplarische Leistung messen
5. Durchschnittliche Leistung messen
6. Potenzial-Index messen
7. Potenzial-Index in Geldwert umsetzen
8. Wirkungshebel identifizieren

Im Zusammenhang damit will das PI-Modell Maßnahmen zur Leistungsverbesserung auf der Mitarbeiterebene in ihrer Rentabilität berechnen und nachweisen.

Leistungsverbesserungsprozesse

Leistungsverbesserungen sind nur im systemischen Kontext erreichbar. Mit Blick auf die ganze Organisation wird der Leistungserstellungsprozess analysiert. Diese Analyse ist die notwendige Basis für gezielte Ansätze zur Verbesserung der Mitarbeiterleistungen.

Der amerikanische Berater Geary Rummler bietet zu diesem Zweck eine Methode an. Danach werden innerhalb von fünf Phasen und 14 Einzelschritten Leistungslücken auf jeder der drei Organisationsebenen analysiert.

Phasen der Leistungs- verbesserung

Phase 1: Planung der Leistungsverbesserung Projektdefinition. Erstellung eines Projektplans, der Möglichkeiten für Verbesserungen und Überarbeitungen einschließt. *Ergebnisse:* Festgelegte Projektdefinition und Projektplan.

Phase 2: Organisatorische Verbesserung

Beschreibung des Organisationssystems.

Identifikation organisatorischer Verbesserungsmöglichkeiten.

Festlegung spezifischer Verbesserungsmaßnahmen auf der organisatorischen Ebene.

Beschreibung von Prozessen, die sich am stärksten auf die erkannten kritischen Punkte in der Organisation auswirken.

Ergebnisse: Organisationsanalyse und Verbesserungsentwurf mit konkretem Maßnahmenplan und mit Prozess(en).

Phase 3: Prozessverbesserung

Prozessbeschreibung, *Flowcharts* mit Soll-Ist-Vergleich.

Identifikation von Verbesserungsmöglichkeiten; Beschreibung der Lücken zwischen Soll und Ist.

Maßnahmenplan zur Verbesserung des Prozesses.

Beschreibung der Aufgaben, die die Ausführung des Prozesses am stärksten beeinflussen.

Ergebnisse: Prozesskarte(n), Prozessanalyse und Verbesserungsentwurf mit konkretem Maßnahmenplan und mit Aufgaben.

Phase 4: Verbesserung auf der Aufgabenebene

Entwicklung von Verbesserungen im Rahmen der konkreten Aufgaben, die die verbesserten Prozesse am besten unterstützen.

Identifikation von Verbesserungsmöglichkeiten bei einzelnen Arbeitsschritten.

Beschreibung der Abweichungen zwischen Soll und Ist.

Maßnahmenplan zur Verbesserung der Arbeitstätigkeiten.

Ergebnisse: Arbeitsmodell(e), Arbeitsanalyse und Maßnahmenplan.

Phase 5: Prozessmanagement

Umsetzung und Evaluation von Verbesserungsmaßnahmen auf allen drei Leistungsebenen.

Ergebnis: Maßnahmenplan für die Umsetzung und Evaluation.

Diese Schritte sind in der vorgegebenen Reihenfolge sorgfältig durchzuführen, da die Ergebnisse jeder einzelnen Phase Grundlage für das Gelingen der jeweils nächsten darstellen.

Das Modell des Kompetenzensystems wurde bereits erwähnt. Welchen Einfluss haben die Elemente dieses Systems auf die Verbesserung der Mitarbeiterleistung?

Mitarbeiter: Damit sie ihre Aufgaben erfüllen können, bedarf es bestimmter Fähigkeiten (Fachwissen, Ausbildung, Erfahrungen etc.), körperlicher und geistiger Eignung und entsprechender Motivation.

Diese Aspekte sind schon bei der Personalauswahl zu berücksichtigen. Bevor eine Person für eine Stelle ausgewählt wird, muss als Erstes entschieden werden, welches *Performance*-Profil der Bewerber aufweisen soll. Darunter wird eine Art Anforderungsprofil verstanden mit Hinweis auf die Leistungs-Outputs der zu besetzenden Stelle und des dazugehörenden Interaktionsgefüges.

Defizite bei fachlichen Fertigkeiten und Fähigkeiten können durch personalentwickelnde Maßnahmen, so z. B. Trainings, beseitigt werden. Diese Bildungsmaßnahmen sind dabei als zielgerechte Investition zu betrachten, mit welcher der Wertschöpfungsbeitrag des Mitarbeiters gesteigert werden soll. Die Aus- und Weiterbildungsmaßnahmen sind so zu gestalten, dass ein Transfer der gelernten Inhalte in die tägliche Arbeitssituation gewährleistet ist.

Die Leistungsfähigkeit des Mitarbeiters muss mit der Leistungsbereitschaft »gepaart« werden. Führungskräfte sind gefordert, das Demotivieren zu unterlassen, denn Mitarbeiter sind im PI-Modell in der Regel motiviert.

Klare Ziele und Standards Alle Tätigkeiten in Organisationen sind auf die Erreichung unternehmerischer Ziele gerichtet. Deswegen kommt der Zielvereinbarung besondere Bedeutung zu. Die Ziele bilden nämlich einen Rahmen, in dem ein Mitarbeiter sein Selbststeuerungspotenzial entwickeln kann. Nur mit klar formulierten Zielen ist er imstande, sein Handeln selbständig zu steuern, zu kontrollieren und zu verbessern.

Informationssysteme Sollen sich die Mitarbeiter selbst in Richtung eines Ziels steuern, so müssen sie auch zu jedem Zeitpunkt genau wissen, wie sie im Hinblick auf die Erreichung des Ziels stehen. Dazu muss die Führungskraft den Mitarbeitern die notwendigen Informationen rechtzeitig, umfassend und unmissverständlich geben. Ohne diese fehlt der Ansporn zur Leistungsverbesserung.

Mit Konsequenzen sind in der Regel Belohnungen gemeint, z.B. Anerkennung, Bonifikation, Incentives etc. Sie sollen die Wirkung anderer Elemente des Kompetenzensystems verstärken und die Erbringung der gewünschten Leistungen unterstützen. Umgekehrt gibt es auch negative Konsequenzen, wenn sich Mitarbeiter nicht für die vereinbarten Ziele einsetzen. **Konsequenzen**

Die Leistungserbringung setzt Ressourcen voraus, z.B. Zeit, Informationen, Material und Infrastruktur. Zu den Ressourcen gehören aber auch eine gute Arbeitsatmosphäre, behinderungsfreie Arbeitsprozesse und realistische Arbeitsplanung. Diese müssen auf Dauer vorhanden sein, um Arbeit überhaupt zu ermöglichen. Ihr Einfluss auf die Leistungsverbesserung ist jedoch von allen Elementen des Systems am geringsten. Mit begeisterten Mitarbeitern lassen sich sogar fehlende Ressourcen kompensieren. Demotivierte Mitarbeiter kann man hingegen umgekehrt auch nicht mit modernen Arbeitsmitteln begeistern. Insofern haben die Ressourcen eher eine unterstützende Wirkung. **Ressourcen**

Zusammenfassung

Performance Improvement ist eine von mehreren Metamethoden, um Leistungsverbesserungen in Organisationen zu erreichen. Die Methode will Leistungsprobleme auf allen Ebenen erfassen und jene Kernstellen identifizieren, bei denen Veränderungsmaßnahmen die größtmögliche Wirkung erzielen. Interessant und neu ist der Versuch, die Leistung messbar zu machen.

Die Methode vereinigt in sich viele bekannte Elemente der Personalwirtschaft, der Mitarbeiter- und Unternehmensführung (z.B. Zielvereinbarung, Stellenbeschreibung, Qualitäts- und Prozessmanagement, Audit bzw. Feedback).

Das Konzept der *Improving Performance* ist für Personalentwickler, Berater und Trainer ein brauchbares Werkzeug, um organisationale Leistung langfristig und effizient zu steigern. Es erfordert aber ein fundiertes Know-how aus vielen Teildisziplinen des Managements.

Literatur

Ball, Marion J./Judith V. Douglas: *Performance Improvement Through Information Management.* Health Care's Bridge to Success. Berlin 1999.

Bartscher, T./K. D. Wittkuhn: »Leistungsmessung mit Improving Performance.« In: *Personalwirtschaft* 10/1999.

Bühner, Rolf: *Mitarbeiter mit Kennzahlen führen: der Quantensprung zu mehr Leistung.* Landsberg 2000.

Dumke, Reiner: *Performance Engineering.* State of the Art and Current Trends. Heidelberg 2001.

Schust, Günther H.: *Total Performance Management: Neue Formen der Leistungs- und Potenzialnutzung in Führung und Organisation.* Stuttgart 1994.

24. Personalentwicklung

Die Zeiten, in denen die Personalwirtschaft als lästige und kosten-intensive betriebliche Funktion angesehen wurde, sind vorbei. Es geht nicht länger nur um die möglichst effiziente Abwicklung von Verwaltungsaufgaben, sondern um ein Personalmanagement, welches angesichts zunehmender Anforderungen laufend besse-re und individuell angepasste Problemlösungen liefern muss.

Entstehende Engpässe in der Qualifikation müssen geschlossen oder besser noch vermieden werden. Für diesen Vorgang hat sich im Laufe der Jahre der Begriff Personalentwicklung herauskris-tallisiert.

Unter Personalentwicklung sind alle Maßnahmen zu verstehen, die der individuellen beruflichen Entwicklung der Mitarbeiter dienen und ihnen unter Beachtung ihrer persönlichen Interessen die zur optimalen Wahrnehmung ihrer jetzigen und künftigen Aufgaben erforderlichen Qualifikationen vermitteln.

Definition

Aufgabe der Personalentwicklung

Die Personalentwicklung hat mit unterschiedlicher Gewichtung drei Zielrichtungen:

1. Ausbau unternehmensspezifischer Kenntnisse und Fähigkeiten

2. Erfüllung von individuellen Zielen des Personals zur Weiterbildung und zum Erfahrungserwerb
3. Lernen als eine Art Institution, denn nur Personal, das stetig lernt, ist auch entwicklungsfähig

In diesem Zusammenhang kann man die Personalentwicklung periodenbezogen in berufsvorbereitende, berufsbegleitende und berufsergänzende Personalentwicklung einteilen.

3 Arten der Personalentwicklung
Die *berufsvorbereitende* Personalentwicklung beschäftigt sich mit Ausbildung, Praktika und Volontariaten sowie der Einführung von Hochschulabsolventen in das Unternehmen.

Die *berufsbegleitende* Personalentwicklung dagegen fördert Anpassungs-, Aufstiegs- und Ergänzungsqualifikationen der Mitarbeiter. *Anpassungsentwicklung* liegt dann vor, wenn sich Stellenaufgaben und -anforderungen ändern. Von *Aufstiegsentwicklung* spricht man, wenn Führungskräfte oder Führungsnachwuchskräfte unternehmensintern bestimmte Karrierestufen durchwandern. Die *Ergänzungsentwicklung* kümmert sich um Zusatzqualifikationen wie PC-Kurse oder Rhetorikseminare, die nicht unbedingt primär an die Anforderungen der Stelle geknüpft sind.

Die *berufsverändernde* Personalentwicklung befasst sich mit Umschulung und Rehabilitation von Mitarbeitern.

Systematik der Personalentwicklung

Damit das Unternehmen seine Wettbewerbs- und Leistungsfähigkeit erhalten kann, müssen Qualifikationen der Mitarbeiter gesichert und gesteigert werden. Auslöser für die berufliche Weiterbildung sind der Strukturwandel, erhöhte Anforderungen am Arbeitsplatz sowie neue Produkte und Technologien.

Hieraus ergeben sich für das Unternehmen strategische Konsequenzen, die in die Personalentwicklung einfließen müssen. Diese strategiebegleitende Personalentwicklung besteht aus folgenden Schritten des klassischen Managementzyklus:

- Bedarfsanalyse
- Bestimmung von Entwicklungszielen
- Planung
- Durchführung
- Transfer
- Kontrolle

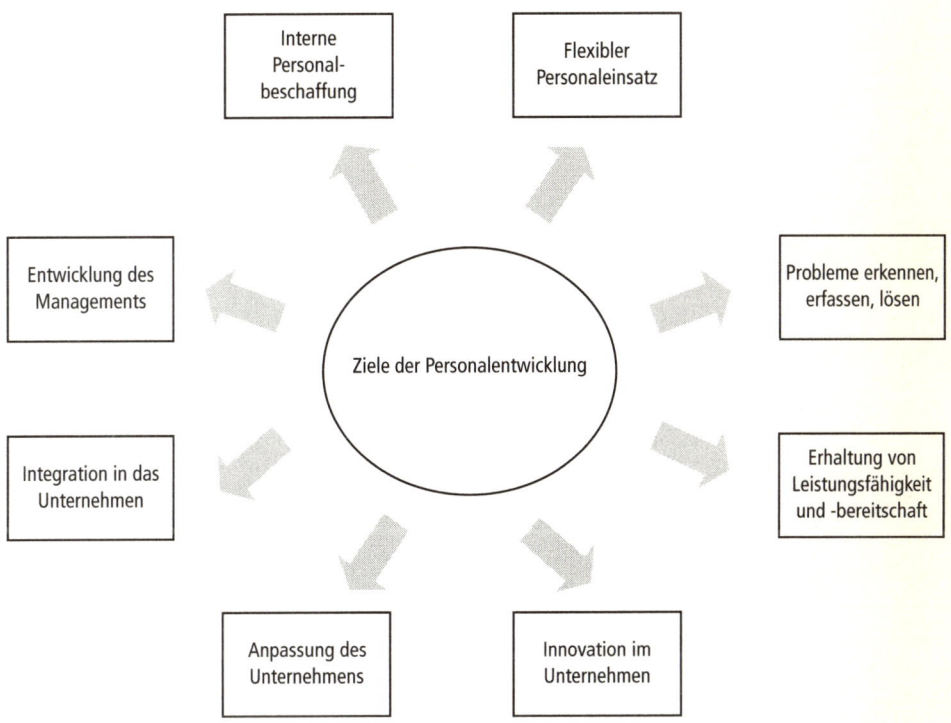

Systematische Weiterbildung beginnt mit der Bedarfsanalyse. **Bedarfsanalyse**
Vor einer Investition in Personalentwicklungsmaßnahmen ist zu
prüfen, ob tatsächlich ein Bedarf besteht und wie er beschaffen
ist. Der Personalbedarf des Unternehmens ist in quantitativer,
zeitlicher und qualitativer Hinsicht zu ermitteln.

Der qualitative Personalbedarf leitet sich aus den Arbeitsplatz-
erfordernissen (zumeist Stellenbeschreibung) oder aus dem Anforderungsprofil des Idealmitarbeiters ab. Parallel dazu werden

die tatsächlichen Eignungspotenziale und die Entwicklungsbedürfnisse der Mitarbeiter ermittelt und anschließend dem Anforderungsprofil gegenübergestellt. Das Ergebnis des Vergleichs ergibt den endgültigen Entwicklungsbedarf.

Die Mitarbeiterbeurteilung ist ein wichtiges Instrument zur Gewinnung notwendiger Informationen über Eignung und Bedürfnisse des Personals. Sie kann sowohl vergangenheitsbezogen im Zuge einer Leistungsbeurteilung als auch zukunftsbezogen im Rahmen einer Potenzialbeurteilung stattfinden.

In der Potenzialbeurteilung werden die von den Mitarbeitern und Führungskräften künftig benötigten Qualifikationen festgelegt. Neben der Mitarbeiterbeurteilung können jedoch auch Mitarbeitergespräche, *Assessment-Center* und Bewerbungen auf interne Stellenausschreibungen wertvolle Hinweise auf die beruflichen Interessen der Mitarbeiter geben. Der Soll-Ist-Vergleich mündet schließlich in eine Zielplanung, wobei zwischen dem Vorgesetzten und seinen Mitarbeitern Qualifikationsziele vereinbart werden.

Personalentwicklungs-Planung Die Personalentwicklungs-Planung umfasst alle die Realisierung der Personalentwicklung vorbereitenden Arbeiten, die anschließend intern oder extern durchgeführt werden. Ort, Zeit, Inhalte, Methoden, Trainer und Kosten müssen in dieser Phase zusammengestellt und analysiert werden.

An Fördermaßnahmen steht eine breite Palette zur Verfügung. Je nach Situation sind Laufbahn- und Nachfolgeplanung, Seminare, *Coaching*, Praktika u.a. für die zu fördernden Mitarbeiter auszuwählen. Solche Bildungsmaßnahmen können entweder *on-the-job, near-the-job* oder *off-the-job* stattfinden.

Bei arbeitsplatzgebundenen Bildungsmethoden *(training-on-the-job)* werden neue Fertigkeiten und Kenntnisse im direkten Zusammenspiel zwischen Mitarbeiter und Vorgesetztem vermittelt. Die Maßnahmen sind vielfältig, reichen sie doch von der planmäßigen Unterweisung über Jobrotation bis hin zur Übertragung von Sonderaufgaben mit begrenzter Verantwortung (Nachfolger, Assistent). Der ausschlaggebende Vorteil der arbeitsplatzgebun-

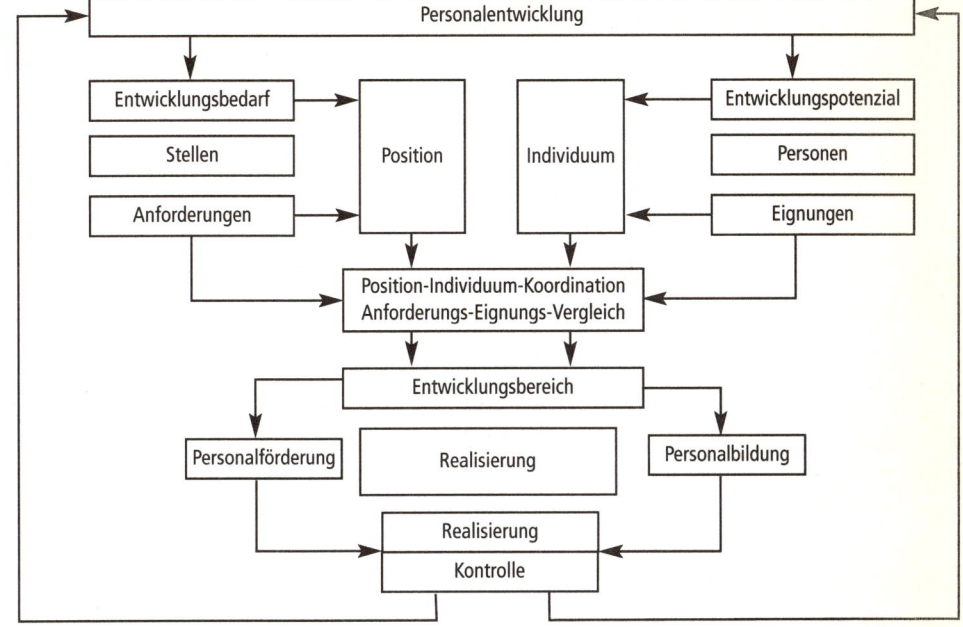

```
┌──────────────────────────────────────────────────────────────────────┐
│→                        Personalentwicklung                         ←│
└──────────────────────────────────────────────────────────────────────┘
```

Entwicklungsbedarf → → ┌──────────┐   ┌──────────┐ ← Entwicklungspotenzial

Stellen   │ Position │   │Individuum│   Personen

Anforderungen →   └──────────┘   └──────────┘ ← Eignungen

Position-Individuum-Koordination
Anforderungs-Eignungs-Vergleich

Entwicklungsbereich

Personalförderung   Realisierung   Personalbildung

Realisierung
Kontrolle

Rahmen der
Personalentwicklung

denen Maßnahmen liegt in deren hohem Realitätsbezug. Erlerntes ist sofort anwendbar.

Bildungsmethoden außerhalb des Arbeitsplatzes sind jedoch ebenso notwendig – vor allem dann, wenn der Mitarbeiter vom laufenden Betriebsgeschehen weit gehend unbehelligt bleiben soll. Dies ist unumgänglich, wenn es sich um eine didaktisch und methodisch fundierte Qualifikationsvermittlung (Lehrgespräch und -vortrag) handelt.

Erfolgskontrolle

Die Erfolgskontrolle zeigt, ob die gesetzten Ziele erreicht wurden. Diese Aufgabe wird bei der Personalentwicklung dadurch erschwert, dass Erfolg nicht durch einen einzigen, alle Wirkungen umfassenden Indikator ausgedrückt werden kann.

Das eigentliche Ziel der Personalentwicklung ist erst dann erreicht, wenn das Erlernte in einen dauerhaften Lerntransfer am Arbeitsplatz mündet.

Die Praxis zeigt jedoch immer wieder, dass ein befriedigender Lernerfolg nicht zwangsläufig die Gewähr für einen hohen Anwendungserfolg bietet. Diskrepanzen entstehen durch Anwendungshemmnisse, so z. B. ein fehlendes Verständnis des Vorgesetzten für die Fortbildungsmaßnahme.

Möglichkeiten des Personalentwicklungs-Controllings

Die Erreichung der Unternehmensziele hängt auch vom Erfolg der Personalentwicklung ab, weshalb sie regelmäßig bewertet werden sollte. Die Unternehmen sind darum gut beraten, wenn sie ihre Personalentwicklungskosten als Investition betrachten und dementsprechend rechnerische Nachweise über Effizienz und Qualität der Personalentwicklungsarbeit erstellen. Das schafft Akzeptanz und bringt Transparenz in das betriebliche Bildungswesen.

Bildungs-controlling nötig Die Erfolgskontrolle von Weiterbildungsarbeit ist aber mit Schwierigkeiten verbunden, denn die Methoden des Rechnungswesens sind nur begrenzt zur Messung von Verhaltensänderungen beim Menschen einsetzbar. Der Aufbau eines speziellen Bildungscontrollings ist daher ratsam: Personalcontrolling stellt eine Übertragung des Controlling-Konzeptes für das Personalwesen dar. Es basiert auf der Idee, durch einen permanenten Vergleich von Soll (Planziel) und Ist (Gegenwartssituation) ein wirksames Steuerungssystem zu installieren.

Die Literatur unterteilt die Kontrolle in drei Bereiche: die Erfolgs-, die Kosten- und die Rentabilitätskontrolle, wobei von verschiedenen Autoren unterschiedliche Begriffe verwendet werden.

1. Erfolgskontrolle Die Erfolgskontrolle richtet sich auf den tatsächlichen Entwicklungs- und Lernerfolg. Sie stellt fest, ob es gelungen ist, den Mitarbeitern die angestrebte Qualifikationsänderung zu vermitteln, und fragt, wie sich diese Änderung am Arbeitsplatz auswirkt.

Der Autor Michael Fiedler unterscheidet »*zwischen einer pädagogischen und einer ökonomischen Erfolgskontrolle. Die pädagogische Kontrolle dient der Überprüfung der Erreichung des Sachzieles und ist damit eine Überprüfung der Effektivität der Personalentwicklung. Die ökonomische Erfolgskontrolle dient der Überprüfung des ökonomischen Formalziels und ist eine Überprüfung der Effizienz der Personalentwicklung*« (Fiedler 1994, S. 56).

Die *pädagogische Erfolgskontrolle* im Lernfeld knüpft zum einen an den Erfolg der Bildungsmaßnahmen und zum anderen an die Bildungsinhalte an. Doch die Prüfkriterien im Bereich der Bildungsmaßnahmen sind nur sehr vage, basieren sie doch vor allem auf Empfindungen, Einstellungen und Urteilen der Teilnehmer, so dass eine Überprüfung des Maßnahmenerfolgs höchstens als Ergänzung der übrigen Kontrollen sinnvoll erscheint. Bei der Evaluation von Bildungsinhalten lässt sich der Erfolg hingegen an objektiveren Faktoren wie den erworbenen Kenntnissen und Fähigkeiten der Teilnehmenden messen.

Im Rahmen der pädagogischen Erfolgskontrolle im Anwendungsfeld ist der genaue Erfolg nur schwer feststellbar, denn ob der Transfer auf den Arbeitsplatz gelungen ist, kann von allen Beteiligten unterschiedlich beurteilt werden. »*In der Wirtschaftspraxis weist die pädagogische Erfolgskontrolle erhebliche Schwächen auf, denn in der Regel wird nur eine Kontrolle des Maßnahmenerfolgs durchgeführt. Eine systematische Kontrolle, ob ein Lerntransfer stattgefunden hat und ein Anwendungserfolg zu verzeichnen ist, unterbleibt meistens aber*« (Fiedler 1994, S. 58).

Ausgangspunkt der *ökonomischen Erfolgskontrolle* ist die Ermittlung der tatsächlich angefallenen Aufwendungen (Kostenkontrolle), auf der sich aufbauend eine Kosten-Nutzen-Kalkulation im Sinne einer Rentabilitätskontrolle erstellen lässt.

2. Kostenkontrolle

Auch die Durchführung der *Rentabilitätskontrolle* stößt auf erhebliche Probleme, die zum einen auf die Mängel in der Wirtschaftlichkeits- und der pädagogischen Erfolgskontrolle und zum anderen auf Schwierigkeiten bezüglich der Ermittlung des durch Personalentwicklung geschaffenen Nutzens zurückzuführen sind.

3. Rentabilitätskontrolle

Fazit

Die Möglichkeiten, Personalentwicklung zu gestalten, sind vielfältig; es gibt jedoch keine Patentrezepte. Vielmehr müssen Maßnahmen ergriffen werden, die auf jedes Unternehmen und deren spezifische interne und externe Einflüsse abgestimmt sind, sollen sie die gewünschte Wirkung erzielen. Mitarbeiter und Führungskräfte müssen in diesen Findungsprozess miteinbezogen werden. Umstrukturierungen sollten nicht als Bedrohung des vertrauten Zustandes angesehen, sondern als Chance zur Neugestaltung und Verbesserung der Ausgangsbasis begriffen werden.

Mitarbeiter mit unternehmerischen Fähigkeiten Der Arbeitsmarkt wird zukünftig vermehrt Mitarbeiter nachfragen, die unternehmerische Qualitäten besitzen. Selbstautonomie und Kommunikationsfähigkeit sind dabei wichtige Eigenschaften. Fraglich ist, ob dieser Mitarbeitertypus allein durch Personalentwicklung in den Unternehmen geschaffen wird. Bedarf es in seiner Ganzheit nicht auch der Einbindung der Schulen, die schon von früh Teamarbeit fördern und richtige Kommunikation lehren sollten?

Aufsehenerregende Durchbrüche zu Beginn dieses Jahrtausends werden voraussichtlich nur noch von den Unternehmen erreicht werden, die erkannt haben, dass dem ganzheitlichen Zusammenwirken von Personal, Technik und Organisation eine bedeutende Rolle für den Unternehmenserfolg zukommt. Nur solche Unternehmen werden in der Lage sein, Bedingungen zu schaffen, unter denen Menschen optimal zusammenarbeiten können. Eine integrative, disziplinübergreifende Unternehmensarchitektur ist dazu erforderlich, dessen Wandel durch die Personalentwicklung erst ermöglicht wird.

Literatur

Arnold, Rolf: *Personalentwicklung im lernenden Unternehmen.* Baltmannsweiler 2001.

Fiedler, M.: *Dezentrale Organisation und marktorientierte Steuerung der Personalentwicklung.* Betriebliche Personalentwicklung nach der Profit-Center-Konzeption. Berg. Gladbach, Köln 1994.

Mag, S.: *Einführung in die betriebliche Personalplanung.* München 1998.

Mentzel, Wolfgang: *Personalentwicklung.* Erfolgreich motivieren, fördern und weiterbilden. München 2001.

Paschen, Michael / Anja Weidemann: *Personalentwicklung.* Potenziale ausbauen, Erfolge steigern, Ergebnisse messen. Freiburg 2001.

Sonntag, Karlheinz: *Personalentwicklung in Organisationen.* Psychologische Grundlagen, Methoden und Strategien. Göttingen 1999.

Stiefel, Rolf Th.: *Personalentwicklung in Klein- und Mittelbetrieben.* Innovationen durch praxiserprobte PE-Konzepte. Leonberg 2002.

Teuchert, Ralph: Personalentwicklung und Beratung. Stuttgart 1995.

25. Qualitätsmanagement: DIN EN ISO 9000: 2000 ff.

Im Jahre 1987 einigte sich die Internationale Standardisierungsorganisation (ISO) auf eine einheitliche Norm zur Beschreibung von Qualitätsmanagementsystemen: die DIN EN ISO 9000 ff. Nun lag es nicht mehr im Ermessen des Managements, das Thema Qualität auf die Tagesordnung zu setzen, sondern der Qualitätsnachweis wurde zur Eintrittskarte für die Teilnahme am Marktgeschehen. Die DIN EN ISO 9000 ff. schlug ein neues Kapitel der Qualitätsbewegung auf und ist bis heute der Transmissionsriemen, der die Qualitätsdiskussion in Gang hält.

Die Reform der ISO 9000 ff.

Das Normenwerk der ISO 9000 ff. wurde in Form und Inhalt grundlegend reformiert und Ende des Jahres 2000 von der ISO für verbindlich erklärt. Es unterscheidet sich von der alten Norm durch den erweiterten Inhalt bei einer gleichzeitig schlankeren Form. Einzelne Forderungen wurden präzisiert, andere ergänzt.

Änderungen gegenüber früher Die für die Zertifizierung geltenden Nachweisnormen 9001, 9002 und 9003 gehen in der neuen 9001: 2000 auf. Diese wird zukünftig die einzige Nachweisnorm sein. Ihr Aufbau deckt sich jetzt mit der Norm 9004, so dass sie als Arbeitsmittel für die 9001: 2000 nutzbar ist. Zugleich wurde diese für die Zertifizierung wesentliche Kernnorm von 20 auf 4 Hauptpunkte abgespeckt:

Teilnorm	Inhalt	Ersatz für alte Norm
DIN EN ISO 9000	Allgemeine Grundlagen für QM-Systeme und Begriffe des QM	DIN EN ISO 8402 und 9000-1
DIN EN ISO 9001	Anforderungen an ein zu zertifizierendes QM-System	DIN EN ISO 9001, 9002 9003
DIN EN ISO 9004	Leitfaden zur Leistungsverbesserung im Rahmen von QM-Systemen	DIN EN ISO 9004-1
DIN EN ISO 10011	Leitfaden für das Audit von QM-Systemen	10011-1, 10011-2, 10011-3

Das neue DIN EN ISO 9000 ff.-Normenwerk

1. Verantwortung der Leitung
2. Management der Mittel
3. Produkte und Dienstleistungen realisieren
4. Messung, Analyse und Verbesserung

Gründe für die Reform

Die Reform war überfällig, da die alte Fassung den Erfordernissen der modernen Weltwirtschaft nicht mehr entsprach. Sie war (groß)industriell geprägt und bediente sich einer fertigungstechnischen Diktion. Das erschwerte den Transfer auf nicht-industrielle Unternehmen. Viele Autoren kritisierten die mit diesem Normenwerk verbundene Retaylorisierung betrieblicher Abläufe.

Der Umfang von über 1000 Seiten, verteilt auf 25 Einzelnormen und -bestimmungen, sorgte für größtmögliche Unübersichtlichkeit. Aus Unwissenheit und Angst vor dem Auditor wurde zu viel festgelegt und detailliert beschrieben. Die meisten Unternehmen fixierten sich starr auf die 20 Punkte der Norm 9001 und entwickelten so ihr Qualitätsmanagement an den Besonderheiten des Unternehmens vorbei. Die Normenfixierung wurde leider von vielen Zertifizierungsunternehmen forciert, da dies den Auditoren die Arbeit erleichterte. Die 20 Punkte waren schnell geprüft, ohne dass man sich in andere Aspekte des Unternehmensgeschehens hineindenken musste. Oft entwickelte sich die Zertifizierung zum organisatorischen Selbstzweck.

Nachteile des alten Normenwerks

Der Normentext wimmelte von Plattitüden und Leerformeln, garniert mit schwer verdaulichen Formulierungen. Mangelnde Prozessorientierung gesellte sich zur fehlenden Kundenorientierung. Außerdem erwies sich die alte Norm als schlecht kompatibel mit anderen Managementsystemen (z. B. Arbeitssicherheit, Gesundheits- und Umweltschutz, Risikomanagement).

Das 9000er Normenwerk gab für nicht-industrielle Anwender wenig her. Ein zu technizistisches und ISO-puristisches Verständnis von Qualitätsmanagement hatte dafür gesorgt, dass sich das Thema zu einer Domäne des technischen Managements entwickelte, obwohl es, so im Falle der Qualitätszirkel, die Fortschreibung der seit 30 Jahren praktizierten Organisationsentwicklung war.

Das hatte negative Folgen. In einer empirischen Studie wird darüber geklagt, dass die Schwerpunkte der ISO-Ausbildung zumeist technisch sind und dem sozialen System keine Beachtung geschenkt wird. Diskussionswiderständen wird mit dem Hinweis auf die externe, scheinbar amtliche Autorität der Norm begegnet (vgl. Ackerl/Mandl 1996).

Eine weltweit durchgeführte Umfrage der Internationalen Standardisierungsorganisation unter Anwendern zeigte, dass das alte Normenwerk nicht mehr deren Bedürfnissen entsprach. Eine Anpassung konnte nur durch eine fundamentale Reform erreicht werden.

Die vier Hauptkapitel der neuen Norm

Die Gestalt der neuen »Zertifizierungsnorm« hat sich im Vergleich zur alten gewandelt. Sie besteht aus 8 Kapiteln, von denen die ersten vier einleitenden und erklärenden Charakter haben (1. Einleitung, 2. Qualitätspolitik, 3. Organisation und Verantwortungen, 4. Prozesse des Qualitätsmanagements). Für das Qualitätsmanagement-System sind vier Kapitel wichtig, die im Folgenden erklärt werden.

1. Verantwortung der Leitung Die Leitung wird wesentlich stärker in die Verantwortung für das Qualitätsmanagement genommen als früher. Sie muss zukünftig dafür sorgen, dass die Kundenanforderungen umfassend verstanden und vollständig umgesetzt werden.

Schon in der alten Norm bestand die Pflicht der Formulierung einer Qualitätspolitik. Die neue Norm geht weiter und fordert, dass sie die Verpflichtung zur ständigen Verbesserung enthält. Zu diesem Zweck sind Ziele als Bindeglied zwischen der Qualitätspolitik und ihrer Verwirklichung zu formulieren. Das impliziert die Überprüfung der Zielerreichung bzw. der Wirksamkeit des QM-Systems. Hierfür ist zukünftig allein das oberste Management zuständig.

Die neue Norm empfiehlt die Festlegung von Verantwortlichkeiten, betont aber auch die Notwendigkeit von Befugnissen für die Mitarbeiter bzw. die Definition von Handlungsfreiräumen.

Je nach Betriebsgröße genügt nicht mehr nur *ein* QM-Beauftragter.

Das oberste Management ist zukünftig dafür verantwortlich, dass die umfassende QM-Information aller Mitarbeiter sichergestellt ist. Auch die Verantwortung für den Dokumentenfluss und die Qualitätsaufzeichnungen wurde der Chefetage zugewiesen.

Die neue DIN EN ISO 9001		Die alte DIN EN ISO 9001	
Einleitender und erklärender Teil			
1.	Einleitung	1.	Verantwortung der Leitung
2.	Qualitätspolitik	2.	Qualitätsmanagementsystem
3.	Organisation und Verantwortungen	3.	Vertragsprüfung
4.	Prozesse des Qualitätsmanagements	4.	Designlenkung
		5.	Lenkung der Dokumente und Daten
Hauptkapitel		6.	Beschaffung
5.	Verantwortung der Leitung	7.	Lenkung der vom Kunden beigestellten
5a.	Qualitätspolitik		Produkte
5b.	Ziele und Planung	8.	Kennzeichnung und Rückverfolgbarkeit
5c.	Verpflichtung und Ermächtigung		von Produkten
5e.	*Management Review*	9.	Prozesslenkung
5f.	Beauftragter der obersten Leitung	10.	Prüfungen
		11.	Prüfmittelüberwachung
6.	Management der Mittel	12.	Prüfstatus
6a.	Menschliche Ressourcen	13.	Lenkung fehlerhafter Produkte
6b.	Andere Ressourcen	14.	Korrektur- und Vorbeugemaßnahmen

---

2. Management der Mittel   Während das Management der Mittel in der alten Nachweisstufe nur Gegenstand eines Unterpunktes war, wurde es nun in den Rang eines Hauptkapitels erhoben.

Zu den Ressourcen gehören auch Arbeitsmittel, -umgebung und Arbeitsort. Die DIN EN ISO 9001: 2000 erklärt sie zu einem Teil des Qualitätsmanagements. Auch hier wird nochmals das Thema

Information gewichtet, um einen reibungslosen Arbeitsablauf zu gewährleisten.

Das Thema Schulung wurde stark aufgewertet. Es geht nicht mehr nur um den Schulungsbedarf für das Thema Qualität, sondern es wird mit Fragen der Mitarbeiterführung und Unternehmenskultur verknüpft. Zugleich empfiehlt die Norm, Weiterbildungsmaßnahmen zu evaluieren.

Sehr weit geht die Forderung, ein Verfahren zu entwickeln, mit dem die Entwicklung des Qualitätsbewusstseins aller Mitarbeiter gewährleistet ist.

In der alten 9001-Norm fehlte der Hinweis auf die Wichtigkeit der Analyse von Betriebsabläufen. Die DIN EN ISO 9001: 2000 sieht in der Prozessgestaltung das Kernstück des QM-Systems. Sie fragt nicht nach den Funktionen einzelner Abteilungen, sondern nach dem Funktionieren des Gesamtprozesses. Das wird auch am Aufbau der Norm deutlich, mit der eine ganzheitliche Sichtweise gefördert wird.

3. Produkte und Dienstleistungen realisieren

In dieses dritte Kapitel gehen einige der Hauptabschnitte der alten Norm ein: 1. Designentwicklung, 2. Beschaffung, 3. Kennzeichnung und Rückverfolgbarkeit, 4. Umgang mit Kundeneigentum, 5. Handhabung, Lagerung, Verpackung und Versand, 6. Prozessgestaltung, 7. Prüfmittelüberwachung.

Weit über die alte Norm hinausgehend fordert die 9001: 2000 einen Prozess zur Ermittlung der Kundenforderungen. Sind diese ermittelt, dann muss die eigene Fähigkeit zu ihrer Erfüllung überprüft werden.

Eine weitere Neuerung besteht darin, dass die aktive Kommunikation mit den Kunden zu allen Aspekten der Auftragsabwicklung gefordert wird. Die Kundenzufriedenheit ist das Finalziel.

Um die Anforderungen Messung, Analyse und Verbesserung an ein modernes Qualitätsmanagement mit Leben zu erfüllen, werden zu jedem Punkt Ziele in Verbindung mit einer Leistungsmessung gefordert.

4. Messung, Analyse, Verbesserung

Das Thema kontinuierliche Verbesserung hat seit der Normenreform ein größeres Gewicht. Obwohl die Anforderungen aus der alten Norm hier einfließen (Korrektur- und Vorbeugemaßnahmen, statistische Methoden, interne Qualitätsaudits, Umgang mit Fehlern), werden neue Forderungen gestellt. So müssen Unternehmen zukünftig einen Prozess zwecks Messung, Überwachung, Analyse und Verbesserung hinsichtlich ihrer Ablaufprozesse und Produktqualität kreieren.

Auch die Leistungsfähigkeit des QM-Systems ist mit geeigneten Verfahren, die beschrieben werden müssen, zu überprüfen und zu entwickeln. Das gilt auch für die Kundenzufriedenheit, die zu ermitteln ist.

Was ist für zertifizierte Unternehmen zu beachten?

Übergangsfrist Die Trägergemeinschaft für Akkreditierung GmbH und der Verband DIN EN ISO 9000ff. für Akkreditierung e.V. haben sich bereits jetzt darauf festgelegt, dass es eine zweijährige Übergangsfrist von der alten zur neuen Norm geben wird. Etwa bis Ende des Jahres 2002 können sich Unternehmen immer noch nach den alten Normen 9001, 9002 und 9003 zertifizieren lassen.

Auch die in ihrem Geltungsbereich eingeschränkten Zertifikate auf der Basis von 9002 oder 9003 können weiter eingesetzt werden. Aber Unternehmen, die erst jetzt mit der Entwicklung eines QM-Systems beginnen, sollten die neue Norm als Arbeitsgrundlage nehmen.

Da die 9001: 2000 viele Forderungen aus der alten Norm übernimmt, hält sich der Überarbeitungsaufwand in Grenzen. Die gemachten Aussagen bzw. Beschreibungen des QM-Handbuches werden den neuen Kapiteln entsprechend zugeordnet, vorausgesetzt, man orientiert sich an dem Gliederungsvorschlag der ISO. Natürlich sind die neu hinzugekommenen Punkte neu zu durchdenken, zu beschreiben und zu praktizieren.

Aufgrund schlechter Erfahrungen in der Vergangenheit gibt es für die neue 9001 keinerlei Formvorschriften. Die in der Tabelle dargestellte Gliederung versteht sich lediglich als ein Vorschlag der Internationalen Normenorganisation. Das Unternehmen sollte einen Aufbau wählen und die Inhalte so beschreiben, dass den organisatorischen Gegebenheiten entsprochen wird. Die Auditoren haben kein Deutungsmonopol der neuen Norm; es ist nicht das Ziel der neuen Norm, QM-Systeme zu vereinheitlichen. Darum wird zukünftig kein gesondertes QM-Handbuch gefordert. Ein Organisationshandbuch in Verbindung mit einem Unternehmensleitbild kann auch als Zertifizierungsgrundlage dienen.

Form nicht vorgeschrieben

Außerdem fordert die neue Norm ausdrücklich die Offenheit des QM-Systems für periphere Qualitätsbereiche, so z. B. den Arbeits- und Gesundheitsschutz und das Umweltmanagement. Damit entspricht man der schon länger diskutierten Idee der Integration der verschiedenen Managementsysteme innerhalb eines Grundmanagementsystems, wofür sich die neue 9000ff. anbietet.

Man muss wohl damit rechnen, dass sich der Auditierungsaufwand auf der Basis der neuen Norm erhöht. Die Anforderungen an die Auditoren steigen, denn diese müssen sich zukünftig viel stärker in ein Unternehmen hineindenken, um die QM-Beschreibungen zu verstehen. Es ist nicht mehr ohne Weiteres möglich, eine Auditierung anhand normenorientierter Checklisten durchzuführen. Als Folge hiervon wird die Wertigkeit der Zertifikate steigen, obwohl sie letztendlich den Charakter von Eintrittskarten für den Markt behalten.

Höherer Auditierungsaufwand

Der Unterschied zwischen der alten und der neuen Norm lässt sich mit dem vielfältig verwendeten Eisbergmodell veranschaulichen: Die alte Norm behandelte vorwiegend den sichtbaren, aus dem Wasser herausragenden Bereich, während die neue auch nach den nicht sichtbaren Faktoren fragt. Es scheint, als hätten die Normarchitekten der Technischen Kommission der ISO mit 20-jähriger Verspätung endlich das 7-S-Modell von McKinsey und damit die Bedeutung der *Soft Facts* zur Kenntnis genommen.

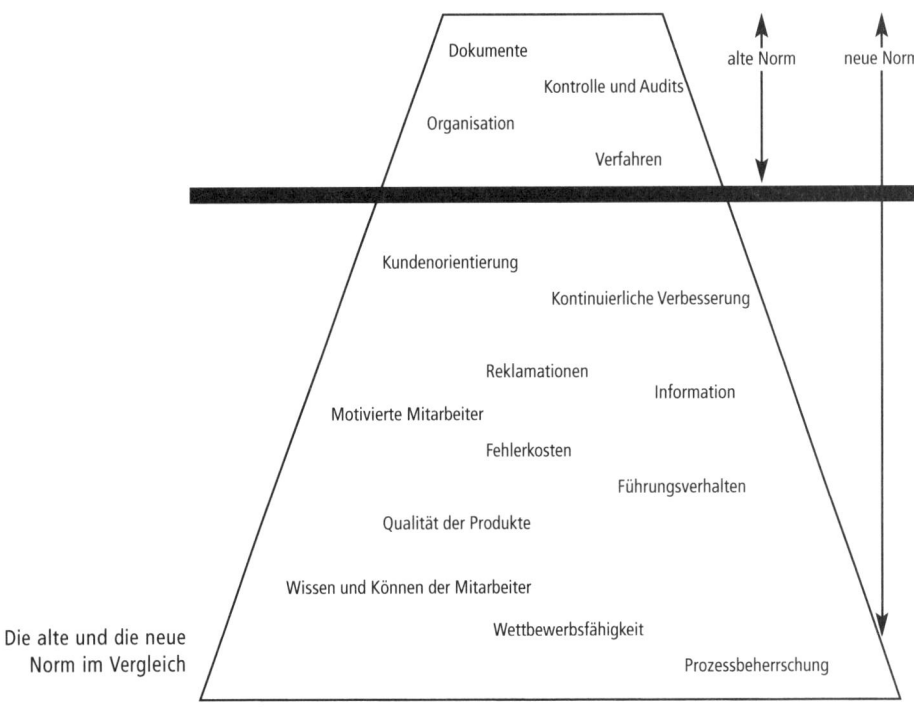

Die alte und die neue
Norm im Vergleich

Die Bildinhalte:

Dokumente
Kontrolle und Audits
Organisation
Verfahren

alte Norm | neue Norm

Kundenorientierung
Kontinuierliche Verbesserung
Reklamationen
Information
Motivierte Mitarbeiter
Fehlerkosten
Führungsverhalten
Qualität der Produkte
Wissen und Können der Mitarbeiter
Wettbewerbsfähigkeit
Prozessbeherrschung

Die Norm als TQM-Wegweiser

Über Jahre hinweg haben Wissenschaftler und Praktiker in vielen Büchern und Artikeln Kritik am alten DIN EN ISO 9000 ff.-Normenwerk geäußert. Die neue Fassung, hier insbesondere die 9000: 2000 und 9004: 2000, scheint diese Bedenken aufgenommen zu haben. Das revidierte Normenwerk ist ein qualitativer Sprung in Richtung *Total Quality Management* und bietet über die Zertifizierung hinaus unternehmensstrategische Orientierungshilfe in Richtung *best practice*. Die Nähe zum Qualitätsmodell der Europäischen Qualitätsstiftung (EFQM) und zu anderen Business-Exzellenz-Modellen ist deutlich. Das wird u. a. daran sichtbar, dass der Begriff Qualitätsverbesserung in der 9004: 2000 durch das Wort »Leistungsverbesserung« ersetzt wurde.

Kunde im Mittelpunkt

Weiterhin ist der »Öl-und Schraubengeruch« verschwunden, so dass die 9001: 2000 auf alle Branchen anwendbar ist. Das Management wird wesentlich stärker in die Verantwortung genommen, als dies bei der alten Norm der Fall war. So gehören Führungsprozesse zum Prozessnetzwerk und sind Bestandteil des Qualitätsmanagementsystems. Der im alten Normenwerk unerwähnt gebliebene Kunde ist jetzt endlich Ausgangs- und Endpunkt dieses QM-Systems. Kontinuierliche Verbesserung mittels ständiger Verbesserungsschleifen *(plan, do, check, act)* sind nach dem Verständnis der revidierten Norm eine *conditio sine qua non.*

Auch das *Human Resources-Management* wird aufgewertet, indem Entscheidungsbefugnisse und umfassende Informationen für Mitarbeiter gefordert werden.

Literatur

Cassel, Michael: *Qualitätsmanagement nach ISO 9001: 2000.* München 2000.

Gietl, G. / W. Lobinger: *Leitfaden für Qualitätsauditoren, Planung und Durchführung von Audits nach ISO 9001: 2000.* München 2002.

Stratmann, Werner: *Die ISO 9001: 2000.* Interpretation der Forderungen der Norm DIN EN ISO 9001: 2000. Köln 2001.

Ackerl, A. / C. Mandl: »ISO 9000 – Anspruch und Wirklichkeit.« In: *IO management* 12/1996.

26. Qualität: Das EFQM-Modell

Unternehmen und Organisationen, die eine aktive und konzeptionell unterlegte Qualitätsentwicklung betreiben wollen, greifen allzu schnell zur DIN EN ISO 9000 ff. Dieses *Beschreibungsmodell für ein Qualitätsmanagementsystem* – mehr ist es nicht – wird aufgrund mangelnder Informationen mit Qualität gleichgesetzt, obwohl es sich in Wirklichkeit nur um eine Dokumentation handelt, die für sich allein noch gar nichts ändert (vgl. ergänzend das vorangehende Kapitel Qualitätsmanagement).

Viele Qualitäts-
konzepte
Viele Wege führen nach Rom und mehrere zur Qualität. Wer Qualität nur durch die DIN EN ISO 9000-Brille sieht, ist blind für andere Konzepte, sei es das St. Gallener-Qualitätsmodell, Six Sigma, ServAs oder EFQM. Diese Konzepte bezwecken zwar keine Zertifizierung, gehen aber inhaltlich weit über die DIN EN ISO 9000 ff. in Richtung *Business Excellence* hinaus. Der Zweck dieser Konzepte besteht nicht darin, ein vorwiegend zu Werbezwecken einzusetzendes Zertifikat zu erwerben, sondern eine Selbstbeurteilung durchzuführen, aus der sich Ziele, Maßnahmen und Prozesse ergeben, die als Grundlage weiterer Selbst- bzw. Reifegradbeurteilungen dienen.

Die Verbreitung des EFQM-Modells

Von den vorliegenden *Self-Assessment*-Instrumenten fand das Qualitätsoptimierungskonzept der Europäischen Qualitätsvereinigung *(European Federation of Quality Management)* den größten Anklang und die stärkste Verbreitung. Das EFQM-Modell ist nichts fundamental Neues, denn solche *Input-Throughput-Output*-Ansätze bilden die Grundlage vieler Bewertungs- und Steuerungskonzepte. Warum ausgerechnet das EFQM-Modell aus der Angebotsvielfalt von »Leistungsbarometern« herausragt, müsste einer gesonderten Studie unterzogen werden. Mögliche Erklärungsansätze könnten folgende sein:

Gründe für Bevorzugung von EFQM

- Die leichte Anwendbarkeit und Anpassungsfähigkeit des Modells
- Das Bedürfnis nach einem unmittelbaren Feedback, ablesbar an der erreichten Punktzahl im Vergleich zur Gesamtwirtschaft
- Das Vorhandensein eines europäischen Pendants zum japanischen Demming-Preis
- Die Orientierung innerhalb eines geordneten Rahmens

Obwohl das Konzept im Kontext der Qualitätsdiskussion entstand, geht es weit über das hinaus, was die DIN EN ISO 9000 ff. fordert. Der Unterschied zwischen den hierarchisch-konservativen, teilweise kontraproduktiven Empfehlungen der DIN EN ISO 9004 und den kulturverändernden Fragestellungen des EFQM-Modells ist groß. Dem EFQM-Modell liegt ein integrales Qualitätsverständnis zugrunde, das die Qualität ganzheitlich fokussiert, einschließlich der Produkt-, Prozess-, Führungs- und Unternehmensqualität sowie der sie bewirkenden Faktoren. Damit geht es über den KVP-Ansatz hinaus, der auf die Leistungssteigerung einzelner Arbeits- oder Prozessschritte zielt. Das EFQM-Modell bezweckt die Optimierung des unternehmerischen Gesamtprozesses.

Vorteile von EFQM im Vergleich zu DIN EN ISO 9000 ff.

EFQM je 100%	ISO 9000
Führung	35
Mitarbeiterorientierung	40
Politik/Strategie	35
Ressourcen	0
Prozesse	95
MA-Zufriedenheit	0
Kundenzufriedenheit	0
Gesellschaft/Image	0
Ergebnisse	0

Erfüllungsgrad der
EFQM-Kriterien durch
ISO 9000

Das EFQM-Modell als Vielzweckinstrument

Weg zur Business Excellence

Was auch immer die Erfolgsursachen gewesen sein mögen, der Höhenflug des EFQM-Modells ist längst nicht abgeschlossen. Im Gegenteil, ich glaube, dass es als Folge des Nachdenkens über den richtigen Weg zur *Business Excellence* zum bestgeeigneten Konzept gewählt wird. Das Modell gibt auch Antworten auf die Frage, wie *Business Reengineering* konzeptionell eingeleitet oder ein Qualitätsmanagement gestaltet werden könnte, und zwar *nachdem* ein Unternehmen sich hat zertifizieren lassen. Das Modewort *Change Management* erhält mit dem EFQM-Modell ebenfalls eine Gebrauchsanleitung, um Veränderungen wirksam und messbar einzuleiten. Wer das Modell zum Zwecke des Selbstcoachings nutzt, muss über den Einsatz moderner Instrumente der Unternehmensführung nachdenken. Mitarbeiterbeurteilung, *Benchmarking*, Qualitätszirkel, Kundenbefragungen und Zielvereinbarungen, die das EFQM-Modell implizit fordert, sind unabdingbare Bausteine einer *Business Excellence*-Organisation. Der Einsatz jedes neuen Führungsinstruments und dessen Anwendungsintensität drückt sich in einem höheren Punktwert aus.

Die Verknüpfung von Input-, Prozess- und Outputfaktoren konkretisiert die Idee ganzheitlicher Unternehmensführung. Sogar als »*Benchmarking*-Einstiegsmodell« eignet es sich, weil man seine Punktezahl mit anderen Unternehmen vergleichen kann. Das EFQM-Modell ist ebenso multifunktionell einsetzbar wie ein schweizer Offizierstaschenmesser.

Für Trainer, Personal- und Organisationsentwickler bietet sich mit dem EFQM-Modell aufgrund des Doppelcharakters als Leistungsbarometer und Richtungskompass die Möglichkeit von Unternehmensdiagnose und -therapie. Das Konzept gehört zu jener Sorte von OE-Instrumenten, bei denen nicht zuerst die Menschen geändert werden sollen, um anschließend das Unternehmen zu ändern. Vielmehr wird hier die Personal- und Organisationsentwicklung wieder vom Kopf auf die Füße gestellt, indem sie bei den realen Verhältnissen des Umfeldes beginnt. Meiner Meinung nach prägen diese das Denken und Handeln von Mitarbeitern stärker als die Angebotsvielfalt aus dem psychologischen »Supermarkt« der traditionellen Weiterbildung, egal, ob sie sich NLP oder *Empowerment* nennen.

Aufbau und Inhalt des Modells

Das Modell gliedert sich in die beiden Hauptgruppen »Befähiger« und »Ergebnisse«. Die Befähiger liefern einen aus Personen, Ressourcen und Strukturen bestehenden Input, der im Geschäftsprozess wertschöpfend so umgewandelt wird, dass Ergebnisse entstehen.

Befähiger und Ergebnisse

Der Begriff »Befähiger« ist meines Erachtens unglücklich gewählt, da er personenbezogenen Charakter hat, obwohl auch nichtpersonelle Faktoren, so z.B. die Ressourcennutzung und Prozessgestaltung, gemeint sind. Der Europäische Qualitätsverband wäre gut beraten gewesen, das Modell so oder ähnlich einzuteilen: 1. Inputfaktoren, 2. Prozessfaktoren und 3. Outputfaktoren oder 1. Gestaltungs- und 2. Wirkungsfaktoren.

Die beiden Hauptsäulen *Befähiger* und *Ergebnisse* setzen sich aus neun Bausteinen zusammen:

1. *Führung:* Hier wird gefragt und bewertet, inwieweit das Management den Qualitätsgedanken im täglichen Unternehmensgeschehen persönlich vorlebt und fördert.
2. *Politik und Strategie:* Bei diesem Punkt geht es um das

Befähigerfaktoren

Wertesystem des Unternehmens und seine Kultur, um Leitbilder und Visionen, also um die Umsetzung programmatischer Grundelemente.

3. *Mitarbeiterorientierung:* Mit der Hervorhebung des Mitarbeiters als wichtigster Unternehmensressource sollen ungenutzte Mitarbeiterpotenziale freigesetzt werden, um so die Geschäftstätigkeit ständig zu verbessern. Hier wird nach der konkreten Gestaltung des *Human Resources-Managements* gefragt.

4. *Ressourcen:* Hier wird dargelegt, wie Finanzen, Informationen, Technologie und Gegenständliches eingesetzt werden, um die qualitätsorientierte Politik und Strategie zu unterstützen.

5. *Prozesse*: Dieser Punkt zielt auf die Identifikation, Beschreibung, Kontrolle und Verbesserung der Hauptprozesse als wichtigsten Teil der unternehmerischen Wertschöpfung.

Ergebnisfaktoren

6. *Kundenzufriedenheit:* Bei diesem Kriterium geht es vor allem um Messgrößen, mit denen die Kundenzufriedenheit ermittelt werden kann.

7. *Mitarbeiterzufriedenheit:* Ähnlich wie bei der vorherigen Frage geht es hier um Messgrößen, mit denen die Mitarbeiterzufriedenheit ermittelt werden kann.

8. *Gesellschaftliche Verantwortung/Image:* Hier geht es darum festzustellen, inwieweit ein Unternehmen Bedürfnisse und Erwartungen des gesellschaftlichen Umfeldes erfüllt.

9. *Geschäftsergebnisse:* Die EFQM fordert den Nachweis finanzieller und nichtfinanzieller Messgrößen für die Messung des Unternehmenserfolges. Da sich dies in der Regel aus der Publizitätspflicht des Unternehmens ergibt, sollten hier selbst gesetzte Geschäftsziele dargelegt und bewertet werden.

Diese neun Punkte sind mit entsprechenden Fragen unterlegt, die unter Zuhilfenahme einer Prozent- oder Notenskala beantwortet werden. Anschließend sollen zu jeder Frage, deren Antwort nicht befriedigend ausfiel, Verbesserungsmöglichkeiten besprochen, beschlossen und umgesetzt werden. In regelmäßigen

Abständen wird dieses wiederholt, so dass man in einen kontinuierlichen Verbesserungsprozess kommt.

Die Empfehlung, Verbesserungen einzuleiten, gilt auch für das EFQM-Modell selbst: Es ist verbesserungswürdig. Der aufwändig gestaltete Leitfaden steht im Widerspruch zum holprig formulierten und schwer verdaulichen Sprachstil. Das gilt im noch stärkeren Maße für den EFQM-offiziellen Fragebogen, der aus dem Leitfaden abgeleitet wurde. Dieser wimmelt von Mammutsätzen mit mehr als 50 Wörtern und Fragekonstrukten, mit denen bis zu drei Fragen in einer Frage gleichzeitig gestellt werden. Der Europäische Qualitätsverband wäre gut beraten, mehr auf die sprachstilistische Qualität seiner Dokumente zu achten.

Mangelnde stilistische Qualität

Das EFQM-Modell und die Grundtendenzen des modernen Managements

Die Grundtendenzen modernen Managements, die sich um das Management der 90er-Jahre ranken, sind trotz der Begriffsvielfalt folgende:

- Wettbewerbsorientierung
- *Human-Resources*-Orientierung
- Kundenorientierung
- Innovationsorientierung
- Prozessorientierung und
- Qualitätsorientierung

Das EFQM-Modell berücksichtigt diese Grundtendenzen und stattet sie mit einem Punktwert entsprechend ihrer Bedeutung am unternehmerischen Gesamtgeschehen aus. Die *Human-Resources*-Managementorientierung wird dabei besonders stark gewichtet. Führung (10 %), Mitarbeiterorientierung (5 %) und Mitarbeiterzufriedenheit (9 %) werden insgesamt 24 % zugewiesen. Das ist eine deutliche Aussage zur tragenden Rolle eines gestaltenden *Human Resources-Management* für das Unternehmensgeschehen.

Die Kundenzufriedenheit wird mit 20 % als Einzelposition am stärksten und die Prozessorientierung mit 14 % am zweitstärksten gewichtet. Die Wettbewerbsorientierung wird an verschiedenen Stellen hinterfragt, zumeist in Verbindung mit dem *Benchmarking*. Qualitätsorientierung ist kein gesonderter Punkt, sondern Zweck und Ziel des Modells.

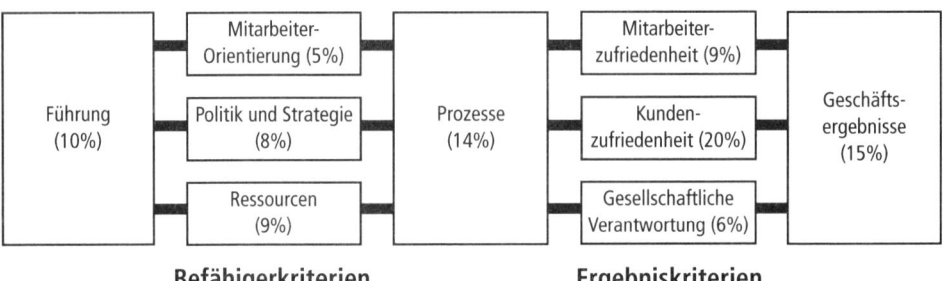

Befähigerkriterien   **Ergebniskriterien**

Befähiger- und
Ergebniskriterien

Die Innovationsorientierung scheint nach Meinung des Autors dieses Buches untergewichtet. Der Einsatz des EFQM-Modells verbessert zwar den betrieblichen Wirkungsgrad, bewirkt aber keine Produkt- oder Angebotsinnovationen. Der Autor hofft auf diesbezügliche Modifikationen. Erklärungsbedürftig sind auch die vorgegebenen Punktwerte und eine Aussage darüber, ob diese gleichermaßen für Unternehmen und Non-Profit-Organisationen gelten.

Anwendungsbeispiel zum Punkt Kundenzufriedenheit

Erfüllungsgrad	1 100%	2 75%	3 50%	4 25%	5 0%
a) Sind alle Arbeitsprozesse Ihrer/s Organisation/ Unternehmens darauf ausgerichtet, bewusst und aktiv Kundennutzen zu stiften?					
b) Gibt es in Ihrer/m Organisation/Unternehmen so etwas wie ein Kundenmanagement, das sich um Dinge wie Beschwerden, Service, Termintreue, Garantie, Qualität sowie um Kundenabgänge und -zugänge kümmert?					
c) Hat Ihre Organisation/Ihr Unternehmen einen genauen und realistischen Überblick über Inhalt und Volumen schriftlicher, telefonischer/ mündlicher Beschwerden?					
d) Inwieweit erfüllt Ihr/e Organisation/Unternehmen diese Punkte gegenüber den Kunden: Höflichkeit, Freundlichkeit, Zuverlässigkeit?					
e) Ermitteln Sie regelmäßig die Zufriedenheit Ihrer Kunden?					
f) Sind die Zufriedenheitsergebnisse den Mitarbeitern bekannt?					
g) Haben Sie Messgrößen definiert, mit denen die Kundenzufriedenheit ermittelt wird (Beschwerdemenge, Rückweiserate, Dankes- schreiben, Auszeichnungen, Preise u. Ä.)?					
g) Zeigen die Ergebnisse zur Kundenzufriedenheit einen positiven Trend?					
i) Könnten Sie nachweisen, dass diese Daten im Vergleich zu Ihren Mitbewerbern vergleichbar oder besser sind?					
j) Verfügt Ihr/e Organisation/Unternehmen über Regeln oder Systeme, die sicherstellen, dass die Wünsche und Anforderungen Ihrer wichti- gen Kunden aufgenommen und berücksichtigt werden (Kundenparlament, Beiräte, Mieter- versammlungen, Kundenbefragungen u. Ä.)?					

Das EFQM-Modell ermöglicht auch die Synthese verschiedener konzeptioneller Ansätze modernen Managements, so mit dem Konzept der Lernenden Organisation von Peter Senge (vgl. Kapitel Lernende Organisation im zweiten Teil).

Immer häufiger wurde in den letzten Jahren die Frage gestellt, wie das Konzept der Lernenden Organisation praktisch umzusetzen sei. Da das EFQM-Modell auf der Idee der Lernschleife basiert, bietet es sich als Realisierungskonzept für die Lernende Organisation an: Nicht der Einzelne lernt, sondern die Organisation in ihrer Gesamtheit. Das Lernergebnis ist mehr als die Summe der Teile. Mittels EFQM identifizierte Lücken sollen Maßnahmen stimulieren, um Unternehmen zu optimieren.

Peter Senge definiert fünf Voraussetzungen, die ein lernendes Unternehmen erfüllen muss:

1. *Systems thinking*
2. *Personal mastery*
3. *Mental models*
4. *Building shared vision*
5. *Team learning.*

Das EFQM-Modell erfüllt dies weit gehend. Dort, wo Lücken oder Anpassungsprobleme bestehen, steht es dem Anwender frei, seinen eigenen Fragebogen entsprechend anzureichern.

Bezüge zum systemischen Management

Auch der Gedanke systemischer Unternehmensführung findet sich im EFQM-Modell wieder. Es reicht heute nicht mehr, komplizierte Zusammenhänge mittels »analytischer Reduktion« im Sinne von »Wenn – Dann« bzw. »Ursache – Wirkung« begreifbar zu machen. Statt Problemlösungen durch analytische Vereinfachung beherrschen zu wollen, müssen Zusammenhänge und Vernetzungen erkannt werden. Um dies zu leisten, sollten die EFQM-Architekten darüber nachdenken, ob die Darstellung des Modells nicht eine Linearität suggeriert, die so nicht gegeben ist. Zu einem systemisch gedachten Konzept gehört eine systemische Darstellung (vgl. Kapitel Systemisches Management im zweiten Teil).

Das EFQM-Modell ist ein interessanter Versuch der Integration von Personalentwicklung mit der Unternehmens-, Qualitäts-, Kunden-, Prozess- und Innovationsorientierung. Allerdings ist dieses Modell ergänzungsbedürftig. Rolf Wunderer weist darauf hin, dass »*ein umfassendes Qualitätsmodell ... nicht ohne technisches, wirtschaftliches und gesellschaftlich-kulturelles Umfeld diskutiert und praktiziert werden*« darf (Wunderer 1996, S. 401). Sollte dieser Hinweis bei der geplanten Revision des Modells berücksichtigt werden, dann wird sich EFQM als das beste ganzheitliche Managementkonzept aus der Angebotsvielfalt von Konzepten herausschälen.

Literatur

Kobjoll, Klaus: *Abenteuer European Quality Award*. Motivactin III. Zürich 2000.

Radtke, Philipp/Dirk Wilmes: *European Quality Award*. Praktische Tipps zur Anwendung des EFQM-Modells. München 2002.

Wunderer, Rolf: »Führung und Zusammenarbeit.« In: *Zeitschrift für Personalforschung* 4/1996.

Zink, Klaus: *TQM als integratives Managementkonzept*. Das Europäische Qualitätsmodell und seine Umsetzung. München 1995.

27. Teamwork

Der durch die Globalisierung zunehmende Konkurrenzkampf um Märkte und Marktanteile, die Verkürzung von Innovationszyklen sowie die technologischen Veränderungen wie das Internet zwingt die Unternehmen, flexibler und möglichst schnell auf Veränderungen zu reagieren. Jedes Unternehmen muss alle zur Verfügung stehenden Ressourcen nutzen, um mit anderen konkurrieren zu können, d.h. auch, alle Potenziale der Mitarbeiter ausschöpfen. Dies gelingt aber nur mit einer Organisationsstruktur, die Kommunikation und Information zulässt und keine Zeit und Energie verschwendet, sondern bündelt. Dies ist aber in hierarchisch gegliederten Organisationen nicht möglich. Deshalb sehen viele Unternehmen Teamkonzepte als eine Möglichkeit an, den komplexer gewordenen Anforderungen gerecht zu werden (vgl. ergänzend das Kapitel Gruppenarbeit im dritten Teil).

Begriffsklärung

Gruppe versus Team
Eine allgemein gültige Definition der Begriffe »Teamarbeit« bzw. »Team« gibt es nicht. Dennoch bemüht sich die relevante Literatur um eine Begriffsabgrenzung. Teamarbeit ist ebenso wie Einzel- und Gruppenarbeit eine Form der Arbeitsbewältigung. Im Gegensatz zur Gruppenarbeit sagt der Begriff »Teamarbeit« etwas über die Art der Arbeit bzw. das erwartete Verhalten der Teammitglieder aus. Nicht jede Arbeitsgruppe eines Unternehmens wird zum Team, betreibt also Teamarbeit. Aber jedes Team

ist zunächst auch nur eine Arbeitsgruppe, d. h. eine organisatorische Einheit wie Buchhaltung, Verkauf oder Ähnliches. Der Übergang von einer Arbeitsgruppe zum Team wird deutlicher, wenn man das Zustandekommen der Gesamtleistung betrachtet. Dennoch lassen sich folgende gemeinsame typische Merkmale eines Teams feststellen:

- Kleine, funktionsgegliederte Arbeitsgruppe
- Gemeinsame Zielsetzung und hohe Identifikation mit dem Ziel
- Intensive wechselseitige Beziehungen und intensive Kommunikation
- Kontinuierlicher Informationsfluss
- Ausgeprägter Teamgeist (Bereitschaft zu aktiver Zusammenarbeit)
- Autonomie bei der Umsetzung von Konzepten und Maßnahmen
- Gemeinsam entwickelte Vereinbarungen, die die Zusammenarbeit und das Miteinander regeln, Kenntnis spezieller Arbeitstechniken
- Unterschiedliche Ideen, Persönlichkeiten, Erfahrungsweisen und Arbeitsweisen wirken zusammen und addieren sich im Sinn von 2 + 2 = 5 (Synergieeffekt)

Typische Team-Merkmale

Zusammenfassend lässt sich sagen, dass die Differenzierung zwischen Teamarbeit und Gruppenarbeit schwierig ist. Was zunächst als Gruppenarbeit bzw. als Gruppe beginnt, endet bei positivem Verlauf als Teamarbeit bzw. Team. Aber auch Teamarbeit kann bei negativem Verlauf als simple Gruppenarbeit enden.

In den Unternehmen oder Organisationen werden verschiedene Formen der Gruppenarbeit ständig oder nur sporadisch praktiziert. Das Team ist in die Organisationsstruktur integriert oder existiert parallel dazu. Teamwork erfolgt abteilungsintern, abteilungs- oder unternehmensübergreifend und sowohl auf nationaler als auch internationaler Ebene. Folgende Formen der Teamarbeit im Unternehmen sind festzustellen: Qualitätszirkel, KVP-Gruppen, Projektgruppen, teilautonome Arbeitsgruppen, organische Arbeitsteams (Abteilungen, Spezialteams etc.). Die Auswahl der Teamform richtet sich nach der betreffenden Aufgabe.

Teamform	Typische Merkmale	Aufgabe
Qualitätszirkel	– Kleine Gruppe bis 10 Pers. – Regelmäßige Treffen – Homogene Arbeitsgruppe mit gleichem Arbeitsinhalt – Leitung durch einen Moderator – Identisch mit der Organisation	Finden, Analysieren und Lösen von arbeitsplatz- und aufgabenbezogenen Qualitätsmängeln
Projektteams oder andere Spezialteams (*Task-Force-Teams*, Ad-hoc-Teams etc.)	– Kleine Teams mit 4 – 10 Pers. – Weit gehende Selbstorganisation, Selbststeuerung – Interdisziplinär, u. U. auch hierarchieübergreifend oder unternehmensübergreifend zusammengesetzt – Führung durch einen Teamleiter – Repräsentation nach außen durch einen Teamsprecher – Produktions- und Dispositionsaufgaben – Nicht identisch mit der Organisation	Lösung einer bestehenden Aufgabe oder eines Problems, Auflösung des Teams nach erfolgreicher Lösung
Virtuelle Teams	– Räumlich und zeitlich verteilt arbeitend – Unternehmensübergreifend – Ständige Kommunikation möglich	Beschleunigung von Entwicklungsprozessen und Entscheidungsprozessen
Organische Arbeitsteams (Abteilungen), KVP-Gruppen, teilautonome Arbeitsgruppen	– Bis zu 20 Personen – Ergebnis-, Qualitäts- und Prozessverantwortung – Produktions- und Dispositionsaufgaben – Teamsprecher – Identisch mit der Organisation	Steigerung der Wirtschaftlichkeit, Erhöhung der personalen Flexibilität, permanente Prozessverbesserung, Qualitätssicherung, Null-Fehler-Produktion

Formen der Gruppen-
bzw. Teamarbeit

Voraussetzungen für Teamwork

Teamfähigkeit bedeutet zunächst die Bereitschaft, überhaupt mit anderen zusammenzuarbeiten. Dem folgt die Fähigkeit, kommunizieren und mit Konflikten umgehen zu können. Teammitglieder müssen wissen, wie sie Probleme erkennen und gemeinsame Lösungen finden und umsetzen. Das korrespondiert eng mit ihrer Lernbereitschaft und -fähigkeit.

Ausgangspunkt der Teambildung ist ein komplexes Problem oder eine Aufgabe, die nicht von einem Einzelnen gelöst werden kann, d.h., die Komplexität und die Zielsetzung bestimmen zunächst die Auswahl. Experten mit Fachwissen werden ausgewählt, um ihr Wissen einzubringen. Aber auch die Zielsetzung ist mitentscheidend, besonders dann, wenn Dritte von den Auswirkungen der im Team getroffenen Entscheidungen tangiert werden. Diese sollten dann, unabhängig von ihrer fachlichen Kompetenz, von Anfang an in die Teamarbeit eingebunden werden, damit sie die getroffenen Entscheidungen später mittragen. Will man sicher sein, dass die gefundenen Lösungen auch von Angehörigen höherer Hierarchieebenen akzeptiert werden, so sollten diese ebenfalls im Team vertreten sein (vertikale Teams).

Zusammensetzung der Teams

Bezüglich ihrer Persönlichkeitsstruktur sollten die Mitglieder im Team, vor allem bei komplexeren Problemstellungen, nicht zu homogen sein, denn dies behindert Diskussion und Ideenproduktion. Deshalb sollte man Personen mit ins Team nehmen, die aufgrund ihrer Persönlichkeit Impulse in den Meetings geben.

In der Literatur gibt es ein reichhaltiges Typologienangebot, um die Teammitglieder zu charakterisieren, z.B. die Einteilung in den »Botschafter«, den »Macher«, den »Moderator« und den »Experten«. Einige Mitglieder werden auch nur unter dem Gesichtspunkt ausgewählt, für ein gutes Arbeitsklima zu sorgen.

Diese Typologiemodelle lehnen sich an den schweizer Psychoanalytiker C.G. Jung (1875–1961) an. Demnach hängt das Teamverhalten des Einzelnen davon ab, wie er sich in den folgenden Lebensbereichen verhält:

Zwischenmenschliche Beziehungen:	introvertiert oder extrovertiert?		
Informationsbeschaffung:	praktisch oder kreativ?		
Entscheidungsfindung:	analytisch oder intuitiv?		
Selbst- oder Fremdorganisation:	strukturiert oder flexibel?		

Daraus ergeben sich für die »Teamtestkontrukteure« oder Modellanbieter folgende Teamrollen:

DISG-Modell	Insights-Modell	Leavitt-Modell	Team-Design-Modell
Kreativer	Reformer	Entdecker	Kreativer
	Inspirator	Visionär	Überzeuger
Analytiker		Analysierer	Bewerter
	Berater		Berater
Umsetzer	Direktor		Entscheider
Koordinator	Koordinator	Anpasser	
Macher		Macher	Macher
		Organisierer	
	Beobachter		Prüfer
			Bewahrer
	Motivator		
	Unterstützer		

Größe der Teams Das Team sollte so klein wie möglich und so groß wie nötig sein, damit Kommunikation funktioniert und das Team nicht in Untergruppen zerfällt. Einen allgemein gültigen Richtwert gibt es nicht. Bei größeren Teams sollten Untergruppen eingeplant werden.

Die Praxis zeigt, dass die optimale Größe bei fünf bis max. zehn Mitgliedern liegt. Teams mit weniger als fünf Mitgliedern sind synergiearm, Teams mit mehr als elf Personen zerfallen in Untergruppen. Hier ist das Geschehen für den Einzelnen nicht mehr überschaubar. Als Folge sinken Interaktivität und Produktivität.

Aufgabenaspekt Zunächst ist zu klären, welche Aufgaben sich für die Bearbeitung im Team anbieten. Das sind vornehmlich

- Aufgaben / Probleme, die neuartig und komplex sind
- sich nur in mehreren Schritten lösen lassen
- schlecht strukturiert sind und
- mehrere Fachbereiche des Unternehmens / der Organisation berühren oder
- unternehmensübergreifend, auch länderübergreifend sind

Die Lösung dieser Aufgaben / Probleme erfordert Kreativität, intensive Kommunikation und Interaktion zwischen den Mitarbeitern, also Teamarbeit.

Bei Aufgaben, deren Lösungsschritte und damit verbundene Entscheidungen vorgegeben und zwangsläufig sind, ist der Einsatz von Teams nicht sinnvoll, da die Kosten für die Teamentwicklung sowie die benötigte Zeit in keinem Verhältnis zum Nutzen stehen würden.

Teamziele

Die gemeinsam vereinbarten Ziele bilden neben den regelmäßig stattfindenden Teambesprechungen den »roten Faden« der Teamarbeit, denn nur vereinbarte, messbare Ziele vermitteln dem Team Erfolgsgefühle und halten so die Motivation aufrecht. Andererseits ermöglichen sie auch ein Controlling von Maßnahmen und Zwischenstationen auf dem Weg zur Zielerreichung.

Entscheidend für die Zielbildung im Team ist, dass die Ziele gemeinsam vereinbart und für alle als verbindlich gelten. Deshalb sollten sie schriftlich dokumentiert werden.

Arbeitsorganisation

Arbeitsorganisation ist wichtig, damit das Team produktiv arbeitet. Es muss zu Beginn einen Zeit- und Arbeitsplan aufstellen, der genaue Zielvereinbarungen und Regelungen für die Entscheidungsfindung enthält. Systematisches Arbeiten, effektive Arbeitstechniken (oft Kreativitätstechniken) gehören dazu. Das Management muss dem Team für seine Arbeit geeignete Räumlichkeiten, finanzielle Mittel, Arbeitshilfen sowie ausreichend Zeit für die wichtigen Teambesprechungen zur Verfügung stellen.

Hinter der Teamarbeit steckt eine andere Idee von Organisation: Um »echte« Teamarbeit zu ermöglichen, sind Unternehmenswerte, tradierte Verhaltensmuster und Führungsstile in Organisationsstrukturen von Unternehmen kritisch zu hinterfragen.

Eine teamorientierte Arbeitsorganisation hat Auswirkungen auf die Unternehmensstruktur. Starre Vorschriften, strikte Regelungen und Sanktionen schaffen kein leistungsförderndes Umfeld, in dem Offenheit und Kritikfähigkeit möglich sind. Deshalb sind streng hierarchisch gegliederte und autoritär geführte Unternehmen nur sehr bedingt in der Lage, Teamarbeit zu entwickeln. Einsicht in die strategischen Ziele und die wirtschaftliche Lage des Unternehmens muss ermöglicht werden (Transparenz). Nur dann werden sich die Teams für das Erreichen der Ziele einsetzen, weil sie sich mit ihnen identifizieren können. Dies hat Änderungen in der Unternehmenskultur zur Folge.

Teamführung Der Teamführer kann vom Management bestimmt oder vom Team gewählt werden. In manchen Teams wechselt die Führung. Teamarbeit ohne Führung läuft Gefahr, unstrukturiert und unkoordiniert zu bleiben, was sich negativ auf die Teamleistung auswirkt. Jedes Team hat einen Auftraggeber, meist aus der Führungsebene, der gleichzeitig die disziplinarische Führungsverantwortung trägt. Mehr und mehr stellen Führungskräfte Teams zusammen und entwickeln sie weiter. Trotz allem sollte der Teamleiter nur *Primus inter pares* sein, um das Team zum Erfolg zu führen.

Die Wahl des Teamleiters kann auch an die Gruppe delegiert werden. Manche Gruppen wählen das Rotationssystem, so dass jedes Teammitglied die Führung übernehmen kann. Die Teamleitung hat in jedem Fall aber eher die Funktion des Moderators und Betreuers als die der Führung im herkömmlichen Sinn.

Die Funktionsverteilung zwischen Teamleitung und Teammitgliedern richtet sich nach der jeweiligen Entwicklungsphase, in der sich das Team gerade befindet. Der Führungsstil sollte deshalb jeweils darauf abgestimmt sein. Zu Beginn steuert der Teamleiter noch stark, z. B. bei der Sicherstellung des Zielverständnisses und der Festlegung der Rahmenbedingungen (Geld, Zeit,

Personal). Im Laufe der Teamentwicklung muss er das Team koordinieren, Teammitglieder beraten, Konflikte managen, für das Team verhandeln, das Team nach außen repräsentieren sowie die Ergebnisse präsentieren.

In Bezug auf die Zielvereinbarungen übt er auch eine gewisse Kontrollfunktion aus (Einhaltung von Terminen, Zeitbudget etc.). Im Laufe des Teamentwicklungsprozesses übernehmen die Teammitglieder viele der genannten Funktionen selbst. Die Teamleitung tritt immer mehr in den Hintergrund; sie baut ihre eigene Dominanz zu Gunsten des Teams ab.

Praxis der Teamarbeit

Die Entwicklung einer Gruppe zum Team verläuft immer in ähnlichen Phasen. Verschiedene Autoren haben solche Phasenmodelle aufgestellt, mit deren Hilfe beschrieben werden kann, wie weit der Teamentwicklungsprozess fortgeschritten ist bzw. welche Maßnahmen zu seiner Weiterführung einzuleiten sind.

Teamentwicklung

Dieser Teamentwicklungsprozess vollzieht sich auf einer sachlichen Ebene (sachliche Bewältigung der Aufgabenstellung und Selbstorganisation) und auf der Interaktionsebene (die menschlichen Seiten des Teams). Im engen Zusammenhang mit diesen Phasen steht die Funktion und Rolle des Teamleiters.

A. Orientierungsphase: Das Team entsteht. Jeder hat bestimmte Erwartungen und muss die eigene Rolle finden. Man lernt sich kennen. Auf der Sachebene werden Informationen gesammelt und Ziele geklärt.

B. Konflikt- oder Konfrontationsphase: Dies ist eine der entscheidendsten Phasen, da hier wesentliche Grundlagen für die erfolgreiche Weiterarbeit gelegt werden. Auf der Interaktionsebene werden Gefühle nicht mehr versteckt, Machtkämpfe offen ausgetragen und Positionen verteidigt. Dies ist ein wichtiger Schritt für die Verteilung der Rollen im Team. Auf der Sachebene werden Diskrepanzen zwischen persönlichen Vorstellungen, Erwartun-

gen, Ideen und der Aufgaben deutlich. Methoden der Aufgaben-
bewältigung werden diskutiert, und Konflikte mit der Teamleitung sind die Regel. Am Ende dieser Phase sind die Rollen jedoch verteilt und über das Vorgehen und die Arbeitsweise besteht
ein allgemeiner Konsens. In dieser Phase ist ein besonderer
Interventionsbedarf von Seiten der Führung erforderlich, da hier
die Gefahr der Auflösung bei einer niedrigen Frustrations-
schwelle der Gruppe besonders groß ist.

C. Konsens-, Kooperations- oder Kompromissphase: Langsam entsteht
ein Wir-Gefühl. Es findet ein offener Austausch von Ideen, Gedanken, Daten etc. statt. Kooperation findet im ganzen Team
statt. Auftretende Konflikte werden dazu benutzt, »Spielregeln«
zu vereinbaren, die für die zukünftige Arbeit als Richtschnur
gelten. Die Teamleitung wird allmählich von den eigentlichen
Gruppenaufgaben entlastet.

D. Integrations- und Wachstumsphase: Diese Phase wird häufig auch
»Reifephase« genannt. Auf Grund der hohen Kohäsion innerhalb des Teams nehmen die positiven Erlebnisse während der
Teamarbeit zu, so dass die gesamte Teamenergie in die Aufgaben-
bewältigung fließen kann. Der Selbststeuerungsprozess ist nun
sehr hoch; es finden weiterhin regelmäßige Feedbacksitzungen
zu Problemen auf der Sach- und Interaktionsebene statt. Die Abhängigkeit vom Teamleiter wie in der Anfangsphase ist jetzt nicht
mehr gegeben. Das Team als Ganzes übernimmt die Verantwortung für das Ergebnis.

Einführungs-
strategie
Die Einführung von Teamarbeit bedeutet neben struktureller und
organisatorischer Veränderungen im Unternehmen auch einen
großen Eingriff in das psychosoziale Geschehen. Erfahrene Perso-
nal- und Organisationsentwickler sollten hinzugezogen werden.
Alle betroffenen Personengruppen des Unternehmens oder der
Organisation sollten im Rahmen eines *Organisationsentwick-*
lungsprozesses daran beteiligt sein. Theoretiker und Praktiker
empfehlen für den Einführungsprozess, eine Projektstruktur mit
verantwortlichem Auftraggeber, einem Lenkungsteam, einem
Projektteam und einem Projektleiter einzurichten. Im Organi-
sationsentwicklungsprozess können sechs Phasen unterschieden
werden:

1. Sondierung und Start
2. Ist-Analyse
3. Schaffen von gemeinsamen Visionen und Zielvereinbarungen
4. Teamkonzepte entwickeln
5. Teamarbeit umsetzen
6. Kontrolle und Weiterentwicklung der Teamarbeit

In der *Sondierungs- und Startphase* beginnt die Information für alle Beteiligten. Es wird analysiert, welche unterstützenden bzw. hemmenden Faktoren es bezüglich der Teamarbeit im Unternehmen gibt. Dann erst wird entschieden, ob eine Einführung sinnvoll ist. Nun wird der Projektleiter bestimmt und/oder externe Berater herangezogen.

Sondierungs- und Startphase

Nachdem sich das Projektteam gebildet hat, wird die Ausgangssituation und die Problemstellung in einer *Ist-Analyse* festgestellt. Bestehende Produktions- oder Dienstleistungsprozesse, technische und räumliche Gegebenheiten, organisatorische Regelungen und Strukturen sowie personelle Besonderheiten werden analysiert. Nach dem Ergebnis dieser Analyse richtet sich die Einführungsstrategie.

Ist-Analyse

Ebenso gibt die Analyse Aufschluss darüber, welche begleitenden methodischen und sozialen Qualifizierungsmaßnahmen für Mitarbeiter und Führungskräfte durchzuführen sind (Teamtraining, *Coaching* der Gruppen, Schulung der Gruppensprecher, Führungskräftetraining etc.).

Aus der Organisationsanalyse wird das Konzept der Teamarbeit konkretisiert und *Ziele* abgeleitet. Auf dieser Grundlage wird das *Teamkonzept* unter Mitwirkung aller Betroffenen erarbeitet. Treibende Kraft ist hier aber noch das Projektteam. Einzelaufgaben werden an Mitarbeiter übertragen (z. B. Entlohnungskonzept). Wie die Teamarbeit dann umgesetzt wird, hängt vom Erfolg der Personalentwicklungsmaßnahmen sowie der Schaffung der entsprechenden organisatorischen und technischen Voraussetzungen ab. Während der Einführung werden die einzelnen Entwicklungsschritte kontinuierlich überprüft. Es wird empfohlen, das zur Einführung gebildete Projektteam noch über die Einfüh-

Ziele und Teamkonzept

rungsphase hinaus bestehen zu lassen, als zusätzliche Controlling- und Unterstützungsfunktion für die Teams.

Zusammenfassend lässt sich sagen, dass es kein Patentrezept für die Einführung von Teamarbeit gibt, sondern jedes Unternehmen sein eigenes Teamarbeitskonzept und damit seine eigene Strategie zur Einführung entwickeln muss.

Literatur

Krenz, Armin: *Teamarbeit und Teamentwicklung.* Grundlagen und praxisnahe Lösungen für eine effiziente Zusammenarbeit. Weinheim 2002.

Thäler, Hans: *Teamwork in Organisationen.* Ein Handbuch für Mitarbeiter. Stuttgart 2001.

Vopel, Klaus W.: *Materialien für den Gruppenleiter.* Teamentwicklung. Salzhausen 1998.

Witt, Matthias: *Teamentwicklung im Projektmanagement.* Konventionelle und erlebnisorientierte Programme im Vergleich. Diss., Wiesbaden 2000.

28. Telearbeit

Immer stärker etabliert sich Telearbeit als moderne und bedeutende Arbeitsform der Zukunft. Die schnelle Entwicklung im Bereich der Informations- und Kommunikationstechnologien schuf die Voraussetzungen für diese Arbeitsform, über die es heutzutage möglich ist, eine Vielzahl von Tätigkeiten praktisch von jedem beliebigen Ort aus, z. B. von Zuhause oder vom Auto aus, zu erledigen.

Begriffliche und historische Aspekte der Telearbeit

> **Der Begriff »Telearbeit« bezeichnet jene Form von Arbeit, die mittels Informationstechnologie gänzlich oder zeitweise außerhalb des Unternehmens erledigt wird. Sie kann in häuslicher Umgebung, unterwegs oder in eigens errichteten Büros außerhalb der Firma verrichtet werden. Eine Verbindung des Telearbeitsplatzes mit dem Unternehmen wird dabei über elektronische Kommunikationsmittel sichergestellt, welche auch zum Austausch von Aufträgen und Arbeitsergebnissen genutzt werden.**   Definition

Erste wissenschaftliche Auseinandersetzungen mit dem Thema »Telearbeit« reichen ins Jahr 1973 zurück. Vor dem Hintergrund des Ölpreisschocks wurde in den USA das so genannte *Telecommuting* entwickelt, ein Konzept, das zunächst nicht als Ansatz zur Gestaltung der Arbeitswelt gedacht war, sondern das darauf zielte, die verkehrs- und energiepolitischen Probleme zu lösen.

In Deutschland wurde erstmals 1982 ein Modellversuch des Landes Baden-Württemberg zur Einführung von Arbeitsplätzen auf der Basis von Teletext gestartet. Aufgrund der entstandenen hohen Kosten kam es jedoch damals noch nicht zum Durchbruch.

Erst Anfang der 90er-Jahre begannen verschiedene Unternehmen in Deutschland wieder, sich mit der Einführung von Telearbeit zu befassen, und erkannten zunehmend den Nutzen dieser Arbeitsform für den Arbeitnehmer wie auch für das Unternehmen. Die notwendigen Informations- und Kommunikationssysteme waren zu diesem Zeitpunkt so weit entwickelt, dass sie die Telearbeit kostengünstig unterstützten.

Organisationsformen der Telearbeit

Telearbeit wird in der Praxis in unterschiedlichen Formen realisiert. Nachfolgend sollen die üblichen Gestaltungsmöglichkeiten kurz vorgestellt werden.

Teleheimarbeit Die berufliche Tätigkeit erfolgt bei der Teleheimarbeit ausschließlich in der Wohnung des Arbeitnehmers. Diese Arbeitsform eignet sich sehr gut für Personen, die aus familiären oder gesundheitlichen Gründen überwiegend zu Hause sein müssen. Da der Kontakt zum Unternehmen allerdings überwiegend auf Medien, wie beispielsweise E-Mail, Telefon oder Videokonferenzen, beschränkt wird, lehnen viele die Teleheimarbeit aus Angst vor sozialer Isolation ab.

Alternierende Telearbeit Eine Alternative für Menschen, die einen engeren Kontakt zum Unternehmen pflegen möchten, stellt die alternierende Telearbeit dar. Der Arbeitnehmer erfüllt seine beruflichen Aufgaben dabei nur zeitweise zu Hause und behält weiterhin einen Arbeitsplatz im Unternehmen, den er u. U. aber im Rahmen des *Desk Sharing* mit anderen Mitarbeitern teilt.

Telearbeit muss nicht unbedingt mit dem Arbeiten in heimischer Atmosphäre in Zusammenhang stehen. Eine gängige Möglichkeit ist die Auslagerung der Telearbeit in eigens eingerichtete Satelliten- oder Nachbarschaftsbüros. Von Satellitenbüros spricht man, wenn das Unternehmen extern, in räumlicher Nähe zu den Wohnorten der Arbeitnehmer Büroräume einrichtet. Werden diese von mehreren Unternehmen angemietet und genutzt, bezeichnet man sie als Nachbarschaftsbüros.

Mobile Telearbeit wird überwiegend von Arbeitnehmern in Anspruch genommen, die ihre Tätigkeiten an wechselnden Orten ausführen. Über eine Ausstattung mit Notebook, Modem bzw. ISDN-Karte und Handy können sie zu jeder Zeit und von jedem Ort aus mit dem Unternehmen in Verbindung treten. Sehr häufig wird diese Form der Telearbeit von Kundenberatern und Außendienstmitarbeitern genutzt.

Beschäftigungsformen der Telearbeit

Der Telearbeiter kann im Rahmen seines Arbeitsverhältnisses als Arbeitnehmer, Freiberufler, Selbständiger, Heimarbeiter oder auch als arbeitnehmerähnliche Person tätig werden.

Zur exakten Bestimmung des Rechtsverhältnisses ist dabei nicht die Bezeichnung im zugrunde liegenden Vertrag maßgebend, sondern die Umstände, unter denen die Arbeitsleistung erbracht wird. Je nach Rechtsverhältnis ergeben sich unterschiedliche Konsequenzen im Hinblick auf die Rechts- und Schutzvorschriften für den Telearbeiter. Einer exakten Bestimmung des Arbeitnehmerstatus kommt daher eine wesentliche Bedeutung bei.

So kann es unter Umständen passieren, dass zwischen Arbeitgeber und Telearbeiter ein Selbständigenverhältnis vereinbart wurde, der Telearbeiter tatsächlich aber die Merkmale eines Arbeitnehmers (Fremdnützigkeit der Arbeit, Weisungsgebundenheit, Eingliederung in den Betrieb, soziale Schutzbedürftigkeit) aufweist. Dies hat zur Folge, dass dem Telearbeiter rückwirkend ab

Arbeitsvertrag
§§ 611–630 BGB
Abhängiges Beschäftigungsverhältnis

als Sonderform des Dienstvertrages

Kündigungsschutz

Möglichkeiten der Beschäftigung

Vertragliche
Beschäftigungsformen
der Telearbeit
(Quelle: Rensmann/
Gröpler, Telearbeit,
1998, S. 165)

Dienstvertrag
§§ 611–630 BGB
Selbständige Arbeitsform

kein Kündigungsschutz

Werkvertrag
§§ 631–651 BGB
Selbständige Arbeitsform

kein Kündigungsschutz

Beginn seiner Tätigkeit der Arbeitnehmerstatus zuerkannt wird und der Arbeitgeber gegebenenfalls Lohnsteuer und Sozialversicherungsbeiträge nachzuzahlen hat.

Vorteile durch Telearbeit

Telearbeit ist für die Beteiligten mit Vorteilen verbunden:

Telearbeiter Für den *Arbeitnehmer* selbst bedeutet eine Tätigkeit als Telearbeiter in erster Linie ein Stück mehr Freiraum und eine erhöhte Eigenverantwortlichkeit beim Arbeiten, was vielfach zu einer verstärkten Motivation und Arbeitszufriedenheit führt. Der Telearbeiter ist meist nicht an starre Arbeitszeiten gebunden und kann somit bei der Einteilung seiner wöchentlichen Arbeitszeit Aspekte, wie z. B. familiäre Verpflichtungen oder seine kreativen Phasen, berücksichtigen.

Familie: Durch Telearbeit können die beruflichen Tätigkeiten in die häusliche Umgebung verlagert werden. Dies bietet insbesondere jungen Müttern oder Vätern die Möglichkeit, nach der Geburt eines Kindes den Anschluss im Beruf nicht zu verlieren und somit Familie und Beruf zu vereinen.

Telearbeit für Behinderte: Behinderten, denen es aufgrund ihrer Krankheit nicht möglich ist, ihre häusliche Umgebung zu verlassen, eröffnet Telearbeit die Chance einer Integration ins Arbeitsleben.

Zeit- und Kostenersparnis: Die notwendigen Pendelfahrten zum Unternehmen können durch die Telearbeit reduziert werden. Der Arbeitnehmer profitiert hiervon in Form einer Zeit- und Kostenersparnis. Dieser Aspekt ist insbesondere dann von Bedeutung, wenn die Entfernung zwischen dem Wohnort und dem Standort des Unternehmens groß ist.

Arbeitgeber

Der Arbeitgeber profitiert vom eigenverantwortlichen und weit gehend ungestörten Arbeiten des Telearbeiters in der Regel in Form einer *erhöhten Produktivität*. Der Telearbeiter kann seine kreativen Phasen nutzen und ungestörter arbeiten; er erzielt dadurch qualitativ bessere Arbeitsergebnisse.

Imagegewinn: Durch das Angebot der Telearbeit kann das Unternehmen für sich eine erhöhte Attraktivität als Arbeitgeber verbuchen, wodurch sich positive Auswirkungen auf eine verminderte Fluktuation qualifizierter Mitarbeiter ergeben. Weniger fluktuationsbedingte Neueinstellungen führen im Ergebnis zu reduzierten Personalaufwendungen.

Steigerung der Kundenzufriedenheit: Arbeitsaufträge, die eine schnelle Erledigung erfordern, können durch die größere Flexibilität des Telearbeiters von diesem meist schneller als von den Büroangestellten erledigt werden. Zudem kann einer intensiven und schnellen Betreuung der Kunden vor Ort durch kurzfristige Besuche der mobilen Telearbeiter entsprochen werden. Auf diese Weise wächst die Kundenzufriedenheit.

Kosteneinsparungen: Durch Heimarbeit bzw. durch die Anmietung von Satellitenbüros können teure Büroflächen in den Ballungszentren reduziert und erhebliche Mietkosten eingespart werden.

Gesellschaft Der Berufsverkehr wird durch die Telearbeitsplätze erheblich reduziert. Dies wirkt sich insbesondere positiv auf die *Verkehrs- und Schadstoffbelastung* in den Ballungsräumen aus.

Die räumliche Verlagerung der Arbeitsplätze führt zu einer *Entschärfung der Wohnsituation* in den Ballungsräumen.

Neue Arbeitsplätze: Durch Telearbeit werden neue Arbeitsplätze, vor allem in strukturschwachen Regionen, geschaffen, was den durch Rationalisierungen bedingten Verlust von Arbeitsplätzen zumindest teilweise kompensiert.

Personelle Voraussetzungen der Telearbeit

Anforderungen an den Telearbeiter Die Entscheidung, sich vollständig oder teilweise aus der gewohnten Betriebsorganisation herauszulösen und eine Tätigkeit als Telearbeiter aufzunehmen, kann für den Arbeitnehmer mit erheblichen Veränderungen verbunden sein. Nicht jeder Arbeitnehmer ist diesen Herausforderungen gewachsen. Der Schritt in die Telearbeit sollte daher gut überlegt sein und vom Arbeitnehmer vor allem freiwillig vollzogen werden.

Grundsätzlich kommen für Telearbeit Arbeitnehmer aus allen Bereichen des Unternehmens in Frage. Es können sowohl »normale« Arbeitnehmer sein als auch leitende Angestellte oder Führungskräfte. Bestimmte Tätigkeiten sind für diese Arbeitsform jedoch besonders geeignet. So sollte eine permanente Anwesenheit des Arbeitnehmers im Unternehmen nicht unbedingt erforderlich sein.

Zudem sollten die Arbeitsergebnisse sowohl klar definiert als auch überprüft werden können. Prädestiniert sind in diesem Zusammenhang Tätigkeiten, deren Schwerpunkt auf der Erstellung, Bearbeitung und Weitergabe von Informationen liegt. Neben diesen fachlichen Voraussetzungen sollte der Telearbeiter auch über einige grundlegende persönliche Eigenschaften verfügen, die ihm das Arbeiten unter den veränderten Bedingungen erleichtern.

Eigenschaften eines Telearbeiters

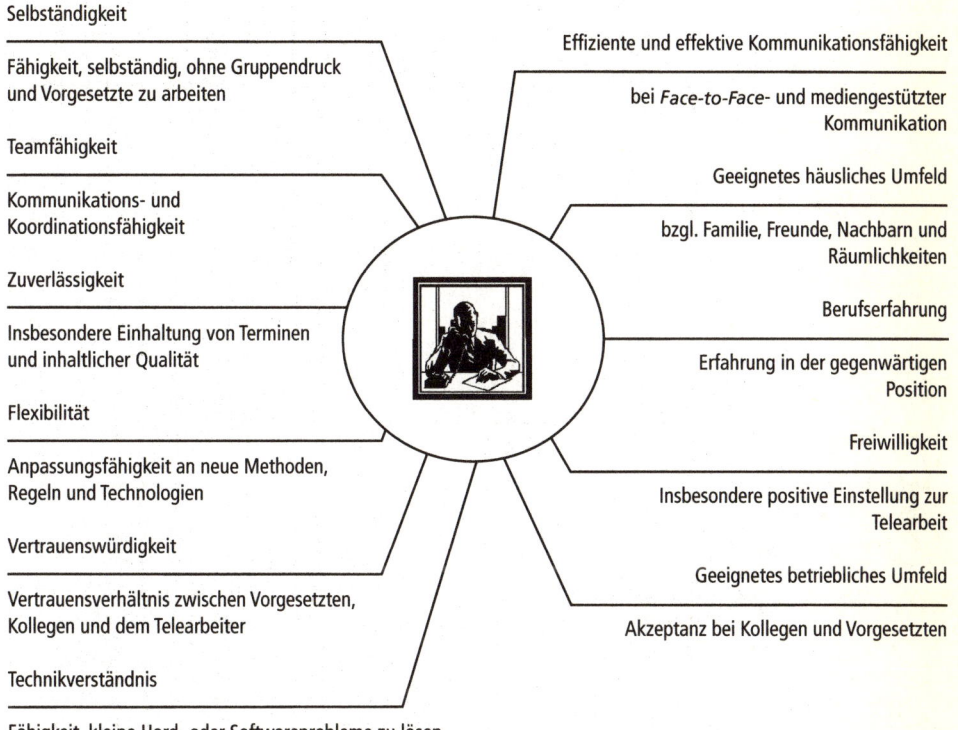

Selbständigkeit

Fähigkeit, selbständig, ohne Gruppendruck und Vorgesetzte zu arbeiten

Teamfähigkeit

Kommunikations- und Koordinationsfähigkeit

Zuverlässigkeit

Insbesondere Einhaltung von Terminen und inhaltlicher Qualität

Flexibilität

Anpassungsfähigkeit an neue Methoden, Regeln und Technologien

Vertrauenswürdigkeit

Vertrauensverhältnis zwischen Vorgesetzten, Kollegen und dem Telearbeiter

Technikverständnis

Fähigkeit, kleine Hard- oder Softwareprobleme zu lösen

Effiziente und effektive Kommunikationsfähigkeit

bei *Face-to-Face-* und mediengestützter Kommunikation

Geeignetes häusliches Umfeld

bzgl. Familie, Freunde, Nachbarn und Räumlichkeiten

Berufserfahrung

Erfahrung in der gegenwärtigen Position

Freiwilligkeit

Insbesondere positive Einstellung zur Telearbeit

Geeignetes betriebliches Umfeld

Akzeptanz bei Kollegen und Vorgesetzten

Den »idealen« Telearbeiter wird es selbstverständlich nicht geben. Das Unternehmen sollte bei der Auswahl jedoch darauf achten, dass die in der Abbildung aufgeführten Merkmale überwiegend erfüllt werden.

Eigenschaften eines Telearbeiters

Telearbeit konfrontiert auch die Führungskräfte mit Veränderungen. Da die physische Anwesenheit der Telearbeiter nicht mehr oder nur noch teilweise erforderlich ist, besteht vielfach Angst, die direkten Kontrollmöglichkeiten zu verlieren und somit einen Teil an Macht einzubüßen.

Anforderungen an die Führungskraft

Von Seiten des Managements werden daher häufig Barrieren aufgebaut, um die Einführung der Telearbeit zu verhindern. Workshops, innerhalb derer Informationsdefizite abgebaut und die Führungskräfte auf ihre neuen Aufgaben vorbereitet werden, können helfen, diese Barrieren zu überwinden und für die nötige Akzeptanz zu sorgen.

Vorgesetzter als Coach Der Vorgesetzte fungiert nicht als Aufpasser, sondern als *Coach*, der seine Mitarbeiter nicht mehr als Untergebene, sondern als Partner begreift. Die Schwerpunkte seiner Führungsaufgaben liegen neben der Koordination der Einzelergebnisse und der Kontrolle der Zielerreichung auch in einer aktiven Unterstützung und Förderung der Mitarbeiter. Gerade von Seiten der Telearbeiter bestehen häufig Bedenken, dass sich ihre Karrierechancen aufgrund der Entscheidung für diese Arbeitsform erheblich verschlechtern. Diese Ängste sollte der Vorgesetzte ernst nehmen und darauf achten, dass dem Telearbeiter die gleichen Weiterbildungsmöglichkeiten offeriert werden wie den übrigen Mitarbeitern im Unternehmen.

Er sollte außerdem dafür Sorge tragen, dass die Telearbeiter regelmäßig zu Mitarbeitersitzungen eingeladen und über alle wichtigen Geschehnisse im Unternehmen informiert werden. Ein regelmäßiger Kontakt stärkt das Zugehörigkeitsgefühl des Telearbeiters zum Unternehmen und beugt der Gefahr einer sozialen Isolation vor.

Einführung von Telearbeit im Unternehmen

Projektmanagement empfehlenswert Die Art und Weise der Einführung von Telearbeit im Unternehmen hängt von gewissen Rahmenbedingungen ab, wie z. B. der Größe des Unternehmens und der Anzahl der Mitarbeiter. Es gibt demnach keine allgemein gültige Einführungsmethode. Generell ist aber ein strategisches und schrittweises Vorgehen unter Einbeziehung der Mitarbeiter in die Entscheidungsprozesse ratsam. Da die Etablierung der Telearbeit organisatorisch den Charakter eines eigenständigen komplexen Projekts aufweist, empfiehlt sich eine Einführung über Projektmanagement. Das Projektmanagement hilft, wesentliche Maßnahmen nicht zu übersehen und erforderliche Arbeiten kontrolliert und ohne Überschneidungen durchzuführen.

Ein von den Autoren Rensmann und Gröpler (1999, S. 197) entwickeltes Vorgehensmodell soll einen Überblick über die wesentlichen Schritte von der ersten Idee bis zur endgültigen Alltagstauglichkeit der Telearbeit geben:

Zeugung

(Von der Idee zur Initiative)

1. Vorbereiten und Präsentieren einer ersten Initiative
2. Zustimmung zur Einrichtung eines Pilotprojekts erlangen

Geburt

(Pilotphase)

3. Benennen eines Projektleiters und Einrichten eines Projektteams
4. Präsentation des Pilotprojekts im Unternehmen
5. Abstecken der Rahmenparameter für das Pilotprojekt
6. Rechtlichen Rahmen für Telearbeit im Unternehmen definieren
7. Kriterien für die Auswahl der Teilnehmer am Pilotprojekt festlegen
8. Kriterien zur Bewertung des Pilotprojekts festlegen
9. Rahmenbedingungen und Ausstattung des Pilotprojekts festlegen
10. Telearbeiter und Vorgesetzte für das Pilotprojekt auswählen
11. Kontrollgremium einrichten

Heranwachsen und Reifung

(Beginn der Telearbeit im Unternehmen)

12. Training und Schulung der Telearbeiter sowie der Vorgesetzten
13. Arbeitsplätze einrichten
14. Managementmethoden anpassen
15. Aufnahme der Tätigkeit durch die Telearbeiter
16. Evaluation und Kontrolle des Pilotprojekts
17. Analyse und Präsentation der Ergebnisse

Vollendung

(Telearbeit im gesamten Unternehmen einführen)

18. Entscheidung über die Einführung von Telearbeit im gesamten Unternehmen
19. Telearbeit als breites Angebot im Unternehmen einführen
20. Stetige Kontrolle des Programms
21. Anpassung des Telearbeits-Programms, falls notwendig

Literatur

BMWi, bmb+f (Hrsg.): *Telearbeit.* Ein Leitfaden für die Praxis. Bonn 1998.

Brandes, Annette: *Telearbeit und Mitarbeiterführung.* Wiesbaden 1999.

Eder, Barbara: *Ratgeber Telearbeit.* Planegg / München 1999.

Fenski, Martin: *Außerbetriebliche Arbeitsverhältnisse.* Heim- und Telearbeit. Neuwied 2000.

Godehardt, Birgit / Hans-Ulrich List: *Vernetztes Arbeiten und Lernen.* Telearbeit, Telekooperation, Teleteaching. Heidelberg 1999.

Kreis-Engelhardt, B.: *Telearbeit, arbeiten von zu Hause aus.* 1999.

Massow, Martin: *Telearbeit.* München 1998.

Niggl, M. u. a.: *Telearbeit bei der BMW Group.* Steigerung der Wettbewerbsfähigkeit durch flexibles Arbeiten. Heidelberg 2000.

Rensmann, J. / K. Gröpler: *Telearbeit: Ein praktischer Wegweiser.* 1998.

29. Wirtschaftsethik

Angesichts steigender Armut in vielen Teilen der Welt, ungleicher Verteilung von Einkommen und Landbesitz, Kinderarbeit und weltweiter Zerstörung der Umwelt entsteht der Eindruck, dass ethische Maßstäbe und wirtschaftliches Handeln im Widerspruch stehen. Den negativen Entwicklungen liegen in der Regel keine bewusst unethischen Absichten zugrunde, sondern nüchterne betriebswirtschaftliche Zwänge. In dem Bestreben, Gewinne zu erzielen, können nur die nahe liegenden Nebenwirkungen des eigenen Handelns berücksichtigt werden. Weiter gehende Maßnahmen würden die Wettbewerbsposition eines Unternehmens so sehr verschlechtern, dass diesem eine existenzgefährdende Situation droht.

Eine sensibilisierte Öffentlichkeit fordert aber von der Wirtschaft eine »Ethik des Kapitalismus« mit dem Ziel, dass sich Betriebswirtschaftslehre und Unternehmensethik aufeinander zubewegen müssen.

Zunehmende Wertediskussionen

Nicht nur in den Unternehmen, sondern auch in den Wirtschaftswissenschaften haben Diskussionen über Werteprobleme in den letzten Jahren zugenommen. Neben klassischen Fragen wie solchen nach der Einkommensverteilung, der Armut und der Höhe des Verteidigungsbudgets werden Fragen des Umweltschutzes und der Verantwortbarkeit des Einsatzes bestimmter Techniken aufgeworfen. Ebenso werden Fragen der Produktgestaltung, der betrieblichen Technikgestaltung und des Einsatzes bestimmter Werbetechniken im Hinblick auf ethische Probleme diskutiert.

Wirtschaftsethik in der theoretischen Diskussion

Ethik im Kapitalismus ausgeklammert

In der Geschichte des ökonomischen Denkens wurden Ethik und Ökonomie seit Aristoteles als Einheit betrachtet. Der Bruch erfolgte im 19. Jahrhundert mit dem Aufkommen des modernen Kapitalismus. Die Entscheidungsprobleme der wirtschaftlichen Akteure wurden als Probleme der Entscheidungslogik so formuliert, dass kein Platz mehr für ethische Reflexionen blieb. Doch es stellt sich die Frage, ob sich das Ausklammern ethischer Reflexionen konsequent durchhalten lässt. Verschiedene Autoren wiesen darauf hin, dass das Preissystem als Mechanismus zur Koordination wirtschaftlicher Entscheidungen zu großen Problemen führen kann (siehe Aids-Medikamente in Entwicklungsländern), die aber durch ethische Prinzipien gemindert werden könnten. Die Notwendigkeit einer Verbindung von Ethik und Ökonomie ergibt sich also nicht nur aus Gründen der Unzufriedenheit mit den Ergebnissen wirtschaftlichen Handelns oder wegen der Nebenwirkung von Handlungen. Sie liegt offenbar schon seit geraumer Zeit im Trend der ökonomischen Theorieentwicklung.

Einige der Beteiligten der Ethikdiskussion wollen das Thema ausschließlich in der Volkswirtschaftslehre ansiedeln, aber nicht in der Betriebswirtschaftslehre. Als Begründung wird die geringe Bedeutung für den Einzelbetrieb angegeben. Dieser ist bei gegebenen Rahmenbedingungen so sehr in den Wettbewerbsprozess eingebunden, dass der Manager kaum über einen Entscheidungsspielraum bezüglich ethischer Überlegungen verfügt.

Begriffsklärung: Ethik, Moral und Deontologie

Ethik leitet sich von dem griechischen Begriff *ethos* (Sitte, Brauch, Gewohnheit) ab und bezeichnet die wissenschaftliche Anschauung über die Moral. Diese beschreibt den normativen Grundrahmen des Menschen zu sich selbst (Individualaspekt), zu seinen Mitmenschen (Personalaspekt) sowie zu seiner ihn umgebenden ökologischen Umwelt (Umweltaspekt). Die Begriffe Ethik und Moral stehen sich demnach wie Theorie und Praxis gegenüber. Ethische Normen stellen Aufforderungen zur Verbesserung der

Moral dar, die schrittweise und der historischen Situation angemessen in Gang zu bringen sind. Das ethische Denken kennzeichnet das Nachdenken über mögliche Handlungsnormen, während moralisches Handeln das Befolgen dieser Normen umfasst. Damit ist nicht etwa die unbedingte Einhaltung von gesetzlichen Vorschriften gemeint, sondern vielmehr die Werte- bzw. Normeneinhaltung innerhalb eines abgegrenzten Kulturkreises, bezüglich der Sittlichkeit des praktischen Handelns des Einzelnen oder der Gesellschaft.

Aus wissenschaftlicher Sicht lässt sich zwischen deskriptiver und normativer Ethik unterscheiden.

Die *deskriptive Ethik* versucht, die vorhandenen moralischen Auffassungen von Individuen oder ganzen sozialen Gruppen zu erfassen und zu analysieren. Sie zeigt auf, wie sich ein Mensch tatsächlich verhält.

Deskriptive Ethik

Die *normative Ethik* will demgegenüber dem Menschen zeigen, wie er sich verhalten soll. Sie sieht ihre Aufgabe darin, moralische Forderungen an Personen oder Institutionen in methodischer Weise aufzustellen und entsprechend zu begründen.

Normative Ethik

Die rein wissenschaftliche Einordnung in deskriptive und normative Ethik ist jedoch nicht ausreichend, um die unterschiedlichen Ansätze von Ethik zu beschreiben. Vielmehr eignet sich dazu die Unterscheidung in teleologische Ethik (griech *telos* = Ziel, Zweck), und in deontologische Ethik (Pflichtenlehre), welche die zwei grundsätzlichen Lehrtraditionen, die Handlungs- und die Regeldeontologie, beinhaltet.

Handlungsdeontologische Theorien behaupten, alle ethischen Urteile seien letztendlich reine Einzelurteile in der Form: »In dieser Situation sollte ich so oder so handeln.« Allgemein verpflichtende Regeln seien nur nachrangig von Bedeutung, so dass man in jeder konkreten Situation von Neuem entscheiden müsse, was richtig und pflichtgemäß ist.

Deontologische Ethik

Die *regeldeontologischen Ansätze* stellen dem allgemeine Regeln entgegen, die unabhängig von der jeweiligen Situation und der betreffenden Person zu befolgen sind. Es handelt sich hierbei um allgemeingültige Regelungen wie z. B. die Zehn Gebote der Bibel. Dies bedeutet, dass aus einer bestimmten Handlungssituation heraus keine Gründe mehr zur Rechtfertigung einer bestimmten Handlung gewonnen werden können, sondern die Handlung an sich die ethische Vorgabe »richtig« oder »falsch« in sich trägt, unabhängig von den sich daraus entwickelnden Folgen. Verdeutlichen lässt sich dies an dem Gebot:»Du sollst nicht töten«, welches auch im militärischen Verteidigungsfall gilt.

Ein prominenter Vertreter dieser Prinzipienethik ist Immanuel Kant mit der Formulierung des»Kategorischen Imperativs«: *»Handle so, dass die Maxime Deines Willens jederzeit zugleich als Prinzip einer allgemeinen Gesetzgebung gelten könne.«*

Teleologische Ethik Der deontologischen Ethik steht inhaltlich die *teleologische Ethik* gegenüber, welche die Auffassung vertritt, dass jede Handlung legitim ist, wenn sie ein bestimmtes Ziel fördert. (Der Zweck heiligt die Mittel.) Wie dieses Ziel im Einzelnen auszusehen hat, bleibt offen, es kommt vielmehr nur darauf an, dass der Teleologe »irgendeine« Vorstellung davon hat, was gut ist, und er ausschließlich in Übereinstimmung mit dieser Auffassung bestimmt, was richtig und was falsch ist.

Handlungsebenen und -bereiche der Wirtschaftsethik

Wirtschaftsethische Fragestellungen werden auf diesen drei Ebenen formuliert:

1. Mikroebene (Handlungen des Einzelnen)
2. Mesoebene (Handlungen von Organisationen)
3. Makroebene (Handlungen des Systems)

Der Unterschied zwischen den Ebenen liegt im Adressaten. Im Bereich der Wirtschaftsethik (Makroebene) richten sich die moralischen Erwartungen und Forderungen an die Gesamtheit der wirtschaftlichen Akteure, bei der Unternehmensethik nur an die Unternehmen (Mesoebene). Beide Ebenen beschäftigen sich mit der Regelung von Rechten und Pflichten der Mitarbeiter, Grenzen von Werbung im Hinblick auf Zulässigkeit und Moral, mit ethischen Aspekten im internationalen Handel und Wirtschaftstätigkeiten. Auf der Mikroebene geht es um das Verhalten von Führungskräften und Mitarbeitern.

Statt der Einteilung in Handlungsebenen kann auch gegliedert werden in den

Handlungsbereiche

- Bereich der handelnden Subjekte (z. B. Mitarbeiter, Manager)
- Bereich der handelnden Objekte (z. B. Fertigungsanlage, Produkte für den Markt)
- Bereich der durch die Handlung direkt oder indirekt Betroffenen (z. B. Fertigungsanlage, Produkte für den Markt)

Ebenen einer ökonomischen Ethik

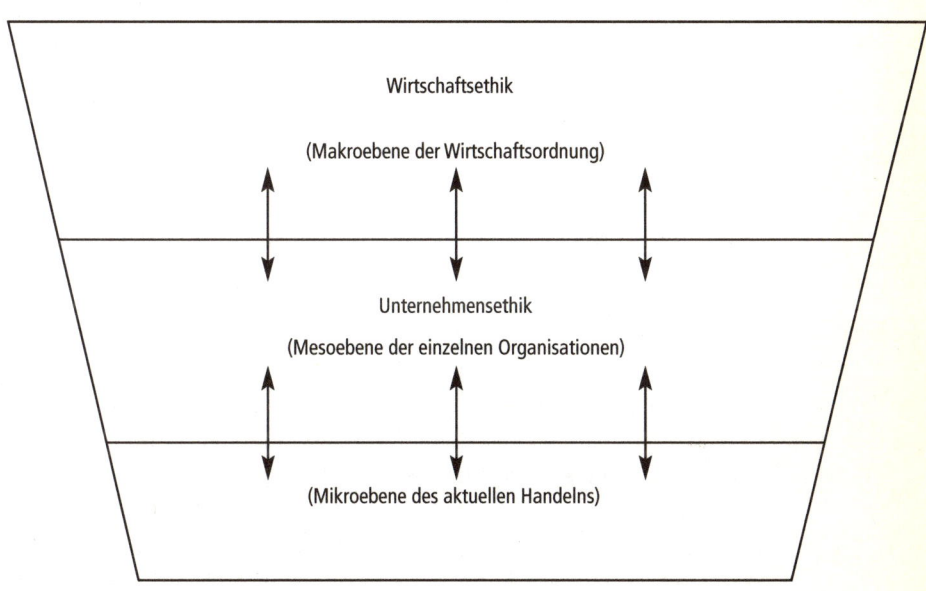

Wirtschaftsethik

(Makroebene der Wirtschaftsordnung)

Unternehmensethik

(Mesoebene der einzelnen Organisationen)

(Mikroebene des aktuellen Handelns)

Ebenen der Wirtschaftsethik

Die in diesen drei Bereichen vollzogenen Handlungen können hinsichtlich ihrer Ergebnisse wie auch hinsichtlich der Form, in der sie stattfinden, bzw. ihrer Methoden auf unterschiedlichen Denkebenen bewertet werden:

- auf der Ebene der technischen Funktionsfähigkeit durch die Bewertungskategorien: richtig / falsch
- auf der Ebene der erreichten Ergebnisse durch die Bewertungskategorien: nützlich / unnütz
- auf der Ebene verantwortbaren Handelns durch die Bewertungskategorien: gut / böse

Wirtschaftsethik und Wirtschaftspraxis

Wendet man die bisherigen Überlegungen auf die Wirtschaftspraxis an, dann ergibt sich eine Bewertung des Handelns der Subjekte auf vielen Gebieten wirtschaftlichen Handelns. Die BASF AG hat vor einigen Jahren einen Verhaltenskodex *(Compliance*-Programm) beschlossen, in dem sich u. a. die folgenden Aussagenbereiche finden:

Verhaltenskodex der BASF AG

Arbeits- und Anlagenschutz, Gesundheits- und Umweltschutz
Jeder Mitarbeiter ist für den Schutz von Mensch und Umwelt in seinem Arbeitsbereich mitverantwortlich … Alle entsprechenden Gesetze und Vorschriften … sind strikt einzuhalten. … Luft, Wasser und Boden dürfen in der Regel gewerblich nur im Rahmen von zuvor erteilten Genehmigungen in Anspruch genommen werden. … Die Entsorgung hat nach den gesetzlichen Vorschriften zu erfolgen. … Unser Unternehmen arbeitet – über die Vorgaben der bestehenden Gesetze hinaus – kontinuierlich an der Verbesserung von Prozessen und Verfahren, um Umweltbelastungen und Gesundheitsrisiken weiter zu reduzieren.

Kartellrechtliche Vorschriften
Es entspricht unserer Geschäftspolitik, einen fairen Wettbewerb zu fördern. Von allen Mitarbeitern erwarten wir deshalb, dass sie sich im Rahmen der Gesetze gegen Wettbewerbsbeschränkungen bewegen.

Insiderwissen
Kenntnisse über vertrauliche betriebsinterne Vorhaben und Vorgänge dürfen von keinem Mitarbeiter für persönliche Zwecke oder zum Erzielen eines persönlichen Vorteils genutzt werden.

Embargo- und Exportkontrollbestimmungen

Jeder Mitarbeiter hat die Embargo- und Exportkontrollbestimmungen zu beachten. Von besonderer Bedeutung für unser Unternehmen sind die Vorschriften des Chemiewaffenübereinkommens. … Unsere Mitarbeiter dürfen deshalb keine Chemikalien oder andere Stoffe kaufen, herstellen oder in Verkehr bringen, wenn sie damit gegen diese Vorschriften verstoßen würden.

Umgang mit Eigentum unseres Unternehmens und unserer Geschäftspartner

Jeder Mitarbeiter ist verpflichtet, mit Unternehmenseigentum verantwortlich umzugehen. … Vertrauliche betriebliche Informationen sind stets geheim zu halten und gegen unbefugten Zugriff Dritter zu schützen.

Geldwäsche

Kein Mitarbeiter darf allein oder im Zusammenwirken mit Dritten Maßnahmen ergreifen, die gegen in- oder ausländische Vorschriften gegen Geldwäsche verstoßen.

Umgang mit Geschäftspartnern und Vertretern staatlicher Stellen

Die privaten Interessen der Mitarbeiter und die Interessen des Unternehmens sind strikt zu trennen. … Kein Mitarbeiter darf deshalb im Umgang mit Lieferanten, Kunden, sonstigen Geschäftspartnern oder Amtsträgern Zahlungen, Geschenke oder sonstige Zuwendungen von Wert fordern oder annehmen. Ebenso dürfen im Zusammenhang mit der Tätigkeit für unser Unternehmen Angestellten anderer Unternehmen im In- oder Ausland keine persönlichen Vorteile versprochen oder gewährt werden, die den Eindruck einer Einflussnahme hervorrufen können. … Keinem Amtsträger im In- oder Ausland darf ein Vorteil irgendwelcher Art angeboten werden. … Das Anbieten, Gewähren, Fordern oder Annehmen von Geldbeträgen ist stets unzulässig.

Fazit

Die Begriffe »Wirtschaft« und »Ethik« scheinen sich zunächst auszuschließen, denn das wirtschaftliche Handeln basiert auf dem Leistungsgedanken, während der Ethik moralische Maßstäbe zugrunde liegen. Zunehmende Bemühungen seitens der Wirtschaftsunternehmen, ethischen Anforderungen gerecht zu werden, zeigen jedoch, dass dies nicht der Fall sein muss. Auch in der BWL ist eine Verbindung von ökonomischen und ethischen Ansätzen angezeigt, sofern man als Unternehmen langfristig erfolgreich bleiben will.

Diese Überlegungen und Notwendigkeiten dürfen jedoch nicht dazu führen, dass die Wirtschaftsethik als neues »Marketinginstrument« genutzt wird, dessen einziger Zweck darin liegt, die

Position eines Unternehmens auf dem Markt zu stützen. Als negatives Beispiel seien hier die Praktiken amerikanischer Manager zu nennen. Tendenzen in den 80er-Jahren ließen einen deutlichen Verfall der traditionellen Moral in der Wirtschaft erkennen. Eine neue Version der alten Parole *enrichissez vous (bereichert euch)* wurde entwickelt. Zur Verbesserung des Ansehens wurden Parolen aus der amerikanischen Unternehmensethik übernommen. Eine davon lautet *ethics pays (Ethik lohnt sich)*. Den Verkündern geht es dabei eindeutig nicht um die Ethik an sich, sondern lediglich darum, aus ihr den größtmöglichen Nutzen zu ziehen. Sie dient hier einzig und allen dazu, das Image des Unternehmens positiv aufzuwerten.

Literatur

Handbuch der Wirtschaftsethik. 4 Bände. Verhältnisbestimmung von Wirtschaft und Ethik; Ethik wirtschaftlicher Ordnungen; Ethik wirtschaftlichen Handelns; Ausgewählte Handlungsfelder. Gütersloh 1999.

Homann, K. »Wirtschaftswissenschaft und Ethik.« In: H. Hesse (Hrsg.): *Wirtschaftswissenschaft und Ethik.* Berlin 1988.

Jäger, Urs: *Führungsethik.* Bern 2001.

Koslowski, Peter: *Wirtschaftsethik – Wo ist die Philosophie?* Tagungsbericht. Heidelberg 2001.

Kreikebaum, Hartmut: *Grundlagen der Unternehmensethik.* Stuttgart 1996.

Lang, Rainhart: *Wirtschaftsethik in Mittel- und Osteuropa.* Business Ethics in Central and Eastern Europe. IV. Chemnitzer Ostforum, 3.–5. März 1999. Mering 2001.

Nutzinger, Hans G.: *Wirtschaftsethik und Unternehmensethik.* Kritik einer neuen Generation. Zwischen Grundlagenreflexion und ökonomischer Indienstnahme. Mering 1999.

Steinmann, H. / A: Löhr: »Unternehmensethik.« In: E. Frese (Hrsg.): *Handwörterbuch der Organisation.* Stuttgart 1992.

Ulrich, Peter: *Integrative Wirtschaftsethik.* Grundlagen einer lebensdienlichen Ökonomie. Bern 2001.

Ulrich, Peter: *Unternehmensethik in der Praxis.* Impulse aus den USA, Deutschland und der Schweiz. Bern 1999.

30. Zielorientiertes Führen

Der Ansatz der »zielorientierten Führung« wird gern dem *Management by Objectives*-Modell zugeordnet. Doch kann er auch aus dem Verständnis des allgemeinen Führungsbegriffs abgeleitet werden, sofern man Führung als zielorientierte Gestaltung von Betrieben bzw. Einflussnahme von Personen versteht. Zielorientierung ist notwendig, da der Gütererstellungsprozess in der immer dynamischer und komplexer werdenden Unternehmensumwelt nicht dem Zufall überlassen werden darf, sondern zielorientiert ausgerichtet sein muss.

Die Praxis des zielorientierten Führens

Beim zielorientierten Führen werden qualitative und quantitative Leistungsstandards vereinbart, um Leistung messbar zu machen. Quantitative Ziele sind meist Kennzahlen, welche die Ziele mengenmäßig und operational ausdrücken. Qualitative Ziele beschreiben das Objekt (z.B. Umsatzsteigerung). Sie lassen sich nicht immer messen und haben oftmals den Charakter von Grundsätzen und Verhaltensnormen. Durch die Bildung von Leistungsstandards kann der Erfolg überprüft werden. Dieser Rückkopplungseffekt durch Kommunikation und Feedback macht den Führungsprozess zu einem kontinuierlichen Prozess, der neue Zielsetzungen ermöglicht.

Qualitative und quantitative Ziele

Merkmale eines Zieles Ziele sind Motiv und Antrieb des menschlichen Handels. Sie sind sowohl die Ursache entsprechend ausgerichteten Verhaltens als auch dessen Wirkung. Ein Ziel ist das, wonach ein Mensch strebt, worauf seine Handlung oder Absicht gerichtet ist bzw. die exakte Beschreibung eines in Zukunft angestrebten Zustandes.

Folgende sind die Erfordernisse an eine Zielformulierung:

- Zielinhalt (Was?)
- Zielmenge (Wie viel?)
- Zielzeit (Wann?)
- Zielgrund (Warum?)

Sie sollten genau ausformuliert und schriftlich festgehalten werden. Nur so können sie als Leitfaden für das zukünftige Handeln dienen.

Normalerweise durchläuft die Zielbildung unterschiedliche Phasen, z.B. die Zielplanung, Zielsuche und die Zielabstimmung. Hierbei gilt es besonders zu klären, in welcher Beziehung die neuen Ziele zu den bisherigen Zielen stehen und ob es sich um Ober-/Unterziele bzw. Haupt-/Nebenziele handelt. Erst dann werden die Ziele formuliert. Der Inhalt, das Ausmaß und die Zeit werden bestimmt und auf ihre Erreichbarkeit hin geprüft. Zuletzt werden die Ziele für verbindlich erklärt. Eine Zielrevision hat immer dann stattzufinden, wenn nach Überprüfung des Zielerreichungsgrades eine zu weit gehende Zielabweichung eingetreten ist.

Der Führungsbegriff Der Begriff der Führung wird in der Literatur unterschiedlich definiert. Die Auswertung der verschiedenen Definitionsangebote erlaubt die Schlussfolgerung, dass Führung die zielgerichtete Gestaltung und Steuerung eines Unternehmens innerhalb eines sozialen Systems ist. Sie vollzieht sich zwischen hierarchisch unterschiedlich gestellten Personen. Die Effizienz der Führung und damit der Akt der Zielvereinbarung hängt von vielen Faktoren ab, die sich wiederum gegenseitig beeinflussen, so z.B.:

- der Persönlichkeitsstruktur von Führer und Geführten
- der Führungsstruktur

- der Aufgabe
- der Organisationsstruktur
- der Auftragslage
- der Führungssituation

Nur gute Führungskräfte können die Mitarbeiter motivieren und mit von Mitarbeitern akzeptierten Zielen erfolgreich führen.

Mittels einer Zielbeschreibung werden Ziele transparent und eindeutig bestimmt, was Missverständnisse vermeidet. Die begriffliche Bestimmung eines Ziels in den drei Dimensionen Inhalt (Was), Ausmaß (Wie viel) und Zeit (Wann) ermöglichen Eindeutigkeit, ohne den Spielraum im Hinblick auf einzuleitende Maßnahmen und Handlungen einzugrenzen. Die Zielformulierung sollte bewirken, dass die Mitarbeiter die Ziele akzeptieren und zu ihrer Erreichung beitragen. Der Weg dorthin liegt in ihrem eigenen Ermessensspielraum. Dieses Zugestehen von Kompetenz und Verantwortung ist neben materiellen Anreizen ein starker Motivationsfaktor. **Zielvereinbarung**

Gelingt es, die aufgabenbezogenen Ziele des Mitarbeiters mit einem Erfolgserlebnis im Hinblick auf die eigenen Ziele zu verbinden, resultiert daraus ein zusätzlicher Motivationsstimulus. Das gilt insbesondere für die Formulierung von Zielen in ideologischen Wertbegriffen, denn dieses bietet Identifikationsmöglichkeiten mit einem Vorbild, nährt Hoffnungen auf Verbesserungen und trägt zur Stärkung des eigenen Selbstvertrauens bei.

Das Führen mit Zielen sollte man mit Unternehmenszielen fundieren, etwa so wie in der folgenden Abbildung dargestellt. Unternehmensziele dienen der Entwicklung eines Unternehmens und sichern den Erfolg. Dieser bemisst sich darin, inwieweit es gelungen ist, die gesteckten Ziele zu erreichen. Zielorientiertes Führen ist somit gleichzeitig ein erfolgsorientiertes Führen.

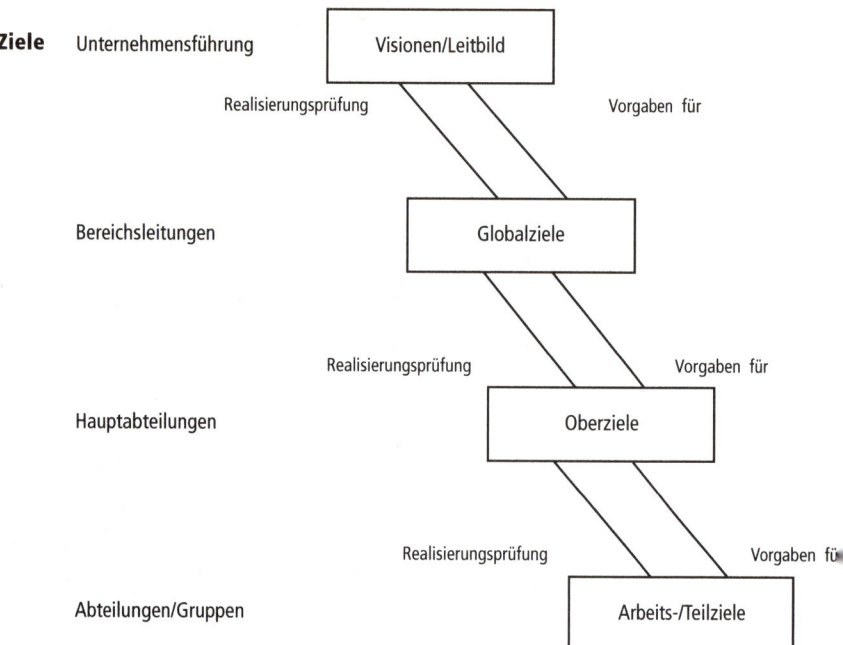

Die konkrete Vorgehensweise

Voraussetzung für ein zielorientiertes Führen ist das Vorhandensein eines gut ausgebauten Planungs-, Informations- und Kontrollsystems. Diese Basis ermöglicht erst das Festlegen, Verfolgen, Kommunizieren und Überprüfen von Zielen und deren Erreichbarkeit.

Zielorientierte Führung verlangt von der Führungskraft die enge und vertrauensvolle Zusammenarbeit mit den Mitarbeitern. Anhand der folgenden Fragen und Aufgaben kann die Basis für eine zielorientierte Führung geschaffen werden. Führungskraft und Mitarbeiter erarbeiten und verwirklichen gemeinsam die folgenden drei Schritte:

1. Zielfindung Am besten beantwortet sich jeder Mitarbeiter und jede Führungskraft selbst die folgenden Fragen:

- Welche persönlichen Ziele und Erwartungen habe ich?
- Welche davon möchte ich in meiner jetzigen Tätigkeit verwirklichen?
- Wie werden sich meine Ziele und Erwartungen meiner Meinung nach mit der Zeit ändern?
- Welches sind die Unternehmensziele?
- Wie werden meine Ziele durch die Unternehmensziele beeinflusst?
- Wie können die Unternehmensziele und meine persönlichen Ziele aufeinander abgestimmt werden?

So werden Ziele nicht vereinbart:

VORGESETZTER: Guten Tag, Herr Schulze, gut dass Sie gleich gekommen sind. Wir müssen unbedingt die Planung 1992 besprechen. Es gibt Qualitätsprobleme mit der neuen Maschine. Die Konkurrenz baut irgendwie bessere Maschinen als wir. Der Absatz leidet darunter. Also, um es kurz zu machen: Wir müssen Qualität und Verkauf optimieren.

MITARBEITER: Was meinen Sie genau?

VORGESETZTER: Na ja, wir müssen unsere Produkte, insbesondere die neue Maschine, stärker innovieren. Wir brauchen einfach mehr Qualität.

MITARBEITER: Was wir auch immer machen, das kostet Geld und geht in den Preis.

VORGESETZTER: Das darf es nicht! Denken Sie immer an die Japaner. Hohe Qualität zu Niedrigstpreisen muss unser Leitsatz sein.

MITARBEITER: Verträgt sich das denn beides?

VORGESETZTER: Das muss sich vertragen, irgendwie. Sie bekommen das schon hin, Herr Schulze.

MITARBEITER: Wenn wir den Vertrieb aktivieren wollen, brauchen wir neue und wirksamere Werbemittel. Eventuell müssten wir eine Agentur einschalten. Auch das kostet Geld.

VORGESETZTER: Ja, ja, aber das haben wir nicht. Wir müssen das mit Bordmitteln schaffen.

MITARBEITER: Was erwarten Sie konkret von mir?

VORGESETZTER: Das will ich Ihnen genau sagen: Sie sollen dafür sorgen, dass wir mit einer qualitativ besseren Maschine ein größeres Stück vom Kuchen bei Maschinen dieses Typs abbekommen.

MITARBEITER: In welchen Zeiträumen denken Sie?

VORGESETZTER: Besser gestern als morgen. Wir müssen auf der Hannover Messe neue Modelle vorführen. Also brauchen wir sie schnellstens.

MITARBEITER: Da wird es aber eng in der Entwicklung und Konstruktion. Wir haben nicht die Kapazität zu solchen Schnellschüssen.

VORGESETZTER: Zur Not setzen Sie Überstunden an.

MITARBEITER: Die müssen wir aber erst mal durchsetzen. Auf viel Gegenliebe stoßen wir nicht in der Belegschaft.

VORGESETZTER: Mag sein, aber Probleme sind dafür da, gelöst zu werden.

MITARBEITER: Welche Vorstellungen haben Sie bezüglich des zu erlösenden Preises?

VORGESETZTER: Wir brauchen einen akzeptablen Preis.

MITARBEITER: Was heißt das?

VORGESETZTER: Dass wir billiger sind als andere deutsche Anbieter.

MITARBEITER: Wie viel billiger als wer?

VORGESETZTER: Na ja, Sie wissen ja, *profit is the name of our game* – und der muss angemessen sein. Sie machen das schon, da bin ich zuversichtlich. Die Marschroute ist ja jetzt ganz klar. Sie kennen das Ziel. Packen wir's an. Ach, bevor ich es vergesse: bei der Alpha 2 gibt es ähnliche Probleme. Kümmern Sie sich doch auch mal darum und ergreifen Sie die erforderlichen Maßnahmen.

2. Vereinbaren von Leistungsstandards

Leistungsstandards präzisieren die Ziele. Daher muss im Voraus geprüft werden, ob die Ziele

– präzise formuliert
– terminbezogen
– quantifiziert oder qualitativ bestimmt
– durch Toleranzen beschränkt
– integriert
– widerspruchsfrei,
– realistisch und
– bezüglich der Zielerfüllung beurteilbar sind

3. Vereinbaren von Kontrollverfahren

Kontrollverfahren sind notwendig, um zu überprüfen, ob und inwieweit die Ziele erreicht worden sind. Die Führungskraft sollte aber, um Transparenz zu schaffen, dem Mitarbeiter darstellen, wie die Kontrollverfahren durchgeführt werden. Führung bedeutet in diesem Fall auch, mit dem Mitarbeiter den Kontrollprozess gemeinsam zu gestalten.

Voraussetzungen für die Einführung

Für die Einführung zielorientierter Führung ist es notwendig, dass sich Mitarbeiter und Führungskräfte mit dem Konzept identifizieren. Verbessert wird dies durch die konsequente Unterstützung der Unternehmensleitung. Eine aktive Informationspolitik erleichtert die Konzeptumsetzung.

Die Schaffung von Anreizen motiviert Mitarbeiter sowie Führungskräfte und verbessert die Zielerreichung. Anreize können hierbei finanzielle Vergütung, aber auch Fortbildung / Schulungen und Lob / Anerkennung sein. Die Beiträge des Mitarbeiters richten sich nach den Anreizen, die er im Betrieb erhält.

Anreize schaffen

Durch ausreichende Informationen, Einbindung in Entscheidungen und Vergabe von Kompetenzen wird der Mitarbeiter an Ziele herangeführt und somit die Akzeptanz für diese erhöht. Nur wenn der Mitarbeiter den Sinn in den Zielen sieht, ist er bereit, seinen Beitrag zur Zielerreichung zu leisten.

Hierbei gilt zu beachten: Ziele werden nicht gesetzt, sondern vereinbart. Nur so wirken sie motivierend. Wer also Ziele vereinbart, muss Prozesse im Unternehmen so gestalten, das Ziele erreicht werden.

Literatur

Berkel, Karl / Dorette Lochner: *Führung: Ziele vereinbaren und Coachen.* Vom Mit-Arbeiter zum Mit-Unternehmer. Weinheim 2001.

Braun, Ottmar L.: *Zielvereinbarung im Kontext strategischer Organisationsentwicklung.* Landau/Pfalz 2000.

Breisig, Thomas: *Personalbeurteilung, Mitarbeitergespräch, Zielvereinbarungen.* Grundlagen, Gestaltungsmöglichkeiten und Umsetzung in Betriebsvereinbarungen und Dienstvereinbarungen. Köln 2001.

Eyer, Eckard / Thomas Haussmann: *Zielvereinbarung und variable Vergütung.* Ein praktischer Leitfaden – nicht nur für Führungskräfte. Wiesbaden 2001.

Simon, Walter: *Ziele managen.* Ziele planen und formulieren. Zielgerichtet denken und handeln. Offenbach 2000.

Stroebe, Rainer W.: *Führungsstile: Management by Objectives und situatives Führen.* Heidelberg 1999.

Unkrig, Erich R. und Heike: *Management-Tool Zielvereinbarung.* Köln 2002.

Wildemann, Horst: *Flächendeckende Zielvereinbarung im Unternehmen.* Leitfaden zur Einführung, Transfer-Centrum (Unternehmensberatung). München 1997.

Wurzer, Jörg: *Zielmanagement.* Perspektiven entwickeln, Visionen realisieren, Prioritäten richtig setzen. Renningen 1998.

Vierter Teil:
Der Blick nach vorn

»Nichts wird mehr so sein, wie es einmal war«, so lautet ein seit dem 11. September 2001 viel gesprochenes Zitat. Vielleicht ist auch dieses Managementbuch ein Anlass, darüber nachzudenken, was anders werden wird und inwieweit es unsere Führungskräfte betrifft. Wir alle sind unsicher, wie die Zukunft aussehen wird, und haben den Wunsch nach Orientierungswissen. Dies aber soll sich auf die managementrelevanten Aspekte beschränken, entlang dem Meta-Mainstream der technisch-wirtschaftlichen Entwicklung.

Der 11. September hatte und hat weiterhin zwar Folgen für unser Leben, aber die entscheidenden Entwicklungsimpulse kommen immer noch aus Wissenschaft, Technik und Wirtschaft. Das Datum und die damit verbundenen Folgen veränderten zwar die Randbedingungen, aber werden nicht den Mainstream aufhalten, ebenso wenig wie der Terrorismus der 70er-Jahre die Welt fundamental veränderte.

1. Was lehrt die Vergangenheit?

Man kann sein Leben und das eines Unternehmens zwar rückwärts betrachten, doch leben muss man es vorwärts. Auch kann man nicht einfach den bisherigen Weg weitergehen, selbst wenn dieser in der Vergangenheit richtig war. Die Wahrheiten bzw. Erfolgsrezepte von gestern sind die Irrtümer von morgen. Das zeigen auch die folgenden Beispiele:

Erstes Beispiel Noch 1989 galt die DDR als Durchgangsgesellschaft auf dem Wege zum kommunistischen Finalziel. Geschichte sollte sich nach dieser Ideologie linear und kontinuierlich von der Ur- über die Sklavenhaltergesellschaft, den Feudalismus, Kapitalismus und Sozialismus bis hin zum Paradies entwickeln. Vielleicht war das sozialistische Gesellschaftsmodell von seinem moralischen Grundanliegen her vernünftig, aber selbst wenn ein System auf dem richtigen Gleis ist, wird es von einem schneller fahrenden Zug überrollt.

Zweites Beispiel Mehr als 50 Jahre galt der Taylorismus als das Nonplusultra der Arbeits- und Betriebsorganisation. Mitte der 80er-Jahre setzte dann der Paradigmenwechsel zum *Lean Management* ein.

Drittes Beispiel Noch vor zehn Jahren priesen die amerikanischen Beratungssaurier die Diversifikation als den Sofortkleber für alle Wettbewerbsprobleme an. Heute predigen die gleichen *Consultants* die Konzentration auf Kernkompetenzen, verbunden mit *Outsourcing*. Was ist nun richtig und wer hat Recht? Was lehren diese drei Beispiele?

1. Man sollte keinem gängigen politischen oder wirtschaftstheoretischen Dogma mehr glauben.
2. Keine der heutigen Managementlehren wird die nächsten zehn Jahre überdauern.
3. Es kann keine gültige Management-Universalstrategie geben. Wenn es sie gäbe, würden alle sie anwenden und sie würde sich in ihr Gegenteil verkehren.

Den meisten Menschen fällt es schwer, die Vergangenheit zu vergessen, da sie in diese viel emotionales Kapital gesteckt haben. Wer die Vergangenheit aufbaute und ihr emotional verbunden ist, bemüht sich, sie zu bewahren. Aber die Zukunft wird keine Fortsetzung der Vergangenheit und Gegenwart sein. Man kann die heutigen Probleme nicht mit derselben Denkweise lösen, die zu ihrer Entstehung geführt haben. Man muss sich über den 11. September empören, braucht aber einen kühlen Kopf für neue Denkweisen, was die Bekämpfung des Terrorismus angeht. Hoffentlich führt die Denkweise amerikanischer Spitzenpolitiker nicht dazu, neue Weltprobleme entstehen zu lassen.

Wer in der Zukunft ankommen will, muss sich von der Vergangenheit lösen. Wer zu viel in den Rückspiegel schaut und somit in die Vergangenheit, der wird bald gegen eine Mauer prallen.

2. Was bringt die Zukunft?

Wir sind Zeugen gewaltiger Veränderungen in der Werte- und Denkstruktur, in der Berufs- und Leistungsorientierung, in den Lebens- und Erlebensformen, in den Geschlechterrollen und den Kommunikationstechnologien. Diese Veränderungen werden die menschliche Lebensweise ebenso revolutionieren wie einst die Erfindung des Faustkeils, die Beherrschung des Feuers und die Schaffung des Buchdrucks durch Gutenberg.

Wellenmodell Der Prozess des Wandels lässt sich sehr gut mittels einer Welle veranschaulichen:

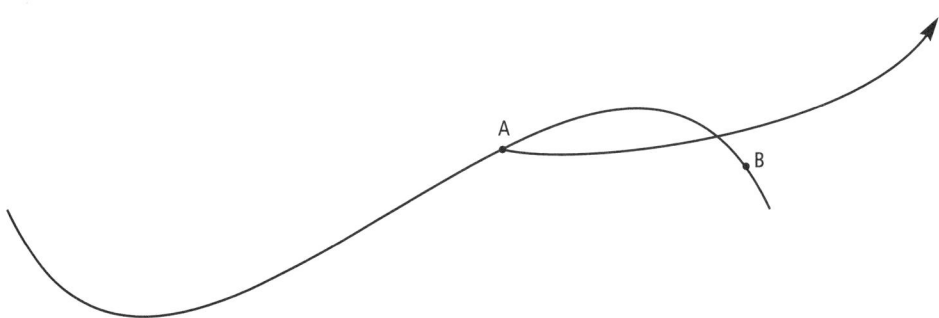

Wellenmodell
(nach einer Idee von
Charles Handy)

Das Leben eines jeden Menschen, einer Firma, einer Mode, einer Nation oder einer ganzen Epoche lässt sich mit dieser Entwicklungswelle darstellen. Alle haben mal klein, langsam, zögerlich bzw. weit unten angefangen, bekamen Schwung, sind groß geworden und nach oben gekommen. Irgendwann änderten sich die Randbedingungen oder die Menschen; Unternehmen und Organisationen wurden schwerfällig und so im Laufe der Zeit Betroffene und Beteiligte ihres eigenen Niederganges.

Viele Menschen und Unternehmen wollen den bisherigen Weg weitergehen, da dieser in der Vergangenheit richtig war. Die Vergangenheit lehrt aber, dass man in unternehmensstrategischer Hinsicht nicht mehr viel aus ihr lernen kann. Bevor man die Zukunft entdeckt, muss man die Vergangenheit verlernen. Zumindest müssen die Annahmen, die der vorderen Entwicklungswelle zugrunde liegen, kritisch hinterfragt und über Alternativen nachgedacht werden. Die Frage, wohin die Menschheit geht, ist wichtiger als die, woher sie kommt.

Wer auch in Zukunft Erfolg haben will, sollte mit dem Aufbau einer neuen Entwicklungswelle beginnen, bevor die alte ausgelaufen ist. Jede Situation verlangt irgendwann einmal nach einer zweiten Welle. Der richtige Zeitpunkt für den Beginn einer neuen Welle liegt im Punkt A, also dort, wo es noch aufwärts geht. Hier sind die Ressourcen für die zweite Welle aufzubauen. Aber leider beginnen die meisten Menschen und Organisationen erst bei Punkt B, wenn es schon zu spät ist. Dem Gesetz der Evolutionstheorie zufolge kann ein Unternehmen nur dann überleben, wenn dessen Anpassungsgeschwindigkeit mindestens so groß ist wie die Änderungsgeschwindigkeit des Umfeldes, in dem es agiert und existiert.

Neue Welle rechtzeitig aufbauen

Der Beginn der Zweitwelle und die sich anschließende Anpassungszeit sind mit erhöhten Risiken, Mehrkosten, Existenzsorgen, persönlichen Opfern und viel Unruhe verbunden. Aber diese Turbulenzen sind die notwendige Einleitung zu einer neuen Ordnung, zu neuen sozialen Organisationsformen und zu einer neuen Ökonomie. Die alte Ordnung funktioniert nicht mehr richtig, aber die neue ist noch nicht voll entwickelt. Wir wissen noch nicht, wie das neue Ordnungsgefüge heißen und letztendlich aussehen wird. Aber es wird weder kapitalistisch noch sozialistisch sein, sondern fundamental anders.

Was einige als Endzeit deuten, wird von anderen als Neuzeit erkannt. Es wird noch eine Zeit lang dauern, bis sich die langfristi-

Manager und Politiker gefordert

gen Vorteile der strukturellen Anpassung einstellen. Viele Menschen verlangen von Managern und Politikern, endlich die richtigen Maßnahmen zu ergreifen, um die Zukunft aufzubauen. Gleichzeitig wird gefordert, an der ersten Kurve nichts zu ändern; als Beispiele stehen hier die Renten-, Gesundheits-, Rechtschreib- und Hochschulreform. Auch Aufsichtsräte und hauptberufliche »Reichsbedenkenträger« stellen sich ständig vor, was alles schief gehen könnte, wenn Manager Neuland betreten. Aber es gibt keine risikolosen Risiken. Sonst würden sich Wirtschaft und Gesellschaft in einen Zustand der gesellschaftlichen Selbstlähmung begeben. Also müssen Menschen handeln, obwohl die Zukunft höchst ungewiss ist.

Die Zukunft hat viele Aspekte und Nuancen. Im Folgenden sollen einige der übergeordneten Trends beschrieben werden, die auf viele andere Teiltrends einwirken.

Die Zukunft ist ungewiss und wird immer ungewisser

Die Zukunft aus der Sicht von 1910 Im Jahre 1910 erschien in Deutschland ein Buch mit dem Titel *Die Welt in 100 Jahren*. Bekannte Wissenschaftler und prominente Zeitzeugen prognostizierten darin, wie die Welt nach der Jahrtausendwende aussehen wird. So verkündete der Chefideologe des sozialdemokratischen Reformismus, Eduard Bernstein (S. 197), dass das Maschinenzeitalter zum Wachstum der Arbeiterklasse und damit zu deren politischer Herrschaft führt. *»So gehen wir einem Zeitalter entgegen, in dem eine weit durchgeführte Demokratie dem sozialen Leben einen starken genossenschaftlichen Charakter verleihen wird.«*

Für den Naturwissenschaftler Prof. Everard Hustler sollte das 21. Jahrhundert das Zeitalter des Radiums werden. Dank dieses aus der Pechblende gewonnenen Elements sollten sich Medizin, Kriegsführung und Lebensweise revolutionär verändern. Im Radium hat man *»den Wunderstein gefunden …, durch welchen selbst die Unmöglichkeiten möglich gemacht werden«* (S. 256). Dank des Radiums gehen wir in ein *»Zeitalter völliger Kranklosigkeit«* (S. 258) und *»ewiger Jugend«* (S. 263).

Die Entdeckung der elektromagnetischen Wellen inspirierte den Physiker Robert Stoss, die vielseitigen Möglichkeiten der drahtlosen Telegrafie aufzuzeigen. Da Verbrecherfotos weltweit telegrafiert werden können, wird »*das drahtlose Jahrhundert sehr vielen … Verbrechen ein Ende machen*« (S. 43). Seuchen werden dadurch beseitigt, dass ein Arzt eine Zyklonwelle drahtloser Energie über eine ganze Stadt fluten lässt. Der Winter wird durch elektrische Wärmewellen vertrieben (S. 48). Dieser Autor hat vieles richtig vorausgesehen, aber bestimmt nicht geahnt, dass unser traditionelles Telefon schon kurz nach der Jahrtausendwende ein technischer Anachronismus sein wird.

Regierungsrat Rudolf Martin aus dem Kriegsministerium sinnierte über den Krieg in hundert Jahren. Er erkannte richtig, dass sich Europa vereinigen wird, prophezeite aber einen Weltkrieg zwischen Europa und China/Japan. Dank seiner gewaltigen Luftschiffflotte von etwa 15 000 Zeppelinen gewinne Europa diesen Krieg jedoch. Dass der 3. Weltkrieg technisch-ökonomischer Natur sein würde, konnte der Regierungsrat Martin nicht ahnen.

Zukunft als Gegenwartsfortschreibung

Es ist reizvoll, die heutige reale Welt mit jener zu vergleichen, die von den Autoren angenommen und skizziert wurde. Dieser Vergleich zeigt, wie stark das Bewusstsein selbst von akademischen Kopfarbeitern vom Sein abhängt. Die Autoren erkannten Trends und waren reich an Vorstellungsvermögen, um daraus ein *Sciencefiction* des Jahres 2010 zu entwickeln. Aber bei keinem reichte die Phantasie, die Atomspaltung, den Computer, die Gentechnik, das Raketen- und Satellitenzeitalter, den Laser, das Penicillin, das schon wieder vergangene sozialistische Weltsystem, die Entkolonialisierung, zwei Weltkriege, den Holocaust, die multimediale Informationsgesellschaft, den globalen Weltmarkt u. Ä. m. auch nur zu erahnen. In allen Fällen wurde die Zukunft im Sinne von »noch mehr, schneller und größer« aus der Gegenwart heraus fortgeschrieben.

Das Buch ist zugleich ein Beispiel für das Beharrungsvermögen bestehender Institutionen und Strukturen. Die Zukunftsblicker, die der Ehe, der Schule und dem Rechtssystem einen Weitsprung in paradiesische Verhältnisse prognostizierten, wären enttäuscht, wenn sie eine Studienreise aus der Vergangenheit in die Gegenwart unternehmen könnten. So prophezeite z.B. Jejan van der Straaten, dass die Schule des Jahres 2010 »*ein Werk der Befreiung sein (wird), befreit von allen Fesseln des Geistes, in die er jetzt gleich einem Frontsklaven geschlagen wird*« (S. 168). Ellen Key prophezeite maskulinfreie Männer und femininfreie Frauen, die von allen »niederen« Bedürfnissen befreit sind und nur noch zum »Austausch sozial-allgemein-menschlicher« Gedanken zusammenkommen (S. 119).

High-Speed hier und Schneckentempo dort Heute, fast neunzig Jahre später, kann man feststellen, dass Wissenschaft und Technik offensichtlich eine größere Entwicklungsdynamik haben als Sozialgebilde. Während sich die Informationstechnologie im *High-speed*-Tempo bewegt, kriecht beispielsweise das Rechtssystem im Schneckentempo dahin. Nach einem Gutachten der Beratungsgesellschaften Wibera und Kienbaum benötigt die Justiz im statistischen Schnitt etwa sechs Wochen, um eine einzige DIN-A4-Seite zu schreiben. Zukunftsgesellschaften, wie der von Eduard Bernstein prognostizierte Sozialismus, erwiesen sich als Vergangenheitsgesellschaften und verschwanden per Implosion von der Weltbühne. Ehemalige Schlüsselindustrien fristen heute ihr Gnadenbrot und haben die wirtschaftsgeschichtliche Initiative an die Computerbauer und Softwareschreiber abgegeben. Das Beispiel dieses Buches erlaubt diese Schlussfolgerungen:

Management wird zur Odyssee. In die Zukunft führt keine gerade lange Straße mit einem klaren Horizont am Ende. Es gibt auch keine Abkürzung oder einen Königsweg. Luxuslimousinen sind kein geeignetes Fahrgerät in die Zukunft hinein. Unternehmen brauchen geländegängige, wendige Organisationsfahrzeuge mit Allradantrieb.

Wer eine Vorstellung von der Zukunft bekommen will, noch bevor sie stattfindet, der muss den Nebel der Ungewissheit durchdringen. Wer die Zukunft entdecken will, braucht nicht nur ein Weitwinkelobjektiv, sondern möglichst viele Objektive. Zukunftsprognosen haben allenthalben den Wert von Horoskopen. Natürlich wird vieles besser, schneller und größer, aber das bezieht sich nur auf schon Vorhandenes oder Entstehendes. Schwieriger wird es, das zu benennen, was anders oder neu sein wird.

Die Zukunft ist aber mehr als die Extrapolation der Vergangenheit und der Gegenwart. Selbst die Glaskugel eines Wahrsagers degeneriert zur Blackbox, wenn es darum geht, die Linse scharf zu stellen. Das beweist ein Rückblick auf einige Prognosen kluger Zeitgenossen der letzten 25 Jahre.

Der Politologieprofessor Ossip Flechtheim schrieb 1973 im *Manager-Magazin: »Eine Rückkehr der kommunistischen Länder zum Kapitalismus ist so unvorstellbar wie etwa nach der Französischen Revolution eine Rückkehr zur feudal-agrarischen Gesellschaft.«*

Zukunftsprognosen vor 25 Jahren

Der MIT-Computerexperte des *Massachusetts Institute of Technology* Joseph Weizbaum prophezeite 1980 in der gleichen Zeitschrift: *»Ich sehe das Ende der Welt. Wir werden mit höchster Wahrscheinlichkeit die nächsten 20 Jahre nicht überleben.«*

Die Wirtschaftswissenschaftler Simon Linn und Michael Noelke prognostizierten 1989, dass China wegen seiner rigiden Polizeimethoden für ausländische Investoren immer unattraktiver werde. Darum werde das Land in den 90er-Jahren weit zurückfallen. Die führende Wirtschaftsnation des Jahres 2000 werde Japan sein.

Diese Beispiele zeigen: Gewissheit ist out, Experimente sind in. Vieles kann man heute schon ahnen, aber letztendlich wird es uns so ergehen wie Kindern beim Öffnen einer Wundertüte.

Entwicklungen vollziehen sich schnell und immer schneller

Die Menschheit lebt in einer neuen Sekundenkultur. Sie bricht mit einer Dynamik über sie herein, als würden Dampfmaschine, Automobil und Computer innerhalb eines Quartals erfunden. Entwicklungen, die sich früher über Jahrzehnte hinweg zogen, vollziehen sich heute im Jahres- oder Monatstakt. Die Gegenwart schrumpft auf unvorstellbare Weise. Während der Lektüre dieses Kapitels werden mindestens zwei wichtige technologische Innovationen vollendet.

Vom Jahr zur Sekunde

Auch der Wandel hat sich gewandelt. Er bewegt sich nicht mehr schrittweise und nicht mehr in eine bestimmte Richtung. Überhaupt ist es falsch, von Wandel zu sprechen. Das Wort »Revolution« ist treffender. In diesem Zeitalter der Revolution kommen die Chancen mit Lichtgeschwindigkeit und verbrauchen sich auch ebenso schnell.

Die Lebensdauer von Immobilien steht als Beispiel: Die Nutzungsdauer einiger Büroimmobilien betrug nur 30 Jahre, dann wurde der Sprengmeister aktiv. In den USA werden nur die Stahl-Grundskelette immobil gebaut, die Füllungen und die außenarchitektonischen Verpackungen sollen je nach Markterfordernissen etwa alle 20 Jahre geändert werden.

Wer versucht, sein Unternehmen mit einem Tempomat in die Zukunft zu steuern, sollte darauf achten, dass er nicht am Steuer einschläft. In der neuen Schnelligkeitsepoche wird es nur noch zwei Typen von Unternehmen bzw. Managern geben: die schnellen und die toten. Jeder Versuch, das Erreichte zu bewahren, ist bereits ein Rückschritt. Selbst Bequemlichkeit ist Selbstmord. *Stop for lunch and you are lunch* lautet eine Parole, die den Zeitdruck ausdrückt.

Die *Info-High-speed*-Gesellschaft zwingt alle, schneller zu lernen. *Just-in-time* gilt nun auch für die persönliche Weiterbildung. Ständige Updates von IT-Programmen, sorgen für LLL – *life long learning* –, und das in einem atemberaubenden Tempo. Menschen müssen sich als Maschinen mit einem etwa sechsjährigen Nutzwert definieren. Darum sollten sie zumindest ihre jährliche Wertminderung in den Erwerb neuen Wissens und Könnens investieren, um ihr Grundkapital als Führungs- und Fachkräfte zu erneuern. Experten empfehlen eine »Rundumerneuerung« etwa alle fünf bis sieben Jahre. Aber, und dieses Aber ist zu betonen, niemand weiß genau, *was* man lernen muss, um in Zukunft noch gebraucht zu werden. Nur eines ist sicher: Menschen müssen das Lernen und auch das gezielte Entlernen lernen.

Unternehmen werden sich zu Akademien entwickeln. Zwei bis drei Wochen jährlich sitzen Mitarbeiter dann auf der Schulbank, unabhängig von den Hausaufgaben, die sie sich selbst aufgeben, um dem Konkurrenzdruck des Arbeitsmarktes Stand zu halten. Weiterbildung ist die notwendige Erfolgsversicherung, die Mitarbeiter mit sich selbst abschließen sollten. Sie wirft nur dann eine Rendite ab, wenn die Beschäftigten Prämien in Form täglichen Lernens entrichten. In Zukunft gilt: Arbeiten ist Lernen und Lernen ist Arbeit.

Neue Denk- und Handlungsweisen

Reichte es früher, die von der Personalentwicklung verordneten Seminare abzusitzen, wird Fortbildung demnächst zur Bringschuld: Der Mitarbeiter muss nicht nur an seiner Entwicklung arbeiten, sondern die erworbenen Kompetenzen auch nachweisbar zur Steigerung des Unternehmenserfolges einsetzen.

Das Leben unter diesen neuen Bedingungen erfordert völlig andere Denk- und Handlungsweisen. Das aber ist ein großes Problem. Warum? Weil die Geschwindigkeit, mit der das postmoderne Zeitalter über die Menschheit hereingebrochen ist, ihr kaum Zeit ließ, die eigene menschliche Evolution darauf psychisch und physisch einzustellen und ein adäquates Verhalten zu entwickeln.

Die Welt ist paradox und wird immer paradoxer

Sowohl-als-auch statt Entweder-oder

Als Folge einer Rationaldressur, die sich »Erziehung« nennt, wurden wir zu einer logisch linearen Sichtweise dressiert. Danach gibt es nur Richtig oder Falsch, Schwarz oder Weiß, Entweder–Oder, Sozialismus oder Kapitalismus, Chaos oder Ordnung, um nur einige Beispiele unseres dichotomisch-bipolaren Weltbildes zu nennen. Mehr und mehr setzt sich aber die Erkenntnis durch, dass diese Gegensätze nicht unversöhnlich sind, sondern wichtige Bausteine einer höheren Ordnung des menschlichen Seins. Das wissen wir zwar schon, seitdem Hegel über die Dialektik philosophierte, aber es hat zwei Jahrhunderte gedauert, bis es sich herumsprach. Heute weiß man, dass man mit einem Sowohl-als-Auch mehr Erfolg hat als mit einem Entweder-Oder. Unternehmen zentralisieren und föderalisieren zugleich. Sie konkurrieren mit anderen, mit denen sie zugleich kooperieren. Auch Arbeit und Freizeit verlieren ihre Gegensätzlichkeit. Es heißt nicht mehr »Erst die Arbeit, dann das Vergnügen«, sondern »Vergnügen bei der Arbeit.«

Mitarbeiter werden zu Mitunternehmern der Unternehmen, bei denen sie beschäftigt sind, oder kaufen sich als Aktionäre bei anderen ein. Als *Stakeholder* haben sie ein Interesse an hohen Löhnen, als *Shareholder* an hohen Dividenden. Wir bewegen uns also in einer gegensätzlichen Welt und müssen lernen, mit Gegensätzen zu leben.

Die Gesellschaft ist komplex und wird immer komplexer

**Beispiel
11. September 2001**

Alles hängt mit allem irgendwie zusammen und wirkt aufeinander. Der 11. September steht hierfür als Paradebeispiel: Ein im Milieu des Nahost-Konfliktes entstandener, dann in Hamburg ausgeheckter Teufelsplan wird in Manhattan ausgeführt und löst in Afghanistan einen Krieg aus – und wer weiß, welche noch. Die Folgen sind signifikant, nicht nur für Fluggesellschaften, Schwarzkonteninhaber, arabische Studenten und die grüne Partei. Auch das Rauchen wird teurer. Die Sicherheitsbranche boomt. Die Themen »Scharping« und »Parteispenden« verschwanden aus den Titelzeilen der Presse.

Mit der Zeit hat sich die Wirtschaft immer mehr verflochten, Märkte wurden erweitert, neue Erfindungen gemacht, die Informations- und Kommunikationsmöglichkeiten nahmen zu, ebenso die gesellschaftlichen Regelungssysteme in Form von Gesetzen und Verordnungen. Das eine ergab das andere.

**Internationale
Verflechtungen**

Auch dieses Beispiel ist bekannt: Weltmarktdruck verhindert die Besteuerung deutscher Großkonzerne. Diese würden sonst nämlich auf den Aktienmärkten »abgestraft« und so leicht zu Übernahmekandidaten ausländischer Fondsgesellschaften werden. Die Renditeerwartungen von US-Pensionsfonds führen zu einem ständigen Druck auf hiesige US-Unternehmen, die Gewinne zu steigern. Das impliziert tendenziell Arbeitsplatzabbau und steuerpolitische Ausweichmanöver unter Nutzung der internationalen Finanz-Infrastruktur.

Bitte 1 Zeile kürzen

Solche und ähnliche Zusammenhänge wurden immer komplexer und darum immer weniger erkennbar. Die neue Unübersichtlichkeit ist ein Problem; auch in Unternehmen leiden wir daran. Infolge vieler Wechsel- und Rückwirkungen greifen lineare Führungskonzepte auf der Basis von Ursache und Wirkung nicht mehr. Darum ist auch die Hierarchie ein organisatorisches Auslaufmodell. Organisationen entwickeln ihre eigene nicht-lineare Dynamik, bei der Ursachen zwar Wirkung erzeugen, diese aber auf die eigentlichen Ursachen zurückwirken und so gänzlich andere Neuwirkungen auslösen. Führungskräfte können für ihr Unternehmen das Richtige tun und so das Falsche für die Gesellschaft insgesamt bewirken. Oder sie handeln richtig im Sinne der Gesellschaft und somit falsch für ihr Unternehmen. Manager können unter kurzfristigen Gesichtspunkten richtig entscheiden, aber damit langfristig falsch – oder langfristig richtig und damit kurzfristig falsch. Komplexität und Paradoxien sind also zwei Seiten ein und derselben Medaille.

Ende des lineraren Denkens

Arbeit und Leben werden digitalisiert

Im 16. Jahrhundert war es die Druckerpresse, die den gesellschaftlichen Wandel herbeiführte und Luther die nötige Breitenwirkung verschaffte, um die Reformation auszulösen. Heute sind es TV, CDs und Internet. Die heutige Welt ist total digital, multimedial und wirtschaftlich global. Unser Planet ist von einem aus Computern, Satelliten, Satellitenschüsseln, Kabeln und Telefonen bestehenden Kommunikationsnetz umhüllt. Dieses elektronische Spinnengewebe sorgt dafür, dass es kaum noch weiße Flecken auf der Kommunikationslandkarte gibt.

Total global digital

Es bieten sich interessante Chancen im Bereich Multimedia. Die Welten der Telekommunikation, Informationstechnologie, Medienindustrie und der audiovisuellen Elektronik wachsen zur multimedialen Einheit zusammen. Komplizierte Beschreibungen werden durch erklärende Töne und Bilder ersetzt.

Täglich werden Zehntausende Menschen zusätzlich vernetzt. Die Informationstechnolgoie ermöglicht den weltweiten Zugang zu

Informations- technologie

Märkten, die in der Vergangenheit nicht oder nur schwer erreichbar waren. Aus Marktplätzen wird *Market Space*. Das Internet gibt den Kunden einen fast globalen Überblick über Preise und Leistungen; der Bildschirm wird zum Schaufenster.

E-Lancing Die Informationstechnologie als Schlüsseltechnologie der anderen modernen Technologien verwandelt nach Meinung des MIT-Professors Robert Laubacher unsere Arbeitswelt in eine *E-Lance*-Ökonomie. *E-Lance* ist eine Wortschöpfung aus *Electronic* und *Freelancing*. Sie umschreibt eine Wirtschaft, in der etliche Erwerbstätige ihr Geld als Freiberufler verdienen. Diese bündeln ihr Know-how mit anderen *E-Lancern* oder kleinen Firmen, tauschen sich über elektronische Netzwerke miteinander aus, finden Lösungen und gehen nach Projektabschluss wieder auseinander. Die Arbeitsweise der von Linus Torvald geführten Linux-Crew steht hierfür als Modellfall.

Die Zukunft gehört den frei flottierenden Individuen bzw. Telenomaden, wie sie der Zukunftsforscher Horx nennt: *»Sie docken sich rund um den Globus mal hier, mal dort an einen Job an, um nach der Arbeit weiter zu ziehen, während die großen Unternehmen zu Höhlkörpern mutieren«* (Horx 2000, S. 24).

Professor Birger P. Priddat, Dekan der Wirtschaftswissenschaftlichen Fakultät der renommierten Privatuniversität Witten-Herdecke, vergleicht die Arbeitsweise der Zukunftsunternehmen mit einer Filmproduktion, die Führungskräfte von morgen mit Regisseuren, die das Chaos beherrschen. Er meint: *»Einander völlig unbekannte Leute müssen in kürzester Zeit hoch motiviert die Dinge zu einem exzellenten Ergebnis bringen. Das aber setzt andere Managertypen voraus, und zwar solche, die ohne Schlips und Nadelstreifen zeitlich befristete Bindungen an Unternehmen, zwischen den Beteiligten und an Projekte erzeugen können. Diese sehr persönliche Art von Führung tritt an die Stelle von Führungssystemen in Form von Firmenrenten, schriftlichen Führungsgrundsätzen, Belohnungsseminaren und betriebseigenen Erholungsheimen.«*

Schon im Jahre 2015 wird es kaum noch große Firmen mit heutigen Organisationsformen geben. Das belegen die Beschäftigtenzahlen in den USA. War vor 25 Jahren noch

jeder fünfte Arbeitnehmer bei einem der 500 größten US-Unternehmen beschäftigt, ist es heute nicht einmal mehr jeder zehnte. Der größte private Arbeitgeber in den USA ist mittlerweile weder GM noch IBM oder UPS, sondern die Zeitarbeitsvermittlung *Manpower Incorporated.*

Die Zukunft bietet Chancen und beinhaltet Risiken

Die Herausforderungen der Zukunft betreffen vor allem die Arbeit, den Arbeitsmarkt bzw. den einzelnen Arbeitnehmer. Gibt es Arbeit mit Zukunft oder Zukunft ohne Arbeit?

Der ehemalige Shell-Manager und jetzige Management-Vordenker Charles Handy beantwortet diese Frage, indem er die Firmen der Zukunft mit einem dreiblättrigen Kleeblatt vergleicht. Das Blatt der Stammbelegschaft wird vornehmlich vom Management und wichtigen Fachkräften gebildet. Diese festangestellten Arbeitnehmer koordinieren zwei Gruppen von freien Mitarbeitern, die jeweils eines der beiden anderen Blätter ausmachen: Das eine Blatt steht für hoch qualifizierte externe Spezialisten, die je nach Projekt zusammengerufen werden, das andere für geringer qualifizierte freie Mitarbeiter, sog. *Groundworker*, die für Verwaltungsaufgaben und Service zuständig sind.

Das dreiblättrige Kleeblatt

Die Strukturen einer solchen Organisationsform zeichnen sich bereits ab. So gibt es kaum noch eine Großbank, die ihre Belege selbst verarbeitet. Diese Art von IT-Kuliarbeit wird im indischen Bangalore verrichtet. Informationstechnologie ermöglicht eine Aufhebung der Distanz. Die Wertschöpfungskette endet nicht mehr an Nationalgrenzen, sondern dort, wo Empfangsgeräte fehlen.

Auch Gehaltsabrechnungen, Küchen- und Reinigungsdienste werden immer mehr zum Gegenstand von *Outsourcing*. *Rent-a-Scientist, Rent-a-Professional, Rent-a-Manager* – solche und ähnliche Offerten nehmen zu. Der Leiter des Bonner Instituts für Wirtschaft und Gesellschaft, Prof. Miegel, schätzt, dass sich der Anteil

Immer mehr Freiberufler

der Freiberufler an der Erwerbsbevölkerung bis zum Jahre 2009 verdoppeln wird. Mangels Angebotsalternativen müssen sich immer mehr freigesetzte Arbeitnehmer eine Existenz als Unternehmer aufbauen. Das erklärt den immensen Zuwachs an Personalberatern, Immobilienmaklern, Wirtschaftstrainern, Partyservices u.ä.

Brasilianisierung der Arbeitsmärkte

Aber nicht jeder, den es in die Selbständigkeit drängt, wird aus seiner unternehmerischen Freiheit Kapital schlagen können. In der neuen Arbeitswelt liegen Chancen und Risiken eng beieinander. Manche Sozialwissenschaftler warnen vor einer »Brasilianisierung« der westlichen Arbeitsmärkte. So, wie in Brasilien immer weniger Menschen ihren Lebensunterhalt aus einem festen Arbeitsverhältnis bestreiten, müssen auch bei uns viele ihre Existenz als kleine Selbständige fristen. Der Typ des *Patchwork-Jobbers* steht als Beispiel: Er hat Psychologie studiert, arbeitet tagsüber für den Pizza-Service, abends als Taxifahrer und nachts schreibt er Dissertationen, natürlich in Schwarzarbeit. Dieses notdürftige »Überwasserhalten« hat nichts mit der herkömmlichen Vorstellung eines souverän am Markt auftretenden Unternehmers gemeinsam. Wahrscheinlich wird das Gesamteinkommen geringer sein als bei einer Vollzeitstelle. Der Zugewinn an Freiheit wird durch einen Abfluss an Einkommen ausgeglichen.

Employability statt Employment

Aus Berufung eingenommene Lebensarbeitsplätze, bei denen das Gehalt mit dem Alter und der Anzahl von Berufsjahren steigt, verschwindet zugunsten von zeitlich befristeten Werk- oder Dienstleistungsverträgen, bei denen nach individueller Leistung bezahlt wird. Was künftig zählt, ist nicht mehr *Employment,* sondern Beschäftigungsfähigkeit, neudeutsch als *Employability* bezeichnet. Das aber setzt voraus, dass sich der Angestellte in der neuen Arbeitswelt als ein Produkt begreift, das er selbst vermarkten muss. Einige Querdenker des *Human Resources-Management* empfehlen Mitarbeitern deshalb, sinnbildlich eine Selbst GmbH zu gründen und sich als Unternehmer der eigenen Arbeitskraft zu verstehen. Sie müssen sich auf wechselnde Aufgaben einstellen und zukünftig selbst für die nötigen Qualifikationen sorgen, die sie brauchen.

Die Herausforderungen der Zukunft betreffen auch Unternehmen und Organisationen. In einer Zeit, in der Produktentwicklung und Produktlebenszyklen kürzer und kürzer werden, in der neue Technologien im Stundentakt entstehen, in der Marktgrenzen verschwinden, Branchen verschmelzen und sich Manager mit Samuraiprinzipien beschäftigen, wird der Überlebenskampf härter und feindseliger, selbst in Branchen, die bisher als bieder und beschaulich galten. Wir bewegen uns weg vom Wettbewerb hin zum Wirtschaftskrieg. Der Wettbewerb, der früher mit der Stärke eines Windzugs geführt wurde, ist zum Sturm geworden. Manager müssen sich wetterfest anziehen.

Vom Wettbewerb zum Wirtschaftskrieg

Für den Wettbewerb von morgen existiert noch kein festes Regelwerk. Er findet in unstrukturierten Arenen statt. Der Wettbewerb von morgen gleicht nicht mehr einem Langlauf, sondern findet als Triathlon mit Zwischenstopp in der Schlangengrube statt.

Wollen sich unsere Führungskräfte von der Zukunft formen lassen oder wollen sie der Zukunft Form und Gestalt geben? Gewinner werden nicht diejenigen Unternehmen sein, die ihre Unternehmen an die neuen Bedingungen anpassen, sondern die, die ihre Unternehmen immer wieder neu erfinden. Der Hyperwettbewerb des nächsten Jahrzehnts wird mit Trittbrettfahrern kein Erbarmen haben.

Unternehmen sind gut beraten, Möglichkeiten zu finden, mit denen sie Wachstum generieren und Vorteile schaffen, anstatt Nachteile zu beseitigen. Es ist aber nicht leicht, mit einer Strategie, die auf mehr desselben zielt, Wachstum zu erzeugen. Wer im Zeitalter der permanenten Wirtschaftsrevolution prosperieren will, muss schon mehr tun, als noch etwas mehr Gewinn aus den Geschäftsmodellen und Strategien von gestern zu pressen.

Vorteile schaffen statt Nachteile beseitigen

Wer nicht heute neue Geschäftszweige erschließt, gerät in eine Tretmühle. Er wird dann nur noch bemüht sein, ständig Löcher aus den Geschäftsaktivitäten von gestern zu stopfen. Außerdem findet ein Unternehmen in einer Welt des diskontinuierlichen Wandels, das auf seinem Weg eine entscheidende Anpassung verpasst, möglicherweise nie mehr den Anschluss.

Der ADAC ist hierfür ein interessantes Beispiel: Er ist eine Plattform für 13 Geschäftsfelder rund um den Klub herum, vom Verlag über die Versicherung bis hin zur Luftrettung. Nehmen wir eine Tankstelle, an der man u. a. tanken kann. Wir charakterisieren eine Tankstelle heute als eine Chancen-Plattform. Eine Tankstelle, an der täglich einige hundert Autofahrer halten, bietet vielfältige Geschäftschancen. Neben einem reichhaltigen PKW-Zubehörangebot können Sie u. a. frische Brötchen, Zeitungen und Zeitschriften, Getränke, Süßigkeiten, Tabakwaren und Geschenkartikel kaufen.

Welchen Anteil an Zukunftschancen können Unternehmen mit ihrem derzeitigen Portfolio an Kernkompetenzen erlangen? Im Zeitalter der Revolution müssen sich wirtschaftliche Akteure zu einem Chancen ortenden Flugobjekt entwickeln, dessen Steuerungssystem alles anpeilt, was geschäftlich möglich ist – und nicht nur das, was bereits erreicht wurde.

Wichtige Marketingtrends Hier einige Aspekte, die für den Wettbewerb und das Zukunftsmarketing wichtig sind.

1. Die dominante demografische Kraft des 21. Jahrhunderts werden die reifen Verbraucher sein, die Jahrgänge ab 55 aufwärts. Infolgedessen wird sich das Angebot auf Gesundheitsprodukte, Altersruhesitze und wenig anstrengende Freizeitaktivitäten verlagern.

2. Die Produkte werden an individuellen Kaufbedürfnissen orientiert sein. Der Kunde wird heute immer am Design seines Produkts beteiligt. Das Konsumentenverhalten wird immer differenzierter und Unternehmen müssen immer individuellere Kundenwünsche befriedigen. Aber es reicht nicht, ein einmaliges Angebot zu haben. Man muss sich von seinen Mitbewerbern durch eine einmalige Vorgehensweise abheben.

3. Wir werden erleben, dass sich der Markt in Konsumenten mit hohem Einkommen und Konsumenten mit niedrigem Einkommen spaltet, während die derzeit stärkste Gruppe, die Mittelschicht, weiter abnimmt.

Unternehmen müssen sich überlegen, wo sie sich positionieren wollen.

4. Im Marketing wird man von der Fokussierung auf große Gruppen zur gezielten Bearbeitung von Nischen übergehen.

5. Der Kundendienst wird als Wettbewerbsinstrument zunehmende Bedeutung erlangen, insbesondere deshalb, weil die Produkte und Leistungen immer ähnlicher werden.

3. Manager – Vergangenheitsbewahrer oder Zukunftsgestalter?

Am Ende dieses Buches stellt sich die wichtige Frage, ob die »Zukunftsgestalter« unserer Gesellschaft auch zukunftsfähig sind, besonders was die Zukunft von Unternehmen und Verwaltungen angeht. Gestalten sie die Zukunft oder sind sie egozentrische Karrieregestalter, die ihre Macht und die ihnen unterstellten Mitarbeiter als Vehikel für ihre ganz persönlichen Aufstiegsziele nutzen?

Karriereorientiertes System Wenn das so ist, sollten Sie ihnen dies nicht zum Vorwurf machen, denn wenn man in unserem System Karriere machen will, muss man sich so verhalten. Es stellt sich nur die Frage, *»ob der, der in solchen Strukturen Karriere gemacht hat, aufgestiegen ist und auf eine Rivalenmentalität programmiert wurde, noch genügend Distanz besitzt, um die Struktur, aus der er stammt, wirklich zu verändern«* (Karst/Segler 1996, S. 136). Denn im Lauf des Aufstiegs wurden die meisten Manager immer hierarchieförmiger und sehen, wenn sie die Spitze erreicht haben, keine Notwendigkeit mehr, die Organisation zu verändern. Da man den eigenen Aufstieg seinen Mentoren und Freunden verdankt, würde jede Veränderung der Hierarchie alte Weggefährten brüskieren und Seilschaften destabilisieren.

Außerdem sind viele Manager in einer Welt aufgewachsen, in der die Branchengrenzen für alle Zeiten festgeschrieben zu sein schienen, in der man in einem Unternehmen in Würde alt werden konnte und in welcher der Besitz wirtschaftlicher Pfründe einen Wettbewerbsvorteil darstellte. Diese Zeiten sind ein für allemal vorbei.

Als Folge des Hyperwettbewerbs fühlen sich insbesondere Führungskräfte dem steigenden ökonomischen und emotionalen Druck nicht mehr gewachsen. Sie sind nicht gegen Innovationen, aber die von ihnen ausgehenden Veränderungen werden als Gefährdung empfunden und bewirken Angst und Unsicherheit. Darum bemühen sich Menschen, Organisationen und Unternehmen, Risiken zu vermeiden, und gehen so das größte Risiko ein. **Steigender Druck**

Die mangelnde Zukunftsfähigkeit unseres Managements zeigt sich u. a. auch darin, dass es zu wenig Zeit für die Zukunftsgestaltung aufwendet. Gary Hamel und C. K. Prahalad schreiben in ihrem Buch *Wettlauf um die Zukunft* (1997, S. 23), dass Spitzenmanager durchschnittlich weniger als 3 % ihrer Zeit für das Nachdenken über die Zukunftsgestaltung aufwenden.

Im Zusammenhang mit der unternehmerischen Zukunftsgestaltung hat sich der Begriff »Lähmschicht« eingebürgert. Damit sind jene einflussreichen Mittelmanager gemeint, die viel zu einflussreich sind, als dass sich tief greifende Veränderungen an ihnen vorbei durchsetzen ließen. Leider sind diese Vorgesetzten oft nicht eindeutig identifizierbar, denn sie halten mit ihrer Meinung hinterm Berg. Besonders in großen Unternehmen ist es für diese Managerspezies leichter, ein windgeschütztes Plätzchen zu finden, als in einem kleineren. Dank einer tiefen Hierarchie wird hier der Marktdruck abgefedert und unbequeme Maßnahmen können mit dem Hinweis auf »die da oben« begründet werden. **Lähmschicht**

In ihrem beruflichen Fortkommen sind diese Unterlasser, die sich oft für gute Unternehmer halten, weit weniger gefährdet als diejenigen, die Neuland betreten und Risiken eingehen. Sie fordern zwar auch Querdenker, aber bitte nicht in der eigenen Abteilung. Da man selbst als Konformist angefangen hat und sich dieses Verhalten im Laufe des Berufslebens als erfolgreich erwies, bleibt man sich treu, auch in der Zukunft.

Gary Hamel von der *London Business School* fragt besorgt, an welcher Stelle der Organisationspyramide die Leute sitzen, die die Hauptverantwortung für die Strategieentwicklung und Zukunftsgestaltung haben. Er fragt weiter, ob das nicht auch die Führungskräfte sind, die sich der Vergangenheit in ganz besonderer Weise verbunden fühlen. Die Antwort ist klar. Hamel meint: »*Kein Wunder, dass kaum etwas Kreatives dabei herauskommt*« (a.a.O., S. 136). Schlimmer ist aber, dass ausgerechnet die Leute, die vom Alter her das größte Interesse an der Zukunft haben, am wenigsten in die Zukunftsplanung einbezogen werden.

Der amerikanische Autor Burrus unterteilt die Menschen hinsichtlich ihres Verhältnisses zur Zukunft in *vergangenheitsverliebte Wettbewerber* und *visionäre Innovatoren*. Sie unterscheiden sich in diesen Punkten:

Der Wettbewerber ...	Der Innovator ...
glaubt, dass sich die Zukunft von selbst regelt, wenn man die Gegenwart in den Griff bekommt	denkt über zukunftsbezogene Ziele und den Weg dorthin nach
betrachtet Innovationen als Bedrohung für die derzeitige Situation	denkt darüber nach, wie er Innovationen anwenden kann, um sie zu nutzen
will Sicherheit und orientiert sich darum am Verhalten anderer Menschen oder Unternehmen	ist ständig auf der Suche nach neuen und eigenen Wegen, um Dinge besser zu machen
widersetzt sich möglichst lange Veränderungen	passt sich flexibel der Veränderung an und versucht sie zu nutzen
leidet unter dem Problemdruck	versucht Probleme in Chancen umzuwandeln

Unternehmen, die in der Zukunft ankommen wollen, brauchen Führungskräfte, die Forscher, Abenteurer und Wegbereiter sind. Diese dürfen niemals mit dem Überdenken der Zukunft aufhören. Sie müssen sie immer wieder von Neuem einleiten. Auch dürfen sie sich nicht von der Anziehungskraft der Vergangenheit gefangen nehmen lassen, sonst werden sie von der Zukunft ausgeschlossen.

Literatur

Brehmer, Arthur: *Die Welt in 100 Jahren*. Berlin 1910.

Hamel, G./C. K. Prahalad: *Wettlauf um die Zukunft*. Wien 1997.

Horx, Matthias: In: *Manager-Seminare* 43/2000.

Karst K./T. Segler: *Management jenseits der Postmoderne*. Wiesbaden 1996.

Sachregister

Personenregister

*»Einblicke in besonders erfolg-
reiche Qualifizierungs-
maßnahmen deutscher Unternehmen durch Training
und Personalentwicklung«*

*»Performance Improvement (PI)
fokussiert den Nutzen von Trainings-
maßnahmen. Das Buch enthält
übersetzte Beiträge von amerikanischen
Autoren wie Beiträge deutscher
PI-Experten.«*

Training mit Gewinn

*Gewinnerkonzepte des
Deutschen Trainingspreises*

gebunden, 320 Seiten,
zahlreiche Abbildungen
ISBN 3-89749-079-X

Thomas Lorenz, Stefan Opitz (Hrsg.)

Vom Training zur Performance

*Improving Performance – Nutzen für
Mitarbeiter und Unternehmen*

gebunden, 304 Seiten,
zahlreiche Abbildungen
ISBN 3-89749-134-6

*»Dieses Buch stellt die
19 bekanntesten Methoden
der Psychotherapie vor. Ein
Nachschlagewerk für Trainer
und Personalentwickler.«*

*»Die 10 wichtigsten Typologien
für die Praxis: Alpha-Plus, Bio-
struktur-Analyse, DISG, Ennea-
gramm, H.D.I., Insights MDI,
Interplace, LIFO, MBTI, TMS.«*

Susanne Klein

Trainingstools

*19 Methoden aus der Psychotherapie
für die Anwendung im Training*

gebunden, 328 Seiten

ISBN 3-89749-179-6

Martina Schimmel-Schloo,

Lothar J. Seiwert, Hardy Wagner (Hrsg.)

Persönlichkeitsmodelle

*Die wichtigsten Methoden für Coaches,
Trainer und Personalentwickler*

gebunden, 288 Seiten,

zahlreiche Abbildungen, mit CD-ROM

ISBN 3-89749-180-X

»*Future skills von S. Asgodom,
A. Bornhäußer, E.-N. Detroy,
K. Fink, E. Geffroy, S. Hübner,
S. Lermer, J. Löhr, S. Mühlisch,
R. Ruhleder, H. Scherer,
L. J. Seiwert.*«

»*Auf dem Weg ins 21. Jahrhundert
geben diejenigen den Ton an, die
auf Kopfarbeit setzen und Kreativität
und Wissen zu nutzen verstehen.*«

Von den Besten profitieren

Erfolgswissen von 12 bekannten

Management-Trainern

gebunden, 288 Seiten,

s/w-Fotos

ISBN 3-89749-121-4

Walter Simon

Lust aufs Neue

Werkzeuge für das

Innovationsmanagement

gebunden, 256 Seiten

Illustrationen und Grafiken

ISBN 3-89749-025-0